예수는 신화다

Originally published in English Language by HarperCollins Publishers Ltd.
under the title:
THE JESUS MYSTERIES ⓒ Timothy Freke and Peter Gandy, 1999
All rights reserved

Translation ⓒ 2009 Mizibooks
translated under license from HarperCollins Publishers Ltd.

Korean translation rights arranged with HarperCollins Publishers Ltd. through EYA(Eric Yang Agency)

이 책의 한국어판 저작권은 EYA(Eric Yang Agency)를 통한 HarperCollins Publishers Ltd. 사와의 독점 계약으로 한국어 판권을 도서 출판 미지북스가 소유합니다. 저작권법에 의하여 한국 내에서 보호를 받는 저작물이므로 무단 전재와 무단 복제를 금합니다.

기독교의 신은 이교도의 신인가

예수는 신화다

티모시 프리크, 피터 갠디 지음 | 승영조 옮김

차례

01 생각할 수 없는 생각 9
02 이교도의 미스테리아 30
03 악마의 모방 47
04 완벽한 플라토니즘 101
05 영지주의 142
06 예수라는 암호 175
07 잃어버린 사람 208
08 바울은 영지주의자였는가? 249
09 유대인의 미스테리아 276
10 예수 신화 295
11 가짜 그리스도교인 320
12 역사상 가장 위대한 이야기 383

후주 390
인물 설명 513
참고 문헌 523
도판 출처 531
관련 웹사이트 532
찾아보기 534

일러두기

1. 미스테리아: 영어 Mysteries(그리스어 Mysteria)는 고대 지중해 세계에서 11세기 이상 성행한 신비한 의식이나 비밀 가르침을 가리키는 고유명사다. 우리말로는 보통 '신비 의식'으로 번역된다. 그러나 이 책에서는 Mysteries가 의식 이상의 한 종교 혹은 교리를 뜻할 때가 많고 또 이 명사에는 기본적으로 '신성한 비밀'이라는 뜻이 함축되어 있기 때문에, Mysteries를 '미스테리아'로 음역했다. 그리고 경우에 따라 문맥을 매끄럽게 하기 위해 '의식'이나 '종교' 혹은 '신앙'이라는 말을 '미스테리아' 뒤에 덧붙였다. 또한, 개역 성경에서는 mysteria가 신성한 "비밀"로 번역되어 있는데, 이 책에서 해당 부분을 인용할 때는 영어를 병기해 이해를 도왔다.

2. God를 god와 구분할 필요가 있을 경우, '하느님'과 '하나님'이라는 말 중에서 '하느님'으로 옮겼다. 이 책에서 God이 여호와나 그리스도를 가리킬 때가 많지만, 종교와 종파를 초월한 절대적 존재를 뜻하는 말로 쓰인 경우도 마찬가지로 많기 때문이다.

3. 그리스도교 성경 인용문은 대부분 우리말 개역 성경대로 옮겼지만, 명료한 의미 전달을 위해 다소 번역을 바꾸거나 영역 성경의 해당 부분을 병기한 곳도 있다. 참고한 영역 성경은 *New American Standard Bible*이다.

4. 성경에 나오는 지명은 개역 성경 표기를 따랐고, 원지음이 이해를 쉽게 하는 경우에는 괄호를 써서 원지음을 병기했다. 그 지명은 다음과 같다.

개역 성경 표기	원지음
가버나움	가파르나움
고린도	코린토스
구레네	키레네
다메섹	다마스쿠스
다소	타르수스
수리아	시리아
안디옥	안티오크
에베소	에페소스
두로	티레
나사렛	나자렛
갈라디아	갈라티아
디베랴	티베리아스

겐그레아	켄크레아이
레기온	레줌
갈대아	칼다이아
라오디게아	라오디케아
가이사랴	카이사리아

5. 이 책의 인명은 원지음을 따르는 것을 기본으로 했다. 다만, 성경에 나오는 인명은 개역 성경 표기를 따랐다. 그 예는 다음과 같다.

개역 성경 표기	원지음
바리새인	바리사이인
구레뇨	퀴리니우스
담무스	타무즈
본디오 빌라도	폰티우스 필라투스
헤롯 왕	헤로데스 왕
니고데모	니코데무스
스가랴	즈가리야
디두모	디디무스
디도	티투스
맛디아	마티아

개역 성경 표기	가톨릭 표기
도마	토마스
바울	바울로
마태	마태오
마가	마르코
누가	루가
빌립보	필립보
안드레	안드레아

6. 본문에서 별표(*)를 써서 달아둔 설명은 모두 옮긴이와 편집자가 한 것이다.

01
생각할 수 없는 생각

예수께서 말씀하셨다. "나는 내 비밀Mysteries을 들을 만한 자에게만 들려준다."[1]
_ 『도마의 복음서』

오늘날 로마 교황청이 있는 자리에는 한때 이교도 신전이 자리하고 있었다. 거기서 이교도 사제들은 신성한 의식을 거행했다. 이 의식은 초기 그리스도교인들에게 너무나 곤혹스러운 것이었다. 그래서 이 의식이 거행되어왔다는 증거를 모두 지워버리려고 했다. 이교도 의식이 과연 어떤 것이었기에 이처럼 충격적이었을까? 소름 끼치는 희생 제물 바치기였을까? 아니면 외설적인 술판 벌이기였을까? 그랬을 거라고 믿도록 우리는 설득당해왔다. 그러나 진실은 그런 허구와 사뭇 다르다.

오늘날 독실한 신도들이 주 예수 그리스도를 숭배하는 그곳에서 고대인들은 다른 구세주 신인神人을 숭배하고 찬양했다. 놀랍게도 이 구세주 신인은 예수와 마찬가지로 12월 25일에 태어났다. 예수와 마찬가지로 하늘로 올라갔고, 종말의 날에 산 자와 죽은 자를 심판하기 위해 다시 지상에 내려오기로 약속된 존재였다. 오늘날 교황이 성찬 미사를 드리는 그곳에서, 고대의 이교도 사제들 역시 그들의 구세주를 기념하여 상징의 빵과 포도주 의식을 치렀다. 예수와 마찬가지로 이 구세주는 이렇게 말했다.

> 네가 나와 더불어 하나가 되고, 나 또한 너와 더불어 하나가 되도록, 내 몸을 먹고 내 피를 마셔라. 그러하지 않는 자는 구원을 받지 못할 것이다.[2]

예수 이야기와 이교도 신화가 이토록 닮았다는 것을 알게 된 우리는 경악했다. 우리 두 저자는 이교도 신앙과 그리스도교가 완전히 대립된 종교적 관점이라고 믿는 문화 속에서 자라왔다. 그런데 이토록 놀라운 유사성을 어떻게 설명해야 할까? 우리는 호기심이 생겨 깊이 파고들기 시작했다. 더 깊이 파고들수록 더욱 많은 유사성이 드러났다. 우리는 수많은 증거를 찾아냈다. 그 많은 증거를 어떻게 설명해야 할까? 고민에 빠진 우리는 그리스도교와 이교도 신앙의 관계에 대해 처음부터 다시 생각했다. 전에는 의심할 여지가 없다고 믿었던 것들을 의심하고, 절대 그럴 리가 없다고 생각한 여러 가능성을 상상해보지 않을 수 없었다. 그래서 우리가 내린 결론이 어떤 사람들에게는 충격적으로, 또 어떤 사람들에게는 이단적으로 보일 것이다. 그러나 그러한 결론을 통해 우리는 그동안 축적해온 수많은 충격적인 증거들을 더없이 간단하고 명쾌하게 설명할 수 있었다.

예수 이야기는 역사적으로 실존한 메시아의 전기가 아니라, 이교도의 여러 유서 깊은 이야기를 토대로 한 하나의 신화라고 우리는 확신하게 되었다. 그리스도교는 새롭고 유일무이한 계시 종교였던 것이 아니라, 실은 고대 이교도의 미스테리아 신앙을 유대인 방식으로 각색한 것이었다. 이런 주장을 우리는 "예수 미스테리아 명제The Jesus Mysteries Thesis"라고 명명했다. 이런 주장이 처음에는 얼토당토않은 소리로 들릴 것이다. 우리도 처음에는 그랬다. "진짜" 예수에 대해 근거 없는 주장을 늘어놓는 책이 허다한 마당이니 말이다. 그러니 혁신적인 이론에 대해서는 약간은 건전한 의심의 눈길을 보내야 한다. 이 책도 물론 아주 예외적인 주장을 하고 있다. 그러나 이 책의 내용은 그저 여흥을 위한 공상이 아니고, 물의를 일으키기 위한 억측도 아니다. 이 책은 이용 가능한 역사적 자료와 가장 최근의 학문적 연구 성과를 굳건한 토대로 삼고 있다. 이 책은 일반 독자를 대상으로 한 책이지만, 우리의 주장을 아주 철저히 분석하고 싶어 하는 독자를 위해 인용문의 출처, 참고 문헌, 기타 보충 내용에 대해 풍부한 주석을 달아놓았다.

우리가 밝힌 수많은 아이디어는 아주 급진적이고 도전적이다. 하지만 사실상 새로움과는 거리가 멀다. 과거 르네상스 시대에도 신학자들은 그리스도교가 고대 이집트 종교에 뿌리를 두고 있다고 생각했다. 19세기에도 우리의 결론과 견줄 만한 추측을 한 몽상가 학자들이 있었다. 최근 수십 년 동안 현대 학자들도 우리가 생각한 가능성들을 거듭 지적해왔다. 하지만 우리가 끌어낸 것과 같은 명백한 결론을 과감히 진술한 사람은 아무도 없었다. 왜냐하면, 그것은 금기였기 때문이다.

그리스도교는 신성하고 유일무이하며, 이교도 신앙은 원시적이고 악마적이라는 생각은 지난 2,000년 동안 서구 세계를 지배해왔다. 이교도 신앙이 부분적으로라도 그리스도교와 동일한 전통을 지녔다는 것은 감히 생각도 할 수 없는 일이었다. 그래서 그리스도교의 참된 기원이 처음부터 아무리 명백해보였다 하더라도, 그것을 감히 직시할 수 있는 사람은 거의 없었다. 그러려면 우리의 문화 전통에 완전히 등을 돌려야 했기 때문이다. 우리가 공헌한 것은, 감히 생각할 수 없는 것을 생각했다는 것이며 다소 건조한 학술 서적이 아닌 대중 서적으로 과감히 결론을 제시했다는 것이다. 우리의 결론은 물론 복잡한 이 주제에 대한 최후의 결론이 아니다. 그러나 우리의 결론이 그리스도교의 기원에 대한 완벽한 재검토를 요청하는 값진 결론일 수 있기를 바란다.

이교도의 미스테리아

고대 그리스에서 연극 공연이 시작되기 전에 울려 퍼지는 합창은 주인공의 운명을 예고한다. 그런 예고를 통해, 우리가 장차 나아가야 할 험난한 길과 목적지를 미리 알아둔다면 그 여정은 한결 수월해질 것이다. 그런 뜻에서 더 섬세한 이야기로 들어가기 전에 우리의 발견 과정을 되짚어보고, 이 책의 간략한 조감도를 먼저 보여드리고 싶다.

우리 두 저자는 한평생 세계의 신비주의에 집요하게 매달렸고, 최근 들어서는 고대 세계의 영적 신앙을 탐구하기에 이르렀다. 예리한 학문적 연구 결과가 대중에게 널리 이해되기에는 시간이 많이 걸릴 수밖에 없다. 여느 사람과 마찬가지로 우리도 처음에는 이교도 신앙에 대해 부정확하고 시대에 뒤떨어진 견해를 지니고 있었다. 우리는 이교도 신앙을 원시적인 미신으로 치부하도록 배웠다. 이교도는 우상 숭배를 하며 피의 제사를 지냈고, 토가를 걸친 로마의 메마른 학구적 철학자들이 오늘날 과학이라고 불리는 것을 향해 장님처럼 휘청거리며 걸어왔다고 배운 것이다. 그리고 우리는 올림포스의 남신들과 여신들이 변덕스럽고 파벌적인 성격을 지녔음을 보여주는 여러 고대 그리스 신화를 귀가 따갑게 들어왔다. 대체로 이교도 신앙은 원시적이고 근본적으로 황당해보였다. 그러나 수년 동안 연구를 계속하다가 우리는 전혀 다른 사실을 알게 되었다.

알고 보니 이교도의 영적 신앙은 사실상 고도로 발전한 문화의 세련된 산물이었다. 고대 그리스인들의 올림포스 신 숭배 같은 국교는 겉치장만 요란한 축제 의식에 지나지 않았던 것이다. 고대 그리스인들의 믿음은 그와 달리 신비하고 역동적인 영적 신앙을 통해 표현되었다. 그것이 바로 '미스테리아 종교Mystery religions'다. 처음에 미스테리아는 이단적인 지하 운동을 통해 고대 지중해 세계 전역에 퍼져 번성해갔고, 이교도 세계의 영적 지도자들을 고무시켰다. 영적 지도자들은 미스테리아를 문명의 원천으로 간주했다.

전통적으로 미스테리아는 공개적인 면과 은밀한 면을 지니고 있었다. 공개적인 미스테리아는 참여하고자 하는 모든 사람에게 활짝 열려 있는 의식과 상식적인 신화로 구성되어 있었다. 은밀한 내적 미스테리아는 강력한 입문 절차를 거친 자에게만 전해지는 신성한 비밀이었다. 은밀한 미스테리아의 입문자들은 공개적인 미스테리아 의식과 신화가 지닌 의미를 전수받았다. 그런 과정을 통해 그들은 개인적으로 탈바꿈해서 영적 깨달음을 얻었다.

고대 세계의 철학자들은 은밀한 미스테리아의 영적 스승들이었다. 그들은 신비주의자였고, 기적을 행하는 자였으며, 케케묵은 학자라기보다는 힌두교 구루에 가까웠다. 예를 들어 고대 그리스의 철학자 피타고라스Pythagoras는 오늘날 수학 정리를 만든 사람으로 기억되고 있지만, 사실 그는 불꽃같은 신비주의 현자였다. 기적적으로 바람을 잠재우고 죽은 자를 살릴 수도 있는 능력을 지닌 자로 신봉된 것이다.

미스테리아의 핵심에는 죽어서 부활한 신인神人과 관련된 여러 신화가 있었다. 이 신인은 여러 이름으로 알려져 있었다. 고대 이집트에서는 오시리스*, 고대 그리스에서는 디오니소스, 소아시아에서는 아티스, 시리아에서는 아도니스, 이탈리아에서는 바쿠스, 페르시아에서는 미트라스로 불렸다. 근본적으로 이 신인들은 모두 동일한 존재다. 이 책에서는 일찍이 BCE* 3세기에 통용된 이름들을 합성해서 오시리스-디오니소스라는 이름을 사용하게 될 것이다.[3, 4] 그것은 이 신인의 세계적이며 혼성적인 성격을 강조하기 위한 것이다. 물론 개별적인 미스테리아 전통을 언급할 때는 개별 이름을 사용할 것이다.

BCE 5세기부터 크세노파네스Xenophanes와 엠페도클레스Empedocles 등의 철학자들은 올림포스의 남신과 여신 이야기를 문자 그대로 받아들이는 것을 비웃었다. 그들은 신화를 인간의 영적 경험의 비유로 보았다. 오시리스-디오니소스 신화를 단순히 흥미로운 이야기가 아니라 상징적인 표현으로 이해해야 한다고 본 것이다. 상징적인 이 표현은 은밀한 미스테리아의 신비한 가르침이 암호화된 것이다. 그러한 이유로 이 신화는 문화가 다른 곳에서는 다소 다르게 풀이되어 발전해갔지만, 그 핵심만큼은 동일하게 유지되었다.

미스테리아의 여러 신인들 신화는 세기적인 신화학자 조지프 캠벨Joseph Campbell이 "동일한 해부 구조the same anatomy"라고 부른 것을 공통적으로 지니고 있다. 모든 인간이 신체적으로 유일무이한 존재이지만 인체의 일반 해부 구조는 동일하다고 말할 수 있다. 마찬가지로 이런 여러 신화들도 유일무이하면서 동시에 근본적으로는 동일하다고 할 수 있다. 그것은 셰익스피어의 『로미오와 줄리엣』과 레너드 번스타인의 《웨스트사이드 스토리》 사이의 관계와 같다. 전자는 부유한 이탈리아의 가문에 대해 쓴 16세기 영국의 비극 작품이고, 후자는 거

---

* (앞쪽) 이집트어로는 우시르.
* 저자는 서력기원전을 나타낼 때 '예수 이전'을 뜻하는 BC 대신 BCE를 사용하고, '우리 주, 곧 예수의 해'를 뜻하는 AD 대신 CE를 사용했다.

리의 갱들에 대해 쓴 20세기 미국의 뮤지컬 작품이다. 겉보기에는 아주 달라 보인다. 그러나 두 작품은 근본적으로 같은 이야기다. 이와 마찬가지로, 이교도 미스테리아의 신인들 신화는 형태가 다를 뿐 근본적으로는 동일한 이야기다.

우리가 오시리스-디오니소스 신화의 다양한 변형들을 연구하면 할수록, 예수의 이야기도 그 변형들이 지닌 온갖 특성을 지니고 있다는 것이 더욱 명백해졌다. 우리는 오시리스-디오니소스와 관련된 신화의 골자를 추려내면 예수 전기를 속속들이 재구성할 수 있다는 것을 알게 되었다.

:: 오시리스-디오니소스는 육체를 가진 신이며 구세주이고 "하느님의 아들 Son of God"이다.
:: 그의 아버지는 하느님이며 어머니는 인간 처녀이다.
:: 그는 세 명의 양치기가 찾아오기 전인 12월 25일에, 동굴이나 누추한 외양간에서 태어난다.
:: 신도들에게 세례 의식을 통해 다시 태어날 기회를 준다.
:: 결혼식장에서 물을 술로 바꾸는 기적을 행한다.
:: 나귀를 타고 입성할 때 사람들은 종려나무 가지를 흔들고 찬송하며 그를 맞이한다.
:: 세상의 죄를 대신 짊어지고 부활절 무렵에 죽는다.
:: 죽은 지 사흘 만에 부활해서 영광되게 하늘로 올라간다.
:: 신도들은 최후의 날 심판자로 그가 다시 돌아오기를 기다린다.
:: 신도들은 그의 몸과 피를 상징하는 빵과 포도주로 그의 죽음과 부활을 기리는 의식을 치른다.

이것들은 오시리스-디오니소스 이야기와 예수 전기에 똑같이 나타나는 것들 가운데 핵심만 추린 것이다. 서로 이토록 닮았다는 것을 우리는 왜 전혀 몰랐을까? 나중에야 우리 두 저자는 알게 되었다. 초기 로마 교회가 그런 사실을 감추기 위해 안간힘을 다했다는 것을. 로마 교회는 이교도의 미스테리아 신앙을 말살하려는 잔혹한 계획을 세우고, 이교도의 신성한 문헌들을 체계적으로 철두철미하게 말살했다. 이 계획은 너무나 완벽하게 수행되어, 오늘날 이교도 신앙은 "죽은" 종교로 간주되기에 이르렀다.

지금 우리에게는 참 놀라운 일이지만, CE 첫 몇 세기 동안의 작가들이 보기에, 새로운 그리스도교와 고대 미스테리아 신앙이 쏙 빼닮았다는 것은 너무나 명백한 사실이었다. 그리스도교를 비판한 풍자가 켈수스Celsus와 같은 이교도는 새롭게 나타난 종교가 자신들의 옛 가르침을 희미하게 반영한 것에 지나지 않는다고 지적했다. 순교자 유스티누스Justinus, 테르툴리아누스Tertullianus, 이레나이우스Irenaeus를 비롯한 초기 "교부敎父"라는 사람들도 분명 너무나 곤혹스러운 나머지, 그 유사성이 "악마의 모방diabolical mimicry" 탓이라고 필사적으로 주장했다. 일찍이 제시된 불합리한 주장 가운데 하나였던 악마의 모방 이론을 채택한 그들은, 악마가 "예상에 의한 표절plagiarism by anticipation"을 했다고 비난한 것이다. 즉, 어수룩한 사람들을 오도할 목적으로, 예수의 진짜 이야기가 실제로 발생하기 전에 악마가 앞서 미래를 내다보고 사악하게 모방을 했다는 것이다! 우리가 보기에 이 교부들은 그들이 죄를 덮어씌운 악마들 못지않게 사악했다는 생각이 든다.

다른 그리스도교 주석가들은 여러 미스테리아 신화가 예수의 실제 도래에 "앞서 울린 메아리pre-echoes", 즉 예언이나 예견과 같은 것이라고 주장했다. 이것은 악마의 모방 이론을 좀 누그러뜨린 것이지만 우스꽝스럽기는 마찬가지다. 예수 이야기가 그보다 먼저 있었던 수많은 신화의 역사적 완성판이라고 보는 것은 문화적 편견에 지나지 않는다. 편견 없이 바라보면, 예수 이야기는 근본적으로 동일한 이야기의 또 다른 변형일 뿐이다.

초기 그리스도교가 이교도 세계를 지배하게 되었을 때, 이교도 신화에서 인기 있던 테마가 예수 전기에 접목되었다고 보면 모든 것이 분명해진다. 이것이 가능하다는 것은 다수의 그리스도교 신학자들도 일찍이 언급한 적이 있다. 예를 들어 동정녀의 성령 잉태는 후대에 외래 신화를 추가한 것이어서 문자 그대로 이해하면 안 되는 것으로 간주되었다. 그러한 테마는 이교도 신앙에서 "빌려온" 것이었다. 그러한 차용은 이교도 축일을 그리스도교 성자들의 날로 삼은 것과 같은 방식으로 이루어졌다. 축적된 신화의 잔재에 깔려 감춰진 "진짜" 예수를 찾고자 하는 사람들은 대부분 이런 이론을 받아들인다.

일견 매력적으로 보이긴 하지만, 우리에게는 이런 설명이 부적절한 것 같았다. 우리는 유사성 전체를 포괄적으로 대조해보았다. 그 결과, 예수의 전기 가운데 이교도 신앙에 미리 나타나지 않은 중요 테마는 거의 찾아볼 수 없었다. 더 나아가 우리는 예수의 가르침조차도 독창적인 게 아니라, 이교의 현자들이 이미 앞서 말한 것이라는 사실을 알아냈다! 그 모든 것의 배후 어딘가에 "진짜" 예수가 실제로 있었다 하더라도, 우리는 진짜에 대해 아는 것이 전무하다는 사실을 인정하지 않을 수 없다. 왜냐하면 후대에 이교도 신화를 덧붙인 기록들만이 우리에게 남아 있기 때문이다! 이런 관점은 정말 터무니없어 보인다. 이 수수께끼에 대해 좀 더 우아한 해답이 분명 있지 않을까?

영지주의

앞서의 발견은 정말 곤혹스러운 것이었다. 우리는 초기 교회가 받아들인 것들에 하나하나 의문을 제기하면서 스스로 증거를 찾아보기 시작했다. 역사를 통해 우리는 성자들과 순교자들이 모두 동일한 믿음을 지닌 것으로 배워왔다. 그러나 사실은 달랐다. 성자들과 순교자들은 사실상 여러 이질적인 집단으로 이루어져 있었던 것이다. 크게 보면 이들은 두 집단으로 나눌 수 있다. 하나는 우리가 '문자주의자Literalists'라고 부르는 집단이다. 이들은 예수 이야기가 역사적인 사실이라고 문자 그대로 받아들인다. CE 4세기에 로마 제국이 받아들인 그리스도교가 바로 그것이다. 이는 로마 가톨릭 신앙이 되었고, 훗날 여러 갈래로 분화되었다. 이와는 철저하게 다른 그리스도교 집단이 있었는데, '영지주의자Gnostics'*가 바로 그들이다.[5]

영지주의자들은 잊혀진 그리스도교인들이다. 훗날 로마 교회 문자주의자들의 박해를 받아 철저히 말살되었던 것이다. 최근까지 그들을 추적하는 사람들의 저술 외에는 우리가 그들에 대해 알고 있는 것은 거의 없었다. 원래의 영지주의 문서가 한 줌 남아 있을 뿐인데, 그것도 19세기 이전에는 출판된 적이 없다. 그러나 이런 상황은 극적으로 달라졌다. 1945년에 한 농부가 이집트의 나그함마디** 근교의 한 동굴에 감춰져 있던 영지주의 장서를 우연히 발견했다. 이 장서는 초기 그리스도교인들에게 널리 배포된 것들이었다. 그러나 신약 성서 정경

---

* 영지주의자를 '정통' 교회 입장에서는 보통 그노시스파라고 번역한다. 그노시스파의 사전적 의미는 "그노시스(영지) 개념으로 그리스도교의 본질을 설명하려던 서기 2세기경의 이단 그리스도교인"이다.
** 나그함마디는 나지함마디라고도 한다.

에 포함되지 못했다. 『도마의 복음서』, 『빌립의 복음서』, 베드로와 12사도의 행적을 기술한 문서, 『바울의 계시록』과 『야고보의 계시록』들이 그것인데, 이제는 학자들이 그런 기록들을 연구할 수 있게 되었다.

예수와 사도들의 가르침을 비롯한 초기 그리스도교 장서가 발견되었다는 것은 획기적인 일이다. 그런데도 오늘날의 그리스도교인들 가운데 그런 문서의 존재에 대해 아는 사람조차 별로 없다는 것은 너무나 이상한 일이 아닐 수 없다. 그리스도교인들은 새로 발견된 말씀들을 읽어보려고 안달을 해야 마땅한 것이 아닐까? 신약 성서 정경으로 채택된 몇 개의 복음서에만 매달리는 이유가 도대체 무엇일까? 물론 영지주의가 추방된 지 2,000년에 이르고, 그동안 로마 교회에서 프로테스탄트가 갈라져 나갔고, 수천의 개신교 집단이 생겼지만, 영지주의는 아직도 합법적인 그리스도교 신앙으로 간주되고 있지 않은 것 같다.

영지주의 복음서를 탐구하는 사람들은 그들에게 친숙한 종교와는 매우 이질적인 그리스도교의 한 형태를 발견하게 된다. 우리는 『집정관들의 본질』, 『노레아의 생각』 같은 제목이 붙은 낯선 문서들을 연구하게 되었다. 그러면서 우리는 마치 《스타 트렉》 영화 속으로 빨려드는 듯한 느낌이 들었다. 영지주의는 진정한 "정신의 항해psychonauts"였다. 영지주의는 생명의 기원과 의미를 탐색했고, 내면 우주의 마지막 미개척지를 대담하게 탐구했다. 영지주의자들은 신비주의자였고, 창조적인 자유 사상가였다. 그들이 문자주의 교회의 주교들에게 왜 그토록 미움을 받았는지는 너무나 명백했다.

문자주의자들에게 영지주의자는 위험한 이단자였다. 반영지주의 저술들 ― 초기 그리스도교에서 영지주의자들이 지녔던 힘과 영향력을 반증하는 자료들 ― 을 보면, 영지주의자들은 "토착화된" 그리스도교인으로 묘사되어 있다. 즉, 주위의 이교도 신앙에 오염되어 참된 신앙의 순수성을 포기한 사람들로 그려져 있다. 그러나 영지주의자들은 자기들이야말로 전통을 지켜가는 진정한 그리스도교인이라고 생각했다. 그들은 문자주의 주교들을 "가짜 그리스도교인imitaion church"으로 보았다.[6] 자신들은 문자주의자들이 알지 못하는 그리스도교의 은밀한 미스테리아를 알고 있다고 주장했다.

우리는 영지주의의 믿음과 실천을 탐구하면서, 문자주의자들이 한 가지만은 옳았다는 것을 확신하게 되었다. 즉, 영지주의자들은 이교도와 별 차이가 없었다. 이교도의 미스테리아를 논한 철학자들처럼, 그들은 다시 육체를 부여받는다고 믿었고, 여신 소피아*를 찬양했고, 고대 그리스의 신비한 플라톤 철학에 심취했다. '영지주의자Gnostics' 란 "아는 자Knowers"라는 뜻이다. 이교도 미스테리아 입문자들과 마찬가지로, 그들은 자신들의 은밀한 가르침이 그노시스Gnosis, 곧 직접 경험에 의거한 "하느님에 대한 앎Knowledge of God"을 전하는 힘을 지녔다고 믿었기 때문에 그런 이름을 얻게 되었다. 이교 입문자가 신이 되는 것을 목표로 삼은 것과 마찬가지로, 영지주의자들이 보기에 그리스도교 입문자의 목표는 그리스도가 되는 것이었다.

특히 우리가 충격을 받은 것은, 영지주의자들이 예수의 역사성에 관심이 없었다는 것이다. 그들에게 예수 이야기가 지닌 의미는, 이교도 철학자들에게 오시리스-디오니소스 신화가 지닌 의미와 동일했다. 즉, 예수 이야기는 은밀하고 신비한 가르침을 암호화한 하나의 비유였다. 이러한 통찰은 우리에게 주목할 만한 가능성 하나를 명쾌히 보여주었다. 이교도 신화와 예수 전기 사이의 유사성에 대한 설명은 사실 항상 있었지만, 우리는 그 설명의 진위를 판단할 수 없었다. 그

---

* 소피아는 지혜라는 뜻.

러나 이제 우리는 비로소 전통적인 사고방식의 실마리를 잡게 되었다.

예수 미스테리아 명제

로마 교회 당국자들이 우리에게 물려준 전통적인 역사에 따르면, 그리스도교는 한 유대인 메시아의 가르침에서 발전했으며, 영지주의는 훗날의 한 분파에 지나지 않는다. 그러나 이 그림이 뒤집혀서, 영지주의자들이 주장하는 대로 영지주의야말로 참된 그리스도교라면 어쩔 것인가? 정통 그리스도교가 영지주의에서 갈라져 나온 훗날의 한 분파라면? 그리고 영지주의가 유대교와 이교도의 미스테리아 신앙을 합성한 것이라면? 이러한 질문이 바로 예수 미스테리아 명제의 출발점이었다.

대담하게 말해서, 우리 앞에 나타난 그림은 다음과 같다. 고대 지중해 세계에서는 더 먼 옛날의 미스테리아를 받아들여 민족적 취향에 따라 각색을 했으며, 죽은 후 부활한 신인 신화의 여러 판본을 만들었다. 그중 일부 유대인들이 이교도의 미스테리아를 받아들여 우리가 오늘날 영지주의로 알고 있는 것을 만들어냈다. 유대인 미스테리아 입문자들은 오시리스-디오니소스 신화의 유력한 상징들을 자신들의 신화로 각색했다. 그 신화의 주인공이 바로 죽었다가 부활한 신인神人 예수다.

만일 이것이 사실이라면, 예수 이야기는 결코 전기가 아니라, 유대인 영지주의자들의 영적 가르침을 암호화하기 위해 의식적으로 교묘히 꾸며낸 것이 된다. 이교도 미스테리아 종교에서처럼, 영지주의의 은밀한 미스테리아에 입문하면 신화의 우의적 의미가 밝혀지게 된다. 그런데 어쩌다가 입문을 하지 못한 자가 실수로 예수 신화를 역사적 사실로 간주하는 바람에 문자주의 그리스도교가 탄생하게 되었을 수도 있다. 영지주의자들이 가르친 그리스도교의 은밀한 미스테리아, 그러나 문자주의자들은 부정한 은밀한 미스테리아에 따르면, 예수 이야기는 하느님이 지구를 유일하게 한 번 방문했다는 사실의 기록이 아니다. 예수 이야기는 우리 각자가 그리스도가 될 수 있도록 돕기 위해 꾸며낸 신비한 가르침일 뿐이다.

예수 이야기는 신화로서의 속성을 모두 갖추고 있다. 그렇다면 그것은 정확히 무엇인가? 어차피 새로 발견된 영지주의 복음서를 읽는 사람은 거의 없고, 그들의 환상적인 이야기를 문자 그대로 사실로 받아들일 사람도 없다. 그 복음서는 당연히 신화로 보인다. 그런데 신약 성서의 복음서들을 마찬가지 관점에서 보지 않는다면, 그것은 문화적 편견의 소산일 뿐이다. 신약 성서의 복음서들 또한 우리가 잃어버렸다가 최근에 새로 발견했다고 가정해보자. 그러면 대체 누가 그 복음서를 열렬히 읽을 것인가? 또 동정녀에게서 태어났다는 인간이 역사적 실존 인물이며, 물 위를 걸었고, 죽은 후 부활했다는 것을 누가 사실로 믿겠는가? 오시리스, 디오니소스, 아도니스, 아티스, 미트라스 등등 이교도 미스테리아 신앙의 구세주 이야기는 모두 비유라고 생각하면서, 근본적으로 동일한 이야기를 유대인식으로 각색한 베들레헴의 한 목수 이야기는 사실이라고 믿어야 하는 이유는 무엇인가?

그리스도교인으로 자라온 우리 두 저자는 수년 동안 열린 마음으로 영적 탐구를 했으면서도 감히 그런 의문을 갖는 것조차 위험하다는 생각을 떨칠 수 없었다. 어린 시절에 교리를 주입하면 아주 깊숙이 스며든다. 우리는 이제 요컨대 예수가 이교도의 신이었으며, 그리스도교는 이교도 신앙의 이단적 산물이라고 말하게 되었다! 이런 발언은 위험천만해보인다. 하지만 우리의 명제를 따르면, 오시리스-디오니소스 이야기와 예수 그리스도 이야기 사이의 유사성이 간명하고 우아하게 설명된다. 이 이야기들은 발전하고 있는 신화 체계의 일부인 것이다.

예수 미스테리아 명제는 당혹스러운 많은 질문에 답한다. 하지만 새로운 딜레마를 낳이기도 한다. 예수라는 인간의 실존에 대해 논쟁의 여지가 없는 역사적 증거는 정말 전혀 없는가? 가장 초기의 그리스도교인으로 알려진 바울이 반영지주의를 그토록 크게 부르짖었다는데, 영지주의가 어떻게 원래의 그리스도교 신앙일 수 있는가? 유대인처럼 근성이 강한 반이교도가 이교도의 미스테리아 신앙을 받아들일 수 있었다는 것이 정말 믿을 만한가? 의식적으로 꾸며낸 신화를 역사적 사실로 믿었다는 것이 있을 수 있는 일인가? 영지주의가 진짜 그리스도교를 대표한다면, 문자주의자들의 그리스도교가 시대를 통틀어 가장 영향력 있는 종교로 세계를 장악하게 된 이유는 무엇인가? 이와 같은 여러 질문에 모두 만족스럽게 답해야만 우리는 그처럼 급진적인 이론을 진심으로 수용할 수 있게 될 것이다.

거대한 은폐

그리스도교 신앙의 기원에 대한 우리의 새로운 설명이 터무니없는 말로 들린다면, 그 이유는 오직 기존의 견해와 모순되기 때문이다. 우리가 연구를 더욱 진전시키자 전통적인 그림이 완전히 해체되기 시작했다. 우리는 종교적 분파와 권력 투쟁, 위조 문서와 가공의 인물들, 편집되고 추가된 편지들, 역사적 증거의 대대적인 말살 등으로 이루어진 세계 속으로 휩쓸려 들어갔다. 과학 수사를 하듯, 확신을 가질 수 있는 몇 가지 사실에 집중적으로 초점을 맞추었다. 우리는 '추리 소설' 속의 범인을 알아내기 직전에 있는 탐정 같은 기분이 들었다. 더 정확히 말하면, 배달 착

오로 알려지지 못한 고대의 정의正義를 밝히기 직전에 있는 것 같았다. 남아 있는 진짜 증거가 무엇인가를 몇 번이고 거듭해서 엄밀히 검증하는 동안, 우리는 로마 교회가 우리에게 물려준 그리스도교의 역사가 진실을 총체적으로 왜곡한 것임을 알아냈다. 실제 증거에 따르면 예수 미스테리아 명제가 전적으로 옳았다. 우리는 기만당해왔으며, 영지주의야말로 원래의 그리스도교였고, 그들의 무정부적인 신비주의는 권위주의적인 제도에 의해 말살되었으며, 이윽고 역사상 가장 거대한 은폐 행위가 잔혹하게 자행되었다는 것이 점점 더 명백해졌다.

이러한 은폐 행위의 주역 가운데 하나는 유세비우스Eusebius*라는 인물이다. 그는 CE 4세기 초에 전설을 수집하고 자신의 상상력을 덧붙이고 날조해서, 오늘날까지 전해오는 그리스도교의 초기 역사를 집필했다. 이후의 모든 역사는 유세비우스의 의심스러운 주장을 토대로 삼지 않을 수 없었다. 인용할 다른 정보가 거의 남아 있지 않았기 때문이다. 그리스도교에 대해 다른 견해를 가진 사람은 죄다 이단자로 낙인찍혀서 제거되었다. 이런 식으로 4세기에 편집된 거짓 문서가 우리에게 확고한 사실로서 전해 내려왔다.

유세비우스는 로마 황제 콘스탄티누스Constantinus에게 임용되었다. 이 황제는 그리스도교를 로마의 국교로 삼았고, 문자주의 그리스도교를 믿는 자에게 권력을 부여해서 이교도와 영지주의자들을 말살하게 했다. 콘스탄티누스 황제는 자신의 주장인 "하나의 제국, 하나의 황제"를 확고히 하기 위해 "하나의 신, 하나의 종교"를 원했다. 그는

---

* 『교회사』를 쓴 카이사리아 주교이자 역사가로서, 이집트 알렉산드리아의 주교 성 아타나시우스의 유명한 지지자이자 니케아 신조의 회복자인 유세비우스(4세기 초~370/371년)와는 다른 사람이다.

니케아 신조 — 오늘날에도 교회에서 되풀이되고 있는 신조 — 가 만들어지는 것을 지켜보았다. 이 신조*에 동의하지 않는 그리스도교인은 로마 제국에서 추방되거나 침묵해야 했다.

로마 제국의 재건자로 높이 평가받고 있는 이 "그리스도교인" 황제는 니케아에서 고향으로 돌아온 후 아내를 목 졸라 죽였고 아들을 살해했다. 그는 임종할 때까지 일부러 세례를 받지 않았다. 잔혹한 행위를 계속하다가 최후의 순간에 세례를 받음으로써 죄를 용서받고 천국의 자리를 보장받겠다는 생각에서였다. 그는 자신의 "정치 고문spin doctor"인 유세비우스로 하여금 아첨으로 가득한 자기 전기를 쓰게 해서 자신을 미화시켰지만, 사실상 그는 이전의 로마 황제와 똑같은 괴물이었다. 그리스도교의 기원에 관한 "역사"가 로마 폭군에게 임용된 한 사람이 지어낸 새빨간 거짓말로 드러난다면 정말 얼마나 놀라운 일인가?

초기 그리스도교에 대한 가장 권위 있는 학자 가운데 한 명인 일레인 페이절스Elaine Pagels는 이렇게 썼다.

역사를 쓰는 자는 승리자들이다. 그들은 제멋대로 쓴다. 그러니 그리스도교의 기원에 대한 전통적 설명에서 자기들은 "정통orthodox"이고 적들은 "이단heretics"이라고 정의했다고 해서 놀랄 것은 없다. 나아가서 그들은 자신들의 승리가 역사적으로 불가피했다고 — 종교 용어로 말하자면 "성령Holy Spirit의 인도"를 받은 것이었다고 — 선전했다. 그들은 자기만족을 위해서라도 그렇게 하지 않을 수 없었을 것이다. 그러나 나그함마디에서 (영지주의 복음서들을 — 옮긴이) 발견함으로써 근

---

* "그리스도는 하느님"이라는 것.

본적인 의문이 다시 제기되었다.[7]

역사는 정말 승리자가 쓴다. 적절한 역사를 꾸며내는 것은 항상 정치 조작을 위한 병기를 제작하는 것과 같았다. 2,000년 후 할리우드에서 "서구가 어떻게 졌는가"가 아니라 "서구가 어떻게 이겼는가"를 말하기 위해 "카우보이와 인디언" 이야기를 꾸며내는 것과 거의 똑같은 방식으로, 로마 교회는 문자주의 그리스도교의 승리의 역사를 꾸며냈다. 역사는 단순히 기술되는 것이 아니라 만들어진다. 이상적으로는, 역사적 증거를 설명함으로써, 과거에 의해 현재가 어떻게 창조되었는가를 정확히 이해하게 하기 위해 역사를 쓰게 된다. 그러나 너무나 빈번하게도, 역사는 단지 현상을 정당화하고 찬양하기 마련이다. 그러한 역사는 드러내는 것 못지않게 감추는 것이 많다.

받아들여진 역사에 감히 의문을 단다는 것은 쉽지 않은 노릇이다. 어렸을 때부터 사실이라고 들어왔던 이야기가 알고 보니 날조된 허구였다는 사실을 받아들이기는 쉽지 않다. 친절한 "우리 아저씨Uncle Joe" 스탈린 이야기를 들으며 자라온 러시아인들이, 사실은 스탈린 때문에 수백만 명이 죽었다는 사실을 받아들이기는 여간 어려운 일이 아니었다. 스탈린 정권에 반대한 사람들은 스탈린이 러시아 혁명의 수많은 영웅들을 실제로 살해했다고 주장했는데, 그런 주장도 전혀 믿기지 않았다. 스탈린이 심지어는 정적들의 사진을 아예 없애버렸고, 역사적 사건들을 완전히 날조했다고 주장했을 때도 터무니없는 소리라고 생각했다. 하지만 그 모든 것이 사실이었다.

다른 모든 사람이 믿는다면 그것은 진실임에 **틀림없다**고 믿기 쉽다. 그러나 진실은 의심할 수 없는 것을 감히 의심함으로써만 밝혀질 수 있다. 너무나 널리 믿어져서 당연한 것으로 받아들여지는 개념도 의심해봐야 한다. 예수 미스테리아 명제는 그처럼 열린 정신의 산물이다. 처음 우리에게 그런 생각이 떠올랐을 때, 그것은 터무니없고 불가능한 것처럼 보였다. 그러나 이제는 명백하고 평범해보인다. 로마 교황청은 고대 이교도의 성지에 세워졌다. 새로운 것은 항상 옛것 위에 세워지기 마련이다. 마찬가지로 그리스도교 자체도 앞서 존재한 이교도의 영적 신앙을 토대로 삼고 있다. 역사적으로 끊임없이 이어져온 방식대로 그리스도교가 고대 이교도의 미스테리아 신앙으로부터 출현함으로써, 영적 사상이 점진적으로 진화했다고 보는 것보다 더 그럴듯한 가정이 또 어디 있겠는가? 이런 생각이 이단적이고 충격적으로 보인다면, 그것은 다만 승리자의 역사만을 너무나 오래, 너무나 많은 이들이 믿어온 탓이다.

참되고 신비한 그리스도교 재발견

퍼즐의 마지막 조각들을 끼워 맞추고 있을 때, 우리는 우연히 한 고서의 부록에 삽입된 작은 그림을 보게 되었다. 그것은 CE 3세기에 지니고 다닌 부적을 그린 것이었다. 십자가에 못 박힌 인물이 보이는데, 누구나 그걸 보면 예수를 표현한 거라고 생각할 것이다. 그러나 이 인물 밑에는 그리스어로 "오르페우스가 바쿠스가 되었다."는 말이 적혀 있다. 우리가 오시리스-디오니소스라고 표기해온 바로 그 인물인 것이다. 하지만 이 그림이 실린 책의 저자는 그것을 제대로 이해하지 못했다. 부적에 그려진 자는 정말 누구였을까? 십자가에 못 박힌 이교도 신격神格이었을까? 아니면 이교도 신앙과 영지주의 그리스도교의 합체였을까? 어느 쪽이든 곤혹스럽기는 마찬가지다. 그러나 우리에게 이 부적은 완벽하게 이해되었다. 뜻밖에도 이 부적은 예수 미스테리아 명제가 옳다는 것을 확인시켜주었다. 그것은 예수의 이미지일 수도 있고, 오시리스-디오니소스의 이미지일 수도 있다. 어쨌거나 미스테리아 입문자에게는 둘 다 근본적으로 동일한 인물에 대한 두 가지 이름일 뿐이다.

　이 부적의 '우연한' 발견 덕분에 우리는 스스로 알아낸 것들을 세상에 널리 알리라고 우주가 우리를 격려하는 듯한 느낌이 들었다. 예수 미스테리아 명제는 신비가들과 학자들이 수세기 동안 여러 가지 방식으로 주창해왔지만 결국에는 항상 무시당해왔다. 그런데 이제는 인정받을 때가 되었다는 생각이 들었다. 그러나 우리는 이 책을 쓴다는 것이 정말 걱정스러웠다. 불가피하게 일부 그리스도교인들의 분노를 살 텐데, 그것은 우리가 전혀 바라는 것이 아니다. 끊임없이 거짓말과 불공정한 판단에 둘러싸여 살았다는 것을 알게 되면 분명 영지주의에 대한 부정적인 허위 진술에 대해 다소간 분노할 수도 있을 것이다. 그리고 이교도 문화가 얼마나 기름진 것이었는지를 알게 되면, 그 문화가 무도하게 파괴당했다는 사실에 슬픔을 느끼지 않을 수 없을 것이다. 하지만 우리는 반그리스도교를 부르짖을 생각이 전혀 없다.

　우리의 다른 저서를 읽으신 분이라면 우리의 관심사가 분열을 조장하는 데 있지 않다는 것을 잘 아실 것이다. 우리의 관심사는 모든 영적 전통의 핵심이 되고 있는 통일성을 인식하는 데 있으며, 이 책 또한 예외가 아니다. 초기의 문자주의 그리스도교인들은 예수 이야기가 오시리스-디오니소스 이야기와 전혀 다르다고 잘못 생각했다. 그것은 예수만이 신화적 인물이 아닌 역사적 인물이라는 이유에서였다. 그래서 그리스도교인들은 자신의 신앙이 다른 신앙과는 대립한다고 생각해왔다. 그러나 그것은 옳지 않다. 계속 진화하고 있는 보편적 인간의 영성의 참된 기원을 이해함으로써, 그리스도교가 스스로 부과한 고립으로부터 자유로워질 수 있기를 우리는 바란다.

우리는 예수 미스테리아 명제로 역사를 다시 쓰고자 한다. 그러나 우리는 이 글이 그리스도교 신앙에 해가 된다고 보지 않는다. 도리어 이 글은 우리가 이전에 상상했던 것보다 더 풍요로운 그리스도교를 제시하는 것일 수 있다. 예수 이야기는 구하는 자에게 그노시스를 전해주는 힘을 지닌 항구적인 신화다. 이 신화는 우리 각자를 그리스도로 탈바꿈시킬 수 있다. 예수 이야기는 약 2,000년 전에 다른 누군가에게 일어난 역사적 사건에 지나지 않는 것이 아니다. 원래 예수 이야기를 믿는다는 것은 그리스도교라는 영적 신앙, 곧 공개적 미스테리아를 믿는 첫 단계였다. 구하는 자가 영적으로 성숙하면 계몽된 교사로부터 미스테리아의 의미를 전수받도록 되어 있었다. 이 은밀한 미스테리아는 교리에 대한 단순한 믿음 너머에 있는 신에 대한 신비한 앎을 깨우쳐주었다. 역사를 통틀어, 수많은 그리스도교 신비가들은 직관적으로 심오한 깨달음을 얻었다. 그러나 우리는 그리스도교 신앙의 공개적 미스테리아만을 문화로 물려받았다. 우리는 그 형식을 지켜오면서 내적 의미는 잃어버리고 만 것이다. 이 책이 참되고 신비한 그리스도교 유산을 회복하는 데 작은 기여를 할 수 있다면 우리는 더 바랄 게 없다.

02
이교도의 미스테리아

저 행복한 자는 복이 있도다.
신들이 마련한 미스테리아를 알고,
자신의 삶을 신성케 하며,
신비한 합일 속에서 영혼과 영혼을 결합하고,
마땅히 순수해진 의식儀式으로
산상 고독의 황홀경에 드는 자여.
위대한 어머니가 이르신
신비한 관례를 지키는 자여.
머리에 담쟁이덩굴을 쓰고
디오니소스를 경배하여 지팡이를 흔드는 자여.[1]
_ 에우리피데스

이교도 신앙은 "죽은" 종교다. 아니 더 정확히 말하면 "말살된" 종교다. 그냥 망각 속으로 사라져버린 것이 아니다. 적극적으로 억압당했고 학살되었다. 그 신전과 성소는 능욕당하고 파괴되었다. 위대하고 신성한 책들은 화톳불에 던져졌다. 고대의 이 신앙을 설명하는 글은 한 줄도 남겨지지 못했다. 그래서 이교도 신앙의 세계관은 외부 문헌들과 고고학적 증거를 통해 재구성될 수밖에 없다. 그것은 거대한 형

이상학적 조각 그림 맞추기와도 같다.

'이교도Pagan'란 원래 촌뜨기라는 뜻이었다. 그리스도교인들이 이 말을 사용한 것은, 고대인의 영적 신앙이 원시적인 시골의 미신에 지나지 않는다고 비아냥거리기 위해서였다. 그러나 그것은 원시적인 게 아니었다. 이교도 신앙은 기자Giza의 피라미드, 절묘한 파르테논의 건축물, 그리스 조각가 피디아스Phidias(BCE 약 500~432년 — 옮긴이)의 전설적인 작품, 에우리피데스Euripides와 소포클레스Sophocles의 강렬한 희곡 작품, 소크라테스와 플라톤의 웅대한 철학과는 또 다른 장엄함을 고취시키는 영적 신앙이었다.

이교도 문명은 거대한 도서관들을 세웠다. 도서관에는 문학과 과학의 천재성이 발휘된 수많은 작품이 소장되었다. 당시의 자연 철학자들은 인간이 동물에서 진화했다고 추론했다.[2] 천문학자들은 지구가 구형이라는 것을 알았고,[3] 다른 여러 행성과 더불어 지구가 태양 둘레를 돌고 있다는 것도 알았다.[4] 그들은 지구 둘레의 근사치를 계산해내기까지 했다.[5] 고대 이교도 세계의 인구는 18세기 유럽의 인구에 맞먹을 정도로 많았다.[6] 고대 그리스에서 이교도 문화는 민주주의, 합리주의 철학, 공공 도서관, 극장, 올림픽 게임 등의 개념을 탄생시킴으로써, 우리의 현대 세계를 위한 청사진을 창조해냈다. 이러한 기념비적인 문화적 성취물들에 영감을 준 영적 신앙은 과연 무엇이었을까?

이교도 신앙이라고 하면, 대다수 사람들은 헤시오도스Hesiodos와 호메로스Homeros가 기록한 올림포스 신들의 신화나 조악한 마법을 연상한다. 사실 이교도의 영적 신앙은 양자를 모두 포함한다. 시골 사람들은 전통 샤머니즘에 따라 자연을 숭배하며 대지가 계속 비옥하기를 기원했고, 도시 당국은 올림포스의 제신 숭배와 같은 공식 국교를 장려했다. 그것은 정치권의 현상 유지를 위한 방편이었다.

그러나 샤머니즘과 국교 외에 세 번째로, 좀 더 신비한 정신을 표현한 이교도 신앙이 또 있었다. 그 이교도 신앙은 고대 세계의 위대한 정신을 고취시켰다. 사상가, 예술가, 낡은 것의 혁신자 들은 미스테리아로 알려진 다양한 종교의 입문자들이었다. 주목할 만한 이 사람들은 미스테리아가 그들 문화의 심장이자 영혼이라고 주장했다. 고대 그리스 역사가 조시모스Zosimos는 "신성한 미스테리아는 모든 인종을 포용했다."는 이유에서 미스테리아가 없으면 "그리스인들의 삶은 유지될 수 없을 것"이라고 썼다.[7] 유명한 로마 정치가 키케로는 다음과 같이 열변을 토했다.

> 이 미스테리아들은 조악한 야만성으로부터 우리를 건져내서 세련되고 계발된 문명을 일구게 했다. 미스테리아의 여러 의식은 "입문식initiations"이라고 불리며, 우리는 진실로 이를 통해 삶의 최초 원리를 배웠다. 우리는 행복하게 살기 위해서만이 아니라 더 나은 희망을 안고 죽기 위해 깨달음을 얻어왔다.[8]

사회 응집력을 높이기 위해 고안된 공식 국교의 전통 의식과 달리, 미스테리아 신앙은 개인의 계몽과 신비한 비전을 제공하는 개인적 형태의 영적 신앙이었다.[9] 입문자는 비밀 입문 절차를 거쳤고, 이 절차는 의식의 상태를 심오하게 탈바꿈시켰다. 고대 그리스의 서정시인 핀다로스Pindaros는 미스테리아 입문자가 "신이 부여한 삶의 시작과 끝을 안다."고 말했다.[10] 로마의 시인이자 철학자인 루키우스 아풀레이우스Lucius Apuleius는 자신의 입문 경험이 영적 신생이었다면서, 그 날을 생일로 삼았다. 그 경험에 대해 그는 "갚을 길이 없는 감사의 빚"을 졌다고 생각했다.[11] 온 시대를 통틀어 가장 영향력 있는 철학자 플라톤은 이렇게 말했다.

우리는 아름다운 비전을 보며, 진정 축복이라고 할 수 있는 미스테리아의 세계에 입문했다. 우리는 순결한 상태에서 의식을 거행했다. 고요하고 행복하고 단순하고 영원한 비전, 순수한 빛을 내뿜는 찬란한 비전들을 보았다.[12]

위대한 이교도 철학자들은 계몽된 미스테리아의 스승들이었다. 오늘날에는 흔히 메마른 "학구적" 지성인으로 그려지고 있지만, 그들은 사실상 수수께끼 같은 "구루들"이었다. 엠페도클레스는 피타고라스와 마찬가지로 기적을 일으키는 자였다.[13] 소크라테스 또한 별난 신비가였다. 그는 홀연히 황홀경에 빠져 몇 시간째 허공을 물끄러미 응시하곤 했다.[14] 헤라클레이토스Heracleitos는 입법가가 되어달라는 에베소(에페소스) 시민들의 부탁을 받았지만, 한마디로 거절해버리고 계속 신전에서 아이들과 놀면서 지냈다.[15] 아낙사고라스Anaxagoras는 "더욱 지고한 철학"에 평생을 바치기 위해 자신의 농장을 완전히 포기함으로써 보통의 시민들을 놀라게 했다.[16] 디오게네스Diogenes는 아무것도 소유하지 않은 채, 신전 입구에 있는 항아리 안에서 살았다.[17] 영감을 받은 극작가 에우리피데스는 외딴 동굴에서 고독하게 살며 그의 최고 걸작을 집필했다.[18]

이 모든 특이한 현자들은 미스테리아의 신비주의에 심취했고, 철학을 통해 신비주의를 표현했다. 플라톤의 제자인 올림피오도루스Olympiodorus의 말에 따르면, 플라톤은 미스테리아를 항상 쉽게 풀어서 설명해주었다.[19] 헤라클레이토스의 저술은 고대에도 너무나 난해하고 불가해한 것으로 유명했지만, 디오게네스는 그처럼 불가해한 것이 미스테리아 입문자에게는 수정처럼 투명하기 그지없다고 말했다. 헤라클레이토스를 연구한 그는 이렇게 썼다.

어둠으로 가득 찬 그 길을 따라가기는 어렵다. 그러나 입문자가 그대를 안내한다면, 그 길은 태양 빛보다 더 밝아진다.[20]

이교도 철학의 핵심은 모든 것이 하나One라는 깨달음이다. 미스테리아는 입문자의 내면에서 이 하나됨의 숭고한 체험이 일어나는 것을 목표로 삼았다. 로마의 역사가 살루스티우스Sallustius는 이렇게 말했다. "모든 입문식은 우리가 세계World와 그리고 신과 하나됨을 목표로 한다."[21] 플로티노스Plotinos는 개별 자아로서의 한계를 초월한 입문자가 신비하게 신과 합일하는 체험을 이렇게 묘사했다.

어떤 신god에게 사로잡힌 듯, 혹은 신들린 듯한 상태에서, 그는 결코 마음이 흐트러지지 않고, 자신의 존재에 집착함이 없고, 자아로 법석거림도 없는 고요 속에서 고독에 도달하며, 완전한 휴식 상태에 들어서서 휴식 자체가 된다. 그는 성상이 아닌 신성 자체와 대화를 한다. 그것은 환상이 아니라 관조의 한 방식이다. 그것은 자아로부터의 초월이고, 자아의 단순화이자 자아의 항복이며, 하나됨의 열망이고, 탈바꿈을 지향하는 고요한 명상이다. 누구라도 이런 식으로 자신을 보는 자는 신God과 닮은 상태에 도달했다. 그는 자아를 포기하고 여행의 목적을 깨닫는다.[22]

"미스테리아 홀에서 나온 나는 자신이 낯설게 느껴졌다." 입문자 소파트로스Sopatros가 시적으로 이렇게 노래한 것은 전혀 이상할 게 없다.[23]

엘레우시스에서의
신성한 장관

그와 같은 경외감과 진심 어린 감회를 불러일으킨 고대 미스테리아는 과연 무엇이었을까? 미스테리아 신앙은 수천 년 동안 계속 이어져 여러 형태로 고대 세계 전역에 퍼졌다. 더러는 광란적이었고 더러는 명상적이었다. 더러는 동물 희생제 형태를 띠었고 더러는 엄격한 채식주의를 지켰다. 역사상 어느 순간에는 미스테리아 의식이 전 인구가 참여한 공개 의식이 되었다. 국가 권력이 장려한 때도 있었고, 그저 눈감아준 때도 있었다. 어느 시대에는 비동조적인 권력자의 박해가 두려워 규모가 작아지고 은밀해졌다. 그러나 이 모든 미스테리아의 핵심에는 죽었다가 부활한 신인의 신화가 자리 잡고 있었다.

엘레우시스*에서 거행된 고대 그리스의 미스테리아 의식은 위대한 어머니 여신을 기렸는데, 모든 미스테리아 신앙에서 가장 유명한 존재는 디오니소스 신인이었다. CE 396년에 광신적인 그리스도교 수도사 무리가 성소인 엘레우시스를 완전히 폐허로 만들어버렸지만, 그런 잔혹한 행위가 있기까지 1,100년이 넘도록 엘레우시스에서는 미스테리아 의식을 거행해왔다.[24] 절정기에는 당시 알려진 세계 모든 곳에서 입문식을 치르기 위해 사람들이 모여들었다. 남자와 여자, 부자와 가난한 자, 노예와 황제,[25] 심지어 인도의 브라만 사제들까지도 참여했다.[26]

해마다 약 3만 명의 아테네 시민들이 디오니소스의 가을 미스테리아 의식을 치르기 위해, 해변에 있는 엘레우시스 성소까지 맨발로 30

| * 아테네 북서쪽 방향에 있는 고대 그리스 도시.

킬로미터에 이르는 순례 행진을 했다.[27] 중요한 이 종교 의식을 준비하기 위해 그들은 며칠 동안 금식을 하고, 희생물을 바치고, 정화 의식을 치렀을 것이다. 엘레우시스까지의 "신성한 길"에서는 열광적인 음악이 울려 퍼졌다. 입문하려는 자들이 춤을 추며 걸을 때, 주위를 에워싸고 있는 가면 쓴 사람들이 그들을 욕하며 모욕을 주었고, 더러는 지팡이로 때리기까지 했다.[28] 선두에서는 디오니소스상像을 실어 나르며 행렬을 앞으로 이끌었다. 바다에서 나체 목욕 따위의 정화 의식을 치른 후, 군중은 거대한 입문식 홀인 텔레스테리온 Telesterion으로 들어가는 큰 문들 앞에 이르렀다. 이미 입문식을 치른 사람과 이제 비로소 은밀한 미스테리아에 입문하게 될 소수의 선택된 사람만이 안으로 들어갈 수 있었다.

그 문들 뒤에서는 어떤 의식을 치렀을까? 고대 세계의 위대한 철학자, 예술가, 정치가, 과학자들을 그토록 깊이 감동시킨 경이로운 의식은 과연 무엇이었을까? 모든 입문자는 비밀 서약을 했다. 그들은 미스테리아가 너무나 신성해서 서약을 지키지 않을 수 없다고 주장했다.[29] 그러나 수많은 암시와 단서를 통해 우리는 그들이 극적이고 장엄한 광경을 보았다는 것을 알고 있다. 그들은 현란한 빛을 보았고 놀라운 소리를 들었다. 그들은 거대한 불길 속에서 목욕을 했고, 위력적인 종소리의 진동에 몸을 떨었다. 히에로판테스 Hierophantes*라고 불린 미스테리아의 제사장은 말 그대로 쇼를 연출하는 사람이었다. 그는 신성한 신화를 소름 끼치도록 극적으로 재연했다. 또 그는 몸소 핵심 인물인 신인 디오니소스로 분장했다.[30]

현대의 한 학자는 이렇게 썼다.

---

* 신성한 환상이라는 뜻. 미스테리아 의식의 진행자이자 비의秘義 해설자.

따라서 미스테리아 의식은 한 편의 신성한 드라마였다. 소수의 선택된 관객이 경외의 눈길로 지켜보는 동안, 갈등과 고통, 수호신의 승리, 자연의 산고産苦 이야기가 전개되고, 결국에는 삶이 죽음을 이기고 고통 속에서 기쁨이 탄생한다. 미스테리아의 모든 의식은 특히 정서적 삶을 자극하고자 했다. 이 수난극에서는 외적 자극을 주어 주의를 끌 목적으로, 정서를 자극하는 모든 수단을 동원했다. 금욕 기간을 두고, 침묵을 지키게 하고, 행렬을 시키고, 공들여 장관을 연출하고, 우렁차고 격렬하거나 부드럽고 황홀한 음악을 연주하고, 춤에 몰입하게 하고, 알코올음료를 마시게 하고, 육체를 수척하게 하고, 짙은 어둠과 현란한 빛을 교차시키고, 휘황찬란한 복장을 하고, 신성한 휘장을 다루고, 히에로판테스의 쇼를 연출함으로써 강렬한 정신적 기대감을 고조시켰다. 이밖에도 은밀하게 정서를 고양시키는 수많은 방법이 유행했다.[31]

디오니소스 신화를 이런 극으로 만든 것은 비극 작품과 극장의 시초가 되었다.[32] 그러나 입문자들은 수동적인 관객이 아니었다. 죽어서 부활한 신인이 입문자 각각의 죽음과 부활을 상징한다는 점에서 그들은 신인과 수난을 함께하는 참여자였다. 이 신화의 현대 권위자 한 명은 이렇게 설명했다.

디오니소스는 가장 복된 황홀경의 신이었고, 가장 황홀한 사랑의 신이었다. 그러나 그는 또 박해받은 신이었고, 고통을 당하다 죽은 신이었다. 그가 사랑한 모든 자, 그를 섬긴 모든 자들은 비극적 운명을 그와 함께해야 했다.[33]

경이로운 디오니소스 비극을 목격하면서, 엘레우시스에서의 입문자들은 상징적으로 디오니소스와 더불어 수난을 당한 후 죽어서 부활했고, 그럼으로써 "카타르시스catharsis"³⁴라고 알려진 영적 정화를 체험했다.

이 미스테리아는 무조건 믿어야 하는 종교적 도그마를 제시한 게 아니라, 안으로 뛰어들어 동참해야 할 신화를 제시했다. 입문식은 뭔가를 배우는 것이 아니라, 깨달음을 새롭게 얻는 상태를 체험하는 것이었다. 이교 제사장이었던 플루타르코스Plutarchos는 획득한 믿음의 증거를 입문자들이 제시할 수 없었다고 고백했다. 아리스토텔레스는 또 이렇게 주장했다. "입문자는 어떤 것도 배울 필요가 없다. 다만 강한 인상을 받고 어떤 정신의 기틀을 세우면 된다."³⁵ 철학자 프로클루스Proclus는 미스테리아에 대해 이렇게 말했다. "입문자들은 우리가 이해할 수 없는 어떤 방식으로 그 의식儀式에 영혼이 공명함으로써, 더러는 신성한 두려움에 사로잡혀 공황 상태에 빠지기도 하고, 더러는 신성한 상징과 동화되어 자신의 정체성을 버리고 신들과 어우러지며 신들림을 체험한다."³⁶

미스테리아 의식에서 연극으로 공연된 신화가 그토록 큰 효력을 지녔던 이유는 무엇일까?

암호화된 비밀의 가르침

고대에 신화mythos라는 말은 오늘날과 달리 '비사실적인untrue' 어떤 것을 뜻하지 않았다. 피상적으로 보면 신화는 즐거운 이야기였다. 그러나 입문자에게 신화는 심오한 영적 가르침을 담고 있는 신성한 암호였다.³⁷ 플라톤은 이렇게 평했다. "우리를 위해 입문식을 설정한 자들 또한 바보가 아니어서, 그들의 가르침에는 감춰진 의미가 있다."³⁸ 플라톤은 또 "참된 철학에 삶을 바친 자"야말로 미스테리아 신화에 암호화된 "감춰진 의미"를 파악할 수 있고, 신비한 깨달음의 체험을 통해 신인과 완전히 일체가 될 수 있다고 풀이했다.[39]

고대 철학자들은 미스테리아 신화가 말 그대로 사실이라고 믿을 만큼 어리석은 사람들이 아니었다. 철학자들은 충분히 현명해서, 미스테리아의 핵심에 자리 잡은 심오하고 신비한 철학을 알기 쉽게 소개하기 위한 것이 바로 신화라는 것 정도는 쉽게 알아차릴 수 있었다. 살루스티우스는 이렇게 썼다.

> 모든 사람에게 신들의 진리를 가르치고자 하면, 바보들은 배울 수가 없어서 철학을 싫어하게 되고, 잘 배우는 자는 게을러지게 된다. 반면에 신화 속에 진실을 숨겨 놓으면, 바보는 철학을 싫어하지 않게 되고, 잘 배우는 자는 열심히 연구하게 된다.[40]

미스테리아 신화 속에 감춰진 심오한 영적 의미를 풀어내는 것이 미스테리아 철학자와 사제들의 역할이었다. 사제였던 헬리오도루스Heliodorus는 이렇게 풀이했다.

> 철학자와 신학자는 이런 신화들 속에 감춰진 의미를 속인들에게 드러내 보이지 않고, 다만 신화의 형태로 초보적인 가르침을 줄 뿐이다. 그러나 그보다 더 높은 수준의 미스테리아에 도달한 자들은 은밀한 성소에서, 강렬한 진리의 횃불에서 투사된 빛 속에서, 입문식을 거치며 명료한 앎을 얻게 된다.[41]

입문식은 여러 수준으로 나뉘어 있어서, 입문자는 단계별로 점점 더 심화된 깨달음에 이를 수 있었다. 입문식은 여러 미스테리아 전통에 따라 수준이 다양했지만, 어떤 입문자든 반드시 공개적 미스테리아에서 시작해 은밀한 미스테리아로 넘어갔다. 공개적 미스테리아에서는 신화가 종교적인 이야기라고 피상적으로 이해되었다. 은밀한 미스테리아를 거치면 신화는 영적 비유로 이해되었다. 먼저 입문자는 의식을 통해 정화되었다. 그런 다음 일대일로 은밀한 가르침을 배웠다.[42] 입문자가 여러 가르침의 참뜻을 이해하게 되면 최고 단계에 이르게 되고, 마침내 스미르나*의 테온**이 "신과의 우호와 내적 교섭"이라고 부른 것을 체험하게 된다.

국제적인 미스테리아

미스테리아는 이교도 세계를 지배했다. 고대 그리스와 이탈리아에서 디오니소스만큼 유물이 많이 나온 신격은 없다.[43] 그는 여러 이름을 가진 신격이었다. 이아코스, 바사레우스, 브로미오스, 에우이오스, 사바지우스, 자그레우스, 이히오네우스, 레나이오스, 엘레우테레우스 외에도 그를 가리키는 다른 많은 이름이 있다.[44] 고대 그리스에서만 쓰인 이름이 그렇게 많다! 디오니소스 신인은 고대 지중해 세계 전역에 널리 알려진 신화적 인물이었지만, 문화에 따라 조금씩 다른 방식으로 알려져 있었다.

예수가 탄생하기 500년 전에, "역사의 아버지"로 알려진 역사가 헤로도토스 Herodotos는 고대 이집트를 여행하며 다음과 같은 사실을 발견했다. 나일강 삼각주의 어느 신성한 모래톱에서 그는 대규모 축제를 목격했는데, 해마다 열린 이 축제에서 이집트인들은 "수만 명의 남

---

* 현재의 터키 서쪽 항구인 이즈미르.
** 4세기 후반의 천문학자 겸 수학자.

녀"가 보는 가운데, 오시리스의 죽음과 부활을 재현하는 극을 상연했다. 헤로도토스는 고대 그리스 미스테리아의 입문자였다. 그래서 그는 "오시리스 수난극"이 엘레우시스에서의 입문자들이 지켜본 디오니소스 수난극과 똑같다는 것을 한눈에 알아볼 수 있었다.[45] 고대 이집트의 오시리스 신화는 미스테리아 신인에 대한 최초의 신화인데, 선사 시대까지 소급된다. 오시리스 이야기는 너무나 오래된 것이어서, 4,500여 년 전에 기록된 피라미드 문서에서도 발견된다![46]

이집트를 여행하면서 헤로도토스는 또 다른 위대한 고대 그리스인의 선례를 따랐다. BCE 670년 이전의 이집트는 폐쇄적인 나라였다. 그러나 바로 그 해에 이집트는 국경을 개방했다. 이때 고대의 지혜를 찾아 그곳으로 여행한 최초의 그리스인 가운데 한 명이 바로 피타고라스였다.[47] 역사적으로 피타고라스는 서구 최초의 "과학자"로 알려져 있다. 그러나 그가 이집트에서 그리스로 수많은 수학 이론을 수입해온 것이 사실이긴 하지만, 당대인들에게 그는 현대적 의미의 과학자와는 사뭇 다른 존재로 여겨졌을 것이다.

희고 헐렁한 의상을 걸치고 황금 화관을 쓴 채 방랑하는 현자였던 피타고라스는 카리스마 있는 사제였고, 과학자였고, 마법사였다.[48] 그는 고대 이집트 신전에서 22년을 보내며 고대 이집트의 미스테리아 입문자가 되었다.[49] 그리스로 돌아오자마자 자기가 배운 지혜를 가르치기 시작했고, 기적을 행했고, 죽은 자를 일으켜 세웠고, 예언을 했다.

피타고라스에게 감화된 제자들은 이집트의 미스테리아를 모델로 한 그리스의 미스테리아를 만들었다. 그들은 헤시오도스와 호메로스가 무시한 작은 신, 곧 토착 주신酒神인 디오니소스를 선택했다. 그들은 디오니소스를 이집트의 막강한 오시리스에 필적하는 신인으로 탈바꿈시켰다. 이것은 아테네를 문명 세계의 중심지로 탈바꿈시킨 종교

문화적 혁명의 시작이었다.[50]

피타고라스 추종자들은 배우고 미덕을 베푸는 데 모범을 보였고, 이웃들에게 금욕주의자로 여겨졌다. 엄격한 채식주의자였던 그들은 모든 생물에 대한 비폭력을 가르쳤고, 동물을 죽여서 제사 지내는 신전 의식을 멀리했다. 그래서 그들은 올림포스의 신들을 받드는 아테네 전통 종교에 참여할 수 없었다. 도시 외곽에서만 살도록 강요된 그들은 공동체를 형성해서 모든 소유물을 공유했고, 자유롭게 살면서 수학과 음악, 천문학, 철학에 대한 신비한 연구에 헌신했다.[51] 그런데도 미스테리아는 보통 사람들에게 급속히 전파되었고, 몇 세대가 지나지 않아 이집트 오시리스의 미스테리아, 곧 디오니소스의 미스테리아는 아테네의 영광을 드높이게 되었다.

고대 그리스인들이 토착신인 디오니소스와 오시리스를 합성해서 그리스의 미스테리아를 탄생시킨 것과 같은 방식으로, 다른 지중해 문화권에서도 미스테리아를 끌어들였다. 그래서 자신들의 토착신 가운데 하나를 탈바꿈시켜, 죽었다가 부활한 미스테리아 신인으로 만들었다. 이집트에서 오시리스로 알려진 이 신인은 그리스에서 디오니소스가 되었고, 소아시아에서는 아티스, 시리아에서는 아도니스, 이탈리아에서는 바쿠스, 페르시아에서는 미트라스 등이 되었다. 이처럼 형태는 다양하지만, 근본적으로 이 신인들은 동일한 존재여서, 이들을 모두 뭉뚱그려 오시리스-디오니소스라고 일컬었다.[52]

고대인들은 다양한 미스테리아 신인들이 근본적으로 동일한 신화적 존재라는 것을 알고 있었다. 그래서 서로 다른 신화와 서로 다른 의식의 요소들이 끊임없이 서로 넘나들며 결합하고 재결합해서 새로운 형태의 미스테리아가 만들어졌다. 예를 들어 알렉산드리아에서, 강력한 카리스마를 지닌 티모테오스Timotheos라는 현자는 의식적으로 오시리스와 디오니소스를 합성해서 세라피스Serapis라는 새로운 신인을 만들었다.⁵³ 그는 또 미스테리아 신인 아티스의 신화를 자세히 설명하기도 했다. 로마의 저술가 루키우스 아풀레이우스는 페르시아의 신인 미트라스의 이름을 딴 한 사제를 통해 이집트 미스테리아 입문식을 치렀다. 로마의 동전에는 한 면에 디오니소스가 새겨졌고 다른 면에는 미트라스가 새겨졌다.⁵⁴ 현대의 한 권위자는 이렇게 말한다. "자신의 비밀 의식들에 대해 알게 된" 미스테리아 입문자는 "유행하는 다른 어떤 신앙에도 쉽게 순응할 수 있었다."⁵⁵

훗날 그리스도교가 그랬던 것처럼 미스테리아도 국경을 넘어 전파되어, 인종과 사회적 지위에 관계없이 모든 인간에게 적합한 영적 신앙으로 자리 잡았다. 디오게네스와 소크라테스 등 BCE 5세기의 철학자들은 스스로를 특정 국가나 특정 문화의 사람이 아니라 "세계인cosmopolitans", 다시 말하면 "질서와 조화의 시민citizens of the cosmos"이라고 일컬었다. 이러한 사실은 미스테리아의 국제적 면모를 여실히 보여준다.⁵⁶

한 현대 학자는 여러 미스테리아 전통들의 융합과 결합에 대해 이렇게 평했다.

이러한 현상은 민족이 다르면 신들도 다르다는 유치한 개념을 버리게 하고 모든 민족, 모든 지방의 신들이 다만 하나의 위대한 힘Power의 서로 다른 형태에 지나지 않는다고 가르치는 쪽으로 서서히 진행되었다. 그러나 그리스도교 등의 종교가 일어남으로써, 고대 그리스-로마의 모든 신들이 끊임없이 디오니소스로 모아졌으리라는 것은 의심의 여지가 없다.⁵⁷

오시리스-디오니소스와
예수 그리스도

오시리스-디오니소스는 그처럼 범세계적인 호소력을 지니고 있었다. 그것은 이 신인이 상징적으로 각 입문자를 대표하는 전인적 존재로 보였기 때문이다. 미스테리아 신인의 우의적 신화를 이해함으로써, 입문자들은 오시리스-디오니소스처럼 그들 또한 "육체를 가진 신God made flesh"이라는 것을 자각할 수 있었다. 그들은 물질적 육체 안에 갇힌 불멸의 영혼이기도 했다. 오시리스-디오니소스의 죽음을 공유함으로써 입문자들은 상징적으로 "죽었다." 또한 부활을 공유함으로써 그들은 영적으로 재생했고, 영원하고 신성한 실체를 체험했다. 이것이 바로 은밀한 미스테리아 입문자들을 위해 오시리스-디오니소스 신화 속에 암호화해둔 심오하고 신비한 가르침이었다. 그리고 입문자들은 그 진리를 스스로 직접 체험했다.

영국 박물관의 골동품들을 지키고 있는 월리스 버지 경Sir Wallis Budge은 고대 이집트의 미스테리아 신인 오시리스에 대해 쓴 글에서 이렇게 설명했다.

우리에게 알려진 모든 시기의 고대 이집트인들은 다음과 같이 믿었다. 오시리스는 신격을 지녔으며, 악의 수중에 놓여 수난을 당하다 죽었고, 악의 세력들과 위대한 투쟁을 벌인 후 다시 부활했으며, 그 후 지하 세계의 왕이 되어 죽은 자를 심판하게 되었다. 그가 죽음을 정복했기 때문에 의로운 자 또한 죽음을 정복할 수 있었다.[58]

오시리스는 신이면서 동시에 인간이라는 개념을 구현했다. 모든 시기의 고대 이집트인들에게, 오시리스는 인간의 질병과 죽음을 동정할 수 있는 존재를 상징했다. 한 인간으로서 수난을 당하고 죽음을 경험했기 때문이다. 오시리스가 인격을 가졌다는 개념 또한 고대 이집트인들의 열망을 만족시켰다. 부분적으로 신이지만 인간과 많은 공통점을 지닌 존재와의 교섭을 열망했기 때문이다. 원래 고대 이집트인들은 오시리스를 한 인간으로 우러러보았다. 오시리스가 자기들과 마찬가지로 지상에서 살고, 먹고, 마시고, 죽음의 고통을 당한 인간이면서도, 어떤 신들의 도움으로 죽음을 이겨내고 영원한 생명을 얻은 인간이라고 보았던 것이다. 그래서 오시리스가 한 일은 그들도 할 수 있다고 보았다.[59]

이러한 테마가 바로 모든 미스테리아 신인들의 신화를 특징짓는 핵심 테마다. 버지 경이 오시리스에 대해 말한 것은, 디오니소스, 아티스, 아도니스, 미트라스 등에게도 그대로 적용된다. 그런 신인들과 마찬가지로 죽었다가 부활한 신인神人 예수 그리스도에게도 그대로 적용된다. 오시리스-디오니소스와 마찬가지로, 예수는 신의 화신이며 부활의 신이다. 예수 또한 신성한 수난의 공유를 통한 영적 재생을 신도들에게 약속한다.

결론

미스테리아는 고대 세계에서 분명 지극히 위력적인 힘을 지니고 있었다. 우리가 발견한 것들을 정리해보자.

:: 이교도의 미스테리아는 고대 세계의 위대한 정신을 고취시켰다.
:: 고대 지중해 세계의 거의 모든 문화권에서 여러 형태의 미스테리아 의식이 거행되었다.

:: 미스테리아는 공개적 미스테리아와 은밀한 미스테리아로 이루어져 있었다. 공개적 미스테리아는 모든 사람에게 개방되어 있었고, 은밀한 미스테리아는 강력하고 신비한 입문식을 치른 자에게만 알려졌다.
:: 미스테리아의 핵심에는 죽었다가 부활한 신인神人 오시리스-디오니소스의 신화가 자리 잡고 있었다.
:: 은밀한 미스테리아 입문자는 오시리스-디오니소스 신화가 영적 가르침을 암호화한 영적 비유임을 깨달았다.

우리의 호기심을 강하게 끄는 질문은 다음과 같다.

우리에게 예수의 전기로 전해진 것은 정말 미스테리아의 영향을 받아서 만들어진 것인가? 여러 이교도 미스테리아 신인들과 달리, 예수는 전통적으로 신화적 인물이 아닌 역사적 인물로 여겨졌다. 즉, 문자 그대로 신의 화신인 인간이었고, 수난을 당하다 죽은 후 모든 인류를 구원하기 위해 부활한 역사적 존재로 여겨졌다. 그러나 예수 이야기의 이런 요소들이 정말 이교도 미스테리아에서 물려받은 것일까?

우리는 오시리스-디오니소스 신화를 더욱 정밀히 연구해서, 예수 이야기와 유사한 점을 찾아내기 시작했다. 우리는 설마 그토록 많은 유사점이 드러나리라고는 꿈에도 생각지 않았다.

03
악마의 모방

그리스도가 도래하여 인간에 속하는 죄인으로서 불의 처형을 당하리라는 것을 선포하는 예언자들의 말을 듣고, 사악한 악령들이 하느님의 아들이라 불리는 자들을 미리 만들어냈다. 그것은 그리스도에 관하여 말하여진 것들이 시인들의 말과 마찬가지로 단지 경이로운 이야기에 지나지 않는다는 생각을 인간들에게 미리 심어주기 위한 것이었다.[1]

_ 순교자 유스티누스

오시리스-디오니소스 신화와 예수 그리스도 전기 사이의 놀랄 만한 유사성이 오늘날에는 그리 알려져 있지 않다. 그러나 CE 첫 몇 세기 동안에는 그 유사성이 이교도와 그리스도교인들에게 널리 알려져 있었다. 이교도 철학자이자 풍자가인 켈수스는 예수 이야기가 실은 이교도 신화의 저급한 모방일 뿐인데도, 그리스도교인들이 그것을 새로운 계시인 양 유포시키려고 한다고 비난했다. 그는 이렇게 물었다.

그 특수한 사건들이 그리스도교인들에게는 지상에서 유일무이한 사건인가? 만일 그렇다면, 그것이 어떻게 유일무이하단 말인가? 우리의 것은 왜 신화로 여겨야 하고, 그들의 것은 왜 사실로 믿어야 한단 말인가? 그리스도교인들은 무슨 근거로 자신들의 믿음에 특수성을 부여하는가? 사실 그리스도교인들이 믿는 것에는 특별한 구석이 전혀 없다. 그들에게 특별한 데가 있다면, 신에 대한 더욱 폭넓은 진리를 모두 배제해버린 채 신을 믿는다는 점뿐이다.[2]

초기 그리스도교인들에게는 이러한 비난이 너무나 통렬했다.[3] 그리스도교보다 수백 년은 앞선 이교도 신화가 어떻게 하나이며 유일한 구원자 예수의 전기와 그토록 공통점이 많을 수 있단 말인가? 그것을 필사적으로 해명하기 위해 교부들은 앞에서 말한 가장 터무니없는 이론들 가운데 하나에 호소했다. CE 2세기의 순교자 유스티누스 시대부터 그들은 악마가 사람들을 호도하기 위해서 예언대로 그리스도교 신앙을 표절했다고 선언한 것이다![4] 하느님의 진짜 아들이 문자 그대로 도래해서 지상을 거닐 거라는 사실을 알고 있었던 악마가 그 일이 실제로 일어나기 전에 그의 생애 이야기를 베껴서 오시리스-디오니소스 신화를 만들어냈다는 것이다.

교부 테르툴리아누스는 미트라스 미스테리아를 만든 악마의 모방에 대해 이렇게 썼다.

진실을 곡해하기를 일삼는 악마는 성사聖事의 정확한 전말을 흉내 낸다. 악마는 신도들에게 세례를 주고, 성수聖水로 죄를 용서받을 수 있다고 약속하며 신도들을 미트라스 의식에 입문시킨다. 그래서 악마는 성찬 봉헌식을 행하며 부활의 상징을 끌어들인다. 그러니 우리는 신성한 것들을 흉내 내는 악마의 간교함을 인정하지 않을 수 없다.[5]

미스테리아 신화를 연구해보면, 초기 그리스도교인들이 이런 해명에 필사적으로 매달린 이유가 여실히 드러난다. 예수의 이야기와 완벽하게 일치하는 이교도 신화는 하나도 없지만, 유대인 신인의 이야기를 구성하는 신화적 주제들은 이미 수세기 전에 오시리스-디오니소스와 위대한 예언자들의 여러 이야기 속에 다 들어 있었다. 이제 예수의 전기를 훑어보고 너무나 닮은 점들을 일부 살펴보자.

하느님의 아들

그리스도교에서는 예수가 "하느님의 독생자"라고 주장하지만,[6] 여러 형태의 오시리스-디오니소스 또한 하느님의 아들로 찬양되었다. 예수는 하느님의 아들이지만 아버지와 동격이다. 디오니소스는 "제우스의 아들, 본질적으로 가장 무서우면서도 인간에게는 가장 자애로운 신"이다.[7] 예수는 "참다운 신 중의 참다운 신Very God of Very God"*이다.[8] 디오니소스는 "날 때부터 신 가운데 주인인 신"이다.[9]

예수는 인간의 모습을 띤 신이다. 성 요한은 예수가 "말씀이 육신이 되어" 우리 가운데 계신다고 썼다.[10] 바울의 말에 따르면, "하느님은 자기 아들을 죄 있는 육신의 모양으로 보냈다."[11] 디오니소스는 바쿠스로도 알려져 있었다. 그래서 에우리피데스의 희곡인 『바쿠스의 여인들Bacchae』의 주인공은 디오니소스다. 이 희곡에서 디오니소스는 "죽어야 할 육체 속에" 자신의 "신격"을 감춘 것은 "죽어야 할 운명의 인간들에게 나타나기" 위해서였다고 말한다.[12] 그는 사도들에게 이렇게 말한다. "바로 그런 이유 때문에 나는 불멸의 형태를 변화시켜 인간의 모습을 갖게 되었다."[13]

* 니케아 신조에도 이 말이 나온다.

예수와 마찬가지로, 여러 신화에서 이교의 신인은 죽어야 할 운명의 동정녀에게서 태어난다. 소아시아에서 아티스의 어머니는 동정녀 키벨레Cybele다.[14] 시리아에서 아도니스의 동정녀 어머니는 스미르나Smyrna*라고 불린다. 알렉산드리아에서 아이온Aion은 동정녀 코레Kore에게서 태어난다.[15] 고대 그리스에서 디오니소스는 동정녀 세멜레에게서 태어난다. 세멜레는 광채로 가득한 모습을 한 제우스를 보고 싶어 하다가 불가사의하게 번갯불에 의해 임신한다.[16]

초기 그리스도교인들이 가장 많이 인용한 비정통 문헌에 따르면, 예수는 마리아의 자궁에서 일곱 달만 보냈다.[17] 이교도 역사가 디오도루스Diodorus의 기록에 따르면, 디오니소스의 어머니 세멜레 역시 일곱 달만 수태를 했다.[18]

순교자 유스티누스는 예수의 동정녀 잉태와 이교도 신화 사이의 유사성을 인정하며 이렇게 썼다.

> 우리를 위하여 말씀Word이 예수 그리스도로 태어나실 때, 성적 결합이 없었다는 이야기는 제우스의 아들이라는 자들 또한 그러했다는 이야기와 다른 데가 없다.[19]

미스테리아의 옛 고향인 고대 이집트에서보다 더 "하느님의 아들" 신화가 발달한 곳은 없다. 전설적인 고대 이집트 현자 헤르메스 트리스메기스투스Hermes Trismegistus가 "하느님 아버지에 대해, 그리고 그 아들에 대해 모든 것을 말했다는 점에서, 그는 어느 정도 진리에

---

* 미르하Myrrha라고도 불린다. 그리스 신화에 따르면, 아도니스를 임신한 스미르나를 아프로디테가 몰약나무myrrha로 변하게 한 뒤 그 나무에서 아도니스를 꺼냈다고 한다.

도달했다."는 점을 그리스도교인인 락탄티우스Lactantius조차도 인정했다.[20] 고대 이집트에서 파라오는 수천 년 동안 오시리스 신인의 화신으로 여겨졌고, 하느님의 아들로 찬양되었다.[21] 저명한 이집트학 학자 한 명은 이렇게 썼다.

> 모든 파라오는 그의 나라와 백성들에게 신의 화신이자 다산의 수여자이기 위해 하느님의 아들이자 인간의 어머니여야 했다.[22]

여러 전설에서 오시리스-디오니소스의 예언자들 또한 구세주이며 하느님의 아들인 것으로 묘사되었다. 피타고라스는 아폴론의 아들이자 파르테니스Parthenis라는 여자로 일컬어졌다. 파르테니스는 '동정녀'를 뜻하는 파르테노스parthenos에서 유래한 이름이다.[23] 플라톤 또한 사후에 아폴론의 아들로 신봉되었다.[24] 필로스트라투스Philostratus는 아폴로니오스Apollonios 전기에서 이렇게 기술했다. 이 위대한 이교의 현자는 "제우스의 아들"로 간주되었다고. 엠페도클레스는 혼란에 빠진 인간들을 돕기 위해 이 세상에 내려온 신인이자 구세주로 여겨졌다. 그는 "광인처럼 사람들에게 목청껏 외쳤다. 이 속세와 그 안에 있는 모든 것을 거부하고, 원래의 장엄하고 숭고한 세계로 돌아가라고."[25]

로마 황제들조차도 정치적 이유에서 미스테리아의 신화적 주제를 차용했다. 황제가 오시리스-디오니소스와 연관될 수 있도록 신성을 지녔다는 전설을 만들어냈던 것이다. 개인의 불멸성을 믿지 않았던[26] 율리우스 카이사르Julius Caesar조차도 "신의 화신이자 인간 생명의 공동 구원자"로 불렸다.[27] 그의 후계자인 아우구스투스Augustus도 마찬가지로 "세계 인종의 구원자"로 불렸다.[28] 폭군 네로조차도 제단에서는 "영원한 구원자 하느님"으로 불렸다.[29]

BCE 40년에 로마의 시인이자 입문자인 베르길리우스는 미스테리아 신화를 묘사하며, 동정녀가 하느님의 아이를 낳을 거라는 예언을 기술했다.[30] CE 4세기에 문자주의 그리스도교인들은 그것이 예수의 도래를 예언한 거라고 주장했지만, 당시 이 신화는 아우구스투스를 언급한 것으로 해석되었다. "아폴론의 아들"로 일컬어진 아우구스투스는 지상을 다스려서 평화와 번영을 가져오도록 명을 받은 자였다.[31] 아우구스투스 전기를 쓴 수에토니우스 Suetonius는 이 황제의 신성을 가리키는 다수의 "징조"를 제시했다. 현대의 한 전문가는 이렇게 썼다.

이 징조들은 그리스도의 탄생에 대한 복음서의 이야기와 현저하게 닮은 점이 많다. 있음직한 일이 전혀 아닌데도 로마의 왕이 태어났다는 것을 가리키는 징조 때문에, 로마 원로원은 아우구스투스가 태어난 해에 로마에서 남자아이 양육을 금지하는 명을 내렸다. 무고한 이 학살의 정점에는 수태고지라는 게 있다. 아우구스투스의 어머니 아티아 Atia는 아폴론 신전에 방문했을 때 아폴론이 뱀의 모습으로 찾아온 꿈을 꾸었다. 그리고 아홉 달 후 아우구스투스가 태어났다.[32]

예수가 살았던 것으로 간주되는 시대에 새겨진 한 비문에는 이렇게 기록되어 있다.

이날 대지는 전혀 새로운 모습을 띠었다. 그가 지금 태어나지 않았더라면 세계는 이미 멸망했으리라. 이 탄생의 날에 생명의 시작을 인지한 자의 판단은 정녕 옳았도다. 이제 인간들이 탄생을 슬퍼하던 시대는 끝났다. 모두에게 축복 가득한 이 탄생의 날로부터 모든 개인과 사회가 축복을 받았으니, 다른 어느 날도 이날의 축복을 능가하진 못하리라. 모든 것을 다스리시며, 우리와 다음 세대를 위한 구원자로 그를 임명하신 하느님께서는 그에게 이 세계를 구원할 수 있는 온갖 능력을 부여하셨도다. 그는 전쟁을 종식시킬 것이며 온갖 값진 일을 행하실 것이다. 그의 도래와 더불어 우리 조상들의 소망은 성취되느니, 그의 선행은 과거 그 어느 시대의 선행보다 월등할 뿐만 아니라, 그보다 더 훌륭한 자는 다시 도래할 수 없으리라. 하느님의 탄생일에 온 세상은 기쁨의 물결로 넘실거렸느니, 이 기쁨의 물결은 그에게서 샘솟았도다. 그의 탄생일로부터 새로운 시대가 시작되도다.[33]

그런데 이것은 그리스도교인이 예수의 탄생을 기린 문장이 아니다. 미스테리아 신인을 찬미하는 글도 아니다. 바로 아우구스투스를 기린 글이다. BCE 1세기 무렵에는 이러한 신화적 주제가 분명 너무나 흔해서, 살아 있는 황제의 전설을 날조해 정치적으로 이용할 때도 이런 주제가 사용되었다.

켈수스는 신의 혈통과 기적적인 탄생을 운운하는 유사한 전설적 인물들을 다수 열거한 후, 그리스도교인들이 "예수의 동정녀 잉태 이야기를 날조할 때" 분명 이러한 이교도 신화를 차용했다고 비난했다.[34] 이러한 신화를 역사적 사실로 해석한 그리스도교인들을 비아냥거리며, 하느님이 인간 여자를 말 그대로 잉태시켜 아들을 낳게 할 수 있다는 그리스도교인들의 생각은 명백히 터무니없는 것이라고 그는 단정했다.[35]

탄생

그리스도교인들이 예수의 탄생을 축하하는 것과 마찬가지로, 미스테리아 입문자들도 오시리스-디오니소스의 탄생을 축하했다. 오시리스-디오니소스는 "하느님의 경이로운 아기이며, 신성한 비밀Mystery"이었고,[36] "기적적으로 탄생한 존재"였다(도판 1~2쪽을 보라.).[37] 교부 히폴리토스Hippolytos는 엘레우시스에서의 미스테리아 극 연출인 히에로판테스처럼 "절규하는 듯한" 목소리로 신성한 탄생을 선언한다. 현대의 한 고전학자는 이렇게 썼다.[38]

엘레우시스의 신비한 아기는 동정녀에게서 태어났다. 즉, 이 고대인들은 "동정녀가 잉태하여 아들을 낳으리라."는 신성한 교리를 스스로 만들었고,[39] 밤중에 이렇게 외쳤다. "신성한 아기가 태어나 우리에게 온다. 우리에게 하느님의 아들이 온다."[40]

오시리스의 탄생에 대해 이렇게 선포되기도 했다. "온 땅의 주께서 태어나신다."[41] 고대 이집트의 찬송가에는 이런 구절이 있다. "그대 신성한 사람의 아기여, 지상의 왕이여, 지하 세계의 왕자여."[42] 고대 이집트 시 한 편 가운데 그리스도교 찬송가를 연상시키는 것이 있다.

그분이 태어나셨네! 그분이 나셨네! 어서 와서 찬미하라!
생명을 주시는 어머니들, 그분을 잉태한 어머니들이여,
새벽을 밝히는 하늘의 별들이여
아침의 별, 오, 그 조상들이여
여자들과 남자들이여, 어서 와서 찬미하라!
아기가 밤에 나셨네.

그분이 태어나셨네! 그분이 나셨네! 어서 와서 찬미하라!
다우트*에 사는 자들이여,[43] 기뻐하라

하늘의 신들이여, 가까이 와서 그분을 보라
지상의 인간들이여, 어서 와서 찬미하라!
그분 앞에서 절하고, 그분 앞에서 무릎을 꿇어라
왕이 밤에 나셨네.

그분이 태어나셨네! 그분이 나셨네! 어서 와서 찬미하라!
빛나며 변하는 달님처럼 어리네
하늘 위로 그분의 발자취가 퍼지네
별들은 쉬지 않고 별들은 지지 않네
하느님이 몸소 잉태시킨 아기를 경배하라!
하늘과 땅이여, 어서 와서 찬미하라!
그분 앞에서 절하고, 그분 앞에서 무릎을 꿇어라!
그분을 경배하고 찬미하라, 그분 앞에 엎드려라!
하느님이 밤에 나셨네.[44]

예수는 누추한 외양간에서 태어났다. 디오니소스 미스테리아 의식에서는 성스러운 아기를 낳게 될 신성한 결혼식이 부콜리온boukolion, 곧 "외양간ox stall"에서 치러졌다.[45] 그런데 복음서에서 보통 "외양간 stable"으로 번역하는 말은 그리스어로 카탈렘나katalemna인데, 이 말은 원래 임시 움막이나 동굴을 뜻하는 말이다.[46] 널리 퍼진 초기 그리스도교 전통에 따르면 예수는 동굴에서 태어났다.

고대의 이미지는 다음과 같다. 즉, 동굴이란 어머니 대지의 자궁이다. 고대 세계 도처에 퍼진 디오니소스의 또 다른 이름인 판Pan 신은

---

* (앞쪽) 고대 이집트 신화에 나오는 지하 세계로, 죽은 자들이 불멸의 삶을 얻게 되는 곳.

동굴을 신성시했다. 페르시아의 신인 미트라스도 동굴에서 태어났다고 한다. 제우스(신화상의 디오니소스의 아버지)도 크레타 섬의 한 동굴에서 태어났다. 오르페우스 신화에 따르면, 디오니소스 또한 동굴에서 태어났고, 그 동굴에서 곧바로 "세계의 왕"으로 옹립되었다.[47]

아기 예수는 "동방 박사 세 명"과 양치기 세 명의 방문을 받았다. 복음서의 "동방 박사"는 사실 "마기Magi"라고 불렸는데, 마기는 페르시아의 미트라스를 섬기는 사제였다. 미트라스의 탄생 축일은 12월 25일이다. 예수 성탄일과 똑같다. 미트라스 또한 세 명의 양치기가 탄생을 목격했다고 한다![48]

마기는 황금과 유향과 몰약myrrha을 예물로 가져왔다. 이교의 현자인 엠페도클레스는 신을 경배할 때 "순수한 몰약과 유향을 드리고, 황금빛 꿀 음료를 땅에 뿌렸다."고 말했다.[49] 몰약은 아도니스 축제일에 신성한 방향제로 쓰였다. 일부 신화에서는 아도니스가 몰약나무에서 태어났다고 한다. 또 아도니스의 어머니 이름이 미르하라는 신화도 있다.[50]

예수는 베들레헴의 작은 마을에서 태어났다고 한다. 베들레헴이라는 말은 "빵집"이라는 뜻이다. CE 4세기경에 라틴어판 성서를 완성한 성 히에로니무스St. Hieronymus*는 흥미로운 사실을 언급했다. 미스테리아 신인 아도니스는 곡물의 신으로 여겨졌고 아도니스를 상징하는 것이 빵이었는데, 아도니스가 신성시한 작은 숲 속에 베들레헴(빵집)이 감춰져 있었다는 것이다![51]

예수 이야기에서, 세 명의 현자는 별빛을 따라 가서 베들레헴에 있는 예수를 발견한다. 고대 안디옥(안티오크)에서 아도니스 미스테리

---

* 영어식 표기로는 "성 제롬St. Jerome".

아 의식은 "구원의 별이 동녘에 나타났다."는 외침과 더불어 시작되었다.[52] 구원의 별은 바로 베누스Venus였다. 베누스는 일부 신화에서 오시리스-디오니소스의 배우자 여신의 이름 가운데 하나이다. 고대 이집트에서는 이 여신이 이시스로 불렸다. 수천 년 동안 이 여신은 오시리스를 상징하는 오리온자리의 발치에 있는 밝은 별 시리우스와 동일시되었다. 시리우스가 일출 직전에 떠오르면, 그것은 매년 발생하는 나일강의 범람을 알리는 전조였다. 나일강의 범람은 세상을 새롭게 하는 오시리스의 위력과 관련이 있었다.[53] 따라서 시리우스는 주의 출현을 예고하는 별이었다.

성 에피파니우스Epiphanius*는 다음과 같은 기록을 남겼다. 알렉산드리아의 오시리스-디오니소스, 곧 아이온의 탄생 축일은 1월 6일이었다. 전날 밤 신전은 악기 연주와 노랫소리로 떠들썩했고, 새벽 무렵 절정에 이르렀다. 미리 정해진 사람들이 새벽에 햇불을 들고 지하 성소로 내려가 나무 신상을 가져왔다. 신상의 "두 손, 두 무릎, 그리고 머리에 십자 표시"를 했다. 이 미스테리아 의식은 다음과 같은 포고와 더불어 절정에 이르렀다. "오늘 이 시간에 동정녀 코레가 아이온을 낳았다."[54]

성 에피파니우스는 초기의 다른 많은 그리스도교인과 똑같이, 1월 6일에 예수의 탄생을 축하했다. 아르메니아 교회에서는 오늘날에도 그날을 성탄절로 기린다.[55] 그는 이와 같은 우연의 일치가 무척 곤혹스러웠을 것이다. 성 에피파니우스가 "두 손, 두 무릎, 그리고 머리에

---

* 315년경~403년. 초기 그리스도교 역사에서 이단이라고 판단한 신조들에 맞서 싸운 것으로 유명한 주교. 주로 동방 교회의 대大신학자 오리게네스를 그리스도교인보다는 그리스 철학자에 가깝다며 심하게 비판하다가 자신이 갖고 있던 원칙들의 신뢰성을 떨어뜨렸다.

십자 표시"를 한 것에 대해서는 어떻게 생각했는지 아무도 모른다!

초기 그리스도교인들은 그리스도의 탄생일이 12월 25일인가 1월 6일인가를 놓고 열띤 논쟁을 벌였다. 아무도 탄생일을 기억하지 못했기 때문일까? 미트라스의 탄생일은 12월 25일이고 아이온의 탄생일은 1월 6일인데, 어느 날이 되었든 그것이 미스테리아 신인의 탄생일이라는 것을 몰라서 그런 논쟁을 했을까?

그 두 날은 아무렇게나 선택된 날이 아니다. 두 날 모두 한때는 날이 가장 짧은 동지였다. 동지는, 해가 바뀌어 생명을 주는 태양이 다시 돌아오는 것을 상징하는 날이었다. 분점세차 分點歲差* 때문에, 동지는 세월이 지남에 따라 조금씩 앞당겨진다. 그래서 동지가 1월 6일에서 12월 25일로 점차 이동했지만, 일부에서는 전통적으로 같은 날을 동지로 삼았다.[56] 오늘날 동지는 12월 22일 무렵이다. 해마다 거행된 미스테리아 신인의 탄생 의식은 동지에 묵은해가 죽었다가 새해로 기적적으로 재생하는 것을 축하하는 것이었다.

오시리스-디오니소스는 태양을 의미했고 태양으로 묘사되었는데, 예수도 그러했다. 그리고 알렉산드리아의 교부 클레멘스는 예수를 "정의의 태양"으로 불렀다.[57] 이런 사실과 잘 어울리도록, 디오니소스의 동정녀 어머니 세멜레는 처녀인 달의 여신 셀레네 Selene에서 이름을 따온 것이다.[58] 예수의 수태고지를 하기 위해 마리아를 찾아온 가브리엘 천사는 달과 동등한 존재로 여겨졌다.

* 지구 자전축의 주기적인 세차 운동에 따라 황도상의 춘분점과 추분점이 이동하는 것.

세례

예수의 사명은 세례자 요한의 세례와 더불어 개시된다. 조지프 캠벨을 비롯한 신화학자들은 이 이야기 이면에 놓인 고대의 신화적 의미를 발견했다. 캠벨은 이렇게 썼다.

> 세례 의식은 고대 수메르의 신전 도시인 에리두에서 유래한 고대 의식이다. "물의 집의 신"인 에아Ea의 의식이었던 것이다. 헬레니즘 시대에 에아는 오아네스Oannes라고 불렸다. 오아네스가 그리스어로는 이오아네스Ioannes, 라틴어로는 요한네스Johannes, 헤브라이어로는 요하난Yohanan, 영어로는 존John*이다. 그래서 여러 학자들은 요한John이나 예수Jesus가 있었던 것이 아니라, 다만 물의 신과 태양의 신이 있었을 뿐이라고 주장하기도 했다.[59]

세례자 요한과 예수의 여러 이야기를 꼼꼼히 살펴본 우리는 그 이야기들이 분명 신화학적 범주에서 벗어나지 않는다는 느낌이 들었다. 그들의 이야기는 완벽하게 서로를 반영한다. 즉, 둘 다 기적적으로 태어난다. 요한은 늙은 여인에게서 태어난다. 예수는 젊은 여인에게서 태어난다. 요한의 어머니는 수정할 수 없는infertile 여성이다. 예수의 어머니는 수정하지 않은unfertilized 여성이다. 요한은 해가 쇠약해지기 시작하는 하지에 태어난다. 예수는 여섯 달 후 해가 다시 강성해지기 시작하는 동지에 태어난다. 그래서 요한은 예수에 대해 이렇게 선언한다. "그는 흥하여야 하겠고 나는 쇠하여야 하리라."[60] 요한은 점

---

* 우리말 번역으로는 요한.

성술상의 게자리에서 태어난다. 고대에서 게자리는 육화되려고 하는 영혼의 문을 상징한다. 예수는 점성술상의 염소자리에서 태어난다. 고대에서 염소자리는 육화에서 벗어나 불멸화하려는 영혼의 문을 상징한다.[61] 요한은 물로 세례를 주고, 예수는 불과 성령으로 세례를 준다. 예수의 탄생을 축하하는 12월 25일은 태양이 돌아오는 것을 축하하는 이교도의 축제일이다. 세례자 요한의 탄생을 축하하는 6월은 이교도들이 한여름 물의 축제를 연 때이다.[62]

세례는 미스테리아의 핵심 의식이었다. 아득한 옛날 호메로스의 시에도 정화 의식이 구원의 조건이라는 구절이 나온다. 고대인들은 과거의 모든 죄를 씻어버리기 위해 세례를 받았다.[63] 고대 이집트의 파라오가 오시리스의 화신으로 탄생하는 의식을 거행하기 전에 먼저 세례를 받았다는 기록이 피라미드 문서에 나온다.[64] 일부 미스테리아 의식에서 세례는 단지 상징적으로 성수를 뿌리는 것이었다. 다른 미스테리아 의식에서는 세례가 완전히 물에 잠기는 것이었다.[65] 세례조 baptism tank가 입문식 홀과 성소에서 발견되기도 했다.[66] 엘레우시스에서의 입문자들은 바다에서 목욕하며 스스로를 깨끗이 하는 의식을 치렀다. 루키우스 아풀레이우스는 입문식을 치를 때, 고해 기도를 한 후 정화를 위한 목욕을 했고, 나중에 성수 세례를 받았다.[67] 미트라스 미스테리아 의식에서, 입문자들은 죄를 씻어내기 위해 되풀이해서 세례를 받았다. 그러한 입문식은 3월과 4월에 치러졌다. 이후 몇 세기 동안 그리스도교인들이 "카테쿠메노스 katechoumenos"*라고 불린 새로운 개종자들에게 세례를 베푼 시기도 똑같이 3~4월이었다.[68]

그리스도교 의식과 이교 의식 사이의 유사성은 초기 그리스도교인

---

* 문자주의 그리스도교 교회에서 세례를 받기 위해 교육받는 사람으로, 세례 예비자라고도 한다.

들에게 잘 알려져 있었다.[69] 교부 테르툴리아누스는 이렇게 말했다.

어떤 미스테리아 의식에서는 새로운 회원이 입문할 때 세례를 받았다. 세례를 받으면 갱생해서 죗값을 면하게 된다고 생각했다.[70]

몸을 전부 담그는 세례에는 세 가지 상징적인 의미가 있다. 물에 들어가는 것은 죽음을 의미하고, 물속에 완전히 잠기는 것은 매장을 의미하며, 다시 나오는 것은 부활을 의미한다.[71] 세례에 대한 이러한 우의적 해석은 미스테리아와 완벽하게 서로 통한다. 미스테리아의 세례 의식도 신비한 죽음과 부활을 상징하는 것이다.[72] 초기 교회에서 새로 세례를 받는 자는 흰옷을 입고, 새로운 이름을 받고 꿀을 먹었다.[73] 마찬가지로 미트라스 미스테리아 의식에서도 영적으로 "새로 태어난" 입문자들은 두 손에 꿀을 받아서 혀에 댔는데, 그것은 신생아에게 행한 관습이기도 했다.[74]

그리스도교인 작가들이 그리스도교 세례에 대해 묘사한 내용은 이교도 미스테리아 의식에서의 세례 행위와 구별이 되지 않는다. 그리스도교로 개종한 자는 알몸으로 세례를 받았고, 물 밖으로 나온 후 흰옷을 입고 관을 쓰고 촛불을 든 채, 교회당basilica으로 가는 행렬에 끼어 걸어갔다. 그것은 엘레우시스에서의 디오니소스 미스테리아 행렬과 일치한다. 그 행렬에서도 입문자들은 흰옷을 입고, 머리에 관을 쓴 채, 손에는 횃불을 들고, 찬송가를 부르며 성소로 걸어갔다.[75] 순교자 유스티누스는 그리스도교의 세례 의식과 이교의 세례 의식이 서로 유사하다는 것을 알고 너무나 곤혹스러웠다. 그는 또 다시 악마의 모방 주장에 매달렸다. 그는 사악한 악마가 이교도 의식으로 그리스도교의 세례를 패러디하도록 충동질했다고 주장했다.

그러나 미스테리아 의식에서, 세례를 통한 정화는 물로만이 아니라 공기와 불로도 이루어졌다. 루키우스 아풀레이우스는 자기가 신성에 접근할 가치가 있다고 여겨지기 전에 먼저 "모든 원소들elements을 통과하는 여행"을 해야 했다고 한다.[76] 세르비우스는 이렇게 썼다.

> 모든 정화는 물이나 불이나 공기에 의해 이루어진다. 따라서 어떤 미스테리아 의식에서든 이 같은 세 가지 정화 방법을 쓴다. 황을 태워서 입문자를 소독하거나, 물로 씻거나, 바람을 쐬게 하여 정화할 수도 있다. 디오니소스 미스테리아 의식에서는 맨 마지막 방법을 썼다.[77]

복음서들 또한 삼중 원소의 세례에 대해 이야기한다. 「마태복음」에서 세례자 요한은 예수의 도래를 예언하며 이렇게 말한다.

> 나는 너희가 회개하도록 물로 세례를 주거니와, 내 뒤에 오시는 이는 나보다 능력이 많으시니, 나는 그의 신발을 들기도 감당치 못하겠노라. 그는 성령과 불로 너희에게 세례를 주시리라. 그는 손에 키를 들고, 타작마당을 깨끗하게 하사, 알곡은 모아 곡간에 들이고, 쭉정이는 꺼지지 않는 불에 태우시리라.[78]

이 문장에서 친근한 용어인 "성령"은 "성스러운 숨holy breath"이라는 뜻의 그리스어를 올바르게 번역한 말이다. 이 말은 분명 공기에 의한 세례를 나타낸다. 요한은 예수가 키질을 할 거라고 말한다. 키는 알곡과 쭉정이를 나눌 때 쓰는 농기구다. 엘레우시스에서의 미스테리아 의식에서 공기로 세례를 할 때 키를 사용했다. 도자기를 비롯한 미술품에 그려진 입문자들을 보면 베일을 쓰고 자리에 앉아 있는데, 그들의 머리 위에서는 키가 흔들리고 있다.[79] 디오니소스는 "키질하는 자"로 알려져 있었다. 입문자들이 영적 재생을 할 때 상징적으로 키질

을 당하듯이, 디오니소스는 태어났을 때 요람 대신 키 속에서 흔들렸다고 한다.[80]

이교도 미스테리아에 입문한 사람이 공기에 의한 정화를 거쳐 재생을 하는 것과 같은 방식으로, 예수는 숨에 의한 재생을 약속한다. 「요한복음」에서 니고데모가 예수에게 물었다. "사람이 늙은 나이에 어떻게 다시 태어날 수 있습니까? 다시 모태에 들어갔다가 나올 수가 있습니까?" 그러자 예수가 이렇게 대답했다.

진실로, 진실로 네게 이르노니, 사람이 물과 성령breath으로 나지 아니하면 하느님 나라에 들어갈 수 없느니라. 육으로 난 것은 육이요 성령breath으로 난 것은 영breath이니, 내가 네게 거듭나야 하겠다는 말을 기이하게 여기지 말라. 바람이 임의로 불매, 네가 그 소리를 들어도 어디서 오며 어디로 가는지 알지 못하나니, 성령breath으로 난 사람은 다 이러하니라.[81]

기적

이집트의 초기 그리스도교인인 바실리데스Basilides는 예수가 1월 6일에 세례를 받았다고 믿었다. 이날은 수세기 동안 이집트에서 "오시리스의 날"로 축하해온 날이었다.[82] 일부 그리스도교인들은 예수가 "물을 거룩하게 한" 날로 이 날을 기념했다. 그들은 1월 5일 한밤중에 기도를 한 다음, 물을 얻기 위해 주전자를 들고 물속으로 뛰어들었다. 이 물은 신성하며 정화하는 힘을 지닌 것으로 여겨졌다. 그리스도 이전의 수백 년 동안 고대 이집트인들은 정확히 같은 때 정확히 같은 행위를 해왔다. 1월 5일 밤은 오시리스의 은총으로 나일강의 물이 기적을 일으키는 힘을 얻는

때라고 여겨졌던 것이다. 이집트인들은 이 물이 모든 악을 물리친다고 믿고 주전자에 물을 담아 집에 보관했다.[83]

1월 5일 밤은 또 디오니소스가 물을 술을 바꾸는 기적을 일으킨다고 믿었던 시간이다.[84] 로마의 작가 대大플리니우스Plinius(CE 23~79년 — 옮긴이)의 말에 따르면, 안드로스 섬에서 포도주가 샘솟아 이레 동안 계속해서 디오니소스 신전으로 흘러들었다. 그러나 그 포도주를 떠서 성소 밖으로 가져가면 곧바로 물로 바뀌었다. 또, 낙소스의 한 샘에서는 향기로운 포도주가 샘솟는 기적이 일어났다는 얘기도 있다.

튀이아Thyia라고 불린 그리스 축제 기간에는, 시민들과 외국인들이 지켜보는 가운데 세 개의 빈 대야를 방에 넣어두었다. 방은 굳게 잠그고 봉인까지 했다. 원하는 사람은 자신의 봉인을 가져와 문에 봉인을 또 붙였다. 이튿날 봉인은 전혀 훼손되지 않았는데, 방에 들어가 보니 세 개의 대야에 포도주가 가득 담겨 있었다. 그리스의 작가 파우사니아스Pausanias의 말에 따르면, 시민들과 외국인들 모두 이것이 사실이라는 것을 맹세로써 보증했다고 한다.[85]

신화에서 물이 술로 바뀌는 기적이 처음 일어난 것은 디오니소스와 아리아드네의 결혼식 때였다.[86] 가나에서의 결혼식 때 예수도 같은 기적을 일으켰다.[87] CE 4세기에 에피파니우스는 1월 6일에 여전히 같은 기적이 일어나고 있다는 기록을 남겼다. 그는 샘에서 솟아난 포도주를 마시고 취했다고 주장하기까지 했다. 그러나 그는 그것이 디오니소스가 아닌 예수 때문에 일어난 기적으로 보았다. 에피파니우스의 말에 따르면, 그러한 기적은 이제 "예수가 잔치집 주인에게 물을 길어 오라고 명해서 그 물을 포도주로 바꾼 시간"에 일어났다.[88]

예수의 다른 기적들 역시 이교의 신인과 관계가 있다. 히포크라테스Hippocrates가 신봉한 "약의 아버지"인 아스클레피오스Asclepios는 병든 자를 고치고 죽은 자를 살려냈다는 신화의 주인공이다. 그는 "인간을 사랑하는 신인"이었다. 이교도들이 그리스도교를 반대하며 쓴 저술의 특징 가운데 하나가 아스클레피오스와 예수의 기적을 비교하는 것이었다.[89] 그러한 비교에 대해, 초기 그리스도교인들은 예수가 아스클레피오스보다 훨씬 더 위대한 의사였다고 응수했다. 이교도 켈수스와 그리스도교인 오리게네스는 각자 아스클레피오스나 예수의 상대적 장점들을 확신하며 우월성 논쟁을 벌였다.[90] 초기 그리스도교인들은 아스클레피오스에 대한 수많은 비문을 가져다가 이름만 예수로 고쳐놓았다.[91]

오시리스-디오니소스의 예언자들 다수는 떠돌이 생활을 하며 기적을 일으키는 것으로 유명했다. 그들은 예수가 떠돌아다니며 일으킨 기적과 정확히 똑같은 기적을 일으켰다. 피타고라스의 기적은 특히 유명했다. 그는 예수처럼 수많은 병자를 고쳤다. 그가 한 마을에서 다른 마을로 옮겨갈 때에, 그는 "가르치기 위해서가 아니라 고치기 위해서" 오고 있다는 소문이 퍼졌다.[92] 『피타고라스의 생애』를 쓴 이암블리코스Iamblichos는 피타고라스의 무수한 기적 가운데 "사도들이 쉽게 건너갈 수 있도록 강과 바다의 물결을 잔잔케 한" 기적도 많았다고 주장했다.[93] 「마가복음」에 따르면, 예수는 사도들이 갈릴리 바다를 건널 때 같은 기적을 일으킨다.[94] 이 기적은 분명 많은 이교도들의 전설적 전기에 기록된 기적들과 일치한다. 이암블리코스는 이렇게 덧붙였다.

이러한 종류의 기적을 일으키는 힘을 지닌 자로는 아그리젠토의 엠페도클레스, 크레타 섬의 에피메니데스Epimenides, 북방 정토의 아바리스Abaris 들이 있었고, 그들은 많은 곳에서 같은 기적을 일으켰다.[95]

「요한복음」에서, 예수는 사도들이 많은 양의 물고기를 잡아 올리게

해주었다.⁹⁶ 철학자 포르피리오스Porphyrios가 기록한 전설 속의 피타고라스도 이러한 미신적인 재주를 선보였다.⁹⁷ 피타고라스는 잡게 될 물고기의 정확한 수까지 예견해서 알아맞혔다는데, 그것이 몇 마리였는지는 기록되지 않았다. 같은 복음서에서 예수는 몇 마리를 잡게 될지 예견하진 않았지만, 그 수가 정확히 153마리였다고 기록되어 있다. 이 숫자는 특별할 것이 없는데도 복음서 작가가 그저 구체적인 효과를 노리기 위해 기록한 것 같은 느낌을 준다. 그러나 학자들은 이것이 신중하게 계산된 것이며 매우 의미심장한 것이라는 결론을 내렸다.⁹⁸

피타고라스가 예견한 물고기 수는 분명 정확히 153마리였을 것이다. 피타고라스는 수학으로 유명한 인물이었고, 153을 신성한 수로 여겼다.⁹⁹ 이 숫자는 아르키메데스가 "물고기의 척도"라고 부른 수학 비율에 사용된다. 이 비율로 신비한 상징인 베시카 피시스vesica piscis, 곧 "물고기 기호" — 두 원을 교차시켜서 만든 물고기 모양 — 를 만든다. 초기 그리스도교인들이 자신들의 신앙을 나타내기 위해 사용한 물고기 상징은 바로 고대 피타고라스학파의 이 물고기 상징이었다. 예수가 기적을 일으켜 잡은 물고기의 숫자로 신비한 물고기 상징을 만들어낼 수 있다는 사실은, 이 기적이 원래 피타고라스의 기적에서 차용한 것이며, 이 기적의 이야기가 기하학 공식을 암호화한 것이라는 점을 강력하게 시사한다.¹⁰⁰

피타고라스의 사도인 엠페도클레스 또한 기적을 일으키는 자였다. 피타고라스나 예수와 마찬가지로, 그는 스스로 신인이라고 부르짖었으며, 아크라가스 사람들에게 스스로 "더 이상 인간이 아닌 불멸의 신"이라고 선언했다. 사람들은 무리를 지어 그를 따라다니며, 그를 리본으로 치장하고 기적을 일으켜 달라고 부탁했다.¹⁰¹ 예수처럼 그는 미래를 예견한 것으로 전해진다. 예수처럼 그는 영적 진리를 가르쳤

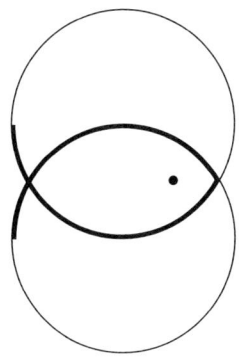

물고기 기호는 오늘날 그리스도교의 상징으로 널리 쓰이고 있다. 그러나 이 기호는 일부 이교도에게 신성시된 기하학에서 유래한 것이다. 영혼과 물질을 상징하는 두 개의 원이 신성한 결혼으로 결합된다. 각 원주가 다른 원의 중심과 만날 때, 서로 겹치는 부분에서 베시카 피시스로 알려진 물고기 모양이 만들어진다. 이 모양의 높이와 길이의 비율은 153 : 265다. 이 비율이 바로 BCE 3세기에 아르키메데스가 "물고기의 척도"라고 부른 것이다. 이것은 강력한 수학 도구로, 3의 제곱근에 가장 가까운 정수의 비율이며, 정삼각형을 지배하는 비율이다.

고 병자를 치료했다. 그는 "바람을 잠재우는 자"로 알려졌고, 역시 예수처럼 바람과 비를 다스리는 능력을 지니고 있었다.[102] 자신의 가르침을 배운 사도들은 죽은 자를 지하 세계에서 불러낼 수 있는 능력을 갖게 된다고 그는 장담했다.[103] 엠페도클레스는 죽은 지 30일이 된 여자를 살려냈다고 한다. 500년 후 예수가 죽은 지 나흘이 된 나사로를 살려낸 것처럼 말이다.[104]

CE 1세기경의 철학자 아폴로니오스 또한 병자를 고치고, 미래를 예언하고, 죽은 자를 일으켜 세운 떠돌이 신인이었다.[105] 예수가 회당장 야이로의 딸을 살려낸 것처럼, 아폴로니오스는 로마 집정관의 딸을 살려냈다. 그런데 그는 그 딸을 찾아가지도 않고 살려냈다고 한다.[106] 예수처럼 아폴로니오스도 악령을 쫓아냈다. 그는 또 예수가 "떡 다섯 개와 물고기 두 마리"로 5천 명을 먹인 것과 비슷한 기적을 일으켰는데, 켈수스는 이러한 초자연적인 재주가 수많은 현자들이 행한 "환각illusion"이었다고 말한다.[107] 그런데 예언자가 고향에서는 인정을 받지 못한다고 주장한 예수와 마찬가지로,[108] 이교도 전설 속의 신성한 인간들은 공통적으로 고향에서 배척을 당했다. 아폴로니오스는 한 편지에서 이렇게 썼다. "고향에서는 아직까지도 나를 무시하고 있는데, 다른 곳에서는 나를 신과 동일시하고 있으니 참으로 이상한 일이 아닌가?"[109]

복음서에서 예수가 귀신을 쫓아내는 얘기 가운데, 귀신들이 스스로를 "군대Legion"라고 말하는 것이 나온다. 귀신의 수가 "거의 2천"이나 되었기 때문이다. 이 귀신들은 예수에게 쫓겨나 돼지 떼 속으로 들어가서 바다에 빠져 몰사한다.[110] 이와 똑같은 주제가 엘레우시스에서의 미스테리아에서도 발견된다.[111] 입문을 하기 전에 치르는 정화 의식에서, 약 2,000명의 입문자들이 모두 어린 돼지를 안고 바다에서 목욕을 했다.[112] 이러한 목욕 의식은 귀신이 돼지에게 들어가도록 하기 위해서였다. 그런 후 입문자들의 불순의 상징인 돼지들을 깊은 구덩이로 몰아넣어 희생시켰다.[113]

"방언으로 말하기"라는 오순절의 기적도 이교도 신화에 이미 나온 것이다. 예수가 죽은 후 사도들은 청중이 사용하는 온갖 토속어로 말을 하게 되었다.[114] 그 몇 세기 전 트로포니우스와 델로스에서 같은 현상이 보고되었다. 그곳에서 신전 여사제들이 알아들을 수 없는 말을 하기 시작했는데, 그것은 온갖 지방의 토속어여서 해당 지방 출신들만 알아들을 수 있었다.[115] 최고의 현대 고전학자 가운데 한 명인 부르케르트Burkert는 이러한 이교의 기적과 그리스도교의 기적이 "아무리 견주어 봐도 막상막하였다."고 주장했다.[116]

그리스도교인들은 예수가 하나이며 유일한 하느님의 아들이라는 주장이 기적으로 입증된다고 단언한다. 그러한 단언이 켈수스가 듣기엔 헛소리였다. 그는 이렇게 말했다. "기적과 이적은 사실상 모든 곳에서 모든 시대에 일어났다." 그리고 그는 기적을 일으키는 자로 유명했던 수많은 이교의 현자와 신인들을 열거했다.[117] 그러한 이교도 비평가에 대한 대표적인 반론은 다음과 같다. 즉, 예수의 기적은 신성함의 표시였던 반면, 이교도의 기적은 악마의 활동이었다는 것이다. 켈수스는 분개해서 이렇게 쏘아붙였다.

맙소사! 똑같은 활동을 했는데도 어떤 사람은 신이고 그의 적수는 그저 "마법사"일 뿐이라니, 이 얼마나 어리석은 논법인가?[118]

신인과 그의 사도들

예수는 12사도에게 둘러싸여 있었다. 이것은 보통 이스라엘의 12부족을 상징하는 것으로 여겨진다. 그러나 12부족이라는 개념 자체는 바빌론의 점성술에서 황도*상의 12궁에 대한 상징적인 언급이다. 유대인들은 바빌론 유수 때 이것을 받아들였다.[119] 황도는 이교도 세계에서 지극히 중요한 상징이었다. 오시리스-디오니소스는 12궁으로 표현되는 변화의 수레바퀴에서 고요히 자리를 지키는 영적 중심으로 상징된다. 미트라스, 디오니소스, 아이온, 헬리오스 등도 모두 선회하는 황도의 중심으로 묘사된다.[120] 미트라스 미스테리아 입문식을 치르는 동안, 신인 둘레에는 12사도가 자리를 잡는다. 이것은 12사도가 예수를 둘러싸고 있는 것과

* 천구에서 태양이 지나는 길.

똑같다. 미트라스 사도들은 황도의 12궁을 상징하는 옷을 입고, 입문자 주위를 돈다. 이때 입문자는 미트라스를 상징한다.[121]

중심원 둘레의 12개 원은 기하학에서 유래한 것이다. 피타고라스의 사도들에게는 그것이 심오한 의미를 지닌 것이었다. 피타고라스학파는 고대 세계에서 수학 지식이 뛰어난 것으로 유명했는데, 그들은 하느님을 완벽한 구球로 상상했다.[122] 하나의 구가 정확하게 동일한 크기의 다른 구들에 둘러싸여 있고 모든 구가 서로 맞닿도록 하면, 중앙의 구는 정확히 12개의 구로 둘러싸이게 된다는 사실을 고대인들은 발견했다.[123] 신인과 12사도의 이미지는 기하학의 그러한 가르침을 암호화한 것이다.

복음서에서, 처음에 예수는 사도들에게 하느님의 아들로 인정받지 못했다. 그러나 나중에 베드로와 요한, 야고보를 데리고 산에 올라가 기도할 때, "용모가 변화되고 그 옷이 희어져 광채가 나"는 모습을 보여준다.[124] 마찬가지로 에우리피데스의 희곡 『바쿠스의 여인들』에서, 디오니소스가 처음 사도들에게 나타났을 때는 유랑하는 현자였지만, 나중에는 성스럽게 변모한다. 그의 참된 신성을 알아차린 사도들은 이렇게 외친다.

그러나 보라! 저 궁전 문 위로 솟으신 이는 누구인가?
더 이상 인간으로 변장하지 않고, 신성의 광채에 휩싸여
본래의 모습으로 돌아온 디오니소스가 아닌가![125]

사도들에게 예수는 구원자였다. 디오니소스도 마찬가지로 "구원하러 오신 이"였다.[126] 사도들은 그에게 외쳤다. "어서 오소서, 그대 구원자여!"[127] 『바쿠스의 여인들』에서 그들은 이렇게 환호한다.

우리는 구원받았도다! 오, 바쿠스의 외침이 울려 퍼지는 이 기쁨이여!
우리는 모두 혼자였고 버려져 있었건만, 당신이 오셨으니 우리는 기쁘도다.[128]

예수는 일견 파격적인 행동 때문에 공격을 받았다. 「누가복음」에서 예수는 "이 세대의 사람들"을 꾸짖는다. 사람들은 처음에 세례자 요한이 "빵도 먹지 아니하며 포도주도 마시지 아니"한다는 이유로 "귀신이 들렸다."고 비난하더니, 이제 "먹고 마시는 사람의 아들"이 오니 "먹기를 탐하고 포도주를 즐기는 사람이요, 세리와 죄인의 친구"라고 비난한다고.[129] 디오니소스의 사도들 또한 행위가 파격적이고 귀신 들렸다는 비난을 받았다. 그들의 "술잔치"는 악명이 높았다. 그러나 사실 그 술잔치는 초기 그리스도교인들이 벌였던 "사랑의 향연"에 비하면 그리 성적인 것도 아니었다. 예수처럼 디오니소스도 먹고 마셨다. 그러나 보통 사람들에게 심오한 영적 메시지를 전달했다. 디오니소스는 신성한 도취의 신이었고, 종교 권력자들과 속세의 권력자들에게 걸핏하면 능욕당하고 위협당한 "사람들의 신"이었다. 예수 또한 마찬가지였다. 그러나 미스테리아 종교가 좀 더 고행을 강조한다. 그 고행은 세례자 요한의 내핍 생활에 견줄 만한 것이었다. 대수도원장 성 안토니우스 St. Anthonius에 의해 시작된 초기 그리스도교의 수도사 전통은 지중해 세계 전역에 퍼져 있던 금욕적인 피타고라스 공동체를 모델로 한 것이었다.[130]

나귀 타기

복음서 이야기에 따르면, 인기가 절정에 이르렀을 때 예수는 나귀를 타고 예루살렘에 입성한다. 이때 사람들은 그를 찬미하며 그가 지나갈 길에 나뭇가지를 펴서 깔았다.[131] 전통에 따라 이 무리는 종려나무 잎사귀를 흔들었다고 한다. 종려나무는 미스테리아 신앙에서 상징적인 나무다.[132] 플라톤은 "디오니소스의 지혜의 종려나무"라는 말을 썼다.[133] 미스테리아 신인 아티스의 대향연은 "갈대를 지닌 자의 입장"과 더불어 시작되었다. 그런 뒤 "나무를 든 자의 입장"이 이어졌다. 이 상록수 소나무 위에는 신인의 인형을 매달았다.[134] 한 현대 학자는 이렇게 말했다.

> 종려나무를 든 자들에 둘러싸인 예수의 예루살렘 입성, 그리고 그의 주요 상징이 된 십자가, 곧 나무를 나르는 행위가 이런 신화와 관계가 있다는 사실을 무시할 수는 없다.[135]

복음서에는 예수가 한사코 나귀를 타기 위해 애쓰는 이야기가 나온다. 도자기 그림에서, 디오니소스 또한 흔히 나귀 옆에 그려진다. 이 나귀는 수난을 당할 곳으로 그를 데려간다.[136] 극작가 아리스토파네스Aristophanes는 "미스테리아를 실어 나른 나귀"에 대해 썼다.[137] 아테네에서 순례의 무리가 미스테리아를 기념하기 위해 엘레우시스로 가는 신성한 길을 걸을 때, 나귀는 신성한 도구가 든 바구니를 실어 날랐다. 이 도구는 디오니소스의 우상을 만드는 데 쓰일 것이었다. 이때 무리들은 큰 소리로 디오니소스를 찬미하며 나뭇가지를 흔들었다.[138] 이와 같이 디오니소스는 예루살렘으로 입성하는 예수처럼 환호를 받으며 죽음을 향해 나아갔다.

"나귀 타기"라는 신화적 주제는 흔히 겸손의 징표로 여겨졌다. 그러나 그 이상의 심오한 의미를 아울러 지니고 있다. 고대인들에게 나귀는 육욕과 잔혹함과 사악함의 표본이었다. 그래서 나귀는 상징적으로 수준 낮은 "동물적" 자아를 나타냈다. 그것은 미스테리아 입문자가 극복하고 억눌러야 하는 것이었다. 루키우스 아풀레이우스는 『황금 나귀』라는 이야기를 썼다. 그것은 입문식에 대한 우의적 이야기였다. 그 이야기에서 루키우스는 자신의 어리석음 때문에 나귀로 변해 수많은 모험을 한다. 각 모험은 입문 단계를 나타낸다. 그는 마지막 입문식에서 다시 인간으로 변한다. 이러한 이야기는 입문자가 더 낮은 본성을 극복하고, 미스테리아 입문식을 거쳐 참된 정체성을 재발견하는 것을 상징한다.[139]

고대 이집트의 여신 이시스는 루키우스에게 말한다. 나귀는 모든 짐승 가운데 그녀가 가장 싫어하는 거라고.[140] 나귀는 오시리스를 살해한 세트 신이 신성시한 동물이기 때문이다.[141] 플루타르코스는 고대 이집트의 사육제에 대한 기록을 남겼는데, 그 기록에서 고대 이집트인들은 오시리스 살해에 대한 보복으로 나귀를 벼랑 아래로 밀어 떨어뜨린다. 세트 신은 입문자의 수준 낮은 자아를 상징한다. 수준 낮은 자아는 영적으로 수준 높은 자아(오시리스)를 살해한다. 수준 낮은 자아는 수준 높은 영적 자아의 재생을 위해 은유적으로 사망해야 한다.

디오니소스 미스테리아에서도 나귀는 더 낮은 "동물적" 본성을 상징했다. 도자기 유물 가운데 우스꽝스러운 나귀 그림이 그려진 것이 있다. 이 나귀는 디오니소스의 사도들에게 에워싸인 채 생식기를 발기시키고 춤을 춘다.[142] 포도주 주전자 유물 가운데 나귀들이 교미하는 모습이 그려진 것도 나타난다.[143] 순례자들이 걸음을 멈추고 나귀 꼬리를 잡아당기고 있는 그림도 있다.[144] 사후 지하 세계에서의 고난을 나타내는 멋진 그림 가운데, 자신의 나귀가 끊임없이 먹어치우는 밧줄을 영원히 꼬아야 하는 형벌을 받는 사람의 그림이 있다. 이 그림은 수준 낮은 자아가 수준 높은 자아의 영적 성취물을 끊임없이 먹어 치우려고 한다는 것을 상징한다.¹⁴⁵ 의기양양하게 나귀를 타고 가는 신인의 모습은 그가 낮은 수준의 "동물적" 본성의 지배자라는 것을 상징한다.

의로운 자와 폭군

복음서에 따르면 예수는 죄가 없고 의로운 자다. 유대인 제사장들의 선동 탓에 로마 총독 빌라도 앞에 끌려간 예수는 허위 죄목으로 사형 선고를 받는다. 그런데 그보다 5세기 전에 쓰인 에우리피데스의 희곡 『바쿠스의 여인들』에도 똑같은 신화적 주제가 등장한다. 예루살렘의 예수처럼, 디오니소스는 새로운 종교를 전파한 자로서 장발에 수염을 기르고 과묵한 이방인이다. 복음서에서 유대인 제사장들은 예수를 믿지 않고, "그의 가르침은 백성을 미혹한다."고 주장한다.¹⁴⁶ 그들은 예수를 죽이기 위해 음모를 꾸민다. 『바쿠스의 여인들』에서 펜테우스Pentheus 왕은 디오니소스를 믿지 않은 폭군이다. 그는 "이 땅을 오염시킬 새로운 질병"을 가져왔다는 이유로 디오니소스를 꾸짖으며, 부하들을 보내 죄 없는 신인을 체포하게 한다. 이때 그는 이렇게 말한다.

그리고 그를 체포하자마자 돌로 쳐 죽여라.
그는 바쿠스의 미스테리아를 테베에 전파한 것을 후회하리라.¹⁴⁷

예수가 하느님의 아들이라는 불경한 주장을 하는 것에 깜짝 놀란 유대인 제사장들처럼,¹⁴⁸ 펜테우스 왕은 디오니소스의 신성한 출생 이야기를 듣고 분노를 터뜨린다.

그게 어떤 인간이든 간에, 그의 오만불손함은
참람하지 아니한가? 목에 밧줄을 걸겠다는 짓이 아닌가?[149]

예수와 마찬가지로 디오니소스는 잠자코 체포되어 수감되었다. 그를 체포한 병사가 펜테우스 왕에게 말한다.

그를 체포하여 데려왔나이다, 폐하. 그러나 우리가 보기에
그 짐승은 얌전하였고, 도망칠 생각을 하지 않았나이다.
그저 두 손을 내밀어 결박을 당했고, 낯빛도 바뀌지 않았나이다.
화사한 얼굴로 미소를 띠며 우리에게 말하기를,
"나를 묶어 체포하라. 너희를 전혀 수고롭게 하지 않으리라.
다만 너희를 기다렸도다." 그러하니 저는 저절로
당황하여 그에게 말했나이다. "선생이시여, 용서하소서.
선생을 체포하고 싶지 않으나, 이것은 왕의 명령입니다."[150]

병사는 디오니소스의 기적을 목격했다면서 펜테우스 왕에게 경고한다. "주인이시여, 이 사람은 수많은 기적을 행하며 이곳에 왔나이다." 그러나 왕은 디오니소스를 심문한다. 빌라도 앞에 선 예수와 마찬가지로 디오니소스는 왕에게 절하지 않는다. 빌라도가 예수를 십자가에 못 박을 권세가 있다는 것을 상기시키자 예수가 대답한다. "위에서 주지 아니하셨다면 나를 해할 권세가 없었으리라."[151] 마찬가지로 디오니소스도 펜테우스의 위협에 이렇게 답한다. "정해진 일이 아니라면 어떤 것도 나를 해칠 수 없다."[152] 박해자들이 "자기가 무슨 짓을 하는지 알지 못한다."[153]고 예수가 말한 것처럼, 디오니소스는 펜테우스에게 말한다. "네가 무슨 짓을 하고 있는지, 무슨 말을 하고 있는지, 네가 정작 무엇인지도 너는 알지 못한다."[154]

예수가 십자가 형장으로 끌려갈 때, 그는 무리들에게 예수를 위하여 울지 말고, 예수를 처형한 죄 때문에 고통당할 자신들과 자녀를 위하여 울라고 경고하면서 또 이렇게 말한다.

보라, 날이 이르면 사람들이 말하기를 수태하지 못하는 이와 해산하지 못한 배와, 먹이지 못한 젖이 복이 있다 하리라. 그때에 사람들은 산들에게 우리 위에 무너지라 하며 작은 산들에게 우리를 덮으라 하리라.[155]

이와 마찬가지로, 형장으로 끌려가는 디오니소스는 신이 복수하리라고 겁을 주며 말한다.

그러나 경고하노니, 죽었노라고 너희가 말할 디오니소스는 이 신성모독의 복수를 하기 위해 속히 돌아올 것이다.[156]

미스테리아 전통을 지킨 여러 위대한 철학자들 또한 "의로운 자"였다. 그들은 폭군들에게 부당한 죽음을 당했다. 소크라테스가 한 예다. 예수처럼 그는 백성을 미혹케 한다고 고소를 당했다. 아테네 법에 따르면 그러한 "죄"에 대한 벌은 죽음이었다. 재판관들이 수용할 만큼의 벌금을 내면 사형을 면할 수는 있었다. 유월절에 죄수 한 명을 풀어주는 관습이 있어서 예수를 풀어주겠다고 제안한 빌라도처럼, 아테네 법정에서는 소크라테스가 벌금을 내고 조용히 추방됨으로써 기술적으로 사형을 피하기를 바랐다.[157] 예수와 마찬가지로, 소크라테스는 박해자들과의 타협을 거부하고 일부러 죽음을 택한 것으로 여겨진다. 그는 모욕적으로 적은 금액인 1므나mna만을 벌금으로 내겠다고 함으로써 재판관들로 하여금 사형을 언도하게 한다.[158]

소크라테스의 추종자들 가운데 일부는 "은 삼십 므나"를 대신 내겠다고 제안했다. 그것은 참되게 자기 원칙에 따르고자 한 소크라테스의 소망에 배신하는 것이었다.[159] 이러한 주제는 복음서 이야기에도 나타난다. 예수를 배신한 대가로 유다는 "은 삼십"을 받았던 것이다. 소크라테스는 당시의 처형 방식대로 독배를 들고 죽었다. 겟세마네 동산에서, 임박한 처형에 대해 묵상하던 예수는 이렇게 기도한다. "내 아버지여, 만일 할 만하시거든 이 잔을 내게서 지나가게 하옵소서."[160] 소크라테스는 죽음을 앞두고 두려워하지 않았다. 그는 죽은 지 사흘 만에 부활할 거라는 꿈을 꾸었기 때문이다.[161] 그와 마찬가지로 예수도 사흘 만에 부활할 거라는 예언을 확신하며 죽음을 향해 나아간다.[162]

심문을 받을 때 예수가 한 행동은 미스테리아 현자가 취한 행동과 정확히 일치한다.[163] 예수는 권력자들의 위선을 공개 비난하는 것을 두려워하지 않았다. 마찬가지로, 견유학파와 스토아학파의 철학자들은 "기존 권위에 적대적이며, 종교 계율을 거부했고, 왕과 관료들을 조롱"한 것으로 유명했다.[164] 로마 당국을 존중하지 않았다는 이유로 순교한 철학자가 많았는데, 예수처럼 그들도 기꺼이 처형당했다.[165] 스토아학파의 현자 에픽테토스Epictetos는 이렇게 썼다. "내 몸이든 재산이든 모두 가져가라. 그러나 내 도덕적 목적을 지배하려고 하지는 말라."[166] 그는 황제에게 다음과 같이 선포해서 처형을 받은 철학자 얘기를 남겼다. "그대는 그대가 할 일을 하라. 나는 내 할 일을 하겠다. 그러면 무슨 불평할 것이 있겠는가."[167] 일찍이 BCE 4세기에 플라톤은 "의로운 자"에게 예상되는 운명을 이렇게 기술했다. "의로운 자는 채찍질을 당하지 않을 수 없을 것이다. 모든 극단적인 수난을 당한 후, 이윽고는 십자가에 못 박힐 것이다."[168] 복음서에 기록된 "의로운 자" 예수의 수난 또한 그러한 예상과 일치한다.

"부당하게 고소된 의로운 자"는 고대 세계에 아주 허다해서, 예수가 유일무이한 수난을 당했다고 주장하려는 기독교인들을 켈수스는 통렬하게 비웃었다. 그는 위트와 풍자를 동원해서 이런 제안을 했다. 그들이 만일 새로운 종교를 만들고자 했다면, "영웅적인 죽음"을 당한 수많은 유명 이교 현자들 가운데 한 명을 선택해서 종교의 기초를 세웠다면 더 좋았을 거라고. 그러면서 이렇게 썼다.

새로운 가르침에 대한 열정이 있었다면, 영웅적인 죽음을 당해서 그것으로 인해 존경받은 옛 사람 ― 이미 한 신화의 주인공이 된 사람 ― 가운데 한 명을 중심으로 해서 당신들의 종교를 세우는 것이 훨씬 더 좋았을 것이다. 헤라클레스나 아스클레피오스Asklepios를 선택할 수도 있었을 것이다. 그들이 약하다면 오르페우스도 있다. 누구나 알고 있듯이, 오르페우스는 선하고 성스럽지만, 가혹한 죽음을 당했다. 그 사람을 다른 종교가 이미 써먹어버렸다면? 글쎄, 그렇다면 아낙사르코스Anaxarchos는 어떨까? 그는 몰매를 맞으면서 정면으로 죽음을 직시한 사람이다. 그는 박해자들에게 이렇게 말했다. "때려 죽여라. 그러나 너희가 때리는 것은 아낙사르코스가 아니다. 아낙사르코스라는 빈 자루일 뿐이다." 그런데 아쉽게도 이 사람은 여러 철학자들이 이미 주인으로 모셔버렸다. 글쎄, 그렇다면 에픽테토스는 어떨까? 그는 주리를 트는 형벌을 받으면서도 빙그레 웃으며, 완전한 평정을 유지한 채 말했다. "부러뜨려라." 다리가 부러지자 그는 빙그레 웃으며 말했다. "내가 그러라고 했지." 당신들의 신도 형벌을 받을 때 그렇게 말했으면 좋았을 것이다![169]

빵과 포도주

죽기 전에 예수는 빵과 포도주로 상징적인 최후의 만찬을 베풀었다. 『바쿠스의 여인들』에서 에우리피데스는 빵과 포도주를 "인간의 것 중 최고의 두 힘"이라고 일컬었다. 빵은 육체를 보존케 하는 주식이고, 포도주는 정신을 도취케 하는 액체다.[170] 고대인들은 미스테리아 신인이 인간에게 곡물과 포도를 재배해서 빵과 포도주를 만드는 기술을 전해주었다고 믿었다.

복음서에서 예수는 이렇게 선언한다. "나는 생명의 빵이다." 최후의 만찬 때 예수는 빵을 떼어 사도들에게 나눠주며 말한다. "받아라, 이것이 내 몸이니라."[171] 미스테리아 신인 또한 빵은 물론이고 빵을 만드는 곡물과 상징적인 관계가 있었다.[172] 오시리스는 사지가 찢겨서 죽었으며, 죽은 아도니스의 뼈는 맷돌에 갈려서 바람에 흩뜨려졌다고 한다. 그것은 곡물을 타작해서 가루로 만드는 것을 상징한다.[173]

복음서에서 예수는 또 이렇게 선언한다. "내가 참 포도나무요 내 아버지는 그 농부라."[174] 그리고 최후의 만찬에서 사도들에게 포도주를 나눠주며 말한다. "이것은 …… 나의 피, 곧 언약의 피니라."[175] 예수처럼 디오니소스도 포도나무는 물론이고 포도주와도 관련이 있었다. 그는 "포도주의 신"으로 알려져 있었다. 일부 신화에서 그의 팔다리가 잘려 죽은 것은 포도주를 만들기 위해 포도를 밟아 으깨는 것을 상징한다.

예수가 나눠준 빵과 포도주를 같이함으로써 사도들은 상징적으로 예수의 몸을 먹고 피를 마신다. 그렇게 그리스도와 교섭한다. 신을 먹음으로써 신과 교섭한다는 아이디어는 고대 이집트의 『사자死者의 서』에서도 발견되는 아주 오래된 의식이다. 그 책에서 죽은 자들은 사후 세계에서 신을 먹음으로써 신과 교섭한다.[176] 그리스도교인들은 예수의 "몸"과 "피"를 먹고 마시는 영성체 의식을 거행한다.[177] 그런 "신성한 교섭holy communion"은 오시리스-디오니소스와 하나가 된다는 의미에서 미스테리아 의식에서도 행해졌다.[178] 입문하지 않은 자들은 그러한 의식을 오해해서 야만적인 식인 풍습이라고 비난했다. 그 후 영성체 의식을 행한 초기 그리스도교인들도 똑같은 비난을 받았다.[179]

이교도들도 그리스도교와 똑같은 영성체 의식을 치렀다는 것을 알게 된 순교자 유스티누스는 깜짝 놀랐다. "이것은 나의 피"라고 말하며 예수가 사도들에게 포도주를 마시게 했을 때, 예수는 그러한 의식을 사도들에게만 베푼 것인데, "사악한 악마들은 그것을 모방해서 미트라스 미스테리아 의식을 치르게 했다."고 그는 비난했다. 그리스도교의 영성체 의식과 마찬가지로, 미스테리아 의식에서도 입문자에게 빵과 포도주를 주기 전에 먼저 신비한 신조를 낭송해주었다.[180] 그리스도교와 마찬가지로, 미트라스 미스테리아 의식 참여자들은 먼저 오랫동안 준비를 거친 다음 "신성한 교섭"이 허용되었다.[181] 충분한 준비 단계를 거친 입문자는 포도주를 탄 물, 그리고 십자가 표시가 새겨진 웨이퍼나 빵을 영성체로 받았다![182] 이런 사실을 알게 된 순교자 유스티누스는 당연히 경악했다.

한 비문에는 이렇게 적혀 있다.

> 네가 나와 더불어 하나가 되고, 나 또한 너와 더불어 하나가 되도록, 내 몸을 먹고 내 피를 마셔라. 그러하지 않는 자는 구원을 받지 못할 것이다.[183]

이 말은 성서에 나오는 예수의 말처럼 들리지만, 사실 이것은 미트라스가 한 말이다! 그런데 이 말은 「요한복음」에 나오는 예수의 말과 너무나 유사하다.

인자人子의 살을 먹지 아니하고 인자의 피를 마시지 아니하면 너희 속에 생명이 없느니라.[184] 내 살을 먹고 내 피를 마시는 자는 내 안에 거하고 나도 그 안에 거하나니.[185]

미트라스 미스테리아에서 신성한 교섭은 더 옛날의 의식에서 발전한 것이다. 옛 의식에서는 환각을 일으키는 하오마Haoma라는 식물의 즙을 탄 물과 빵을 영성체로 사용했다.[186] 미트라스 미스테리아에서는 서구에 잘 알려지지 않은 식물인 하오마 대신 포도주를 사용했다. 포도주는 오늘날의 우리보다 고대인들에게 훨씬 더 강력한 도취 효과를 냈을 것이다. 좀처럼 술을 마시는 일이 없었기 때문이다. 플라톤은 디오니소스의 미스테리아 의식에서 포도주가 지닌 계시적인 위력에 열광하며,[187] 그것은 "인간의 제정신이 아닌 신의 광기"라고 썼다.[188]

저명한 고전학자 한 명은 이렇게 썼다. "디오니소스 의식에서 포도주를 마시는 것은 신과 교섭을 해서, 물리적으로 현존하는 신과 그 힘을 자기 몸속으로 받아들이기 위한 것이다."[189] 그리스도교의 영성체 의식에서, 상징적으로 예수는 그 의식에 참여하는 자가 마시는 포도주가 된다고 한다. 마찬가지로, 에우리피데스는 디오니소스가 포도주가 된다고 말한다. 그래서 제물로서 자기 자신을 잔에 "따른다."[190] 일부 도자기 그림에는, 빵과 포도주가 디오니소스의 우상 앞에 그려져 있다(도판 5쪽을 보라.).[191] 그리스도교인이 상징적인 웨이퍼 과자로 "구원"을 받듯이, 디오니소스의 미스테리아 의식에서도 입문자는 케이크로 마카리아makaria, 곧 "축복"을 받았다.[192]

한 비문에는 이렇게 적혀 있다. 고대 그리스 사모트라키 섬의 미스테리아 사제가 "입문자에게 빵을 떼어 나누어주고 포도주를 따라 주었다."고.[193] 아티스의 미스테리아 입문자 또한 영성체 의식을 치르고 이렇게 선언했다. "나는 탬버린으로 먹고 심벌로 마셨다." 그러한 신성한 악기로 무엇을 먹고 마셨는지는 기록되지 않았지만, 그것 또한 빵과 포도주였을 가능성이 아주 높다.[194]

순교자 유스티누스의 시대부터 오늘날까지, 가톨릭 그리스도교인들은 영성체 의식의 빵과 포도주가 말 그대로 "육체를 가진 예수의 살과 피"라고 믿어왔다.[195] 일부 미스테리아 신앙을 지닌 자들은 "신성한 교섭"을 말 그대로 믿기도 했던 것 같다. 좀 더 계몽된 입문자인 키케로는 "빵과 포도주가 곧 신이라는 것은 다만 상징일 뿐"이라는 사실을 알려주고 싶어 했다. 상징이 아니라 사실이라고 생각하는 어리석음을 참지 못한 그는 이렇게 썼다. "제정신이 아니고서야 어떻게 자기가 먹는 음식이 실제로 신이라고 믿는단 말인가?"[196]

신인의 죽음

일반적으로 예수는 십자가에 못 박혔다고 믿고 있다. 그러나 신약 성서에서 "십자가cross"라고 번역한 말은 원래 "형주stake"를 뜻하는 말이다. 유대인들은 돌로 쳐 죽인 사람의 시신을 다른 사람에 대한 경고 표시로 형주에 매달아 놓는 관습이 있었다.[197] 「사도행전」에서 베드로는 십자가가 아닌 "나무에 달아 죽인 예수"를 이야기한다.[198] 바울의 편지인 「갈라디아서」에도 "나무에 달린 자"로 기록돼 있다.[199] 교부 피르미쿠스 마테르누스 Firmicus Maternus는 아티스의 미스테리아 의식에서 젊은 신인의 상이 소나무에 묶였다는 얘기를 전해준다.[200] 아도니스는 "나무에 달린 자"로 알려져 있었다.[201]

디오니소스의 미스테리아 의식에서는 신인을 나타내는 가면이 나무 장대에 매달렸다(도판 4~5쪽을 보라.).[202] 형주에 매달려 가시 면류관을 썼다는 예수와 마찬가지로, 디오니소스 또한 덩굴 면류관을 썼다. 로마 병정들에게 조롱을 당할 때 자색 옷 혹은 홍포를 입었다는 예수처럼, 디오니소스도 자색 옷을 입었고, 엘레우시스에서의 입문자들도 자색 띠를 몸에 둘렀다.[203] 죽기 직전의 예수에게는 "쓸개 탄 포도주"를 먹이려 했다.[204] 디오니소스의 미스테리아 의식 참여자들에게는 포도주를 먹였는데, 디오니소스 역을 한 히에로판테스에게는 쓸개즙을 마시게 했다.[205]

예수는 두 강도 옆에서 죽음을 맞이한다. 도둑 한 명은 예수와 함께 하늘로 올라가고, 다른 한 명은 지옥에 떨어진다. 이와 유사한 주제가 미스테리아 신화에서도 발견된다. 소박한 미스테리아 그림 하나에는, 미트라스의 양옆에 횃불을 든 두 사람이 그려져 있다. 횃불로 하늘을 가리키는 사람은 하늘로 올라갔다는 것을 상징하고, 땅을 가리키는 다른 사람은 지옥에 떨어졌다는 것을 상징한다.[206] 엘레우시스에서의 미스테리아 의식에서도 디오니소스 양쪽에 서서 횃불로 각각 하늘과 땅을 가리키는 두 사람이 나온다. 하지만 이 사람들은 여자다.[207] 미트라스의 미스테리아 의식에서 횃불을 든 두 사람은 고대 그리스의 초기 신화에 나오는 두 형제 카스토르Castor와 폴룩스Pollux에서 발전한 것으로 여겨진다. 두 형제는 하루걸러 교대로 한 사람이 죽고, 다른 사람이 살아난다. 그들은 각각 높은 수준의 자아와 낮은 수준의 자아를 상징한다. 두 자아는 동시에 둘 다 살아 있을 수 없다. 카스토르와 폴룩스는 "우레의 아들"로 알려져 있었다. 「마가복음」에서 예수는 야고보와 요한 형제에게 불가해하게도 "우레의 아들"이라는 이름을 붙여준다![208]

일부 신화에서는 입문자의 수준 낮은 자아를 상징하는 디오니소스의 적이 신인 대신 죽는다. 『바쿠스의 여인들』에서 펜테우스 왕은 디오니소스를 죽이러 갔다가 오히려 자기가 나무에 매달린다.[209] 이와 비슷한 시칠리아 신화에서, 디오니소스의 적인 리쿠르구스 왕King

Lycurgus이 십자가에 못 박힌다.²¹⁰

어떤 미스테리아 전통에서는 디오니소스가 나무에 매달리지만, 다른 전통에서는 그의 적이 처형된다. 신화를 발전시키기 위해 플라톤이 "십자가에 못 박힌 의로운 자"라고 제시한 상을 혹시 디오니소스의 미스테리아 입문자들이 받아들인 것일까?²¹¹ 아니면 신인이 십자가에 못 박히는 비밀 입문 신화가 이미 있었기 때문에 이것을 플라톤이 언급한 것일까?²¹² 순교자 유스티누스의 책들 가운데 한 권에는 실제로 "플라톤의 십자가 교리"라는 제목을 단 장章이 있는데, 거기서 그는 이교도 철학자 플라톤이 수세기 전에 이미 "하느님의 아들"이 "이 세상에서 십자로 못 박혔다."는 교리를 가르쳤다는 것을 인정하고 있다.²¹³

십자가는 고대인들에게 신성한 상징이었다. 십자가의 네 갈래는 물질 세계의 네 원소인 흙, 물, 공기, 불을 상징한다. 다섯 번째 원소인 영혼은 이 네 가지 원소로 이루어진 물질에 속박되어 있다. 따라서 네 갈래 십자가에 못 박힌 사람의 상은 영혼이 육체에 속박되어 있는 곤경을 상징한다. 영혼을 육체에 구속하는 못은 육체적 욕망을 상징한다고 플라톤은 말했다.²¹⁴ 두 팔과 두 다리에 박힌 네 개의 못은 감각적 욕망의 상징이며, 이 못이 네 원소의 세계에 영혼을 붙잡아둔다는 것이다.

오시리스-디오니소스가 예수와 정확히 똑같은 죽음을 당하는 것으로 묘사되어왔다는 것은 잘 믿기지 않을 것이다. 그러나 그것은 명백한 증거로 입증된 사실이다. 교부 아르노비우스Arnobius는 디오니소스 미스테리아 입문자들이 신성한 십자가 주위를 돈다는 사실에 분개했다.²¹⁵ 어떤 도자기 그림을 보면 디오니소스가 십자가에 매달려 있다.²¹⁶ CE 2세기 아니면 3세기 로마 시대의 한 석관에는 나이든 사도 한 명이 어린 디오니소스에게 커다란 십자가를 가져다주는 그림이 그려져 있다.²¹⁷ 한 현대 학자는 이 십자가를 "아이가 최종적으로 겪게 될 비극적 운명에 대한 암시"로 해석한다(도판 3쪽을 보라.).²¹⁸

같은 시기에 만들어진 부적에는 십자가에 못 박힌 인물이 새겨져 있는데, 처음 보면 예수로 착각하기 십상이지만 실제로는 오시리스-디오니소스다(도판 6쪽을 보라.). 이 인물 아래에는 "오르페우스-바키코스"라고 기록되어 있는데, 그것은 "오르페우스가 바쿠스가 되었다."는 뜻이다. 그리스 신화에 나오는 오르페우스는 최고의 시인이자 하프의 달인인데, 디오니소스의 탄생을 예언한 자이기도 하다. 그는 너무나 존경을 받아서 흔히 신인으로 여겨졌다. 바쿠스는 디오니소스의 사도였는데, 디오니소스와 완전한 동격이 되었다. 따라서 그 부적은 십자가에 못 박혀 죽은 디오니소스를 나타내며, 입문자가 수준 낮은 본성을 죽이고 신으로 재생하는 것을 상징한다.

또한 겉보기에 이상한 고대 그림이 로마 시대의 돌기둥 뒤에 새겨진 게 있는데, 그 연대는 CE 193년과 235년 사이로 추정된다(도판 7쪽을 보라.). 그것은 머리가 나귀인 한 인간이 십자가에 못 박혀 있는 그림이다. 이 그림 아래에는 "알렉스메노스Alexmenos가 자기 신을 숭배하다."라는 문구가 새겨져 있다. 이 그림은 이교도가 그리스도교를 모독하기 위해 그린 것으로 해석되어왔는데, 전혀 달리 해석될 수 있다. 디오니소스의 수준 낮은 "동물적" 본성이 십자가에 못 박힌 것을 나타낸 그림일 가능성이 아주 높은 것이다. 앞에서 이미 말했듯이, 나귀는 동물적 본성을 상징한다.²¹⁹

CE 5세기 이전에는 십자가에 못 박힌 예수상이 전혀 없었다는 것은 주목할 만한 사실이다. 돌기둥 그림과 오르페우스 부적은 예수보다 수세기 전에 존재했던 것이다. 그러니 만일 그리스도교에서 그 두 가지를 참고했다면, 최초의 십자가상에 나타난 예수는 곧 오르페우스였던 셈이다! 결코 그럴 리가 없었을 것 같지만, 일부 오시리스-디오니소스 신화에서 신인이 십자가에 못 박혀 죽은 것으로 묘사되었다는 사실은 그것을 간단명료하게 입증한다.

신성한 희생양

그리스도교인들은 예수가 세상의 죄를 대속해서 죽었다고 믿는다. 고대 그리스에는, 특별한 개인을 "희생양"으로 삼는 전통이 있었다. 희생양은 상징적으로 사람들의 죄를 대신해서 도시에서 쫓겨나거나 처형되었다. 그러한 사람은 파르마코스pharmakos라고 불렸다. 파르마코스는 단순히 "마법사"라는 뜻이었다.[220] 그 사람을 처형한 것은 분명 종교적 행위였다. 처형하기 전에, 비용을 갹출해서 특히 깨끗한 음식으로 배불리 먹였고, 신성한 옷을 입혔고, 신성한 식물로 만든 관을 씌웠다.[221] 그리고 신성한 희생을 통해 도시의 죄가 사면되었다고 믿었다.

오시리스-디오니소스는 신성한 파르마코스였다. 예수처럼 그는 세상의 죄를 대속해서 죽었다.[222] 파르마코스는 모욕을 당하고, 매질을 당한 후 죽음에 처해졌다.[223] 디오니소스의 대속적 죽음을 같이하기 위해 엘레우시스를 향해 신성한 길을 걸었던 사람들 역시 가면을 쓴 사람들에게 위협과 모욕과 매질을 당했다.[224] 「마가복음」에서 예수는 사람의 아들로서 그와 유사한 운명을 당할 거라고 예언된다. "그들은 (인자를 — 옮긴이) 능욕하며 침 뱉으며 채찍질하고 죽일 것이다."[225]

바울은 이렇게 썼다. "피 흘림이 없으면 죄의 사함이 없느니라."[226] 예수는 희생으로 바쳐진 "하느님의 어린 양"으로 묘사된다. 그리스도교인들은 "어린 양의 피로 씻김"으로써 "재생"한다고 말한다. 그러한 은유는 고대 아티스의 미스테리아 의식을 상기시킨다. 그 의식은 동물을 제물로 쓴 희생제였다. 현대 세계에서 우리는 음식으로 쓸 동물이 도살되는 것을 보지 않기 때문에, 그것이 아주 원시적인 의식이었을 거라고 여기기 십상이다. 그러나 먹기 위해 동물을 죽여야만 하는 사람들에게는 그것이 그리 혐오스럽지 않을 것이다. 타우로볼리움 Taurobolium, 곧 황소 희생제에서, 황소는 밑에 구멍이 뚫린 제단 위에서 도살되고, 밑에 서 있는 입문자는 구멍을 통해 흘러내린 피로 몸을 씻었다. 그러면 입문자는 "재생"된 것으로 여겨졌다. 가난한 사람들은 크리오볼리움 Criobollium 의식을 치렀는데, 희생물로는 양을 썼다. 입문자는 말 그대로 "양의 피로 씻김" 의식을 치렀던 것이다![227]

미트라스 미스테리아 의식에서는 그리스도교와 마찬가지로, 말 그대로보다는 상징적으로 희생제를 치렀다. 실제로 도살을 하는 대신, 황소를 도살하는 미트라스의 성화聖畵를 제단 그림으로 사용했던 것이다. 다소 으스스해보이는 그림이기는 하지만, 고통스럽게 십자가에 매달려 죽어 가는 사람을 그려놓은 그리스도교 성화에 비하면 덜 폭력적인 셈이다.

"그대는 영원히 피를 흘림으로써 우리를 구원했도다."라고 적힌 비문이 있는데, 이것은 예수가 아닌 미트라스에게 바친 비문이다.[228] 그런데 수세기 후 그리스도교인들도 그들의 구원자 신인에게 똑같은 말로 고마움을 표시하게 된다. 한 익명의 고대 이집트 시인은 죄를 대속해서 죽은 후 부활한 구원자 오시리스를 다음과 같이 찬미했는데, 이 찬미의 말은 예수에게도 똑같이 적용될 수 있을 것이다.

그들이 그대를 희생시켰는가? 그대가 그들을 위해 죽었다고 그들은 말하는가? 그는 죽지 않았다! 그는 영원히 살아 있다! 그는 신비한 희생자이기에, 그들보다 더 생기가 넘친다. 그들의 주님이신 그는 영원히 살아 있고, 영원히 젊다![229]

그리스도교와 마찬가지로, 미스테리아 종교도 "원죄" 교리를 갖고 있었다. 플라톤은 죄목을 알 수 없는 고대의 어떤 죄에 대한 형벌로 영혼이 육체 속으로 추방된다고 가르친다.[230] 엠페도클레스는 우리가 신의 세계에서 저지른 죄에 대한 대가로 네 원소를 거치며 떠돈다고 말한다.[231] 미스테리아 종교에서는 하느님과의 분열이 곧 원죄라고 가르쳤다.[232] 신인의 대속적 죽음, 혹은 입문자가 희생 동물을 죽이는 것은 입문자의 수준 낮은 "동물적" 본성의 상징적 죽음과 신적 본성의 재생을 뜻한다. 그것은 신과의 합일, 그리고 원죄에 대한 속죄를 뜻한다.

부활절

4세기에 익명의 저자가 쓴 글에 따르면, 그리스도교인들과 미스테리아 신인 아티스 교인들은 두 종교의 신인이 똑같이 죽어서 부활했다는 것에 충격을 받았다고 한다. 그래서 두 종교의 교인들 사이에서 격렬한 논쟁이 벌어졌다.[233] 이교도들은 그리스도의 부활이 아티스의 부활을 모방했다고 주장했고, 그리스도교인들은 아티스의 부활이 그리스도의 부활을 악마가 모방한 것이라고 주장했다.[234]

아티스 미스테리아의 봄철 축제로 메갈렌시아Megalensia라는 게 있었다. 그것은 부활절처럼 사흘 동안 계속되었다.[235] 이 기간에는 아티스 신화가 수난극으로 공연되었다. 중세에 예수의 이야기가 수난극으로 공연되었던 것처럼 말이다. 공연 때 아티스의 시체 인형을 신성한 소나무에 매달고, 아티스와 시리아의 오시리스-디오니소스인 아도니스 모두가 신성시한 꽃으로 인형을 치장한[236] 다음, 묘지에 매장한다.[237] 그 후 예수와 마찬가지로 사흘째 되는 날 아티스는 다시 살아난다.²³⁸ 밤의 어둠 속에서 한 줄기 빛이 그의 열린 무덤을 비춘다. 그때 무덤 곁에 서 있던 사제는 입문자들의 입술에 성스러운 기름을 발라주며 이렇게 말한다. "그대도 고통으로부터 구원되리라."²³⁹ 신화학자 제임스 프레이저 경 Sir James Frazer은 이렇게 썼다.

> 그러나 밤이 되면 숭배자들의 슬픔은 기쁨으로 바뀌었다. 느닷없이 한 줄기 빛이 어둠을 가르며 나왔다. 무덤은 열려 있었다. 신이 부활한 것이다. 사제는 슬피 우는 자들의 입술에 향유를 발라주며 부드럽게 속삭였다. 너희도 구원되리라고. 사도들은 신의 부활을 열렬히 찬양하였다. 신의 부활은 신도들 또한 무덤에서 썩지 않고 되살아날 거라는 약속이었다. 이튿날인 3월 25일, 신의 부활을 축하하며, 요란하게 환희의 축제가 열린다. 이날은 당시의 춘분이었다. 로마에서, 그리고 아마도 다른 모든 곳에서도, 축하 의식은 사육제 형태를 띠었다. 그것은 환희의 축제(힐라리아 Hilaria)였다.²⁴⁰

고대에 널리 퍼진 그리스도교의 한 전통에 따르면, 예수는 3월 25일에 죽었다. 로마에서 공식적으로 아티스의 부활을 축하했던 날과 같은 날이다.²⁴¹ 그러나 교부 락탄티우스가 보고한 다른 그리스도교 전통에 따르면, 예수는 3월 23일에 죽었고 25일에 부활했다. 아티스의 죽음과 부활의 날도 바로 그날이었다.²⁴²

봄철 디오니소스 미스테리아 의식인 안테스테리아 Anthesteria 또한 사흘 동안 계속되었다. 그 축제에 대해 현대의 한 전문가는 이렇게 평했다. "성 금요일*과 부활절 날짜가 일치하는 것은 간과할 수 없는 사

---

* 예수의 수난일.

항이다."²⁴³

그리스와 시칠리아, 남부 이탈리아 등지에서 오늘날 거행되고 있는 부활절 의식은 아도니스의 미스테리아 의식과 현저하게 닮았다.²⁴⁴ 아도니스 축제 때는 사방에서 신인의 죽음을 곡하는 소리와 달콤한 향기가 진동했다. 그런 다음 향유를 바른 아도니스상이 관에 담겨 무덤으로 실려갔다.²⁴⁵ 그러나 신도들은 신인이 다시 살아난다는 믿음으로 스스로를 달랠 수 있었다.²⁴⁶ 루키우스 아풀레이우스는 이렇게 썼다.

> 그들은 죽은 자에게 그러하듯 아도니스에게 제물을 바치고, 사흘 후에는 그가 살아난 이야기를 한다.²⁴⁷

복음서에 따르면 예수의 시체는 "몰약과 침향 섞은 것을 백 근쯤" 발라서, "세마포"로 쌌다.²⁴⁸ 플루타르코스의 말에 따르면, 오시리스의 상징 또한 몰약을 발랐고 세마포로 쌌다.²⁴⁹ 마찬가지로, 아도니스의 미스테리아 의식에서 신인의 시체 상像은 잘 씻은 다음 향료를 발랐고, 세마포나 모직으로 감쌌다.²⁵⁰

예수는 죽은 지 사흘 만에 부활한다. 플루타르코스의 말에 따르면, 오시리스도 죽은 지 사흘 만에 되살아난다.²⁵¹ 고대 이집트의 한 비문에는 입문자 또한 그의 주와 함께 부활할 거라는 약속이 이렇게 적혀 있다. "참으로 오시리스가 살아 있듯이 그는 살아 있을 것이며, 참으로 오시리스가 죽지 않았듯이 그는 죽지 않을 것이다."²⁵²

부활한 예수는 하늘로 올라간다. 교부 오리게네스는 오시리스가 "생명을 되찾아 하늘로 올라간" 젊은 신이라고 썼다.²⁵³ 아도니스의 미스테리아 입문자들은 해마다 신인의 죽음을 애도하며 애달프게 피리를 불고 가슴을 치며 통곡하지만, 사흘 만에 그가 부활해서 숭배자들이 보는 가운데 하늘로 올라갔다고 믿었다.[254] 디오니소스 수난극으로 공연된 일부 신화에 따르면, 디오니소스는 죽은 지 얼마 되지 않아 무덤에서 일어나 하늘로 올라갔다.[255]

미트라스의 미스테리아 입문자들도 유사한 부활 장면을 공연했다.[256] 지상에서의 사명을 마친 미트라스는 태양의 마차를 타고 하늘로 올라갔다고 한다.[257] 승천 후 하느님 아버지의 오른쪽에 앉아 있다는 예수와 마찬가지로, 미트라스는 세계의 지배자인 빛의 신으로 즉위했다고 믿었다. 또 예수와 마찬가지로, 미트라스는 하늘에서 종말의 때를 기다리고 있다고 믿었다. 종말의 날에 그가 다시 지상으로 내려와 죽은 자를 깨워서 심판할 것으로 믿은 것이다.[258]

이러한 신화학적 주제들은 미스테리아 현자들의 전설에서도 발견된다. 세네카의 말에 따르면, 예수와 마찬가지로 철학자 카누스Canus는 자신이 죽은 지 사흘 만에 다시 나타날 것이라 예언했고 실제로 카누스는 무덤에서 나와서 한 친구를 찾아가 "영적 부활에 관한 이야기"를 들려주었다고 한다.[259] 헤라클레이데스Heracleides(BCE 4세기)의 말에 따르면, 엠페도클레스의 기적 가운데 하나를 축하하는 잔치 후, 위대한 현자 한 명이 홀연히 천상의 빛과 함께 하늘로 올라갔다고 한다.[260] 피타고라스는 지혜를 찾아 하데스로 내려갔고,[261] 죽은 후 사도들에게 다시 나타난 뒤 하늘로 올라갔다.[262] 피타고라스의 미스테리아 입문식에서는 죽음과 지하 세계로의 하강과 재생이 초창기부터 중요한 주제였던 것으로 알려져 있다.

이 모든 이교의 신인들과 현자들의 죽음과 부활과 승천을 고려해 볼 때, 예수가 유일무이하다는 그리스도교 주장에 켈수스가 분개한 것도 그리 놀랄 일이 아니다. 그가 보기에 그것은 분명 신화일 뿐인데, 그리스도교인들이 그것을 문자 그대로 믿는 것에 놀라며 이렇게 썼다.

예수가 죽은 후 다시 살아날 거라고 미리 말했다는 당신들의 믿음은 "사실"에 기초한 거라고? 무덤에서의 승리를 예언한 것도 그렇다고? 글쎄, 그렇다고 치자. 일단은 그가 실제로 부활을 예언했다고 치자. 그렇다면 당신들은 수많은 사람들이 어리석은 청중을 미혹시키는 비슷한 이야기를 진작에 고안해냈다는 것을 아는가? 피타고라스의 하인인 자몰릭스Zamolix는 한 동굴 속에 수년 동안 숨어 산 후, 자기가 죽었다가 부활했다고 스키타이 사람들을 속였다고 한다. 이탈리아의 피타고라스 자신은 또 어땠는가? 이집트의 팜프시니투스Phampsinitus는 또 어땠는가? 또 누가 있을까? 그래, 오르페우스는 어땠는가? 테살리아의 프로테실라우스Protesilaus, 그리고 무엇보다도 헤라클레스와 테세우스는 어땠는가? 그들은 모두 죽은 후 부활했다고 한다. 그러나 그 모든 얘기를 접어두고, 우리는 육체의 부활이 과연 인간에게 가능한지 질문해봐야 한다. 당신들은 다른 이야기가 모두 전설일 뿐이라는 것을 기꺼이 인정할 것이다. 나 또한 인정한다. 그런데 당신들의 부활 이야기만큼은 믿을 수 있는, 숭고한 사실이라고 당신들은 한사코 말할 것이다.[263]

신의 어머니

성스러운 아들과 마찬가지로, 예수의 어머니 마리아 또한 육체를 지닌 채 하늘로 올라갔다고 하며, "하느님의 어머니"로 숭배된다. 마찬가지로, 디오니소스의 인간 어머니인 세멜레는 후일 하늘로 올라갔고, 자신의 영광스러운 아들과 더불어 불멸의 존재로 추앙되었다.[264]

그리스도교에서 마리아는 이교도 미스테리아의 위대한 어머니 여신과 동일한 여러 역할을 수행한다. 사실 그리스도교의 8월 15일 성모 승천 축제는 고대 이교도의 여신 축제를 몰아내버렸다.[265] 이집트의 여신 이시스가 신성한 아기를 안고 있는 상像은 마리아가 아기 예수를 안고 있는 여러 모습의 모델이 되었다(도판 1~2쪽을 보라.). 그 모습은 너무나 닮았다. 그래서 가끔 무지한 그리스도교인들은 아기를 안은 이시스를 찬미한다. 중세 시대에 어떤 프랑스 성당에서 성모 마리아로 숭배된 검은 처녀상들은 정밀 검사 결과 현무암으로 만든 이시스상이라는 것이 입증되었다![266]

한 권위자는 이집트 여신이 그리스도교에 미친 영향을 언급하며 이렇게 썼다.

> 이시스 여신의 장중한 의식, 면도를 하고 삭발한 사제들, 아침 기도와 저녁 기도, 딸랑거리는 음악 소리, 성수 세례와 성수 뿌리기, 그 엄숙한 행렬, 보석과 같은 어머니 신의 이미지, 이 모든 것들은 가톨릭 신앙의 의식이나 행렬과 닮은 데가 아주 많다. 성모 마리아의 아름다운 별명인 스텔라 마리스Stella Maris, 곧 "바다의 별"은 원래 이시스의 별명이었다. 폭풍우를 만난 선원들은 마리아를 스텔라 마리스로 찬미하는데, 이시스 또한 선원들의 수호 여신이었다.[267]

그리스도교의 초기 전통에서, 빈 무덤과 부활한 그리스도를 먼저 목격한 것은 예수의 남자 사도들이 아닌 여자 신도들이었다. 「마가복음」의 원래 결말에서는, 막달라 마리아와 야고보의 어머니 마리아, 그리고 살로메만이 부활한 예수를 보았다. 이교도 비평가 켈수스가 알고 있는 전통에서는 그랬다.[268]

또 다른 초기 전통에 따르면, 세 여자 모두 이름이 마리아다. 예수의 동반자인 막달라 마리아, 그의 어머니 마리아와 이모 마리아.[269] 「요한복음」에는 이 세 명의 마리아*가 십자가 아래에 서 있는 것으로 묘사되어 있다.[270] 세 명의 마리아가 제시된다는 사실은 그것이 분명 고대 신화의 영역에서 벗어나지 않는다는 것을 암시한다. 이교도 세계에서 삼중의 여신triple goddess은 흔히 있는 인물이다. 엘레우시스에서 그녀는 데메테르, 페르세포네, 헤카테로 나타난다. 한 명인 그녀는 세 가지 운명, 세 가지 사랑, 세 가지 은총의 모습으로 나타난다.

예수와 마찬가지로, 디오니소스는 흔히 세 명의 여성 신도들과 관련된다. 디오니소스의 새로운 성소가 세워졌을 때, 마이나스maenas라고 불린 세 명의 여사제가 의식을 거행하기 위해 그곳에 가곤 했다. 그들 각자 여자 성가대를 불러 모아 미스테리아 의식을 돕도록 했다.[271] 디오니소스의 세 여자 사도는 오이노트로피오Oinotropio라고 불렸는데, 이들은 신인 축제에서 물을 술로 바꾸는 기적을 행하는 능력을 지녔다고 한다.[272] 고대의 신성한 무덤 가운데 가장 흔히 나타나는 것은 판 신의 동굴 상징물이다. 그곳에서 세 여자는 신들의 전령인 헤르메스를 따라 동굴로 들어간다. 그것은 세 명의 마리아가 천사의 인도를 받아 예수의 무덤이었던 동굴로 들어가는 것과 일치한다.[273]

---

* (앞쪽) 국역 성서에는 "글로바의 아내 마리아"를 포함해서 네 명으로 번역되어 있다. 국역 성서의 원서격인 영역 성서에는 이렇게 쓰어 있다. "His Mother and His mother's sister, Mary the wife of Clopas and Mary Magdalene." 그런데 원래의 그리스어 성서는 구두점을 쓰지 않았다. 그래서 영역 성서의 쉼표 자리만 살짝 바꾸면 다음과 같이 세 명으로 해석할 수도 있다. "그의 어머니, 그리고 그의 어머니의 sister인 마리아, 곧 글로바의 아내, 그리고 막달라 마리아." 4세기부터 이런 해석을 지지한 유명 신학자들이 있었고, 중세 가톨릭은 이를 정설로 삼았으며, 루터도 이를 지지했다고 한다. 또한, 예수가 사용했을 아람어 또는 헤브라이어에는 시누이, 올케, 동서, 형수, 계수, 사촌 자매 들에 해당하는 말이 따로 없기 때문에, "이모 마리아"는 '숙모 마리아'일 수도 있다.

영적 재생

예수는 카탈렘나katalemna, 곧 동굴에서 태어나 어머니 마리아 품에 안기고, 죽은 후에는 동굴에서 부활해서 세 마리아 앞에 나타난다. 이러한 '순환적' 신화 주제는 미스테리아에서도 중요한 것이었다. 일부 오시리스-디오니소스 신화에서, 그의 기적적인 탄생과 기적적인 부활은 동일한 사건이었다. 희생양으로 죽은 그는 곧바로 다시 신성한 아기로 태어난다. 그가 태어나고 또 죽어서 묻힌 동굴은 자궁과 무덤을 동시에 상징한다.[274] 그리스도교인 작가 미누키우스 펠릭스Minucius Felix의 글에 따르면, 오시리스 수난극에서 사제들은 죽은 오시리스를 위해 이시스를 애타게 찾았다. 결국 작은 소년의 출현으로 슬픔은 기쁨으로 바뀌는데, 그것은 신인의 재생을 상징한다.[275] 재생한 신인은 이렇게 말한다. "그들은 해마다 찾은 것을 잃고, 잃은 것을 찾기를 그치지 않으리라."[276]

부활의 신화를 이해하는 열쇠는, 미스테리아 신화에서든 예수 이야기에서든 죽음이 곧 재생을 뜻한다는 것이다. 디오니소스의 수난에 동참한다는 것은 팔린게네시스palingenesis, 곧 "재생"을 하고자 하는 것이라고 플루타르코스는 말한다.[277] 미스테리아 입문자들은 루키우스 아풀레이우스가 "자발적인 죽음"이라고 부른 것을 행하는데, 그런 행위를 통해 그들은 영적으로 재생했다.[278] 예수가 사도들에게 "다시 태어날" 기회를 준 것과 마찬가지로, 오시리스는 "남자들과 여자들을 두 번째로 태어나게 하는 자"이며,[279] "죽어야 할 운명의 인간들이 다시 태어날 수 있게 하는 자"였다.[280]

오시리스의 수준 낮은 자아가 "죽으면", 미스테리아 입문자 또한 진통을 겪으며 수준 높은 자아로 태어난다. 진통을 하는 여인들에게 주는 쓸개즙을 디오니소스의 대역인 히에로판테스에게 주었고, 십자가에 매달린 예수에게 준 것도 그래서일 것이다.

예수는 「요한복음」에서 다음과 같이 예언하며 죽음과 탄생을 동일시한다.

조금 있으면 너희는 나를 보지 못하겠고, 또 조금 있으면 나를 보리라. 내가 진실로, 진실로 너희에게 이르노니, 너희는 곡하고 애통하겠으나 세상은 기뻐하리라. 너희는 근심하겠으나 너희 근심이 도리어 기쁨이 되리라. 여자가 진통을 하게 되면 그때가 이르렀으므로 근심하나, 아이를 낳으면 세상에 사람 난 기쁨으로 인하여 그 고통을 다시 기억하지 아니하느니라.[281]

수준 낮은 자아가 죽는다는 것은 영적으로 재생한다는 것이다. 이것은 오시리스-디오니소스 신화에 암호화된 비밀 가르침의 한 핵심이라고 할 수 있다. 그런데 예수 이야기 또한 동일한 영적 가르침을 암호화하고 있는 신화일까?

결론

사탄이 정말 완벽한 악마의 모방 솜씨를 발휘한 것일까? 수많은 유사점은 다만 말 그대로 불가사의한 일일 뿐일까? 증거를 다시 정리해보자.

:: 예수는 인류의 구원자이며, 인간이 된 신이고, 하느님의 아들이며 아버지와 동격인데, 오시리스-디오니소스 또한 그렇다.
:: 예수는 인간 처녀에게서 태어나고, 그의 어머니는 사후에 하늘로 올라가 신적 존재로 추앙되는데, 오시리스-디오니소스의 경우 또한 그렇다.

:: 예수는 12월 25일 혹은 1월 6일에 태어나는데, 오시리스-디오니소스 또한 그렇다.
:: 예수의 탄생은 한 별에 의해 예고되는데, 오시리스-디오니소스 또한 그렇다.
:: 예수는 베들레헴에서 태어나는데, 그곳은 오시리스-디오니소스에게 신성한 작은 숲 속에 감춰져 있는 곳이었다.
:: 예수는 마기의 방문을 받는데, 마기는 오시리스-디오니소스를 섬긴 사제였다.
:: 마기는 예수에게 황금과 유향과 몰약을 예물로 바치는데, 그것은 BCE 6세기의 이교도가 신을 숭배한 방법이다.
:: 예수는 세례를 받는데, 세례는 미스테리아 의식에서 수세기 동안 행해온 것이다.
:: 예수에게 물로 세례를 준 성스러운 인간*은 이교도의 물의 신과 이름이 같으며, 이교도들이 물의 축제를 벌인 하지에 태어난다.
:: 예수는 신도들에게 물과 공기와 불의 세례를 주는데, 이교도 미스테리아 의식에서도 그랬다.
:: 예수는 장발에 수염을 기른 이방인으로 그려지는데, 오시리스-디오니소스 또한 그렇다.
:: 예수는 결혼식 때에 물을 포도주로 바꾸는데, 마찬가지로 결혼식 때 오시리스-디오니소스 또한 물을 포도주로 바꾸었다.
:: 예수는 병자를 고치고, 귀신을 쫓아내고, 기적의 음식을 베풀고, 어부를 도와 수많은 물고기를 잡게 하고, 사도들을 위해 물을 잔잔케 하는데, 이교도 현자들도 그 모든 기적을 행했다.

* 세례자 요한.

:: 미스테리아 현자들과 마찬가지로, 예수는 유랑을 하며 기적을 일으키는데 고향에서는 존경을 받지 못한다.
:: 예수는 파격적인 행동을 한다고 비난을 당하는데, 오시리스-디오니소스의 신도들 또한 그렇다.
:: 예수는 처음에 사도들에게 신격을 인정받지 못하다가 나중에 성스러운 변모를 보여주는데, 오시리스-디오니소스 또한 그렇다.
:: 예수는 12사도에게 둘러싸여 있는데, 오시리스-디오니소스 또한 그렇다.
:: 예수는 무리들이 나뭇가지를 흔드는 동안 나귀를 타고 성으로 입성하는데, 오시리스-디오니소스 또한 그렇다.
:: 예수는 이설과 새로운 종교를 퍼뜨린다며 부당하게 고소된 의로운 자인데, 오시리스-디오니소스 또한 그렇다.
:: 예수는 위선자들의 공격을 받고, 폭군 앞에 불려가 기꺼이 죽음을 향해 나아가며, 사흘 만에 다시 살아날 거라고 예언하는데, 이교의 성자들 또한 그랬다.
:: 예수는 은 삼십에 배신을 당하는데, 소크라테스의 이야기에서도 그런 주제가 발견된다.
:: 예수는 빵과 포도주와 동일시되는데, 오시리스-디오니소스 또한 그렇다.
:: 예수의 사도들은 상징적인 빵과 포도주를 먹고 예수와 교섭하는데, 오시리스-디오니소스의 신도들 역시 그렇다.
:: 예수는 나무 혹은 십자가에 매달리는데, 오시리스-디오니소스 또한 그렇다.
:: 예수는 세상의 죄를 대속하기 위한 희생양으로 죽는데, 오시리스-디오니소스 또한 그렇다.
:: 예수의 시체에 몰약을 바른 후 세마포로 싸는데, 오시리스-디오니

소스의 시체 또한 그렇게 했다.

:: 죽은 후 예수는 사흘 만에 부활해서 사도들 앞에 나타나 하늘로 올라가서 하느님 옆에 서서, 다시 지상에 나타나 심판할 종말의 날을 기다리는데, 오시리스-디오니소스 또한 그렇다.

:: 예수가 죽어서 부활했다는 날은 오시리스-디오니소스가 죽어서 부활했다는 날과 정확히 일치한다.

:: 예수의 빈 무덤에 세 명의 여신도가 찾아오는데, 오시리스-디오니소스 또한 세 명의 여신도가 빈 무덤을 찾는다.

:: 예수는 사도들에게 자신의 수난을 같이하게 함으로써 다시 태어날 기회를 주는데, 오시리스-디오니소스 또한 그랬다.

건전한 정신을 가진 사람이라면 "악마의 모방" 주장을 받아들일 수는 없을 것이다. 그렇다면 이교도의 신화와 예수 이야기가 그토록 닮았다는 사실을 어떻게 설명해야 할까?

우리는 처음에 다음과 같은 가능성을 고려했다. 즉, 예수의 진짜 전기에 후일 이교도 신화가 덧씌워졌을 가능성 말이다. 동정녀 잉태의 예처럼 분명 신화적으로 보이는 예수 이야기의 여러 국면들을 설명하기 위해 그런 가능성은 흔히 제시되어왔다. 그러나 오시리스-디오니소스 신화와 예수 전기 사이의 유사성이 너무나 많이 발견되어서, 덧씌워졌다는 이론은 부적절해보였다. 이교도 신화에 이미 나타나 있는 예수 이야기의 모든 요소들이 후일 첨부된 것이라면, "진짜" 예수는 대체 얼마나 남아 있는가? 그러한 이론이 옳다면, 우리가 아는 예수는 하나의 신화이고, 역사적 존재로서의 예수는 완전히 사라져버린다.

우리에게 떠오른 다른 가능성은 좀 더 혁신적이고 도전적인 것이었다. 예수의 이야기는 사실상 오시리스-디오니소스의 또 다른 버전일 수 있지 않을까? 우리 두 저자가 그리스도교 문화에서 자라지 않았다면, 우리는 복음서에 기록된 믿기 어려운 얘기들을 신화가 아닌 다른 것으로 해석할 수 있었을까? 오시리스-디오니소스 신화가 문자 그대로 사실이라고 믿는 사람은 아무도 없다. 그렇다면 왜 우리는 유대인을 배경으로 한 똑같은 사건을 역사적 사실로 받아들여야 하는가?

어떻게 믿어야 할지 곤혹스러운 상태에서 우리는 예수의 영적 가르침에 주의를 돌렸다. 그리고 우리는 신화의 이면에서 예수에 대한 무엇인가를 발견할 수 있을지도 모른다고 생각했다.

04
완벽한 플라토니즘

그리스도교인들의 수많은 아이디어는 고대 그리스인들에 의해 더 잘 — 그리고 더 일찍이 — 표현되어왔다.[1] 그러한 표현들의 이면에는 과거부터 이미 존재해온 고대의 교리가 똬리를 틀고 있다.[2]
_ 켈수스

그리스도교를 비판한 이교도들은 예수 이야기를 오시리스-디오니소스 신화의 차용으로 보았다. 그래서 그리스도교의 가르침 또한 고대부터 전해 내려온 이교도 미스테리아 철학을 복제한 것이라고 보았다. 켈수스는 그리스도교인들에 대해 경멸하듯 이렇게 말했다.

> 진리에 대한 그들의 체계적 개악과, 아주 아름답고 단순한 철학적 원리들에 대한 몰이해에 대해 얘기해보자. 물론 그들은 전적으로 서툰 짓을 했다.[3]

가장 초기의 그리스도교 지성인들은 이교도의 철학을 배운 사람들이었고, 그 철학이 그들 자신의 교리와 너무나 많이 닮았다는 것을 잘 알고 있었다. 교부 클레멘스는 복음서들을 "완벽한 플라토니즘"으로 간주했다.[4] 순교자 유스티누스는 헤라클레이토스와 소크라테스를 비롯한 고대 그리스 철학자들을 그리스도 이전의 그리스도교인이라고 일컬었다.[5] 하지만 그는 공통의 영적 유산에 대해서는 많이 알지 못했다. 유스티누스는 그 유사성을 또 다시 악마의 모방으로 보았다. 그리스도교와 이교의 본질적 차이를 바보들에게 숨기기 위해 악마가 모방을 했다는 것이다. 그는 이렇게 썼다.

> 악령들이 사악한 가면을 쓰고 그리스도교의 신성한 교리를 휘저어 놓은 것을 발견했을 때, 나로서는 다른 사람이 그들과 합세하지 않도록 하기 위해, 다만 그런 거짓을 날조한 자들을 비웃고, 가면 자체를 비웃고, 대중적인 소신을 비웃을 수밖에 없었다. 내가 비웃는 것은 플라톤의 가르침이 그리스도의 가르침과 달라서가 아니다. 모든 면에서 유사하지는 않기 때문이다.* 스토아학파, 시인들, 역사가들의 교리 또한 그러하다.[6]

그리스도교 교리가 플라톤 철학을 차용한 것이라고 이교도들이 워낙 끈질기게 비난했기 때문에, 성 암브로시우스Ambrosius는 반박 논문을 쓰지 않을 수 없었다. 그는 유사성을 부정하지 않았다. 다만 플라톤이 모세를 표절했다고 주장함으로써 유사성을 해명했다![7] 유세비우스 주교가 4세기에 세운 가짜 연대기를 기초로 해서, 아우구스티누스는 플라톤이 유대인 예언자 예레미야**를 모방했다는 견해를 제시

---

* 이 말은, 표절을 했으면서도 전적으로 똑같이 하지 못한 것이 가소롭다는 뜻이다.

했다. 그는 이렇게 해명했다.

플라톤이 이집트 여행을 하던 그 시절에 예언자 예레미야가 그곳에 살고 있었다는 것을 저명한 주교가 입증하지 않았던가. 그리고 플라톤이 예레미야의 예언 덕분에 우리 문헌을 입수했을 가능성이 아주 높다는 것을 입증하지 않았던가. 따라서 우리가 그날을 돌이켜보면, 우리 주 예수 그리스도께서 플라톤의 저술을 통해 배운 게 아니라(더없이 어리석은 자들은 그렇게 믿겠지만), 그 철학자들이 우리 문헌을 통해 좋은 것과 참된 것을 얻어 배워서 말했을 뿐이라는 것이 훨씬 더 개연적이다.[8]

순교자 유스티누스는 이교도들이 이교 예언들에 대한 권리를 가지고 있다는 것조차 부정하면서, 고대 현자들의 지혜가 모두 그리스도교에서 비롯한 것이라고 주장했다! 그는 이렇게 썼다. "모든 선생들이 올바르게 말한 모든 것은 원래 우리 그리스도교의 것이다."[9] 그러한 전통에 따라, 성 아우구스티누스 또한 후일 이렇게 선언했다.

철학자라고 불리는 자들, 특히 플라톤주의자라는 자들이 뭐든 우리 신앙과 조화되고 참된 것을 말했다면, 우리는 그런 사실에 움츠러들 필요가 없을 뿐만 아니라, 그런 말씀을 불법적으로 소유한 자들이 우리의 것을 도용했다고 주장해야 한다.[10]

이 그리스도교인들이 이교도의 비난에 맞서기 위한 유일한 방법으

** (앞쪽) 플라톤은 BCE 400년 전후 사람이고 예레미야는 BCE 600년 전후 사람이다.

04 완벽한 플라토니즘

로 그처럼 왜곡된 표절 주장을 내세울 수밖에 없었던 이유는 무엇일까? 예수의 가르침과 미스테리아의 가르침은 정말 그토록 유사한 것일까? 그것을 살펴보자.

도덕적 순결

그리스도교인들은 고도로 도덕적인 교리를 자랑스러워했다. 그러면서 종종 미스테리아가 도덕적으로 타락했다고 강변하곤 했다. 그러나 그것은 결코 사실이 아니다. 이교도 역사가이자 입문자인 디오도루스는 이렇게 썼다. "미스테리아 의식에 참여한 사람들은 과거보다 더 경건하고, 더 올곧고, 모든 면에서 더 나아졌다는 말을 들었다."[11] 사바지우스 미스테리아 입문자 한 명은 의식이 끝난 후 이렇게 선언했다. "나는 악을 물리쳤으며, 선을 발견했다."[12] 또 소파트로스는 이렇게 말했다. "입문식 덕분에 나는 모든 도덕적 요구에 응할 마음의 준비가 충분히 되어 있다."[13] 이암블리코스는 이교도 행렬을 언급한 글에서 이렇게 썼다.

> 미스테리아에서 이런 종류의 연출은, 흐뭇하게 장관을 바라보며 동시에 모든 악한 생각을 물리치고, 이러한 의식에 수반되는 섬뜩한 거룩함을 체험함으로써 방탕한 욕망으로부터 우리를 자유롭게 하고자 계획된 것이다.[14]

미스테리아 입문식은 도덕적 정화의 원천이자 죽음의 준비로 여겨졌다. 아리스토파네스*는 이렇게 선언했다. "미스테리아 의식에 참여한 모든 자들은 순결하며 고요하고 성스러운 삶으로 인도되었다. 그들은 지복의 세계에서 발하는 빛을 바라보며 죽었다."[15] 포르피리오스는 이렇게 덧붙였다. "죽음의 순간에 영혼은 미스테리아 속에서 있는 그대로 있어야 한다. 모든 결점, 정욕, 시기, 분노로부터 자유롭게."[16] 켈수스는 입문식이 "어떤 불결함도 없이 성스러우며, 어떤 사악함도 의식하지 않는 영혼을 지닌 모든 사람"에게 열려 있으며, "자신의 순결함을 알지 못하는 자는 접근하지 말라."고 선언되었다는 사실을 우리에게 들려준다.[17]

예수는 신도들에게 행동으로만이 아니라 생각까지도 도덕적으로 순결하도록 노력하라고 가르친다. 교부 클레멘스는 이렇게 썼다. "성소에 들어가려는 자는 순결해야 한다. 순결은 신성한 것을 생각하는 것이다."[18] 그러나 클레멘스는 아스클레피오스의 성소에 바쳐진 다음과 같은 고대 비문을 되뇐 것에 지나지 않는다. "순결은 오로지 성스러운 생각을 하는 것이다."[19] 마찬가지로, 이교의 현자인 섹스투스Sextus는 이렇게 말했다. "하느님이 알기를 바라지 않는 것은 생각하지도 말라."[20] 켈수스는 또 이렇게 썼다.

낮이나 밤이나 정녕 우리의 정신을 차지하고 있어야 하는 것은 선함이다. 공개적으로든 개인적으로든, 어떤 말, 어떤 행동을 할 때든, 침묵 속에서 반성을 할 때든 언제나 마찬가지이다.[21]

스토아 철학자들은 "양심"이라는 개념을 발전시켰고, 그리스도교는 이것을 물려받았다.[22] "양심Conscience"은 원래 "내면의 앎"이라는 뜻이다. 양심에 귀를 기울인다는 것은 내면의 영적 앎, 곧 수준 높은

---

* (앞쪽) BCE 257년경~180년. 고대 그리스 희극 작가인 아리스토파네스가 아니라 그리스 문학 비평가이자 문법학자인 알렉산드리아의 아리스토파네스를 말한다.

자아가 지닌 그노시스를 따르는 것이라고 이교의 현자들은 말했다. 피타고라스 신도들은 밤마다 그날의 모든 사건을 떠올리며 수준 높은 자아의 견지에서 도덕적으로 스스로를 평가하라는 가르침을 받았다. 입문자 세네카는 도덕적 완벽성을 위한 자신의 부단한 노력을 다음과 같이 평이한 언어로 기술했는데, 이 글은 현대 그리스도교인의 글처럼 보인다.

날마다 나는 나 자신에게 탄원한다. 빛이 꺼지고, 내 습관을 아는 아내가 침묵하고 있으면, 나는 지난 하루를 돌아보며 나의 모든 말과 행동을 떠올리고 저울질한다. 나는 아무것도 감추지 않고 아무것도 빠뜨리지 않는다. 나는 잘못을 직시하기를 주저하지 않고 이렇게 말한다. "잘못을 되풀이하지 않도록 주의하라."[23]

예수는 죄를 고백해야 할 필요성을 가르쳤다. 죄의 고백은 지금도 그리스도교 신앙의 필수 요소다. 그러나 그런 개념은 전혀 새로운 것이 아니었다. 미스테리아 입문자들은 자신의 모든 잘못과 그릇됨을 공개적으로 고백함으로써 스스로를 순결케 하라는 요구를 받았다. 엘레우시스에서의 미스테리아 의식에서, 사제는 입문자가 평생 행한 일 가운데 가장 나쁜 짓을 고백하라고 요구했다.[24] 그것은 형식적인 행위가 아니라 진정으로 경건한 행위였다. 포학했던 로마 황제 네로는 입문식을 치를 때, 자신이 어머니를 살해한 사실을 공개적으로 인정해야 한다는 것을 알고 입문식을 회피해버렸다. 고대 세계의 가장 신성한 관습 앞에서 독재자조차도 거짓말을 하기보다는 체면이 손상되는 것을 감수했던 것이다.[25] 한 현대 고전학자는 이렇게 썼다. 미스테리아 종교는 "가톨릭보다 앞서 고해 관습을 확립했다. 참회 체계와 죄사면 같은 요소도 지녔는데, 다만 덜 엄격했을 뿐이다. 사제들은 신도들이 제 입으로 고해하도록 요구하며, 미스테리아 신의 대변인 구실을 했다."[26] BCE 1500년 고대 이집트의 『사자의 서』에는 사람이 행하기를 기피한 악마들의 "부정적 고해"가 기록되어 있다.[27]

미스테리아가 도덕적으로 타락했다는 그리스도교인들의 주장과는 반대로, 이렇게 입문식이 도덕적 신생을 위한 것이었다는 명백한 증거가 있다.

그렇기는 하지만 물론 이교도의 미스테리아 의식은 다른 모든 종교의 경우와 마찬가지로 위선적으로 남용되기도 했다. 피타고라스의 유대인 사도인 필론Philon은 이렇게 불평했다. "선한 사람들이 입문식을 치르지 못하는 일이 종종 있다. 그런데 사제나 히에로판테스에게 뇌물을 주기만 하면 강도든 살인자든 음탕한 여자든 입문식을 치를 수가 있다."[28] 그러나 현대의 한 학자는 이렇게 말했다.

그러한 말은 입문식이 남용되었음을 보여준다. 그러나 다른 한편으로 그 말은, 입문식을 치른 자가 도덕적으로 개선되었음을 보여주지 못하면 수치스러운 일로 여겼음을 반증한다.[29]

사랑

유대인이 전통적으로 의로운 하느님을 강조하는 것과 달리, 예수는 사랑의 하느님이라는 혁명적인 새 개념을 설파한다. 예수의 최초이자 핵심적인 명령은 신도들이 하느님을 사랑해야 한다는 것이다. 오늘날까지도 개인이 하느님과 사랑하는 관계를 맺는다는 것은 그리스도교의 핵심을 이루고 있다. 그런데 그것은 미스테리아의 핵심이기도 했다. 한 현대 학자는 이렇게 썼다.

미스테리아가 같은 시기의 다른 여러 신앙과 현저히 구별되는 특징을 하나만 꼽으라면, 그것은 그들이 신과의 개인적 관계를 갈구했다는 점이다. 그 결과 신에 대한 신도들의 태도는 두려움이나 무관심의 태도가 아닌 사랑의 태도였다. 수많은 원시 종교의 동기는 신들을 제거하는 데 있는 것처럼 보인다. 정당한 수단으로든 속임수로든 신들이 인간을 괴롭히지 못하게 하려고 했던 것이다. 미스테리아의 경우에는 그 동기가 정반대다. 신을 최고의 친구로 여김으로써 신에게 더 가까이 가려고 한다.[30]

형제애라는 그리스도교의 정서 또한 그리스도교가 존재하기 6세기 전에 이미 존재한 미스테리아의 한 특징이었다. 엘레우시스에서의 입문자들은 아델포이adelphoi라고 불렸는데, 그것은 "형제들"이라는 뜻이다. 필라델피안philadelphian은 "형제애"를 실천하는 사람을 가리킨 말이다. 미트라스 신도들 또한 "형제"로 불렸다. 미스테리아 신인 유피테르 돌리케누스를 섬긴 사람들은 프라트레스 카리시미fratres carissimi, 곧 "가장 사랑하는 형제들"이라고 불렸다.[31]

그러나 예수는 신도들에게 같은 신도들끼리만 사랑하는 것이 아니라, 모든 이웃을 사랑하라고 가르친다. 「마태복음」에서 예수는 이렇게 가르친다. "남에게 대접을 받고자 하는 대로 남을 대접하라."[32] 그러나 이 가르침 또한 전혀 새로운 것이 아니었다. 그것은 거의 모든 종교 전통에서 두루 발견되는 해묵은 개념이었다.[33] 이교도 철학자 섹스투스의 말 가운데 이런 말이 있다. "너의 이웃이 너에게 하기를 바라는 대로 너의 이웃에게 행하라."[34]

그러나 예수는 거기서 좀 더 나아간다. 그는 우리가 적까지도 사랑해야 한다고 가르친다. 우리는 우리에게 잘못한 자를 용서할 뿐만 아니라, "오른편 뺨을 치거든 왼편도 돌려대"야 한다.[35] 아름답고 심오한 이 가르침은 영적 혁명으로 보인다. 낡은 유대 율법인 "눈에는 눈, 이에는 이"를 대체하고 있기 때문이다. 참으로 이 가르침은 유대인 정서와의 급진적 결별을 선언한다. 그러나 이것 또한 고대 이교도의 미스테리아 입문자에게 다 알려진 것이었다!『피타고라스의 사도 섹스투스의 말씀』이라는 책에 똑같은 가르침이 나온다. "너희가 적들에게 선행을 베풀 수 있기를 바라노라."[36] 피타고라스 자신 또한 아무리 공격을 당하더라도 맞서 싸우지 말라고 가르쳤다.[37]

에픽테토스도 비슷한 글을 남겼다.

이것이 바로 철학자의 길이다. 나귀처럼 채찍질을 당하는 것, 자기를 치는 자를 사랑하는 것, 모든 인간의 아버지이자 형제가 되는 것.[38]

그러나 고대 세계에서 가장 유명한 가르침으로는 소크라테스가 말하고 플라톤이 기술한 것을 들 수 있다. 켈수스는 이렇게 썼다.

당신들 그리스도교인은 다음과 같은 말씀을 잘 알고 있다. "악한 자에게 대적하지 말라. 그가 네 뺨을 때리거든 다른 쪽 뺨도 돌려대라." 이 말은 전혀 새로운 것이 아니다. 그것에 대해서는 다른 사람들, 특히 플라톤이 더 잘 말한 바 있다.[39]

플라톤의 대화편 중 한 편에서, 소크라테스는 크리톤에게 차근차근 심오한 깨달음을 전해준다. 그 깨달음은 500년 후 복음서들에 나타나게 되는 내용과 전적으로 동일하다. 소크라테스가 결론에 이를 무렵의 논법은 다음과 같다.

소크라테스   그러면 우리는 결코 그릇된 행위를 하지 말아야겠

	군요?
크리톤	네, 결코.
소크라테스	그러면 우리는 결코 그릇된 행위를 하지 말아야 한다는 전제 아래, 그릇된 행위를 당했어도 대부분의 사람이 그러는 것과 달리, 그릇된 행위로 복수하려고 하지도 말아야겠군요?
크리톤	그래야 할 것 같습니다.
소크라테스	그렇다면 우리는 남에게 해를 끼쳐야 합니까, 말아야 합니까?
크리톤	해를 끼치지 말아야 한다고 말할 수밖에 없군요.
소크라테스	그렇다면, 손해를 손해로 갚는 것은 정당한가요, 부당한가요?
크리톤	부당하다고 봅니다.
소크라테스	남에게 해를 끼치는 것은 그릇된 행위와 다를 게 없기 때문이겠지요?
크리톤	그렇습니다.
소크라테스	그러니 우리는 결코 복수를 하지 말아야 하며, 우리가 남에게 해를 당했다 하더라도 결코 남에게 해를 입히지 말아야 합니다.

소크라테스는 다음과 같이 결론짓는다.

그릇된 행위를 하는 것은 결코 옳지 않으며, 복수를 하는 것도 결코 옳지 않습니다. 악한 짓을 하는 것은 옳지 않으며, 남에게 악한 짓을 당했다고 하더라도, 똑같은 짓으로 복수를 하려고 해서는 안 됩니다.[40]

켈수스는 다음과 같이 신랄한 촌평을 했다.

예수의 그 말씀은 플라톤이 이미 말한 것이었다. 그리고 플라톤이 말했듯이, 그의 말은 오래전에 영감을 받은 다른 사람들이 이미 말한 것이었다. 이제까지 내가 한 말은, 그리스도교인들이 원문의 일부를 삭제하여 위대한 사상을 불구로 만들어버린 한 예라고 할 수 있다.[41]

미스테리아의 위대한 현자들은 그들의 보편적인 사랑의 윤리를 더욱 확대해서 동물까지 포함시켰다. 일부 미스테리아 종교에서 동물 희생제를 치르기는 했지만 피타고라스 사도들은 채식주의자였다. 엠페도클레스는 고대 그리스의 황금시대가 "어떤 제단도 부정하게 도살한 황소의 피에 물들지 않은 때"였다고 회고했다.[42] 깨달음을 얻은 이교의 현자들은, 모든 종교적 전통의 계몽된 스승들과 마찬가지로, 의식의 영적 의미를 깨닫기 위해 낡은 행위는 과감히 배제하는 쪽으로 입문자들을 이끌려고 부단히 노력했다.[43] 현대의 한 고전학자는 오르페우스 미스테리아를 이렇게 평했다. "아마도 서구 세계 최초로, 순결과 비폭력의 드높은 윤리를 부과한 종교"라고. 그는 계속해서 이렇게 썼다.

오르페우스 신도와 피타고라스 사도들은 윤리적인 의미에서 진정한 최초의 그리스도교인이었다. 성 프란시스와 같은 소수의 그리스도교인들은 그들의 사랑을 동물의 왕국까지 확대시켰다.[44]

겸손과 가난

예수는 신도들에게 겸손하고 가난해지도록 애쓰라고 가르친다. 복음을 전파하라고 열두 사도를 내보내며 그는 이렇게 말한다.

가면서 전파하여 말하되 천국이 가까왔다 하고, 병든 자를 고치며, 죽은 자를 살리며, 문둥이를 깨끗하게 하며, 귀신을 쫓아내되, 너희가 거저 받았으니 거저 주어라. 너희 전대에 금이나 은이나 동을 가지지 말고, 여행을 위하여 주머니나 두 벌의 옷이나 신이나 지팡이를 가지지 말라.[45]

그렇게 행한 사도들은, 영적 가르침을 베풀기 위해 유랑을 한 이교도 견유학파 철학자들과 구별이 되지 않았다.[46] 한 현대 학자는 이렇게 썼다.

1세기 로마 제국 시대에 흔히 눈에 띈 모습 가운데 하나는, 누추한 옷을 입고 구걸 행랑을 짊어진 채, 가시 지팡이를 든 견유학파 철학자들이었다. 그들은 이 마을 저 마을로 떠돌아다니며 설교를 했는데, 일상어로 고매한 사상을 전파했다. 예수의 사도들이 복음을 전하러 갔을 때, 그들도 마찬가지로 아무에게도 폐를 끼치지 않고 이곳저곳을 유랑했다.[47]

견유학파와 초기 그리스도교인들은 모두 누추한 옷을 입었고, 모두 자신들의 종교를 "길 The Way"이라고 불렀다.[48] 에픽테토스가 견유학파 인물 한 명을 묘사한 다음의 글은 예수와 그의 사도들에게도 똑같이 적용될 수 있다.

그는 하느님이 인간들에게 보낸 전령이다. 그는 선악에 대한 진리를 사람들에게 전한다. 사람들이 진리를 잘못 알고 있다고, 있지도 않은 곳에서 선악의 진리를 찾고 있다고, 진리가 진정 어디에 있는지는 생각해보지 않는다고. 그러다가 분위기가 무르익으면 비극의 무대에 올라선 듯, 그는 감동을 고조시키기 위해 소크라테스의 말을 인용한다. "오, 인간이여, 그대는 어디로 실려 가는가? 그대는 무엇인가? 그대 비참한 자여! 장님처럼 이리저리 헤매는구나. 그대는 진리의 길에서 벗어나, 잘못된 길로 접어드는구나. 있지도 않은 곳에서 평화와 행복을 찾는구나. 평화와 행복이 어디에 있는지 누군가 가르쳐준다 한들, 그대는 믿지 못하는구나."[49]

켈수스는 그리스도교의 겸손이 이교의 성자들의 자발적인 겸손을 억지로 모방한 것이라고 보았다. 그는 분개해서 이렇게 말했다.

놀랄 거야 없지만, 그들은 겸손의 미덕을 강조한다. 그런데 그들의 경우에는 이 미덕의 필요성을 따진다! 이 점에서 그들은 또 다시 플라톤의 숭고한 사상을 타락시킨다. 그들은 철학자들의 말을 이해하지 못했을 뿐만 아니라, 그 말을 왜곡시켜서 예수가 처음 한 말이라고 주장한다. 예를 들어, 우리는 예수가 부자에 대해 다음과 같이 말했다고 들었다. "낙타가 바늘귀로 들어가는 것이 부자가 하느님의 나라에 들어가는 것보다 쉬우니라." 하지만 우리는 플라톤이 더욱 순수한 형태로 그런 생각을 표현했다는 사실을 알고 있다. 플라톤은 말했다. "유난히 선한 사람이 유난히 부유해지기는 불가능하다." 이 말이 예수의 말보다 더 고무적이지 아니한가?[50]

예수의 가르침이 독창적이고 남다르다는 그리스도교의 주장을 켈수스가 비판한 것은 정당했다. 예수는 가르친다. "너희의 보물을 하늘에 두어라. 거기는 도적도 가까이 할 수 없고, 좀도 먹는 일이 없느니라."[51] 마찬가지로 섹스투스는 이렇게 권고했다. "아무도 너희에게서 빼앗아갈 수 없는 것을 소유하라."[52]

예수가 세계의 왕인 것은 그가 만능하기 때문이 아니라 현명하기 때문이다. 널리 알려진 스토아학파의 격언 가운데 이런 말이 있다. "유일한 참 왕은 현자다."[53]

예수는 가르친다. "그러므로 깨어 있으라. 집주인이 언제 올지, 혹 저물 때 올지, 밤중에 올지, 닭이 울 때 올지, 새벽에 올지, 너희가 알지 못함이라. 그가 홀연히 와서 너희가 자는 것을 보지 않도록 하라."[54] 에픽테토스는 이렇게 썼다. "언제든 배에서 멀리 떨어져 있지 말라. 너희가 없을 때 주인이 너희를 부르는 일이 없도록."[55]

예수는 가르친다. "누구든지 하느님의 나라를 어린아이와 같이 받들지 않는 자는 결단코 들어가지 못하리라."[56] 헤라클레이토스는 이렇게 썼다. "왕국은 어린이의 것이다."[57]

예수는 가르친다. "네가 어찌하여 나를 선하다 일컫느냐. 하느님 한 분 외에는 선한 이가 없느니라."[58] 4세기 앞서서 플라톤은 하느님을 "선Good"으로 정의했다. 그러한 정의에 따라, 오직 하느님만이 완전한 선을 나타낼 수 있다. 예수와 비슷한 어조로 피타고라스는 자기가 현자로 일컬어지는 것을 거부하며, 하느님 이외에는 아무도 현명하지 않다고 말했다. 피타고라스는 "지혜를 사랑하는 자", 곧 "철학자 philosopher"라고 자신을 일컫기를 좋아했다. "철학자"라는 말은 그가 최초로 쓴 말이다.

천국과 지옥

미스테리아가 고대 이집트에서 건너와 고대 그리스에 처음 소개되었을 때, 고대 그리스인에게 사후라는 개념은 새롭고 이단적인 것이었다. 마찬가지로, 천국과 지옥이라는 개념이 구약에서는 발견되지 않지만, 복음서들에서는 핵심 개념이다.[59] 복음서의 이 개념은 어디서 유래한 것일까? 고대 그리스가 그랬듯이, 신약 복음서의 이 개념은 미스테리아에서 도입된 것이다.

그리스도교는 신도들에게 사후 천국의 삶을 위안으로 제공한다. 반면 사악하고 믿지 않는 자들에게는 지옥의 고통으로 위협한다. 소포클레스Sophocles는 이렇게 썼다.

> 죽기 마련인 인간으로서 이러한 미스테리아를 간직함으로써 죽음의 집에서 떠나 있는 자는 얼마나 축복받은 자인가. 그런 자에게는 생명이 부여되지만, 다른 자에게는 온갖 불행이 닥치리라.[60]

사랑하는 어린 딸 티모세나Timoxena의 죽음을 겪은 플루타르코스는 아내를 위로하기 위해 아름다운 편지를 썼다. 이 편지에서 그는 아내에게 "디오니소스 미스테리아 의식의 신비한 상징"을 잊지 말라고 일러준다. 아내가 그것만 잊지 않으면 "죽은 후에는 존재하기를 그치며 아무것도 경험하지 못한다."는 생각에서 벗어나게 될 것이다.[61] 플루타르코스는 "디오니소스의 계시를 함께 나눈 경험"을 통해, 그와 아내는 "영혼이 파괴될 수 없다는 것을 안다."고 확신하며, 죽음이란 조롱 속의 새가 자유롭게 풀려난 것과 같은 것이라고 확신한다.[62]

한 비문에는 이렇게 적혀 있다. 독실한 그리스도교 신자와 마찬가지로, 미스테리아 입문자들은 "영원 속에서 재생"한다고.[63] 한 히에로판테스의 조사弔辭에 의하면, 죽은 자는 이제 알게 된다. "죽음은 나쁜 것이 아니라 좋은 것"이라는 사실을. 죽어야 할 운명의 인간에게 죽음이란 더 이상 나쁜 것이 아니라 축복인 것이다.[64] 고대 그리스의 저술가 글라우코스Glaukos는 이렇게 썼다. "은총의 신들이 우리에게 안겨준 미스테리아는 참으로 아름다운 것이다. 죽어야 할 인간에게 죽음은 더 이상 악이 아닌 축복이 되었기 때문이다."[65] 필립Philip이라는 오르페우스 미스테리아 사제는 입문자에게 마련된 하늘의 축복에 대해 열렬하게 설교했다. 어찌나 열렬했든지 이런 질문을 받을 정도였다. "그렇다면 왜 당신은 빨리 죽어서 그것을 즐기지 않는가?"[66]

성 아우구스티누스는 미스테리아가 "모든 사람에게 영생을 약속한다!"고 불평했다.[67] 그러나 사실 미스테리아는 입문자에게만 영원한 구원을 약속했다. 그 점은 그리스도교가 신도들에게만 영생을 약속한 것과 같다. 한 찬가에서는 이렇게 경고하고 있다.

> 이 땅의 인간들 가운데 그것을 본 자는 복이 있도다. 그러나 신성한 입문식을 치르지 않은 자, 기업portion을 갖지 못한 자, 그 같은 행운을 누리지 못한 자는 죽어서 칠흑 같은 어둠 속으로 떨어지리라.[68]

고대 세계에서 오르페우스의 미스테리아는 악을 행한 자들에게 닥칠 사후의 고통을 생생히 묘사한 것으로 유명했다. 한 현대 전문가는 이렇게 말했다. "오르페우스 신앙은 그리스도교에 연옥 개념을 가르쳐주었다."[69] 프란츠 퀴몽Franz Cumont이라는 학자는 오르페우스 신앙 서적에서 발견되는 축복 받은 자의 행복과 죄 지은 자의 고통에 대한 생생한 묘사가 실제로 유대인의 『에스드라서』에 고스란히 채택되었다는 것을 입증했다. 이 경전은 CE 1세기에 쓰였고, 그 내용은 일부 신약 판본의 외경에도 포함되었다. 그리하여 사후의 삶에 대한 이교

도의 개념은 성 암브로시우스에 의해 발전되었고, 마침내는 가톨릭의 대표적인 개념이 되었다.[70]

타르타로스Tartaros(고대 그리스 신화의 지옥)에서 영혼이 받게 될 형벌에 관한 플라톤의 글을 본 초기 그리스도교인들이 무척 곤혹스러워했던 것도 이상할 게 없다. 어떻게 이교도들이 그리스도교의 지옥의 불 교리를 미리 알 수 있었는지 그들은 설명을 할 수가 없었다.[71] 예를 들어, 플라톤의 가장 원숙한 중기 대화편인 『파이돈』에는 이렇게 묘사되어 있다. "엄청난 불길이 이글거리며 …… 불과 진흙이 뒤섞여 들끓는 거대한 호수." 비정통 그리스도교 경전인 『베드로 계시록』에서는 지하 세계에 마련된 죄인들의 운명을 보여준다. 그 운명은 "맹렬히 들끓는 진흙으로 채워진 거대한 호수"에 빠지는 것이다.[72]

켈수스가 보기에는 그리스도교가 천국과 지옥 개념을 미스테리아에서 차용한 것이 분명했다. 그는 이렇게 썼다.

이제 그리스도교인들은 지상에서의 혹독한 노고 후 하늘의 왕국에 들어가기를 염원한다. 그리고 그들은 일곱 개의 하늘이 있다는 고대 체계에 동의하며, 그러한 하늘들을 경유하는 것이 영혼의 길이라는 것에 동의한다. 미트라스 신앙과 관련된 고대 페르시아의 미스테리아에 나타나는 유사한 믿음 체계를 살펴보면, 그들의 체계가 먼 고대의 가르침에 기초했다는 것을 알 수 있다.[73]

그리스도교와 마찬가지로, 미트라스 신앙은 저주받은 자들에게 주어질 이 땅의 창자 속 공포와, 축복받은 자들에게 주어질 천상 낙원의 기쁨을 가르쳤다.[74] 일곱 하늘에 대한 믿음은 그리스도교에서 처음 유래한 것이 아니었지만, 초기 그리스도교인들에게는 그런 믿음이 널리 퍼져 있었다. 사도 바울은 이렇게 말한다. "내가 그리스도 안에 있는 한 사람을 아노니, 그는 14년 전에 셋째 하늘에 이끌려 간 자라."[75] 여기서 "한 사람"은 바울 자신이다.

저주받은 자에게 주어질 지옥의 고통에 대해 그리스도교인들이 열광하는 것을 지켜보며 켈수스는, 그들이 바쿠스의 미스테리아 입문자들보다 더 미신적이라고 생각했다.

그리스도교인들은 밤이나 낮이나 불경스럽고 불명예스럽게 하느님에 대해 떠벌린다. 그들은 죄 지은 자들을 기다리는 형벌에 대한 그들의 그릇된 묘사를 빙자해서 문맹자를 협박한다. 그러한 그들의 짓거리는 바쿠스 미스테리아 의식의 수호자처럼 보인다.[76]

훨씬 더 계몽된 미스테리아 현자들은 그러한 공포가 다만 더욱 도덕적인 행동을 장려하기 위해 꾸며낸 이야기일 뿐이라고 생각했다. 플루타르코스는 지하 세계의 여러 공포를 "(도덕적 — 옮긴이) 개선을 위한 신화"라고 일컬었다.[77] 그리스도교 철학자 오리게네스도 마찬가지로, 지옥의 공포가 말 그대로 존재한다는 것은 거짓이지만, 어리석은 신자들을 겁주기 위해 널리 선전되어야 한다고 주장했다.[78]

이교의 현자들과 오리게네스는 모두 환생을 믿었다. 천국과 지옥은 또 다른 인간으로의 환생에 수반되는 일시적인 보상과 처벌 상태로 이해되었다. 그들은 삶과 죽음을, 되풀이되는 "순환적" 과정의 일부로 보았다. 영원한 보상이나 영원한 저주로 이어지는 단 한 번의 사건으로 본 것이 아니었다. 지옥이란 또다시 인간으로 태어나기 위한 체험을 하는 연옥 같은 곳이고, 그런 체험을 통해 모든 영혼은 하느님에게 돌아가는 여행을 할 수 있다고 보았다.

그러나 오리게네스가 죽자 로마 가톨릭교회는 그를 이단자라고 비난했다. 오리게네스는 모든 영혼이 계속적인 연옥 체험을 통해 궁극적으로 구원을 받을 수 있다고 믿었던 것이다.[79] 로마 교회는 모든 교인들로 하여금, 지옥에서 영원히 고통을 받게 되는 영혼도 있으며, 독실한 자는 영원한 구원을 누리게 된다는 것을 믿도록 요구했다. 이것은 사후의 삶에 대한 하나의 교리인데, 켈수스는 이것을 그리스도교만의 교리로 간주했다. 그는 이렇게 썼다.

이제 자신들의 신앙에 필사적으로 매달린 인간들이 어떻게 남들을 자기 종교에 합세하도록 설득할지 궁금할 것이다. 그리스도교인들은 갖가지 설득 방법을 사용하며, 온갖 끔찍한 자극을 고안해낸다. 무엇보다도 그들은 영원한 처벌과 영원한 보상이라는 지독히 공격적인 교리를 조작해냈다. 이 교리는 철학자들(불의한 자의 처벌이나 축복받은 자의 보상을 부정한 적이 없는 사람들)이 일찍이 상상한 그 어떤 것보다도 더 극단적이다.[80]

로마 교회는 또 최후의 심판 때, 그리스도교인이 아닌 모든 자들은 불길 속에 던져지고, 독실한 자는 육체적으로 부활할 거라고 가르쳤다. 켈수스는 경악하며 이렇게 썼다.

그들의 신이 불을 사용할 때(요리를 할 때처럼!), 다른 모든 인간은 완전히 구워지는데 그들 자신만은 그을리지도 않을 거라고 생각하는 이 교인들 또한 어리석기는 마찬가지다. 그런데 종말의 때에는 오래전에 죽은 자들도 전에 살던 때와 똑같은 육체를 지니고 되살아날 거라고 그들은 말한다. 나는 묻고 싶다. 그건 혹시 벌레들의 소망이 아닌가? 썩은 시체가 된 몸뚱이에 연연하는 인간 영혼이라는 건 대체 어떤 종류의 영혼인가? 일부 유대인과 심지어 일부 그리스도교인들까지도 시체가 되살아난다는 그런 가르침을 거부한다는 사실은, 그것이 얼마나 혐오스러운 일인가를 여실히 보여준다. 그건 불가능하고 메스꺼운 일에 지나지 않는다. 내 말은, 대체 그 몸뚱이가 어떤 종류이기에 썩어버리기 전과 똑같이 원래의 자연 상태로 돌아올 수가 있느냐는 것이다. 물론 그들은 이런 질문에 답하지 않는다. 답이 없는 다른 대부분의 경우와 마찬가지로 그들은 이렇게 한마디 하긴 한다. "하느님한테 불가능한 건 없다."고.[81]

하지만 이와 같이 기묘한 불의 계시와 육체적 재생의 교리조차도 미트라스 신앙에 이미 존재했던 것이다. 이처럼 별난 미스테리아 전통은 현생의 종말의 날에 하느님이 세계를 절멸시킬 거라고 가르쳤다. 그런 다음, 예수의 "재림"과 마찬가지로, 미트라스가 다시 지상에 내려와, 죽은 자를 무덤에서 살려낼 거라고 가르쳤다. 「마태복음」에 따르면, 마지막 날에 사람의 아들이 양과 염소를 분별하듯 선한 자와 악한 자를 나누고, 전자는 구원되고 후자는 저주를 받을 거라고 한다.[82] 그와 마찬가지로, 미트라스 신도들은 마지막 날에 인간이 모두 한데 모인 후 선한 자와 악한 자로 나뉠 거라고 생각했다. 그런 후 이윽고 "아름다운 기도"를 하는 자들의 기도에 따라 하느님이 하늘에서 파괴적인 불덩이를 떨어뜨림으로써 모든 사악한 자들을 전멸시킬 거라고 그들은 믿었다. 사탄이 그리스도에게 최후의 패배를 당한다는 그리스도교의 계시록과 마찬가지로, 미트라스 신앙에서도 어둠의 악령과 그의 불순한 마귀들이 큰 불길에 휩싸여 멸망하고, 다시 젊어진 우주는 영원토록 끝없는 행복을 누리게 될 거라고 믿었다.[83]

새로운 시대

「마태복음」에서 예수는 다가올 계시와 새 시대의 탄생을 다음과 같이 예언한다.

민족이 민족을, 나라가 나라를 대적하여 일어나겠고, 곳곳에 기근과 지진이 있으리니, 이 모든 것이 재난의 시작이니라.*[84]

이교도들 또한 천문학에 대한 이해를 토대로 삼아 새로운 시대를 예견했다. 고대인들은 대략 2천 년마다 점성술적으로 새로운 "큰 달 Great Month"에 접어든다고 믿었다.[85] 그들은 숫양자리라는 큰 달에 살고 있었고, 이것은 BCE 2000년경에 시작되었다. 숫양자리의 시대는 수컷 양으로 상징되었고, 디오니소스는 흔히 숫양의 뿔로 묘사되었다. 물고기자리의 새로운 시대는 BCE 145년경에 시작되었고, 현재 또 다른 새로운 시대, 곧 물병자리의 큰 달로 바뀌고 있다.**

물고기자리는 당연히 물고기로 상징된다. 그리스도교인들은 그들의 종교를 새로운 물고기자리 시대의 새 종교라고 본 것이 분명하다. 그리스도교를 상징하는 데 가장 흔히 쓰인 기호가 바로 물고기 기호다. 그 기호, 곧 피타고라스학파의 베시카 피시스는 앞에서 논한 바 있다(66~67쪽을 보라.). 예수는 이렇게 말한다. "나를 따라 오너라.

---

* 영역 성서에서는 "이 모든 것은 새로운 시대가 시작되기 위한 진통이니라." 또는 "이 모든 것은 다만 탄생을 위한 진통의 시작이니라." 등의 의미로 번역되어 있다. 국역 성서에서는 "새로운 시대"가 아닌 '종말'을 강조하는 쪽으로 번역되어 있다.
** 고대까지는 주기가 거의 일정했다고 하는데, 지금은 세차 운동 때문에 주기가 일정치 않다.

내가 너희를 사람 낚는 어부가 되게 하리라." 사도들은 "사람 낚은 어부"로 알려져 있었고, 초기의 그리스도교인들은 스스로를 "작은 물고기"라고 불렀다. 물고기를 뜻하는 그리스어 이크티스ICTHYS를 초기 그리스도교인들은 예수를 가리키는 암호로 사용했다. 이 말은 또 "예수 그리스도, 하느님의 아들, 구원자"의 두문자어로 간주되었다. 정통파 그리스도교인의 대변자인 테르툴리아누스는 이렇게 썼다.

> 우리 그리스도교인들은, 물에서 태어난 우리의 위대한 물고기(이크티스)인 예수 그리스도를 본받는 작은 물고기들이다.[86]

그런데 이크티스는 수세기 전 시리아의 미스테리아 신인 아도니스의 그리스어 이름이었다![87]

물고기자리 시대가 시작되었을 때, 황도상의 맞은편 궁인 처녀자리는 서쪽 수평선에 자리 잡고 있었다. 따라서 이교도 신화에서는 물고기자리 시대의 구원자가 처녀자리에서 태어날 것으로 예견했다. BCE 1세기의 로마 시인이자 입문자인 베르길리우스는 시빌Sibyl이라고 알려진 이교도 신탁의 여사제가 한 예언을 상기시키며, 기적적인 탄생을 다음과 같이 예언했다.

> 우리는 시빌의 찬가처럼 마지막 시대에 이르렀다. 시간의 여신은 잉태를 했고, 위대한 일련의 시대가 새로워지기 시작했다. 정의의 성聖처녀가 우리와 더불어 살기 위해 돌아오리라. 새로운 시대의 첫 탄생은 이미 높은 하늘에서 지상으로 길을 떠났다. 이 탄생과 더불어 철의 족속은 멸하고, 황금의 인간이 온 세계를 물려받으리라. 아기의 탄생을 웃음으로 맞이하라. 영광스러운 시대가 밝아 오리라. 황소는 사자를 보고도 놀라지 않으리라. 너의 요람은 꽃으로 장식되어 너를 애무

하리라. 들어오라, 시간이 임박했으니. 모든 창조물이 다가올 시대를 얼마나 기뻐하는지 보라! 그러니 아기여, 너의 어머니를 미소로 맞이하라.[88]

예수의 탄생 이야기를 떠올리게 하는 이 예언을 그리스도교인들은 예수의 도래를 예언한 것으로 해석했다. 그러나 이 예언은 널리 퍼진 이교도 믿음을 언급한 것이었다. 새로 도래할 물고기자리의 시대는 인류를 위한 새로운 시작을 예고하는 것이었고, 태어날 아기는 바로 오시리스-디오니소스였다.[89]

고대인들은 새로운 시대의 시작이 옛것의 파괴에 의해 명시된다고 믿었다. 황소자리의 시대를 상징하는 것은 물론 황소인데, 오늘날의 학자들은 황소를 도살하고 있는 미트라스를 그린 제단 그림이 실은 황소자리 시대의 마감을 묘사하고 있는 거라고 이해한다.[90] 뒤이어 도래한 숫양자리의 시대는 양으로 상징된다. 따라서 이 시대의 마감이 "하느님의 어린 양" 예수를 살해하는 것으로 명시되는 것은 우연의 일치일까?[91]

페르시아의 미트라스 신도들은 큰 달이 하나의 계시로 — 한번은 홍수로, 한번은 불로 — 명시된다고 믿었다.[92] 고대 그리스인들 또한 파괴와 정화의 힘을 동시에 지닌 홍수가 있었다고 주장했다. 이러한 홍수는 데우칼리온*의 신화에도 언급되어 있다. 같은 식으로, 초기 그리스도교인들은 물에 의한 정화, 즉 노아의 홍수를 돌아보며, 불에 의한 정화, 즉 다가올 계시를 고대했다. 그렇다면 이러한 그리스도교의 비전이 고대 이교의 가르침을 또다시 표절한 것이라고 켈수스가 주장

---

* 프로메테우스의 아들로, 아내와 함께 대홍수에서 살아남아 인류의 조상이 되었다는 인물.

한 것도 이상할 게 없다.

예를 들어, 그들은 자신들의 메시아가 구름을 탄 정복자가 되어 돌아올 거라고 가정한다. 메시아는 공기의 왕자들을 거느리고 전투를 벌이며 지상에 불을 뿌리고, 그리스도를 믿는 자를 제외한 모든 세상 사람이 불에 타서 재가 될 거라고 가정한다. 그건 참 흥미로운 생각인데, 독창적인 데는 전혀 없다. 그러한 생각은 이미 그리스 등지에 이미 있었던 것이다. 즉, 주기가 바뀜에 따라, 그리고 어떤 별들이 예기치 않게 결합함으로써, 큰불이나 대홍수가 일어난다. 마지막 홍수 후 데우칼리온의 시대에, 우주가 번갈아 가며 변천하는 이치에 따라 큰불이 일어난다고 그리스인들은 믿었다. 하느님이 지상에 내려와서 불을 뿌릴 거라는 일부 그리스도교인들의 어리석은 생각은 바로 이러한 믿음을 차용한 것이다.[93]

유일신

이교도 신앙은 전통적으로 다신교로 분류된다. 이교도들이 여러 신을 믿었기 때문이다. 이와 반대로 그리스도교는 일신교로 분류된다. 교인들이 오직 하나인 하느님을 믿기 때문이다. 가혹하게 이교도 말살 운동을 벌일 때, 그들은 소위 다신교 신앙을 원시적인 우상 숭배로 치부했다. 그러나 그것은 고대 미스테리아 현자들이 주장한 하느님에 대한 숭고한 철학적 이해를 완전히 왜곡한 것이다.

그리스도가 도래하기 500년 전에, 크세노파네스는 이미 이렇게 썼다. "신God은 하나다. 신은 항상 고요하게 쉬시면서 오직 생각으로써 만물을 움직인다."[94] 전설적인 고대 이집트 현자 헤르메스 트리스메기스투스는 다음과 같이 가르쳤다고 한다. "그대는 여러 신이 있다고 생각하는가? 그것은 터무니없는 생각이다. 신은 하나다."[95] 그 무렵 그리스도교인들은 유일신 교리가 이교의 교리와 반대된다고 설교하기 시작했다면서, 이교의 현자인 티로스의 막시무스Maximus of Tyre는 이렇게 선언했다. "하나의 교리로 온 세상이 하나로 통합된다. 하나의 신이 만물의 왕이며 아버지라는 것이 바로 그것이다."[96]

순교자 유스티누스조차도 피타고라스가 유일신 교리를 설교했다는 것을 부정할 수 없었다. 그는 다음과 같은 피타고라스의 말을 인용했다.

> 신은 하나다. 그리고 일부의 오해와는 달리, 신 자신은 세계 밖에 존재하는 게 아니라, 세계 안에 존재한다. 신은 만물의 순환 속에서 전적으로 나타나는 존재이고, 모든 세대를 끌어안는 존재며, 모든 시대를 규정하는 요소이고, 자신의 권능과 소임을 행하는 분이며, 만물의 최초 원리이고, 하늘의 빛이며, 만물의 아버지이고, 우주의 지성이자 활기찬 영혼이며, 모든 궤도의 움직임이다.[97]

이런 개념은 피타고라스 시대에도 새로운 것이 아니었다. 고대 이집트에서 이미 수천 년 동안 존재해왔던 것이다. 그들에게 하나인 신은 감히 입에 담을 수 없는 존재였고, 석상으로 표현할 수도 없는 존재였다. 이집트의 미스테리아에서, 오시리스는 그처럼 지고한 존재였고, "세계의 상속자이자 유일한 신"으로 선포되었다.[98] 여러 고대 이집트 비문을 보면, 신에 대한 개념에서 이교도와 그리스도교인이 사실상 얼마나 유사한지 여실히 나타난다.

> 신은 오직 하나이시며

함께 존재하는 다른 신은 없도다.
신은 만물을 만든 분이시다.
신은 처음부터 있고
처음부터 지금까지 있었도다.
다른 어떤 것도 존재치 않을 때에도 존재했으며
신이 존재하게 된 후
존재하는 모든 것을 창조하셨도다.
신은 태초의 아버지이시다.[99]

고대 이집트의 신 아문은 "하나 중의 하나 One of One"로 불렸다. 뛰어난 이집트학 학자 월리스 버지는 이렇게 말했다.

그 신은 또 "2인자 없이" 존재한다고 일컬어진다. 따라서 이집트인들이 그들의 신은 하나이며 2인자가 없다고 선언했을 때, 그 의미는 유대인과 아랍인들이 그들의 신을 유일한 신으로 선언하는 것과 정확히 같은 것이었다. 그처럼 하나인 하느님 God은 마땅히 부를 이름이 없어서 "신들 gods"이라고 불려온 자연계의 힘이나 존재들의 의인화와는 전적으로 다른 것이었다.[100]

모든 종교가 그렇듯이, 이교도 신앙 또한 미신적이며 원시적인 면을 지니고 있었다. 분명 이교도 신앙에는 서로 다른 신을 믿는 많은 종파가 있었다. 그러나 버지가 설명한 대로, 소위 "신들"이라고 일컬어지는 존재는 자연의 일부 국면들을 대표하는 것이었다. 우리가 "신 god"이라고 번역하는 고대 이집트 낱말은 네테르 neter다. 네테르는 영적 본질 또는 원리를 뜻한다. 고대 이집트의 여러 네테르는 모든 것을 포괄하는 한 존재 Being의 여러 본성을 나타내는 것이었다. 신들 gods

이란 하나인 지고의 하느님God의 다른 모습들이나 다른 국면들이었다.[101]

고대 세계에서 개별 신들은 흔히 이루 형언할 수 없는 하나인 하느님을 특별히 형언하기 위해 선택된 것들이었다. 그리고 "모든 신all-god"을 뜻하는 칭호인 판테우스pantheus가 이름에 덧붙여졌다. 그래서 라틴어 비문들 가운데 오시리스-디오니소스를 세라피스나 리베르Liber로 나타낸 것들이 있는데, 거기에서 오시리스-디오니소스 신인을 "세라피스 판테우스"나 "리베르 판테우스"라고 일컫는다.[102]

이교도들은 모두 개별 남신이나 여신 숭배를 통해 하나인 신을 숭배할 수 있었다. 그래서 신의 다른 국면을 선택한 이웃들과도 충돌할 일이 없었다. 켈수스는 이렇게 썼다.

지고의 하느님이라고 부르든, 혹은 그리스어 이름들, 혹은 인도의 이름들, 혹은 고대 이집트인들이 공식적으로 사용한 이름들로 부르든, 그건 조금도 중요한 것이 아니다.[103]

유대인의 신god이었던 여호와를 제외한 다른 모든 신격의 여러 국면들을 부정함으로써, 그리스도교인들은 위와 같은 상식적 이해에서 벗어나 배타성을 갖게 되었다.

이교도들은 그것이 이루 말할 수 없이 편협하다고 생각했다. 이교도의 종교적 관용의 정신에서 볼 때 그러한 배타성은 매우 낯선 것이었다. 티로스의 막시무스는 그 점을 다음과 같이 뛰어나게 묘사했다.

모든 민족들로 하여금 신성한 존재를 알게 합시다. 신은 하나라는 것을. 그리고 피디아스의 작품이 그리스인에게 신의 기억을 떠올리게 하고, 이집트인들에게는 동물 숭배를, 다른 이들에게는 강 숭배를, 또 다른 이들에게는 불 숭배를 떠올리게 한다면, 나는 그처럼 다른 것에 아무런 잘못도 없다고 봅니다. 그들로 하여금 다만 알게 하고, 다만 사랑하게 하고, 기억하게 합시다.[104]

이처럼 열린 마음으로 다른 종교를 관용한다고 해서 미신에 빠지는 것은 아니었다. 미스테리아 입문자들은 동료 이교도들이 맹목적인 미신을 믿지 않도록 부단히 노력했다.[105] 이교도들이 우상 숭배를 한다고 그리스도교인들이 비난했을 때, 사실상 그들은 미스테리아 현자들의 말을 되뇐 것에 불과했다. 미스테리아 현자들은 원시적인 믿음을 지닌 이교도들을 수세기 동안 완곡하게 조롱해왔다. 켈수스는 그리스도교인들에 대해 이런 비판을 했다.

그들의 윤리적 가르침에는 새로운 것도 인상적인 것도 없다. 정말이지 다른 가르침들과 비교해보면 그들의 어리석음이 명백히 드러난다. 그들의 우상 숭배에 대한 혐오를 살펴보자. 헤로도토스가 증언한 것처럼, 오래전에 페르시아인들은 인간의 손으로 만든 것은 신으로 간주될 수 없다고 생각했다. 정말이지 한 장인(대부분 가장 천시된 신분의 사람!)이 만든 우상이 신으로 간주된다는 것은 터무니없는 이야기다. 현명한 헤라클레이토스는 이렇게 말한다. "우상을 신으로 숭배한 사람은 벽에 대고 말을 거는 사람만큼 어리석다."[106]

아테네 철학자 디아고라스Diagoras는 신들을 조롱한 것으로 유명했다.[107] 디오게네스가 그랬듯이, 그는 석상에게 소원을 비는 이유를 질문받자 냉소적으로 이렇게 대답했다. "거절당하는 연습을 하기 위해."[108]
크세노파네스는 호메로스와 헤시오도스가 묘사한 신들의 부도덕한 행위를 공박했는데, 풍자적으로 이렇게 평했다.

> 사람들은 신들이 태어나자마자 말을 했고 옷을 입었으며, 자신처럼 육체를 가지고 있었다고 생각한다. 에티오피아인들은 신이 들창코의 흑인이라고 말한다. 트라키아인들은 신이 푸른 눈에 빨간 머리칼이라고 말한다. 암소와 말이 그림을 그릴 줄 안다면, 신의 모습을 암소와 말같이 그릴 것이다.[109]

루키우스 아풀레이우스는 허구 인물인 모무스Momus를 내세워, 동물의 머리를 가진 기괴한 신들이 나타난 것에 대해 제우스에게 불평한다. 제우스는 "신들의 그런 모습이 꼴사납다."는 것을 자기도 알고 있다고 대답한다. 그러나 "그런 신들의 대부분은 상징일 뿐이므로, 미스테리아에 입문하지 않은 자는 그런 신들을 비웃지 말아야 한다."고 해명한다.[110] 마찬가지로 켈수스도 이교도 신들의 모습이 입문자들에게는 상징적 의미를 지닌 것으로 이해될 뿐이므로, 문자 그대로 받아들여서는 안 된다고 설명한다. 그런 신들은 "보이지 않는 관념들의 상징이지 숭배의 대상은 아니다."[111]

아이러니하게도 다수의 이교도 철학자들은 그리스도교의 하느님 개념이 원시적이라고 생각했다. 하느님의 여러 국면을 "신들"로 의인화하는 것은 무방하지만, 이루 형언할 수 없이 지고한 하느님을 인간의 용어로 묘사하는 것은 불가능하다고 생각했던 것이다. 신인 동형설*이 터무니없다고 생각한 켈수스는 이렇게 썼다.

---

* 신과 인간은 모습이나 본성이 같다는 이론.

그리스도교인들은 하느님이 손과 입과 목소리를 가졌다고 말한다. 그들은 항상 "하느님이 이렇게 말씀하셨다." 또는 "하느님께서 가라사대"라고 말한다. 하느님이 "손을 들어 이적을 일으켰다."고도 말한다. 그러한 하느님은 전혀 하느님이 아니라고 평할 수밖에 없다. 하느님은 손도 없고 입도 없고 목소리도 없으며, 우리가 아는 그 어떤 특성도 지니고 있지 않기 때문이다. 그들의 터무니없는 교리에 따르면, 하느님은 심지어 인간을 위해 창조한 동산을 걷기까지 한다. 그들은 하느님이 화를 내며, 질투를 하고, 후회하기도 하고, 유감스러워하며, 즐기까지 한다고 말한다. 모든 면에서 그건 하느님이기보다는 인간이라고 할 수밖에 없다.[112] 게다가, 지고한 하느님을 배타적으로 믿으면서도, 유대인들은 천사들을 또 숭배하지 않는가?[113]

유대인과 그리스도교인은 이교도가 보기에 여러 남신이나 여신과 다를 게 없는 천사들을 숭배할 뿐만 아니라, 이교도와 똑같이 "신들"에 대해서도 이야기했다! 교부 클레멘스는 이렇게 썼다. 영적 계몽이란 "우리가 하느님의 말씀에 따라 신들과 더불어 살아가게 될 미래의 삶을 대비한 가르침"이라고. 계몽된 자는 신god이라 불린다고 그는 설명했다. 계몽된 자는 "구원자 하느님이 먼저 임명한 다른 신들과 더불어 왕좌에 앉게 될 것으로 정해진 자"이기 때문이다.[114]

이교의 입문자 키케로는 이렇게 말했다. "그대가 하나의 신god임을 알라."[115] 같은 식으로, 「요한복음」에서 예수가 하느님의 아들이라고 주장하는 것은 신성 모독이라고 비난한 바리새 사람들에게 예수는 이렇게 답한다.

너희 율법에는 이렇게 기록되어 있지 않느냐. "내가 말하노니, 너희는 신들이노라"고. 하느님의 말씀을 받은 사람들을 신gods이라 하느니,

이러한 성경은 폐하지 못하느니라. 하물며 아버지께서 거룩하게 하사 세상에 보내신 자가 "나는 하느님의 아들이라" 하는 것을 어찌 참람하다 하느냐.*116

초기 그리스도교 철학자 오리게네스는 니케아 신조을 논할 때 "두 하느님"과 같은 말을 사용했다.117 순교자 유스티누스는 "두 번째 하느님"이라는 말을 썼다.118 그리고 물론 삼위일체 교리에는 결정적으로 다신교 교리가 담겨 있다.119 하느님이 "삼위 three persons"로 나타날 수 있다는 개념은 이루 형언할 수 없는 지고의 유일한 하느님의 여러 국면에 대한 이교의 개념과 일치한다.

유대교에는 신성한 삼위일체 개념이 없다. 그 개념은 일찍이 이교도 신앙에 있었던 것이다.120 아리스토텔레스는 다음과 같은 피타고라스 교리에 대한 기록을 남겼다. "전체와 모든 것은 수 3으로 이해된다. 끝과 중간과 시작은 삼위일체인 전체의 수를 갖기 때문이다."121 수백 년 앞서 존재한 고대 이집트 문헌에서 하느님은 이렇게 선포한다. "나는 하나이면서 셋이 된다."122 또 다른 문헌에는 이런 말이 나온다.

신은 모두 셋이다. 아몬, 라, 프타. 그들과 같은 존재는 달리 없다. 아몬이라는 이름 속에는, 그가 라이며 그의 육체는 프타라는 사실이 숨겨져 있다. 그는 라와 프타와 더불어 아몬으로 현시되며, 셋은 하나로 통합된다.123

---

* "참람하다 하느냐"는 '신성모독이라 하느냐'라는 뜻.

04 완벽한 플라토니즘

소위 일신교라는 것과 다신교 사이의 행간을 면밀히 들여다보면, 우리가 배워온 것과는 달리, 둘 사이에는 명확한 구분이 없다는 것을 알게 된다. 그 구분은 유동적이어서 구분하는 것은 사실상 전혀 의미가 없다.

로고스

흠정역 성서*에 의하면 「요한복음」은 다음과 같은 유명한 문장으로 시작된다.

> 태초에 말씀 Word이 계시니라. 이 말씀이 하느님과 함께 계셨으니, 이 말씀은 곧 하느님이시니라. 그가 태초에 하느님과 함께 계셨고, 만물이 그로 말미암아 지은 바 되었으니 지은 것이 하나도 그가 없이는 된 것이 없느니라. 그 안에 생명이 있었으니 이 생명은 사람들의 빛이라.[124]

이러한 문장을 읽는 많은 독자들은 묘한 감동을 느끼면서도 도대체 무슨 뜻인지 제대로 이해하지 못하겠다고 고백한다. 그것은 당연한 일이다. 그러나 이교도 철학에 대한 약간의 지식이 있으면 위 문장의 뜻을 환히 알 수 있다.

위의 "말씀"은 그리스어 로고스 Logos를 번역한 말이다. 로고스 개념은 유대인에게 전혀 낯선 것이었고, 전적으로 이교도 미스테리아에서 유래한 것이다. BCE 6세기에 자아를 발견하기 위해 여행을 떠난

---

* 17세기 초에 영국 왕 제임스 1세의 지지를 얻어 계획 발행된 영역 성서.

헤라클레이토스는 "만물에 공유된 로고스"를 발견했다.[125] 헤라클레이토스는 이렇게 썼다.

> 나 자신에게가 아닌 로고스에 귀를 기울인 결과, 현명하게도 만물이 하나라는 것을 인정하게 되었다.[126]

이교의 현자 에픽테토스는 이렇게 설파했다. "철학자들의 로고스는 하느님이 자신의 로고스를 통해 선언한 것과 같은 평화를 우리에게 약속한다."[127] 로마인 비트루비우스Vitruvius는 BCE 27년경에 이렇게 썼다. "내가 로고스를 믿는다면 아무도 내가 그르다고 생각지 못하리라."[128] 클레멘스도 그 점을 인정하며 이렇게 말했다. "그리스인들이 신성한 로고스를 약간은 엿보았다고 기꺼이 인정해줄 수 있다." 그리고 그는 이교의 전설적인 현자 오르페우스의 선언을 인용했다. "신성한 로고스를 보라. 인생의 좁은 길을 가며 로고스를 바라보라. 세계의 위대한 지배자, 우리의 불멸의 왕인 로고스를."[129] 그러나 이런 이교도의 개념은 고대 그리스에서 비롯한 것이 아니었다. 고대 이집트 제3왕조* 피라미드 문서에 이미 이런 개념이 담겨 있다. 그 문서는 그리스도가 오기 2,500년 전쯤에 쓰였다![130]

그러한 고대의 로고스 개념을 우리는 어떻게 이해해야 할까? 고대 그리스에서 로고스는 여러 의미를 지니고 있었는데, 우리의 용어인 "말씀"의 뜻으로는 쓰이지 않았다.[131] 교부 클레멘스와 오리게네스는 로고스의 여러 의미 가운데 "생각 중의 생각Idea of ideas"이라는 의미로 로고스라는 말을 사용했다. 로고스는 하느님의 최초의 생각인 셈

---

* BCE 2650~2575년경의 이집트 초기 왕조 시대. 2대 왕인 조세르Djoser의 계단식 피라미드로 유명하다.

이다.¹³² 전설적인 이교의 현자 헤르메스 트리스메기스투스도 정확히 그와 같은 뜻으로 그 말을 사용했다. 그는 로고스, 곧 생각 중의 생각이 말이나 생각과 마찬가지로 하나인 하느님에게서 비롯한다고 말했다.¹³³ 그는 클레멘스나 오리게네스처럼 로고스가 하느님의 위대한 마음Mind에 떠오른 첫 생각이며, 그 생각으로 하느님은 우주를 창조한다고 보았다.

그리스도교인들은 하느님과 로고스 사이의 관계를 아버지와 아들 사이의 관계로 의인화한다. 로고스는 "하느님의 아들"이다. 하지만 그들 또한 이교도처럼 아버지와 아들이 동일한 존재의 다른 국면이라고 가르친다. 그러한 패러독스는 요한의 말에도 나타난다. "말씀이 하느님과 함께 계셨고, 말씀은 곧 하느님이었다."

이것은 사실상 고대 이교도 교리였다. 헤르메스 트리스메기스투스 또한 로고스가 "하느님의 아들"이라고 말했고, 그밖에도 여러 현자들이 그런 말을 해왔다.¹³⁴ 마음과 생각처럼 아버지와 아들은 사실상 하나인데, 서로 분리되면 둘로 나타난다고 헤르메스는 설명한다. BCE 6세기에 헤라클레이토스도 같은 말을 했다. "그 아버지와 아들은 동일한 존재이다."¹³⁵ 클레멘스는 에우리피데스가 "아버지와 아들이 하나의 하느님이라는 것을 묘하게도 미리 알아맞혔다."고 인정했다.¹³⁶

하느님과 로고스, 아버지와 아들 사이의 불가사의한 관계를 우리는 어떻게 이해해야 할까?¹³⁷ 클레멘스는 이렇게 썼다.

> 아들은 하느님의 의식이다. 아버지는 다만 아들에게 반영된 세계를 본다.¹³⁸

로고스는 스스로를 의식하는 하느님이다. 또 로고스는 우주의 한 영혼One Soul인데, 만물을 통해 의식한다. 헤라클레이토스가 스스로를 발견하려고 했다가 "만물에 공유된 로고스"를 발견한 것도 바로 그래서이다. 본질적으로 우리 모두가 공유한 정체성이 바로 로고스라는 것을 그는 발견했던 것이다. 그리스도교 철학자 오리게네스는 이렇게 썼다.

> 우리의 몸은 수많은 개체로 이루어졌지만 각기 하나의 영혼one soul과 결속되어 있듯이, 하나의 무한한 생명체인 우주 또한 한 영혼One Soul — 하느님의 로고스 — 과 결속되어 있다고 보아야 한다.[139]

예수가 로고스의 화신이라고 요한이 말하듯이, 이교 입문자인 플루타르코스 또한 오시리스가 "초월적이며 고통을 느끼지 않는 로고스 자체"라고 가르쳤다.[140] 이교도에게 오시리스-디오니소스가 곧 로고스이듯, 예수 그리스도와 로고스를 동일시함으로써 요한은 예수가 인격화된 우주의 한 영혼이라는 것을 명시한다. 그리스도는 우리 모두의 안에 존재한다. 그리스도는 우리 모두가 공유한 신성한 본질이기 때문이다. 이러한 관점에서 보면, 하느님의 아들은 어떤 시대에 실제로 살았던 역사적 인물이 아니라, 영원한 철학적 원리다. 그래서 오리게네스는 이렇게 썼다. "아버지는 아들을 낳았던 것이 아니라, 영원히 낳고 있다."[141]

그리스도교인과 이교도는 로고스에 대한 이해에서 대체 어떤 차이가 있을까? 다시 말하지만, 신화상의 로고스 화신인 이교의 신인과 달리, 예수는 이 철학적 원리를 문자 그대로 체화했다고 주장하는 것은 그리스도 사상뿐이다. 아우구스티누스는 이교도 철학에 대해 이렇게 썼다.

이교도 철학에서는 이렇게 말한다. 말씀이신 하느님은 인간의 의지로 태어나지 않았으며, 육체의 의지로 태어나지도 않았으며, 다만 하느님의 의지로 태어났다고. 그러나 말씀이 육신이 되어 우리 가운데 거하셨다고는 말하지 않는다.[142]

그리스도교인은 오직 한 인간만이 말 그대로 육신이 된 로고스였다고 믿는다. 그것이 고대 세계의 이교도와 그리스도교인을 나누는 본질적인 차이다. 이교도들에게는 우리 모두가 공유한 로고스가 단 하나의 인간을 통해서만 나타날 수 있다는 것은 터무니없는 생각이었다. 그리스도교인의 로고스 개념이 이웃 이교도의 개념과 명백히 다르다는 것을 드러낼 수 있는 유일한 방법은, 나사렛의 한 목수가 실제로 로고스의 화신이며 하느님의 유일한 아들이었다고 배타적으로 주장하는 방법밖에 없었다. 그러나 그리스도교인들은 그러한 주장이 정말 무슨 의미를 지닐 수 있는지에 대해 수세기 동안 논란을 거듭했다.

미스테리아의 용어

막스 뮐러 Max Müller 교수는 이렇게 힘주어 말한다. 로고스 곧 "말씀", 모노게네스 monogenes 곧 "독생자", 프로토코스 protokos 곧 "장자長子", 히오스 투 테우 hyios tou theou 곧 "하느님의 아들" 등의 용어를 사용하는 사람은 누구나 "고대 그리스 철학에서 비롯한 종교적 사고의 원형을 차용하는 자"라고.[143] 신약 성서를 비롯한 초기 그리스도교의 저술들에는 그러한 이교의 개념이 허다하게 담겨 있다. 그러나 그런 개념은 원래의 그리스어를 빈약한 영어로 번역하는 과정에서 변질되어 잘 눈에 띄지 않는다.[144] 초기 그리스도교인들이 사용한 용어는 사실상 미스테리아 신도들의 용어와 너무나 유사하다. 비문만 보아서는 죽은 자가 그리스도교인인지

이교도인지 구분할 수 없을 정도다!¹⁴⁵

예를 들어 바울은 이렇게 썼다. "방언을 말하는 자는 …… 그의 영으로 비밀mysteries를 말함이니라."¹⁴⁶ 그런데 이교도들도 그렇게 말했다. 그리스도교의 세례나 영성체 의식도 "미스테리아Mysteries"라고 일컬어졌다.¹⁴⁷ 이 의식을 주관하는 주교는 미스타고구스Mystagogus라고 불렸는데, 이 말은 "미스테리아의 지도자"라는 뜻이었다. 미사는 미스타고기아Mystagogia*라고 불렸는데, 이 말은 오늘날 그리스 정교회에서 아직도 사용되고 있다. 현대의 한 전문가의 말에 따르면, 이 말들 모두가 "미스테리아 용어"다.¹⁴⁸

그리스도교인 철학자 오리게네스는 그리스도교 의식을 텔레테telete라고 불렀다. 이 말은 "입문식"이라는 뜻이다. 이교도 비평가 루키우스 아풀레이우스도 초기 그리스도교 의식이 미스테리아 의식의 또 다른 판본이라고 보고, 그것을 "새로운 텔레테", 곧 새로운 입문식이라고 일컬었다.¹⁴⁹ 사도 바울은 대개 "성숙한mature" 또는 "온전한perfected" 그리스도교인으로 불리지만, 그러한 수식어에 해당하는 원래의 그리스어를 좀 더 정확히 번역하면 "입문한" 그리스도교인이라는 뜻이다. 어떤 교리를 해설할 때 오리게네스와 같은 초기 그리스도교인들은 공통적으로 이렇게 선포했다. "입문자는 내 말의 뜻을 안다!"¹⁵⁰ 이교도 철학자 파우사니아스와 플루타르코스, 루키우스 아풀레이우스 등이 이교도 미스테리아의 비밀을 언급할 때도 그와 똑같은 말을 사용했다.¹⁵¹

교부 클레멘스의 저술은 이교도 미스테리아의 용어에서 직접 차용한 낱말로 가득하다. 그는 그리스도교의 계시를 "신성한 미스테리

---

* "미스테리아 전수"라는 뜻.

아", "신성한 비밀", "비밀의 로고스", "로고스의 미스테리아"라고 썼다. 클레멘스에게는 예수 그리스도가 "신성한 미스테리아의 교사"였다. 오시리스-디오니소스와 마찬가지로 말이다. "주님은 나의 히에로판테스", "나는 입문식을 치르는 동안 신성해진다."고 클레멘스는 썼다.[152] 이교 입문자의 말과 다를 게 없는 말로 이렇게 그는 열변을 토한다.

오, 진실로 성스러운 미스테리아여! 오 순수한 빛이여! 이글거리는 횃불 속에서 나는 하느님과 천국을 보니. 나는 입문식을 통해 거룩해진다. 주님은 미스테리아를 나타내신다. 주님은 숭배자에게 봉인을 찍으신다. 원컨대 그대들도 입문하라. 그리하면 유일한 참 하느님의 주위를 맴돌며 천사들과 함께 춤을 추리라.[153]

그리스도교는 미스테리아 신앙의 조직 체계까지 물려받았다.[154] 현대의 한 그리스도교 학자는 그 점을 이렇게 인정하고 있다.

미스테리아 신앙은 원시 그리스도교의 선구가 된 종교적 연합체를 결성했으며, 조직과 행정 체계 또한 새 종교에게 물려줄 준비가 되어 있었다. 또 종교를 개인적 확신의 문제로 만듦으로써 그리스도교를 위해 바람직한 환경을 조성했다. 또한 죄의 대속redemption이 무엇인지 가르쳐서 사람들이 그 필요성을 느끼게 했다. 미스테리아의 복음 전도자들이 미리 길을 닦아놓음으로써, 이제 사람들은 예수가 구원자라는 그리스도교의 선포에도 기꺼이 귀를 기울일 수 있게 되었다. 미스테리아는 범민족적인 신들을 숭배토록 했고, 인류의 형제애를 지향했으며, 불멸성에 대한 열망을 자극했다. 신도들에게 신앙의 전파 의무를 부과함으로써 신도들을 열렬한 전도자로 만들었다. 미스테리아의

수호신이 단일한 신격을 대표하게 함으로써 유일신 신앙을 촉진시켰다.[155]

결론

신약 성서는 정말 새로운 것이었을까? 전통적인 유대인들에게는 분명 새로웠고 이단적이었다. 예수의 비유를 통해, "눈에는 눈, 이에는 이"의 유대인 교리는 소크라테스의 "적을 사랑하라."는 교리의 도전을 받았다. 천국과 지옥의 성격에 대한 미스테리아의 가르침은 내세에 대한 유대인의 개념을 바꿔놓았다. 따라서 신약 성서는 유대인에게 새로운 것이었다. 그러나 이교도에게는 새롭지 않다. 이교도는 이미 수천 년 전부터 그런 교리를 지니고 있었다. 그러나 예수의 가르침이 과거 이교도 신앙의 가르침과 똑같아도 이교도들은 그리 놀라지 않았을 것이다. 그들은 독창적인 진리보다는 항구적인 진리를 원했을 테니까.

우리가 발굴해낸 증거 일부를 다시 돌아보자.

:: 예수는 신도들에게 말과 행동만이 아니라 생각까지도 도덕적으로 순결하도록 노력하라고 가르쳤는데, 미스테리아 현자들도 그랬다.
:: 그리스도교인들은 개인적으로 하느님과 사랑하는 관계를 맺는데, 미스테리아 입문자들도 그랬다.
:: 예수는 신도들에게 이웃을 사랑하라고 가르쳤는데, 미스테리아 현자들도 그랬다.
:: 예수는 신도들에게 적을 사랑하라고 가르쳤는데, 미스테리아 현자들도 그랬다.
:: 그리스도교인들은 서로를 "형제"처럼 사랑하는데, 미스테리아 입

문자들도 그랬다.

:: 그리스도교인들은 겸손과 자발적인 가난의 교리를 기꺼이 받아들이는데, 미스테리아 입문자들도 그랬다.

:: 그리스도교인들은 유대교에 없는 천국과 지옥 개념을 가지고 있는데, 그것은 미스테리아의 개념을 직접 도입한 것이다.

:: 그리스도교인들은 불의 계시와 새로운 시대의 탄생을 기다리는데, 미스테리아 입문자들도 그랬다.

:: 초기 그리스도교의 물고기 상징은 이교도 점성술의 상징을 도입한 것이다.

:: 그리스도교인들은 유일한 하느님을 믿는데, 미스테리아 현자들도 그랬다.

:: 이교도와 마찬가지로 그리스도교인들도 "신들 gods" 이야기를 했다.

:: 그리스도교인들은 우상 숭배를 공격하는데, 미스테리아 현자들도 그랬다.

:: 그리스도교인들은 하느님을 삼위일체로 생각하는데, 그것은 이교도 미스테리아에서도 발견되는 개념이다.

:: 그리스도교인들은 예수를 로고스의 화신으로 보는데, 그것은 유대교에 없는 이교도의 개념이다.

:: 신약 성서를 포함해서, 초기 그리스도교인들의 저술은 미스테리아의 용어를 대거 사용하고 있다.

:: 초기 그리스도교 교회의 조직은 이교도 미스테리아 입문자들의 조직을 본받은 것이다.

그리스도교의 교리와 똑같은 것을 고대 미스테리아의 교리에서 발견할 수 있으며, 예수의 행적과 똑같은 이야기를 이교도의 오시리스-

디오니소스 신화에서 발견할 수 있다는 사실을 우리 두 저자는 명백히 알게 되었다. 2천 년 동안 우리는 그리스도교가 유일무이하며 혁명적인 계시 종교라고 믿어왔지만, 그것은 명백히 사실이 아니다!

그렇다면 무엇이 진실인가? 우리는 이 질문의 답을 찾기로 결심했다. 로마 교회가 우리에게 물려준 그리스도교의 전통 역사는 전혀 역사적 증거를 갖고 있지 못하기 때문에, 우리는 다른 것들을 찾아보기로 결심했다.

CE 첫 몇 세기 동안 그리스도교인들 공동체는 여러 파로 갈라져 있었다. 결국엔 로마 교회가 된 문자주의자들 집단뿐만 아니라 영지주의자들로 알려진 집단도 있었다. 영지주의자들은 그리스도교에 대해 급진적으로 다른 견해를 지니고 있었다. 문자주의자들은 그것을 너무나 위험한 이단으로 간주했다. 문자주의 그리스도교가 로마 제국의 종교가 되자, 문자주의자들은 그들 특유의 견해를 강화시키는 한편, "이단"을 잔혹하게 말살했다. 그래서 그리스도교의 전통 역사는 문자주의자와 영지주의자 간의 파벌 싸움에서 이긴 자의 입장에서만 기술되었다. 그 역사가 사실이라고 하기에는 부적절하다는 것이 입증됨으로써, 우리는 패배한 자의 이야기에도 귀를 기울이기로 결심했다. 영지주의가 생존의 싸움에서 졌을 수도 있지만, 그렇다고 해서 그리스도교에 대한 그들의 견해가 덜 타당하다고 볼 수는 없다. 로마 교회가 그토록 위험하다고 여긴 영지주의는 과연 무엇이었을까?

05
영지주의

최근 조사 결과, 전통적인 견해, 전통적인 결론, 전통적인 "사실들"이 크게 위협을 받게 되었다. 아직은 소수겠지만, 머지않은 미래에는 다수가 열렬히 질문하게 될 것은, 유난히 어리석고 방탕한 이단이 어떻게 교회 안에서 부상할 수 있었는가의 질문이 아니라, 이런 질문들이다. 교회가 어떻게 그토록 대단했던 영지주의 운동을 뿌리치고 부상할 수 있었는가? 영지주의의 역동적인 생각이 어떻게 독단으로 치부되고 말았는가?[1]

— 램플러그 Lamplugh 목사

그리스도교에 대한 영지주의자들의 견해는 훗날 로마 가톨릭교회를 세운 문자주의자들의 견해와 정반대되는 점이 너무나 많다. 문자주의자들은 엄격한 권위주의자였다. 영지주의자들은 신비를 중시한 개인주의자였다. 문자주의자들은 모든 그리스도교인에게 공통적으로 적용되는 신조를 강화하고자 했다. 영지주의자들은 다양한 믿음과 실천에 관용적이었다. 문자주의자들은 수많은 복음서 가운데 넷만을 성서로 채택했고, 나머지는 악마적인 이단으로 간주해서 불길 속에 던져버렸다. 영지주의자들은 서로 다른 수백 가지의 복음서를 썼다. 참된 그리스도교인이라면 주교가 설교한 대로만 예수를 믿어야 한다고 문자주의자들은 가르쳤다. 참된 그리스도교인이라면 그노시스 곧 신비한 "앎"을 스스로 체험해서 스스로 그리스도가 되어야 한다고 영지주의자들은 가르쳤다!

영지주의자는 혹독하게 억압을 당했다. 그래서 최근까지 우리가 그들에 대해 알고 있는 것은 거의 전부가 그들을 비방하며 그들의 기록을 말살한 사람들의 저술에 나와 있는 것이다.[2] 문자주의자들은 영지주의가 그리스도교 사상을 곡해한 것 — 이교도 교리를 동원해서 예수의 원래 가르침을 혼란시킨 것 — 이라는 고정 관념을 우리에게 물려주었다. 정통 그리스도교는 2천 년 동안 그런 생각을 고수해왔다. 성공적으로 반대파를 제거하고 모든 증거를 말살함으로써, 그런 생각은 널리 진실로 받아들여졌다. 그러나 1945년 이집트 나그함마디 인근의 한 동굴에서 영지주의 장서가 발견됨으로써 상황은 크게 달라졌다. 이제 영지주의자들은 스스로 변호할 수 있는 길이 열린 것이다. 이 장서는 영지주의와 초기 그리스도교에 대한 우리의 기존 생각을 완전히 뒤바꿔놓았다.

영지주의자는 오늘날 이단으로 기억되고 있지만, 당시에는 스스로를 진짜 그리스도교인이라고 생각했다. 『베드로 계시록』이라고 불리는 영지주의 복음서에는, 부활한 예수가 문자주의 그리스도교인들을 "가짜 그리스도교인"이라고 질타하는 말이 나온다. 영지주의자가 보기에, 참 그리스도교를 곡해한 것은 문자주의자들이었다. 원래의 그리스도교는 모든 입문자가 신비한 앎 곧 그노시스를 개인적으로 체험케 하는 영적 종교인데, 문자주의자들이 맹목적인 믿음을 요구하는 종교로 만들어버렸다는 것이다. 영지주의자들이 보기에 문자주의자들은 그리스도교의 공개적 미스테리아, 곧 "아등바등 사는 사람들"에게나 맞는 "세속적 그리스도교"만을 가르쳤다.[3] 반대로 영지주의는 참된 "영적 그리스도교"였고, 소수의 선택된 사람에게 그리스도교의

은밀한 미스테리아를 가르쳤다.[4]

그런데 놀랍게도 위의 말은 이단 영지주의자가 한 말이 아니다. 초기 교회에서 가장 유명한 그리스도교인 두 사람 — 알렉산드리아에서 초기 그리스도교 교리 학교를 운영한 클레멘스와 그의 후계자 오리게네스 — 의 저술에 나오는 말이다.[5] 두 사람은 평생 대단히 존경을 받았고, 오늘날에도 초기 그리스도교 철학자 가운데 가장 위대한 사람으로 손꼽힌다. 그런데 두 사람은 현대의 주류 그리스도교보다는 영지주의를 훨씬 더 닮은 그리스도교를 가르쳤다. 알렉산드리아의 클레멘스는 가톨릭교회의 성자로 존경을 받고 있기도 하다. 그런데 그는 영지주의에 대한 책을 썼고, "영지주의자"를 "참 그리스도교인"이라고 불렀다.[6]

클레멘스와 오리게네스처럼 영향력이 있고 존경을 받은 지성인들이 그렇게 생각했다는 것은, 우리가 전통적으로 믿어왔던 것과 달리, 영지주의자가 그리스도교 변방의 이상하고 하찮은 이단자였던 게 아니라는 것을 보여준다. 반대로 영지주의에는 폭넓고 역동적이고 세련된 영성이 담겨 있었다. 그 영성은 CE 첫 몇 세기의 가장 위대한 그리스도교 지성인들을 매료시켰다. 이단자로 낙인 찍혀서 거의 잊혀진 발렌티누스Valentinus나 바실리데스 같은 위대한 성자들뿐만 아니라, 명성에 전혀 금이 가지 않은 클레멘스와 오리게네스 같은 이들까지도 영지주의에 매료되었던 것이다.

이교도 철학

문자주의자가 영지주의자를 겨냥해서 가장 자주 되풀이한 비난의 핵심은, 영지주의자가 본질적으로 이교도와 다를 게 없다는 것이다. 이레나이우스는 초기 문자주의자 가운데 가장 유명한 이단자 사냥꾼이었는데, 그는 영지주의자들이 케케묵은 고대 그리스의 낡은 헝겊으로 새 옷을 깁는다고 비난했다.[7] 그는 영지주의 현자인 시몬 마구스Simon Magus의 추종자들을 "미스테리아의 사제들"이라고 일컬으며, 그들이 "제우스를 닮은 시몬의 이미지"를 숭배한다고 비난했다.[8] 광적인 반영지주의 저술을 남긴 테르툴리아누스는 영지주의 입문식을 엘레우시스에서의 이교도 입문식에 비유했다.[9] 이레나이우스의 제자인 히폴리토스는 영지주의자 집단을 이집트의 "세트 신 숭배자"라고 부르며 이렇게 주장했다.

> 그들은 미스테리아 종교와 의식을 전파한 고대 신학자인 무사이우스Musaeus, 리누스Linus, 오르페우스 등에게서 모든 교리를 차용했다.[10]

이레나이우스는 영지주의자들이 "피타고라스, 플라톤, 아리스토텔레스 등 세속 철학자들의 이미지"와 그리스도의 이미지를 동일시하며 똑같이 숭배하는 것에 격분했다.[11]

영지주의자들은 이교도 축제에 참석했고, 자신들의 모임에 이교도들을 받아들였다.[12] 그 점에 대해 테르툴리아누스는 비난조로 이렇게 말했다.

> 이단자들이 수많은 마법사, 보따리 약장수, 점성술사, 철학자 들과 교류하는 것을 흔히 볼 수 있다.[13]

이 문자주의자들은 영지주의자들을 기괴한 무리로 몰아붙였지만, 그래도 한 가지는 옳은 말을 했다. 영지주의가 이교도 미스테리아와 너무나 닮았다는 말이 그것이다.[14] 그런데 영지주의자들은 문자주의자들과 달리, 이교도 신앙을 적대시하지 않았고, 이교도 신앙에 빚을

지고 있다는 사실을 공공연히 인정했으며, 고대 철학 연구를 장려했다.[15] 실제로 나그함마디 동굴에서는 그리스도교에 관한 영지주의 문서뿐만 아니라 이교도의 문서도 함께 발견되었다.[16]

알렉산드리아의 클레멘스는 이교도 철학에 심취했다. 그는 이교도 철학이 인간을 그리스도에게 인도하는 신성한 선물이라고 생각했다.[17] 그는 이렇게 풀이했다.

그리스 철학은 영혼을 순결케 하며, 믿음을 수용할 수 있는 마음의 준비를 하게 한다. 진리는 이 믿음을 초석으로 삼아 그노시스의 건물을 세운다.[18]

오리게네스도 마찬가지로 완벽한 신앙심을 가지려면 이교도 철학을 알아야 한다고 제자들에게 가르쳤다.[19] 이교도 철학을 그는 세련된 미각을 만족시키는 훌륭한 요리에 비유했다. 또 그는 그리스도교인을 "미사를 위한 요리사"에 비유했다.[20] 그는 이교의 현자 암모니오스 사카스Ammonios Sakkas에게 철학을 배운 사람이었다.[21] 이교도 철학자 포르피리오스는 암모니오스나 오리게네스와 "오랫동안 교제"했다. 그는 두 사람이 "플라톤주의자"이며 "당대인을 훨씬 능가하는 통찰력을 지닌 사람"이라고 평했다.[22]

암모니오스는 위대한 그리스도교인 철학자 오리게네스의 스승일 뿐만 아니라, 가장 위대한 이교도 철학자 가운데 한 명인 플로티노스의 스승이기도 했다. 플로티노스는 자신의 철학 교실에서 영지주의 그리스도교를 언급하며, 영지주의가 이교도 미스테리아의 열등한 판본이며 지나치게 복잡하다고 생각했다.

그들의 모든 용어는 고대 그리스 철학에 빚진 것을 숨기기 위해 만들어진 것이다.[23] 우리는 영지주의자 친구 몇을 존경하는데, 그들은 우리의 친구가 되기 전에 그런 용어를 만들어냈고, 어떻게 그럴 수 있는지는 몰라도 계속 그런 용어를 만들어내고 있다.[24]

이교도 신화

영지주의 저술들에는 고대 그리스 신화 속의 인물과 이교도 점성술, 마법, 철학 개념이 빈번하게 등장한다.[25] 예를 들어 『구원자의 책』에는 이에우Ieou(최고신)가 다른 위대한 다섯 신, 즉 이교도의 신 크로노스, 아레스, 헤르메스, 아프로디테, 제우스를 거느리고 있다는 말이 나온다.[26]

또 영지주의 문서에는 이교도 신화와 유대인 신화가 서로 뒤섞여 있다. 『바룩』이라고 불리는 영지주의 문서에는 이교도 점성술과 유대인의 천사 개념이 합성되어 있다. 즉, 하느님 아버지는 12천사를 창조했고, 이 천사들은 이교의 12황도와 동일한 우주를 에워싸고 지배한다.[27] 이 문서는 하느님을 유대인처럼 엘로힘Elohim이라고 칭하지만, 엘로힘을 제우스와 동일시한다. 또 엘로힘이 이교도 영웅인 헤라클레스를 예언자로 선택했다며,[28] 하느님을 디오니소스의 다른 이름인 프리아포스Priapos라고 칭하기도 한다.

> 하느님은 곧 프리아포스다. 그는 어떤 것도 존재하기 전에 만물을 창조했다. 만물을 창조했기에 프리아포스라고 불리는 것이다. 그래서 그는 모든 피조물의 존경을 받으며, 모든 신전에 그의 상이 세워져 있다.[29]

히폴리토스는 배사교도Naassenes라고 불린 영지주의 집단에 대한 이야기를 전해준다. 배사교도는 모든 신화 — 이교도 신화, 유대인 신화, 그리스도교인 신화 — 에 내재된 철학을 가르쳤다고 한다.[30] 배사교도는 위대한 어머니의 아들로 태어나 젊어서 죽은 신화적 인물인 "여러 모습을 지닌 아티스"를 예수와 동일시했다.[31] 이 인물은 그들의 찬송가에서 아도니스, 오시리스, 판, 바쿠스, 흰 별들의 목자 등의 이름으로 나온다. 모두 오시리스-디오니소스의 이름이다![32] 영지주의 그리스도교인들은 예수를 오시리스-디오니소스와 동일시했을 뿐만 아니라 그들 자신이 이교도 미스테리아의 입문자였다고 히폴리토스는 주장한다. 그는 이렇게 썼다.

> 그들은 모두 위대한 어머니 미스테리아의 입문자였다고 한다. 그들은 미스테리아 의식을 통해 재생의 비밀을 배웠다.[33]

대모신大母神은 고대 세계를 지배한 여신이었다. 이 여신이 고대 이집트에서는 이시스, 고대 그리스에서는 데메테르로 알려져 있었다. 이 여신은 오시리스-디오니소스의 어머니이거나 누이이거나 배우자였다. 그 셋 모두인 경우도 흔했는데, 이 경우는 신화에서만 가능한 마술적인 방식이다.

우리 두 저자는 이교도 미스테리아를 탐구하며 여신의 성격에 대해서는 그리 깊이 조사하지 않았다. 우리는 그리스도교와 이교 사이의 유사성을 조사했는데, 정통 그리스도교에는 여신이 존재하지 않기 때문이다. 그리스도교에는 성부와 성자, 그리고 다소 막연한 양성적 성령만 있다. 영지주의 신화에서는 좀 더 자연스럽고 균형 잡힌 성부, 성자, 성모 소피아라는 삼위일체가 있다.[34]

영지주의 문헌에서 여신은 "만물의 어머니", "살아 있는 것의 어머니", "빛나는 어머니", "더 높은 신", "성령",[35] "우측의 그이"와 대응

하는 "좌측의 그녀" 등의 여러 이름으로 불린다.[36]

영지주의 신화에서 성모 소피아는 이교의 여신처럼 신성한 천상의 존재이면서도, 비극적인 인물로 그려진다. 그녀는 필사적으로 자신의 구원자/남매/연인인 예수를 찾는다. 마찬가지로 이집트 여신 이시스도 자신의 구원자/남매/연인인 오시리스를 찾는다. 영지주의자들은 시적으로 상상한다. "모든 습한 것"은 소피아가 흘린 눈물이라고. 그런 상상은 이교의 현자 엠페도클레스의 상상을 반영한 것이다. 엠페도클레스는 5세기 앞서서 모든 물이 페르세포네 여신의 눈물이라고 말했다.[37]

소피아는 일부 영지주의자들에게 너무나 중요한 인물이어서, 공개적 미스테리아 의식에서는 예수의 수난을 기리는 영성체 의식만을 거행하고 소피아는 언급하지 않았다. 은밀한 미스테리아에 입문한 "영적" 그리스도교인들의 영성체 의식 때 비로소 여신 소피아의 수난을 환기시켰다![38]

플라톤의 신

앞에서 언급했듯이, 이교의 현자들은 여러 남신과 여신을 얘기하면서도 전적으로 신비하며 초월적인 최고신에 대한 인식을 지니고 있었다. 플라톤의 시대 이후, 그들은 하느님을 "인격" 신으로 보는 것을 비판했다. 이교도 미스테리아의 최고신은 모든 특성을 초월한 하나 Oneness이며 이루 형언할 수 없는 존재였다.[39] 영지주의자들 역시 이처럼 추상적이고 신비한 신에 대한 개념을 채택했다. 하느님을 하늘에 있는 어떤 위대한 존재로 본 것이 아니라, 만물을 통해 스스로를 드러내는 보편 정신 Mind of the Universe으로 이해한 것이다.[40]

문자주의자들이 주장한 하느님의 상은 그런 것이 아니었다. 구약에서 파벌적이고 변덕스러우며 때로는 전제 군주 격인 부족의 신으로 나타나는 유대인의 신 여호와가 그들의 하느님이었다.

고대 그리스인들이 전통적으로 하느님 상을 횡포한 제우스로 그리는 것을 플라톤이 공격했던 것과 마찬가지로, 영지주의자들은 여호와만을 참 하느님이라고 가르치는 유대인의 전통적인 하느님 상을 공격했다.[41] 영지주의 현자 발렌티누스는 플라톤의 용어인 "조물주demiurgos"[42]라는 말로 여호와를 설명하며, 여호와는 참 하느님의 도구로서 봉사한 종속적 신격이라고 규정했다.[43] 여호와가 하위 신격인데도 주제넘게 자신을 유일한 참 하느님이라고 칭한다는 것이다. 구약에서 여호와는 이렇게 선언한다. "나 이외의 다른 신을 섬기지 말라. …… 나는 질투하는 하느님이다."[44] 그러나 영지주의의 『요한의 비밀서』에서는 그것을 "광기"라고 일컬으며 이렇게 평했다.

그렇게 선언함으로써 그는 다른 신God이 존재한다는 것을 암시했다. 다른 신이 없다면 질투할 일도 없지 않겠는가?[45]

다른 영지주의 문서에서, 스스로 유일한 하느님이라고 선언한 여호와는 그의 어머니 여신 소피아에게 꾸지람을 듣는다. 건방진 애들처럼 주제넘게 굴지 말라고![46]

영지주의자에게 예수는 유대인의 작은 신 여호와의 예언자가 아니었다. 플라톤과 이교도 미스테리아의 신, 곧 이루 형언할 수 없는 참 하느님의 예언자였다. 영지주의 교사 케르도Cerdo는 이렇게 설명했다.

법으로 선포된 하느님이나 예언자들은 우리 주 예수 그리스도의 아버지가 아니다. 구약의 하느님은 알려져 있지만, 예수 그리스도의 아버

지는 알려져 있지 않다.⁴⁷

영지주의 현자 바실리데스는 유대인의 전통 관점인 신인 동형설과는 정반대로, 이교도 교리를 이렇게 가르쳤다. "우리는 이루 형언할 수 없는 하느님이라는 말도 쓰지 말아야 한다. 그것도 일종의 형언이기 때문이다. 그분은 명명된 모든 이름 위에 계신다."⁴⁸

미스테리아 의식의 히에로판테스

문자주의자들의 예수는 여호와가 약속한 메시아로 그려진다. 그러나 영지주의자들의 예수는 이교도 미스테리아 의식의 히에로판테스를 닮았다(도판 8쪽을 보라.). 『예수 그리스도의 지혜』라는 영지주의 복음서에서, 부활한 예수는 사도들에게 위대한 빛의 천사로 나타난다. 그는 사도들이 공포에 떨며 경악하는 것을 보고 빙그레 웃으며, 그들에게 "비밀Mysteries"을 가르쳐주겠다고 말한다.⁴⁹ 『피스티스 소피아』*라는 영지주의 문서에서, 예수는 사도들에게 이렇게 가르친다. "너희를 순결케 하는 비밀을 발견할 때까지 밤낮으로 찾기를 멈추지 말라."⁵⁰ 그러자 막달라 마리아가 그를 찬양하며 이렇게 말한다.

> 오, 주님이시여, 주님께서 정녕 빛의 왕국의 비밀Mysteries 열쇠를 가져오셨음을, 이제 우리는 거리낌 없이, 분명하게, 정녕코 아나이다.⁵¹

---

* 피스티스pistis는 '믿음', 소피아sophia는 '지혜'를 뜻한다.

영지주의자 예수는 미스테리아 입문식에서 "원무圓舞"를 이용해서 제자들을 이끈다. 그러한 입문식 춤은 이교도 미스테리아 의식에서 두루 나타난다. 현대의 한 권위자는 이렇게 말했다. "고대 입문식 축제 가운데 춤이 없는 것은 하나도 없다."[52] 엘레우시스에서의 미스테리아 의식에서 입문식 후보자는 중심에 자리 잡고, 다른 사람들은 둘레에서 춤을 추었다. 그것은 행성과 별들의 궤도를 흉내 낸 것이었다.[53] 앞에서 언급했듯이 미트라스 미스테리아 의식에서도, 미트라스를 상징하는 입문자는 중앙에 자리 잡고, 황도의 12궁을 상징하는 12명이 주위를 돌며 춤을 추었다.[54]

『요한행전』에서도 그와 비슷하게, 예수를 중심으로 해서 사도들이 손을 잡고 원을 그리며 춤을 춘다. 예수가 신호를 보내면 사도들이 신성한 말, "아멘"을 읊조린다. 예수는 이러한 "원무"를 통해서 "수난"을 나타낸다고 가르친다. 그리고 이것을 예수는 "신성한 비밀Mystery"이라고 부르도록 했다.[55] 한 학자가 썼듯이, 원무는 "분명 이교도의 미스테리아 의식을 반영한 신성한 입문식 춤이다."[56] 입문식 춤에 수반되는 찬송가는 분명하게 세 가지 목소리를 낸다. 세 목소리를 잘 살펴보면, 다음과 같이 히에로판테스인 그리스도, 그의 보조자들, 그리고 입문자로 나뉘어 있어서 이것이 입문식이라는 것을 여실히 알 수 있다.[57]

입문자	"나는 구원받으리라."
그리스도	"내가 구원하리라."
보조자들	"아멘."

입문자	"나는 자유를 얻으리라."
그리스도	"내가 자유를 주리라."

보조자들	"아멘."
입문자	"나는 못 박히리라."
그리스도	"내가 못 박으리라."
보조자들	"아멘."
입문자	"나는 태어나리라."
그리스도	"내가 태어나게 하리라."
보조자들	"아멘."
입문자	"나는 먹으리라."
그리스도	"내가 먹히리라."
보조자들	"아멘."
입문자	"나는 들으리라."
그리스도	"내 말이 들리리라."
보조자들	"아멘."
그리스도	"나는 그대의 등불이니, 나를 들어 올려라."
보조자들	"아멘."
그리스도	"나는 그대의 거울이니, 나를 보라."
보조자들	"아멘."
그리스도	"나는 그대의 문이니, 나를 두드려라."
보조자들	"아멘."

그리스도	"그대 여행자여, 나는 그대의 길이니라."
보조자들	"아멘."
그리스도	"이제 내 춤에 응답하라. 말하는 내 안에서 그대 자신을 보아라. 내가 하는 것을 그대가 보았거든, 내 비밀에 입을 다물어라."[58]

은밀한 미스테리아

이교도 미스테리아에는 모든 사람에게 열려 있는 공개적 미스테리아와, 오랫동안의 영적 준비와 순결 기간을 거친 소수의 선택된 사람에게만 공개되는 은밀한 미스테리아가 있었다. 클레멘스의 말에 따르면, 초기 그리스도교에서도 마찬가지로 초보자를 위한 "작은 미스테리아"와, 더 고차원의 비밀 지식인 "큰 미스테리아"가 있었고, 후자는 완전한 "입문식"으로 이어졌다.[59] 그의 설명에 따르면, "참된 영지의 비밀 전통"은 "글이 아니라 스승의 구전으로 소수에게" 전수되었다.[60]

공개적 미스테리아와 은밀한 미스테리아를 갖는다는 점에서 그리스도교는 이교도의 본을 받았다는 것을 오리게네스는 시인한다. 그는 이렇게 썼다.

> 공개적으로 가르치고 배우는 것 너머에 있는 교리, 대중에게 전수하지 않는 교리가 존재한다는 것은 그리스도교만의 특성이 아니다. 모든 철학의 특성인 것이다. 이교도 철학자들에게도 공개적인 교리와 은밀한 교리가 있었다.[61]

이교의 입문자와 마찬가지로, 영지주의 입문자들도 은밀한 미스테리아를 철저히 비밀에 부쳐야 했다. 이단자 사냥꾼 히폴리토스의 말에 따르면, 영지주의 현자 바실리데스의 추종자들은 "그들의 미스테리아를 큰 소리로 말할 수 없고, 침묵해야 한다."[62] 실제로 그들은 처음 5년 동안 묵계를 지켰는데, 이교도 미스테리아 신앙 가운데 하나인 피타고라스 신앙의 입문자들도 그랬다.[63] 『위대한 로고스의 책』에는 이렇게 적혀 있다.

이 미스테리아들은 엄격히 비밀에 부쳐야 한다. 들을 만한 자가 아닌 자에게 발설하면 안 된다. 아버지와 어머니에게도, 누이와 형제에게도, 어떤 친척에게도 발설하면 안 되며, 고기나 술을 얻기 위해, 여자나 금이나 은이나 세상 어떤 것을 얻기 위해서도 발설하면 안 된다.[64]

클레멘스는 이렇게 썼다.

모든 것이 모든 사람에게 무차별적으로 노출되는 것은 바람직하지 않다. 꿈에서도 영혼이 순결해본 적 없는 자들에게 지혜가 주어지는 것은 바람직하지 않다. 신성 모독을 하는 자에게도 로고스의 미스테리아를 가르쳐주면 안 된다.[65]

또 다른 영지주의 현자는 이렇게 요구했다.

눈에 보이지 않고 귀에 들리지 않으며, 인간의 마음에 떠오르지 않고, 모든 좋은 것들 위에 존재하는 유일자the One를 알고 싶다면, 장차 알게 될 미스테리아를 비밀에 부치겠다고 맹세하라. 맹세는 다음과 같다. "나는 모든 것 위에 존재하는 하나, 곧 최고의 선을 두고 맹세한다. 이 미스테리아들을 비밀에 부치겠으며, 어느 누구에게도 말하지 않겠으며, 최고의 선에서 벗어나지 않겠다."[66]

클레멘스의 말에 따르면, 마가는 신약에 나오는 복음서 하나만 쓴 것이 아니라, 입문 수준에 따라 내용이 다른 세 가지 복음을 전했다. 신약의 「마가복음」은 믿음을 갖게 된 초보자에게 어울리는 가르침이 담겨 있다. 다른 복음서인 『마가의 비밀 복음서』는 "완벽해지려는" 자 곧 "입문자"를 위한 것이다.[67] 그노시스를 전하는 다른 한 가지 복음은 구전으로 전해졌다. 클레멘스의 말에 따르면, 마가의 두 복음서는 알렉산드리아에서 기록되었고, 계속 그곳에 보관되어 있었다. 『마가의 비밀 복음서』에 담긴 가르침은 워낙 비밀스러운 것으로 간주되었기 때문에, 클레멘스는 이 복음서가 존재한다는 사실까지 부정해야 한다고 제자에게 충고했다. "모든 진실이 모든 사람에게 알려져서는 안 되기 때문에", 그리고 "진리의 빛은 정신적으로 눈먼 자에게 노출되어서는 안 되기 때문에", "맹세코" 부정해야 한다는 것이다. 클레멘스의 말에 따르면, 『마가의 비밀 복음서』에는 "그노시스를 향해 나아가는 데 도움이 되는 온갖 것"이 언급되어 있다. 그러나 "좀 더 영적인 복음"인 이 책에서도 마가는 "말하지 말아야 할 것을 폭로"하지 않았으며, "주님의 은밀한 가르침을 기술하지도 않았고, 다만 이미 쓰인 이야기에 다른 이야기를 덧붙이고, 나아가서 자신이 알고 있는 몇 가지 격언과 해석을 삽입함으로써, 사람들을 진리의 은밀한 성소로 인도하고자 했다."[68]

마가는 가장 아끼는 제자에게만 복음서 이상의 가르침 곧 그노시스를 구전으로 전수했다. 이러한 최후의 복음은 너무나 신비해서 글로 표현할 수가 없었다.

『마가의 비밀 복음서』 가운데 오늘날까지 남아 있는 일부 파편을 참조하면, 신약 내용 가운데 모호한 구절의 의미가 아주 명료해진다. 이 복음서에는 예수가 이미 죽은 한 젊은이를 살려냈다는 이야기가 담겨 있다. 이 이야기를 학자들은 예수가 나사로를 살려낸 「요한복음」 11장 이야기의 초기 판본으로 간주한다.[69] 그런데 『마가의 비밀 복음서』에서는 되살아난 젊은이가 즉각 입문식을 치른다. 이것은 「요한복음」에서 죽었다가 살아난 나사로의 이야기 또한 원래는 입문식의 비유였다는 것을 시사한다.[70] 죽었다가 살아난다는 것은 입문식을 통한 영적 재생의 비유이기 때문이다. 「요한복음」에서 예수가 죽은 나사로를 깨우러 가자고 하자, 도마가 다른 제자들에게 아주 이상한 말을 한다. "우리도 주와 함께 죽으러 가자!"[71] 죽은 나사로를 살리겠다는 예수를 도우러 가자고 하는 게 아니라 함께 죽으러 가자고 한다! 이상야릇한 이 구절이 "입문식"을 얘기하고 있다는 것을 알면 의미가 명료해진다. 『마가의 비밀 복음서』 속의 이야기와 마찬가지로, 나사로의 이야기도 원래 입문식을 비유한 거라면, 도마의 해괴한 말이 명료한 의미를 갖게 되는 것이다. 사실상 도마가 다른 제자들에게 한 말의 의미는, 가서 입문식을 치르자 ─ "나사로처럼 죽었다가 살아나자." ─ 는 것이다.

『마가의 비밀 복음서』에서, 입문식을 치르려는 젊은이는 나사로처럼 알몸에 베옷만 걸치고 예수에게 다가온다. 그날 밤 "예수는 하느님 왕국의 비밀을 그에게 가르쳤다." 이 기록에 따르면 마가복음의 또 다른 이상한 사건도 이해할 수 있다. 예수가 배신을 당해 겟세마네 동산에서 체포되는 순간을 마가는 이렇게 기록했다.

제자들이 다 예수를 버리고 도망쳤다. 한 청년이 벗은 몸에 베옷*만 두르고 예수를 따라오다가 무리에게 잡히매, 베옷을 버리고 벗은 몸으로 도망쳤다.[72]

이상한 이 인물은 신약에서 딱 한 번 이 대목에서만 등장한다. 수세기 동안 성서 독자들은 알몸의 이 청년이 도대체 누구이고, 예수와 그의 제자들과 함께 무엇을 하고 있었는지 궁금했을 것이다.『마가의 비밀 복음서』는 이 청년이 입문식 후보자였다는 것을 시사한다.

믿음 너머의 앎

고대 그리스 철학자 헤라클레이토스는 이렇게 썼다. "인간의 소신이란 어린이 장난감 같은 것이다."[73] 이교도 미스테리아 현자들은 단순한 믿음이나 소신을 멸시했다. 그들이 관심을 둔 것은 "앎"이었다. 플라톤은 이렇게 주장했다. 믿음은 현상에만 관심을 두는 반면, 앎은 이면의 실재를 꿰뚫어 본다고.[74] 정신이 앎의 대상과 일체가 됨으로써 앎에 이르는 것이야말로 이해의 최고 수준이라고 플라톤은 주장했다.[75] 영지주의자들은 이러한 이교도의 가르침을 물려받아, 피스티스, 곧 믿음을 멸시하고 그노시스, 곧 앎을 중시했다.

그노시스는 확신보다 의심에 열려 있는 그런 차원의 사고를 가리키는 말이 아니다. 신비 체험을 통해 얻은 진리에 대한 앎을 가리키는 말이다. 그노시스는 즉각적이고 확연하며, 전적으로 비개념적인 것이다. 문자주의자들은 맹목적 믿음의 가치를 찬양하며, 주교가 한 말을 의심하지 말라고 명했다. 그러나 이교의 현자들처럼 영지주의 스승들은, 은밀한 미스테리아 입문식을 치르면 입문자가 직접 그노시스를 체험하고 스스로 진리를 알 수 있다고 가르쳤다.

---

* (앞쪽) linen cloth 또는 linen sheet. 개역 성경에는 "베 홑이불"로 번역되어 있다.

영지주의자들에게 믿음이란 그노시스에 이르기 위한 디딤돌일 뿐이었다. 영지주의 교사 헤라클레온Heracleon의 설명에 따르면, 사람들은 처음에 다른 사람의 증언을 믿음으로써 진리를 믿기 시작하지만, 진리를 직접 체험하는 단계로 나아가야 한다.[76] 클레멘스는 이렇게 가르쳤다.

믿음은 초석이다. 그노시스는 그 위의 건축물이다.[77] 믿음은 그노시스를 통해 완벽해진다.[78] 안다는 것은 믿는 것 이상이기 때문이다.[79] 그노시스는 믿음을 통해 받아들인 것의 증거다.[80]

이교의 현자들처럼 영지주의자들은 모든 교리가 다만 진리에 이르기 위한 방편일 뿐이라고 가르쳤다. 진리 자체는 말과 개념을 뛰어넘으며, 스스로 그노시스를 체험함으로써만 발견할 수 있다.[81] 『빌립의 복음서』에는 이렇게 쓰여 있다.

말은 기만적일 수 있다. 우리의 생각을 정확한 것에서 부정확한 것으로 돌려놓기 때문이다. 따라서 "하느님God"이라는 말을 들은 사람은 정확한 것을 인식하지 못하고, 부정확한 것을 인식할 뿐이다. "성부", "성자", "성령", "삶", "빛", "부활", "교회" 등 모든 말 또한 그렇다. 사람들은 말을 통해 정확한 것을 인식하지 못하고, 부정확한 것을 인식할 뿐이다.[82]

자신에 대한 앎

델피의 아폴론 신전 입구에는 이교도 미스테리아에서 가장 중요한 영적 명령이 새겨져 있다. 그노티 세아우톤Gnothi Seauton, 즉 "너 자신을 알라." 이교도 미스테리아 입문자가 찾는 그노시스는 자신에 대한 앎Self-knowledge이었다.⁸³ 영지주의의 『옹호자 도마의 책』에도 같은 가르침이 나온다.

자신을 알지 못하는 자는 아무것도 알지 못한다. 그러나 자신을 알게 된 자는 동시에 모든 것의 심연에 자리 잡은 그노시스를 이미 깨우친 것이다.⁸⁴

『진리의 증언』*에서 예수는 한 사도에게 충고한다. "진리의 아버지"인 "자기 마음의 사도"가 되라고.⁸⁵ 영지주의 현자 실바누스Silvanus는 이렇게 가르쳤다.

문을 두드리듯 너 자신을 두드리고, 곧은길을 밟고 가듯 너 자신을 밟고 가라. 네가 그 길을 간다면 결코 길을 잃지 않으리라. 네가 무엇인지 알 수 있도록 스스로 그 문을 열어 젖혀라.⁸⁶

그런데 자기 자신이란 무엇일까? 이교의 현자들은 모든 인간이 죽어야 할 운명의 수준 낮은 자아인 에이돌론eidolon과 수준 높은 자아인 불멸의 다이몬Daimon**을 동시에 지니고 있다고 가르쳤다.⁸⁷ 에이돌론은 육체적 자아이자 몸뚱이며 한 개인이다.⁸⁸ 다이몬은 영혼이며, 누구나 하느님과 영적으로 이어진 참된 자아다. 에이돌론은 거짓 자아이고, 불멸의 다이몬이야말로 자신의 참된 정체성임을 입문자가 깨닫도록 돕는 것이 바로 미스테리아 의식이었다.⁸⁹

| * 나그함마디 문서 중 하나.

에이돌론의 관점에서는 다이몬이 한 개인의 수호천사로 보인다.[90] 아직 에이돌론과 동일시되는 입문자는 다이몬을 자신의 참된 자아로 경험하는 것이 아니라, 영적 목적지로 자기를 인도하는 영적 안내자라고만 생각한다. 플라톤은 이렇게 가르쳤다. "사람soul에게서 가장 믿을 만한 부분은 수호 영혼임을 알아야 한다. 수호 영혼은 하늘의 고향으로 우리를 들어 올리시는 하느님이 부여한 것이다."[91]

영지주의 현자들은 미스테리아의 교리와 정확히 똑같은 것을 가르쳤다.[92] 발렌티누스는 인간이 자신의 수호천사로부터 그노시스를 받지만, 이 천사는 사실상 자신의 수준 높은 자아라고 풀이했다.[93] 수천 년 동안 고대 이집트에서는 다이몬을 에이돌론의 거룩한 쌍둥이라고 생각했다.[94] 그러한 생각은 영지주의에서도 발견된다. 영지주의 현자인 마니Mani는 4세부터 수호천사를 의식했으며, 12세에는 그것이 거룩한 쌍둥이라는 것을 깨달았다고 한다. 그는 그것을 "나 자신의 가장 아름답고 가장 위대한 또 다른 모습"이라고 불렀다.[95]

『요한행전』에서 요한은 예수가 이따금 하늘에서 내려온 거룩한 쌍둥이를 만나 대화를 나누는 모습을 본다.

> 주님의 모든 사도가 게네사렛의 한 집에 잠들어 있을 때, 나 홀로 잠들지 않고, 주님이 무엇을 하는지 몰래 지켜보았다. 처음에 나는 주님

** (앞쪽) 'Daimon'은 고대 그리스어다. 고대 로마어로는 'Daemon'으로 표기된다. 이것이 영어로는 'demon', 곧 악마다. 그리스어 'Daimon'의 사전적 의미는 "신과 인간 사이에 있는 신에 버금가는 존재"다. 초기에는 "신성한 힘, 신" 등의 뜻으로 쓰였고, 다음 본문에 나오듯, 나중에는 "수호천사", "수호령"이라는 뜻으로도 쓰였다. 악마나 악령이라는 뜻은 전혀 없다. 문자주의 그리스도교가 지중해 세계를 장악하게 됨으로써 비로소 이 말이 악마나 악령 혹은 이교도의 신을 가리키는 말이 되었다.

의 말씀을 들었다. "요한, 너는 가서 자거라." 그래서 나는 거짓으로 잠든 체했다. 나는 주님과 닮은 자가 주님께 다가가서 말하는 소리를 들었다. "예수여, 그대가 선택한 자들이 아직도 그대를 믿지 않는가?" 그러자 주님이 말했다. "그대의 말이 옳도다. 그것은 그들이 인간이기 때문이다."[96]

『피스티스 소피아』에서는 처음으로 거룩한 쌍둥이와 만난 아기 예수에 대한 매력적인 신화를 언급한다. 그의 어머니 마리아는 이렇게 회상한다.

어렸을 때 네가 요셉과 함께 포도밭에 있을 때, 성령이 아직 너에게는 임하지 않았던 그때, 성령이 하늘에서 내려와 집 안에 있던 내게 왔다. 나는 그를 알지 못했지만 너와 똑같았기에, 나는 그가 너인 줄 알았다. 그가 내게 말했다. "나의 형제 예수는 어디에 있습니까? 어디 가면 그를 만날 수 있습니까?"[97]

마리아는 예수에게 말한다. 예수의 거룩한 쌍둥이가 마침내 예수를 발견했을 때, "그가 너를 껴안고 입을 맞추었으며, 너 또한 그에게 입을 맞추었고, 너희는 하나이자 동일한 존재가 되었다."고.[98]

마찬가지로, 영지주의 입문식의 목표는 수준 낮은 자아가 수준 높은 자아와 일체가 되는 것이다. 하나가 되었을 때 깨달음을 얻기 때문이다.[99] 영지주의자는 "하늘에 속한 것도 아니고 땅에 속한 것도 아니며, 수호천사와 하나가 되어야 하는 존재"임을 스스로 믿는다고 이레나이우스는 기술했다.[100] 위대한 영지주의 스승인 발렌티누스는 이렇게 썼다.

인간적 자아와 신적 "나"가 서로 연결될 때, 완벽한 영원성을 얻을 수 있다.[101]

보편적 다이몬

자각을 추구함으로써 이교도와 영지주의 입문자는 경이로운 발견 여행을 떠나게 된다. 처음에 입문자들은 스스로를 에이돌론, 즉 육체를 가진 개인으로 여기며, 다이몬을 수호천사 곧 거룩한 쌍둥이로 여긴다. 입문자는 더욱 성숙함에 따라 다이몬이 수준 높은 자아라는 것을 체험으로 알게 된다. 완벽한 자각 곧 그노시스를 체험한 축복받은 자에게도 다이몬은 여전히 두려운 존재로 여겨진다. 발렌티누스가 말했듯이, 이때의 다이몬은 진실로 "신성한 '나'"다.

사람들 각자가 자신의 다이몬, 곧 수준 높은 자아를 지닌 것처럼 보일지라도, 깨달음을 얻은 입문자는 만물에 내재한 하나의 다이몬 — 보편적 자아 — 이 있다는 것을 발견한다. 만물에는 하나인 보편적 자아가 깃들어 있다. 각 영혼은 하나인 하느님의 영혼의 일부다.[102] 따라서 자신을 안다는 것은 하느님을 안다는 것이다.

이러한 신비한 가르침은 이교도 미스테리아 종교와 영지주의 그리스도교에 모두 나타난다.[103] "나는 너이고, 너는 나다I am Thou, and Thou art I."라는 고대 이교 현자의 가르침은 영지주의 문서인 『피스티스 소피아』에도 나타난다. 신약의 「요한복음」에는 이렇게 표현되어 있다. "내 살을 먹고 내 피를 마시는 자는 내 안에 거하고 나도 그의 안에 거한다."[104]

이교의 현자 섹스투스는 이렇게 썼다. "네가 너를 만드신 그분을 알게 되면 너는 너 자신을 알게 되리라."[105] 마찬가지로, 그리스도교 철학자 클레멘스는 이렇게 썼다. "모든 사도들 가운데 가장 큰 자는 자신을 아는 자다. 인간이 자신을 알 때 하느님을 알기 때문이다."[106] 클레멘스는 그리스도교 입문자에게 "하느님이 되는 연습"[107]을 하라고 가르쳤다. 그리고 참된 영지주의자는 "이미 하느님이 된 자"라고 가르쳤다.[108]

영지주의 그리스도교가 이교도 미스테리아를 통해 물려받은 신비한 가르침 가운데, 영지주의 현자 모노이모스Monoimos의 이런 가르침이 있다.

> 자기 자신 안에서 그분을 찾아라. 그대 안에 지닌 모든 것, 곧 "나의 하느님, 나의 영혼spirit, 나의 앎, 나의 사람됨soul, 나의 몸뚱이"에 대해 배워라. 그리고 슬픔과 기쁨, 사랑과 미움이 어디서 비롯하는지 발견하라. 원치 않아도 잠에서 깨어나고, 원치 않아도 잠이 들고, 원치 않아도 화가 나고, 원치 않아도 사랑에 빠지는 것이 어디서 비롯하는 것인지 깨닫도록 하라. 그대가 그 모든 것을 관조하면, 그대 안에서 그분을 발견할 것이다.[109]

'영지주의자Gnostic'는 "아는 자"라는 뜻이지만, 영지주의자가 아는 것은 단편적인 영적 정보가 아니다. 영지주의자가 한 가지를 알게 되면 다른 모든 것 — 아는 자, 체험하는 자, 수준 높은 자아, 신적인 "나", 다이몬 — 을 저절로 알게 된다. 참된 영지주의자는 이교도 미스테리아의 계몽된 입문자처럼, 다이몬이 사실상 보편적 영혼 — 우리 각자에게 깃들어 있는 의식 — 이라는 것을 알게 된다.[110] 자각을 얻은 이교의 현자들과 영지주의 현자들의 말에 따르면, 우리가 누구인지를 마침내 알게 되는 순간, 역설적으로 우리는 오직 신만이 존재함을 깨닫게 된다.

환생

이교도 미스테리아에서는, 한 영혼이 여러 생애를 살며 그노시스를 깨달아가는 과정을 되풀이한다고 믿었다.[111] 이교의 입문자 플루타르코스의 설명에 따르면, 계몽되지 않은 영혼은 습관의 힘 때문에 거듭해서 환생하게 된다.

영혼은 파괴되지 않는다는 것을 우리는 안다. 영혼이 육체를 입는 것은 새가 새장 속에 들어가는 것과 같다. 영혼이 육체 속에 오랫동안 머물면서 이번 생에 길들게 되면, 일종의 인연involvements과 오랜 습성 때문에 거듭해서 다시 태어나 육체로 돌아오게 되고, 세속의 욕망과 인연을 끊어버리지도 떨쳐버리지도 못하게 된다.[112]

주류 그리스도교는 이교도의 이러한 관념을 배척했지만, 초기 영지주의 그리스도교인들은 이 관념을 받아들였다. 영지주의 현자 바실리데스는 그노시스가 수많은 생애를 거치며 노력한 결과라고 가르쳤다.[113] 『요한의 비밀서』에서는 한 영혼이 계속해서 환생한다고 가르친다. "영혼의 무지에서 벗어나, 그노시스를 얻어 온전해질 때" 비로소 환생을 멈추고 "더 이상 다른 육체에 들어가지 않는다."[114] 『피스티스 소피아』의 가르침에 따르면, 한 영혼은 수많은 생애를 거치며 모든 미스테리아를 이해할 때 비로소 빛의 세계에 들어가게 된다. 그러나 이번 생에서 영적 여행을 하며 성취를 이루면, 다음에 환생할 때에는 "진리의 신과 수준 높은 미스테리아를 발견할 수 있는 올바른 육체"를 얻게 된다.[115]

플라톤의 말에 따르면, 죽은 자가 "기억의 샘물"을 마시고 오른쪽 길로 가면 하늘에 이르고, "망각의 잔"을 마시고 왼쪽 길로 가게 되면 환생하게 된다.[116] 영지주의의 『구원자의 책』에도 같은 교리가 담겨 있다. 즉, 올바르게 산 사람은 이번 생에서 배운 지혜를 잊지 않고 환생하게 된다. 환생하기 전에 "망각의 잔"을 받지 않기 때문이다. 올바른 사람은 환생하기 전에 "망각의 잔" 대신 "직관과 지혜의 잔"을 받는다. 그 잔 덕분에 올바른 사람의 영혼은 잠들거나 망각하지 않게 되고, "빛의 미스테리아를 발견할 때까지 계속 영적 여행을 하게 된다."[117]

플라톤은 환생할 때 필요한 인간의 몸뚱이를 일종의 감옥으로 보았다.[118] 마찬가지로 영지주의의 『요한의 비밀서』에서도 환생이 "차꼬를 차는 것"이라고 가르친다.[119] 플라톤의 말에 따르면, "영혼은 죄 값을 다 치를 때까지 벌을 받는다."[120] 마찬가지로 오리게네스는 환생이 일종의 형벌이라고 가르쳤다. 죄의 비중에 따라 영혼은 여러 유형의 육체 속에 들어가게 된다. 그의 말에 따르면 영혼은 순결해질 때까지 거듭해서 "형벌을 위한 여러 몸뚱이에 봉인"된다. 그래서 영혼이 "원래의 순결한 상태에 이르게 되면, 완전히 몸뚱이와 악으로부터 벗어나게 된다."[121] 이교의 현자들과 마찬가지로, 오리게네스는 의롭고 동정적인 하느님이 인간에게 영원한 지옥의 형벌을 내린다고는 차마 믿을 수 없었다. 그래서 어떤 인간이라도 환생을 되풀이함으로써 궁극에는 구원을 받을 수 있다고 생각했다.[122] 그는 이렇게 썼다.

> 모든 영혼이 태초부터 존재했다. 따라서 영혼은 이미 여러 세상을 거쳤으며, 최종 완성에 이를 때까지 또 다른 여러 세상들을 거치게 될 것이다. 영혼은 지난번 생애에서의 승리로 강화되거나, 패배로 약화된 채 이 세상에 다시 나타난다.[123]

오리게네스는 초기 그리스도교인들에게 가장 권위가 있던 인물이었지만, 사후에는 가톨릭교회의 이단자로 몰렸다. 위와 같은 고대의 교리를 가르쳤다는 이유에서였다.[124] 그런데 위와 같은 사상이 신약에도 담겨 있으니 아이러니가 아닐 수 없다.[125] 예루살렘의 제사장들은 세례자 요한에게 엘리야의 환생이냐*고 묻는다.[126] 또 「마가복음」에서 제자들은 예수가 세례자 요한의 환생인지, 선지자 엘리야의 환생인지, 다른 선지자 가운데 하나의 환생인지를 논의한다![127]

남녀 평등

이교도 미스테리아 입문식은 성별에 관계없이 누구에게나 열려 있었다. 디오니소스를 가장 충심으로 섬긴 사제는 여성들이었다. 그 여성들은 마이나스 maenas라고 불렸다. 이탈리아 지방에서는 디오니소스의 미스테리아 의식을 전적으로 여성이 주관했다.[128] 옛 그리스의 올림포스 신들 숭배하에서는 여성이 가사만 돌보며 집안에 갇혀 살아야 했지만, 디오니소스 의식의 도래와 더불어 여성은 고삐가 풀리게 되었다![129]

이교도 미스테리아 종교에서는 유명한 여사제와 여자 예언자가 수없이 많았다. 레스보스 섬의 위대한 시인 사포 Sappho와 그녀의 자매들은 아도니스 미스테리아의 여사제였다. 디오티마 Diotima는 소크라테스를 가르쳤다는 전설적인 여사제다. 고대 세계의 유력한 정치가와 유명 철학자들은 델피의 아폴론 신전 여사제인 피토네스 Pythoness를 찾아가 자문을 구했다. 알렉산드리아의 클레멘스는 놀라운 업적을 이룬 이교도 여성들의 목록을 작성하기도 했다.[130] 그는 유명한 여성 시인과 여성 화가는 물론이고, 소크라테스에게 배운 여성 철학자 한 명과 플라톤과 동문수학한 두 여성 철학자를 비롯해서 아리그노테

---

* 국역 성서에서는 "환생"이라는 낱말을 쓰지 않고, "네가 엘리야냐"라고 되어 있다.

Arignote, 테미스토Themisto 등의 여성 철학자들을 언급했다.[131]

피타고라스학파는 여성들에게 자유를 주었을 뿐만 아니라, 여성들을 존중한 것으로 유명했다.[132] 고대 피타고라스학파의 문헌에는 여성과 남성이 평등하다는 것을 강조하는 구절이 자주 나온다.[133] 아리스톡세누스Aristoxenus의 말에 따르면, 피타고라스는 테미스토클레아Themistoclea라고 불린 델피의 여사제에게서 윤리적 가르침을 받았다고 한다. 크로톤의 여성들에게 보낸 편지에서 피타고라스는 "여성은 선천적으로 신앙심이 더 깊다."고 언명했다.[134] 그가 자신의 가르침을 글로 쓰는 일을 맡긴 것도 여성인 그의 딸 다모Damo였다. 그의 여성 제자인 아리그노테는 『디오니소스 의식』 등의 철학서를 집필했다.[135]

앞선 이교도들과 마찬가지로, 영지주의자들 또한 여성을 존중했고, 여성을 남성과 동등한 존재로 여겼다. 복음서들에서 예수는 여성들과 공개적으로 대화를 나눔으로써 유대 전통을 어긴 것으로 그려져 있다. 예수의 가까운 수행자 가운데 항상 여성이 포함되어 있었고, 부활한 그리스도를 처음 발견한 것도 여성들이었다.[136] 클레멘스는 겸손이라는 용어가 남성과 여성 모두에게 적용된다면서 이렇게 가르쳤다. "그리스도 안에서는 남성과 여성이 따로 있지 않다."

영지주의 복음서에 나타나는 여성들, 특히 막달라 마리아는 핵심 역할을 한다. 『구원자의 대화』에서 마리아는 "완전히 깨달은 여성"이며, 예수와 특히 가까운 사이로 그려져 있다.[137] 현명한 막달라 마리아는 어리석은 여성 혐오자인 베드로와 자주 다툰 것으로 그려진다.[138] 『피스티스 소피아』에서 베드로는 마리아가 예수와의 대화를 독차지함으로써, 자신의 우선권과 다른 남성 사도들의 우선권을 빼앗는다고 투덜거린다. 그는 예수에게 그녀가 입 좀 다물게 해달라고 탄원하지만, 예수는 오히려 그에게 화를 낸다. 나중에 마리아는 감히 자유롭게 말하지 못했다고 예수에게 말한다. 그 이유는 "베드로가 내 말을 막았고, 나는 그가 두려웠으며, 그가 여자 족속을 미워했기 때문"이다. 예수는 이렇게 답한다. 남자든 여자든, 성령이 임한 자는 말을 하라는 신성한 명을 받은 것이라고.[139]

이레나이우스는 여성들이 특히 영지주의 그리스도교에 매료되는 것에 분개했다.[140] 영지주의자들 가운데 영적 권능을 지닌 여성 지도자가 많기 때문에 그것은 당연한 일이었다.[141] 반면에 문자주의자들의 교회에서는 여성이 이류 인간 취급을 받았다. 이레나이우스는 영지주의 현자 마르쿠스Marcus가 여성들에게 영성체 의식을 거행하는 사제 역을 맡겼다는 것을 알고 경악했다.[142] 한편, 테르툴리아누스는 권위가 있는 "이단자들 속의 여성들"을 신랄하게 비난하며, "그들이 남자를 가르치고, 토론에 참여하고, 귀신을 몰아내고, 병을 고친다."는 사실에 치를 떨었다. 그는 여성들이 주교처럼 행동하며 세례를 베풀기까지 하는지도 모른다고 의심하는 글을 남겼다![143]

자연 도덕

에우리피데스의 『바쿠스의 여인들』에서, 펜테우스 왕은 디오니소스를 "숭배자들로 하여금 어떠한 법도 지키지 않도록 하는 신"이라고 규정함으로써 모독을 하려고 했다. 그러자 디오니소스가 답했다. "그러한 너의 모독이 디오니소스에게는 찬사다."[144]

이교도 미스테리아는 흔히 비도덕적이라는 비난을 받았다. 그노시스를 체험한 사람에게 전통 도덕 개념은 하찮은 것이라고 가르쳤기 때문이다. 미스테리아의 궁극적인 목표는 영적 자유였지 도덕적 예속이 아니었다.

이레나이우스는 또 영지주의자들이 "선하거나 악한 것은 행동 자체가 아니라 인습의 문제일 뿐"이라고 주장한다고 비난했다. 그러면서 영지주의자들의 영적 자유가 실은 방탕하게 살기 위한 핑계에 지나지 않는다고 공격했다.[145] 그는 이렇게 썼다.

> 그들은 모든 세속의 권능을 초월한 경지에 이르렀다고 주장한다. 따라서 그들은 두려워할 자가 없기 때문에 모든 면에서 원하는 대로 행동할 자유가 있다고 주장한다. 그들은 대속을 받았기 때문에 심판을 걱정할 필요가 없으며, 심지어는 심판을 의식할 필요도 없다는 것이다.[146]

신비한 의식을 통해 참 하느님인 예수를 체험함으로써, 영지주의자들은 전제적인 여호와가 유대인에게 부과한 온갖 계율과 여호와의 권능으로부터 "해방" 혹은 "방면"되었다고 주장했다. 영지주의 입문식 과정에서 입문자는 거짓 신으로부터의 독립을 선언했다.[147] 영지주의 현자 시몬 마구스의 말에 따르면, 여호와의 권능에서 벗어나 참된 아버지를 알게 된 입문자들은 "원하는 대로 살 수 있는 자유"를 얻었다.[148]

현대의 한 권위자는 다음과 같이 풀이했다.

> 바실리데스와 그의 후계자 발렌티누스, 이 알렉산드리아의 위대한 영지주의 스승들은 엄격한 무도덕성amorality*을 좋아했다. 유일한 계율은 계율이 없다는 것이었다. 다수 입문자들은 금욕 생활을 선호했는데, 성향이 금욕적이라면 그것은 좋은 일이었다. 어떤 사람이 그지없

---

* 도덕적이지도 않고 비도덕적이지도 않은 것.

이 방탕하다면 그것 또한 좋은 일이었다.[149]

그러나 미스테리아의 현자들이건 영지주의자들이건 간에 비도덕적으로 살라고 가르치지는 않았다. 그들은 밖에서 부과된 윤리적 계율보다 더 심오한 영적 깨달음이 존재한다는 것을 알고 있었다. 그리고 신성한 본성과 교섭하는 인간이라면 직관적, 자발적으로 총체적인 삶과 조화를 이루는 행동을 하지 않을 수 없다는 것도 알고 있었다. 영지주의 현자 바실리데스는 "영적" 그리스도교인이라면 "천성적으로" 도덕적일 수밖에 없다고 말했다.[150] 도덕 규범을 준수하는 것이 그노시스에 이르는 정화 과정의 일부일 수는 있지만, 일단 그노시스에 이르게 되면, 입문자가 자연스럽게 올바른 행동을 함으로써 어떤 윤리 규범도 불필요해진다는 것이다. 올바른 행동이 반드시 전통적으로 도덕적인 것은 아닐지라도![151]

클레멘스는 이렇게 썼다.

영속적인 조화의 상태에 이른 자에게는 외적 규범의 준수가 더 이상 가치를 갖지 못한다. 그는 더 이상 원하는 것이 없으며, 더 이상 욕망이 없다. 그는 하느님을 명상하며 쉰다. 이러한 상태야말로 다함이 없는 축복이며 영원한 축복일 것이다.[152] 따라서 그노시스를 지닌 자의 모든 행동은 올바른 행동이다. 그노시스를 지니지 못한 자의 행동은 그릇된 행동이다. 그가 규범을 준수하더라도![153]

결론

영지주의자들은 로마 교회가 우리에게 물려준 것과는 현저하게 다른 초기 그리스도교의 실상을 전해준다. 우리는 이미 예수의 전기와 신약의 가르침이 고대 이교도 미스테리아의 신화와 가르침 속에 이미 내포되어 있었다는 것을 알고 있다. 영지주의에서 우리는 다른 요소들을 발견하게 되는데, 오늘날 우리가 알고 있는 그리스도교에서는 그 요소들 — 그노시스의 추구, 여신의 역할, 여성의 중요성, 다이몬/에이돌론 교리 들 — 을 발견할 수 없다. 그런 요소들은 물론 미스테리아의 핵심을 이룬 것이기도 했다. 영지주의 그리스도교와 이교도 미스테리아 종교 사이의 주목할 만한 유사성 일부를 되짚어보자.

:: 문자주의자들은 영지주의자들이 이교도 교리를 가르친다고 비난했다.

:: 영지주의자들은 이교도 철학을 가르쳤고, 예수와 더불어 이교도 철학자들도 존경했으며, 자신들의 모임에 이교도를 초대했고, 심지어 이교도 미스테리아에 입문하기까지 했다.

:: 영지주의 문헌에는 이교도의 신화적 주제가 포함되어 있으며, 영지주의자들은 그런 주제를 통해 보편적인 철학을 통찰할 수 있다고 주장했다.

:: 영지주의자들은 "여러 모습을 지닌 아티스" 곧 오시리스-디오니소스와 예수를 동일시했다.

:: 이교도 미스테리아와 마찬가지로, 영지주의 그리스도교인들은 소피아라는 여성 신을 숭배했다.

:: 이교도 미스테리아 현자들처럼, 영지주의자들은 정통 그리스도교인들의 신인 동형설을 비판했다. 그들은 유대인의 작은 신 여호와를 거짓 신으로 간주했고, 예수는 여호와의 아들이 아니라 이루 형언할 수 없는 참 하느님의 아들이라고 가르쳤다. 언어로 표현할 수 없는 궁극의 하나인 하느님은 플라톤과 이교도 미스테리아의 최고신과 동일

시되었다.

:: 영지주의자에게 예수는, 춤과 노래를 통해 사도들을 미스테리아에 입문시키는 이교도의 히에로판테스와 닮은 존재였다.

:: 영지주의자들은 이교도 미스테리아와 마찬가지로, 초보자를 위한 공개적 미스테리아와 입문자를 위한 은밀한 미스테리아를 가지고 있었다.

:: 이교도 미스테리아 입문자와 마찬가지로, 그리스도교 입문자는 비밀을 지키겠다고 맹세했다.

:: 클레멘스의 말에 따르면, 마가는 신약에 나오는 복음서 하나만 쓴 것이 아니라, 입문 수준에 따라 내용이 다른 세 가지 복음을 가르쳤다. 신약의 「마가복음」은 "초보자"를 위해 쓴 것이다. 다른 복음서인 『마가의 비밀 복음서』는 온전해지려는 자, 곧 "입문자"를 위한 것이었다. 그노시스를 전하는 다른 한 가지 복음은 구전으로 전해졌다.

:: 이교도 미스테리아와 마찬가지로, 영지주의의 목표는 그노시스 곧 "앎"을 체험하는 것이었다. 그노시스는 단순한, 또는 맹목적인 믿음과 대조되는 것이었다.

:: 이교의 현자들과 마찬가지로, 영지주의자들은 하느님을 알기 위한 방편으로 "너 자신을 알라."고 가르쳤다.

:: 이교의 현자들과 마찬가지로, 영지주의자들은 다이몬(수준 높은 자아)과 에이돌론(수준 낮은 자아)의 교리를 가르쳤다.

:: 이교도 미스테리아 의식에서처럼, 영지주의자들은 다이몬이 일단 수호천사로 나타나며, 그 후 입문자 자신의 수준 높은 자아로 체험되며, 궁극적으로는 하느님의 마음이 만물에 깃들어 있다는 깨달음에 이르게 된다고 가르쳤다.

:: 이교의 현자들과 마찬가지로, 영지주의자들은 환생의 교리를 가르쳤다.

:: 이교도 미스테리아 의식에서처럼 영지주의에서도 여성이 주도적인 역할을 했다.
:: 이교의 현자들과 영지주의 현자들은 모두 비도덕적이라는 비난을 받았지만, 사실상 그들은 신비한 자연 도덕의 교리를 가르쳤다.

이와 같은 압도적인 증거에 맞닥뜨린 우리 두 저자에게는, 영지주의 그리스도교가 분명 이교도 미스테리아의 각색인 것처럼 여겨졌다. 이것이 미스테리아 명제를 풀기 위해 우리가 찾고 있던 단서일까? 영지주의가 원래의 그리스도교일 수 있을까? 죽었다가 부활한 미스테리아 신인의 신화를 유대인식으로 각색한 예수 이야기를 밑바탕으로 삼은 이교도 미스테리아가 그리스도교로 발전한 것일까? 그것이 사실이라고는 좀처럼 믿기지 않았다. 그러나 우리는 그럴 가능성을 배제할 수 없다고 생각했다. 그래서 영지주의자들이 정확히 예수 이야기를 어떻게 보았는가를 정밀 검토하기로 결정했다. 영지주의자들의 신앙은 문자주의자들의 신앙과 마찬가지로 역사적 실존 인물에 대한 믿음을 기초로 한 것일까? 아니면 그들의 예수는 오시리스-디오니소스와 마찬가지로 다만 신화적 비유의 주인공이었을까?

06
예수라는 암호

(제자들이 비유의 뜻을 물으니 — 옮긴이) 가라사대 하느님 나라의 비밀을 아는 것이 너희에게는 허락되었으나, 다른 사람에게는 비유로 하나니 이는 저희로 하여금 보아도 보지 못하고 들어도 깨닫지 못하게 하려 함이니라.[1]
_예수

이교의 현자들은 오시리스-디오니소스 신화가 바뀌거나 각색되면 안 되는 역사적 사실로 여기지 않았다. 다른 신화와 합성될 수 있고 얼마든지 고쳐 쓸 수 있는 비유로 여긴 것이다. 마찬가지로 영지주의 그리스도교인들도 복음서를 역사적 사실의 기록으로 간주하지 않았다. 창조적으로 발전시키고 더 다듬어서 표현할 수 있는, 영원한 진리를 암호화한 비유적 문학 작품으로 보았다. 실제로 영지주의 입문자들은 그들이 받아들인 가르침과 신화를 자기만의 독창적인 방식으로 해석하고자 했다. 다른 사람에게 들은 대로 단지 앵무새처럼 되뇌기만 하면 되는 것이 아니라, 개인적으로 그노시스를 체험했다는 것을 독창적으로 입증해보일 수 있어야 했던 것이다. 그러나 테르툴리아누스는 이렇게 힐난했다.

그들은 너나없이 물려받은 전통을 자기 기질에 맞게 뜯어고친다. 제멋대로 뜯어고쳐 놓고는 선대에 이미 뜯어고친 전통을 물려받은 것처럼 군다.[2]

마찬가지로 이레나이우스도 경악해서 이렇게 힐난했다.

그들은 모두가 매일같이 새로운 것을 만들어낸다. 그들은 엄청난 허구를 꾸며내지 않으면 입문한 자 곧 성숙한 자로 간주되지 않기 때문이다.[3]

영지주의자들은 "살아 있는 하나Living One"와 개인적으로 직접 만남으로써 영적 창조성을 얻는다고 주장했다. 궁극적으로 오로지 직접 체험을 통해서만 참된 것이 무엇인가를 판단할 수 있다고 본 것이다. 그래서 모든 이차적 증언이나 전통 이전에 개인의 체험이 더 중시되었다.

신화적 비유

이교 입문자들은 은밀한 미스테리아 의식을 치를 때 공개적 미스테리아 신화의 비유적 의미를 전수받았다. 마찬가지로 영지주의자들도 은밀한 미스테리아를 가르쳤고, 그때 그노시스를 전수했다. 그리스도교의 공개적 미스테리아는 단지 사전 준비일 뿐이었다.

문자주의자들이 그리스도교에 어떤 은밀한 가르침이 있다는 생각 자체를 비난하자, 영지주의자들은 예수의 예를 들었다. 예수 또한 대중에게는 비유로 이야기했고, 가장 가까운 사도들에게만 그 비유의 참뜻을 가르쳤던 것이다.[4] 예를 들어 마가복음에 이렇게 기록되어 있다.

> 이르시되 드러내려 하지 않고는 숨긴 것이 없고, 나타내려 하지 않고는 감춘 것이 없느니라. 들을 귀 있는 자는 들어라. 예수께서 이러한 많은 비유로 저희가 알아들을 수 있는 대로 가르치시되, 비유가 아니면 말씀하지 아니하시고 다만 혼자 계실 때에 그 제자들에게 모든 것을 해석하시더라.[5]

신비한 가르침이 신화적 이야기로 암호화될 수 있다는 생각은 이교도 미스테리아의 핵심을 이룬다. 유대인 피타고라스학파인 필론은 비유가 "그리스 미스테리아의 방법"이라고 말했다.[6] 이교도 철학자 데메트리우스Demetrius는 이렇게 썼다. "명명백백한 것은 벌거벗은 사람처럼 멸시당하기 쉽다. 그래서 미스테리아 또한 비유의 형태로 표현된다."[7] 마찬가지로 마크로비우스Macrobius*는 이렇게 설명했다.

> 대자연은 평범하게 알몸으로 노출되는 것을 싫어한다. 대자연은 자신의 비밀이 신화로 쓰이기를 바란다. 그래서 미스테리아 자체는 비유적 표현의 암굴 속에 숨겨진다. 입문자들에게도 참 모습이 알몸으로는 드러나지 않는다. 다만 소수만이 지혜를 갖춘 해석을 통해 참된 비밀을 알 수 있고, 나머지는 미스테리아를 숭배하는 것으로 만족한다. 미스테리아는 진부하지 않은 비유적 표현으로 보호되어 있기 때문이다.[8]

---

* 400년경에 활동한 로마의 라틴 문법학자, 철학자.

영지주의자들은 신성한 문서에 대한 이교도의 이런 비유적 접근을 전폭적으로 수용했다. 영지주의의 『빌립의 복음서』는 마크로비우스와 똑같은 교리를 가르친다. "진리는 알몸이 아니라 비유의 이미지로 세상에 나타났다. 다른 방식으로는 진리를 접할 수 없을 것이다."[9] 이와 달리 문자주의자들은 성서를 역사적 사실의 기록으로 받아들였다. 이교도 풍자가 켈수스는 그처럼 천진난만한 사고방식에 놀라워하며, 성서의 천지 창조 이야기를 문자 그대로 받아들이는 것을 이렇게 꼬집었다.

하느님은 특별히 인간을 위해 만든 동산에서 인간을 추방한다. 그것은 참 어리석은 노릇이지만, 그 세계가 창조된 방식은 더욱 어리석다. 그들은 창조의 날들을 할당한다. 하늘이 만들어지지도 않았고, 땅이 정해지지도 않았으며, 하늘에는 태양도 달도 별도 없는데, 어떻게 날이 존재할 수 있단 말인가? 더없이 위대한 하느님이 벽돌공처럼 오늘은 이런 일을 하고, 내일은 저런 일을 하겠다, 셋째 날에는 또 이런 일, 넷째 날에는 저런 일, 다섯째와 여섯째 날에는 또 어떤 일을 한다는 둥, 자기 일을 그렇게 나누어 처리했다고 생각하는 것은 어처구니없지 아니한가! 그런 하느님이라면 보통의 일꾼처럼 지쳐서 여섯째 날 후 쉬는 날이 필요하다고 해서 놀랄 것도 없을 것이다. 휴식이 필요한 하느님, 두 손으로 일하는 하느님, 막노동 십장처럼 지시를 내리는 하느님의 행동은 도무지 하느님답지가 않다고 꼬집을 거리도 못 된다.[10]

켈수스와 마찬가지로 영지주의자들은 문자주의가 피상적이며 어리석기 짝이 없다고 평했다. 오리게네스는 그런 이야기가 명백한 비유인데도, 사람들이 그것을 문자 그대로 받아들일 수 있다는 것에 놀라워했다. 오늘날에도 수많은 근본주의 그리스도교인들이 성서를 문자 그대로 믿는다는 것을 알면 그는 분명 적잖은 충격을 받을 것이다! 그는 이렇게 썼다.

> 하늘이 없는데 첫째 날이 있고, 해도 달도 별도 없는데 낮과 밤을 명명하고 첫째 날과 둘째 날과 셋째 날을 운운한다. 지각 있는 사람이라면 어떻게 그런 말을 수긍할 수 있단 말인가? 하느님이 에덴동산이라는 낙원에서 농부처럼 여러 나무를 심었다고, 대체 어떤 인간이 그런 우매한 생각을 할 수 있단 말인가? 나는 그러한 것들을 누구나 마땅히 비유로 받아들여야 한다고 믿는다.[11]

오리게네스는 성서가 신화적 비유라고 생각하는 것을 "아름다운 전통"으로 여겼다. 그리고 그는 예수 이야기에 암호화되어 감춰진 의미를 밝혀낼 수 있다고 보았다.[12] 그는 이렇게 썼다.

> 성서 이야기는 실제 사건들을 통해서가 아니라, 실제 사건들처럼 꾸며낸 이야기를 통해서 비밀을 드러내는 비유적 표현이다. 그건 의심의 여지가 없다.[13]

오리게네스는 "눈이 멀지 않은" 사람이라면 "문자 그대로 일어나지는 않았지만 실제 사건처럼 기록된 그런 구절이 복음서에 가득하다."는 것을 알 거라고 썼다. 그는 마귀에게 시험받는 예수 이야기를 예로 들었다. "마귀가 또 예수를 데리고 지극히 높은 산으로 가서 천하만국과 그 영광을 보여"주며, "만일 내게 엎드려 경배하면 이 모든 것을 네게 주리라."고 말한다. 오리게네스는 높은 산꼭대기에서 실제로 천하만국을 다 볼 수 있다고 생각한다는 것은 얼마나 어리석으냐고 지적하며, 그것을 비유로 이해할 수밖에 없다고 주장했다. 그는 이렇게 썼다.

> 주의 깊은 독자라면 복음서 안에서 그런 구절을 수천 가지는 발견하게 될 것이다.[14]

클레멘스도 "뒤얽힌 말들의 문맥과 수수께끼의 답"을 이해함으로써 성서의 비유적 의미를 꿰뚫어볼 수 있는 영지주의자야말로 참된 그리스도교인이라고 생각했다.[15] 그는 입문자가 그노시스를 체험함으로써 그저 겉만 핥는 "믿는 자"와 달리 성서의 깊은 의미를 꿰뚫어보며 완벽한 진리를 파악하게 된다고 가르쳤다.[16]

이러한 맥락에서 영지주의자들은 예수 이야기를 역사적 사실의 기록으로 해석하지 않고, 심오한 가르침을 암호화한 영적 비유로 해석했다. 『베드로의 여행』이라고 불리는 한 문헌에서 예수는 자신의 십자가 이면에 숨겨진 비유적 가르침을 다음과 같이 풀이한다.

> 내가 매달린 수직의 줄기는 로고스를 상징한다. 십자가의 수평 가지는, 최초의 인간이었을 때 잘못된 변화를 겪었다가 하느님이자 인간인 자의 도움으로 다시 회복한 인간성을 상징한다. 십자가의 중앙에서 둘을 하나로 결합하고 있는 못은 고행과 귀의와 참회를 상징한다.[17]

신성한 수학

오늘날 이교도 미스테리아 신화와 예수 이야기의 암호를 풀고자 할 때 우리가 맞닥뜨리게 되는 어려움을 이해하기 위해서는 그 암호가 얼마나 복잡 미묘한지를 먼저 이해해야 한다. 앞선 피타고라스학파와 마찬가지로 영지주의자들은 상징과 비유는 물론이고, 수와 수학 공식까지 동원해서 신비한 가르침을 암호화했다. 이교의 현자들은 수학과 기하학이 하느님의 마음의 작용을 드러낼 수 있는 신성한 학문이라고 생각했다. 피타고라스는 수를 "불멸의 신들"이라고 불렀다.[18] 플라톤의 아카데메이아 입구에는 이런 말이 새겨져 있었다. "기하학을 모르는 자는 이곳에 들어오지 말라."[19]

문자주의자인 히폴리토스는 영지주의자들을 "피타고라스와 플라톤의 제자들"이라고 일컬으며, 그들이 "산수 같은 학문"을 "그들 교리의 근본 원리"로 받아들인다고 비난했다.[20] 사실 클레멘스는 피타고라스학파의 수학에 매료되었다. 그는 음악적 화음의 밑바탕에 수학 법칙으로 표현될 수 있는 비율이 있다는 것을 알고, 그 비율을 성서 해석에까지 적용시키려고 했다.[21] 영지주의 현자 모노이모스는 플라톤과 피타고라스의 신성한 수학을 제자들에게 가르쳤다.[22] 영지주의자들은 일곱 구球로 나뉜 하늘의 이미지를 사용했다. 일곱 구는 입문자가 차례로 올라가야 할 신비한 단계를 상징했는데, 이것은 이교도 미스테리아에서 발견되는 가르침과 동일한 것이다.[23]

학자들은 『피스티스 소피아』와 『이에우의 책』과 같은 영지주의 복음서가 무의미한 것을 신비화한 것이 아니라, 사실상 수 상징주의의 세련된 형태를 기초로 하고 있다고 결론지었다.[24] 이러한 상징주의의 핵심 요소 가운데 하나가 게마트리아 gematria* ― 낱말들에 담겨 있는 수와 수학적 관계를 표현하는 방법 ― 다.

고대 그리스어 알파벳은 각 낱자가 하나의 수를 나타냈다. 그래서 각 낱말은 수치로 치환될 수 있어서, 낱말을 숫자로 사용할 수 있었다. 고대 그리스 신들의 이름은 문자에 지나지 않는 게 아니라, 의미 있는 수치를 지니고 있었다. 예를 들어 이교 신인의 이름인 미트라스에 해당하는 고대 그리스어의 수치는 360이다. 그래서 미트라스라는 낱말은 경우에 따라 한 해의 날 수를 의미했다. 여러 고대 작가들은 좀 더 정확한 태양력을 의식해서, 그 이름의 수치를 365로 만들기 위해 일부러 여분의 문자를 덧붙이기도 했다.[25] 그래서 성 히에로니무스가 지적했듯, 미트라스는 수치로 보아도 태양신이라는 것이 자명해진다.

영지주의자들도 게마트리아를 채택했다. 그리스 알파벳의 신비한 의미를 이용해서 영지주의 신화는 예루살렘 신전에서 학자들에게 훈계하는 젊은 예수를 묘사한다![26] 이교도의 신 미트라스처럼, 영지주의의 태양신인 아브락사스Abraxas라는 이름도 365를 나타낸다. 그러나 그리스도교 게마트리아의 가장 대표적인 예는 예수라는 이름 자체이다.

우리가 오늘날 "예수Jesus"라고 번역하는 말이 원래는 그리스어로 이에수스Iesous였다. 초기 그리스도교인들은 이에수스라는 말을 여전히 사용했는데, 이 낱말은 "모든 이름 위의 이름"이라는 뜻이다.[27] 오리게네스는 이 낱말이 이교도 신격들의 이름보다 더 마법적인 효험을 지녔다고 자랑스러워했다.[28] 「요한계시록」에 따르면 "짐승"이라는 낱말의 수치가 666이라는 것은 널리 알려져 있다.[29] 널리 알려져 있는 것은 아니지만, 게마트리아에 의하면 그리스어 이름 "이에수스"(예수)는 888을 나타낸다.[30]

---

* (앞쪽) 게마트리아는 각 철자가 나타내는 숫자를 이용해서 그 단어가 지닌 뜻을 풀어 성서를 해석하는 방법.

IESOUS

10+8+200+70+400+200=888

888이라는 수는 고대인들에게 신성하고 마법적인 수였다. 그리스 알파벳 24개 문자가 지닌 각 수치를 모두 합하면 888이 된다는 사실을 비롯해서 여러 가지 이유로 이 수는 이성의 수였기 때문이다. 또 아주 중요한 사실이 있다. 피타고라스학파가 신성시한 음악 화성에서, 666은 완전 5도 음정의 비율인 반면, 888은 모든 음정의 비율이다![31]

예수의 이름이 888이라는 사실은 운 좋게 우연히 그렇게 된 것이 결코 아니다. 그리스어 이름 "이에수스"는 헤브라이어 이름 "여호수아Joshua"를 자의적으로 번역한 것이다. 즉 888이라는 상징적인 수치를 갖도록 복음서 저자들이 심사숙고하여 만들어낸 것이다.[32]

문자주의자들도 예수의 이름이 수 상징주의에 따라 지어졌다는 것을 알고 있었다. 이레나이우스는 이렇게 썼다.

> 부름 받은 자에게 속하는 모든 사람들이 잘 알고 있듯이, 이에수스는 수적으로 상징적인 이름이다.[33]

예수 이야기에 나오는 다른 이름들도 게마트리아를 사용해서 수로 번역하면 상징적인 의미를 갖는다. 예수는 사도인 시몬에게 "반석Rock"을 뜻하는 게바Cephas라는 이름을 준다. 게바는 흔히 "베드로"로 번역된다. 베드로를 게마트리아로 계산하면 729가 된다. 729는 이교도에게 중요한 수였다. 델피 신전의 사제였던 플루타르코스는 729가 태양의 수이며, 한 해의 날과 밤을 나타내는 수라고 말했다. 소크라테스는 729가 "인생이 날과 밤, 해와 달과 관련이 있다는 점에서 인

생과 가장 관련이 깊은 수"라고 말했다.³⁴

학자들은 예수가 사도들로 하여금 153마리의 물고기를 잡게 하는 신약의 이야기가 수학적 수수께끼라는 것을 알아냈다. 153은 "근원적이며 의미 깊은 기하학적 도형"을 나타낸다.³⁵ 앞에서 이미 언급한 바와 같이, 이 기적 이야기는 신성한 수학의 구루였던 피타고라스가 행한 유사한 기적을 토대로 삼고 있다. 이 두 기적 이야기는 신성한 수학 공식을 암호화한 것으로, 입문자들은 이 수가 은밀한 가르침을 나타내는 것으로 이해했다.

5병2어로 5천 명을 먹이고 7병2어로 4천 명을 먹였다는 신약의 이야기도 신비한 기하학적 도형과 관계가 있다. 「마가복음」에는 그것이 명백하게 암시되어 있다. 그러한 기적을 통해 예수는 제자들에게 분명 신비한 수학적 수수께끼를 제시했는데도 제자들은 이해하지 못했다.

"너희가 눈이 있어도 보지 못하며 귀가 있어도 듣지 못하느냐! 기억하지도 못하느냐! 내가 떡 다섯 개를 오천 명에게 떼어 줄 때에 조각 몇 바구니를 거두었더냐?"

가로되 "열둘이니이다."

"또 일곱 개를 사천 명에게 떼어줄 때에 조각 몇 광주리를 거두었더냐?"

가로되 "일곱이니이다."

예수께서 가라사대 "아직도 깨닫지 못하느냐?" 하시니라.³⁶

그때 깨닫지 못한 제자들과 마찬가지로, 그리스도교인들 또한 지난 2천 년 동안 이 사건을 문자 그대로 실제 사건으로 받아들일 뿐, 이 사건이 사실은 섬세하게 꾸며낸 신화적 비유라는 것을 아직도 깨닫지 못하고 있는 것 같다. 영지주의자들의 은밀한 미스테리아 교리를 말살함으로써 여러 비유의 비밀을 풀 열쇠를 잃어버린 탓에, 우리는 예수 이야기 속의 심오한 비유의 뜻을 추측만 할 수 있을 뿐이다.

다이몬 예수

영지주의자들에게 신인神人 예수는 불멸의 자아, 곧 다이몬을 상징했다. 영지주의 신화에서 흔히 예수의 "쌍둥이 형제" 도마는 환생한 자아인 에이돌론을 상징했다. 『옹호자 도마의 책』에서 예수(다이몬)는 그의 제자이자 쌍둥이 형제인 도마(에이돌론)에게 이렇게 가르친다.

> 나의 형제 도마여, 네가 이 세상에 사는 동안 내 말에 귀를 기울여라. 그리하면 네가 마음에 둔 것들을 너에게 나타내 보이리라. 너는 나의 쌍둥이이자 참된 동반자라고 전해져왔으니, 너 자신을 살펴서 네가 누구이며, 어떻게 살아서 어떤 자가 될 것인지를 배워라. 너는 나의 형제라 불릴 것이니, 네가 너 자신을 모른다는 것은 온당치 않다. 나는 네가 이미 이해했음을 안다. 너는 내가 진리의 앎 자체라는 것을 이미 이해했기 때문이다. 그러니 네가 나를 따르는 동안, 비록 네가 지금은 이해하지 못하고 있다 할지라도, 사실상 너는 이미 앎에 이르렀으니, 너는 "자신을 아는 자"라 불릴 것이다.[37]

예수와 모든 점에서 닮은 쌍둥이 형제가 있었다는 것은 초기 그리스도교인들에게 널리 알려진 전설이었다. 이런 전설은 문자주의자들에게 큰 고민거리를 안겨주었다. 예수의 쌍둥이 형제가 대신 십자가에 못 박혔다는 것은, 예수가 죽었다가 문자 그대로 부활했다는 그들의 주장과 명백히 어긋나는 것이었기 때문이다. 이로 인해 일부 학자들은 이 전설이 역사적 사실을 기초로 한 것이 틀림없다는 결론을 내리기도 했다. 그렇지 않다면 "예수의 부활과 관련한 정통 교의의 기초를 뒤흔들 게 분명한데도, 그러한 전설을 만들어낼 만큼 어리석은 그리스도교인이 있을 수 있겠는가?"[38] 답은 자명하다. 영지주의자들이 고대의 다이몬/에이돌론 교리의 비유로 예수의 쌍둥이 형제 전설을 만들어냈던 것이다.

『도마의 복음서』의 저자는 디디모스 유다 도마 Didymos Judas Thomas다. 아람어 이름인 도마와 그리스어 이름인 디디모스는 둘 다 "쌍둥이"를 뜻한다. 따라서 이 복음서 저자의 이름은 "쌍둥이 유다"다.[39] 이러한 사실은 원래의 예수 이야기에서 예수를 배반한 유다는 곧 다이몬을 배반한 에이돌론을 상징한다는 것을 시사한다.

신약에는 다이몬/에이돌론 교리가 암호화된 또 다른 언급이 있다. 「마태복음」에서 빌라도 총독은 두 사람 가운데 한 명을 풀어주겠다고 제안한다. 두 사람은 곧 두 예수 — 메시아 예수와 예수 바라바 — 를 암호화한 것이다.[40] 한 예수는 살해당한 무죄한 인간이고, 다른 예수는 풀려난 살인자다. 두 예수는 수준 높은 자아와 수준 낮은 자아를 상징한다.

환상설

이교도의 다이몬/에이돌론 교리는 "도케티즘 Docetism"으로 알려진 곤혹스러운 영지주의 가르침의 비밀을 푸는 열쇠이다.[41] 예수 그리스도가 실제로 살과 피로 된 육체를 지닌 게 아니라, 육체적으로 존재하는 것처럼 보였을 뿐이며, 실제로 십자가에서 죽지도 않았지만 마법적인 방법으로 십자가에서 죽는 것처럼 보이게 했다고 믿는 것이 도케티즘이라고, 반영지주의자들은 설명한다.* 그런데 언제나처럼 문자주의자들은 영지주의를 문자 그대로 받아들임으로써 요점을 완전히 놓쳐버린다.

도케티즘을 믿는 영지주의자들은 예수의 십자가 처형을 아예 역사적 사건으로 보질 않는다. 그것은 인간이 두 부분, 즉 고통을 받다가 죽는 세속적 부분(에이돌론)과, 고통에 초연한 채 이 세상을 스쳐 지나가는 환상으로 체험하는 영원한 영적 목격자(다이몬)로 이루어져 있다는 신비한 가르침을 암호화한 신화로 본다.

『빌립에게 보낸 베드로의 편지』를 보면, 예수는 환생한 순간부터 고통을 겪지만, "고통의 국외자"로서 고통을 겪는다.[42] 예수로 상징되는 환생한 수준 높은 자아는 에이돌론이 고통을 겪을 때 함께 고통을 겪는 것처럼 보이지만, 실제로는 초연한 목격자인 것이다. 『요한행전』에서 예수는 이렇게 설명한다.

> 너는 내가 고통을 겪는다고 들었으나, 나는 고통을 겪지 않았다.
> 나는 고통을 겪지 않는 자였지만, 고통을 겪었다.
> 나는 못 박힌 자였으나, 수난을 당하지 않았다.
> 나는 매달린 자였으나, 매달리지 않았다.
> 내게서 피가 흘러나왔으나, 나는 피를 흘리지 않았다.[43]

---

* 백과사전에도 이런 식으로 설명되어 있어서, 영지주의가 역사적으로 얼마나 왜곡되었는지 여실히 보여준다. 도케티즘은 "~인 듯하다."는 뜻의 그리스어 dokein에서 나온 말인데, 영어로는 "Illusionism"으로 번역된다. 우리말로는 대개 "가현설假現說"로 번역되고 있지만, 그것은 문자주의 관점에서 번역된 말이다. 영지주의 관점에 따르면 "환상설"로 번역하는 것이 적절하다.

예수는 어떻게 고통을 겪는 동시에 고통을 겪지 않을 수 있었을까? 『요한행전』에서 설명하듯이, "나는 인간과 나 자신을 구별"하기 때문이다.[44] 그는 초월적인 수준 높은 자아, 곧 다이몬과 동일시되는 존재다. 고통을 겪는 수준 낮은 자아인 에이돌론과 동일시되는 존재가 아니다.

영지주의 입문식의 목적은 입문자를 모든 고통으로부터 자유롭게 하는 것이었다. 입문자는 물질적 십자가에 매달린 에이돌론이 아니라, 스쳐 지나가는 환상으로서 삶을 목격하는 다이몬이 자신의 참된 정체성이라는 것을 깨달음으로써 자유를 얻는다.[45] 그래서 영지주의자 예수는 이렇게 가르친다.

네가 어떻게 고통을 겪는지 안다면, 너는 고통을 겪지 않게 되리라. 고통을 꿰뚫어 보라, 그리하면 너는 고통을 겪지 않으리라.[46]

그래서 예수의 에이돌론은 고통을 겪고 죽는 것처럼 보이지만, 진짜 예수, 곧 다이몬은 고통을 겪지도 죽지도 않는다.[47]

500년 앞서서 에우리피데스는 펜테우스 왕이 디오니소스를 결박했지만 실제로는 결코 결박하지 못한 것으로 그렸다. 디오니소스는 이렇게 말한다.

나는 그를 우롱했다. 그는 나를 결박했다고 생각했다. 그러나 그는 나를 붙잡지도 건드리지도 못했다. 그랬다고 착각했을 뿐이다.[48]

『베드로 계시록』에서 베드로는 십자가에 손과 발이 못 박힌 채 "기뻐하며 웃는" 예수를 본다. 예수는 이렇게 설명한다.

너는 나무에 매달려 기뻐하며 웃는 자를 보느니, 그는 살아 있는 예수니라. 그러나 저들이 못을 박은 손과 발을 지닌 이 자는 그의 육체 부분이니, 이 자는 수치를 당하는 대리적 존재이며, 모습이 닮은 자이니라. 그와 나를 보라.[49]

일부 이교도 신화에서도 에이돌론을 상징하는 대리 인물이 고통을 겪다가 죽는다. 신인은 고통을 겪지도 죽지도 않는다. 『바쿠스의 여인들』에서 "고통당하는 인간"을 뜻하는 펜테우스 왕은 디오니소스 대신 나무에 매달려 사지가 찢긴다.[50] 이와 마찬가지로, 일부 영지주의 신화에서 십자가에 매달려 죽는 것은 구레네*의 시몬이다. 예수는 멀리서 웃으며 지켜본다.[51] 『위대한 세트 신의 두 번째 이야기』에서 예수는 이렇게 설명한다.

> 어깨에 십자가를 짊어졌던 것은 또 다른 시몬이었다. 가시 면류관을 쓴 자는 또 다른 자였다. 나는 높은 곳에서 다만 기뻐하며 그들의 무지를 비웃었다.[52]

구레네의 시몬은 이교도 신화 속의 펜테우스 왕처럼 고통을 겪다가 죽는 에이돌론을 상징한다. 웃고 있는 예수라는 인물은, 승리를 거둔 디오니소스와 같은 다이몬, 곧 목격하는 영혼을 상징한다. 영지주의 현자 바실리데스의 가르침에 따르면, "그는 영혼이기에 고통을 겪지 않았다." 구레네의 시몬이 대신 고통을 겪는 동안 예수는 웃었다. "그는 누구에게 붙잡힐 수도 보일 수도 없었기 때문이다."[53]

---

* 아프리카 북부, 리비아 동북쪽에 있는 도시인 키레네의 국역 성서식 표기.

그런데 영지주의자들은 예수가 존재한 것처럼 보였다고 믿지 않았다. 십자가에서 마법을 써서 고통을 피했다고도 믿지 않았다. 혹은 좀 더 사악한 마법을 써서, 구레네의 시몬을 자기 모습으로 둔갑시켜서, 시몬이 자기 대신 십자가에 못 박혀 있는 동안 멀찍이 안전한 곳에서 웃고 서 있었다고도 믿지 않았다. 만일 그랬다면, 그러한 교리는 문자주의자들의 주장처럼 혐오스러울 뿐만 아니라 우스꽝스러울 것이다. 그런 주장은 영지주의의 가르침을 잘못 안 것이다(아니, 의도적으로 왜곡했을 가능성이 훨씬 높다!). 사실상 도케티즘, 곧 "환상설"에 따르면, 십자가 처형 이야기는 다만 고대 이교도의 다이몬/에이돌론 교리가 암호화되어 있는 입문식의 비유일 뿐이다.

신약의 「마가복음」에는 이러한 가르침의 일부가 살아남아 있다. 난데없이 구레네의 시몬이 끌려 나와 예수 대신 십자가를 짊어진 것이다.[54] 이 시몬이라는 이름은 시몬 "베드로", 곧 "반석"이라고 불린 제자와 상징적으로 연결되어 있다. 시몬 베드로는 여러 영지주의 신화에도 등장하는데, 이때의 시몬은 에이돌론을 상징하는 인물이다.

이러한 영지주의 교리의 메아리는 무슬림의 『꾸란』에도 살아남아 있다. 『꾸란』에서는 예수의 가상의 죽음에 대해 이렇게 선언한다.

> 그러나 그들은 그를 살해하지 아니하였고 십자가에 못 박지 아니했으며 그와 같은 형상을 만들었을 뿐이라.[55]

영적 부활

이교의 현자들의 말에 따르면, 우리는 모두 죽어야 할 존재인 에이돌론과 불멸의 다이몬으로 이루어져 있다. 우리가 에이돌론이라는 개인적 정체성을 지니고 살아간다 하더라도, 죽어서는 다이몬이라는 영원한 정체성을 갖게 된다.[56] 미스테리아 입문식은 영혼을 소생시키는 방법이었다. 에이돌론의 신비한 죽음을 겪음으로써 입문자는 다이몬으로 재생하게 된다.[57] 영지주의자들도 이와 똑같은 미스테리아 교리를 가르쳤다.

영지주의 현자 레기노스Rheginos의 익명의 스승이 가르친 바에 따르면, 보통의 인간으로 사는 것은 영적으로 죽은 것이다. 따라서 우리는 누구나 "죽음으로부터 부활"할 필요가 있다.[58]

엘레우시스에서의 웅장한 미스테리아 의식 행렬에 참가한 이교 입문자들은 은유적으로 디오니소스와 더불어 수난을 당하고 영적으로 재생했다. 마찬가지로, 영지주의 미스테리아 의식의 입문자들도 비유적으로 신인 예수와 더불어 고통과 승리의 기쁨을 함께 나누었다. 레기노스의 스승은 이렇게 설명했다.

> 우리는 그와 더불어 고통을 겪고, 그와 더불어 일어서며, 그와 더불어 하늘로 올라갔다.[59]

비유적으로 예수와 더불어 수난을 겪고 자신의 신비한 죽음과 부활을 체험한 입문자들은 「요한복음」의 예수와 더불어 이렇게 말할 수 있었다.

> 아버지께서 나를 사랑하시는 이유는 내가 다시 목숨을 얻기 위하여 목숨을 버리기 때문이다. 목숨을 내게서 빼앗는 자가 있는 것이 아니라 내가 스스로 버리노라.[60]

문자주의 그리스도교인들의 믿음은 역사적으로 실존한 예수가 육체적으로 죽었다가 되살아났다는 가상의 기적에 전적으로 의지하고 있다. 그리고 예수가 하느님의 아들이라고 믿는 사람들은 또 그런 기적이 "심판의 날"에 자기가 육체적으로 부활할 거라는 증거로 여긴다. 이와 달리 영지주의자들은 문자 그대로 부활을 받아들이는 것을 "바보들의 믿음!"이라고 일컬었다.[61] 그 부활은 과거에 어떤 특정인에게만 일어난 역사적 사건이 아니었고, 미래의 어떤 계시 후 시체가 되살아날 거라는 약속도 아니었다. 영지주의자들은 바로 "지금 이 자리"에서 우리의 참된 정체성인 다이몬을 인식하기만 하면 누구나 신비한 부활을 체험할 수 있다고 생각했다.[62]

문자주의자들은 개인적 부활의 체험을 아득한 훗날에나 가능한 소망으로 여겼고, 그리스도 재림 후에 육체적으로 불멸성을 얻게 되는 것을 부활이라고 생각했다. 그러나 영지주의의 『빌립의 복음서』에서는 그렇게 생각하는 그리스도교인들을 비웃으며 이렇게 설명한다. 우리는 "살아 있는 동안에 부활"해야 하기 때문에, "먼저 죽은 다음에 부활한다는 것은 잘못된 생각이다."[63]

영지주의자들에게 부활은 단지 "진실로 존재하는 것의 드러남"이었다.[64] 따라서 "볼 눈"을 가진 입문자에게는 이러한 부활이 "이미 일어난 것"이었다.[65] 부활은 미래의 사건으로만 가능한 것이 아니었다. 부활이란 지금 이 순간 실재하는 것을 깨닫는 것이었기 때문이다. 입문자의 정체성은 입문식 과정을 통해 다이몬으로 변하는 것이 아니었다. 입문자는 처음부터 항상 다이몬이었다. 사실상 부활은 다만 인식의 변화인 것이다. 레기노스의 스승은 이렇게 선언했다.

> 이미 너는 부활했다. 너 자신이 이미 부활했음을 깨닫도록 하라.[66] 너 — 참된 너 — 는 타락한 것으로 보이는가? 너 자신을 살펴보라, 그러면 너는 이미 되살아났음을 알리라.[67]

『부활 이야기』에서는 이렇게 가르친다.

모든 것은 변하기 마련이다. 세계는 환상이다! 부활은 참으로 존재하는 것의 계시이며, 만물의 탈바꿈이며, 새롭게 변하는 것이다. 차별divisions과 차꼬로부터 자유롭도록 하라, 그리하면 너는 이미 부활한 것이다.[68]

영지주의자들은 부활을 비유로 보았지만, 그렇다고 해서 부활을 비현실적인 것으로 본 것은 아니었다. 그와는 반대로, 영적 부활의 신비한 체험이 입문자에게는 정상적인 의식 상태에서 소위 현실이라고 여기는 것보다 더 현실적인 것이었다. 레기노스의 스승은 이렇게 설명했다.

부활이 환상이라고 생각지 말라. 부활은 환상이 아니다. 오히려 부활은 현실적인 것이다. 부활은 현실적이되, 이 세계는 환상이라는 것을 잊지 말아야 한다.[69]

신성한 결혼

이교도 미스테리아 의식에서 중시된 신화적 주제 가운데 하나는 신인과 여신의 신성한 결혼이다. 이 결혼은 서로 맞선 것들의 신비한 통합을 상징한다.[70] 크레타 섬에서 이교도는 데메테르 여신과 이아시온 신인의 결혼식을 거행했다.[71] 아테네에서 해마다 "도래"한 디오니소스는 "신랑"으로 불렸고,[72] 여신을 상징하는 아테네 도시의 여왕과 결혼식을 치렀다.[73]

미스테리아 입문식에서 입문자는 흔히 오시리스-디오니소스의 신부로 여겨졌다. 입문식은 특별한 "혼례의 방"에서 치러졌다. 이런 방은 이교도의 신전에서 발견되곤 했다.[74] 고대의 프레스코 벽화를 보면 입문식 준비를 한 자들이 신부의 옷차림을 하고 있는 모습이 그려져 있다.[75] 입문식 후에 그들은 "신부"라고 불렸다.[76]

신부는 환생한 자아, 곧 에이돌론을 상징했고, 오시리스-디오니소스는 환생의 고리를 끊은 자아, 곧 다이몬을 상징했다. 입문자의 두 상대적 부분은 결혼식을 거치며 통합되었다. 에피파니우스는 이렇게 말했다.

> 몇몇 사람이 혼례의 방을 준비한 후 신비한 의식을 진행하는데, 그들은 입문자에게 그것이 영적 결혼이라고 선언한다.[77]

이교도의 신성한 결혼이라는 주제가 정통 그리스도교에서는 나타나지 않는다.[78] 그러나 영지주의 그리스도교에서는 그것이 중요한 주제였다. 그들은 예수와 소피아의 신성한 결혼식을 거행했던 것이다. 영지주의 신화에서 "타락한" 상태로 그려진 소피아는 소생한 자아를 상징한다. 그녀는 이루 형언할 수 없는 근원Source을 찾아 헤매다가 이 세상에서 길을 잃은 것으로 그려진다. 사랑을 찾으며 온갖 곳을 헤매던 그녀는 매춘부가 된다. 마침내 그녀는 하느님 아버지에게 도움을 구한다. 하느님은 그녀를 하느님의 첫째 아들 — 그녀의 형제인 예수 — 의 신부로 삼는다.[79] 신랑이 도착하자 그들은 열정적으로 사랑을 나누며 하나가 된다.[80]

이 이야기는 환생한 자아, 곧 프시케psyche를 구하기 위해 도착한 다이몬, 곧 영혼Spirit의 비유다. 『빌립의 복음서』에 따르면, 프시케와 영혼이 "재결합"한 사람만이 자기 파괴와 악을 추구할지 모를 육체적 충동을 이겨낼 수 있게 된다.[81]

신성한 결혼은 영지주의의 목표인 신비한 통합을 상징하는 것이다.『도마의 복음서』에서 예수는 제자들에게 이렇게 가르친다.

> 네가 둘을 하나로 합하고, 안팎을 같게 하고, 위아래를 같게 하고, 남성은 남성이 아니고 여성은 여성이 아니도록 남성적인 것과 여성적인 것을 하나로 합하면, 너는 하느님의 왕국에 들어가리라.[82]

일부 영지주의 집단은 입문식의 일환으로 신성한 결혼식을 거행했다. 이레나이우스는 이렇게 말했다. "그들은 혼례의 방을 준비하고 미스테리아 의식을 치렀다."[83] 영지주의 현자인 마르쿠스의 추종자들은 "공식적인 선언"과 더불어 입문식을 치렀는데, "그들은 이것을 영적 결혼식이라고 불렀다."[84] 영지주의 시인 발렌티누스의 추종자들은 혼례의 방에서 천사들과 함께 영적 결혼식을 했다고 한다.[85] 배사교도는 입문자가 "옷을 벗어 던지고 성령에 의해 임신한 신부가 되어야 한다."고 가르쳤다.[86]『빌립의 복음서』에 따르면, 입문식은 신비한 통합을 이루는 "혼례의 방"에서 절정에 이른다. "혼례의 방은 신성한 것 가운데 신성한 것이며, 혼례의 방에서 구원이 이루어진다."고 보았기 때문이다.[87]

예수 이야기에서, 타락한 소피아(프시케)는 막달라 마리아로 나타난다. 예수(다이몬)는 매춘부 막달라 마리아를 구해준다.[88] 영지주의 현자 헤라클레온의 말에 따르면, 신성한 결혼이라는 주제는 예수 이야기에도 나타난다. 가나에서의 결혼식 때 예수는 디오니소스와 마찬가지로 물을 포도주로 바꾼다. 헤라클레온은 이러한 기적을 동반하는 결혼식이 인간을 신격으로 탈바꿈시키는 "신성한 결혼식"을 상징한다고 풀이했다.[89] 이러한 주제는「마태복음」에도 나타난다.「마태복음」에서 "천국은 마치 등을 들고 신랑을 맞으러 나간 열 처녀와 같

다."고 예수는 말한다.[90]

『도마의 복음서』에서, 신비한 통합을 이루기 위한 마지막 단계의 입문식을 치르기 위해서는 각 입문자가 홀로 혼례의 방에 들어가야 한다고 예수는 가르친다.

많은 사람이 문가에 서 있지만, 혼례의 방에 들어갈 자는 한 명뿐이다.[91]

그리스도가 된다는 것

은밀한 미스테리아의 입문자는 개인적 다이몬으로 보이는 것이 사실상 보편적 다이몬이라는 것을 알게 된다고 이교의 현자들은 가르쳤다. 보편적 다이몬은 파편으로 찢겨서 모든 의식을 지닌 존재 속에 분배된 것으로 그려졌다. 에픽테토스는 이렇게 가르쳤다. "너는 하느님에게서 찢어진 하나의 파편이다. 너의 내면에는 신의 일부가 담겨 있다."[92] 오시리스-디오니소스는 이러한 보편적 다이몬 — 모든 살아 있는 것들 속에서 의식하고 있는 하느님의 마음 — 을 상징한다.

수많은 신화에서 오시리스-디오니소스는 사지가 갈가리 찢기는 죽음을 당한다.[93] 이것은 흔히 빵을 만들기 위해 곡물을 찧거나, 포도주를 만들기 위해 포도를 밟는 것을 의미하는 것으로 받아들여진다. 그러나 은밀한 미스테리아 입문자는 이러한 주제를 더욱 신비한 차원으로 이해했다. 즉, 악의 힘에 의한 보편적 다이몬의 사지절단 dismemberment에 대한 가르침을 암호화한 것으로 이해한 것이다. 예를 들어 오시리스 신화에서 신인은 사악한 형제인 세트 신에게 살해되어 사지가 절단된다. 그 후 이시스 여신이 오시리스의 수족을 수습

해서 그를 복원한다. 이러한 신화는 하느님이 "복원될re-membered" 필요가 있으며, 영적인 길은 곧 보편적 다이몬의 파편을 재통합하는 과정이자, 모든 것 속의 하나One를 자각하는 과정이라는 미스테리아의 가르침을 암호화한 것이다.

플루타르코스는 오시리스의 죽음을 묘사한 후 이렇게 썼다.

> 세트는 신성한 로고스를 파괴하고 흐트러뜨린다. 이시스 여신은 그런 로고스를 모으고 접합해서 입문식을 치르는 자들에게 전달한다.[94]

이교도의 사지절단이라는 주제는 우리가 오늘날 알고 있는 그리스도교와는 완전히 이질적인 것이다. 그러나 이 주제는 영지주의의 기초가 되었다. 앞선 이교도들과 마찬가지로 영지주의자들은 개인적 자아가 거룩한 하나인 존재의 파편이라고 믿었다. 거룩한 존재의 파편인 개인적 자아는 거룩한 기원에 대한 모든 기억을 빼앗긴 채 개인적 육체 속에 감금된 것이라고 믿은 것이다.[95]

이교의 신인 오시리스-디오니소스와 마찬가지로, 그리스도교 신인 예수는 사지가 절단된 보편적 다이몬, 곧 로고스를 상징한다. 『피스티스 소피아』에서 예수는 이렇게 선포한다. "나는 나 자신을 두 동강내어 이 세상에 왔다."[96] 『요한행전』에서 "십자가 주변에 있는 군중"은 "한데 모아야 할 하느님의 수족"을 상징한다고 예수는 가르친다.[97] 『위대한 로고스의 책』에서 예수는 이렇게 말한다.

> 모든 내 수족을 구하여라. 산산이 흩어진 내 수족은 세계의 기초이므로, 그 모든 것을 한데 모아서 빛으로 맞아들여라.[98]

"최고의 입문식 날"에 불린 영지주의 찬송가 가운데, 예수에게 이렇게 탄원하는 구절이 있다.

> 우리는 그대의 동료, 그대의 수족이니, 우리에게 오소서. 우리 모두는 그대와 하나입니다. 우리는 하나이고 동일합니다. 그대는 하나이고 동일합니다.[99]

이교의 현자 프로클루스의 말에 따르면, "모든 입문식의 최대 비밀"은 "우리 안의 영혼"이 "디오니소스의 참 모습"으로 나타난다는 것이다.[100] 그노시스, 곧 자신에 대한 앎을 얻은 입문자는 자신이 오시리스-디오니소스, 곧 보편적 다이몬의 구현이라는 것을 깨닫는다. 그러한 입문자는 한 명의 "오시리스" 또는 한 명의 "디오니소스"로 여겨졌다.[101]

마찬가지로, 영지주의의 『빌립의 복음서』에서 참된 영지주의자는 "더 이상 그리스도교인이 아니라 그리스도"라고 일컬어진다.[102] 또한 오리게네스의 가르침에 따르면 예수를 믿는 자는 "그리스도"가 될 수 있다.[103] 제목이 없는 영지주의 계시록 하나에서 예수는 자신의 "아이들"을 소리쳐 부른다. 예수는 "그리스도"가 아이들 내면에서 형성될 때까지 함께 노력한다.[104] 『피스티스 소피아』에서 예수는 그리스도가 된 사람만이 최고의 영지를 얻게 된다고 가르친다.[105] 영지주의 금언집에서 예수는 이렇게 말한다. "물이나 거울에 비친 너 자신을 보듯이, 너의 내면에 비친 나를 보아라."[106] 『빌립의 복음서』에서 예수는 이렇게 선언한다.

> 너는 영혼을 보았고, 너는 영혼이 되었다. 너는 그리스도를 보았고, 너는 그리스도가 되었다. 너는 하느님 아버지를 보았고, 너는 하느님 아버지가 될 것이다.[107]

이러한 가르침은 신약에서도 발견된다. 「누가복음」에서 예수는 이렇게 약속한다. "입문한 제자는 그 선생과 같으리라."*[108]

플라톤이 자주 인용한 이교도 미스테리아의 용어 가운데 소마 세마Soma sema, 곧 "육체는 무덤"이라는 말이 있다.[109] 영지주의 입문자들도 마찬가지로, 환생한 육체적 자아를 지닌 자는 영적으로 죽은 자이며, 영원한 생명으로 재탄생해야 할 필요가 있다고 생각했다. 신비한 부활을 체험한 입문자들은 그리스도가 곧 자신의 참된 정체성이라는 것을 깨달았으며, 예수 이야기에 나타나는 여성들처럼, "무덤이 비어 있다."는 것을 발견했다. 육체는 참된 정체성이 아니다. 참된 정체성은 한때 살다가 죽는 에이돌론이 아니라, 영원토록 태어나지도 죽지도 않는 영원한 목격자 다이몬이다.

입문식의 여러 수준

이교도와 영지주의자의 철학 체계에 따르면, 인간의 정체성에는 네 가지 수준이 있다. 육체적 수준, 심적 수준, 영적 수준, 신비의 수준. 이 네 수준을 영지주의자들은 육체, 가짜 영혼, 영혼, 빛으로 나누었다. 육체와 가짜 영혼(육체적, 심적 정체성)은 에이돌론, 곧 수준 낮은 자아의 두 국면을 이룬다. 영혼과 빛(영적 수준과 신비의 수준의 정체성)은 불멸의 다이몬의 두 국면 — 개별적 차원의 수준 높은 자아와 만물에 공유된 보편적 자아라는 국면 — 을 이룬다.

영지주의자들은 육체적 수준의 인간을 물질적Hylikos이라고 일컬

---

* 개역 성경에는 "입문한 제자" 대신 "온전케 된 자"로 번역되어 있다.

었다. 영적인 것이 완전히 죽어서 의식이 없는 물질, 곧 힐레hyle와 같기 때문이다. 개성personality, 곧 프시케를 가진 수준의 인간은 심적 Psychikos이라고 일컬었다. 영혼과 동일시되는 인간은 영적 Pneumatikos이라고 일컬었다.[110] 이처럼 분리된 정체성 수준에서 완전히 벗어나 그리스도, 곧 보편적 다이몬이 자신의 참된 정체성이라는 것을 깨달은 인간은 그노시스를 체험했다.[111] 이와 같은 신비한 깨달음을 통해 입문자는 참된 "영지주의자", 곧 "아는 자"*로 탈바꿈했다.[112]

이교도 신앙이나 그리스도교에서 이러한 깨달음의 수준은 네 가지 원소인 흙, 물, 공기, 불과 상징적으로 연계되어 있다.[113] 원소들의 세계는 하나의 수준에서 다음 수준으로 이어지는 입문식을 상징한다.[114] 『위대한 로고스의 책』에서 예수는 제자들에게 물과 공기와 불의 세례를 준다.[115] 물의 세례는 물질적 인간의 탈바꿈을 상징한다. 즉 육체하고만 동일시되던 물질적 인간이 이제 심적 입문자로 탈바꿈해서 개성, 곧 프시케를 갖게 되는 것을 상징한다. 공기의 세례는 심적 입문자가 영적 입문자로 탈바꿈해서 수준 높은 자아와 동일시되는 것을 상징한다. 불의 세례는 최종 입문식을 상징한다. 이때 영적 입문자는 보편적 다이몬, 로고스, 그리스도, "빛" —「요한복음」에 기록되었듯이 "세상에 와서 모든 사람에게 비추이는 참 빛" — 이 곧 자신의 참된 정체성이라는 것을 깨닫게 된다.[116] 그러한 입문자는 그노시스를 깨달은 것이다.

영지주의 그리스도교의 입문식 수준을 정리하면 다음과 같다.

---

* 그런 입문자는 '영지적Gnostikos'이라고 일컬어졌다.

입문식 수준	정체성 수준	정체성의 실체	원소
물질적	육체적 정체성	육체	흙
심적	심리적 정체성	가짜 영혼	물
영적	영적 정체성	영혼	공기
영지적	신비적 정체성	참 빛	불

문자적, 신화적, 신비적

이교도의 공개적 미스테리아 입문자는 경이적이며 압도적인 장관을 이루는 화려한 행렬을 통해 오시리스-디오니소스 신화가 재연되는 것을 목격했다. 은밀한 미스테리아 입문자는 그 신화 속에 암호화된 비유적 의미를 전수받았다. 미스테리아의 스승들은 이러한 가르침을 자신의 삶 속에서 구현했다. 마찬가지로 영지주의 입문자들은 그노시스를 향해 나아감으로써 예수와의 관계를 변화시켰다. 영지주의 깨달음의 세 가지 수준은 문자적 깨달음, 신화적 깨달음, 신비적 깨달음으로 나눌 수 있다.

:: 문자적 깨달음: 심적 수준의 그리스도교인들은 먼저 물의 세례를 받았고, 그리스도교의 공개적 미스테리아에 입문했다. 그들은 예수의 이야기를 역사적 사실의 기록으로 이해했다. 문자 그대로 죽음에서 부활했다고 믿은 것이다.

:: 신화적 깨달음: 영적 수준의 그리스도교인들은 두 번째로 공기(성령)의 세례를 받았고, 그리스도교의 은밀한 미스테리아에 입문했다. 그들은 예수 이야기를 비유적 신화로 이해했다. 이 신화는 각 입문자가 거쳐야 할 영적인 길을 암호화한 가르침이었다.

:: 신비적 깨달음: 영지적 수준의 그리스도교인, 곧 영지주의자는 마

지막으로 불의 세례를 받았고, 그리스도(보편적 다이몬 혹은 로고스)가 곧 자신의 참된 정체성이라는 것을 깨달았다. 그들은 예수 이야기를 비롯한 어떤 가르침도 초월했다.

오리게네스는 이렇게 썼다.

그동안 오해가 너무나 많았다. 대다수의 독자들이 성스러운 문헌을 제대로 이해할 수 있는 올바른 방법을 몰랐기 때문이다.[117]

오리게네스의 말에 따르면, 그 올바른 방법이란 성서에 적용되는 세 가지 수준을 이해하는 것이다. 문자 그대로 해석하는 것은 분명 가장 수준이 낮은 것이다. "다소 진보한 자"에게 가능한 그 다음 수준은 비유적 수준이다. 비유는 영혼을 깨우친다. 그노시스를 드러내는 마지막 수준은 "영적 원리에 따라 온전해진 자"를 위한 것이다. 오리게네스는 이러한 삼중의 길을 통해 그리스도교 입문자가 믿음에서 그노시스로 도약한다고 가르쳤다.[118]

예수의 생애에 관한 가상의 역사는 그리스도교의 공개적 미스테리아의 필수 부분이었다. 그것은 새로운 입문자를 끌어들이기 위해 고안된 것이다. 그래서 영지주의자들은 복음서의 역사성을 굳이 부정하지 않았다. 그러나 예수 이야기는 첫 단계의 영적 초보자에게만 문자 그대로 해석되었다. 이 신화의 참된 의미는 은밀한 미스테리아에 입문한 자에게만 밝혀졌다.

오리게네스는 예수 이야기를 역사적 사실의 기록이라고 보는 관점을 뛰어넘지 못하는 문자주의 그리스도교를 거부하며, 그것을 "육체적 그리스도교"로 이어지는 "대중적이며 불합리한 믿음"이라고 불렀다. 한 학자는 이렇게 말했다.

오리게네스는 "육체적somatic 그리스도교"라는 말이 복음의 역사를 기초로 한 신앙을 의미한다고 명백히 밝혔다. 역사적 이야기를 기초로 한 가르침에 대해 그는 이렇게 말한다. "대중을 위한 방법으로는 이보다 더 나은 방법은 없을 것이다." 그러나 그노시스를 얻은 자, 곧 현자는 더 이상 십자가에 못 박힌 그리스도를 필요로 하지 않는다. 그가 지닌 "영원한" 혹은 "영적" 복음은 "하느님의 아들과 관련된 모든 것 ― 비유의 말씀으로 나타낸 비밀이든 몸소 행한 기적이든 그 모든 것 ― 이 분명 하나의 상징이라는 것을 보여준다."[119]

배사교도라고 불린 영지주의 집단은 이렇게 가르쳤다. 공개적인 미스테리아만을 이해한 문자주의자들은 여호와라는 거짓 하느님에게 홀린 것이며, 여호와의 주문은 로고스의 "신성한 황홀경"과 반대되는 결과를 낳는다고.[120] 마찬가지로 바실리데스는 이렇게 가르쳤다.

예수가 십자가에 못 박혔음을 믿는다고 말하는 자는 아직도 유대인의 신에게 예속되어 있는 자다. 그것을 부정한 자는 자유를 얻은 자이며, 자식을 낳지 않은 아버지의 계획을 아는 자다.[121]

오리게네스는 놀랍게도 단도직입적으로 이렇게 평했다. "그리스도가 십자가에 못 박혔다는 것은 아기들을 위한 가르침이다."[122]

결론

영지주의자들에게 예수는 여러 수준으로 이해되어야 하는 인물이었다. 영지주의가 말살된 탓에 우리는 가장 낮은 수준의 가르침만 받아왔다. 예수 이야기의 참된 비유적 성격을 밝혀주는 영지주의의 은밀한 가르침에 접근하는 것이 차단되어온 것이다. 우리가 예수를 역사적 인물이라고 잘못 생각해온 것도 그래서일까? 증거의 일부를 다시 살펴보자.

:: 이교도 미스테리아에서처럼, 은밀한 미스테리아에 입문한 영지주의자들은 성서를 신화적 비유로 이해했다. 그리고 이 신화는 훼손되지 않게 보존해야만 하는 문자 그대로의 역사가 아니라, 변경될 수 있고 개선될 수 있는 신화라고 생각했다.

:: 이교도 철학자들처럼, 영지주의자들은 게마트리아와 수 상징주의를 사용해서 복잡하고 신성한 수학적 가르침을 암호화했다. "예수"로 번역된 이에수스라는 이름은 유대인의 이름 여호수아를 그리스어로 번역할 때, 알파벳 문자의 수치가 신비한 수인 888이 될 수 있도록 인위적으로 조작해서 만든 것이다.

:: 오시리스-디오니소스처럼, 예수는 입문자의 다이몬을 상징한다. 이교도 신화에서처럼, 때로 에이돌론을 상징하는 다른 인물이 상징적으로 예수라는 신인 대신 죽는 것으로 그려진다.

:: 이교의 현자들이 오시리스-디오니소스 신화를 비유적 가르침으로 이해한 것과 마찬가지로, 영지주의자들은 예수 이야기가 영적 부활을 유도하기 위한 신비한 입문식 신화라고 이해했다.

:: 이교도 미스테리아 의식에서처럼, 영지주의자들은 입문식의 일환으로 다이몬과 에이돌론의 신성한 결혼식을 치렀다.

:: 오시리스-디오니소스처럼, 영지주의자 예수는 보편적 다이몬을 상징한다. 이 다이몬은 사지가 절단되었으며, 복원되어야 할 필요가 있는 것으로 여겨졌다.

:: 보편적 다이몬이 자신의 참된 정체성이라는 것을 깨달은 미스테리아 입문자는 한 명의 "오시리스" 또는 한 명의 "디오니소스"가 되었

다. 마찬가지로 영지주의 입문자들은 한 명의 "그리스도"가 되었다.
:: 이교도 미스테리아처럼, 영지주의는 인간이 네 가지 수준 — 육체적 수준, 심적 수준, 영적 수준, 영지적 수준 — 의 정체성을 지닌 것으로 보았다. 이교도 미스테리아에서처럼, 이들은 흙, 물, 공기, 불이라는 네 원소와 연계되어 있다. 입문자들은 원소의 세례로 그런 네 가지 정체성 수준에 도달했다.
:: 영지주의자들은 복음서의 역사성을 굳이 부정하지 않았지만, 오직 첫 단계에 들어선 초보자만이 예수 이야기를 문자 그대로 받아들이는 것으로 보았다.

예수 이야기는 초보자가 믿음을 갖도록 일단 하나의 역사로 가르쳤다가, 수준이 높아지면 그저 신화일 뿐이라고 가르쳤다는 것이 정말 사실일까? 예수의 이 신화는 당시 널리 알려져 있던 오시리스-디오니소스 신화를 기초로 했다는 것이 정말 사실일까? 영지주의 신앙이 원래의 그리스도교이며, 그리스도교는 이교도 미스테리아가 유대인 판본으로 발전한 것이라는 증거는 정말 옳은 것일까? 문자주의 그리스도교는 영지주의 그리스도교의 공개적 미스테리아만을 채택해서 후대에 발생한 "이단"이라는 것이 정말 사실일까? 처음에는 그런 증거가 우리 두 저자에게는 터무니없는 것으로 보였다. 그러나 그리스도교의 전통 역사 전체를 재고함으로써 우리는 그런 증거가 일리가 있다는 생각을 하기 시작했다.

예수 이야기가 이교도 신화에서 발전한 신화라고 간주하면, 예수 이야기가 소름이 끼치도록 오시리스-디오니소스 신화와 유사한 이유도 자명해진다. 그리스도교가 이교도 미스테리아의 유대인 판본이라고 간주하면, 복음서에서 예수의 입으로 말한 가르침이 이교 현자들의 가르침과 너무나 닮은 이유도 자명해진다. 역사적 증거로 미루어볼 때, 영지주의가 문자주의보다 먼저 존재했다는 견해는, 영지주의가 후대의 한 분파라는 전통 견해보다 훨씬 더 일리가 있다.

자체 증거로 미루어볼 때도 문자주의자들의 설명은 이치에 맞지 않는다. 문자주의를 믿은 모든 이단자 사냥꾼들은 소위 이단이라는 영지주의가 시몬 마구스라고 불린 현자에게까지 소급된다고 보았다. 그래서 그들은 시몬 마구스를 원조 이단자로 간주했다. 이레나이우스는 이렇게 말했다. "거짓된 그노시스라고 하는 것은, 그들이 스스로 주장하듯이, 시몬의 추종자들에게서 유래한 것이다."[123] 하지만 시몬 마구스는 예수와 동시대인으로, 「사도행전」에도 언급되어 있다.[124] 좀 더 신빙성 있는 증거에 의하면, 시몬은 사마리아인이었고 알렉산드리아에서 교육을 받았다. 일부 학자의 말에 따르면 시몬은 알렉산드리아에서 피타고라스학파인 유대인 필론에게 직접 배웠다.[125] 전통 견해가 옳다면 동시대인인 시몬이 역사적 예수의 독창적인 가르침을 곡해했다는 얘기가 되는데, 과연 그토록 빨리 그토록 심오하게 곡해할 수가 있을까? 시몬이 예수와는 극단적으로 다른 교리를 가르치고자 했다면, 그리스도교와 전혀 관계없는 자신의 종교를 세울 수도 있었는데 왜 곡해를 한단 말인가?

게다가 이단자 사냥꾼들은 시몬에 앞서서 도시테우스Dositheus라는 영지주의 현자가 있었다고 하는데, 도시테우스는 BCE 100년경, 또는 그 이전 사람이다![126] 문자주의자들이 몸소 제시한 이런 증거에 의하면, 영지주의는 예수가 살았다는 시대 이전에 이미 존재했다. 그렇다면 어떻게 먼저 존재한 영지주의가 나중에 나타난 예수의 가르침을 곡해할 수 있겠는가? 그뿐만 아니라, 예수라는 이름조차도 게마트리아를 이용해서 신비한 수인 888과 일치하도록 조작해서 만든 거라는 사실을 우리는 알고 있다. 이러한 사실은 예수라는 이름을 영지주의자들이 만들어냈다는 것을 강하게 시사한다. 이러한 온갖 증거에 맞닥뜨린 우리 두 저자는 전통 견해를 완전히 뒤집어서, 영지주의자들의 신앙이었던 원래의 "예수 미스테리아"가 타락한 것이 문자주의 신앙이라고 보는 것 외에는 다른 선택의 여지가 없는 것 같았다.

  이처럼 급진적으로 새로운 그리스도교의 기원에 대한 증거가 나타나자, 우리 두 저자는 이것을 "예수 미스테리아 명제"라고 불렀다. 그 핵심은 다음과 같다. 지중해 세계의 거의 모든 사람이 이교도 미스테리아 신앙을 지니고 있었는데, 어느 시점엔가 그 신앙을 민족적 취향에 따라 각색했다. BCE 몇 세기 동안 유대인들도 그러해서, 어느 시점엔가 미스테리아의 유대인 판본을 만들게 되었다. 유대인 입문자들은 오시리스-디오니소스의 신화를 각색해서, 한 유대인 신인이 죽었다가 부활한 이야기를 만들어낸 것이다. 세월이 흐르자 이 신화는 역사적 사실로 해석되기에 이르렀고, 문자주의 그리스도교가 만들어졌다.

  이러한 생각은 너무 혁명적인 것으로 보였지만, 다른 방식으로는 역사적 증거들을 설명할 길이 없었다. 그러나 예수 미스테리아 명제와 같은 급진적인 이론을 채택하기에 앞서서, 우리는 먼저 탐구해야 할 더 중요한 주제가 있다는 것을 알고 있었다. 예수라고 불린 유대인 교사가 있었다는 확실한 증거가 정말 없는가? 그런 증거가 있다면, 예수 이야기는 유대인이 오시리스-디오니소스 신화를 각색한 것이 아닐 수도 있을 것이다. 그래서 우리는 예수라는 인간의 존재에 대한 증거를 찾기 시작했다. 성서에 의하면 예수는 예루살렘 성전에서 돈 바꾸는 자들을 쫓아냈고, 기적적으로 수천 명의 사람들을 먹였고, 죽었다가 살아났다. 그리고 그가 죽자 땅이 진동하며 바위가 터졌고, 무덤들이 열려 죽은 자들이 무덤에서 일어났고, 온 땅이 초자연적인 어둠에 뒤덮였다.[127] 그가 정말 신화 이상의 존재였다면, 분명 누군가가 당대의 문헌에 그러한 기록을 남겼을 것이다.

07
잃어버린 사람

예수의 생애에 대한 비판적 연구의 결과보다 더 부정적인 것은 없다. 역사적 예수의 존재 기록은 어디에도 없었던 것이다. 공개적인 구세주로 이 세상에 왔으며, 하느님 왕국의 율법을 가르쳤고, 지상에 하늘의 왕국을 세웠으며, 세상의 죄를 대속하기 위해 죽었다는 나사렛 예수의 이미지는 차례로 파괴되었다. 밖에서가 아니라, 안에서 차례차례 표면화한 구체적인 역사 문제들로 인해 조각나고, 쪼개지고, 붕괴된 것이다.[1]
_ 알베르트 슈바이처

우리는 역사적 예수를 찾기 위해 우선 고대 로마인들부터 추적하기 시작했다. 로마인이 예수를 십자가에 못 박았다고 하는데, 로마인들은 모든 활동에 관해 꼼꼼히 기록을 남기는 것으로 유명했다. 법적 소송은 특히 그랬다. 우리는 로마인들이 예수 사건과 같은 유명한 사건을 분명 기록해두었을 거라고 낙관했다. 그러나 안타깝게도 본디오 빌라도가 재판을 하고 처형을 했다는 예수에 대한 기록은 없었다.

당시 로마 시대는 인류 역사상 글을 읽고 쓰는 능력이 비약적으로 발달한 시대였다. 예수가 살았다는 시대 무렵에 글을 쓴 이교도 작가들을 열거하면 다음과 같다.

아리아노스	플리니우스	마르티알리스
페트로니우스	아피아노스	플루타르코스
세네카	유베날리스	아폴로니오스
디온 프루세우스	스미르나의 테온	파우사니아스
발레리우스 플라쿠스	다미스	프톨레마이오스
루키아노스	실리우스 이탈리쿠스	퀸틸리아누스
디온 크리소스토모스	겔리우스	헤르모게오네스
파보리누스	스타티우스	리시아스
루카누스	콜루멜라	발레리우스 막시무스

이 작가들의 저서를 한데 모아놓으면 도서관 하나를 만들 수 있을 정도다. 그런데 이들 가운데 어느 누구도 예수를 언급하지 않았다. 그나마 흥미로운 사실을 언급한 로마 작가로는 플리니우스, 수에토니우스, 타키투스 정도를 꼽을 수 있다.[2]

소아시아 비타니아의 총독이었던 플리니우스*는 112년에 트라야누스Traianus 황제에게 아주 짧은 서신을 보냈다. 말썽 많은 그리스도교인들을 어떻게 처리할 것인지 분명하게 지시해달라는 서신이었다.[3] 로마 역사가 수에토니우스는 잡다한 법률 문제(주점에서 음식을 파는 것에서부터 전차 기수의 행동에 이르기까지)에 관한 메모에서 CE 64년에 "새롭고 사악한 미신을 믿은 그리스도교인들이라는 한 부류의 인간들에 관한 처벌이 가해졌다."는 기록을 남겼다.[4] 그러나 기록에 남아 있는 것이라고는 고대 로마 세계에 소수의 그리스도교인이 존재했

---

* 61/62~113년. 로마의 작가·행정관으로서, 로마 학자이자 작가인 플리니우스의 조카이다. 둘을 구별하기 위해, 삼촌을 "대大플리니우스"로, 조카를 "소小플리니우스"로 부르기도 한다.

다는 것 — 그것은 확실하다. — 과 그 그리스도교인의 존재는 그리 중시되지 않았다는 것뿐이다. 예수에 대한 기록은 아무것도 없다.

수에토니우스는 또 CE 41년과 54년 사이에, 클라우디우스Claudius 황제가 유대인들을 로마에서 추방했다는 기록을 남겼다. "유대인들이 크레스투스Crestus의 부추김을 받아 끊임없이 말썽을 일으켰기 때문이다."[5] 크레스투스는 흔한 이름이었지만, 흔히 "크리스토스Christos", 곧 그리스도의 변형으로 간주된다. 그러나 그것이 사실이라고 해도, 크리스토스는 그저 "메시아"를 그리스어로 번역한 말일 따름이다. 당시에는 유대인들의 반란을 주도한 자칭 메시아가 많았다. 그래서 크리스토스라는 언급이 있다고 할지라도 그것이 반드시 복음서의 예수 그리스도를 가리킨다는 보장은 전혀 없다. 아무튼 예수가 로마를 방문한 적이 있다고는 믿기지 않는다. 다시 말해서, 우리가 접할 수 있는 기록은 클라우디우스 황제가 말썽을 일으킨 유대인들을 처리해야 했다는 기록뿐인데, 유대인들은 로마 역사에서 거의 정기적으로 반란을 일으켰다.

로마 역사가 타키투스는 좀 더 많은 기록을 남겼다. CE 64년의 로마 대화재에 대한 기록에서, 그는 네로 황제가 직접 화재를 일으켰다는 소문을 잠재우지 못한 나머지 그리스도교인들에게 죄를 전가했다고 썼다.

네로는 타락한 것으로 악명 높은 그리스도교인들을 치밀한 계획에 따라 희생양으로 조작해서 처벌했다. 그들의 시조인 그리스도는 티베리우스Tiberius 황제 치하에서 유대 총독 본디오 빌라도에 의해 처형되었다. 그러나 이러한 패배에도 불구하고 지독한 미신이 새롭게 일어나서 유대 지방(그 해악이 시작된 곳)뿐만 아니라 로마에도 퍼졌다. 수도에서 온갖 타락하고 수치스러운 행사를 벌이며 번성했다.[6]

그러나 타키투스의 증거는 당대에 수집된 것이 아니다. 로마 대화재가 일어난 지 50년쯤 지난 후 수집된 것이다. CE 약 112년에 아시아의 총독이었던 그는 친구였던 플리니우스가 표현한 대로 "말썽을 일으키는 자들"로 알려진 그리스도교인에 대해 익히 알고 있었을 것이다. 타키투스의 기록은 그리스도교인들이 믿고 있는 것을 단지 옮겨 쓴 것이 아니라, 예수가 존재했다는 독자적인 증언일 수 있을까? 그것을 입증할 수 있는 유일한 길은, 본디오 빌라도 치하에서 십자가에 못 박혔다는 그리스도에 대한 그의 정보가 로마인들이 남긴 풍부한 기록을 통해 얻은 것인가의 여부를 밝히는 것뿐이다. 그러나 답은 부정적이다. 왜냐하면 타키투스가 빌라도를 "총독procurator"*이라고 기록했지만, 사실 빌라도는 당시 "사령관praefectus"이었기 때문이다.[7] 따라서 타키투스는 분명 옛 기록을 참조한 것이 아니라, 그의 시대에 퍼진 풍문을 기록한 것이다.

로마인들이 기록과 역사에 집착했음에도 불구하고, 로마인들의 관계 문헌을 조사한 우리의 결론은 위와 같다. 한편으로는, 예수를 언급한 다른 로마 문헌이 긴 세월을 거치며 모두 사라져버렸다고 주장할 수도 있을 것이다. 그러나 그런 문헌이 있었다면, 로마 교회가 제국시대에 일단 권력을 잡은 후에는 그 문헌들을 분명 소중하게 보존해 왔을 것이다. 그뿐만 아니라, 순교자 유스티누스처럼 교육 수준이 높은 초기 그리스도교인들은 문자주의 신앙을 뒷받침하기 위해서라도 그런 문헌들을 최소한 인용은 했을 거라고 보지 않을 수 없다. 그런데 그들은 전혀 인용하지 않았다.

로마 문헌에서 예수에 대한 기록이 없는 것에 대해 가능한 해석은

---

* 자치령이나 식민지의 행정 장관.

두 가지밖에 없다. 예수는 역사적 인물이 아니었거나, 아니면 로마인에게 전혀 중요치 않아서 언급할 가치도 없었거나, 둘 중 하나일 수밖에 없다. 그렇다면 로마를 떠나 유대인 역사가들을 찾아보자. 유대인들에게는 예수가 오래 기다려온 메시아였거나, 그게 아니라면 대중을 자극하고 신성을 모독한 사기꾼이었을 것이다. 어느 쪽이든 간에 누군가는 그를 언급했어야 마땅하다.

유대 역사가들

필론은 예수가 살았다는 시대에 활동한 유명한 유대인 작가다. 그의 저술은 오늘날까지도 약 50권이 전해 내려오고 있다. 그는 역사와 철학, 종교를 다루었고, 본디오 빌라도에 대해서도 우리에게 많은 것을 전해준다. 그러나 메시아 예수의 도래에 대해서는 언급한 것이 전혀 없다.[8]

필론과 같은 시대에 살았던 티베리아스*의 유스투스는 예수가 머물렀다고 전해지는 가버나움** 인근에 살았던 유대인이다. 그는 모세부터 시작해서 자기 당대까지의 장구한 역사를 기술했다. 그러나 역시 예수에 대해서는 언급을 하지 않았다.[9]

그러나 아직 플라비우스 요세푸스 Flavius Josephus라는 인물이 남아 있다. 그는 사도 바울과 동시대 사람으로, 두 권의 유명한 역사책을 남겼다. 『유대 전쟁사』와 기념비적 작품인 『유대 고대사』가 그것이다. 이 두 권의 책은 그리스도교인이 나타난 첫 세기의 유대 역사에 대해 가장 중요한 정보를 전해주는 책이다. 기대한 대로, 적어도 이 책에서

---

* 이스라엘 북부 도시.
** 갈릴리 호숫가의 마을.

만큼은 우리가 찾던 증거를 마침내 발견한 것처럼 보인다. 요세푸스는 이렇게 썼다.

> 이 무렵에 예수가 살았다. 그는 현명한 인간이었다. 그를 인간이라고 부를 수 있다면 말이다. 그는 놀라운 업적을 이루었으며, 새로움을 열망하는 사람들의 교사였기 때문이다. 그는 많은 유대인과 많은 그리스인을 감화시켰다. 그는 메시아였다. 우리 사회의 요인들이 그를 고발한 탓에 빌라도가 그를 십자가형에 처했을 때도, 처음부터 그를 사랑한 사람들은 결코 그에 대한 사랑을 버리지 않았다. 거룩한 예언자들이 미리 말했듯이, 그리고 그가 이미 수많은 기적을 일으켰듯이, 사흘째 되는 날 그는 다시 살아나서 그들 앞에 나타났다. 그리고 그의 이름을 따서 그리스도교인이라고 부르는 무리들은 이날까지도 사라지지 않았다.[10]

또 요세푸스는 다음과 같이 썼다. "기적을 행하는 자"가 빌라도 앞에 끌려왔을 때, 빌라도는 예수가 "범죄자나 선동자, 왕이라 자칭한 자가 아니라 은혜를 베푸는 자"라고 결론지었다. 예수가 빌라도의 병든 아내를 기적적으로 치료해주자, 빌라도는 예수를 풀어주었다. 그러나 유대인 제사장들이 나중에 빌라도에게 뇌물을 바치고, "모든 유대 전통을 무시한 죄"로 예수를 십자가에 못 박게 해달라고 청원했다.[11] 예수가 기적적으로 부활했다는 그리스도교인들의 주장에 대해, 예수의 시체를 제자들이 훔쳐간 후 부활했다고 거짓말을 한다는 반론이 제기되었는데, 그 점에 대해 요세푸스는 시체를 훔쳐갈 수가 없었다고 썼다. "그의 무덤 둘레에 로마인 30명과 유대인 1,000명이 지키고 서 있었다."는 이유에서였다![12]

요세푸스가 남겼다는 이 기록은 수백 년 동안 그리스도교인 역사가들이 예수의 역사성에 대한 결정적인 증거로 제시해왔다. 학자들이 좀 더 비판적으로 문헌을 점검하기 전까지는 그랬다. 오늘날 진지한 학자들은 앞서의 기록이 실제로 요세푸스가 쓴 것이라고 믿지 않는다.[13] 훨씬 후대에 추가된 기록이라는 사실이 명백히 확인된 것이다. 앞서의 기록은 요세푸스의 문체와 전혀 달랐다. 또 그 기록만 문헌에서 제거하면, 요세푸스의 원래 주장은 일관성을 갖게 된다. 초기 교회사에서 가장 양심적인 학자 가운데 한 명으로 간주되는 오리게네스는 3세기 초의 글에서, 요세푸스는 예수를 전혀 언급하지 않았으며, 예수가 그리스도라는 것도 믿지 않았다고 기술했다. 나아가서 요세푸스는 어떤 유대인 메시아도 믿지 않았다고 오리게네스는 기술했다.[14]

요세푸스는 사실상 친로마파 유대인이었다. 동족 유대인들은 그를 매국노라고 여기며 증오했다. 그래서 그는 유대 지방을 떠나 죽을 때까지 로마에서 살았다.[15] 로마에서 그는 두 황제의 후견을 받으며 로마 귀족이 되어 부유하게 살았다.[16]

요세푸스는 여러 명의 자칭 유대인 메시아를 언급한다. 그들에 대해 그는 전혀 찬사를 바치지 않는다. 그가 글을 쓸 당시에는, 하느님이 메시아를 보내 유대 민족을 해방시킬 거라는 유대인의 오랜 믿음이 강박증에 이를 정도였다. 요세푸스는 스스로 "고대의 신탁"이라고 일컬은 그런 믿음에 대해 나름대로 해석을 가했다.[17] 그는 그것이 신성한 예언이라는 것을 부정하지는 않았다. 그러나 그는 동족 유대인들이 그것을 완전히 오해하고 있다고 믿었다. 그의 기록에 따르면, 이 세계의 왕으로 도래할 거라고 예언된 자는 로마 황제 베스파시아누스 Vespasianus(재위 CE 69~79년 — 옮긴이)였다![18] 그리고 베스파시아누스는 유대 지방에 머무는 동안 황제로 선포되었다고 그는 기록했다. 같은 책에서 그렇게 썼던 요세푸스가 문체를 바꿀 뿐만 아니라, 자신의 모든 철학적 신념을 뒤엎고, 자신의 정치적 처세술도 죄다 포기하고, 느닷없이 예수를 숭배하는 글을 썼다는 것은 있을 수 없는 일이다!

있을 수 없는 일이 실제로 일어났다고 치자. 그러면 우리 두 저자와 마찬가지로 예수가 실제로 존재했다는 역사적 증거를 찾고자 했던 초기 그리스도교인들이 그런 결정적인 증거를 놓칠 리가 없었다. 그러나 그들은 요세푸스를 전혀 언급하지 않았다. 요세푸스를 처음 언급한 것은 4세기 초의 유세비우스 주교였다. 로마 교회 선전자였던 그는 앞서의 구절이 추가된 요세푸스의 책을 난데없이 제시했다.[19] 바로 이때부터 요세푸스는 예수의 역사성을 증언한 자가 되었다.

예수에 대한 역사적 증거를 찾지 못한 그리스도교인들은 복음서를 문자주의로 해석하는 데 없어서는 안 되는 증거를 나중에 위조한 것이다. 계속해서 살펴보겠지만, 위조는 실로 광범위하게 이루어졌다.

탈무드

유대인 역사가의 저술 속에는 역사적 예수에 대한 증거가 없다. 그런데 때로 예수라는 인간에 대한 약간의 역사적 증거를 제시하기 위해 동원되는 몇몇 구절이 탈무드에 담겨 있다. 그런 구절은 분명 그리스도교인들의 위조가 아니다. 그것이 어떤 구절인지 살펴보자.

> :: 이런 가르침이 있었다. 유월절 전야에 그들은 예수Yeshu를 매달았다. …… 예수가 주술을 행했으며, 이스라엘 백성을 미혹케 했기 때문이다.
>
> :: 우리의 랍비들은 이렇게 가르쳤다. 예수에게는 다섯 제자 — 마타이Mattai, 나키아Nakkia, 네처Netzer, 부니Buni, 토다Todah — 가 있었

다.

:: 랍비 엘라자르 벤 다마Elazar ben Damah가 독사에 물렸을 때, 케파르 소마의 남자인 야곱이 예수 벤 판테라Yeshu ben Pantera의 명을 받아 그를 도우러 왔다.

:: 내가 한때 세포리스의 거리를 걷고 있을 때, 나사렛 사람인 예수 Yeshu the Nasarene의 제자들 가운데 한 명을 만났다.[20]

"예수Yeshu"는 "여호수아Yehoshua/Joshua"의 축약형이다. 앞에서 말한 바와 같이 예수를 가리키는 그리스어 이에수스Iesous는 여호수아를 번역한 말이다. 그렇다면 탈무드의 예수에 대한 구절은 복음서의 예수에 대한 이야기일까?

그러나 우리가 전혀 알지 못하는 다섯 제자만 언급되어 있다는 사실은 덮어두더라도, 이 구절이 우리가 찾고 있던 증거가 아니라는 다른 근거가 있다.

"나사렛 사람인 예수"라는 말은 특별한 용어가 아니다. 나사렛 사람은 유대인의 한 종파이지, '나사렛 출신'이라는 뜻을 담고 있는 것은 아니다. 예수는 너무나 흔한 이름이어서, 그런 이름을 가진 사람이 아주 많았다.[21] 요세푸스는 헤브라이어로 예수라는 이름을 가진 사람을 적어도 열 명은 언급했다. 혹시 그중 한 명이 우리 모두가 알고 있는 예수 그리스도를 가리키는 그리스어로 번역될 수 있다 할지라도, 헤브라이어로 예수라는 이름을 가진 사람이 많았다는 사실을 지울 수는 없다![22]

탈무드의 이 구절을 깊이 연구한 학자가 인정하듯이, 위 구절이 수많은 예수Yeshu가 아닌 예수 그리스도를 언급한 것이라 할지라도, 예수가 역사적으로 존재했다는 증거가 될 수는 없다. 이 구절은 너무 늦게 씌었기 때문이다. 옛 기록을 기초로 삼았다 할지라도, 탈무드가 기록된 것은 CE 200년 이후이다. 그리고 기초가 된 옛 기록이 있었는가의 여부를 우리는 알지 못한다. 아무튼 위 구절에서 예수와 동시대인으로 나오는 랍비들이 살았던 시대는, 우리가 알고 있는 예수가 살았다는 시대와 족히 200년 차이가 난다![23]

탈무드에도 도움이 될 만한 기록은 없는 것 같다. 그럼 또 어디서 증거를 찾아봐야 할까? 정말이지, 이것이 전부다! 우리는 예수의 역사성을 주장하는 모든 잠재적 증거를 살펴보았다. 기이하게 보일지 모르지만, 앞에서 언급한 것 외에는 역사적 증거로 제시된 것이 전혀 없다.[24] 우리에게 주어진 증거는 그리스도교인들의 증언뿐이다. 과연 그렇다면 그들의 증언은 역사적 자료로 간주될 수가 있을까?

복음서는 진리인가?

그리스도교 복음서는 우리에게 친숙한 신약의 네 복음서 외에도 사실상 수백 종이나 존재했다. 그러나 외경이나 영지주의 복음서가 신화 이상의 역사적 증거라고 진지하게 주장하는 사람은 아무도 없기 때문에, 우리는 다만 「마태복음」, 「마가복음」, 「누가복음」, 「요한복음」만을 주목할 필요가 있다. 전통적으로 이 복음서들은 예수의 제자들이 쓴 예수 생애의 목격담인 것으로 간주된다. 그런데 목격담이 하나뿐인 게 아니라 넷이나 된다는 사실은 이런 목격담들이 진짜로 역사적 사건들을 기록한 것이라는 주장에 무게를 더해준다. 하지만 이 복음서들은 동일한 사건에 대해 일치되지 않는 진술을 하기 일쑤다.

가장 주목할 만한 것은 「마태복음」에 기록된 족보와 「누가복음」에 기록된 족보가 서로 다르다는 것이다. 두 저자는 예수가 다윗의 후손이라는 것을 보여주기 위해 장문의 족보를 나열한다. 약속된 메시아의 도래가 유대인의 믿음과 맞아떨어져야 하기 때문이다. 두 저자는 예수의 아버지를 요셉으로 본다. 여기까지는 일치한다. 그런데 요셉의 아버지는 누구인가? 마태는 야곱이라고 말하는데, 누가는 헬리라고 말한다. 두 복음서에서 제시하는 족보라는 게 고작 한 세대를 거슬러 올라갔을 뿐인데 벌써 할아버지부터가 다르다. 그 위로 거슬러 올라가도 두 족보는 전혀 다르다! 그것을 직접 살펴보자.

마태복음[25]	누가복음[26]
예수	예수
요셉	요셉
야곱	헬리
맛단	맛닷
엘르아살	레위
엘리웃	멜기
아킴	얀나
사독	요셉
아소르	맛다디아
엘리아김	아모스
아비훗	나훔
스룹바벨	에슬리
스알디엘	낙개
여고냐	마앗
요시야	맛다디아
아몬	서머인
므낫세	요섹
히스기야	요다
아하스	요아난
요담	레사

웃시야	스룹바벨
요람	스알디엘
여호사밧	네리
아사	멜기
아비야	앗디
르호보암	고삼
솔로몬	엘마담
다윗	에르
	예수
	엘리에서
	요림
	맛닷
	레위
	시므온
	유다
	요셉
	요남
	엘리아김
	멜레아
	멘나
	맛다다
	나단
	다윗

    마태는 다윗 이후 아브라함에서 끝나지만, 누가는 아브라함에 이어 계속해서 아담까지 소급해 올라가서 마지막에는 하느님에 이른다. 그러나 이 모든 족보는 거의 불필요한 것으로 보인다. 두 복음서 저자는 요셉이 예수의 아버지가 전혀 아니라는 것을 밝히기 위해 고심하

고 있기 때문이다! 예수의 어머니 마리아는 동정녀이며, 「누가복음」 족보상의 남자 77명을 거치지 않고 하느님이 직접 예수의 아버지가 된다. 마태는 명백하게 이렇게 기록했다.

> 그녀가 잉태한 것은 성령에 의한 것이다. …… 이 모든 일은 주께서 선지자를 통해 하신 말씀을 이루려 하심이니 가라사대 보라 처녀가 잉태하여 아들을 낳을 것이며 …….[27]

두 복음서의 저자가 전혀 다른 족보를 장황하게 나열한 것은 단지 그런 족보를 하등 쓸모없는 것으로 여기라는 뜻에서 그랬을까?

다른 한편으로, 마가는 다윗에 이르는 혈통을 전혀 언급하지 않는다. 베들레헴과 동정녀 잉태도 언급하지 않는다. 왜 그는 그토록 중요한 얘기를 빼버렸을까? 바로 그 점에 수상쩍은 데가 있다!

네 복음서는 그처럼 서로 일관성 없는 데가 많다. 「누가복음」에서는 (수리아의 총독이 된 — 옮긴이) 구레뇨가 호구 조사를 할 때 예수가 태어났다며 역사적으로 확실한 사실을 우리에게 전해주는 것처럼 보이게 한다. 그런데 호구 조사가 이루어진 때는 CE 6년이었다. 마태는 예수가 헤롯 왕 치하에서 태어났다고 말한다. 그런데 헤롯 왕은 BCE 4년에 죽었다.[28] 「누가복음」 속의 내용들 간에도 일관성을 잃은 구절이 있다. 누가는 유대 왕 헤롯 때에* 요한과 예수가 6개월 간격으로 기적적으로 잉태되었다고 말한다. 그런데 그 후 CE 6년의 호구 조사 때도 마리아가 여전히 임신 중이다. 그렇다면 아무리 짧게 잡아도 10년 동안은 임신을 하고 있었던 셈이다!

---

* 『누가복음』 1장 5절.

요한은 예루살렘 성전 숙정 이야기를 앞부분에 기록했지만, 마태는 복음서 뒷부분에 기록했다.[29] 「마가복음」에 따르면, 예수는 갈릴리 지역에서만 가르쳤고, 유대 지방에서는 가르치지 않았다. 단 한 번 생애 마지막에 예루살렘에 갔을 뿐이다. 그러나 「누가복음」에 따르면, 예수는 갈릴리와 유대에서 비슷하게 가르침을 펼쳤다. 「요한복음」에 따르면, 예수는 주로 예루살렘에서 설교했고, 갈릴리에서 설교한 경우는 드물다.[30]

놀랍게도, 문자주의 그리스도교가 예수의 죽음과 부활의 역사성을 기초로 한 것인데도, 십자가 처형을 둘러싼 사건들조차도 복음서들의 기록이 일치하지 않는다. 「마태복음」과 「마가복음」에서, 예수는 산헤드린 공회 앞에서 유대인 장로들의 심리를 받고 사형을 선고받는다. 「누가복음」에서는 예수가 산헤드린 공회의 심리를 받지만, 형을 선고받지는 않는다. 그러나 「요한복음」에서는 예수가 산헤드린 공회 앞에 서지 않는다.[31] 그 후 예수는 십자가에 못 박혀 죽게 된다. 아니, 바울이 말한 것처럼 예수를 "교수대"*에 매달아 죽였을까?[32] 아니, 베드로가 「사도행전」에서 말한 것처럼, 예수를 "나무에 달아" 죽였을까?[33]

예수의 배반자 가룟 유다의 죽음에 대한 이야기도 마찬가지로 일관성이 없다. 「마태복음」에서 유다는 "스스로 목매달아 죽었다."[34] 그러나 「사도행전」에서는 예수를 배반한 후 갑자기 몸이 곤두박질하여 죽었다.[35] 예수의 가까운 제자들이라고 우리가 믿을 수밖에 없는 복음서의 저자들은 스승이 한 마지막 말까지도 정확히 기억하지 못했다! 「마태복음」[36]과 「마가복음」[37]에 따르면, 「시편」 22편의 "나의 하느님이여, 나의 하느님이여, 어찌하여 나를 버리셨나이까"라는 구절을 예

---

* 저자는 gibbet, 즉 교수대라고 썼지만, 영역 성서에는 대개 tree, 즉 나무로 되어 있다. 교수대든 형주stake든, 나무든 모두 비슷한 기둥이다.

수는 마지막으로 외친다.* 그러나 「누가복음」에서는 「시편」 31편의 "아버지여, 내 영혼을 아버지 손에 부탁하나이다."라는 구절을 마지막으로 외치고 운명한다.[38] 이러한 두 구절을 좋아하지 않을 이들을 위해서인지 「요한복음」에서는[39] 예수는 간단하게 "내가 목마르다."고 말한 후 "다 이루었다."고 하고 운명한다.[40]

「마가복음」에 따르면, 아리마대 사람 요셉이 빌라도에게 가서, 예수의 시체를 가져가서 매장해도 좋으냐고 묻자, 빌라도는 예수가 그렇게 빨리 죽었다는 것에 놀란다.[41] 그러나 「요한복음」에서는 아리마대 사람 요셉이 빌라도에게 가서 예수의 시체를 가져가겠다고 했을 때, 빌라도는 이미 그 전에 예수가 빨리 죽도록 다리를 꺾고 창으로 찌르도록 명했다고 기록되어 있다.** 「요한복음」이 옳다면, 「마가복음」에서 빌라도가 놀랐다는 것이 놀랍다.[42]

「마태복음」에 따르면, 예수는 이렇게 예언했다.

> 요나가 밤낮 사흘을 큰 물고기 뱃속에 있었던 것같이 인자도 밤낮 사흘을 땅 속에 있으리라.[43]

아니! 그렇다면 예수가 계산을 잘못했단 말인가? 복음서들의 말에 따르면, 예수는 금요일에 죽었고, 일요일 이른 아침에 살아났다. 그렇다면 "땅 속"에서 예수는 다만 이틀 밤만을 보냈다.***

「마가복음」에서 예수의 여성 제자들 몇 명은 빈 무덤을 발견한 후,

---

* 두 복음서에서는, 예수가 "엘리 엘리 라마 사박다니 Elwi elwi lamma' sabacqani"라고 외쳤다고 나와 있는데, 이 말은 '나의 하느님이여, 나의 하느님이여, 어찌하여 나를 버리셨나이까'라는 뜻의 아람어다.
** 「요한복음」 19장 31~38절에 나오는 얘기다.

동굴 속에서 "흰옷을 입은 한 청년이 앉아 있는 것"을 보았다.[44] 그러나 「누가복음」에는 동굴 속에서 "문득 찬란한 옷을 입은 두 사람이 그들 곁에 섰다."고 기록되어 있다.[45] 「마태복음」에서는 다음과 같이 훨씬 더 극적으로 묘사되어 있다.

> 큰 지진이 나며 주의 천사가 하늘에서 내려와 돌을 굴려내고 그 위에 앉았는데, 그의 형상이 번개 같고, 그의 옷은 눈같이 희었다.[46]

「마가복음」[47]과 「마태복음」[48]에서, 부활한 예수는 갈릴리에서 다른 제자들 앞에 나타난다. 이 제자들은 예수의 명에 따라 특별히 갈릴리로 미리 보내어진 이들이었다. 그런데 갈릴리에서 그처럼 이루 말할 수 없이 초자연적인 사건을 목격하면서도 제자들은 담담하기 짝이 없다. 한편, 「누가복음」에서는 부활한 예수가 갈릴리가 아닌 예루살렘 부근에서 다른 제자들 앞에 나타난다.[49] 실제로, 「사도행전」에 따르면, 제자들은 갈릴리로 가라는 신성한 명을 받지 않았다. 오히려 예수는 제자들에게 예수살렘을 떠나지 말라고 명한다.[50]

예수의 말조차도 이렇게 일관성이 없다. 「마가복음」에서 예수는 자애롭게 말한다.

> 우리를 반대하지 않는 자는 우리를 위하는 자니라.[51]

그러나 「마태복음」에서는 독단적으로 경고한다.

*** (앞쪽) 「요나」 1장 17절에 의하면, 요나는 "삼일삼야三日三夜"를 물고기 뱃속에 있었다.

나와 함께 하지 않는 자는 나를 반대하는 자다.⁵²

같은 복음서 내에서도 예수의 말이 너무나 일관성이 없을 때가 있다. 「마태복음」에서 베드로가 묻는다. "주여, 형제가 내게 죄를 범하면 몇 번이나 용서하여 주리이까? 일곱 번까지 하오리이까?" 그러자 예수는 완벽한 용서라는 아름다운 가르침을 준다.

네게 이르노니 일곱 번뿐만 아니라 일흔 번씩 일곱 번이라도 용서할지니라.⁵³

그런데 베드로가 왜 그런 질문을 했는지가 석연치 않다. 같은 복음서의 고작 한 문단 앞에서 어째야 할 것인지 예수가 이미 가르쳤기 때문이다. 예수는 용서하라는 게 아니라 먼저 훈계를 하고, 말을 듣지 않으면 현실적으로 대처하라는 실용적인 조언을 했다.

네 형제가 죄를 범하거든, 가서 너와 그 사람과만 상대하여 권고하라. 만일 들으면 너는 형제를 얻은 것이다. 만일 듣지 않거든 한두 사람을 데리고 가서, 두세 증인의 입으로 말마다 증참케 하라. 만일 그들의 말도 듣지 않거든 교회에 말하고, 교회의 말도 듣지 않거든 그를 이방인이나 세리처럼 여기도록 하여라.⁵⁴

위와 같은 대처도 용서라고 할 수 있다면, 세 번만 용서받을 기회를 주는 셈이다. 그렇다면 어느 쪽이 진짜 스승의 가르침일까? "형제가 죄를 범하거든" 세 번만 용서하면 되는 것일까? 아니면 490번까지라도 용서해야 하는 것일까?

네 복음서가 예수의 가르침에 대한 역사적 기록이라면, 우리는 확실하게 이런 결론을 내릴 수 있다. 예수는 하느님의 아들이 아니라고. 만일 예수가 하느님의 아들이라면, 하느님의 아들도 여느 인간 못지않게 오류를 범하는 존재라고. 예수는 당시 살아 있는 자들이 죽기 전에 계시를 목격하게 될 거라고 예언했지만, 그의 예언은 이루어지지 않았다.

내가 참으로 너희에게 이르노니, 여기 서 있는 사람 중에 죽기 전에 하느님의 나라를 볼 자들도 있느니라. …… 일월성신에는 징조가 있겠고, 땅에서는 민족들이 바다와 파도의 울부짖는 소리를 듣고 크게 놀라리라. 사람들이 세상에 임할 일을 생각하고 두려워 떨며 기절하리니, 이는 하늘의 권능들이 흔들리겠음이라. 그때에 사람들은 인자가 구름을 타고 능력과 큰 영광으로 오는 것을 보리라. 이런 일이 일어나기 시작하거든, 너희의 구원이 다가오고 있으니 일어나 머리를 들라. …… 너희가 이런 일이 일어나는 것을 보거든 하느님의 나라가 가까운 줄 알라. 내가 진실로 너희에게 말하노니, 이 세대가 지나가기 전에 이 모든 일이 다 일어나리라.[55]

마찬가지로 「마태복음」에서 예수는 주장한다.

진실로 너희에게 이르노니, 여기 서 있는 사람 중에 죽기 전에 인자가 그 왕권을 가지고 오는 것을 볼 자들도 있느니라.[56] 내가 진실로 너희에게 말하노니, 이 세대가 지나가기 전에 이 모든 일이 다 일어나리라.[57]

하지만 모든 제자들이 진실로 죽어서 묻힌 지 줄잡아 2천 년이 지난 지금도, 그 모든 일 가운데 어떤 일도 일어나지 않았고, 예수는 돌아오지 않았다.

그러나 복음서들에서 가장 인상적인 곳은 예수가 바리새인들의 주장을 반박하며 구약을 인용하는 대목이다. 그런 사실 자체는 전혀 놀랄 게 없다. 다만 놀라운 것은 예수가 인용한 구절이 구약을 그리스어로 잘못 번역한 구절이라는 점이다. 인용한 그리스어 구절 자체는 예수가 주장하는 것을 제대로 뒷받침할 수 있는 구절이다. 그러나 원래의 헤브라이어 구절은 예수가 주장하는 것과 전혀 다를 뿐만 아니라, 전혀 도움이 되지도 않는 구절이다. 예수가 정통 유대교의 바리새인들에게 강한 인상을 심어주기 위해 유대인의 성서를 그리스어로 오역한 것을 일부러 인용했다는 것은 말이 되지 않는다. 그러나 만일 더 이상 헤브라이어를 사용하지 않고 그리스어만 쓰기 때문에, 자신들의 성서를 그리스어로 번역하지 않고는 읽을 수가 없는 수많은 유대인 가운데 한 명이 그런 사건을 꾸며냈다면 말이 된다. 그 유대인이 제대로 알지도 못하는 구약을 인용했는데, 그것을 예수가 인용한 것인 양 꾸며놓았다고 볼 수밖에 없는 것이다.[58]

신약에 대한 학문적 연구

이 모든 것으로 미루어볼 때 다음 둘 중 하나는 논란의 여지가 없이 확실하다. 일부 그리스도교인들이 주장하듯, 복음서들은 하느님의 신성한 말씀이 아니다.[59] 그렇지 않다면, 하느님은 너무나 혼동을 잘하는 존재다. 자체 성격상 하느님이 혼동을 한다는 것은 있을 수 없기 때문에, 복음서는 오류를 범할 수 있는 인간의 말을 기록한 것이라고 결론짓는 것이 안전할 것이다. 그런데도 복음서가 역사적 예수에 대한 진실을 전해준다고 믿는 것이 옳을까? 이제 「마태복음」, 「마가복음」, 「누가복음」, 「요한복음」에 대한 학문적 연구 결과에 대해 알아보자.

우선, 복음서들은 원래 그런 이름으로 알려진 것이 아니었다. 원래는 특정한 저자가 없었다. 각 복음서는 각 그리스도교 분파의 "가르침"으로 간주되었다. 그러다 후대에 가상의 저자 이름을 얻게 되었다.[60] 복음서들은 사실상 익명의 작품이다. 복음서 안의 모든 내용은 예외 없이 대문자로 쓰였고, 제목이 없으며, 장이나 절의 구분도 없고, 낱말들 사이에 구두점이 없다.[61] 성서는 유대인의 아람어로 쓰이지 않았으며 오직 그리스어로만 쓰였다.[62]

복음서는 또 세월이 흐름에 따라 내용이 바뀌었고 덧붙여졌다. 이교도 비평가 켈수스는 그리스도교인들이 "내용을 비판하는 주장들을 무마할 목적으로 서너 번, 아니면 그 이상 원래의 내용을 바꾸었다."고 지적했다.[63] 현대 학자들은 그의 말이 옳다는 것을 밝혀냈다. 3천여 종의 초기 원고를 세심하게 연구한 결과, 기록이 얼마나 많이 바뀌었는지 드러난 것이다.[64] 그리스도교 철학자 오리게네스는 3세기의 저술에서, 변해가는 신학적 풍토의 요구에 발맞추기 위해 원고가 편집되고 보완 개편되어왔다는 사실을 시인했다.

오늘날 수많은 판본의 원고가 존재한다는 것은 명백한 사실이다. 그것은 필경사의 부주의 때문이거나, 일부 사람들이 주제넘게 원문을 고쳤기 때문이거나, 더러 교정자로 자처하며 제멋대로 첨가하거나 삭제했기 때문이다.[65]

이 문제가 얼마나 심각한지 입증하기 위해, 한 학자는 완전히 무작위로 복음서 일부를 선택했다(이때 선택된 것은 「마가복음」 10장과 11장이었다.). 그는 여러 초기 원고들 간의 다른 점이 얼마나 많은지 점검했다. 그 결과 "전체 내용으로 볼 때 48군데 이상이 달랐고, 상호 비교하면 두 군데만 다른 것도 일부 있었지만, 대부분은 세 군데 이상이 달랐고, 어느 경우에는 여섯 군데까지 달랐다!"⁶⁶

학자들은 복음서 내용 가운데 후대에 추가된 것이 무엇인지 알아냈다. 예를 들어, 원래의 「마가복음」은 16장 8절에서 끝난다. 예수의 무덤이 비어 있는 것을 보고 여자들이 무서워하는 장면에서 끝난 것이다. 소위 "긴 결말long ending"이라고 부르는 부분이 초기 원고에서는 전혀 발견되지 않지만, 오늘날에는 거의 모든 신약에 포함되어 있다.⁶⁷

이처럼 수많은 편집과 수정에도 불구하고, 앞에서 살펴본 것처럼 복음서들이 모순되거나 일관성을 잃은 부분이 여전히 남아 있다. 수세기 동안 가톨릭교회는 성직자가 아닌 사람이 혼자서 신약을 읽는 것을 금지했다. 그래서 복음서 내용들 간의 모순을 알아낼 기회를 가진 사람이 많지 않았다. 그러다가 16~17세기 종교개혁*과 더불어 모든 것이 달라졌다.⁶⁸

로마 교황청에서 분리되고자 열망했던 독일 개신교 학자들은 복음서들을 연구해서 예수의 역사적 증거를 찾기 시작했다. 오늘날에 이르기까지 그런 연구를 한 학자들 대다수는 그리스도교인이었다. 세례를 받은 사람만이 독일 대학의 신학 과정을 이수할 수 있기 때문이다.⁶⁹ 그런 사실에도 불구하고, 3세기 동안의 집중적인 연구 결과, 그들이 바란 대로 그리스도교의 확고한 역사적 기초가 세워지기는커녕, 문자주의의 예수상은 완전히 붕괴되고 말았다.⁷⁰

섬세한 연구 결과, 그들은 「요한복음」이 너무 후대에 쓴 거라서 목격담일 수가 없다고 결론지었다.⁷¹ 마태, 마가, 누가의 복음에서 예수

---

* 루터는 일반인이 읽을 수 있도록 성서를 독일어로 번역했고, 이것이 독일어 통일에 큰 기여를 했다.

는 역동적인 비유로 가르치지만, 「요한복음」에서는 예수가 유창한 그리스어로 축어적인 장문의 설교를 한다. 그것은 유대인 목수의 아들이 구사할 수 있는 언어가 결코 아니었다.[72] 또 「요한복음」에서는 다른 복음서들과 전혀 다른 사건들을 다수 기술한다.

베를린의 언어학자 카를 라흐만 Karl Lachmann과 다른 유명 학자들의 연구 또한, 「마태복음」과 「누가복음」과 「마가복음」이 서로 다른 복음서인데도 같은 내용이 아주 많다는 것을 보여주었는데, 이렇게 유사한 것은 「마태복음」과 「누가복음」이 사실상 「마가복음」을 고쳐 썼기 때문이다.[73] 「마가복음」은 가장 단순하며 가장 초기의 복음서다. 「요한복음」이 아주 후대에 쓰였고, 「마태복음」과 「누가복음」이 「마가복음」을 기초로 한 것이라면, 예수의 생애에 대한 목격담일 가능성이 있는 것은 「마가복음」밖에 없다.

학자들은 「마가복음」이 CE 70년에서 2세기 초 사이에 쓰인 것이라고 믿는다.[74] 가장 빠른 시점을 받아들인다면 마가가 목격자일 가능성도 없지는 않다. 그러나 아이러니하게도, 마가는 예수를 직접 본 적이 있다고 주장하지 않는다. 바로 그런 이유 때문에, 초기 교회에서는 많은 사람이 그의 복음서를 정경으로 채택하는 것을 반대했다.[75] 마가는 기껏해야 베드로의 비서였거나 통역자였던 것으로 간주된다. 그러나 그것조차도 불가능하다. 「마가복음」을 보면, 현대 학자가 말한 대로 마가는 "팔레스타인 지방의 지리에 대해 어이가 없을 정도로 무지"하기 때문이다.[76]

예를 들어, 7장 31절에서 예수는 "두로 지역에서 나와 시돈을 지나고 데가볼리 지역을 통과하여 갈릴리 호수에" 이른다. 그런데 시돈은 정반대 방향에 있을 뿐만 아니라, CE 1세기에는 시돈에서 갈릴리로 가는 길이 없었다. 두로에서 곧바로 갈릴리로 가는 길이 하나 있었을 뿐이다. 마찬가지로 5장 1절에서 갈릴리 바다의 동쪽 해안을 거라사 사람의 지방이라고 말하지만, 거라사(오늘날의 예라시)는 바다에서 동남쪽으로 50킬로미터나 떨어져 있다. 거라사에서 더러운 귀신들이 들어간 돼지 "떼가 바다를 향하여 비탈로 내리달아 바다에서 몰사" 하기에는 거리가 너무나 멀다. 지리적인 문제는 접어두더라도, 마가는 그 지방의 풍속에 대해서도 몰랐다. 「마가복음」에서 예수는 "아내가 남편을 버리고 다른 데로 시집가면 간음을 행함이니라"(「마가복음」 10장 12절)고 말한다. 유대 세계에서는 그런 말이 하등의 의미도 없다. 그 세계에서 여자들은 이혼할 권리가 아예 없었기 때문이다.[77]

19세기 후반에 브레슬라우대학교에서 신약을 가르친 빌리암 브레더William Wrede는, 가장 초기의 원시적인 「마가복음」조차도 역사적 정확성보다는 신학적 도그마에 더 관심을 두고 있다고 주장했다.[78] 1919년에 또 다른 독일 학자 카를 루트비히 슈미트Karl Ludwig Schmidt는 「마가복음」이 만들어진 방식에 대한 꼼꼼한 연구서를 펴냈다. 그는 「마가복음」의 저자가 기존의 단편적인 이야기들을 엮어서 복음서를 만들었다는 사실을 증명했다. 예수 이야기는 이미 있었던 단편적 이야기들을 편집한 것이었다.[79] 「마태복음」과 「누가복음」이 「마가복음」에 없는 탄생과 혈통 이야기를 추가한 것은, 예수 이야기가 시간이 흐르면서 진화했다는 것을 보여준다. 독일 학자들은 그런 이야기를 더 이상 역사적 사실 이야기로 간주할 수 없었다.[80] 결국 학자들은 복음서들의 기록을 통해 역사적 예수를 발견하겠다는 기대를 버리고 말았다.

그 이후 마가, 마태, 누가의 복음이 쓰인 시기를 2세기로 보아야 한다는 독일 신학자들이 점점 많아졌다.[81] 마르부르크대학교에서 신약을 가르친 루돌프 불트만Rudolf Bultmann(1884~1976년)은 평생 복음서를 연구한 사람이며, 신약에 대해서는 가장 권위 있는 사람 가운데 한 명이었다. 그는 복음서를 분석하는 효과적인 방법을 개발했다. 그 방법은 "형식 비평form-criticism"이라고 불렸다.[82] 그 방법에 의한 분석 결과, 그는 다음과 같이 결론지었다.

> 나는 정말이지 우리가 예수의 생애와 실재에 대해서는 거의 아무것도 알 수 없다고 생각한다. 초기 그리스도교의 자료 가운데 그것에 대한 관심을 나타내는 것이 없기 때문이다. 게다가 그 자료들은 단편적이며, 대부분 전설을 언급하고 있을 뿐이다.[83]

「사도행전」이라면?

복음서가 예수의 역사성 탐구에 도움이 되지 않는다면, 신약의 다른 내용은 어떨까? 놀랍게도, 「사도행전」과 바울의 편지, 「야고보서」, 「요한서」, 「유다서」, 「요한계시록」들은 예수의 역사성에 전혀 관심이 없다. 역사적인 예수에 대한 이야기를 하지 않고 제자들에 대한 얘기를 한다. 만일 제자들의 존재가 확실히 증명된다면, 그 증명을 기초 삼아 예수의 존재도 입증할 수 있을 것이다.

그런데 네 복음서에서는 12사도의 이름 외에는 뾰족한 기록이 없다. 게다가 12사도에 대해서도 심각하게 일관성을 잃고 있다. 「마가복음」, 「마태복음」, 「누가복음」에서는, 베드로, 야고보, 요한이 가장 중요한 제자다. 그러나 「요한복음」에서는 베드로가 사소한 역할을 할 뿐이고, 야고보와 요한은 언급되지도 않는다.[84] 다른 한편으로, 「요한복음」에서는 나다나엘과 니고데모를 사도에 포함시키는데, 다른 세 복음서에는 그들이 등장하지 않는다.[85] 무엇보다도, 사도들의 이름 목록이 「마가복음」과 「마태복음」에 아주 서투르게 제시된다. 그래서 학자들은 사도들의 수가 원래는 중요하지 않았으며, 그 이름들도 후대에 삽입한 것이라고 결론지었다.[86] 「요한복음」은 이름을 나열하지도 않는다. 6장을 보면 "여럿"이라거나 "많이"라고 제자를 묘사하다가, 곧이어 느닷없이 "열두 제자"를 택했다는 구절이 나온다.[87]

교회 역사에 대한 전통적인 견해는 예수 부활 후 12사도가 교회를 세우는 데 결정적인 역할을 했다는 것이다. 그들의 행위는 「사도행전」에 기록되어 있다. 그러나 「사도행전」의 저자가 12명의 중요성을 대단히 강조하면서도 12명 중 9명에 대해서는 이름밖에 언급하지 않는다.[88] 「사도행전」은 사실상 12명 가운데 베드로에게만 관심을 보인다. 그런데 15장 이후부터는 베드로조차 언급하지 않는다. 거기서부터는 바울 얘기만 나오는데, 바울은 12사도 가운데 한 명이 아니었고, 예수를 만난 적도 없다는 사람이다.[89]

「사도행전」은 믿을 만한 사건의 기록이라는 확신을 주지 못한다. 신약을 번역한 어느 그리스도교인이 시인했듯이, 「사도행전」은 "잡화점에서 파는 대중서적"을 닮았다.[90] 「사도행전」은 잡다한 모험과 환상 이야기로 가득 차 있다. 예컨대 5장에서 아나니아라는 신도가 자기 땅을 팔아서 일부만 사도에게 바치고 나머지는 제 몫으로 챙긴다. 베드로가 그를 꾸짖자 느닷없이 쓰러져 죽어버린다! 베드로는 그의 죽음을 대수롭게 생각하지 않는다. 그는 세 시간 후 그 가난한 신도의 아내에게 똑같은 재주를 펼쳐보인다. 베드로가 "네 남편을 매장하고 오는 사람들의 발이 문 앞에 이르렀으니 너 또한 메어 내가리라." 하고 말하자마자, 그녀는 "곧 베드로의 발 앞에 엎드려져 혼이 떠나"버린다. 당연히 "이 일에 대한 얘기를 들은 모든 사람과 온 회중이 크게 두려워"했다.[91]

베드로는 재산을 공유하지 않고 부정직하게 숨긴 자를 즉석에서 죽게 했지만, 그 정도의 재주는 별것도 아니다. 「사도행전」에 따르면, 빌립은 한 곳에서 다른 먼 곳으로 '공간 이동' 할 수도 있다! 그는 예루살렘에서 거세된 남자에게 세례를 준 후 갑자기 "주의 영이 빌립을 이끌어" 즉각 아소도에 나타난다.[92] 「사도행전」에서도 지나치게 과장을 한다. 바울은 두 해 동안 전도 여행을 해서 "아시아에 사는 모든 유대인과 그리스인이 주의 말씀을 들었다."[93] 신조차도 불가능한 일을 해낸 것이다! 그 다음에는 다음과 같이 "베드로와 큰 보자기"의 기괴한 예를 든다.

베드로가 기도하려고 지붕에 올라가니 시간은 제6시*더라. 시장하여 먹고자 하매 사람들이 (음식을 — 옮긴이) 준비할 때에, 베드로는 비몽사몽간에 하늘이 열리는 것을 보았다. 하늘에서 큰 보자기 같은 것이 내려오는데, …… 그 안에는 땅에 있는 모든 네 발 짐승과 기는 것과 공중에 나는 것들이 들어 있었다. 그리고 이런 소리가 들렸다. "베드로야, 일어나 잡아먹어라."[94]

이러한 「사도행전」에서는 역사적 사건에 대한 증거를 찾지 않는 것이 안전할 것이다. 게다가 「사도행전」은 한 명의 저자가 쓴 것이 아니다. 16장과 27장, 28장에서 느닷없이 이야기가 3인칭 진술에서 1인칭 진술로 바뀐다.[95] 따라서 「사도행전」은 복음서들과 마찬가지로 스크랩하여 편집한 작품이라고 볼 수밖에 없다.

---

* 신약 성서의 시간 표기는 대강 아침 여섯 시부터 저녁 여섯 시까지를 낮 시간으로 보고, 이 낮 시간을 12시간으로 나누는 당시의 풍습에 따른 것이다. 즉 오늘날의 오전 6시가 당시로는 0시인 셈이다. 이에 따라 "제6시"는 현재의 12시, 즉 정오를 의미한다.

「사도행전」이 내적 일관성을 잃은 이유도 그래서일 것이다. 예를 들어, 9장에서 바울은 다메섹으로 가는 길에 홀연히 하늘에서 비춘 빛을 보고 신성한 소리를 듣는다. 같이 가던 사람들에게는 소리만 들릴 뿐 아무것도 보이지 않았다.[96] 그러나 22장 9절에서 바울은 같은 사건에 대해 반대로 말한다. "나와 함께 있는 사람들이 빛은 보면서도 나에게 말하시는 이의 소리는 듣지 못하더라."[97]

또한 「사도행전」에 적힌 바울의 증언은 「갈라디아서」에 적힌 그의 증언과 모순된다. 「사도행전」에 따르면, 다메섹으로 가던 길에 앞에서 언급한 경험을 한 후, 눈이 멀게 된 바울은 다메섹에 있는 아나니아라는 제자를 만나라는 명을 받는다. 아나니아는 바울에게 안수按手하여 눈이 다시 보이게 해준다.[98] 그 후 예루살렘으로 간 바울은 바나바의 소개로 여러 제자를 만난다.[99] 예루살렘 성전에서 바울은 두 번째로 예수를 보고, 이방인들에게 전도하라는 사명을 받는다.[100] 하지만 이런 내용은 바울이 직접 썼다는 편지 내용과 사뭇 다르다. 「갈라디아서」에서 바울은 아나니아를 언급하지도 않으며, 개종 체험 후 3년 동안 예루살렘에서 그리스도교인들과 어울리지 않았다고 주장한다. "나보다 먼저 사도 된 자들을 만나려고 예루살렘으로 가지 아니하고 오직 아라비아로 갔다가 다시 다메섹으로 돌아갔노라."[101] 이어서 그는 열정적으로 이렇게 기술한다. "하느님 앞에서 확실히 말하노니, 지금 내가 쓰고 있는 글에서 나는 거짓말을 하지 않노라"(1장 20절). 그렇다면 누가 거짓말을 하고 있단 말인가?

「마가복음」에서처럼 「사도행전」에서도 헤브라이어 구약을 잘못 인용한다. 베드로는 예루살렘의 유대인들에게 자기 말을 입증하기 위해 구약을 인용하지만, 그 인용문은 그리스어로 전혀 잘못 번역된 구절이다. 원래의 헤브라이어 구절은 뜻이 전혀 다르다. 또 「사도행전」에서 마찬가지로 야고보는 헤브라이어 원전을 왜곡한 그리스어 구절을 인용해서 예루살렘의 유대인을 설득하려고 한다.[102] 예루살렘의 유대인들은 어이가 없었을 것이다! 이런 증거만 놓고 볼 때에도, 「사도행전」을 예루살렘 교회의 역사적 기록으로 받아들일 수는 없다고 학자들은 결론지었다.[103]

「사도행전」이 쓰인 시대에 대한 증거는 그런 결론을 뒷받침한다. 「사도행전」은 2세기 말에 살았던 이레나이우스와 테르툴리아누스가 성서로 인정한 것이다. 그런데 한 세대 일찍 살았던 순교자 유스티누스는 「사도행전」의 존재에 대해 알고 있다는 흔적조차 남기지 않았다.[104] 「사도행전」은 CE 177년 이전에 인용된 적이 없다. 그러니 「사도행전」은 분명 당대에 쓰인 것이 아니라, CE 150년에서 177년 사이에 쓰였을 것이다.[105]

사실상 초기 그리스도교인들에게는, 사도들의 행위를 기술한 여러 판본의 원고가 유포되었다. 그러나 당시 정경으로 인정받지 못한 이 원고를 역사적 증거 자료로 본 사람은 아무도 없었다.[106] 그런데 이제 와서 우리가 「사도행전」을 역사적 자료로 보아야 할 이유가 어디 있겠는가? 로마 가톨릭교회가 이것을 신약에 포함시키기로 결정했기 때문에? 5세기에 대교황으로 일컬어지는 레오 1세 Leo I(CE ?~461년 ─ 옮긴이)는 요한, 베드로, 바울, 안드레, 도마의 신화적 업적을 다룬 행전을 위험한 이단적 거짓말로 평가하고 금서로 지정하는 한편, 모두 불태워버리게 했다.[107] 「사도행전」만이 그런 운명을 면할 수 있었던 것은 다만 그것이 로마 교회의 "정책 노선"을 뒷받침한다는 이유에서였다.

최초의 증거

「사도행전」 이야기는 이 정도로 접어두자. 그럼 신약의 「베드로서」, 「야고보서」, 「요한서」는 어떨까? 그것들은 우리에게 도움이 될까? 안타깝게도 현대 학자들은 이 편지들이 초기 교회 내부의 이단적 주장을 반박하기 위해 훨씬 후대에 위조된 것이라는 사실을 입증했다. 그런데 탁월하게 위조하지도 못했다. 한 번역자가 「베드로후서」에 대해 썼듯이, "이 편지에서는 사도들이 이미 죽어서 묻혔다는 듯이 사도들을 '조상들'이라고 일컫는다."[*108] 따라서 「베드로후서」는 분명 베드로의 글이 아니다. 다만 반이단적 메시지에 힘을 실어주기 위해 베드로의 이름을 빌린 것이다.[109] 「베드로서」는 널리 위서로 간주된 탓에, 신약 성서 정경이 되는 데 오랜 시간이 걸렸다.[110]

그렇다면 바울의 편지는 어떨까? 적어도 바울만큼은 역사적인 인물이었던 것으로 여겨진다. 그러나 학자들은 "목회 서간"으로 알려진 그의 후기 편지들이 위조된 것이라고 믿는다. 후기 편지는 초기 편지와 내용이 모순된다.[111] 다른 사도들의 편지와 마찬가지로, 목회 서간은 교회 내부의 분열을 막기 위해 CE 2세기에 쓰였다.[112] 그러나 초기 편지들은 그것이 '발췌' 편집되고 추가되기는 했지만 그래도 바울이 쓴 것으로 널리 받아들여졌다. 바울은 CE 70년 이전에 편지를 썼다.

---

* 「베드로후서」 3장 4절에서 "조상들이 잔(죽은) 후"라는 언급이 나오는데, 위 번역자인 A. 가우스A. Gaus와 이 책의 저자는 이 "조상들"이 곧 "사도들"이라고 해석하고 있다. 아무튼 「베드로후서」 3장 2절에는 "사도들"이 전한 구주의 명을 환기시키겠다는 말이 나온다. "사도"인 베드로가 이런 식으로 말했다고는 보기 어렵다. 베드로가 고작 다른 사도들의 말을 환기시키거나 하는 정도의 존재라고 볼 수는 없기 때문이다

그러니 바울의 편지는 사실상 네 복음서보다도 먼저 쓰인 셈이다. 바울의 편지야말로 가장 초기의 그리스도교 문서이며, 기본적으로 일부 편지는 바울의 진짜 편지다. 적어도 이 편지만큼은 우리에게 실질적인 가치가 있다!

그러나 너무나 놀라운 사실은, 바울이 역사적 예수에 대해 단 한 마디도 하지 않는다는 것이다! 그는 십자가에 못 박혔다가 부활한 그리스도에 대해서만 관심이 있다. 그런 그리스도가 중요한 것은 오로지 신비한 비밀을 지녔다는 데 있다. 바울은 스스로 역사적 예수를 만난 적이 없다고 분명히 밝힌다. 그는 이렇게 썼다.

> 이는(복음은 — 옮긴이) 내가 사람에게서 받은 것도 아니고, 배운 것도 아니고, 오직 예수 그리스도의 계시를 통해 얻은 것이다.[113]

바울은 예루살렘이나 빌라도를 언급하지 않는다. 나중에 더 깊이 살펴보겠지만, 바울은 "관원들" 혹은 "이 세대의 지배자들" — 영지주의자들이 말하는 악마의 세력 — 이 선동해서 예수를 십자가에 못 박았다고 선언한다.[114] 사실상 바울은 예수를 가까운 과거를 포함한 그 어떤 역사적 시대나 장소와 관련시키지 않는다.[115] 바울의 그리스도는 이교도의 오시리스-디오니소스와 마찬가지로 시대를 초월한 신화적 인물이다.

바울은 나사렛에 대해 어떤 말도 하지 않으며, 나사렛 예수라는 말도 쓰지 않는다.[116] 그는 그리스도교를 세례 종교로 묘사하지만, 세례자 요한을 언급하지 않는다.[117] 세리와 죄인들과 함께 먹고 마시는 예수, 특정 산에서 설교하는 예수, 그의 비유, 바리새인들과의 논쟁, 로마 관헌과의 충돌 등에 대해 그는 전혀 언급하지 않는다.[118] 바울은 심지어 주기도문도 모른다. 복음서들에 따르면, 예수는 제자들에게 "너희는 이렇게 기도하라."고 말하며, 주기도문을 가르쳐주었다. 그런데 바울은 「로마서」에 이렇게 썼다. "우리는 기도하는 방법을 알지 못한다."*119

바울이 실제로 얼마 전에 죽은 메시아를 섬긴 인물이었다면, 자신의 전도 사명을 시작하기 전에, 예수를 개인적으로 만났다는 사도들을 찾아갈 필요성을 느꼈을 것이다. 그런데 찾아갈 생각을 전혀 하지 않았다는 것은 정말 이상한 일이 아닐 수 없다. 그는 자신의 복음이 다른 사람에게서 얻은 것이 아니라고 말한다. 만일 예수가 신화적인 그리스도가 아니라 실존 인물이었다면, 바울은 예수의 생애와 가르침을 정식으로 인용했을 거라고 가정하는 것이 타당하다. 그러나 그는 예수의 생애를 결코 언급하지 않았고, 예수의 말을 딱 한 번만 인용한다. 그런데 그 인용문은 미스테리아 의식에서 영성체 의식을 행할 때 사용하는 공식 문구다.

이것은 너희를 위하는 내 몸이니 이것을 행하여 나를 기념하라. ……
이 잔은 내 피로 세운 새 언약이니 이것을 행하여 마실 때마다 나를 기념하라.[120]

바울은 이 구절을 인용할 때, 예수가 "잡히시던 밤에" 또는 다른 번역에 의하면 "배반당한 밤에" 그런 말을 했다고 말한다. 그러나 어느 쪽 번역이든 간에 그런 번역은 예수의 역사성을 부여하기 위해 그리스어 원문을 왜곡한 것이다. 원래의 그리스어로는, 예수는 "넘겨지는 delivered up" 때에 그런 말을 했다.[121] 넘겨진다는 것은 "세상의 죄"를

---

* 개역 성경에는 "우리는 마땅히 빌 바를 알지 못하나"라고 모호하게 번역되어 있다.

대속하기 위해 죽음으로 넘겨지는 자, 곧 고대 그리스의 희생양인 파르마코스의 운명을 언급할 때 사용하던 말이다.

바울은 예수를 내세우지 않고 스스로의 권위로 윤리적 가르침을 베푼다. 그리고 자신의 가르침을 뒷받침하고 싶을 때는 구약을 인용한다. 예수의 말을 인용해도 효과가 마찬가지이거나 훨씬 더 효과적이었을 때도 구약만 인용한다. 그는 그리스도의 죽음으로 인해 유대 율법은 의미를 잃었다고 가르치지만, 정확히 그러기 위해 이 세상에 왔다는 예수의 주장을 직접 인용하지 않는다. 천국을 위해 결혼을 포기한 자를 예수가 칭찬한 구절이 있지만 바울은 자신의 독신 생활을 변호하기 위해 그 구절을 인용하지 않는다.[122] 또 바울은 부활할 때 사람의 육체가 변한다고 주장하면서도 다음과 같은 예수의 가르침을 인용하지 않는다. "사람이 죽은 자 가운데서 살아 날 때에는 장가도 아니 가고 시집도 아니 가고 하늘에 있는 천사들과 같으니라."[123] 그런데 그가 스승의 말을 알고 있었으면서도 결코 인용하지 않았다고 보아야 할까?

바울은 역사적 예수를 언급하지 않지만, 흔히 복음서에 언급되는 두 사도인 것으로 간주되는 요한과 야고보의 이름을 언급한다. 요한에 대해서는 이름만 언급하고 넘어가지만, 야고보에 대해서는 "주의 형제"라고 칭한다. 이러한 호칭은 바울이 역사적 그리스도를 인정했다는 증거로 사용된다. 바울이 그리스도의 형제인 야고보를 만났다는 뜻이 되기 때문이다. 그러나 그리스도교인들이 서로를 "형제"라고 부르는 것은 당시의 관례였다. 「마태복음」[124]과 「요한복음」[125]에서 예수는 추종자들을 "내 형제들"이라고 부른다. 이 형제들은 물론 예수와 피를 나눈 가족이 아니다. 영지주의 복음서인 『야고보의 계시록』에는 야고보가 "순수한 영적 의미에서만 주의 형제라 일컬어진다."고 쓰여 있다.[126]

07 잃어버린 사람 **239**

바울은 또 어떤 "게바"를 언급한다. 전통적으로 게바는 베드로를 가리키는 말로 여겨진다. 베드로는 원래 시몬이라고 불렸지만, 복음서마다 서로 다른 상황에서 예수가 그에게 게바, 곧 "반석"이라는 이름을 지어준다. 아람어 "게바"는 그리스어로 "베드로"에 해당한다. 그렇다면 게바는 베드로와 같은 인물일까? 바울은 자신의 편지에서 단 한 번 베드로를 언급하는데, 게바와 베드로를 동일 인물로 취급하지 않는다. 『사도들의 편지』라는 초기 그리스도교 성서는 11사도의 이름을 나열하는 것으로 시작된다. 여기서 세 번째 사도는 베드로라 불리고, 마지막 11번째 사도는 게바라고 불린다. 그렇다면 분명 게바와 베드로를 동일시하지 않는 전통이 있었던 셈이다. 따라서 그들을 반드시 동일 인물로 간주하는 현대의 해석은 잘못된 것이다.[127]

게바가 베드로의 다른 이름이라고 인정한다 할지라도, 예수와 알고 지낸 베드로가 곧 그 게바일까? 우리는 복음서 이야기에 너무 친숙한 나머지 그렇게 생각하기 쉬울 것이다. 그러나 바울이 예루살렘과 안디옥에서 만난 게바가, 개인적으로 예수와 만난 적이 있는 복음서의 베드로와 동일 인물이라는 것을 암시하는 대목이 그의 편지에는 전혀 나타나지 않는다. 사실은 정반대다. 그의 편지에 등장하는 게바와 바울과의 관계를 살펴보면, 게바가 역사적 메시아의 오른팔이 아니었다는 심증만 굳혀준다. 바울은 게바에게 너무나 적대적이어서, 강한 어조로 그를 비난한다.

> 게바가 안디옥에 이르렀을 때에 책망할 일이 있기로 내가 저를 면책面責하였노라.[128]

바울은 게바가 유대 율법을 따를 뿐만 아니라 이방 그리스도교인과 함께 먹는 것을 거부했다며 책망했다.[129] 하지만, 게바가 복음서들 속의 베드로라면, 예수가 죄인들이나 매춘부와 함께 먹고 마셨으며, 유대 율법을 어겼다는 비난에 대해 당당히 자기변호를 했다는 사실을 게바는 알고 있어야 했다는 점에 대해서는 별 말이 없었다.[130] 바울은 게바를 외식外飾하는 자라고 책망한다.[131] 복음서들 속의 베드로는 겟세마네 동산에서 예수와 함께 깨어 있지 못하고 잠을 자버린 나머지 예수의 책망을 받았다. 또 세 번이나 예수를 부인했고,[132] 「마가복음」에서는 예수가 직접 베드로를 "사탄"에 비유했을 정도의 인물이다.[133] 게바가 복음서들 속의 베드로라면, 바울은 바로 그런 점을 책망했어야 마땅한데, 바울은 그렇게 하지 않았다.

바울의 편지에 등장하는 게바가 복음서들 속의 베드로와 같은 인물이라는 믿음을 정당화하는 데 쓰일 수 있는 것은 짧은 한 구절밖에 없다. 부활한 예수에 대한 기록에서 바울은 이렇게 썼다.

> (성경대로 사흘 만에 다시 살아나 — 옮긴이) 게바에게 보이시고, 후에 열 두 제자에게, 그리고 5백 명 이상의 형제들에게 일시에 보이셨나니 …… 맨 나중에 …… 내게도 보이셨느니라.[134]

이것은 아주 이상한 구절이다. 복음서들에 따르면 가룟 유다는 이 무렵에 이미 죽고 없기 때문에, 예수는 11명의 제자에게만 나타날 수 있었다. 게다가 복음서 어디에도 예수가 수백 명의 사람들 앞에 나타났다는 기록이 없다. 그러니 또 다시 우리는 어느 기록을 믿어야 할지 곤혹스럽다.

위 구절은 후대에 덧붙여진 것으로 볼 수 있다. 그러나 아무튼 위 구절에 따르면, 수백 명의 다른 사람과 더불어 어떤 게바라는 사람도 부활한 그리스도를 보는 신비한 체험을 했으며, 바울 자신도 그러했다. 이때 바울은 역사적 사건을 묘사한 것일까? 혹시 신비한 의식을 묘사한 것은 아닐까? 이것은 급진적인 해석처럼 들릴 것이다. 엘레우시스에서의 미스테리아 의식에서 수천 명의 입문자들은 역사적 인물인 오시리스-디오니소스를 만나지 않았어도 부활한 신인을 체험했다는 주장을 할 수 있었다. 바울이 갈라디아 사람들에게 보낸 편지도 그런 식으로 해석하면 일리가 있지만, 달리 해석하면 전혀 이해할 수가 없게 된다. 「갈라디아서」에서 바울은 갈라디아 사람들의 어리석음을 꾸짖는다. "예수 그리스도께서 십자가에 못 박히신 것이 너희 눈앞에 밝히 보이거늘", 구원에 대한 영적 깨달음을 구하기보다 "육체"에 연연한다고 꾸짖는다.¹³⁵ 그런데 이런 소아시아의 그리스도교인들이 문자 그대로 예루살렘에서 그리스도가 못 박히는 것을 "밝히" 목격했다고 우리는 믿어야 할까? 역사적 예수를 만난 적이 없는 바울이 감히 역사적 목격자들을 꾸짖을 수 있을까? 그러나 갈라디아 사람들이 그리스도 수난의 극적 재현을 목격한 것이라면, 바울의 말은 이치에 맞게 된다. 바로 그것이 그들을 "온전"하게 할 거라고 바울은 말한다. "온전해진다."는 것은, 더 정확히 번역하면 "입문한다."는 것이다!*

바울의 책망을 받는 게바는 실제로 어떤 인물이었을까? 우리는 그가 예루살렘의 유대 그리스도교인들의 지도자였고, 바울과는 신학적 라이벌이었다는 것만 알 수 있다. 그렇다면 가장 초기의 그리스도교 문서인 바울의 편지들도 역사적 예수를 찾는 데에는 도움이 되지 않

---

* 개역 성경에 따르면, 「갈라디아서」 3장 3절에서 바울은 이렇게 말한다. "성령으로 시작하였다가 이제는 육체로 마치겠느냐?" 그런데 개역 성경의 "육체로 마치겠느냐"라는 번역은 "육체로 죽겠느냐?" 정도의 뜻으로 이해되기 십상이어서 오역이라 할 수 있다. 반면, 영역 성경에는 이렇게 씌어 있다. 'Having begun by the Spirit, are you now being perfected by the flesh?(성령으로 시작하였다가 이제는 육체로 온전해지려고 하느냐?)" 육체로 온전해진다는 것은 물론 가장 낮은 물질적 수준의 입문식을 뜻한다.

는 것 같다. 바울이 우리에게 알려주는 사실은, 그리스도교인 공동체가 이미 1세기 중반에 내적으로 분열되어 있었다는 것이다. 예수가 옛 유대 율법을 대체했다고 보는 바울 무리와, 예루살렘의 친유대적 그리스도교인 무리로 분열되어 있었던 것이다. 바울의 편지에 나타나는 게바, 요한, 야고보가 복음서의 인물들을 연상시키는 것은, 우리가 네 복음서와 「사도행전」에 너무 익숙하기 때문이다. 그런데 네 복음서와 「사도행전」은 바울의 편지보다 늦게 기록되었다. 실제로 바울의 편지에 나오는 그리스도교인들이 역사적으로 실존한 예수를 직접 만났다고 믿을 만한 게 바울의 편지 안에는 하나도 없다. 네 복음서는 바울의 편지 이후에 쓰였고, 역사적 문서라기보다는 신학적 문서인 것으로 밝혀졌다. 따라서 복음서 저자들은 바울이 먼저 언급한 게바, 야고보, 요한이라는 이름을 채택해서, 예수 전기 속에 등장하는 인물로 발전시켰다고 보는 것이 더 신빙성이 있다.

신화의 발달사

이제까지의 증거에 따르면, 신약은 실제 역사를 보여주는 것이 아니라, 그리스도교 신화의 발달사를 보여준다. 가장 초기의 복음서인 「마가복음」은 이미 존재한 파편들을 편집한 것이다. 「마태복음」과 「누가복음」의 저자들은 「마가복음」을 수정하고 덧붙여서 새로운 판본의 예수 생애를 만들어냈다. 그렇다면 우리는 이렇게 결론지을 수밖에 없다. 그 저자들은 「마가복음」을 손상시키면 안 되는 귀중한 역사적 기록으로 보지 않았다고. 그뿐만 아니라, 「마가복음」을 변경시켜서는 안 되는 신성불가침의 "하느님의 말씀"으로 보지도 않았다고. 필요에 따라 윤문할 수 있고 첨삭할 수 있는 하나의 이야기라고 믿은 것이 분명하다. 그것은 이교도 철학자들이 수세기 동안 오시리스-디오니소스 신화를 발전시키고 다듬어왔던 방식과 정확히 일치한다.

「마가복음」은 예수 이야기에 대한 최초의 기록이 아니다. 가장 초기의 기록은 바울의 편지다. 바울의 여러 편지가 네 복음서보다 먼저 쓰였으며, 「사도행전」보다 약 100년은 먼저 쓰였다는 사실에도 불구하고, 바울의 편지는 신약의 뒷부분에 실려 있다. 그런 이유 때문에, 바울의 글이 네 복음서와 「사도행전」 뒤에 쓰였고, 그 반대가 아니라는 잘못된 인상을 받게 된다.[136] 그래서 바울의 그리스도가 역사적 인물이 아니라는 것은 주목하지도 않기 십상이다. 그러나 쓰인 순서대로 배열한 신약을 읽게 된다면, 우리는 예수 이야기가 발전해가고 있다는 것을 한눈에 알아볼 수 있을 것이다.

신화적으로 죽어서 부활한 바울의 그리스도는 「마가복음」에서 원시적인 이야기 형태로 발전한다. 그리고 마태와 누가에 의해 내용이 추가된다. 그 후 좀 더 철학적으로 전개된 「요한복음」이 등장한다. 즉, "로고스" 교리가 추가되며, 예수는 세련된 장문의 그리스어로 가르침을 펼친다. 이윽고 사도들에 대한 전설 모음집이 나타나고, 위조된 여러 편지가 나타난다. 이 편지들은 문자 그대로의 역사적 예수를 전제로 하며, 이단적 그리스도교인들을 공격하기 위해 사도들의 권위를 빌린다.

이런 식으로 신약을 살펴보면, 그리스도교의 발달사가 저절로 드러난다.

「마가복음」	70~110년	예수 신화가 역사적 지리적 배경을 갖게 된다.
「마태복음」, 「누가복음」	90~135년	예수의 탄생과 부활에 대한 세부 이야기가 추가되고, 이야기가 윤문된다.
「요한복음」	120년경	그리스도교 신학이 발전한다.

「사도행전」	50~177년	역사적 예수에 대한 환상이 다 만들어졌으니 이제 그의 사도들 이야기가 만들어진다.
사도들의 편지	177~220년	문자주의자들이 "예수 그리스도께서 육체로 임하심을 부인하는" 수많은 "미혹하는 자"를 공격하며, 영지주의와 맞서 싸우기 위해 바울과 사도들의 편지를 위조한다.[137]

 가장 초기의 예수 전기인 「마가복음」의 원래 판본에는 부활에 대한 이야기가 전혀 없었다. 그 이야기는 나중에 추가된 것이다. 그처럼 추가되기 이전의 「마가복음」은 여자들이 빈 무덤을 발견하고, 예수가 약속대로 부활했다는 것을 암시만 하고 끝난다. 아주 특이하게도, 영지주의의 여러 복음서는 「마가복음」이 끝난 곳에서 시작한다. 영지주의 복음서는 예수의 생애에 대해 언급하지 않고, 부활한 그리스도의 비밀 가르침을 기술한다. 이러한 사실은 영지주의자들이 주장하듯이, 「마가복음」에 기록된 원래의 준역사적 예수 이야기가 영적 초보자들을 끌어들이기 위해 꾸며낸 공개적 미스테리아였다는 것을 시사한다. 공개적 미스테리아는 초보자로 하여금 영원한 생명의 입문식을 치르도록 유도한다. 영지주의자들은 부활한 그리스도의 이야기가 비유라는 것을 비밀 가르침을 통해서만 알려준다. 입문자는 이야기를 문자 그대로 믿는 단계에서 참된 미스테리아 단계로 넘어간다. 자신의 죽음과 부활을 체험하는 신비한 단계로 넘어가면, 그리스도, 곧 영원히 사는 보편적 다이몬이 자신의 참된 정체성이라는 것을 깨닫게 된다.

결론

 우리 두 저자보다 먼저 앞서의 탐구를 행한 무수한 학자들과 마찬가지로, 우리는 역사적 예수를 찾는다는 것이 헛일이라는 것을 알게 되었다. 온 시대를 통틀어 하느님의 유일한 성육신이었다고 일컬어지는 한 인간의 역사적 존재에 대한 실질적 증거가 전혀 없다는 것은 놀라운 일이다. 정말 우리에게는 증거가 없다. 그렇다면 무엇이 있는가?

:: 로마인이 남긴 광범위한 모든 역사 기록 가운데, 크레스투스라고 불린 사람의 추종자들과 "그리스도교인들"이 남긴 몇 마디의 말.
:: 유대인들의 모든 실질적 역사 기록 가운데, 요세푸스의 저서에 삽입된 위조 구절.
:: 탈무드의 광대한 문헌 가운데 몇 구절: 예수Yeshu라는 어떤 사람이 존재했으며, "마타이, 나키아, 네처, 부니, 토다"라는 다섯 제자를 거느렸다는 구절.
:: 예수의 탄생과 죽음에 대한 세부 기록이 서로 일치하지 않는 저자 불명의 네 복음서.
:: CE 70년에서 110년 사이에 쓰인 「마가복음」: 목격담으로 쓰겠다는 의도에 따라 집필된 것이 아닐 뿐만 아니라, 팔레스타인의 지리에 무지했고, 헤브라이어 구약 성서를 잘못 인용하고 있다는 사실로 미루어볼 때 분명 목격담이 아니다.
:: 「마태복음」과 「누가복음」: 「마가복음」을 토대로 해서 쓰였으며, 완전히 다른 족보를 제시한다.
:: 「요한복음」: 다른 세 복음서 이후에 쓰였으며, 사도 요한이 쓰지 않았다는 것이 확실하다.
:: 역사적 증거가 없는 12사도의 이름.
:: 「사도행전」: 판타지 소설 같은 내용이 담겨 있으며, 헤브라이어 구약을 잘못 인용했고, 바울의 편지 내용과 모순되며, 2세기 후반 이전에는 존재하지 않았다.

∷ 베드로, 야고보, 요한, 바울의 이름을 빌려 위조한 편지들.

∷ 바울이 쓴 소수의 진짜 편지: 역사적 예수를 전혀 언급하지 않으며, 다만 신비하게 죽어서 부활한 그리스도를 언급한다.

∷ 신약이 실제 역사의 기록이 아니라, 그리스도교 신화의 진화사라는 것을 시사하는 수많은 증거.

우리가 절실히 믿고 싶다면, 이들 가운데 어떤 것은 역사적 예수의 증거일 가능성이 조금은 있다고도 볼 수 있다. 그럴 가능성을 완전히 배제할 수는 없다. 그러나 예수가 신화적 인물이라는 것을 시사하는 증거가 너무나 압도적이어서, 우리 두 저자가 그런 압도적인 증거를 묵살할 수 있으려면 위의 증거들보다 훨씬 더 실질적인 증거가 필요하다.

역사적 예수에 대한 증거가 없었으므로 우리는 마침내 기존의 가정 하나를 완전히 포기했다. 즉, 예수의 진짜 전기를 이교도 신화에 덧씌워 왜곡시킴으로써 복음서 이야기를 만들었다는 가정을 포기한 것이다. 또 우리는 1920년대에 독일의 한 수도사 집단이 "미스테리아 이론Mystery Theory"이라고 부른 별난 생각도 포기했다.[138] 이 이론은 예수 전기와 미스테리아 신화 사이의 유사성을 설명한 후, 과거에는 그저 신화였을 뿐인 예수 이야기가 신성한 계획의 클라이맥스로서 마침내 실제 역사로 구현되었다고 주장한다. 이 이론은 사실상 악마의 모방 이론을 다소 부드럽게 변용시킨 것에 불과하다. 오시리스-디오니소스 이야기는 신화로 보고, 예수 이야기만 역사적 사실이라고 보는 관점은 전혀 근거가 없다. 그것은 그저 문화적 편견일 뿐이다.

역사적으로 예수가 존재했어야만 그리스도교가 힘을 얻고 호소력을 갖는다고 흔히 주장되어 왔다. 카리스마를 지닌 창시자의 성령 감응이 없이 어떻게 그리스도교가 생길 수 있고, 어떻게 고대 세계 전체에 퍼질 수 있겠는가? 예수 미스테리아 명제는 그런 의문을 풀어준다. 실제로 존재했다는 가정 없이도 가능하다! 디오니소스의 미스테리아, 미트라스, 아티스, 세라피스 등 신화적으로 죽었다가 부활한 온갖 신인들의 미스테리아가 그랬던 것과 정확히 같은 방식으로, 그리스도교도 처음에는 예수 미스테리아로 생겨나서, 고대 세계에 널리 퍼졌다고 볼 수 있다.

역사적 예수에 대한 우리의 탐구는 그런 가정을 뒷받침한다. 그러나 우리는 신약을 연구하면서 의심의 영역이 더욱 넓어졌다. 우리가 역사적 실존 인물로 알고 있는 바울이 가장 초기의 그리스도교인이며, 예수 미스테리아 명제대로 영지주의자들이 원래의 그리스도교인이라면, 분명 우리는 바울이 영지주의자라는 사실을 밝혀낼 수 있을 것이다. 그러나 전통적으로 바울은 열렬한 반영지주의자인 것으로 그려져 있다. 그렇다면 우리의 명제에 큰 결함이 있는 것일까? 우리는 또 다시 기존의 견해에 감히 도전해서, 직접 여러 증거를 면밀히 살펴보기로 결심했다.

08
바울은 영지주의자였는가?

바울에 대한 "역사적" 해석과, 그의 여러 편지에 대한 "객관적" 분석으로 통용되는 것의 대부분은 2세기 이교 연구자들의 해석이거나 분석이다. 그들의 말처럼 바울이 명백히 반영지주의였다면, 어떻게 영지주의자들이 바울을 위대한 영적 스승으로 받들 수 있겠는가? 그들이 "입문자"들에게 지혜와 그노시스의 비밀 가르침을 줄 때, 어떻게 바울을 모범 사례로 들 수 있겠는가? 바울의 부활 신학을 어떻게 그들 신학의 원천이라고 주장할 수 있겠는가? 정통 그리스도교의 육체적 부활 교리에 대항하는 결정적인 증거로 어떻게 그의 말을 인용할 수 있겠는가?[1]

_ 일레인 페이절스

사도 바울은 시대를 통틀어 가장 영향력 있는 그리스도교인이다. 신약에는 그가 썼다는 13종의 편지가 포함되어 있다. 그 분량은 그리스도교 정경 전체의 4분의 1에 달한다. 게다가 「사도행전」의 대부분이 바울의 이야기로 채워져 있다. 그런데 정작 바울은 누구인가?

전통적으로 바울은 이단 영지주의자에 맞서 싸운 십자군 전사이며 정통파의 요새로 여겨진다. 하지만 영지주의자들이 바울을 그렇게 보지 않았다는 것은 주목할 만한 사실이다. 정반대로, 2세기 초의 위대한 영지주의 현자들은 바울을 "위대한 사도"[2]라고 일컬었고, 최초로 영지주의 그리스도교의 영감을 준 자로 바울을 숭상했다. 발렌티누스의 말에 따르면, 바울은 선택된 소수의 사람을 그리스도교의 "더욱 심오한 미스테리아"에 입문시켜, 하느님의 비밀 가르침을 전수했다고 한다. 이 입문자들 가운데 발렌티누스의 스승인 테우다스Theudas가 포함되어 있다. 테우다스는 물론 발렌티누스를 입문시켰다.[3]

다수의 영지주의자 집단은 바울을 영지주의 창시자라고 주장했다. 스스로를 "바울의 사람"이라고 주장한 영지주의자들은 로마 교회의 끈질긴 박해를 받으면서도 10세기 말까지 계속 번성했다.[4] 바울은 일곱 도시의 교회에 편지를 보냈는데, 2세기에 그 도시들에는 영지주의 그리스도교 본부가 있었던 것으로 알려져 있다. 이 공동체는 영지주의 현자 마르키온이 이끌었다. 마르키온에게는 바울이 유일한 참 사도였다.[5] 한 가지는 확실하다. 만일 바울이 문자주의자들의 주장처럼 반영지주의자였다면, 영지주의 문헌들에서 그토록 많이 바울의 말을 인용할 뿐만 아니라, 그 문헌들이 곧 바울의 글이라고 주장하기까지 한다는 것은 놀라운 일이 아닐 수 없다. 마르키온을 따른 이들도 복음서를 갖고 있었는데, 그 복음서가 바울의 복음서라고 그들은 주장했다.[6] 나그함마디의 장서에는 『사도 바울의 기도』와 『바울의 계시록』이 포함되어 있다.[7] 또 『바울의 승천』이라고 불리는 문헌에는 "사람이 감히 입에 담을 수 없는 신성한 말씀"이 담겨 있는데, 「고린도후서」에는 셋째 하늘에 올랐을 때 "사람이 가히 이르지 못할 말"을 들었다고 암시만 되어 있다.[8] 『바울 행전』이라고 불리는 또 다른 문헌에는 바울이 테클라Thecla와 함께 여행을 하는 얘기가 담겨 있는데, 테클라는 세례를 행한 여자다![9]

진짜 바울?

진짜 바울은 어떤 사람일까? 영지주의자들의 주장대로 그는 정말 영지주의자였을까? 우리가 앞에서 논의한 것처럼, 현대 학자들은 바울의 편지 가운데 상당수가 위조된 것이라고 본다.[10] 일반적으로 신약에 나오는 바울의 편지 13종 가운데 오직 일곱 종만이 진짜인 것으로 간주된다.[11]

앞서 언급했듯이 디모데와 디도에게 보낸, 소위 "목회 서간"이라는 것은 일반적으로 위서로 간주된다. 컴퓨터 연구 결과, 그 목회 서간은 진짜로 바울이 쓴 것으로 여겨지는 「갈라디아서」, 「로마서」, 「고린도서」와는 저자가 명백히 다른 것으로 확인되었다.[12] 바울의 초기 편지 모음집에는 목회 서간이 포함되어 있지 않다.[13] 사실상 이레나이우스(CE 약 190년)가 제시하기 이전에는 목회 서간의 존재에 대한 언급도 없다. 목회 서간은 190년 이후에 항상 한데 묶여서 정전의 일부로 나타나는데, 모든 교파의 그리스도교인들이 이것을 위조라고 생각했다.[14] 정통 선전자인 유세비우스조차도 이것을 자신의 성서(약 325년)에 포함시키지 않았다.[15]

이것은 중요한 사실이다. 바울이 반영지주의자로 나타나는 문헌은 목회 서간뿐이기 때문이다.[16] 바울의 진짜 편지와 달리, 목회 서간에서 바울은 교회의 조직자이자, 교회 기강의 버팀목이며, 모든 이단자에 대한 확고한 적대자로 나타난다.[17] 목회 서간에서 바울은 영지주의 신화를 "망령되고 허탄한 신화"*라고 비난한다.[18] 그리고 바울은 추종자들에게 "외래의 교리를 가르치지 말며, 헛된 생각만 일으키는 신화

---

* 영역 성서에는 "늙은 여자들에게나 어울리는 부정한 이야기"라는 식으로 번역되어 있다.

와 끝없는 족보에 관심을 두지 말라."고 훈계한다.[19] 2세기 말 무렵에 영지주의 교사로서의 바울의 견해는 분명 너무나 위협적이어서, 대응 논리로서 문자주의자 바울을 만들어내지 않을 수 없을 만큼 절박했던 것으로 보인다.

문자주의자 바울은 특히 이렇게 충고한다.

> 디모데야, 네게 전해 내려온 것을 지키고, 거짓되게 일컫는 지식 Gnosis의 망령되고 허한 말과 변론을 피하라. 이것을 좇는 사람들이 있어 믿음에서 벗어났느니라.[20]

바울은 또 교회 위계 조직의 힘을 강조하는 권위주의자로 나타난다. 그는 이렇게 썼다. "범죄한 자들을 모든 사람이 보는 앞에서 꾸짖어, 다른 사람들로 하여금 두려워하게 하라."[21] 그는 특히 "진리에 관하여 그릇된" 영지주의 스승인 "후메내오와 빌레도"를 공격한다.[22] 그러나 그의 진짜 편지에서 바울은 스스로 이미 "부활한" 자라고 주장한다! 세례를 행한 테클라라는 여자와 함께 바울이 여행했다는 것은 널리 알려진 이야기였는데도 불구하고,[23] 바울은 여자를 남자와 평등한 존재로 여긴 영지주의 관례를 공격하는 자로 나타난다.

> 여자는 전적으로 순종하며 묵묵히 배우라. 나는 여자가 가르치는 것과 남자를 주관하는 것을 용납지 않으리라.[24]

이후 2세기 말에 바울은 반영지주의자이자 권위주의자인 문자주의 그리스도교인으로 그려진다. 그것이 역사적으로 정확한 사실이라고 여겨졌지만, 사실상 그것은 문자주의자들의 관점일 뿐이다.[25] 당시에서 몇 십 년만 거슬러 올라가도 그들의 관점은 정반대였다. 2세기 초에 로마의 클레멘스 주교가 쓴 것으로 여겨지는 편지는 바울을 이단자라고 맹렬히 공격한다![26] 이 편지에 의하면, 베드로는 바울을 사도라고 할 수도 없다고 격렬히 비난한다. 그리스도의 부활을 목격한 자만이 사도로 간주될 수 있는데, 바울은 사실상 부활한 그리스도를 보지 못했기 때문이다. 바울이 다메섹으로 가는 길에 예수를 보았다는 것은 전혀 근거가 없을 뿐만 아니라, 그것은 사악한 악마나 거짓 악령의 계시였다는 것이다![27] 그 편지에서는 예수가 자신의 "적"인 바울에게 "화"를 냈다고 주장한다. 바울의 설교가 예수의 가르침과 "모순"되기 때문이다.[28] 베드로는 바울을 "적"으로 여긴다. 바울이 이방인들에게 유대 율법을 버리라고 가르쳤고, "율법에서 벗어난 어리석은 가르침"을 수용했기 때문이다. 또 바울은 이단적인 복음을 만들어냈다는 비난을 받는다. 예수의 참 사도들은 그러한 이단적 가르침을 바로잡기 위해 "참 복음"을 은밀히 펴내야 한다.[29] 동시대인인 원조 이단자 시몬 마구스처럼, 바울은 악마적으로 그리스도교 공동체의 분열을 조장한 자다.[30] 따라서 바울은 교회에서 추방해야 하는 위험한 자다.[31]

바울과 이교도 미스테리아

바울에 대한 전통적 견해에서 벗어나 열린 마음으로 증거를 살펴보면, 위와 같이 바울을 적대시하는 발언이 이해가 된다. 바울의 편지는 영지주의적이며 이교도의 영향을 받은 게 분명하기 때문이다. 바울은 당시 널리 퍼져 있던 고대 그리스 문화를 수용한 유대인이었다. 그는 맨 처음 배운 언어인 그리스어로 글을 썼다. 그는 구약의 그리스어 번역만을 인용했다. 그는 그리스 문화의 지배를 받는 이교도 도시에서 설교했다.[32] 그 도시들 가운데 안디옥은 아도니스 미스테리아의 중심지였고, 에베소는 아티스 미스테리아의 중심지였고, 고린도는 디오니소스 미스테리아의 중심지였다.³³ 바울은 소아시아의 다소(타르수스)*에서 출생했다. 당시에 그곳은 아테네와 알렉산드리아를 능가하는 이교도 철학의 최고 중심지였다.³⁴ 미트라스 미스테리아가 발생한 곳도 바로 다소였다. 그러니 우리가 앞에서 살펴본 그리스도교 교리와 미트라스 신앙의 가르침 사이의 현저한 유사성을 바울이 몰랐다고는 보기 어렵다.³⁵

바울은 이교도 미스테리아의 용어와 구문을 빈번하게 사용한다. 예를 들어 프뉴마pneuma(영혼), 그노시스(신성한 앎), 독사doxa(영광), 소피아(지혜), 텔레이오이teleioi(입문자) 등이 그것이다.³⁶ 그는 추종자들에게 이렇게 충고한다. "더욱 큰 카리스마타charismata**를 사모하라."³⁷ "카리스마타"는 미스테리아 용어인 마카리스모스makarismos에서 유래한 말인데, 미스테리아를 목격한 사람의 축복 받은 본성을 가리킨다.³⁸ 바울은 심지어 자신을 "하느님의 미스테리아의 집사"***라고 일컬었다.³⁹ 이 말은 원래 세라피스 미스테리아의 사제를 가리키는 말이다.⁴⁰

바울은 이교의 현자 아라토스Aratos의 말을 인용한다. 아라토스는 수세기 먼저 다소에 살았던 인물이다. "우리는 그(하느님 — 옮긴이)의 안에서 살며 기동하며 존재한다."는 구절은 아라토스의 말을 인용한 것이다.⁴¹ 바울은 또 미스테리아 교리를 가르친다.⁴² 자신이 현명한 것은 아무것도 모른다는 것을 알기 때문이라고 말한 이교의 현자 소크라테스처럼,⁴³ 바울은 이렇게 가르친다.

---

* 오늘날 터키의 중남부.
** 개역 성경에는 "은사"라고 번역되어 있다. 카리스마타는 카리스마의 복수형이다.
*** 개역 성경에는 "하나님의 비밀을 맡은 자"라고 되어 있다.

만일 누구든지 무엇을 아는 줄로 생각하면 아직도 마땅히 알 것을 알지 못하는 것이다.[44]

플라톤은 이렇게 썼다. 우리는 지금 실재實在를 "거울을 통해서 희미하게" 볼 수 있을 뿐이라고.[45] 마찬가지로 바울은 이렇게 썼다. "우리가 지금은 거울로 보는 것같이 희미하나 그때에는 얼굴과 얼굴을 맞대고 볼 것이다."[46]
바울의 이 유명한 구절은 다음과 같이 번역되기도 했다.

지금 우리가 바라보는 모든 것은 실재의 곤혹스러운 반영이다. 우리는 작은 거울로 풍경을 보는 사람과 같다. 때가 되면 우리는 실재 전체를 얼굴과 얼굴을 맞대고 보게 될 것이다.[47]

이러한 번역은 바울의 가르침이 명백히 플라톤적 성격을 지니고 있다는 것을 드러낸다. 플라톤은 동굴에 갇힌 죄수의 이미지를 비유로 사용했다. 동굴 벽에 드리워진 바깥세상의 그림자만 볼 수 있는 죄수는 궁극적인 실재의 반영에 지나지 않는 것을 실재라고 잘못 알고 있다. 그런 죄수의 상태는 우리의 현 상태를 비유한 것이다.[48] 바울과 마찬가지로 플라톤은 이렇게 생각했다. "지금 우리가 바라보는 모든 것은 실재의 곤혹스러운 반영이다."

동굴에서 해방되어 밖으로 나가서, 눈부신 햇빛 속에서 직접 "얼굴과 얼굴을 맞대고" 실재를 보는 자가 바로 철학자라고 플라톤은 가르쳤다. 이러한 구절은 이교도 미스테리아의 공식 문구다. 『바쿠스의 여인들』에는 이렇게 적혀 있다. "그는 **얼굴과 얼굴을 맞대고** 나에게 미스테리아를 건네준다."[49] 루키우스 아풀레이우스는 입문식에 대해 이렇게 썼다. "나는 아래의 신들과 위의 신들의 실재 속으로 들어가서, 얼굴과 얼굴을 맞대고 숭배한다."[50] 순교자 유스티누스는 이렇게 시인했다. "플라토니즘의 목표는 얼굴과 얼굴을 맞대고 하느님을 보는 것이다."[51] 플라톤은 이데아의 영역에 존재하는 "참 세계"의 신전에서 "얼굴과 얼굴을 맞대고 이루어지는 신들과의 교섭"에 대해 쓰기도 했다.[52]

영지주의자 바울

바울의 예수는 신비하게 죽었다가 부활한 영지주의의 신인이다. 문자주의자들이 말하는 역사적 인물이 아닌 것이다. 바울이 예수를 역사적 인물로 다루는 듯이 보이는 유일한 편지는 「디모데서」다. 「디모데전서」에서 바울은 "본디오 빌라도를 향하여 선한 증거로 증언하신 그리스도 예수"에 대해 말하지만, 이 편지는 위조된 것이다.[53] 진짜 바울은 영지주의의 환상설 교리를 가르치며, 예수가 한 인간으로 온 것이 아니라 인간 육신의 "탈likeness"을 쓰고 왔다고 말한다.[54]

바울의 편지는 그처럼 명백하게 영지주의 교리로 가득 차 있다. "셋째 하늘"까지 올라갔다는 바울의 유명한 주장이 정작 무엇을 의미하는지 현대 그리스도교인들은 여간 어리둥절하지 않을 것이다. 영지주의자나 이교도 미스테리아 입문자라면 그것은 전혀 어리둥절한 이야기가 아닐 것이다. 그들은 일곱 천체 — 눈에 보이는 다섯 행성과 달과 태양 — 와 연계된 일곱 하늘이 있다고 배웠기 때문이다.[55]

영지주의자들처럼 바울은 종교 외적인 것 — 의식, 성스러운 날, 율법, 법규 들 — 을 지극히 멸시한다.[56] 다른 영지주의자들처럼 바울은, 참된 그리스도교인이라면 그리스도처럼 되어야 한다고 주장한다. 참된 그리스도교인이라면 "베일로 얼굴을 가린 것처럼 아니"하고, "베일을 다 벗은 얼굴로 거울을 보는 것같이 주의 영광을" 봄으로써, "그

키프로스공화국 파포스 시에 있는 CE 4세기경 '디오니소스의 집' 모자이크

후광을 띤 이 신성한 아기는 아기 예수처럼 보이지만, 사실은 이교도의 구원자 오시리스-디오니소스이다.

BCE 3세기경의 이집트 조각상

BCE 20년경의 로마 그림

CE 13세기경 동로마 제국 그리스도교의 성상

그리스도교인의 마리아와 아기 예수상은 고대 이교도의 아기 오시리스-디오니소스와 그의 성스러운 어머니상을 토대로 해서 만든 것이다.

CE 2~3세기의 대리석 석관에 새겨진 조각 작품

한 노인이 신성한 아기 디오니소스에게 큼직한 십자가를 가져다주며 궁극적인 운명을 예시하고 있다. 아테네에서는 이교 신인의 죽음과 부활을 축하하는 사흘간의 축제 때 이러한 십자가를 앞세우고 행렬을 했다.

CE 2~3세기의 대리석 석관에 새겨진 조각 작품

미스테리아의 봄철 축제 때 디오니소스의 상징물을 나무에 매다는 것을 표현한 작품이다. 예수도 마찬가지로 부활절 때마다 "나무에 매달렸다."고 한다. 십자가도 사용되었는데, 예수처럼 이교의 신인도 흔히 십자가에 매달린 것으로 표현되었다.

BCE 5세기경의 고대 그리스 항아리

BCE 6세기경의 고대 그리스 항아리

디오니소스는 수염을 길렀고, 자색 옷을 입었으며, 흔히 덩굴로 만든 면류관을 쓴 것으로 묘사되었다. 예수도 십자가에 못 박히기 전에 그랬던 것으로 묘사되었다. 항아리 그림 속의 디오니소스 제단 위에는 빵 덩어리와 포도주 단지가 놓여 있다. 이것은 디오니소스 미스테리아에서 영성체 의식을 치르는 데 사용되었는데, 오늘날까지 가톨릭 그리스도교인들이 치르고 있는 영성체 의식은 이것을 물려받은 것이다.

CE 3세기의 반지 도장 부적을 석고로 뜬 것

이것은 베를린 박물관에 보관되어 있던 부적을 석고로 뜬 것인데, 그 부적은 제2차 세계 대전 때 잃어버렸다. 십자가에 못 박힌 그리스도를 나타낸 것처럼 보이지만, 사실은 이교의 신인 오시리스-디오니소스의 수난을 묘사한 것이다.

CE 193~235년에 로마의 한 기둥에 새겨진 그림

이교도 미스테리아 입문자 1명이, 나귀 머리를 하고 십자가에 못 박힌 사람을 바라보고 있다. 십자가에 못 박힌 이런 모습은, 입문식을 치르는 동안 입문자가 영적으로 부활할 수 있도록 낮은 수준의 '동물적' 본성이 죽는 것을 상징한다.

BCE 4~5세기경의 그리스 항아리

이교도 미스테리아의 '히에로판테스', 곧 제사장은 입문식을 거행하는 동안 마법의 지팡이를 사용했다. 이 그림에서는, 고대 그리스 미스테리아의 히에로판테스를 후견한 신 헤르메스가 마법 지팡이를 사용해서 반쯤 땅에 파묻힌 옹관 속에 영혼을 넣었다 꺼내는 모습을 보여준다. 이것은 영혼이 육신(족쇄) 속으로 하강했다가 밖으로 상승하는 것을 상징하는 것이다. 또한 입문식과 영적 재생을 상징하기도 한다.

CE 4~5세기경 로마 카타콤의 그림

가장 초기에 예수를 묘사한 그림에서는 예수가 이교도 히에로판테스처럼 마법의 지팡이를 사용해서 기적을 일으킨다. 이것은 예수가 나사로를 살리는 모습을 표현한 것이다. 로마 황제 콘스탄티누스는 예수가 "작은 지팡이를 사용해서" 나사로를 살렸다고 말한 적이 있다. 다른 그림들에서 예수가 물을 포도주로 바꾸고, 5천 명을 먹일 빵을 만들 때에도 히에로판테스의 지팡이를 사용한 것으로 그려져 있다.

와 같은 형상으로 변화하여 영광에 이른다."⁵⁷

영지주의자들은 바울을 은밀한 "영적" 입문자들의 스승으로 보았다. 「로마서」에서 바울은 이렇게 썼다. "내가 너희 보기를 심히 원하는 것은 어떤 영적 카리스마pnumatic charisma*를 너희에게 나눠주기 위한 것이다."⁵⁸ 그리고 그는 이에 대해 "나는 너희가 모르기를 원치 않는다."고 말한다.⁵⁹ 바울이 열렬히 나눠주고 싶어 한 것이 복음이라면, 그 복음의 내용을 왜 편지에 쓰지 않았을까? 영지주의자들은 이렇게 답한다. "영적 카리스마"란 입문식이라고. 입문식은 직접 만나서 "은밀히" 거행해야 한다.⁶⁰ 바울은 이렇게 썼다.

> 기록된 바, "하느님이 자기를 사랑하는 자들을 위하여 예비하신 모든 것은, (사람의 — 옮긴이) 눈으로 보지 못하고, 귀로도 듣지 못하고, 사람의 마음으로도 생각지 못하였다."⁶¹

입문한 독자라면 이러한 말이 미스테리아 입문식 때 선언된 공식 문구라는 것을 쉽게 알아볼 것이다. 영지주의 현자 유스티누스의 추종자들이 한 비밀 맹세에도 이러한 말들이 포함되어 있었다. 영지주의의 『도마의 복음서』에도 예수가 그런 말을 하는 대목이 있다.

> 눈으로 보지 못했고, 귀로도 듣지 못했고, 만져지지도 않았고, 사람의 마음으로도 생각지 못한 것을 내가 너희에게 주리라.⁶²

바울의 편지들이 영지주의의 독특한 문구와 가르침으로 가득 차

---

* 개역 성경에는 "신령한 은사"라고 번역되어 있다.

08 바울은 영지주의자였는가?

있다는 사실이 눈에 잘 띄지 않는 이유는, 그것이 부적절하게 번역되었기 때문이다. 예를 들어 영지주의의 일파인 발렌티누스파는 바울이 그리스도교인들을 "소피아의 미스테리아"에 입문시켰다고 주장한다. 이 미스테리아 신화에는 소피아 여신의 타락과 구원 이야기가 포함되어 있었을 것이다. 발렌티누스파는 바울이 고린도 사람들에게 보낸 첫 편지를 증거로 인용한다. 바울은 이렇게 썼다. "우리는 입문자들과 더불어 소피아에 대해 말한다."[63] 독자들은 이처럼 결정적인 영지주의 문장을 「고린도전서」에서 본 적이 없다는 게 이상할 것이다. 그 이유는 이 문장이 다음과 같이 번역되었기 때문이다. "우리는 온전한 자들과 더불어 지혜를 말한다." 이런 번역은 그럴듯한 정통파의 말처럼 들리지만, 전체 문맥상 도무지 말이 되지 않는 소리다!

전통적인 번역은 다음과 같이 계속된다.

그러나 우리는 온전한 자들과 더불어 지혜를 말한다. 하지만 이는 이 세상world의 지혜가 아니며, 이 세상의 없어질 관원들rulers의 지혜도 아니다. 오직 우리는 은밀한 가운데 있는 하느님의 지혜를 말하는 것이다. 이 지혜는 감춰졌던 것인데, 하느님이 우리의 영광을 위하여 만세worlds 전에 미리 정하신 것이다. 이 지혜는 이 세대world의 관원들 가운데 아무도 알지 못하였나니, 만일 알았더라면 영광의 주를 십자가에 못 박지 아니하였으리라.[64]

이해가 되는 듯싶을지는 몰라도, 이런 번역은 바울의 실제 말뜻을 왜곡한 것이다. 한 현대 학자는 이렇게 설명한다.

이 문장의 참뜻은 결정적으로 두 곳에서 모호하다. 여기서 단수형이나 복수형으로 여러 차례 "world"로 번역된 말이 원래 그리스어로는 아이온aion이다. 아이온은 물리적 세계나 지상을 뜻하는 게 아니라 "시간time" 혹은 "시대age"를 뜻하는 말이다. 여기서 바울이 아이온이라는 말을 쓴 것은 그가 "세속 시대world-ages"라는 비교秘敎의 용어로 생각하고 있었다는 것을 보여준다.* 다음으로, "이 세대의 관원들"이라고 번역된 말(아르콘테스 투 아이오노스 투투archontes tou aionos toutou)은 일반적으로 연상되는 것과 달리, 예수를 처형한 책임이 있는 로마인이나 유대인 당국자들을 가리키는 말이 아니다. 이 말은, 행성들과 관계가 있으며 지상의 삶을 지배한다고 믿은 악마적 존재들을 가리킨다.

그렇다면 이 문장에서 바울이 설명하고 있는 것은 다음과 같다. 하느님은 일련의 세속 시대가 시작되기 전에 인류를 위해, 선재先在한 신적 존재를 세상에 보내기로 결정했다. 그런데 세속의 악마적 지배자들이 신적 존재를 알아보지 못하고 처형을 했다. 어느 면에서는 스스로를 곤경에 빠뜨렸다고 할 수 있다. 간단히 말하면, 바울은 천문 현상과 관계된 악마적 존재들에 의해 인류가 노예화되어 있는 것으로 상상했다. 바울은 악마적 존재를 "아르콘테스 투 아이오노스 투투"나 "스토이케이아 투 코스무stoicheia tou kosmou(우주의 근본 원소들)"와 같은 여러 용어로 표현한다. 인류는 신적 존재에 의해, 죽어야 할 노예 상태로부터 구원되었으며, 예수라는 인격으로 환생한 신적 존재는 이런 아르콘테스에 의해 실수로 십자가에 못 박혔고, 아르콘테스는 본의 아니게 권한을 남용함으로써 인간에 대한 지배력을 상실했다.[65]

* 번역에서 느껴지는 것과 달리 특정 시대나 특정 세상을 언급한 말이 아니라, 보편적인 인간 시대를 가리킨다는 뜻이다. "world" 대신 전부 "age"로 번역한 영역 성서도 있다. 개역 성경에는 절충되어 있다.

이것은 우리가 오늘날 알고 있는 그리스도교가 아니다. 바울은 영지주의를 설교하고 있는 것이다.

바울은 "완전히 입문한 자"에게만 가르칠 수 있는 '그노시스'에 대해 이야기했다.⁶⁶ 바울은 기도를 하며 "너희 사랑이 지식Gnosis으로 더욱 더 풍성하게" 되기를 빌었다.⁶⁷ 바울은 "그리스도 안에는 지혜Sophia와 지식Gnosis의 모든 보화가 감춰져 있다."고 썼다. 또 바울은 이 그리스도가 곧 "하느님의 비밀Mystery의 지식Gnosis인 그리스도"라고 썼다.*⁶⁸ 영지주의 입문자처럼 바울은 이렇게 주장한다. "계시를 받아 신성한 비밀을 알게 되었다."⁶⁹ 영지주의자가 은밀한 미스테리아의 비밀을 지키듯이, 바울은 낙원에서 "사람이 가히 이르지 못할 말"을 들었다고 단언했다.⁷⁰ 영지주의자답게 그는 교리가 아닌 깨달음을 강조하며 이렇게 썼다. "문자letter는 죽이는 것이나, 영은 살리는 것이다."⁷¹ 또 영지주의자답게 바울은 성서상의 이야기가 "비유"라고 말했으며,⁷² "그런 일들"은 "상징symbol"이라고 썼다.**⁷³

부활의 사도

문자주의 그리스도교인들은 바울의 말을 인용해서, 재림의 날에 죽은 자가 실제로 물리적 육체를 지니고 무덤에서 일어날 거라는 기이한 믿음을 뒷받침하려고 했다.⁷⁴

---

* 개역 성경에서는 그노시스, 곧 "지식"이라는 낱말이 삭제된 채 다만 "하느님의 비밀인 그리스도"라고 되어 있다. "그노시스가 곧 그리스도"라는 바울의 말을 왜곡한 셈이다. 참고한 영역 성서에는 삭제되어 있지 않다.
** 개역 성경에는 "상징" 대신 "거울"로, 다른 영역 성서에는 "예examples"로 번역되어 있다.

그러나 바울은 전혀 다른 관점을 지녔던 것이 분명하다. 영지주의자들과 마찬가지로, 바울은 부활을 영적 사건으로 보았다. 바울은 명백히 이렇게 썼다. "혈과 육은 하느님 나라를 유업으로 받을 수 없다."[75]

영지주의 현자 테오도투스Theodotus는 바울을 "부활의 사도"라고 일컬었다.[76] 영지주의자들과 마찬가지로 바울은 부활을 약속된 미래의 사건으로 보지 않았다. 바로 지금 이 자리에서 일어날 수 있는 영적 체험으로 본 것이다. 그는 이렇게 썼다. "보라 지금은 은혜 받을 만한 때요, 보라 지금은 구원의 날이로다."[77] 바울의 말은 분명 신비하고 비유적인 메시지다. 바울에게 부활이란 죽은 후 보상으로써 소망되는 것이 아니라, 그리스도교 입문자가 이미 체험한 어떤 것이다. 바울은 "(하느님은 — 옮긴이) 허물로 죽은 우리를 그리스도와 함께 살리셨다."고 과거형으로 썼다. 또 "그리스도와 함께 우리를 일으켰고, 그리스도 예수 안에서 예수와 함께 우리를 하늘에 앉히셨다."고 과거형으로 썼다.*[78]

영지주의자들처럼 바울은 예수의 수난이 과거사가 아니라 신비하고 항구적인 현실이라고 설교한다. 예수의 죽음과 부활을 함께함으로써, 각 그리스도교 입문자는 낮은 수준의 자아가 죽고 그리스도 곧 로고스로 부활한다.[79] 「빌립보서」에서 바울은 "그리스도의 고난에 참여"하고 "그의 죽으심을 본받아"** "죽은 자 가운데서 부활에 이르러"야 한다고 썼다.[80] 「갈라디아서」에서는 이렇게 썼다. "나는 그리스도와 함께 십자가에 못 박혔다. 이제는 내가 살아 있는 것이 아니라, 내 안에 그리스도가 살아 계신다."[81] 「로마서」에서 그는 예수의 수난을 비유적으로 해석하며 이렇게 썼다.

---

* 개역 성경에는 시제가 아리송하게 번역되어 있다.
** '그리스도와 함께 죽어'라는 말이다.

무릇 그리스도 예수와 합하여 세례를 받은 우리는 그의 죽으심과 합하여 세례 받은 줄을 알지 못하느뇨.* 우리가 그의 죽으심과 합하여 세례를 받음으로써,** 그와 함께 장사되었나니, 이는 그리스도가 아버지의 영광을 통해 죽은 자 가운데서 살아나심과 같이, 우리도 새 생명을 얻은 육체로 걸을 수 있도록 하려 함이니라. 우리가 그의 죽으심을 본받아 연합한 자가 되었으면,*** 우리 또한 그가 부활한 대로 부활한 자가 되기 때문이다. 우리가 알거니와 우리 옛 사람이**** 예수와 함께 십자가에 못 박힌 것은 죄의 몸이 멸하여 다시는 우리가 죄의 종노릇을 하지 아니 하려 함이니라.[82]

골로새 사람들에게 보낸 편지에서 바울은 자신이 "힘을 다하여" 복음을 전하고 "만대를 거치며 만세 동안 감춰진" "이 비밀"을 밝히는 임무를 하느님께 받은 자인데, "이 비밀"이 "이제는 하느님의 성도들에게 나타났다."고 썼다. 그렇다면 "이 비밀"이란 과연 무엇일까? 바울을 정통파 사도라고 생각하면 "이 비밀"이란, 예수가 문자 그대로 이 땅에 와서 거닐었고, 기적을 행했고, 우리의 죄를 대속해서 죽었고, 죽은 자 가운데서 부활했다는 "희소식"이라고 생각하게 될 것이다. 그러나 그렇지 않다! "이 비밀"이란 영지주의와 이교도 미스테리아의 항구적인 신비주의의 말씀이다. 즉, 우리 각자의 내면에는 보편적 영혼 곧 로고스, 보편적 다이몬, 하느님의 마음이 내재되어 있다는

---

* '예수 그리스도에게 입문한 우리는 그의 죽음에 입문한 것인 줄을 알지 못하느냐' 라는 뜻.
** '그의 죽음에 입문함으로써' 라는 뜻.
*** '그리스도와 하나가 되었다면' 이라는 뜻.
**** '우리의 옛 자아가' 라는 뜻. 개역 성경을 위해 참고한 영역 성서에는 "our old self" 즉 '우리의 옛 자아' 라고 명료하게 번역되어 있다.

것이 바로 "비밀"인 것이다. 바울은 이렇게 썼다.

이 비밀은 너희 안에 계신 그리스도이시다![83]

바울이 다메섹으로 가는 길에 예수를 보았다는 유명한 구절을 기록할 때, 그는 "하느님이 나에게 그의 아들을 나타내셨다."고 쓰지 않았다는 것은 의미심장하다. 바울이 문자주의자였다면 당연히 그렇게 썼을 것이다. 그런데 바울은 하느님이 그의 아들을 "내 속에" 나타내셨다고 썼다.[84]

바울의 예수는 역사적 인물이 아니라, 보편적 다이몬의 상징이며 우리는 이 다이몬의 지체肢體이다. 바울에게 예수는 다이몬처럼 여러 지체를 가진 한 몸이다. "몸은 하나인데 많은 지체가 있고, 몸의 지체가 많으니 한 몸임과 같이 그리스도도 그러하니라." 또 "우리는 한 몸에 많은 지체를 가졌으나 모든 지체가 같은 직분을 가진 것이 아니니, 이와 같이 우리 많은 사람이 그리스도 안에서 한 몸이 되어 서로 지체가 되었느니라."[85] 에베소 사람들에게 보낸 편지에서 바울은 이렇게 가르쳤다.

각각 그 이웃과 더불어 참된 것을 말하라. 이는 우리가 서로의 지체이기 때문이다.[86]

영지주의자들의 주장에 따르면, 육체를 가진 인간으로 예수를 보는 것은 일시적인 초보자 단계 — 심적 그리스도교인들을 위한 공개적 미스테리아 — 에만 국한된다고 바울은 가르쳤다. 내적 미스테리아에 입문한 영적 그리스도교인들은 예수 이야기를 비유로 이해했다. 또 영지주의자들의 주장에 따르면 은밀한 미스테리아에 입문함으로써 관점이 그렇게 변하는데, 다음과 같은 바울의 편지는 바로 그러한 관점의 변화를 언급한 것이다. "비록 우리가 (전에는 ― 옮긴이) 그리스도도 육신을 따라 알았으나 이제부터는 그같이 알지 아니하노라."[87] 바울은 "육신으로" 나타난 역사적 예수를 안다고 말한 적이 없으니 이 말을 달리 어떻게 해석하겠는가!

심적 수준과 영적 수준의 가르침

그렇다면 어떻게 바울은 영지주의자들과 문자주의자들 모두에게 숭상될 수 있었을까? 우리가 이미 살펴본 바와 같이, 영지주의자들은 예수 이야기가 두 가지 수준에서 동시에 유효하다고 가르쳤다. 공개적 미스테리아에 입문한 심적 그리스도교인을 위한 예비적 이야기, 그리고 은밀한 미스테리아에 입문한 영적 그리스도교인들을 위한 신비한 비유, 이렇게 전혀 다른 두 수준으로 이해되면서도, 이야기 자체는 동일하다. 영지주의자들의 말에 따르면, 바울의 편지도 두 수준에서 모두 유효하도록 꾸며졌다. 영지주의 현자 테오도투스의 말처럼 바울은 "동시에 두 가지 방식으로 가르쳤다."[88]

바울은 "각자가 자기 방식대로 주를 알고 있으며, 똑같은 방식으로 알고 있는 게 아니다."라는 사실을 인정했다고 테오도투스는 주장했다.[89] 그래서 다른 한편으로 바울은 "태어나서 수난을 당한" "육체적" 구원자에 대해 가르쳤던 것이다. "십자가에 못 박힌 그리스도"라는 "선포된 복음"을 그가 심적 수준의 그리스도교인들에게 가르친 것은 "그것을 계기로 해서 그들이 앎에 다가갈 수 있기 때문이다."[90] 그러나 영적 수준의 그리스도교인들에게 바울은 "영적인" 그리스도를 가르쳤다.⁹¹ 입문자는 수준에 따라 자기가 들을 수 있는 말을 취해서 듣게 된다. 바울은 이렇게 썼다.

> 육에 속한 사람은 하느님의 성령의 일을 받지 아니 하나니 그것이 저에게는 미련하게 보이기 때문이다. 또 깨닫지도 못하나니 이런 일은 영적으로만 분별할 수 있기 때문이다.⁹²

영지주의자들은 복음서의 비유와 마찬가지로 바울의 편지도 입문하지 않은 자와 입문자가 서로 다르게 이해할 수 있도록 비밀 가르침을 암호화한 것이라고 주장했다. 비밀리에 구전되는 은밀한 미스테리아에 입문한 자들만 바울의 심오한 뜻을 이해할 수 있다는 것이다. 일레인 페이절스는 이렇게 썼다.

> 발렌티누스파는 대다수 그리스도교인들이 성서를 문자 그대로 읽는 실수를 저지르고 있다고 주장한다. 발렌티누스파들은 그노시스에의 입문을 통해, 바울의 편지를 (다른 성서와 마찬가지로) 상징적 수준에서 읽는 법을 배웠고, 그것이 바로 바울이 의도한 것이라고 말한다. 그러한 영적 독서를 통해서만 비로소 단순한 외부적 "인상"이 아닌 "진리"를 얻을 수 있다고.⁹³

발렌티누스 추종자들은 바울의 편지에 감춰진 비유적 의미를 드러내기 위해 암호를 체계적으로 풀이했다. 예를 들어, 「로마서」에서 바울은 단순한 일상적 상황, 즉 유대인과 이방인과의 관계를 이용해서 심적 그리스도교인과 영적 그리스도교인을 비유한다. 즉, 바울이 "유대인"을 언급하면 "심적 수준의 그리스도교인"을 뜻하며, "이방인 Gentiles"*을 언급하면 "영적 수준의 그리스도교인"을 뜻한다.⁹⁴ "영적 수준의 그리스도교인"을 의미하는 바울의 말로는 "이방인" 외에도, "할례를 받지 않은 자", "헬라인", "이면적 유대인Jews inwardly", "참된 이스라엘 사람" 등이 있다.[95]

바울이 고린도 사람들에게 보낸 첫 편지에 주목할 만한 구절이 있다. 바울은 추종자들에게 영적 가르침을 주고 싶지만, 그들이 "육신"의 수준에 속해서 영적 가르침을 줄 수 없다며 실망감을 표현한다. 그래서 바울은 어쩔 수 없이 가장 기초적인 그리스도교 교리만을 가르친다.

> 형제들아, 내가 신령한 자들을 대함과 같이 너희에게 말할 수 없어서 육신에 속한 자, 곧 그리스도 안에서 어린아이들을 대함과 같이 하노라. 내가 너희를 젖으로 먹이고 밥으로 먹이지 아니 하였노니, 이는 너희가 감당치 못하였음이거니와 지금도 감당치 못하리라. 너희는 아직도 육신에 속한 자로다. 너희 가운데 시기하는 마음과 분쟁이 있으니, 어찌 육신에 속한 자가 아니리요.[96]

바울은 추종자들이 아직도 기본적인 가르침에서 벗어날 단계에 이르지 못한 것이 안타까웠다. 「히브리서」에서 그는 이렇게 썼다.

> 그러므로 우리는 그리스도 도道*의 초보를 버리고, 죽은 행실에 대한 회개와 하느님께 향한 신앙과 세례의 가르침들과 안수와 죽은 자의 부활과 영원한 심판에 관한 교훈의 터를 다시 닦지 말고, 완전한 데로 나아갈지니라. 하느님께서 허락하시면 우리는 그리 하리라. 한번 비

---

* (앞쪽) 개역 성경에는 "야만인"으로 번역되어 있다.
* '교리'를 말한다.

침을 얻고, 하늘의 은사를 맛보고, 성령에 참여한 자 되고, 하느님의 선한 말씀과 내세의 능력을 맛보고, (그런 다음 — 옮긴이) 타락한 자들은 다시 새롭게 하여 회개케 할 수 없나니, 이는 그런 자들이 하느님의 아들을 다시 십자가에 못 박음이라.[97]

바울이 사도들에게 버리라고 한 "도의 초보"는, 영지주의자라면 마땅히 말할 만한 것들이다. 회개, 믿음, 세례, 안수, 죽은 자의 부활, 영원한 심판, 이러한 것들이 문자주의자들에게는 너무나 소중한 의식이고 도그마이다. 영지주의자들에게 이런 것들은 다만 초보 수준, 곧 심적 수준의 공개적 미스테리아에 지나지 않는다. 바울이 사도들에게 원하는 것은, 영적 입문의 성령을 맛본 후, 심적 관심사를 버리고 완전한 영적 수준의 깨달음으로 나아가는 것이다.

바울과 여호와

영지주의자들처럼 바울은 예수 미스테리아가 유대인의 신 여호와의 율법을 능가한다고 가르쳤다.[98] 예수는 유대인들에게 새 언약, 곧 하느님과의 언약을 주었으므로, 바울은 전통 유대주의의 낡은 언약을 평가 절하한다는 사실을 결코 숨기지 않는다![99] 바울은 이렇게 썼다.

이것을 새 언약이라 말씀하셨으매, 이미 첫 것은 낡아지게 하신 것이니, 낡아지고 쇠한 것은 없어져 가는 것이니라.[100]

영지주의자들처럼, 바울은 율법에의 예속이 아니라 그노시스를 통한 영적 자유를 가르쳤다. 그는 이렇게 선언했다. "주의 영이 계신 곳에는 자유가 있느니라."¹⁰¹ 바울에게는 "무엇이든지 스스로 속된 것은 없다."¹⁰² 다만 속되다고 생각하는 사람에게는 무엇이든지 속되다. 카르포크라테스Carpocrates와 같은 후대의 영지주의자들은 도덕성을 잃었다고 비난하는 자들에게 자연 도덕nature morality의 교리를 옹호하기 위해 바울의 말을 인용했다. 무슨 짓을 해도 좋다고 먼저 말한 것은 "미치광이" 영지주의자들이 아니라, 바울 자신이었던 것이다. 바울은 유명한 이런 선언을 했다. "내게는 모든 것이 가하다"!¹⁰³

바울은 심지어 유대교의 기초인 여호와의 신성한 전통 율법이 저주라고 선언하기까지 했다. 그는 이렇게 썼다. "무릇 율법 행위에 속한 자들은 저주 아래 있나니",¹⁰⁴ "그리스도께서 우리를 위하여 율법의 저주에서 우리를 속량하셨다."¹⁰⁵ 영지주의자들과 마찬가지로 바울도 그리스도의 수난과 부활을 함께함으로써 그리스도교 입문자가 율법으로부터 구원받아 자유롭게 될 수 있다고 보았다. "우리를 얽매었던 율법에 따라 우리가 죽었으니, 이제 우리는 율법에서 벗어났다."¹⁰⁶

바울은 율법을 "중보仲保 mediator"*가 만든 것이라고 주장한다. 유일한 하느님이자 만물의 창조주로 여겨지는 여호와를 바울은 왜 "중보"라고 일컬었을까? 여호와는 대체 누구와 누구 사이의 무슨 일을 주선한단 말인가? 문자주의자들은 대답하지 못한다. 그러나 영지주의자들은 즉각 알아듣는다. 이루 형언할 수 없는 하느님과 피조물 사이를 중재하는 작은 신인 플라톤의 "조물주"가 바로 여호와라는 영지주의 교리를 바울이 가르치고 있는 것이다. 바울은 분명 여호와를 참 하느님으로 여기지 않았다. 그는 계속해서 이렇게 썼기 때문이다. "중

---

* 둘 사이의 일이 성사되도록 주선하는 자.

보는 하나가 아니나, 하느님God은 하나이시니라."[107]

바울의 말에 따르면, 그가 가르치는 복음을 이해하지 못하는 사람들은 "이 세상의 신god이" 혼미케 한 "믿지 못하는 자들의 마음"을 지니고 있기 때문이다.[108] 그의 편지를 번역한 수많은 성서에는, "이 세상의 신"이라는 난해한 구절을 설명하는 짧은 주석이 덧붙어 있다. 일반적인 정통파 주석에 따르면, 그 신은 곧 사탄이다. 그러나 사탄을 왜 "신god"이라고 하는지는 설명하지 못한다! 영지주의자들에게는 바울의 말뜻이 너무나 명백하다. 바울은 여호와를 말하고 있는 것이다. 유대 민족을 다스려 왔던 시대도 이제 종말에 이르러서, 예수와 플라톤의 참 하느님을 위해 물러가야 하는 유대인의 작은 신 여호와가 바로 바울이 말한 "이 세상의 신"인 것이다.

도끼를 휘두르는 할례의 무리들!

바울의 반영지주의적 편지는 위조된 것으로 밝혀졌다. 진짜 편지들에서 바울은 "다른 예수"를 가르친 초기 교회의 사람들과 적대한다.[109] 그들은 영지주의적 이단자들이 아니라, 친유대적 그리스도교인들이다. 그들은 교회가 할례라는 유대인의 관습을 유지하고 여호와의 율법을 존중해야 한다고 믿었다.

바울을 그들을 사정없이 공격한다. 「빌립보서」에서 바울은 이렇게 경고했다. "개들을 조심하고, 행악하는 자들을 조심하고, 손할례당*을 조심하라."[110] 「갈라디아서」에서는 이렇게 선언했다. "보라, 나 바

---

* 도끼를 휘두르는 할례의 무리들.

울은 너희에게 말하노니, 너희가 만일 할례를 받으면, 그리스도께서 너희에게 결코 은혜를 베풀지 않을 것이다."[111] 또 "너희를 어지럽게 하는 자들이 스스로 베어 버리기를 원하노라."*[112]

바울이 가르친 비밀을 보는 자는 종교 의식에 참여하는 심적 수준의 교인들이 아니라, 영적 수준의 교인들이다. 손할례당을 조심하라는 말에 이어서 바울은 이렇게 주장했다.

> 우리야말로 참된 할례의 무리이기 때문이다. 우리는 하느님의 영을 숭배하며, 그리스도 예수를 자랑스러워하며, 육체를 신뢰하지 않는다.[113]

이러한 바울의 가르침은 영지주의적 예수의 가르침과 완전히 일치한다. 예를 들어 『도마의 복음서』에서 사도들이 할례의 이로움에 대해 묻자, 예수는 이렇게 설명한다.

> 그것이 이롭다면, 그들의 아버지는 어머니 뱃속에서 이미 할례된 채 잉태되었을 것이다. 영혼의 참된 할례야말로 이로운 것이다.[114]

바울과 맞서 싸운 그리스도교인은 바울의 문자주의에 맞서 싸운 영지주의자도 아니고, 바울의 영지주의에 맞서 싸운 문자주의자도 아니다. 당시 영지주의와 문자주의는 전혀 쟁점이 아니었다. 그리스도교인과 유대 전통 사이의 관계 설정, 그리스도교가 비유대인에게 개방되어야 하는가의 여부, 개방된다면 어떻게 개방되어야 하는가의 문

---

* 너희를 선동하는 자들은 스스로 고자가 되는 편이 나으리라.

제들을 두고 서로 다투었다. 바울의 시대에 불붙은 교회 내부의 다툼은 문자주의자와 영지주의자 간의 다툼이 아니었던 것이다. 그것은 그리스도교와 유대교 사이의 관계에 대해 다양한 견해를 가진 그리스도교인들 간의 다툼이었다.

바울의 편지를 보면, 좀 더 전통적인 유대인 그리스도교인들이 예루살렘에 살고 있었다는 것을 알 수 있다. 전통적으로는 신약에 언급된 베드로 등의 사도가 바로 그들인 것으로 해석되어왔다. 우리가 이미 살펴본 것처럼, 그런 해석은 사실상 부당한 선입관에 사로잡힌 잘못된 해석이다. 전통적으로 로마 교회가 상상한 것과 달리, 사도들의 예루살렘 교회가 존재했다는 것을 뒷받침하는 증거는 전혀 없다.[115] 사실은 그와 정반대다.

실제로, 160년에 사르디스의 멜리토Melito 주교가 전설적인 예루살렘 교회를 발견하기 위해 유대 지방에 갔을 때, 그는 사도들의 후계자를 만나지 못해 낙담했다. 대신 영지주의자들의 작은 집단만 발견했다![116] 스스로 에비온파, 곧 "가난한 자들"이라고 일컬은 이들 집단은 자기들만의 복음서를 지니고 있었다. 『에비온파의 복음서』, 『헤브라이 사람들의 복음서』,[117] 『열두 사도들의 복음서』, 『나사렛 사람들의 복음서』[118]가 그것이다. 이 모든 복음서는 신약의 복음서와 상당히 달랐다.[119] 유대인 그리스도교인이 쓴 이런 영지주의 복음서는 수백 년 동안 살아남을 수 있었다.[120]

문자주의 선전자 유세비우스는 예루살렘 교회가 영지주의자들로 이루어져 있었다는 증거를 이렇게 설명한다. 즉, 처음에는 분명 문자주의자였으나 "변절"을 해서 이단자가 되었다고. 그러나 그는 왜 어떻게 그런 일이 일어날 수 있었는지 설명하지 못한다. 사실상 그 증거는 예루살렘의 그리스도교인들이 처음부터 영지주의자들이었다는 것을 시사한다. 왜냐하면 1세기에 그리스도교 공동체는 전적으로 영지주의의 여러 형태를 띠고 있었기 때문이다.

결론

그렇다면 바울은 영지주의자였는가? 우리가 발견한 증거를 일부 되돌아보자.

:: 영지주의자들은 영적 계보가 바울에서 비롯한다고 주장했다. 그리고 그들은 바울의 비밀 가르침을 구두로 전수받았다고 주장했다.
:: 영지주의자들은 그들의 "위대한 사도"인 바울이 썼다는 많은 복음서를 가지고 있었다.
:: 많은 영지주의 집단이 바울을 그들 집단의 창시자라고 주장했다.
:: 2세기 중반에 바울의 편지를 받은 여러 공동체는 마르키온파 영지주의 본부였던 것으로 알려져 있다.
:: 바울의 반영지주의적인 목회 서간은 2세기 후반에 위조된 것이다. 진짜 편지들을 살펴보면 바울은 반영지주의자가 아니며, 결코 역사적 예수를 언급하지 않는다.
:: 2세기 초의 문자주의 그리스도교인들은 바울을 공격했다. 그들은 바울의 가르침이 예수의 참된 가르침과 "모순"되며, 바울은 예수의 "적"이라고 주장했다.
:: 바울은 다소에서 태어났다. 다소는 이교도 미스테리아의 중심지였다. 그리고 바울은 자기 편지에서 미스테리아 용어를 빈번하게 사용했다. 바울은 심지어 자신을 "하느님의 미스테리아의 집사"라고 일컬었다. 이 말은 이교도의 세라피스 미스테리아 사제를 가리키는 말이다. 바울은 이교 현자들의 말을 인용했고, 이교도 교리를 가르쳤다.
:: 올바르게 번역하기만 하면, 바울의 편지들은 강력한 영지주의 가

르침이라는 게 여실히 드러난다. 바울은 정식으로 영지주의 용어를 사용했다. 그는 영적 입문자의 스승이었다. 그는 신비한 셋째 하늘을 여행했다. 그는 예수가 다만 인간 육신의 "탈"을 쓰고 왔다고 가르쳤다. 그는 의례적인 종교를 비난했고, 성서를 "비유"와 "상징"으로 보았다. 또 그는 "중보"이며 "이 세상의 신"인 여호와의 율법을 거부했다.

:: 문자주의자들은 부활이 그리스도 재림 후에 가능한 것으로 보았다. 즉, 재림 후 무덤에서 되살아나 육체적 불멸성을 얻게 된다고 본 것이다. 바울은 부활이 지금 이 자리에서 가능한 신비한 체험이라는 영지주의 교리를 가르쳤다.

:: 바울이 나타내 보일 수 있다고 주장한 위대한 비밀은, 복음서에 적힌 대로 예수가 문자 그대로 이 땅을 걸었다는 것이 아니다. 바울이 말하고자 한 비밀은, 그리스도가 밖이 아닌 우리 안에 있다는 신비한 계시다.

:: 영지주의자들은 복음서와 마찬가지로 바울의 편지도 비밀 가르침을 암호화하고 있다고 주장했다. 바울은 "동시에 두 가지 방식으로" 공개적 미스테리아와 은밀한 미스테리아를 가르쳤다. 바울의 편지는 서로 다른 방식으로 이해될 수 있다. 동시에 여러 수준으로 읽힐 수 있도록 꾸며진 것이기 때문이다.

:: 바울은 사도들을 안타까워했다. "초보적인" 그리스도교를 버리고 더 심오한 수준으로 나아갈 준비가 되어 있지 않았기 때문이다.

이런 모든 증거는 바울이 진정 영지주의자였다는 것을 시사한다. 그러나 바울을 영지주의자라고 일컫는 것은 어느 면에서 오해의 소지가 있다는 생각이 들었다. 우리가 발견한 증거들을 살펴보면 볼수록, 1세기의 그리스도교에 "영지주의"나 "문자주의"라는 용어를 적용하는 것은 사실상 무의미하다. 바울의 편지를 살펴보면, 당시 그리스도교 공동체가 크게 분열되어 있었다는 것은 분명하다. 그러나 이 분열은 영지주의와 문자주의 사이의 분열이 아니었다. 그런 분열은 2세기 말에나 나타난다. 바울은 반영지주의자도 아니고, 친영지주의자도 아니다. 그의 시대에는 영지주의와 문자주의의 분열이 아직 나타나지 않았기 때문이다.

바울의 시대에는, 장차 영지주의자가 될 것인가, 문자주의자가 될 것인가의 경향은 존재했지만, 그런 경향은 예수 미스테리아의 공개적 가르침 및 은밀한 가르침과 마찬가지로 조화롭게 공존하고 있었다. 바울이 참여한 신학적 다툼은 예수 미스테리아 입문자들 사이의 다툼이었다. 전통적으로 유대인의 정체성을 유지하고자 한 입문자와, 바울처럼 그들의 새로운 미스테리아를 완전히 "현대적"이고 보편적인 것으로 만들고자 한 입문자로 나뉘었던 것이다.

바울은 우리가 예수 미스테리아의 창시자에게서 기대할 만한 모든 특징을 지니고 있다. 바로 이 점은 예수 미스테리아 명제를 강력하게 뒷받침한다. 하나의 이론이 참이면, 모든 것이 착착 들어맞기 시작한다. 그리스도교의 기원에 대한 우리의 새로운 이론은 증거와 들어맞았고, 내적으로 일관성이 있었고, 아름답도록 단순했고, 놀랍도록 역설적이었다. 그러나 아직도 꺼림칙한 데가 남아 있었다.

유대인이 오시리스-디오니소스와 같은 예수를 내세워 고대 미스테리아의 새로운 판본을 만들어낸 것이 곧 그리스도교라는 것이 바로 예수 미스테리아 명제다. 그런데 어떻게 그런 일이 일어날 수 있었을까? 전통 역사는 유대인들을 편협한 민족으로 묘사한다. 그들은 다른 지중해 문화와 멀리 떨어져 있었고, 완고하게 민족주의적이었고, 그들의 종교에 광적으로 헌신했고, 그들의 유일신 여호와만을 숭배했고, 이웃 이교도 신앙에는 전적으로 적대적이었다. 그런 관점에서 볼 때, 유대인들이 이교도 미스테리아를 받아들일 수 있었다는 것은 좀처럼 생각하기 어렵다. 그것이 사실이라면 다행이련만.

09
유대인의 미스테리아

유대인 사제들이 면류관을 쓰고 피리와 북 소리에 맞추어 찬송을 하곤 했다는 것, 그리고 황금 덩굴이 신전에서 발견되었다는 것, 그것으로 미루어보면 그들이 숭배한 신은 디오니소스였다는 생각이 든다.[1]
_ 타키투스

전통적으로, 예수는 고대 세계의 변두리 마을에서 목동과 어부들 사이에서 성장했던 것으로 그려진다. 예수가 살았다는 시대에 유대 지방은 다른 여러 지방과 마찬가지로 상당 부분 고대 그리스 문명에 물들어 "헬레니즘화"되어 있었다.[2] 예수가 성장했다는 나사렛은 갈릴리 바다에서 남서쪽으로 19킬로미터 떨어진 곳에 있다. 나사렛에서 한 시간쯤 걸으면, 헬레니즘화된 세포리스라는 도시가 나온다. 이 세포리스의 한 극장에는 디오니소스의 아름다운 모자이크 작품이 새겨져 있었다.[3] 나사렛에서 동쪽으로 하루쯤 걸으면, 중요한 이교도 철학파가 있었던 가다라에 이른다.[4] 갈릴리 바다의 남쪽 변두리에 있던 스키토폴리스는 디오니소스 미스테리아[5]의 중심지였다. 이 도시는 디오니소스가 세웠다고 전해질 정도였다.[6]

예루살렘은 라리사와 아스칼론 등 철저하게 헬레니즘화된 도시로 둘러싸여 있었다. 이 도시들은 로마까지 이름을 떨칠 만큼 유명한 이교도 철학자들을 낳았다.[7] 『마카베오 2서』*에는 예루살렘 성전 자체가 고대 그리스 신전으로 바뀌어 디오니소스 축제가 열렸다고 기록되어 있다.[8] 제사장 야손은 고대 그리스풍의 교육 기관 — 육체적, 지적, 영적 교육을 위한 이교도 "대학" — 을 신전 옆에 세웠는데, 유대인 성직자들은 전통 교육 방식보다 이 대학의 교육 방식을 더 좋아했던 것으로 보인다. 『마카베오 2서』에는 이렇게 기록되어 있다.

> 사제들은 제단에서의 의무에 더 이상 열정을 보이지 않았다. 그들은 신전을 경멸했고, 제사를 소홀히 했으며, 율법을 무시한 채, 시작 종소리만 울리면 서둘러 레슬링을 배우러 달려갔다.[9]

유대인 문화와 이교도 문화의 이와 같은 통합은 수세기 동안 진행되었다. 고대 유대인의 역사는 여러 민족에게 끊임없이 정복을 당한 역사다. BCE 922년 이집트인들에게, BCE 700년 아시리아인들에게, BCE 586년 바빌로니아인들에게, BCE 332년 알렉산드로스 대왕 치하의 고대 그리스인들에게, BCE 198년 시리아인들에게, 그리고 마침내 BCE 63년 고대 로마인들에게 정복되었고, CE 112년에 유대라는 나라는 완전히 멸망했다.[10] 이처럼 정복을 당하면서 유대인들은 불가피하게 정복자들의 문화를 흡수하게 되었을 뿐만 아니라, 노예가 되어 지중해 전역으로 흩어졌다. 이들은 "디아스포라"**를 형성했다. 자유를 얻은 유대인들은 이교도 문명과 동화되었고, 고향으로 돌아갈

---

* 개신교의 외경.
** 바빌론 유수 이후 팔레스타인 이외의 지역으로 흩어진 유대인 무리.

09 유대인의 미스테리아

기회를 얻은 후에도 대다수는 돌아가지 않았다.[11]

디아스포라 유대인들은 자신들의 종교 전통과 이교도 신앙을 통합했다. 예를 들어, 바빌론에서도 유대인들은 바빌로니아 점성술을 받아들인 것으로 유명하다. 대조代祖인 아브라함 자신도 점성술 교리에 통달한 바빌로니아의 유대인이었다.[12] 실제로, 철학자 아리스토불루스Aristobulus와 필론, 역사가 요세푸스와 같은 유명 유대인들은 아브라함이 점성술을 만들었다고 주장하기까지 했다.[13]

유대인들은 이교도의 미스테리아도 받아들였다. 바빌론에서 그들은 오시리스-디오니소스인 담무스의 미스테리아 의식을 거행했다.[14] 구약에서 선지자 에스겔은 유대 여성들이 예루살렘 신전의 북문 바로 그곳에서 담무스의 죽음을 애도하는 의식을 치르는 것을 묘사했다.[15] 성 히에로니무스의 말에 따르면, 베들레헴에는 시리아의 오시리스-디오니소스인 아도니스의 신성한 숲이 있었다.[16] 시리아 공회당의 벽에는 유대교의 전통 상징과 더불어 이교도 미스테리아의 상징이 그려져 있는 것이 발견되었다.[17] 소아시아에서 유대인들은 그들의 신 여호와를 프리기아의 오시리스-디오니소스인 사바지우스와 동일시했다.[18] 유대인들은 BCE 139년에 로마에서 추방되었는데, 그것은 그들이 사바지우스 미스테리아를 로마에 들여오려고 했기 때문이다![19]

유대인들의 이 신은 "이아오Iao"로 알려지게 되었는데, 이아오는 곧 디오니소스다.[20] 예루살렘에서 60여 킬로미터 떨어진 고고학적 유적지에서 동전이 하나 발견되었는데, 이 동전에는 여호와를 엘레우시스 미스테리아의 창시자로 묘사하고 있다.[21] 정말이지, 플루타르코스와 디오도루스, 코르넬리우스 라보Cornelius Labo, 요한네스 리두스Johannes Lydus, 타키투스 등 고대의 수많은 저술가들이 유대인들의 신을 항상 디오니소스와 동일시한다는 것은 충격적인 사실이 아닐 수 없다.[22] 현대의 한 학자는 이렇게 평했다.

고대의 모든 신들 가운데, 디오니소스는 예루살렘의 유대인 신과 가장 집요하게 동일시되었다.[23]

유대인들이 모두 다 이교도 신앙을 반대한다고 보는 관점은 그리스도교인들이 조장한 환상이다. 그리스도교가 이교도 신앙과 전혀 다르다는 후대의 주장을 뒷받침하게 하려고 그렇게 조장한 것이다. 사실상 과거의 유대인들은 이교도 문화에 대해 서로 다른 여러 관점을 지니고 있었다. 일부는 전통적 근본주의자였고, 일부는 열정적으로 이교도 방식을 채택했다. 대부분은 그들 자신의 전통과 이교도 신앙을 종합해서 장점을 취하려고 했다.

세계적인 도시 알렉산드리아

유대 문화와 이교 문화의 대통합이 이루어진 것은 이집트의 알렉산드리아에서였다. 알렉산드로스 대왕이 BCE 4세기 말 이집트를 정복했을 때, 유대인들은 그를 도와서 첩자나 용병 구실을 했다. 그들은 그 대가로 알렉산드로스가 세운 알렉산드리아라는 새 도시에 사는 것이 허용되었다. 그래서 대규모의 유대인들이 자발적으로 알렉산드리아로 이주했고, 그곳에서 세련된 이교도 문화의 혜택을 누렸다.[24] 이때 알렉산드리아 초기 인구의 반은 유대인이었던 것으로 여겨진다.[25]

처음부터 알렉산드리아는 세계적인 도시였다. 알렉산드로스가 건설한 방대한 제국 내에서는 그리스어가 공용어로 쓰였고, 온갖 민족이 알렉산드리아로 건너와 새로운 다민족 도시의 시민이 되었다. 알렉산드리아의 첫 지배자인 프톨레마이오스 1세 Ptolemaeos I는 이집트에 작은 그리스를 건설하기로 결심했다.[26] 계몽적인 그의 정치 철학에 따라 도서관과 박물관이 들어섰고, 고대 세계의 지식이 체계적으로 수집되었다. 절정기에는 도서관에 수십만 권의 장서가 보관되었다고 하고, 어떤 사람은 50만 권이 넘을지도 모른다고 말하기도 한다.[27] 알렉산드리아는 고대 세계에서 아테네를 능가하는 학문의 중심지가 되었다.

알렉산드리아에서 오시리스-디오니소스 미스테리아는 새로운 절정기를 맞게 되었다. 엘레우시스에서의 대규모 행렬은 더욱 웅장하고 극적인 장관으로 발전했고, 여러 하늘과 땅과 지하 세계를 상징하는 여러 층의 무대에서 연극이 상연되었다.[28] 아테네에서와 달리, 알렉산드리아에서 처러진 미스테리아 의식은 비밀 엄수 규칙이 지켜지지 않아서, 누구나 신비 의식에 참석할 수 있었다.[29] 그처럼 세계적이고 관용적인 환경 덕분에 자연스럽게 여러 영적 전통이 적극적으로 결합될 수 있었다.[30]

유대인들은 알렉산드리아에서 만난 세련된 이교도 문화의 매력에 사로잡히지 않을 수 없었다. 전통 유대인들은 이교도 신앙에 물들 것을 염려해서, 대중 연회와 축제, 연극 공연 등에 참석하는 것을 종교적 금기로 삼았다.[31] 당연히 그들은 위대한 문명의 일원이 되는 엄청난 이점을 포기하지 않을 수 없었다. 그래서 많은 수의 유대인들이 금기를 어기고 이교도 사회에 동화되고자 했다는 것은 놀라운 일이 아니다. 유대인들은 너무나 짧은 기간에 그들의 모국어를 버리고 공용어인 그리스어를 받아들였다.[32] 유대 지방에서 이집트로 끊임없이 이주자들이 밀려들었기 때문에 아람어와 헤브라이어가 계속 사용되기는 했지만, 주요 언어는 그리스어였다. 도시 안에서 다른 민족과 거래를 할 때뿐만 아니라, 유대인 공동체 안에서도 그랬다. 공회당의 예배 때와 집 안의 예배 때도 그리스어가 사용될 정도였다.[33]

BCE 2세기 무렵 이러한 문화적 동화 과정은 더욱 심해져서, 유대인 극작가 에스겔은 유대인의 「출애굽기」를 에우리피데스 스타일의 그리스어 희곡으로 고쳐 쓸 정도였다![34] 유대 지식인들은 조상의 신앙과 타민족의 지혜가 서로 충돌하지 않도록 중재하려고 했다. 그들은 유대 경전을 문자 그대로의 역사로 보는 근본주의적 견해에 의문을 제기하고, 그것을 신비한 비유로 해석하기 시작했다.[35] 이교의 현자들에게서 빌려온 그런 해석 방법을 이용하여, 유대인 철학자들은 그들의 경전을 고대 그리스 사상에 맞추어 해석할 수 있었다.[36] 그들의 영향을 받아 유대 철학이 활짝 꽃을 피웠고, 모든 유대인들은 "이스라엘의 빛"으로 알려지게 된 알렉산드리아의 랍비들을 대단히 자랑스러워했다.[37]

유대인 근본주의자들은 그들의 신 여호와를 그들 부족의 신으로 보았다. 항상 유대인을 도와서 압제자를 무찌를 수 있도록 해준 존재이자, 이교도 신앙의 대상과는 전혀 다른 존재로 여겼던 것이다. 그러나 알렉산드리아에서 헬레니즘화된 유대인들은 여호와를 보편적인 하느님으로 보았고, 지고의 일자—인 플라톤의 신과 동일시했다.[38]

전통을 버렸다는 비난을 피하기 위해, 헬레니즘화된 유대인들은 이교도 철학이 원래 유대인의 것이었다는 주장을 하기 시작했다! 헤르미푸스Hermippus는 피타고라스가 유대인들에게 지혜를 얻었다고 단언했다.[39] 아리스토불루스는 이처럼 우스꽝스러운 생각을 발전시켜서, 플라톤과 아리스토텔레스가 모세의 지혜를 차용했다고 선언했다.[40] 아르타파누스Artapanus는 이집트 미스테리아의 창시자인 헤르메스 트리스메기스투스와 그리스 미스테리아의 신비한 창시자인 무사이우스Musaeus를 모세와 동일시한 허구 역사서를 집필했다.[41] 터무니없는 발상인데도, 그런 발상 덕분에 유대인들은 수월하게 민족적 자긍심을 확보하면서도 동시에 이교도 이웃의 철학을 수용해서 세계 시민의 일원이 될 수 있었다.

헬레니즘화된 유대 경전

이교도 미스테리아의 지혜가 유대인에게서 비롯했다고 주장한 헬레니즘화된 유대인들은 이교도 신앙과 유대교가 근본적으로 동일한 종교 전통의 일부라고 보았다. 그런 주장 덕분에 이교도 철학과 개념을 유대교에 도입하는 것이 정당화될 수 있었다. 2세기에 헤브라이어 경전은 플라톤 철학의 영향 아래 그리스어로 번역되었다.[42] 헬레니즘화된 유대인들은 또 수많은 새 경전을 만들었는데, 이 경전에는 유대 사상과 이교 사상이 혼합되어 있었다.[43] 이 경전들은 유대 구약과 그리스도교 신약 사이의 언약이라는 뜻에서 "간약 間約 intertestamental" 저술로 알려져 있다.

예를 들어 『아리스테아스의 편지』는 여호와와 제우스를 동일시하며, 유대인과 그리스인 사이의 조화를 주장한다. 두 민족이 올바른 삶에 대해 같은 문화와 같은 견해를 가졌다고 보는 것이다.[44]

현대의 한 학자는 또 다른 경전인 『마카베오 4서』에 대해 이렇게 썼다.

> 이 문헌은 경이로운 모순을, 아니 좋게 말해서 모순의 해소를 보여준다. 표면적으로는 헌신적인 정통파 유대인이 안티오코스 4세Antiochos IV*를 공격하는 것처럼 되어 있지만, 이 문헌은 그리스식 사고법을 익힌 철학자가 현란한 그리스어로 쓴 것이며, 소크라테스의 논법을 사용하고 있다.[45]

『에녹의 서』도 역시 이교도의 주제를 차용한다. 이 경전들은 고대

---

* BCE 169년에 알렉산드리아를 정복했으며 유대교를 박해한 시리아의 왕.

유대인의 조상인 에녹이 쓴 것으로 되어 있지만, 헬레니즘화된 유대인들은 에녹을 위대한 신화적 인물로 탈바꿈시켜서, 전설적인 이집트 현자 헤르메스 트리스메기스투스와 동일시했다.[46] 한 학자는 이렇게 주석을 달았다.

> 경이적이고 초월적인 시적 비전을 지닌 이런 문서들에는 범민족적 이야기가 담겨 있으며, 이 이야기를 고대 세계의 다른 위대한 신화와 연계시키고자 한다.[47]

이러한 간약의 "지혜의 문헌"은 유대인과 이방인을 구분하지 않고, 다만 "현명한 자와 어리석은 자"만을 구분한다. 이 문헌들은 모세의 율법을 지키는 것보다는 영적 신앙을 더 강조하며, 여호와를 유대인의 작은 신이 아닌 전 세계의 주님으로 묘사한다.[48]

유대인들은 이교도의 『시빌의 신탁』을 각색하기도 했다. 수백 년 전 여자 예언자로 숭배된 시빌이 쓴 것으로 되어 있는 원래의 이교도 신탁은, 시빌이 황홀경 상태에서 하느님의 말씀을 전한다. BCE 2세기에는 알렉산드리아의 한 유대인이 유대인 시빌을 만들어, 완벽한 6보격의 그리스어로 그녀의 신탁을 새로 썼다.[49]

유대인의 간약 문헌에서는 고대 이교도가 그랬던 것처럼 흔히 지혜를 "소피아"로 의인화한다. 현대의 한 학자가 주석을 단 것처럼 이 문헌은 "전부 그리스어로 쓰였으며, 정통 유대교 신학과는 전혀 다르다."[50] 유대인의 소피아는 이미 BCE 3세기경부터 나타난다. 이때 소피아는 「잠언」에서 여호와의 배우자로 묘사된다.[51] 3세기가 지난 후 이교도 미스테리아 교리의 영향을 받은 유대인 철학자 필론은 모세를 "전혀 오점이 없으며 청렴결백한 부모의 아이"이고 "그의 아버지는 다른 모든 존재의 아버지인 하느님이며, 그의 어머니는 이 세계를 존재케 한 소피아다."라고 썼다. 영지주의자들처럼 필론에게도 소피아는 "로고스의 어머니"인 것이다.[52] 이교도 철학자들과, 간약 저술의 시대에 살았던 헬레니즘화된 유대인들과, 후대의 영지주의자들이 모두 여성 신격에게 중요한 역할을 부여했다는 것은, 이런 세 가지 전통이 서로 연계되어 진화해왔다는 강력한 증거가 된다.

모세의 미스테리아

그 후, 헬레니즘화된 유대인들은 이교도 미스테리아의 지혜와 자신들의 영적 전통을 통합하고자 한 것이 분명하다. 그러나 예수 미스테리아 명제를 통해 예견한 유대인 판본의 미스테리아를 만든 것이 바로 그들이었다고 말할 수 있을까?

이런 질문에 답하기 위해 필요한 단서는 알렉산드리아의 필론이 남긴 저술 속에서 발견된다. 필론은 매우 존경받는 유대인 지도자이자 유명한 철학자였다.[53] 필론은 유대교에 헌신적이었지만, 한편으로는 철저하게 헬레니즘화되어 이교도 철학에 심취해 있었다. 그는 "자기들과 같은 세계적 도시에 사는" 세계 시민들의 범민족적 형제로 간주한 철학자들에 대해 다음과 같은 찬사를 바쳤다.

> 그러한 사람들은 비교적 소수이기는 하지만, 세상의 수많은 도시에서 지혜의 불씨를 은밀히 지켜왔다. 우리 인류의 마음에서 미덕의 불씨가 완전히 꺼지지 않도록.[54]

필론은 고대인들 가운데서도 특히 피타고라스와 그의 추종자 플라톤을 숭배했다.* 그는 두 사람을 "위대한" 그리고 "가장 신성한 자"라고 일컬었다.[55] 그리스도교 철학자인 알렉산드리아의 클레멘스는 필론을 "피타고라스학파"로 보았다.[56] 피타고라스의 다른 추종자들과 마찬가지로, 필론은 음악과 기하학, 점성술에 능통했을 뿐만 아니라, 모든 시대의 그리스 문헌에도 능통했다.[57] 여느 피타고라스학파의 사람들과 마찬가지로, 필론은 이교도 미스테리아의 신비주의에 심취해 있었다.[58]

필론은 유대인 경전이 은밀한 영적 가르침을 암호화한 비유라는 것을 밝히기 위해 그가 "미스테리아의 방법"이라고 부른 방법을 사용했다.[59] 그는 모세와 「출애굽기」의 "역사적" 이야기가 하느님의 세계로 인도하는 길을 발견할 수 있는 신비한 은유라고 해석했다. 이 여행의 안내자는 이교도에게 친숙한 "로고스"라는 인물이다.[60] 미스테리아 현자들과 마찬가지로 필론에게도 로고스는 "하느님의 유일한 아들"이다. 미스테리아 현자들과 마찬가지로, 필론은 눈에 보이는 세계의 경이가 인간을 하느님과의 신비한 합일 체험으로 이끌기 위한 것이라고 가르쳤다.[61]

필론은 미스테리아의 철학을 수용했을 뿐만 아니라, 스스로 입문자라고 주장했다.[62] 그러나 이교도 미스테리아의 입문자는 아니었다. 그는 유대인들에게 이교도 입문식을 치르지 말라고 촉구했다. 자신들만의 유대인 미스테리아를 가졌기 때문이다. 바로 모세의 미스테리아를![63] 필론의 말에 따르면, 모세는 위대한 창시자였고, "신성한 교사이자 신성한 의식의 히에로판테스"였다. 필론은 자신도 유대인 미스테리아의 창시자이자 히에로판테스라고 일컬었다.[64] 그는 "가장 신성

---

* (앞쪽) 플라톤은 소크라테스뿐만 아니라 현상 세계를 끊임없이 변화하는 대립 상태라고 본 헤라클레이토스와 형이상학적이고 신비적인 피타고라스에게서도 철학적 영향을 받았다.

한 입문식을 치를 만한 가치가 있는 입문자들에게 전수할 비전秘傳"에 대해 썼다.[65] 이교도 미스테리아에서처럼, 그의 입문자들은 비밀 종파를 형성했고, 도덕적으로 순결할 것이 요구되었다. 이교도 미스테리아에서처럼, 그들은 입문하지 않은 자들에게 "참으로 신성한 미스테리아"를 누설하지 않겠다고 맹세했다. 혹시 무지한 자가 자기도 이해하지 못하는 것을 다른 사람들에게 잘못 전해서, 어리석은 대중들이 미스테리아를 비웃는 일이 없도록 하기 위해서였다.

필론에게 입문식은 눈에 보이지 않는 새로운 세계, 곧 이데아의 세계로 들어가는 것이었다. 거기서 "정화된 자들은 보이지 않는 것들의 순결하고 무구한 본성 — 다만 지혜로운 자만이 알아볼 수 있는 것들 — 을 묵상할 수 있다."[66] 이교도 미스테리아에서처럼, 입문식의 목적은 종교적 황홀경 체험을 통해 입문자가 신적 존재로 탈바꿈하는 것이었다. 미스테리아와 마찬가지로, 필론은 엔투시아제인enthousiazein(신적 영감 상태), 코루반티안Korubantian(신비한 열광 상태), 바케우에인bakeuein(신적 광기 상태), 카테케스타이Katechesthai(신들림 상태), 에크스타시스ekstasis(황홀경) 등에 대한 글을 썼다.[67] 그는 유대인 미스테리아 입문자의 황홀경을 디오니소스 미스테리아 입문자의 신성한 열광과 예언적 영감 상태에 비유하며 이렇게 썼다.

자아로부터 벗어나, 디오니소스의 신비 의식에서 신들린 자와 같이 신성한 열광에 휩싸이고, 신들림을 통해 예언적 영감을 얻도록 하라. 마음이 입을 다물고 다만 거룩한 열정으로 황홀경에 휩싸이는 그 순간이야말로 네가 물려받은 유산이기 때문이다.[68]

최초의 그리스도교인?

로마 교회가 고대 문헌을 대규모로 파괴할 때, 필론의 저술은 역사의 이상한 변덕 덕분에 무사히 살아남을 수 있었다. 4세기의 교회 선전자 유세비우스 주교는 필론의 저술에서 그리스도교의 역사를 구성하는 데 도움이 될 만한 것을 거의 찾아내지 못했다. 그래서 그는 필론의 책 가운데 테라페우타이 Therapeutai*라고 불린 유대인 집단에 관한 구절 하나에 매달렸다.[69] 그 집단의 봄철 축제에 대한 필론의 언급이 그리스도교의 부활절 축제를 연상시켰던 것이다.[70] 그래서 유세비우스는 알렉산드리아에 거주한 가장 초기의 그리스도교인들을 발견했다고 주장했다.[71] 그는 테라페우타이의 고위층이 최초의 주교와 사제, 부사제 등이며, 이들이야말로 최초의 그리스도교인이라는 데 아무도 이의가 없을 거라고 단언했다.[72]

물론 봄철은 이교도가 죽었다가 부활한 신인의 축제를 연 때였다. 그러니 유세비우스의 가정은 옳지 않다. 필론은 CE 10년의 테라페우타이에 대해 기록했는데, 그때는 예수가 십자가에 못 박혔다는 때보다 20년쯤 앞선다. 그러니 유세비우스의 주장과 달리, 테라페우타이는 초기 문자주의 그리스도교인들이 아니라고 결론지을 수밖에 없다.[73] 하지만 아이러니하게도, 유세비우스의 말은 어느 면에서 옳다고 할 수도 있는데, 물론 그건 그가 의도한 것이 결코 아니다.[74] 그러니까 테라페우타이는 분명 이교도 미스테리아의 유대인 판본을 행한 유대인 집단이었다. 오시리스-디오니소스 신화와 예수 이야기를 합성했다고 예수 미스테리아 명제에서 제창하는 것과 정확히 일치하는 종교

---

* "병을 고치는 자들"이라는 뜻.

집단 말이다.

테라페우타이는 유대인 집단이었다고 분명하게 말할 수 있다. 왜냐하면 그들은 유대인의 오순절 축제를 열었고, 안식일을 신성시했기 때문이다.[75] 하지만 다른 모든 방식은 피타고라스학파의 공동체와 닮았다. 그 공동체와 마찬가지로 테라페우타이는 흰옷을 입었고, 모든 재산을 공유했고,[76] 여자들을 평등한 존재로 인정했다. 여자도 "남자와 똑같은 열정을 지녔고, 남자와 똑같이 사려 깊은 선택을 한다."는 이유에서였다.[77] 필론은 『관조적 삶에 관하여』라는 책에서 테라페우타이에 대한 얘기를 들려준다. "관조적 삶"이란 고대 세계에서 피타고라스학파가 그들의 금욕적 공동체의 삶의 방식을 묘사할 때 사용한 말이었다.[78] 실제로 필론은 테라페우타이가 "사람이 사는 곳이면 어디서든, 완벽한 선을 공유하며, 그리스와 비그리스 세계 도처에서 발견된 인종"이었다고 기록했다.[79]

앞에서 말한 것처럼, 필론은 "피타고라스학파"로 알려져 있었고, 피타고라스 추종자들만의 신비한 수학적 언어로 테라페우타이에 대한 글을 썼다.

특히 그들은 일곱 번째 주말마다 모두 한 자리에 모였다. 그들은 7일이라는 단순한 날만이 아니라, 7의 제곱이 되는 날도 신성시했다. 7이 영원한 처녀처럼 순결하다고 생각했기 때문이다.[80] 이 일곱 번째 주말의 축제는 50번째 날에 여는 가장 큰 축제의 서곡이었다. 50은 수 가운데 가장 신성하고 자연스러운 수이며, 완벽한 직각삼각형의 각 변의 거듭제곱의 합과 같다. 그들에게 50은 우주 원소들의 생성 기원으로 간주되었다.*[81]

고대 이교의 현자들처럼, 필론은 종교를 잘못 배운 자들이 반지성적인 허례허식을 숭배하는 것을 배척했다. 그리고 그는 테라페우타이처럼 관조적 삶을 추구하는 사람들이 참된 하느님을 숭배하는 것을 칭송했다.[82] 이교의 입문자들처럼, 테라페우타이는 그들의 경전이 은밀하고 신비한 의미를 감추고 있는 비유라고 생각하며, 문자 그대로 해석하는 것은 껍데기에 지나지 않는다고 보았다. "신성한 저술의 주석은 비유로 전달된 내적 의미를 다룬다."고 그들은 믿었다.[83] 필론은 이렇게 썼다.

> 새벽부터 해질녘까지 그들은 공부에 몰두한다. 그들은 신성한 저술을 펼쳐 놓고, 조상들의 암호를 해독하고 철학화하며 시간을 보낸다. 축어적 의미의 말은 이면의 의미에 의해서만 밝혀지는 상징이라고 생각하기 때문이다.[84]

필론은 특히 테라페우타이 구성원들의 신성한 소명 의식을 디오니소스 미스테리아의 입문자들이 체험하는 신비한 열정에 비유하기까지 했다.

> 그들이 신성한 소명에 몸을 바치는 것은 어떤 관습이나 타인의 충고, 또는 부탁 때문이 아니다. 디오니소스 미스테리아 입문자들처럼 그들은 다만 거룩한 사랑으로 몸을 바치는 것이다. 그들은 사랑의 대상인 하느님을 보게 될 때까지 신명을 불태운다.[85]

---

* (앞쪽) 완벽한 직각삼각형은 각 변의 길이가 3:4:5가 되는 직각삼각형을 말한다. 피타고라스학파는 직각을 이루는 두 변의 제곱이 빗변의 제곱과 같다는 피타고라스의 정리를 신성시했다.

테라페우타이의 의식에서 남자들과 여자들이 따로 모여드는 것을 묘사하며 필론은 이렇게 썼다.

디오니소스 의식에서 사람들이 순수한 포도주를 마시듯, 두 무리는 신의 음료를 마시며 따로 향연을 연 후, 함께 모여 두 무리가 한목소리로 찬송한다. 그것은 홍해에서 바다가 갈라지는 놀라운 기적이 일어난 후 홍해 제방에서 유대인들이 한목소리로 찬송했던 것을 본받은 것이다.[86]

테라페우타이의 무리를 디오니소스 미스테리아 입문자에 비유하면서 동시에, 홍해의 제방에서 찬송한 모세의 추종자들에 비유하고 있는 필론의 위 문장을 보면, 이교 전통과 유대 전통이 어떻게 종합되었는지 엿볼 수 있다. 그 문장으로 미루어볼 때, 어떤 유대인들은 진정으로 이교도 신앙을 포용했고, 그것을 유대교와 결합시켜 고대 미스테리아의 유대인 판본을 만들어냈다는 것을 알 수 있다.

그렇다면 우리는 예수 미스테리아를 능히 만들 수 있었던 공동체를 발견한 셈이다. 그들은 우리가 기대한 대로, 이교 문화와 유대 문화의 위대한 용광로였던 알렉산드리아 근방에 살았다.

필론은 또 이렇게 썼다.

그들 무리는 이집트의 모든 지방에서 살았지만, 특히 알렉산드리아 주변에 많이 모여 살았다. 모든 면에서 가장 진보한 그들은 식민지 개척자로 이 땅에 왔다. 다시 말하면 그들의 목적에 가장 적합한 곳을 찾아, 알렉산드리아 남쪽 접경 지역의 마레오티스 호수를 내려다볼 수 있는 꽤 높은 지대에 해를 틀고, 테라페우타이의 조국을 일군 것이다.[87]

마레오티스 호수는 헤로도토스가 500년 앞서 도착한 곳에서 멀지 않다. 그러니까 수만 명이 지켜보는 가운데 오시리스 미스테리아 의식이 거행되는 것을 그가 목격한 곳에서 불과 몇 킬로미터 거리에 있다.[88] 필론의 말에 따르면, 테라페우타이도 "신성화된 삶의 미스테리아에 입문한" 자들이었다.[89] 또 그들 이전의 이교도 미스테리아 현자들처럼, 그리고 그들 이후의 영지주의 그리스도교인들처럼, 그들은 "선보다 더 낫고, 하나One보다 더 순수하며 더 오래된 것"을 직접 체험하고자 했다.[90]

결론

유대인들이 이교도 미스테리아를 받아들였다는 것이 처음에는 있을 수 없는 일처럼 여겨졌지만, 그것은 분명한 사실이었다. 그리스도교 문화만 없었다면 그것은 그리 특별한 일로 여겨지지도 않았을 것이다. 우리가 유대 문명을 주변의 이교도 문명과 반대되는 별개의 문명이라고 생각하는 것은 그리스도교 문화 때문인 것이다. 지중해 세계의 다른 모든 문화는 미스테리아를 포용했다. 헬레니즘화된 유대인들이 범민족적 신비 신앙을 유대 신앙과 통합하게 된 것은 불가피한 일이었다. 우리가 발견한 증거 일부를 되돌아보자.

:: 이교도 문화와 유대인 문화는 역사 시대 내내 서로 만나서 통합되었다.
:: 예수가 살았던 것으로 여겨지는 시대에 갈릴리는 헬레니즘화된 도시들로 에워싸여 있었고, 그 도시들은 이교도 철학자들의 고향이자 디오니소스 미스테리아의 중심지였다.

:: 바빌론에서 유대인들은 이교도 점성술에 능통한 것으로 유명했고, 담무스 미스테리아 의식을 거행했다. 다른 곳도 아닌 예루살렘에서 유대인들이 이 미스테리아 의식을 거행했다는 것은 구약에도 기록되어 있다. 유대인들은 여호와와 오시리스-디오니소스를 관련시켰고, 사바지우스 미스테리아를 들여왔다는 이유로 로마에서 추방되기까지 했다.

:: 유대인들은 그리스어를 일상어로 채택했고, 그리스 "대학"에 다녔으며, 「출애굽기」를 그리스식으로 고쳐 썼고, 이교도 철학의 방식대로 유대인 경전을 번역했으며, 유대 문화와 이교 문화를 결합한 새로운 경전을 쓰기도 했다.

:: 유대인 철학자들은 그리스 철학자들이 구약의 지혜를 물려받았다고 주장했다. 따라서 이교도 신앙과 유대 신앙은 근본적으로 동일한 종교 전통의 일부라고 생각했다.

:: 피타고라스학파인 필론은 자신이 이교도 미스테리아를 닮은 모세 미스테리아의 히에로판테스라고 주장했다.

:: 테라페우타이는 유대인 피타고라스학파였다.

:: 이교도 미스테리아 입문자들처럼, 테라페우타이는 그들의 신화가 은밀하고 신비한 진리를 암호화한 것이라고 믿었다.

:: 필론은 테라페우타이를 디오니소스 추종자에 비유했다.

:: 테라페우타이는 알렉산드리아 인근의 호숫가에 살았는데, 그곳은 오시리스 미스테리아 의식이 수백 년 동안 거행되어 온 곳이다.

알렉산드리아의 테라페우타이는 원시 그리스도교인들이었을까? 알렉산드리아는 고대 후기에 이교 신비 신앙의 중심지였고, 유대 지방을 떠난 유대인이 가장 많이 모여 살던 곳이었으며, CE 첫 몇 세기 동안 그리스도교 그노시스의 최대 스승들의 고향이었다. 클레멘스의 말에 따르면, 가장 초기의 신약인 「마가복음」이 쓰인 곳도 바로 그곳이었다. 그곳이야말로 예수 미스테리아가 창조된 곳이 아닐 수 없다.

고대 미스테리아의 유대인 판본을 발전시킨 테라페우타이는 논리적으로 어떤 단계를 거쳤을까? 그들은 오시리스-디오니소스 미스테리아 신화를 받아들여, 예수라고 불리는 유대인 신인의 죽음과 부활 이야기를 만들어냈을까? 그 답은 알 수 없다. 그러나 유대인들이 미스테리아 의식을 거행했다는 것은, 테라페우타이와 같은 유대인 집단이 예수 이야기를 만들어내는 데 한몫했다는 것을 강력히 시사한다.

미스테리아의 신비한 지혜는 오시리스-디오니소스 신화에 암호화되어 있었다. 유대인 양식의 특별한 미스테리아를 만들어낸 후, 위대한 고대 신화까지 수용한다는 것은 분명 거역하기 어려운 일이었을 것이다. 헬레니즘화된 유대인들은 「출애굽기」를 에우리피데스 스타일의 그리스어 희곡으로 새로 썼다. 그렇다면 마찬가지로 에우리피데스의 『바쿠스의 여인들』을 유대인 양식으로 새로 쓰지 않을 이유가 어디 있겠는가? 『바쿠스의 여인들』에서 디오니소스가 테베에 도래하듯, 유대인 희곡에서 그 신인이 예루살렘에 도래하지 말아야 할 이유가 어디 있겠는가?

우리는 이제 예수 미스테리아 명제가 이제까지 살펴본 모든 증거를 설명할 수 있는 유일한 명제라고 확신하게 되었다. 그러나 아직도 몇 가지 풀리지 않은 의문이 남아 있었다. 우리는 예수 이야기가 신화라는 것을 알게 되었다. 그러나 어떻게 그것이 역사로 해석되기에 이르렀을까? 어떻게 바울의 신비한 그리스도가 나사렛 출신의 남자로 탈바꿈하게 되었을까? 죽었다가 부활한 신인에 대한 이교도 이야기들은 실제 사건으로 간주되지 않았다. 그런데 예수 이야기는 왜 문자 그대로 실제 전기라고 믿게 되었을까?

이런 질문에 답하기 위해 우리는 예수 신화 자체를 분석해보기로 결심했다. 그 신화가 어떻게 창조되었고, 어떻게 역사화되었는지 알아보기로 한 것이다. 그 신화의 구조를 이해하는 열쇠는, 너무나 명백한 나머지 쉽게 지나쳐 버렸던 것을 재구성해보는 것이다. 유대인 미스테리아 신화의 주인공은 혼성적인 인물이다. 예수는 앞서 존재한 두 신화적 인물 — 이교도 신인과 유대인 메시아 — 의 종합인 것이다.

10
예수 신화

> 내가 가장 선호하는 종교의 정의는 "신화의 오역"이라는 것이다. 영적인 상징에는 마땅히 역사적 준거가 있다고 생각할 때 어김없이 오역이 이루어진다.[1]
> _조지프 캠벨

피타고라스와 그의 추종자들이 이집트의 미스테리아를 고대 그리스로 들여왔을 때, 그들은 단지 오시리스 신앙을 제시하기만 한 것이 아니었다. 오시리스 미스테리아에는 BCE 5세기의 아테네인들에게 너무나 이단적으로 보인 여러 교리가 담겨 있었다. 신이 죽을 수도 있다는 교리가 특히 그랬다.[2] 그래서 단순히 외래의 미신을 들여왔다는 비난과 박해를 피하기 위해, 피타고라스학파는 그리스의 작은 신 디오니소스를, 막강한 오시리스의 그리스 판본으로 탈바꿈시켰다.[3] 이런 식으로 그리스인들은 그들 땅에서 자생한 신앙인 것처럼 이집트의 미스테리아를 도입했다. 다른 모든 지중해 문화권에서도 이런 식으로 미스테리아를 받아들였다. 그들 역시 토착의 신격을 탈바꿈시켜서, 죽었다가 부활한 신인으로 만들었다.

고대 미스테리아를 도입하고자 했던 테라페우타이와 같은 유대인 피타고라스학파 공동체도 5세기 앞서서 피타고라스학파가 맞닥뜨린 것과 비슷한 문제에 직면했을 것이다. 유대인들이 미스테리아를 쉽게 받아들일 수 있도록 하려면 유대인 오시리스-디오니소스로 탈바꿈시킬 수 있는 토착의 신화적 인물이 필요했다.

그런데 유대인들에게는 여러 남신이나 여신이 없었다. 오직 유일신 여호와만을 숭배했기 때문이다. 여호와는 하나One라는 플라톤의 최고신과 동일시될 수 있었지만, 이교도의 신들처럼 오시리스-디오니소스 신화로 탈바꿈시킬 수 있는 신화적 이야기를 지니고 있지 않았다. 주변 문화와 달리 유대인들은 작은 신격을 숭배하지 않았기 때문에, 오시리스-디오니소스로 탈바꿈시킬 수 있는 유대인의 신화적 인물은 오직 하나밖에 없었다. 바로 메시아가 그것이다.

메시아라는 헤브라이어 낱말은 "기름 부음을 받음"이라는 뜻인데, 그리스어로는 "크리스토스"다. 이 말은 원래 왕이나 제사장을 가리킬 때 쓰인 말이었다. 그들은 의식을 거행할 때 기름 부음을 받았던 것이다. 구약에서는 군림하고 있는 왕을 가리킬 때 빈번하게 사용되었다.[4] 그 후 유대인들이 정복당한 민족이 되었을 때, 압제자로부터 그들을 해방시키고 위대한 다윗 왕의 혈통을 지닌 왕으로 군림하며 과거와 같은 상태를 회복시키기 위해 도래할 미래의 구원자를 상징하는 말로 쓰이게 되었다.[5] BCE 63년에 로마가 유대 지방을 점령한 후, 유대인들의 상황은 점점 더 절망적이 되었다. 그들을 박해하는 강대한 제국을 깨뜨릴 수 있는 것은 오직 하느님밖에 없는 것 같았고, 따라서 메시아는 세상의 종말을 알리기 위해 도래할 초자연적인 인물로 여겨지게 되었다.[6]

예수 이야기의 구성을 살펴보면, 유대인 미스테리아의 창작자는 죽었다가 부활한 미스테리아 신인과 유대인의 메시아를 종합하는 것밖에는 다른 선택의 여지가 없었다는 것을 알 수 있다. 복음서들에는 예수가 메시아라고 분명하게 기록되어 있다. 메시아는 반드시 다윗의 혈통을 이어받아야 하는데, 예수가 그러했다고 복음서에 기록되어 있다. 예수는 베드로의 입을 통해 메시아라고 일컬어진다.[7] 그는 여호수아(그리스어로 이에수스)라고 명명되었는데, 그건 메시아가 갖게 될 이름이었다.[8] 하지만 사실상 메시아 예수는 죽었다가 부활한 신인 예수라는 인물을 노골적으로 드러내지 않기 위한 얇은 베일에 지나지 않는다.

탄생 이야기를 보면 그 점이 특히 분명해진다. 「마태복음」과 「누가복음」에서 제시하는 길고 상세한 족보는 요셉이 다윗의 혈통이라는 것을 보여준다(218~219쪽을 보라.). 하지만 두 복음서 모두 예수가 전혀 요셉의 아들이 아니라고 말한다. 다만 하느님의 아들인 것이다. 그토록 수많은 주석가들이 두 복음서 안의 그런 기이한 모순을 간과했다는 것은 놀라운 일이 아닐 수 없다. 마태와 누가는 자기가 한 말이 불합리하다는 것을 전혀 알아차리지 못했을까? 그것이 후대에 덧붙인 것이고 잘못 편집된 결과라 할지라도, 그러한 모순이 아무런 의도 없이 복음서 안에 계속 남아 있게 되었다는 것은 분명 있을 수 없는 일이다!

그러나 예수 미스테리아 명제에 의하면 이런 이상한 수수께끼를 해결할 수 있다. 우리의 명제에 의하면 복음서 작가들은 스스로 설정한 모순을 잘 알고 있었다. 그들은 자신들의 기록이 비밀 가르침을 암호화한 신화라는 것을 알고 있었다. 그래서 그들은 예수가 유대인의 메시아이며, 다윗의 아들이라고 말하는 족보를 제시하면서 동시에, "들을 귀 있는 자"에게는 예수가 사실상 오시리스-디오니소스이며, 하느님과 동정녀 어머니 사이에서 태어난 아들이라는 것을 말하고 있는 것이다.

누가와 마태가 제시한 족보는 서로 전혀 다르다. 그 이유는 그 족보가 문학적 허구이며 실제로는 전혀 중요하지 않기 때문이다. 중요한 것은 메시아라는 매개자를 통해 유대인들이 오시리스-디오니소스의 신화 속에 암호화된 비밀 가르침에 쉽게 접근할 수 있다는 것이다. 오리게네스가 설명한 대로, "이야기 구성상의 모순, 불합리하고 불가능한 상황"은 모두가 고의로 그렇게 꾸며진 것인데, 그것은 독자로 하여금 너무 오래 저차원적인 문자 그대로의 해석에 매달리지 않도록 하기 위한 것이었다. "만일 이야기가 철두철미하게 우아하고 일관성이 있다는 게 명백하면, 명백한 그 의미 이상의 어떤 의미가 성서에 함축되어 있다고 믿지 않게 될 것"이기 때문이다. "어떤 함정"과 "장벽과 불가능성"을 성서 안에 함께 엮어 놓은 것은 독자가 "문자에 얽매여 더욱 신성한 의미를 터득하지 못하는 것"을 막기 위해서라는 것이다.[9]

그런 식으로 가능한 한 많이 메시아에 대한 유대인의 기대에 부응하면서도, 예수 이야기는 메시아가 예수의 참된 정체성이 아니라는 것을 명백히 한다.[10] 예를 들어, 유대인의 메시아는 적의 수중에서 유대 지방을 해방시키고 다윗의 계보를 다시 세우기 위해 도래할 전사 왕이어야 했다. 그러나 재판정에서 예수는 분명하게 선언한다.

> 내 왕국은 이 세상에 속한 것이 아니다. 만일 내 왕국이 이 세상에 속한 것이었다면, 내 종(추종자 — 옮긴이)들이 맞서 싸워서 내가 유대인들의 손에 넘어가지 않게 했을 것이다. 내 왕국은 여기에 속한 것이 아니니라.[11]

「마가복음」 8장에서 베드로가 예수를 메시아라고 믿는다고 말하자, 예수는 부정도 긍정도 하지 않는다. 그리고 다만 사람의 아들은 죽어서 부활하지 않을 수 없다고 예언한다. 유대인 메시아가 그런 식으로 죽을 수는 없기 때문에 베드로는 예수를 꾸짖는다.* 베드로의 꾸짖음에 대해 예수는 역으로 베드로를 사탄이라고 일컬으며 꾸짖는다! 베드로는 승리자 메시아로서의 구원자라는 유대인의 사고에서, 희생양 신인으로서의 구원자라는 이교도의 사고로 전환할 수가 없었기 때문에 비난을 받고 있는 것이다.[12]

전통적 유대인들의 입장에서는, 유대의 모든 적을 무찌르고 승리를 거둘 것으로 기대된 메시아가 범죄자처럼 처형당해 죽을 수도 있다는 건 상상도 할 수 없는 일이었다. 정말이지 구약「신명기」에는 구체적으로 이렇게 적혀 있다. "나무에 달린 자는 하느님께 저주를 받은 것이다."[13] 그런데 이건 바로 베드로가 묘사한 예수의 운명과 일치한다.[14] 유대교에서는 스스로 희생양으로 죽음으로써 구원을 하는 자가 메시아라고는 생각지 않았다. 그것은 오시리스-디오니소스의 역할이다. 따라서 자신의 죽음과 부활을 말할 때, 예수는 군사적 승리를 거두어 유대 민족을 해방시켜야 할 사명을 띤 유대인 메시아가 아니라, 영적 승리를 거두어 신비한 자유를 얻는 미스테리아의 신인인 것으로 드러난다.

예수가 불명예스럽게 처형되고, 압제자에게 명백히 군사적 승리를 거두지 못한다는 것을 유대인들이 받아들이기는 어려웠다. 그런 어려움을 해소시키기 위해, 예수는 다시 돌아올 거라고 주장하는 자로 그려진다. 오시리스-디오니소스의 죽음과 부활을 완수한 후, 예수는 속

---

* 개역 성경「마가복음」8장 32절에는 "베드로가 예수를 붙들고 간했다."고 번역되어 있지만, 영역 성서에서는 "베드로가 예수를 한 쪽으로 데려가" "꾸짖는다rebuke." 다음 구절에서 예수가 베드로를 "꾸짖는다."고 할 때와 똑같은 동사가 쓰였다.

히 재림할 거라고 약속한다. 적을 쳐부수고 승리를 거둠으로써 유대인 메시아에 대한 기대를 충족시키기 위해서.

유대인의 신화적 주제

예수 이야기를 잘 살펴보면, 예수 미스테리아의 창작자들이 기존의 유대인 신화를 채택해서, 죽었다가 부활한 신인의 신화와 유대 신앙을 결합시키고 있다는 것을 명백히 알 수 있다. 예를 들어, 예수가 몸과 피의 상징으로 빵과 포도주를 나누어줌으로써 유대인의 유월절 식사는 미스테리아의 신성한 식사로 탈바꿈하게 되었다.

유월절은 구약의 「출애굽기」 신화에서 유래한 것이다. 「출애굽기」에서 모세는 이집트에 포로로 잡혀 있던 백성들을 이끌고 사막을 건너 약속의 땅으로 간다. 이것은 헬레니즘화된 유대인들, 특히 필론이 가장 좋아한 이야기였다. 이 이야기는 예수 이야기 속 수많은 요소의 핵심을 이룬다. 신비주의 유대인들은 「출애굽기」를 영적 입문식의 비유로 이해했다. 유대 백성들은 이집트에서 "포로"(물질적인 자)로 시작해서, 모세에 의해 "이집트 밖으로 부르심"(심적인 자)을 받고, 마침내 "선택된 사람들"(영적인 자)로서 선지자 여호수아에 의해 약속된 땅으로 인도된다.[15] 여기에는 우리가 앞에서 영지주의와 이교도 미스테리아에서 발견한 입문식의 세 단계가 담겨 있다. 즉, 입문자가 처음에 "포로"였다는 것은 육체적 단계를 가리키고, 다음에 "부르심"을 받는다는 것은 세례를 받아 심적 수준에 이른다는 것이며, 마지막으로 "선택"된다는 것은 입문해서 영적 인간이 된다는 것을 가리킨다. 자신의 참된 정체성을 깨닫지 못하고 육체에 사로잡혀 있는 사람은 "포로"로 간주되었다. 이집트는 "육체"의 은유로 여겨졌고, "이집트 밖으로 부르심"을 받는 것은 육체적 단계에서 초월한다는 것의 상징으로 여겨졌다. 기적적으로 홍해가 갈라진 것은 물에 의한 세례의 은유로 이해되었다. 세례를 받은 입문자는 영적 여행으로의 "부르심"을 받은 자로 간주되었다. 유대인들이 40년 동안 광야에서 방황하며 겪은 고난은 확신의 결여와 의심으로 인해 입문자가 겪는 고통의 은유로 여겨졌다. "선택"된 자는 약속된 땅에 이른 자들이었는데, 그것은 곧 영적 여행 끝에 약속된 그노시스를 얻게 된다는 것을 비유한 것이다.

"이집트 밖으로 부르심"이라는 주제는 「마태복음」에도 나타난다. 임신한 마리아는 헤롯을 피해 이집트에 가 있다가 유대 지방으로 돌아와 예수를 낳았다.* 그래서 하느님은 선언한다. "이집트 밖으로 내 아들을 불러냈다."[16] 감춰진 의미를 찾는 데 골몰했던 시대에, 예수 신화의 창작자들은 이 주제가 두 가지 뜻으로 해석될 수 있다는 것이 여간 기쁘지 않았을 것이다. 그들은 「출애굽기」 이야기로 입문식을 비유할 수 있었다. 유대인들이 이집트 밖으로 부르심을 받았다는 「출애굽기」 이야기는 예수 미스테리아가 발생한 곳이 고대 이집트라는 것을 입문자 독자에게 말해준다.[17]

모세가 광야에서 40년 동안 방황한 것은 예수가 40일 주야로 광야에서 방황하는 것으로 변용되었다. 모세가 독사들에게 시달린 것처럼, 예수는 악마의 형태로 나타난 의심과 유혹에 시달린다. 모세는 약속된 땅에 몸소 이르지 못하지만, 선지자 여호수아를 후계자로 임명해서 선택된 백성을 최종 목적지에 이르게 한다.[18] 그래서 여호수아(예수)는 신화적 재생이라는 약속된 땅으로 선택된 사람들을 이끄는 유대인 오시리스-디오니소스의 이름으로 채택되었다.[19] 여호수아는

---

* 저자가 잘못 쓴 것이다. 마리아는 베들레헴에서 예수를 낳은 후 박해를 피해 이집트로 갔고, 이후 갈릴리 나사렛으로 돌아왔다.

유대인 미스테리아의 신약을 제시해서, 모세가 제시한 옛 율법과 전통을 대체한다. 모세의 첫 임무는 12사도를 임명하는 것이다.[20] 마찬가지로 예수 신화에서 예수가 처음 한 행동 가운데 하나는 12사도를 선택하는 것이다.

예수 이야기의 다른 여러 요소들은 분명 유대인 신화에서 채택한 것이었다. 예를 들어 예수가 나귀를 타고 예루살렘에 입성하는 것은 이교도 신화를 채택한 것이지만, 동시에 구약의 「스가랴」를 반영하고 있다. "예루살렘의 딸들아 기뻐하라, 네 왕이 네게 임하나니, 그는 공의로우며 구원을 베풀며, 겸손하여서 나귀를 타나니, 나귀의 작은 것, 곧 나귀새끼니라."[21] 이러한 구절은 복음서 작가들과 초기 그리스도교인들이 예수의 신성을 증거하는 예언으로 즐겨 인용한 것이다. 그러나 예수 미스테리아 명제에 따르면, 그런 구절은 신화를 구성하는 데 흔히 쓰인 이야기다.

알렉산드리아의 헬레니즘화된 유대인들은 수세기 동안 유대인 경전을 뒤져, 이교도 철학이나 오시리스-디오니소스의 신화와 닮은 점을 찾아내려고 했다. 여러 구약 문서는 고대 이집트의 시와 지적 문헌에 뿌리를 두고 있는데, 「시편」이 특히 그렇다. 그래서 얇은 베일만 걷어내면 그것이 오시리스 신화에서 유래했다는 것을 쉽게 발견할 수 있다.[22] 그처럼 오시리스 신화는 유대 신앙에 뿌리를 내리고 있었다. 오시리스 신화가 구약에도 스며들어 있기 때문에, 구약을 기초로 해서 유대인 판본의 오시리스 신화를 만들 수 있었던 것이다. 그 과정은 특히 신약에 포함되지 않은 『베드로의 복음서』를 보면 명백히 드러난다. 이 복음서의 수난 이야기에 관한 거의 모든 문장은 구약을 기초로 한 것이다.[23]

BCE 2~3세기에 유대인 경전은 알렉산드리아의 유대인들에 의해 그리스어로 번역되었다. 이때 그들은 유대인 신화를 이교도 신화와 비슷하게 만들 기회를 얻었다. 예를 들어「이사야」에는 "젊은 여자가 잉태하여 아이를 낳을 것이다."라는 예언이 기록되어 있다. 그러나 이 것은 그리스어로 "처녀가 잉태하여 아이를 낳을 것이다."로 잘못 번역되었다.* 이런 고의적인 오역은 동정녀 잉태라는 이교도의 개념을 수용하기 위한 것이었다.[24] 그 후 초기 그리스도교인들은 이 구절을 핵심 "증거"로 인용하며 이렇게 주장하게 되었다. 유대인들이 고대했던 메시아가 바로 예수라고!

「마가복음」에서 예수는 십자가에 매달려 다음과 같은「시편」구절을 인용한다. "나의 하느님이여, 나의 하느님이여, 어찌하여 나를 버리셨나이까?"[25]「시편」에는 다음과 같은 구절도 있다. "악한 무리가 나를 둘러싸고 내 수족을 찔렀나이다."[26] 그래서 복음서들에서 예수는 손과 발에 못이 박히는 처형을 당한다.「시편」은 이렇게 계속된다. "내 겉옷을 나누며 속옷을 제비뽑기하나이다."[27] 그래서 복음서들에서 로마의 군병들은 제비뽑기로 예수의 옷을 나눠 가진다.

과거 문헌의 개작

예수 신화를 만들기 위해, 유대 미스테리아 입문자들은 또 간약 문헌을 인용했다. 그 문헌에는 이미 이교도의 신화적 주제와 유대인의 신화적 주제가 종합되어 있었다. 이 간약 문헌들은 이교도 미스테리아를 반영하고 있을 뿐만 아니라, 그리스도교를 예시함으로써, 둘 사이에 다리를 놓았다.[28] 예컨대 유대인의『시빌의 신탁』은 심판의 날에 도래할 불의 계시와 믿는 자

* 국역 성서도 그렇게 번역되었다.

를 위한 지상의 평화에 대한 이야기다. 이 문헌에는 열정적으로 믿음을 전도하는 모습이 부각되어 있는데, 그런 모습은 유대인 문헌에서 찾아보기 어려운 것이다. 하지만 미스테리아와 그리스도교에서는 공통적으로 발견되는 모습이다. 이 문헌은 또 그리스도의 도래에 대한 기대로 가득 차 있는데, 그것은 그리스도교가 성취할 거라고 주장하는 소망이다.[29]

미스테리아를 반영하고 그리스도교를 예시한 주제들은 『에녹의 서』에서도 발견된다.[30] 예수와 마찬가지로 에녹은 육체를 지닌 채 승천했다는 인물이다.[31] 하늘에 도착한 에녹은 예수가 물려받게 될 호칭인 "사람의 아들"[32]로서 환영을 받는다.

이 지칭은 에녹과 예수가 신비하게 모든 인류를 대표하는 존재로 이해되어야 한다는 생각을 함축하고 있다. 헤브라이어로 "~의 아들"이라는 표현은 "~의 화신"을 뜻한다.[33] 사람의 아들은 원초적 인간이라는 개념의 화신이다. 이것은 성 요한이 예수를 육화된 로고스라고 말할 때, 요한이 표현하고자 한 것과 같은 생각을 전하는 또 다른 방식이다. 예수와 에녹은 보편적 다이몬의 화신, 즉 모든 존재를 활성화시키는 유일자의 의식의 화신으로 이해되어야 한다. 로고스의 화신인 예수와 마찬가지로, 『에녹의 서』에 나오는 사람의 아들은 처음부터 하느님과 함께 존재한 신적 존재다. 또 예수와 마찬가지로, 이 사람의 아들은 "하느님의 사자", "보이지 않는 하느님의 그리스도", "이방인들에게 비춰진 빛"으로 일컬어진다.[34]

간약의 지혜의 문헌에서는 이 세상에 지혜를 전하기 위해 보내진 신성한 사자인 "의로운 인간"에 대해 이야기한다. 이교도 미스테리아의 "의로운 인간"을 반영한 이 인물은 그리스도교의 "의로운 인간" 예수가 된다. 예수처럼 이 인물은 인간들에게 배척당하며,[35] 적을 만드는 주장을 하며,[36] 학대당하고, 관원들과 충돌하게 되며, 죽음에 이르

고,[37] 마침내 적들로부터 "하느님의 아들"이라는 인정을 받는다.[38]

나그함마디에서 발견된 초기 영지주의 복음서들 가운데, 비교해서 읽으면 기존의 문헌이 얼마나 쉽게 그리스도교화될 수 있었는지를 보여 주는 두 문헌이 있다.[39] 『선한 영지주의 입문자』[40]라고 불리는 비그리스도교인의 논문에 나오는 말들은 임의로 재단이 된 다음, 예수가 제자들의 질문에 답하는 말로 이용되었다. 그 결과 만들어진 그리스도교인의 문헌 제목은 『예수 그리스도의 지혜』다.[41] 후자의 문헌이 예수와 제자들을 덧붙였다는 것만 빼면 두 문헌의 내용은 거의 똑같다. 간단히 예를 들어보면 다음과 같다.

『선한 영지주의 입문자』	『예수 그리스도의 지혜』
"지금 있는 그대로의 그분"은 이루 형언할 수 없다. 어떤 원리로도, 권위로도, 복종으로도, 태초로부터의 어떤 인간을 통해서도 그분을 알지 못했다. 다만 그가 홀로 …….	마태가 그에게 말했다. "주여, 아무도 주를 통하지 않고는 진리를 알아낼 수 없습니다. 그러니 우리에게 진리를 가르쳐주소서." 구원자가 말했다. "'지금 있는 그대로의 그분'은 이루 형언할 수 없다. 어떤 원리로도, 권위로도, 복종으로도, 태초로부터의 어떤 인간을 통해서도 그분을 알지 못했다. 다만 그가 홀로 ……."
지금 보이는 것들, 곧 그분에게 내재한 위엄과 권위 중에 그 어떤 것도 보이기 이전에, 그분은 전체 중의 전체를 감싸시나, 어떤 것도 그분을 감싸지 못한다. 그분은 모든 정신이기에 …….	빌립이 말했다. "주여, 그렇다면 어떻게, 그분이 온전한 자들에게 나타나셨나이까?" 온전한 구원자께서 그에게 말했다. "지금 보이는 것들, 곧 그분에게 내재한 위엄과 권위 중에 그 어떤 것도 보이기 이전에, 그분은 전체 중의 전체를 감싸시나, 어떤 것도 그분을 감싸지 못한다. 그분은 모든 정신이기에 ……."
세계 이전에 나타난 최초의 그분은 스스로 자란 분이시며, 스스로 세워진 아버지이시며, 찬란하고 이루 형언할 수 없는 빛으로 가득하시다.	마태가 그에게 말했다. "주여, 구원자이시여, 인간은 어떻게 계시를 받으리까?" 온전한 구원자께서 말했다. "너희는 이것을 알기 바라노라. 무한한 세계 이전에 나타난 최초의 그분은 스스로 자란 분, 스스로 세워진 아버지, 찬란한 빛으로 가득한 이루 형언할 수 없는 분이시다."

역사가 된 신화

이교도 미스테리아의 신인들은 분명 신화적 인물이었다. 신인들의 전기는 "시간 바깥에", 꿈과 상상의 세계 속에 존재했다. 신인들이 문자 그대로 이 세상에 살았던 것으로 여겨졌다 할지라도, 고대에 그런 실존 인물은 신화 속 인물과 구별이 되지 않았다. 그런데 유대인의 신인 신화인 예수 이야기는 왜 역사적 사실로 제시된 것일까?

앞에서 살펴본 것처럼, 바울의 진짜 편지는 1세기 전반기에 예수 이야기가 역사적 배경을 깔고 있었다는 암시를 전혀 하지 않는다. 바울은 죽음과 부활을 통해 추종자들의 재생을 가능케 하는 신비한 메시아에 대해 가르친다. 그런 예수 신화의 원시적 형태는 이미 수백 년 전부터 회자되어온 것일 수도 있다.[42] 그 신화가 처음에는 유대인 미스테리아의 비밀 신화였을 것이다. 우리는 그런 원시 신화가 어딘가에 살아남아 있으리라고 기대할 수는 없다. 아무튼 그 예수 신화는 역사화되는 것이 불가피했다.

유대인들은 메시아가 자기 백성을 구원하기 위해 문자 그대로 도래한 역사적 인물이기를 바랐다. 그런 이유에서, 메시아로 그려질 수밖에 없었던 유대인의 오시리스-디오니소스 신화는 다시 역사적 드라마로 각색되지 않을 수 없었을 것이다. 하지만 예수는 이교도 미스테리아의 신인처럼 아득한 과거에 존재한 것처럼 그려질 수 없었다. 그런 메시아는 현재의 백성을 정치적으로 구원할 수 없기 때문이다. 메시아는 가까운 과거에 도래한 것으로 그려져야 했을 것이다. 메시아가 도래했다는 것을 왜 아무도 들어보지 못했는가를 설명하기 위해서는, 메시아의 정체가 비밀에 부쳐지도록 그려져야 한다. 사실 「마가복음」에서 예수의 가장 가까운 제자들조차 예수가 죽은 후까지도 예수가 메시아라는 사실을 알아보지 못하는 것으로 그려져 있다.[43]

필론처럼 헬레니즘화된 유대인들은 구약을 신비한 비유로 해석하긴 했지만, 표면적으로 구약은 역사 기록인 것처럼 그려져 있다. 그러므로 예수 이야기를 실제 사건의 기록인 것으로 그리는 것은 유대 경전의 일반 스타일과 잘 들어맞는다. 그리고 예수의 삶과 죽음을 위한 무대로 선택된 시간과 공간은 비유에 능한 유대인 입문자들이 상징적 메시지를 암호화하기 위한 장치로 사용될 수 있었다.

유대인 신인은 「출애굽기」의 선지자 "여호수아 벤 눈Joshua ben Nun"의 이름을 따서 여호수아/예수라고 명명되었는데, 그 이름은 "어부의 아들 예수"라는 뜻이다. 이 이름은 점성술상의 새로운 시대인 물고기자리 시대의 구원자 이름으로 안성맞춤이다. BCE 7년은 점성술에서 중시되는 별들의 회합이 이루어진 때인데, 이 회합은 물고기자리의 새 시대를 안내하는 것으로 여겨졌다.[44] 예수의 "탄생"을 위해 선택된 시간은 바로 이런 회합과 예수를 연계시킨 것이다. 이 별들의 회합은 이교도 신화에서 신인의 탄생을 알리는 것이기도 했다. 그래서 예수는 상징적으로 새 시대의 새 구원자가 된다.

예수가 태어났다는 시대는 또 예수 미스테리아의 창작자들이 상징적으로 다른 정보를 전달할 수 있는 장치로 이용될 수 있었다. 「마태복음」에 따르면, 예수는 헤롯 치하에서 태어난다. 헤롯은 예수가 유대인들의 왕이 되는 것을 막기 위해 아기 예수를 죽이려고 한다. BCE 4년에 죽은 헤롯은 로마인의 꼭두각시였고, 유대인들이 가장 혐오한 인물이었다.[45] 아기 예수가 그처럼 혐오스러운 왕과 곧바로 갈등 관계에 놓이는 것은 "부당하게 고소된 의로운 인간"의 상과 잘 들어맞는다. 유대인들을 지켜주기 위해 도래한 메시아에게 잘 어울리는 설정이기도 하다. 「누가복음」에서는 10년 후인 CE 6년의 호구 조사 때 예수가 탄생한 것으로 설정함으로써 비슷한 것을 강조한다. 그 무렵 로마 제국은 마침내 유대 지방을 합병했다. 호구 조사는 유대인들에게 직접 세금을 거두는 데 이용될 수 있었다. 유대 지방은 더 이상 꼭두각시의 지배를 받지 않고, 이제 직접 로마 총독의 지배를 받게 되었다. 그래서 자기 백성을 보호하기 위해 일어설 메시아에 대한 소망은 더욱 절실해졌다. 누가는 바로 이때 예수가 탄생한 것으로 설정함으로써, 구원자에 대한 소망이 달성되어 왔다는 것을 암시할 수 있었다.

예수를 역사의 문맥 속에 설정한 다른 유일한 사건은 예수가 유대의 로마 총독 본디오 빌라도 치하에서 죽는다는 것이다. 요세푸스와 필론의 말에 따르면, 유대인들은 빌라도를 유난히 혐오했다.[46] 빌라도는 예루살렘 성전을 더럽힌 첫 로마인이 되는 등 유대교의 금기를 수없이 어겼다.[47] 그래서 빌라도는 신인을 처형하는 악한 통치자 역으로 안성맞춤이었다.

예수 이야기의 배경으로 갈릴리를 설정한 것도 역사와 무관하지 않다. 갈릴리는 철저하게 헬레니즘화되어, 유대인들에게는 "이방인들의 땅"으로 알려져 있었다.[48] 요세푸스의 기록에 따르면, 갈릴리 사람들은 예루살렘을 수호하기 위해 로마인들과 싸우기를 거부했다.[49] 갈릴리 사람들은 예루살렘 성전의 신앙에 충실하지 않았고, 이교도 문화에 매료되어 있었다. 그래서 그곳은 유대인 오시리스-디오니소스의 고향으로서 이상적인 곳이었다.

원래 초시대적이고 무지역적이던 예수 이야기는 이렇게 특별한 시간과 공간을 배경으로 갖게 되었는데, 우리는 「마가복음」을 통해 그 과정을 엿볼 수 있다. 학자들은 갈릴리를 언급한 모든 구절이 후대의 추가라는 것을 주목했다.[50] 예를 들어, "갈릴리 해변을 지나가시다가 시몬과 안드레를 보았다."[51]는 구절에서, "갈릴리 해변"이라는 말이 그리스어 구문에서는 전혀 비문법적인 위치에 쓰였다.[52] 이런 사실 때문에 신약을 연구하는 학자들 대다수는 이 구절이 원래 구문에는 없던 지리적 배경을 부여하기 위해 추가된 것이라고 믿는다.[53]

대안으로 나타난 메시아

CE 66년에 유대 지방의 유대인들은 로마 압제자들에게 저항했다가 무자비한 보복을 당했다. 요세푸스의 말에 따르면, 유대인 3백만 명 가운데 1백만 명이 죽었고, 10만 명은 노예로 팔려갔다고 한다.[54] 마침내 함락된 예루살렘은 완전히 폐허가 되었다. 요세푸스는 이렇게 썼다.

> 그 도시를 둘러싼 모든 요새는 완전히 평지가 되어, 그곳을 방문한 사람들은 그곳에서 한때 사람이 살았다는 것조차 믿을 수 없을 지경이었다. 유대인 혁명가들의 광기 어린 어리석음 때문에, 땅 끝까지 명성을 떨친 장엄한 도시 예루살렘이 그렇게 종말을 맞은 것이다.[55]

전통 유대교는 BCE 63년 이후 사멸의 고난을 겪어왔다. 당시 부패한 신전 사제들은 내부 분쟁을 해결하기 위해 로마인들을 끌어들였고, 그렇게 함으로써 그들의 나라에는 로마의 도로가 깔리게 되었다. CE 70년 무렵, 로마인들이 예루살렘을 파괴했을 때, 수많은 유대인들은 그들의 신 여호와에게 철저히 배신당했다고 생각했다. 적들로부터 그들을 전혀 보호해주지 않았기 때문이다. 그러한 배신감은 당시의 유대 문헌에 잘 드러나 있다. 예컨대 『바룩의 계시록』에서, 선지자 바룩은 여호와가 피고라도 되는 것처럼 끊임없이 여호와에게 질문을 던진다. 왜 예루살렘이 함락되고, 왜 성전이 파괴되고, 왜 백성들이 뿔뿔이 흩어지도록 했는가? 바룩은 유대인 사제들에게 말한다. "성소의 열쇠를 모두 가져다가 하늘을 향해 내던져버리라."고. 여호와로 하여금 자기 집을 지키게 하라고![56] 이처럼 냉혹한 글 속에 담긴 유일한 소망은 메시아가 마침내 도래하리라는 것이다.

그러한 재앙을 당한 후, 예수 신화는 처음으로 역사적 문맥이 추가된 「마가복음」의 형태로 나타나게 되었다. 예수 미스테리아의 창작자들이 죽었다가 부활한 신인의 신화를 준역사pseudo-history적 기록으로 바꾸지 않을 수 없었던 데는 그러한 위기감도 작용했을 것이다. 완전한 민족적 재앙에 맞닥뜨린 유대인들은 바울의 신비한 그리스도와는 다른 존재를 필요로 했던 것이다. 그들은 실제로 도래해서 약속대로 그들을 구해줄 메시아를 필요로 했다.

유대교의 위기는 수많은 자칭 메시아들을 낳았지만, 그들 모두가 실패했다. 유대교 광신자나 산적이라고 불린 이런 자칭 메시아들은 현대의 무슬림 근본주의자에 비견할 만한 방식으로 정치적 혁명가의 역할과 종교 광신자의 역할을 동시에 수행했다. 친로마파인 요세푸스는 이렇게 썼다.

> 하느님의 계시를 받았다고 주장한 이 사기꾼들은 군중들이 신들린 듯 행동하게 함으로써, 그리고 광야에서 하느님이 임박한 자유의 징표를 보여주신다는 것을 빙자해서 군중들을 광야로 데려감으로써, 혁명적 변화를 일으키려고 했다.[57]

이 자칭 메시아들의 대부분은 여호수아/예수라는 이름을 사용했다. 요세푸스의 말에 따르면, 유대 지방에는 "백성을 기만하는" 그리고 "해방을 약속하는" 그런 "사기꾼", "산적", "기적을 행하는 자"들이 수없이 많았다. 더러는 여호와가 그들을 구원할 거라는 사막으로 추종자들을 끌어내서 「출애굽기」의 기적을 재현하려고 하기도 했다. 한 사람은 여호수아처럼 자기가 명을 내리면 도시의 모든 성벽이 무너질 것이며, 그때 추종자들을 이끌고 로마 수비대를 학살하겠다고 약속하며, 감람산 위에 대규모 군중을 끌어 모았다.[58]

이와 달리 예수 신화는 전혀 다른 메시아를 제시한다. 예수는 정치

혁명가가 아니다. 세금에 대한 질문을 받자 예수는 추종자들에게 말한다. 카이사르의 것은 카이사르에게 주라고.[59] 그의 메시지는 신비한 구원에 대한 것이지, 민족 해방에 대한 것이 아니다. 그의 배반자 유다가 갈릴리의 유다와 이름이 같다는 것은 흥미로운 사실이다. 갈릴리의 유다는 열심당 지도자 가운데 가장 유명한 인물이었다.[60]

예수 이야기는 혁명가 메시아들이 단지 사태를 더욱 악화시켜 재앙만 초래하게 된 것에 대한 대안으로, 혁명에 대한 환상이 깨진 유대인들에게 제시하기 위해 만들어낸 이야기일 수 있다. 헬레니즘화된 유대인들은 민족 전통에 충실하고 민족주의적인 포부도 지니고 있었지만, 유대교 열심당원들을 끔찍이 혐오했다. 현대의 서구화된 무슬림이 광적인 무슬림 근본주의자들을 혐오하듯이. 그들은 열심당이 그들 나라에 재앙을 불러오고 있다는 것을 알고 있었고, 사실상 CE 70년의 사건은 그들이 겪은 재앙 가운데 최악이었다. 알렉산드리아의 헬레니즘화된 유대인들은, 난민이 되어 유대 지방에서 쏟아져 나오는 동포를 도울 수 있는 방법을 찾으려고 했다.

당시 절망감은 극에 달해 있었다.[61] 필요할 때 민족주의적 메시아가 도래하지 않은 것을 경험함으로써, 결국 예수 미스테리아의 신비한 메시아가 대안으로 제시되었다. 산산조각이 난 삶의 의미를 회복하고, 민족 정체성에 대한 자긍심을 되살리는 한편, 더 큰 이교도 사회와 조화롭게 살 수 있는 방식으로 새로운 메시아가 제시된 것이다. 유대인들은 예수의 준역사적quasi-historical 이야기를 듣고 예수 미스테리아에 일단 마음이 끌렸다. 그 후 차츰 이해가 깊어짐에 따라 은밀한 미스테리아에 입문해서 예수 이야기가 신비한 비유라는 것을 알게 되었다. 재산도 모두 잃고 절망감에 사로잡힌 유대인 난민들은 그런 식으로 소망을 갖게 되었다. 유대 백성을 자유롭게 해줄 것으로 기대했던 정치적 구원자는, 신비한 그노시스를 통해 개인적 자유를 얻게 해줄 영적 구원자로 탈바꿈하게 되었다.

그러나 아이러니하게도, 예수 미스테리아는 유대인 공동체에 뿌리를 내리지 못했다. 이 새로운 신앙의 운명은 정말 기이하게도 당시 아무도 상상하지 못한 방향으로 흘러갔다. 유대인들이 이교도 미스테리아를 받아들일 수 있도록, 유대인 메시아로 변장한 이교도의 신인은 100년도 지나지 않아 정반대로 작용했다. 유대인의 전통을 이교도들에게 전파하게 된 것이다!

세계의 구원자

예수는 유대인 메시아로 남아 있지 않고 세계의 구원자가 되었다. 이런 세계화 과정은 바울이 에비온파 그리스도교인들과 열띤 논쟁을 하던 시대에 이미 시작되었다. 바울은 예수 미스테리아가 유대교와 불필요한 관계를 유지하고 있는 것을 청산하기 위해 싸웠고, 자신처럼 헬레니즘화된 유대인들을 더욱 많이 예수 미스테리아로 끌어들이고자 했다. 바울은 전통 유대 율법이 만일 관련 있다면 오직 심적 수준의 그리스도교인들과만 관련 있는 것으로 보았다. 예수 미스테리아의 새로운 (본질적으로 이교도의) 가르침은 옛 유대 방식들을 사족으로 간주했다. 그와 달리, 바울과 싸운 "할례당"은 예수 미스테리아를 유대인만의 것으로 유지하고자 했다. 이처럼 더욱 전통적인 유대 그리스도교인들은 유대교의 심장부인 예루살렘에 모여 있었던 반면, 바울처럼 헬레니즘화된 유대인은 이교도의 여러 도시를 돌아다니며 전도했다.

바울은 열정을 쏟았지만, 유대인들을 예수 미스테리아에 귀의시키는 데 실패했다. 에베소의 공회당에서 바울은 석 달 동안 설교를 했지만 아무런 성과도 거두지 못했다. 안디옥에서 유대인들은 그를 공격하기까지 했다. 오시리스-디오니소스를 유대인 메시아로 변장시켜 이교의 신인을 몰래 유대교에 접목시키려고 한 것은 교묘한 아이디어였지만, 대부분의 유대인들은 그런 책략을 쉽게 꿰뚫어보았다. 범죄자처럼 십자가에 못 박히는 메시아는 그들이 기다려온 구원자가 아니었다. 그들에게 그리스도교는 실패한 메시아의 혼란스럽고 이단적인 교리로 보일 뿐이었다.

그러나 바울이 그리스로 돌아왔을 때, 그는 일순간에 경이적인 성공을 거두었다.[62] 현대의 한 학자는 다음과 같이 말했다.

> 당시 그리스도교는 한편으로 유대 사상을 거스르며, 다른 한편으로는 고대 그리스의 사상에 순응하는 무엇인가가 있었다는 것을 인정하지 않을 수 없다. 내가 잘못 안 것이 아니라면, 그리스도는 고대 그리스의 영웅처럼 보였음에 틀림없다. 단지 역사적 관점에서만 보면, 그리스도교는 그리스의 대단한 영웅 숭배 신앙이라고 할 수 있는데, 다만 이 영웅은 그리스인이 아니라 유대인 메시아라는 점만 다를 뿐이다.[63]

이교도들에게는 이것이 새롭고 이국적인 미스테리아 종교였다. 이 미스테리아에는 흥미로운 유대 전통의 여러 요소가 합성되어 있었다. 매력적이지 못한 옛 유대 율법들을 바울이 폐기해버리자, 이방인들이 예수 미스테리아를 수용하는 데 장애가 되는 것은 아무것도 없었다. 게다가 일단 이 신화가 역사화되자, 그리스도교라는 새로운 종교는 더욱 호소력을 갖게 되었다. 신인이 최근에 이 땅을 실제로 걸었다는 것은 참으로 혁명적인 주장이 아닐 수 없었다.

2세기 중엽에 유대인 공동체는 예수 미스테리아를 거부했지만, 이방인들은 이를 수용했다. 예수는 더 이상 유대인들을 구하기 위해 도래한 것으로 그려지지 않았다. 모든 인간을 구하기 위해 도래한 것으로 그려진 것이다. 이방인 그리스도교인들은 바울이 바란 대로 옛 유대 전통을 거부했고, 이제 그것은 더 이상 쟁점이 되지 않았다. 그러나 이 무렵 그리스도교 공동체는 다시 둘로 분열하기 시작했다. 문자주의와 영지주의로.

문자주의의 탄생

로마 제국이 예루살렘을 잿더미로 만든 CE 70년 이후, 유대인들은 난민이나 노예가 되어 로마 제국 전역으로 흩어졌다. 다만 공개적 미스테리아에 입문해서 그리스도교를 제한적으로 반쯤 수용한 유대인들은, 메시아 예수의 "생애"라고 믿는 것을 마음에 품고 더욱 멀리 달아나서 고대 세계 전역으로 흩어졌을 것이다. 로마 제국의 서부 지역으로 간 유대인들은 알렉산드리아의 예수 미스테리아 중심지 및 로마 제국의 동부와 연결이 끊기게 되자, 완전한 입문식을 치르지 못하게 되었다.

수백 마일 이내에는 그노시스를 전수해줄 스승이 없었기 때문에, 예수 미스테리아는 혼란스러운 형태로 전개될 수밖에 없었을 것이다. 수십 년 안에 이런 서부의 그리스도교인들은 예수가 문자 그대로 죽었다가 부활한 하느님의 아들이라는 믿음을 핵심 교리로 삼은 종교를 만들어냈다. 그들의 문자주의 그리스도교는 어떤 "은밀한 미스테리아"도 수용할 여지가 없었다. 이 종교는 복음서들을 비유로 보지 않고, 오직 실제 사건에 대한 역사 기록으로 보았다

CE 2세기에 각지의 그리스도교 집단의 지도자들은 감독자나 주교로 알려지게 되었다. 전수할 은밀한 미스테리아를 갖지 못한 이 주교들은 예수 이야기가 문자 그대로 참이라고 믿기만 하면 누구나 영원한 구원을 보장받는다고 가르쳤다. 이것은 공개적 미스테리아만을 기

초로 한 제한적인 형태의 그리스도교인데, 결국 이것이 로마 가톨릭 교회로 발전하게 되었다.

우리가 오늘날 영지주의라고 일컫는 원래의 예수 미스테리아는 발생지인 알렉산드리아에서 계속 번성했다. 이 도시는 2~3세기의 위대한 영지주의 스승인 카르포크라테스, 바실리데스, 발렌티누스, 클레멘스, 오리게네스 등을 배출했다. 한편 문자주의는 동부의 영지주의 스승들과 연락이 단절된 지역에서 세력을 넓혀가서, 결국에는 로마시에 본부를 두게 되었고, 당시의 로마인처럼 편협하고 독재적인 특성을 갖게 되었다.

예수 미스테리아의 초기 입문자들은 각지에 독립된 집단을 형성했다. 이들은 흔히 특정의 한 스승을 중심으로 해서 자신들만의 복음서를 지니고 활동했다. 영지주의자들은 신비주의와 다양성과 관용의 전통을 유지했다. 그와 달리 문자주의자들은 중앙 집권화된 종교를 세우기 시작했다.

은밀한 미스테리아에 입문한 자들이 문자주의의 성장에 아연실색했으리라는 것은 쉽게 상상할 수 있다. 문자주의자들은 이제 완전히 영지주의자들의 통제에서 벗어나, 새로운 종교로 고대 세계 전역으로 확산되기 시작했다. 은밀한 미스테리아의 수많은 스승들은 로마를 방문해서 그리스도교인들을 그노시스에 입문시키려고 했다. 그러나 그들은 환영받지 못했다. 문자주의 주교들은 외래인들이 자신들을 영적 입문식을 치러야 하는 "심적 수준의 그리스도교인"일 뿐이라고 주장하는 것을 전혀 달가워하지 않았다. 그들은 영지주의 현자들이 문자주의 가르침을 얕잡아 보며 은밀한 미스테리아 입문식을 제공함으로써 "그들의 신도를 훔쳐가는 것"에 분개했다.

예수 이야기를 먼저 창작한 영지주의자들은 이제 구원자의 신성한 가르침을 왜곡하는 자들이라는 비난을 받게 되었다. 문자주의 대변자인 이레나이우스는 영지주의자들이 "다수의 신앙을 전복하고, 우월한 지식을 빙자해서 신도들을 빼돌린다."고 항의했다.[64] 갈등은 불가피했고, 그리스도교의 정수가 무엇인가에 대한 혹독한 싸움이 전개되었다.

결론

마침내 우리 두 저자는 진짜 예수를 발견했다고 생각했다. 그는 가명을 사용한 미스테리아 신인이다! 그는 역사적인 "다윗의 아들"로 위장한 신비한 "하느님의 아들"이다.

다른 모든 오시리스-디오니소스 신화와 달리, 예수 이야기가 역사적 배경을 갖게 된 이유가 분명해졌고, 일단 역사적 배경을 갖게 된 후에는 문자주의가 성장하는 것이 불가피했다는 것도 우리는 알게 되었다.

예수 신화와 발전 과정에 대해 우리가 발견한 증거의 일부를 되돌아보자.

:: 예수는 이교도 미스테리아가 유대인들에게 수용될 수 있도록 유대인 메시아로 변장한 오시리스-디오니소스다. 그의 혼성적 성격은 특히 탄생에 대한 모순된 설명을 살펴보면 여실히 드러난다. 즉, 그는 다윗 혈통의 메시아이면서 동시에 하느님의 아들인 오시리스-디오니소스인 것으로 그려져 있다.

:: 복음서들에서 예수는 기대했던 유대인 메시아가 아니라, 죽었다가 부활한 하느님의 아들인 것으로 명시되어 있다.

:: 예수는 가능한 한 메시아에 대한 유대인의 기대에 부응하지만, 죽

음과 부활을 말함으로써 사실상 예수는 오시리스-디오니소스인 것으로 드러난다.

:: 예수 이야기는 이교도의 신화적 주제뿐만 아니라, 유대인의 신화적 주제, 특히 「출애굽기」 이야기를 끌어들인다.

:: 예수 이야기는 유대인과 이교도의 사고를 종합한 유대인의 간약 문헌에서 사용된 개념과 이미지를 차용한다.

:: 비그리스도교인의 글에 예수라는 이름만 덧붙임으로써 그리스도교인의 글로 탈바꿈시킨 몇몇 문헌이 존재한다.

:: 유대인 메시아는 역사적인 인물이어야 하는 것으로 기대되었다. 그것은 예수 이야기가 역사적 배경을 갖지 않을 수 없었다는 것을 의미한다.

:: 예수 미스테리아의 창작자들은 예수의 생애를 위한 배경으로 선택된 시간과 공간을 상징적 메시지를 암호화하는 장치로 이용했다. 예수 탄생의 시간은 새로운 물고기자리 시대의 탄생과 연계되어, 태어나자마자 혐오스러운 헤롯 왕, 또는 로마인들과 갈등 관계에 놓인다. 예수가 죽은 시기는 특히 혐오스러운 로마 관리 본디오 빌라도와 연계됨으로써 "부당하게 고소된 의로운 자"라는 메시지를 전한다.

:: CE 70년에 로마 제국은 예루살렘을 황폐화시켰다. 이 사건은 유대인들의 구원자에 대한 필사적인 열망에 불을 질렀다. 이런 위기감 때문에 예수 이야기의 역사화 과정이 촉진되었고, 바울이 가르친 신비한 초시간적 그리스도가 「마가복음」을 통해 역사성을 갖게 되었다.

:: 예수 미스테리아는 유대인들에게 신비한 메시아를 대안으로 제시했다. 당시 근본주의적인 열심당의 정치적 메시아들은 유대 지방에 대파괴를 불러왔기 때문이다.

:: 유대인들에게 이교의 신인을 소개하기 위해 유대인 메시아를 오시리스-디오니소스로 만든 것은 현명한 아이디어였지만, 결코 효과가

없었다. 예수 미스테리아는 유대인들에게 거부되었지만, 이교도들에게 새로운 미스테리아 종교로 수용되었다.

∷ CE 70년 이후 그리스도교의 공개적 미스테리아만을 알고 있는 유대인들이 노예나 난민이 되어 로마 제국 전역으로 흩어졌다. 서부로 간 그들은 동부의 그노시스 스승들과 단절됨으로써, 역사적 예수를 설교하는 공개적 미스테리아만을 기초로 한 새로운 종교를 발전시켰다.

∷ 소위 영지주의라고 일컫는 원래의 예수 미스테리아는 동부에서 계속 번성했다.

∷ 2세기 중반에, 예수 이야기를 먼저 창작한 영지주의자들은 문자주의 그리스도교인들의 공격을 받았다. 영지주의자들이 진짜 그리스도교를 왜곡시키고 있다고.

죽었다가 부활한 신인의 항구적 신화를 유대인이 기다려온 역사적 메시아와 합성시키는 데서, 유대인 미스테리아의 창작자들은 유례가 없는 이야기를 창조했다. 그러나 결국에는 전혀 생각지 못한 결과를 낳게 되었다. 하지만 깊이 분석해보면, 그 결과는 이미 처음부터 내재되어 있었다. 유대인들에게 메시아는 신화적인 구원자가 아니라 역사적 구원자여야 했던 것이다. 그래서 예수 이야기는 준역사적 배경을 갖는 방향으로 전개되어야 한다는 게 불가피했고, 실제로 그렇게 전개되었다. 항구적인 가르침을 암호화한 초시간적인 신화로 시작되었던 것이 결국에는 시간 속에서 유일하게 한 번 일어난 사건에 대한 역사적 목격담으로 변질된 것이다. 그때부터 역시 불가피하게, 그 신화는 역사적 사실로 해석되기에 이르렀다. 일단 그렇게 되자 전적으로 새로운 유형의 종교가 등장하게 되었다. 신화가 아닌 역사를 기초로 한 종교, 신화적 비유로 이해하기보다 역사적 사실로 맹신하는 종교,

은밀한 미스테리아 없이 공개적 미스테리아만으로 이루어진 종교, 내용이 없이 형식만 남은 종교, 앎이 없는 믿음뿐인 종교가 등장한 것이다.

　이제 우리 두 저자에게 남은 마지막 수수께끼는 다음과 같다. 하나의 작은 미스테리아로 시작한 그리스도교가 어떻게 시대를 통틀어 가장 영향력 있는 종교로 탈바꿈하게 되었을까? 그리고 영지주의자들의 웅장한 고대 신비주의적 그리스도교가 아니라, 편협한 문자주의자들의 권위주의적 그리스도교가 결국 세계를 지배하기에 이른 이유는 도대체 무엇일까?

11
가짜 그리스도교인

우리 외에도, 하느님으로부터 권능을 받은 것처럼 스스로 주교나 사제라 칭하는 자들이 많을 것이다. 그들은 물이 마른 운하와 같다. 그들은 내 말로 장사를 한다. 그들은 거짓을 선전하는 자들을 칭찬한다. 그들은 죽은 자의 이름에 매달리며, 그리하면 순결케 될 거라고 생각한다.[1]
—『베드로의 계시록』

그리스도교의 역사는 처음부터 오늘날까지 분열과 갈등의 역사였다. 신약 문헌 가운데, 거짓 선지자에 대해 경고하지 않고, 다른 그리스도교인들을 공격하지 않는 문헌은 단 하나도 없다! 2세기 말에 이교도 비평가 켈수스는 이렇게 썼다.

> 말할 나위도 없이, 그리스도교인들은 서로를 지극히 혐오한다. 그들은 가장 험악한 말로 서로를 끊임없이 중상하며, 자신의 교리만이 옳다고 생각해서 결코 합의에 이르지 못한다.[2]

켈수스는 그 과정을 이렇게 설명했다.

종교 활동 초기에 그들은 아주 소수였고, 목표가 같았다. 그 후 그들의 종교는 널리 퍼져 수가 수천에 이르게 되었다. 그러니 내분이 생겼다고 해서 놀랄 것은 없다. 그들은 온갖 종파로 나뉘었고, 자기만의 영토를 갖고자 했다. 이러한 분열이 거듭됨에 따라, 각 종파가 서로를 비난하게 된 것 역시 놀랄 일이 못 된다. 오늘날 그들의 공통점은 단 한 가지밖에 없는데, "그리스도교인"이라는 호칭이 바로 그것이다. 그런데도 그들은 그 호칭에 매달린 채 자랑스러워하며, 온갖 교리에 대해 서로 자기만 옳다고 싸운다.[3]

1세기에 그리스도교 공동체 내부의 다툼은 전통 유대교와 예수 미스테리아 사이의 다툼보다 훨씬 더 심했다. 2세기 중반에는 영지주의자와 문자주의자 사이의 갈등이 심해졌다. 문자주의 그리스도교의 핵심 사상은, 아무리 기괴하고 아무리 신화적으로 보일지라도, 예수 이야기가 실제로 일어난 기적에 대한 역사적 기록이라는 것이다. 예수 이야기는 사실상 신비한 비유라는 영지주의자의 주장에 맞닥뜨린 문자주의자들은 예수가 본디오 빌라도 치하에서 수난을 당하다가 십자가에 못 박힌 것이 절대적인 사실이라고 단언하기 시작했다. 이러한 단언이 너무나 광적으로 되풀이되었다는 것은, 당시의 문자주의자들이 그만큼 취약했다는 것을 반증한다.[4]

예를 들어 위조된 편지인 「베드로후서」에서 문자주의자들은 "교묘히 꾸며낸 이야기"를 신봉하는 것이 아니라고 방어적으로 단언한다![5] CE 110년경 이그나티우스가 썼다는 편지에서는, 신자들로 하여금 "거짓 교리에 미혹되지 말고, 본디오 빌라도 치하에서 일어난 탄생과 수난과 부활을 그지없이 확고하게 믿으라."고 촉구한다.[6] 그는 이렇게 주장했다.

다윗의 자손인 예수 그리스도는 실제로 처녀에게서 태어나 요한에게 세례를 받았으며, 실제로 빌라도에게 박해를 받으시어 그 육체가 십자가에 못 박혔다.[7]

2세기 말에 문자주의를 선전하기 위해 위조된 「베드로서」, 「요한서」, 「야고보서」 등 여러 사도의 편지에서는 영지주의자를 이단자로 그린다. 「요한1서」에서는 참된 선지자와 거짓 선지자를 구별하는 방법을 가르친다. "예수 그리스도께서 육체로 오신 것을 시인하는 자"만이 참된 선지자라는 것이다.[8] 「요한2서」(영지주의자들을 통렬하게 비난하는 한 페이지로 된 편지!)에서 저자는 이렇게 경고한다.

미혹하는 자가 많이 세상에 나왔나니, 이는 예수 그리스도께서 육체로 임하심을 부인하는 자라. …… 그런 자에게는 인사도 하지 말라. 인사하는 자는 악한 일에 참여하는 자다.[9]

문자주의를 든든히 뒷받침하기 위해 예수 이야기는 각색이 되었다. 「요한복음」은 바울의 습관적 어법인 "육신의 모양으로"*라는 말을 바꾸어 "말씀이 육신이 되었다."**고 단언한다.[10] 그렇게 각색되었을 뿐만 아니라, 수많은 내용이 추가되었다. 학자들은 예수가 육체를 지닌 인간으로서 무덤에서 문자 그대로 부활했다는 것을 강조하기 위해 꾸며낸 수많은 구절을 추려낼 수 있었다. 그 결과 드러난 원래의 복음서에서는 부활한 예수가 유령 같은 영적 존재로 그려져 있었다. 「누가복음」과 「마가복음」에서 예수는 엠마오로 가고 있던 두 사도에

---

* 「로마서」 8장 3절에 나온다.
** 「요한복음」 1장 14절에 나온다.

게 "다른 모습으로" 나타났다고 기록되어 있다.「누가복음」에 따르면 두 사도는 낯선 사람을 길에서 만나 꽤 오랫동안 이야기를 나누다가 그를 저녁 식사에 초대했다. 그리고 식사 때 그가 떼어준 빵을 먹고 비로소 그가 예수라는 것을 알게 된다. 바로 그 순간 예수는 홀연히 사라져버렸다. 그러나 그 구절 다음에, 영지주의를 반박하기 위해 추가된 구절에서, 부활한 예수는 자신의 "살과 뼈"를 과시하고 "나를 만져 보라."고 하며, 자신의 육체적 존재를 증명하기 위해 생선을 먹어 보이기까지 한다.[11]

「요한복음」에서, 슬피 울던 막달라 마리아는 산지기로 여겨지는 한 남자를 보게 된다. 그 남자가 그녀의 이름을 말하자 비로소 그녀는 그가 예수라는 것을 알아본다. 예수는 그녀에게 "나를 만지지 말라."고 말한다.[12] 그러나 그 문장 바로 뒤에 "의심하는 도마"의 이야기가 덧붙여져 있다. 도마는 예수를 직접 보고 만져보지 않는 한 예수가 무덤에서 부활했다는 것을 믿지 않겠다고 선언한다. 그러자 예수가 나타나 도마에게 말한다.

> 네 손을 내밀어 내 옆구리에 넣어 보라. 그리고 믿음 없는 자가 되지 말고 믿는 자가 되어라.[13]

문자 그대로 받아들이기

문자주의자들은 영지주의자들이 신비한 비유로 이해한 것을 문자 그대로 받아들였다. 그들은 예수가 문자 그대로 육체를 지닌 채 부활했다고 믿었기 때문에, 모든 그리스도교인들도 죽은 후 문자 그대로 육체를 지닌 채 무덤에서 부활할 거라고 가르쳤다. 테르툴리아누스는 육체의 부활을 부정하는 자는 그 누구든 참된 그리스도교인이 아닌 이단자라고 선언했다. 문자주의자들은 심지어 영성체 의식의 빵과 포도주도 문자 그대로 예수의 살과 피라고 주장했다. 가톨릭교회에서는 오늘날까지도 그렇게 단언한다!¹⁴

예수 신화를 역사로 받아들임으로써 문자주의자들은 영지주의자들의 환생 교리를 포기했다. 문자주의자들은 신인이 역사상 단 한 번만 죽었다가 부활한 것으로 믿었기 때문에, 인생도 일회적인 것이라고 확신했다. 따라서 사후의 보상과 처벌 또한 영원한 것으로 믿었다. 그래서 문자주의자들은 이교도인 켈수스가 "공격적인 교리"라고 부른 것, 즉 표준에 달하지 못한 자들이 영원한 고통에 처하는 것을 선한 하느님이 묵인한다는 것을 믿게 된 것이다.[15]

문자주의자들은 또 재림을 문자 그대로 해석했다. 복음서들에서* 예수는 자기 말을 듣고 있는 자 가운데 일부는 죽기 전에 재림을 보게 될 거라고 약속한다. 물론 영지주의자들은 이 말을 비유로 알았다. 입문자가 그리스도, 곧 보편적 다이몬으로 부활하는 것에 대한 비유로 본 것이다. 문자주의자들은 이러한 "예언"을 액면 그대로 받아들인 탓에, 예수가 약속한 대로 나타나지 못한 것을 해명해야 하는 어려운 과제를 떠맡게 되었다.

위조된「베드로후서」에는 문자주의 그리스도교 공동체 안에서 이 쟁점에 대해 불편해하고 혼란스러워한 것이 명백히 드러나 있다.「베드로후서」의 저자는 다음과 같이 필사적으로 해명하려고 한다.

말세에 기롱하는 자들이 와서 자신의 탐욕을 좇아 행하며 기롱하여

---

* 「마가복음」 9장 1절, 「마태복음」 16장 28절, 「누가복음」 9장 27절.

가로되, "주가 우리에게 약속한 강림은 어디 있느뇨? 그동안 우리의 아버지 어머니는 죽었건만, 세상은 만물이 처음 창조되었던 때와 똑같지 아니한가?" …… 사랑하는 자들아, 주께는 하루가 천 년 같고, 천 년이 하루 같다는 이 한 가지 사실만은 잊지 말라. 어떤 자들이 더디다고 생각하는 것과 달리, 주의 약속은 더디게 이루어지는 것이 아니다. 너희가 아무도 멸망치 않고 다 회개하기를 원하시어, 오래 참고 계시는 것이다.[16]

이와 마찬가지로, 순교자 유스티누스는 하느님이 종말을 지연시키고 있다고 풀이했다. 하느님은 먼저 그리스도교가 온 세상 끝까지 전해지는 것을 보고 싶어 하기 때문이다.[17] 다른 문자주의자들은 성 요한이 일종의 불멸의 존재가 되어 밧모 또는 에베소에서 살고 있었으니 결국 예수는 예언을 잘못한 것이 아니라는 우스꽝스러운 주장을 하기도 했다.[18]

법궤*의 길이가 5.5큐빗**이었다는 사실을 기초로 해서 기괴하고 비비 꼬인 추리를 통해, 히폴리토스는 종말의 날을 202년으로 확정지었다. 그런데 아무런 일 없이 그 해가 지나가자, 종말의 날은 500년으로 늦춰졌다.[19] 3세기 중반이 되자 대부분의 그리스도교인들은 종말의 날에 대해 더 이상 관심을 갖지 않게 되었다. 5세기 초에, 2세기 교인들의 문헌을 번역한 사람들은 임박한 계시에 대한 모든 언급을 삭제해버렸다. 이제는 그런 말들이 곤혹스러워졌기 때문이다.[20] 물론 그런데도, 수많은 문자주의 그리스도교인들은 여전히 "종말이 가깝다."고 경고하기를 주저하지 않았다. 오늘날과 마찬가지로.

---

* 계약의 궤, 즉 모세의 십계명을 새긴 두 개의 납작한 돌을 넣은 궤를 말한다.
** 약 251센티미터.

주교들의 교회

영지주의자들은 입문자에게 그노시스를 제공했다. 즉, 이 세계라는 환상 너머의 진리를 지금 이 자리에서 영적으로 체험케 했다. 문자주의자들은 복음서 이야기의 역사성을 믿기만 하면 영생을 얻을 수 있다는 소망을 제공했다. 그러나 그렇게 함으로써 그들은 스스로 곤혹스러운 딜레마에 빠졌다. 예수 이야기와 같은 초자연적인 이야기가 문자 그대로 사실을 기록한 역사라고 누구나 믿어야 하는 이유가 대체 무엇이란 말인가? 2세기 말의 저술에서 테르툴리아누스는 다음과 같은 사실을 시인했다. 보통의 역사적 경험으로 미루어볼 때, 한 인간이 무덤에서 육체적으로 되살아났다는 것은 사실이라고 믿을 수가 없다고.[21] 그러한 합리적인 의심에 대해 테르툴리아누스가 내세울 수 있었던 주장은 고작 이런 것이었다. "그것은 불합리하기 때문에 진실이다. 나는 그것이 불가능하기 때문에 믿는다."[22] 역사책에서 위대한 그리스도교 신학자라고 추앙되는 사람이 고작 그런 말밖에 하지 못했다!

예수 이야기를 역사적 사실로 해석하는 것에 대한 정당성을 제시하기 위해, 문자주의자들은 영적 계보를 고안해내서, 문자주의자들이야말로 사도들의 직계 제자라고 주장했다. 더러는 150년 전에 죽은 사도에게 직접 배운 제자라고 주장하기도 했다. 그들은 당시 살아 있던 자들의 개인적 증언으로 예수 이야기의 역사성이 증명된다고 주장했고, 그 증언은 직계 제자인 주교들에게 충실하게 전해졌다고 주장했다.

문자주의자들은 영지주의자들과의 싸움에서 이처럼 조작한 계보를 강력한 무기로 사용했다. 영지주의자들은 문자주의자들이 전혀 모르는 은밀하고 신성한 비밀을 가르친다고 주장했다. 이에 맞서서 문자주의자들은 오직 자기들만이 12사도에게까지 소급되는 사도 계보의 대표자들이라고 주장했다.[23] 그래서 문자주의자들은 주교들이 12사도와 동일한 권위를 부여받은 자라고 주장했다. 오늘날에도 가톨릭 교회에서는 부활을 처음 목격한 베드로의 권위를 교황이 계승했다고 주장한다.[24]

12사도의 계승자라는 주장은, 문자주의 주교들이 독실한 그리스도교인들에게 맹목적인 복종을 요구하는 합법적인 근거로 이용되었다.[25] 그래서 그들의 권위에 반대하는 영지주의자들과 같은 사람들은 아예 그리스도 자체에 대해 반감을 갖게 되었다. 로마의 클레멘스가 쓴 것으로 되어 있는 위조된 편지에서 저자는 반감을 가지고 "반란"을 일으키는 "성급하고 자의적인 사람들"을 비난했다.[26] 문자주의자들은 하느님이 주교들에게 권능을 부여했기 때문에, "고개 숙이기"를 거부하는 자는 누구나 그리스도에게 불복종하는 죄를 짓는 자라고 단언했다.[27] 또 신성하게 부여받은 권위에 도전하는 자는 누구나 "사망의 형벌을 받는다."고 주장하기까지 했다![28]

마찬가지로, 이그나티우스가 썼다는 편지에서도 주교는 "하느님 대신" 지배하는 자라고 주장한다. 진실로 독실한 자는 "주교를 하느님처럼 숭배하고, 두려워하고, 복종"해야 한다![29] 주교와 사제와 부제가 없으면, "교회라 불릴 수 있는 것은 아무것도 없다."[30] 이 편지의 저자는 또 이렇게 썼다.

그 누구라도 주교 없이는 교회와 관계된 어떤 일도 하지 말라. 주교나, 주교가 임명한 자만이 정당한 영성체 의식을 할 수 있음을 알라. 주교가 행하지 않는 영성체 의식이나 세례는 합법적인 것이 아니다. 주교와 함께하는 것은 교회와 함께하는 것이다. 주교에게서 떠난 자는 교회에서 떠난 자일 뿐 아니라, 하느님에게서 떠난 자이다.[31]

이러한 편지의 저자는, 하느님은 하나이며 유일하기 때문에, 교회에도 우두머리는 오직 하나뿐이며, 모두가 그에게 복종해야 한다고 주장한다. "하나의 하느님, 하나의 주교"는 문자주의 그리스도교의 슬로건이 되었다.[32]

그와 달리, 영지주의자들의 조직에는 주교나 사제라는 위계질서가 없었다. 그들은 주교나 사제나 성서 낭송자나 선지자 등의 역할을 누구에게 맡길 것인지 제비뽑기를 해서 정했다. 그들은 모일 때마다 새로 제비뽑기를 하곤 했다. 그래서 각 역할을 맡은 자가 계속 바뀌었다. 이런 식으로 그들은 올바른 시간에 올바른 일을 할 올바른 사람을 하느님이 선택한다고 믿었다.[33] 그것을 못마땅하게 생각한 문자주의자 테르툴리아누스가 그것을 다음과 같이 증언했다.

> 그렇다면 주교가 오늘은 이 사람이고 내일은 저 사람이 된다. 오늘은 부제인 사람이 내일은 성서 낭송자가 된다. 오늘 감독자인 사람이 내일은 평신도가 된다. 심지어 그들은 평신도들에게도 사제직을 부여한다.[34]

정통파 교인들이 항구적인 위계적 권력을 구축하려고 한 반면, 영지주의자들은 누구나 영적으로 평등하다는 것을 보여주려고 했다.[35] 테르툴리아누스는 깜짝 놀라서 이렇게 썼다.

> 나는 이단자들의 소행에 대해 한마디 하지 않을 수 없다. 그들이 자신들의 신조에 따라 얼마나 천박하게 행동하는지, 진지함도 없고, 권위도 없고, 규율도 없이, 얼마나 어리석게 구는지에 대해서 말이다. 무엇보다도 누가 세례 예비자이고 누가 이교도인지 알 수가 없다. 누구한테나 똑같이 개방되어 있고, 똑같이 듣고, 똑같이 기도한다. 혹시

이교도가 참석하면 이교도와 똑같이 기도한다. 그들은 모든 사람과 어울리며 차별을 두지 않는다. 그들은 서로 다른 교리를 지녔으면서도 그들 사이에는 어떤 구별도 없다. 그것은 그들은 하나의 진리에 대항해서 싸우기 위해 뭉치기로 맹세했기 때문이다. 그들은 모두가 잘난 척하며, 모두가 그노시스를 주겠다고 나선다.[36]

그리스도를 숭배하는 모든 형태의 종교는 원래 남녀가 평등했다. 영지주의자들은 계속 여자와 남자를 영적으로 평등한 존재라고 생각했지만, 2세기 중반에 문자주의자들은 성별을 분리하기 시작했다. 2세기 말에 여자는 모든 예배에 참석하는 것이 금지되었다. 여자를 지도자로 삼는 그리스도교인 집단은 무조건 이단으로 낙인이 찍혔다![37] 테르툴리아누스는 이렇게 선언했다.

여자는 교회에서 연설하면 안 되고, 가르쳐도 안 되고, 세례를 주어서도 안 되고, 영성체 의식을 행해서도 안 되고, 남성의 역할을 분담하겠다고 주장해서도 안 된다. 사제의 일에 대해 입방아를 찧어서도 안 된다.[38]

영지주의자들이 여신을 숭배하고 여성들이 사제가 되는 것을 적극 장려했던 바로 그 시대에, 지독한 여성 혐오자인 테르툴리아누스가 문자주의 그리스도교를 대변해서 여성을 다음과 같이 몰아붙였다는 것은 참 별난 일이다.

너희는 악마의 출입구이다. 너희는 악마가 감히 공격하지 못한 남성을 유혹한 여성이다. 너희는 모두 이브임을 알지 못하느냐? 너희 여성에 대한 하느님의 선고는 이 시대에도 계속 살아 있으니, 너희의 죄

또한 당연히 계속 살아 있느니라.[39]

2세기 말경, 문자주의자들은 그리스도교인인 자와 아닌 자를 위한 규칙을 만들기 시작했다. 그 규칙에 따르면, 그리스도교인은 문자주의 신조를 고백해야 하며, 세례를 받아야 하고, 무엇보다도 주교에게 복종해야 한다.[40] 그러나 영지주의자들에게 참된 교회는 "눈에 보이지 않는" 것이며, 구성원들만이 느낄 수 있는 어떤 것이었다.[41] 그리스도교인이 된다는 것은 세례를 받은 것 이상이라고 영지주의자들은 주장했다.『빌립의 복음서』저자는 수많은 사람들이 "물속에 들어갔다가 아무것도 얻지 못하고" 물 밖으로 나왔으면서도 이제 그리스도교인이 되었다고 주장하는 것을 비웃는다. 신조를 읊조리거나 심지어 순교를 해도 그리스도교인이 되었다고 말할 수 없다. 왜냐하면 "그런 일은 아무나 할 수 있기 때문이다." 영지주의자들은 예수가 "그들의 열매로 그들을 안다."고 한 말을 인용하며, 참된 그리스도교인이라는 것을 보여줄 수 있는 영적 성숙의 증거를 요구했다.[42]

문자주의 주교들이 영지주의자들의 그런 개인주의가 그들의 권위를 위협한다고 본 것은 당연한 노릇이다. 영지주의에 대한 그들의 공격은 훨씬 더 광적이고 극단적이 되었다. 이레나이우스는 영지주의자들이 "사탄의 대리인들"이라는 사실을 알아야 한다고 촉구하며 이렇게 경고했다. "하느님은 모든 이단자들에게 내릴 영원한 불의 형벌을 준비해두셨다."[43] 문자주의자들은 끊임없이 "이단자가 되느니 이교도가 되는 게 낫다."는 말을 후렴처럼 읊조렸다.[44] 유난히 광적이었던 순교자 유스티누스는 영지주의자들이 "식인 풍습"에 빠졌다고 말하기까지 했다![45]

신약「유다서」의 저자는 영지주의자들을 공격하기 위한 다른 근거를 제시하기 위해, 짧고 편집증적인 논법으로 다음과 같이 썼다.

사랑하는 자들아, 우리 모두의 구원에 대해 너희에게 간절히 편지하고자 하였으나, 그 대신 이번에 마지막으로, 성도들에게 주어진 믿음을 보존키 위해 힘써 싸우라는 호소의 편지를 쓰지 않을 수 없었다. 이는 경건치 아니 한 자, 이미 오래전에 유죄판결을 받기로 정해진 자들이 너희 가운데 몰래 숨어들었기 때문이다. 그들은 하느님의 호의를 환락의 허락으로 왜곡하고, 홀로 하나이신 우리의 주, 곧 예수 그리스도를 부인하는 자니라. …… 그들은 육체를 더럽히며, 권위를 업신여기며, 신성모독을 하기까지 한다.⁴⁶

영지주의자들은 믿음이 아닌 다른 것을 추구하는 자들일 뿐만 아니라, 내부의 적 — 은밀하게 스며든 암 — 인 것으로 간주되었다. 그들은 "기탄없이 너희와 함께 먹으니 너의 애찬愛餐* 속의 암초"이고, "영원히 예비된 캄캄한 흑암에 돌아갈 유리하는 별들"이다. 「유다서」의 저자는 "어떤 자를 그 육체로 더럽힌 옷까지도 미워하라."고 말한다.⁴⁷ 「디모데서」의 위조자는 영지주의 가르침을 "독한 창질"에 비유한다.⁴⁸

이에 대해 영지주의자들은 문자주의 교회의 당국자들을 "저속한" "교회 만능주의자"라고 일컬었다.⁴⁹ 영지주의 현자 헤라클레온은 문자주의 교회의 도그마를 "양분 없이 고여 있는 물"에 비유했다. 그리스도가 그노시스를 통해 선택된 자에게 준 "살아 있는 물"과 대비되는 죽은 물에 비유한 것이다.⁵⁰ 『진리의 증언』에서는, 문자주의자들이 그리스도교인이라고 주장하지만 "그리스도가 누군지 모른다."고 공격한다.⁵¹ 『위대한 세트 신의 두 번째 이야기』에서는 영지주의자들이

---

* 초기 그리스도교 신자들이 성찬식 뒤 한자리에 모여 음식을 함께 먹던 잔치, 또는 그 음식.

"무지한 자들에게만이 아니라 그리스도의 이름을 드높인다고 생각하는 자들에게까지도 미움을 받고 박해를 당한다."고 탄식한다. 그런데 박해하는 자들은 "말 못하는 짐승들처럼 자기가 누군지도 모르는" 자들이다.[52] 그런 영지주의 문헌에서 구원자는 "온전한 교회의 자유와 순결을 흉내 내기 위해 죽은 자의 교리와 거짓말을 주창하는" "가짜 교회"가 만들어져왔다고 말한다.[53]

『트리파르티테 트락타테Tripartite Tractate』에서는 참 하느님 아버지의 자녀인 영지주의자들과, 거짓 신인 유대인의 여호와의 자식인 문자주의자들을 대비한다. 하느님 아버지의 자녀는 평등하게 사랑으로 함께 모여 자발적으로 서로를 돕는다. 반면에 문자주의 그리스도교인들은 "서로에게 명령하고 싶어 하며, 헛된 야심으로 서로 앞서기 위해 경쟁한다." 그들은 "서로가 남들보다 뛰어나다고 생각하며 권력에 대한 탐욕"으로 가득 차 있다.[54]

마찬가지로, 오리게네스는 이렇게 비판한다.

소위 교회라고 일컫는 수많은 곳에서, 특히 대도시의 교회에서, 하느님의 백성을 다스린다는 지배자들이 우글거린다. 더러 가장 고귀한 예수의 사도라 할지라도 그들과 평등하게 얘기를 나누는 것이 용납되지 않는다.[55]

발렌티누스파

문자주의자들은 영지주의자들을 명백한 이단자로 규정했다. 그러나 일부 영지주의자들은 공개적 미스테리아와 은밀한 미스테리아 사이의 현격한 거리를 좁히기 위해 예수 미스테리아의 원래 모습을 유지하고자 꿋꿋하게 노력을 계속했다. 발렌티누스와 같은 현자들은 바울이 제시한 원래의 그리스도교 전통에 따라, 교회는 심적 그리스도교인과 영적 그리스도교인이 모두 모여 있는 집단으로 보았다. 바울은 이 두 수준의 교회가 어떡하면 조화롭게 공존할 수 있을 것인가에 대해 끊임없이 제자들에게 충고했다. 그래서 발렌티누스와 그의 추종자들은 그런 공존을 자신들의 의무로 여기고, 심적 그리스도교인, 곧 문자주의 그리스도교인과 영적 그리스도교인, 곧 영지주의 그리스도교인을 화해시키려고 애를 썼다.

바울은 그의 로고스, 곧 영적 가르침과 케리그마kerygma, 곧 심적 가르침을 구별했다.[56] 하지만 한편으로 그는 모든 그리스도교인들이 공동체 내부의 파괴적인 분열을 피하기 위해 "같은 신조를 고백"해야 한다고 주장했다.[57] 바울은 영적 그리스도교인들에게[58] "자신과 하느님"만 알도록 자신의 깨달음을 비밀에 부치라고 충고했다.[59] 그래서 심적 그리스도교인들을 자극하지 않고 "한마음과 한 입으로 하느님께 영광을 돌릴 수 있도록" 하라고.[60] 마찬가지로 발렌티누스파는 그들이 은밀한 미스테리아를 가르친다는 사실을 감추지 않았지만, 문자주의 그리스도교인들과 함께 교회 의식에 참여했다.[61]

이레나이우스는 발렌티누스파와 신학 논쟁을 할 수가 없었다. 그가 무슨 말을 하든 그들이 무조건 동의했기 때문이다![62] 그는 이렇게 투덜거렸다.

> 그들은 우리에게 줄기차게 묻는다. 그들이 우리와 같은 신조를 고백하고, 같은 교리를 지니고 있는데, 우리가 어떻게 그들을 이단자라고 부를 수가 있느냐고![63]

그러나 이단자 사냥꾼인 이레나이우스는 그것을 영지주의자들의 엉큼한 음모로 여겼다. 그는 이렇게 말했다. "그들은 사실 입으로는 예수 그리스도가 하나라고 고백한다." 그러나 그들은 "다른 것을 생각하며 그런 말을 할 뿐이다." "그들이 공적으로 하는 말"로만 보면 발렌티누스파가 "겉보기에는" 문자주의자인 것처럼 보인다. 그러나 "사적으로는 말로 표현할 수 없는 미스테리아를 추구한다."[64] 이레나이우스는 그들이 "권위를 배척하는 모임"을 갖기까지 한다고 비난한다. 다시 말하면, 주교들의 권위를 배척하는데, 이레나이우스가 바로 주교였다![65]

3세기 초에는 발렌티누스파 그리스도교인들도 둘로 쪼개졌다. 동부의 발렌티누스파는 문자주의자들과의 화해 운동이 실패로 돌아갔다고 보고 포기해버렸다. 프톨레마이오스와 헤라클레온 등 서부의 발렌티누스파는 계속 그리스도교를 통합하기 위해 안간힘을 다했다.[66] 그들은 예수의 말(이번에는 플라톤의 말을 인용하고 있다![67])을 인용하면서, "부르심을 받은 자는 많으나, 선택된 자는 적다."고 주장했다. 그리고 부르심을 받은 다수는 그노시스를 갖지 못한 자들이어서, 선택된 소수인 영지주의자들은 다수를 가르쳐서 그노시스로 인도해야 한다고 주장했다.[68] 프톨레마이오스는 그리스도가 교회 안에 "영적" 교인과 "비영적" 교인을 함께 두어 결국에는 모두가 영적 교인이 될 수 있도록 했다고 가르쳤다. 일레인 페이절스는 이렇게 설명했다.

한편, 두 부류가 모두 하나의 교회에 속했고, 둘 다 세례를 받았고, 둘 다 미사에 참석했고, 둘 다 같은 고백을 했다. 그들을 구분할 수 있는 것은 깨달음의 수준뿐이었다. 입문하지 않은 그리스도교인들은 조물주가 하느님인 것처럼 잘못 숭배했다. 그들은 죽었다가 육체적으로 부활한 그리스도가 그들을 죄에서 구해줄 거라고 믿었다. 즉, 그들은 예수, 곧 자기 자신의 비밀을 깨닫지 못하고 다만 믿음으로 예수를 받아들였다. 그러나 계속 성숙해서 그노시스를 받아들인 자들은 그리스도의 참 모습을 깨닫게 되었다. 그리스도의 속성, 곧 하느님의 속성은 바로 자기 자신의 속성이라는 것을.[69]

발렌티누스파는 문자주의 주교들이 조물주 여호와처럼 심적 수준의 그리스도교인들에게 합법적으로 권위를 휘둘러도 좋다고 양보하기까지 했다. 그러나 주교들이 여호와를 대신해서 요구하고, 경고하고, 위협하는 말들이 은밀한 미스테리아에 입문한 그리스도교인들에게는 해당되지 않았다. 입문자들은 신비한 그노시스의 체험을 통해 구원을 받았고 자유를 얻었기 때문이다.[70]

정통은 없다

전통적으로 주도면밀하게 조장되어온 영지주의자에 대한 정의는 다음과 같다. 즉, 영지주의자들은 대다수 그리스도교인이 속한 정통파 문자주의 그리스도교의 변방에서 활동한 광신적 극단주의자들의 작은 집단이라는 것이다. 이 정의는 물론 반영지주의자들이 내린 것이다.[71] 기번Gibbon은 『로마 제국 쇠망사』에서 이렇게 썼다. 영지주의자들은 "아시아와 이집트에 두루 존재했으며, 로마에 중심지를 두고 때로 서구 여러 지방에도 자리를 잡았다."[72] CE 첫 몇 세기에는 사실상 "교회"라는 게 없었고, 서로 경쟁하는 종파만 있었는데, 그 종파 가운데 하나가 문자주의자들이었다.

문자주의자인 순교자 유스티누스, 비타협적인 영지주의자 마르키온, 그리고 영지주의/문자주의의 분열을 해소하고자 한 발렌티누스, 이 세 사람은 정확히 같은 시대에 로마에 살았던 가장 중요한 그리스도교 스승들이었다.[73] 그리스도교 공동체가 가지각색으로 나뉜 것은 2

세기 중반이었다. 순교자 유스티누스는 위대한 그리스도교 영웅으로 기억되기에 이르렀고, 다른 두 사람은 하찮은 이단자로 배척을 당하게 되었다. 그러나 살아생전에는 발렌티누스와 마르키온이 유스티누스보다 훨씬 더 영향력이 있는 인물이었다. 두 사람은 자기 이름을 딴 그리스도교 운동을 일으켜 수세기 동안 크게 번성했다.

영지주의가 4세기와 5세기에 혹독한 박해를 받기 전까지는, 초기 그리스도교에서 영지주의자들이야말로 대다수 그리스도교인들에게 가장 존경을 받은 지성인들이었다는 것은 명백한 사실이다. 예를 들어 발렌티누스는 알렉산드리아에서 최고의 교육을 받은 철학자이자 시인이었으며, 이집트의 주교로 선출된 사람이었다. 그는 초기 그리스도교에서 막강한 세력을 거느린 인물이었다. 이레나이우스는 문자주의 공동체의 수많은 주교와 사제, 과부, 순교자가 발렌티누스파의 그리스도교에 입문하고자 했다는 사실을 개탄했다.[74] 심지어 성격이 편협한 테르툴리아누스조차도 발렌티누스가 "지성과 설득력을 갖춘 유능한 인간"이라는 것을 시인했다.[75] 마찬가지로, 문자주의자 히에로니무스는 마르키온이 "진정한 현자"라는 것을 시인했다.[76] 다른 한편으로, 문자주의자들의 영웅인 순교자 유스티누스는 자신이 위대한 철학자로 여겨지기를 필사적으로 원했다. 그러나 수학에 대한 지식이 없었기 때문에 피타고라스학파와 플라톤 학파에 가입하지 못하고 퇴짜를 당했다.[77] 그런 직후 그는 그리스도교인이 되었다.

영지주의 현자들은 수많은 복음서와 영적 문서를 집필한 자로 추앙을 받았다. 물론 신약의 「마가복음」으로 개작된 예수 이야기의 원래 버전을 쓴 것도 그들이었다. 그뿐만 아니라, 복음서들에 대한 최초의 주석을 단 것도 그들이었다. 바실리데스는 주석서 24권을 쓴 것으로 유명했다. 그러나 그는 후대에 정경이 된 복음서들을 언급한 적이 없다. 바실리데스는 또 직접 복음서 하나를 썼고, 인도 구루들의 가르침에 관한 책도 썼다!⁷⁸ CE 170년경에 프톨레마이오스와 헤라클레온은 「요한복음」에 대한 주석을 쓴 것으로 알려져 있다. 그러나 신약 성서에 대한 최초의 주석 역시 영지주의자들이 쓴 셈이다.⁷⁹

이와 달리 문자주의자들은 실질적인 문서를 집필한 게 거의 없다. 다만 이단자들을 공격하는 글만 집중적으로 썼다. 이러한 반영지주의 저술이 쓰이기 시작한 것은 2세기 중반 무렵이었다. 그때는 문자주의가 비로소 하나의 세력으로 등장한 때였다. 4세기의 교회 선전자 유세비우스의 말에 따르면, 최초의 반이단 저술가는 아그리파 카스토르 Agrippa Castor(CE 135년)라는 인물이었다.⁸⁰ 물론 순교자 유스티누스(150년경)도 반이단 저술을 남긴 것으로 알려져 있다. 그러나 이들의 저술은 한 편도 남아 있지 않다. 일부 학자들의 추정에 따르면, 후대의 정통파 그리스도교인들이 보기에 그 저술이 너무나 "반정통적"이었기 때문이다.⁸¹ 이단자를 논박하는 글 가운데, 2세기 말에 집필된 이레나이우스의 저술보다 앞선 것은 한 편도 남아 있지 않다. 이후의 모든 논박은 다소간에 이레나이우스를 초석으로 삼았고, 그의 촌평과 편견을 그대로 베껴 쓰기만 하는 일도 잦았다.

그러나 이단자를 공격한 이런 문서들은 "정통" 그리스도교에 대해 명확한 진술을 하지 않는다. CE 첫 몇 세기에는 우리가 오늘날 "정통"이라고 생각하는 그 어떤 것도 존재하지 않았다. 돌이켜볼 때 문자주의를 "정통"으로 간주하게 된 것은, 결국 문자주의자들이 후대에 교회를 장악했기 때문이다. 첫 몇 세기에는 여러 종파가 서로 다른 시기에 크고 작은 세력을 떨쳤고, 가장 광신적인 "정통"파 그리스도교인들조차 결국에는 "이단자"로 낙인찍힌 경우가 비일비재했다.

3세기 전반기에 문자주의자인 히폴리토스는 한때 노예였던 영지주의 스승 칼리스투스Callistus가 로마에 제안한 정책을 거절한 적이 있다. 칼리스투스는 신도들이 노예와 결혼하는 것을 인정해주길 원했고, 죄의 사면을 확대해서 성 범죄자도 용서해주기를 원했다.[82] 히폴리토스는 칼리스투스를 일반 범죄자로 몰아붙였는데, 로마의 그리스도교인들 대다수는 그를 스승으로 존경해서 주교로 선출했다. 그러자 원조 이단자 사냥꾼인 히폴리토스는 이제 그가 그토록 열심히 권위를 드높이기 위해 헌신했던 로마 교회로부터 이단자라는 낙인이 찍힐 위험에 놓이게 되었다.[83]

문자주의의 가장 위대한 대변자들 일부는 사실상 생애 말년에 영지주의로 돌아섰다. 순교자 유스티누스의 제자였던 타티아노스Tatianos가 그랬고,[84] 심지어 광신적인 이단자 사냥꾼 테르툴리아누스조차 그랬다! 테르툴리아누스는 몬타누스Montanus가 이끈 영지주의자 집단에 들어갔다. 몬타누스는 전에 이교의 신인 아티스 미스테리아의 사제였다![85] 이후 테르툴리아누스는 전에 그가 이단자를 공격했던 것과 똑같은 독설로, 심적 수준의 교인들만 모인 "정통" 교회를 비난하기 시작했다. "영적인 사람들을 위한 영적인 교회"가 아니라 "수많은 주교"들의 교회일 뿐이라는 이유에서였다.[86] 테르툴리아누스의 과거 여성 혐오증을 돌이켜보면, 몬타누스의 무리에 여성 사제가 많은 것으로 유명했다는 것은 묘한 아이러니가 아닐 수 없다! 현대의 한 권위자는 이렇게 썼다.

몬타누스가 승리를 거두었다면, 그리스도교 교리는 발랄하고 자극적인 여성들의 감독 아래 전혀 다르게 발전했을 것이다.[87]

결국 테르툴리아누스는 몬타누스 무리를 떠나 자기만의 종파 — 테르툴리아누스파 — 를 세웠다.[88]

놀랄 것도 없지만, 전통적인 그리스도교 역사에서 테르툴리아누스가 영지주의로 개종한 것은 교묘히 은폐되었다. 그리고 그가 영지주의자들을 공격한 글만 무수히 복제되었다. 문자주의 교회에서는 그의 저술을 모범적인 문헌으로 간주해서 다른 모든 종파를 말살하는 도구로 이용했다.

"정통"을 운운했다는 것은 당시 그리스도교인들 다수가 공통으로 지닌 어떤 견해가 항상 있었다는 것을 시사한다. 그러나 실제로 어떤 견해가 정통이었는지를 시사하는 증거는 전혀 없다. 문자주의 그리스도교가 로마 제국의 국교로 채택되었을 때 비로소 그것이 "정통"이 되었을 뿐이다. 비로소 그때 문자주의 종파는 자신들의 특수한 견해를 강화할 수 있는 세력을 얻을 수 있었다. 그렇다 해도 영지주의는 수세기 동안 계속해서 번창했다. "정통"으로 간주된 것은 그리스도교인들 다수의 견해를 반영한 것이 결코 아니었다. 항상 유력한 주교들의 견해를 반영했을 뿐이다.

그리스도교와 유대교

앞에서 살펴보았듯이, 그리스도교 공동체는 전통 유대교와의 관계에 대한 성가신 쟁점들 때문에 처음부터 분열되어 있었다. 2세기 중반에 대부분의 그리스도교인은 유대인이 아니라 이방인이었다. 그들은 할례를 거부했고, 모세의 다른 모든 명령과 금지 사항을 준수하지 않았다. 그러나 논란은 여전히 드셌다.

대부분의 영지주의자들은 유대인의 신 여호와를 완전히 버리고, 플라톤과 이교도 미스테리아 신의 개념과 동일한, 최고의 하나라는 좀 더 신비한 개념의 신을 받아들이고 싶어 했다. 막강한 영지주의 스승이었던 마르키온은 그리스도교가 유대교와 완전히 별개라고 주장했다. 그는 『대조법』이라는 책을 썼는데, 그 책에서 그는 구약의 문장들을 병치해서 그 문장들이 서로 얼마나 모순되는지를 보여주었다.[89] 마르키온은 여호와가 "죄를 지은 야만인"[90]이며, 구약은 그가 인간에게 저지른 죄의 목록일 뿐이라고 결론지었다.[91] 그러나 그리스도교는 선한 하느님과 범민족적 가르침에 대한 새로운 계시였다. 즉, 작은 민족의 불완전한 여호와 신앙과는 무관한 것이었다.[92]

대부분의 문자주의자들도 유대교 전통을 거부했다. 실제로 순교자 유스티누스는 다수의 문자주의자들이 모세의 율법을 따르는 동료 그리스도교인들은 영원한 구원을 탐탁지 않게 여길 거라고 믿은 탓에 그런 그리스도교인들에게 말도 걸지 않으려고 했다는 사실을 긍정적으로 기술했다.[93] 그러나 문자주의자들은 구약만큼은 계속 간직하고 싶어 했다. 구약은 신성한 "역사"를 기록한 것으로 간주되었기 때문에, 마찬가지로 신약도 신화가 아니라 실제 사실의 기록이라는 그들의 주장을 구약이 뒷받침해줄 수 있었다. 게다가 구약은 예수의 도래에 대한 "예언들"의 원전으로 사용될 수도 있었다. 그런 예언들은 문자주의자들의 견해가 옳다는 것을 입증하는 것으로 여겨졌다. 고대의 유산이 있는 것은 권위가 있는 것으로 여겨졌다. 그래서 구약을 버리지 않음으로써, 그들은 그리스도교가 "유대인의 고대 문헌에 기초"했고, 따라서 이교도 세계의 어떤 책, 어떤 도시, 어떤 종교, 어떤 인종보다도 더 유구한 전통을 지녔다고 주장할 수 있었다.[94]

문자주의자들은 유대인의 경전을 원했지만 유대교를 원치는 않았다. 따라서 그들은 이렇게 주장했다. 즉, 유대인들은 하느님이 보낸 구원자를 거부했기 때문에, 영적 유산에 대한 권리를 상실했으며, 이제 그 유산은 합법적으로 그리스도교인들의 것이 되었다는 것이다. 유대인의 경전은 이때 처음으로 "구"약으로 알려지게 되었다. 그리고 구약은 그리스도교의 "신"약을 예언한 것이었다. 이 구약 성서는 하나의 예언으로 마무리되도록 적절히 재편집되었다. 그럼으로써 아주

매끄럽게 신약 복음서로 이어질 수 있도록 하기 위해서였다.[95]

문자주의 그리스도교가 점점 더 로마화됨에 따라, 예수를 죽인 책임에 대한 비난의 화살은 로마 총독 빌라도가 아닌 유대 민족 전체로 향하게 되었다.[96] 그래서 「마태복음」에서 예수를 죽이라고 요구하는 유대인 무리는 다음과 같이 노래하게 되었다. "그(예수의 ― 옮긴이) 피를 우리와 우리 자손에게 돌릴지어다."[97] 현대의 한 권위자는 이렇게 썼다.

> 그 한마디 말이 인류에게 물려준 유산은 너무나 처참한 것이었다. 그 말은 그리스도교인들이 유대인을 수세기 동안 박해해온 것을 정당화하기 위해 인용되어왔다. 겨우 최근에 이르러서야 바티칸 공의회에서 공식적으로, 유대인의 후세대들에게는 그리스도를 죽인 책임이 없음을 선포한 것은 뜻 깊은 일이다.[98]

2세기부터 줄곧 문자주의자들은 유대인들을 매도하는 장문의 글을 수없이 써왔다.[99] 사르디스의 멜리토 주교(170년경)는 유대인들을 "하느님을 죽인 자"[100] ― "전적으로 새로운 범죄"를 고안해낸 범죄자 ― 라고 질타했다.[101] 유대 민족이 로마 제국에게 당한 재앙은 하느님의 정당한 복수로 여겨졌다. 유대인들이 재앙을 자초했다는 것이다.[102]

바울의 반대자들이 참된 그리스도교인이 되기 위한 필수 조건으로 간주했던 할례는 주를 살해한 죄에 동참한 징표로 여겨지게 되었다. 순교자 유스티누스는 유대인들에게 가공할 만한 적대적 독설을 퍼부으며 이렇게 썼다.

> 육체의 할례는 너희가 다른 민족과, 그리고 우리와 구별될 수 있는 징표로서 아브라함 때부터 너희에게 주어진 것이다. 따라서 이제 그 징

표에 따라, 마땅히 너희가 받아야 할 고통을 너희만이 받게 될 것이다. 너희의 땅은 황폐해질 것이다. 그리고 너희의 모든 도시는 불타고, 이방인들이 너희의 땅에서 난 과실을 먹게 될 것이며, 너희는 어느 누구도 예루살렘에 발을 붙이지 못할 것이다. 이 모든 일은 정당하며 마땅하게 너희에게 주어진 것이다. 그것은 너희가 의로운 자를 죽였기 때문이다. 그보다 앞서 그의 선지자들을 죽였으며, 이제는 그의 안에서 소망하는 자들을 기만하며, 그를 보내신 그분, 전능하신 하느님, 만물의 창조주를 기만하고 있기 때문이다.[103]

유대인들이 점점 더 매도당하는 동안, 본디오 빌라도를 의롭고 신성한 인간, 심지어 그리스도교인으로 보는 전통이 날조되었다! 4세기 무렵에 빌라도와 그의 아내는 성자로 추앙되었다! 이러한 예는 초기 그리스도교의 역사가 사실상 얼마나 우스꽝스럽고 얼마나 모순되는가를 여실히 보여준다.

신약 만들기

그리스도교를 영지주의자들 수중에서 빼앗기 위해, 그리고 공통의 도그마에 기초한 중앙 집권화된 종교를 세우기 위해, 문자주의 주교들은 당시 배포된 수많은 영지주의 복음서의 영향력을 분쇄할 필요가 있었다. 그래서 그들은 명백히 그리스도교의 진술이라고 인정할 수 있는 제한된 수의 정경을 만드는 한편, 다른 모든 문헌은 위작이자 이단으로 몰아붙이는 일에 착수했다. 이런 일을 하기 위한 밑거름이 된 것은 유대인들에게서 훔친 구약이었다. 그러나 어떤 문헌을 정경에 포함시켜야 할지가 문제였다. 당시 서로 다른 그리스도교 공동체들은 서로 다른 문헌을 성서로 채택하고 있었다. 그리고 모두가 그들이 선호하는 복음서와 편지와 전설이 정경에 포함되어야 한다고 주장했다. 2세기 말에 격화된 논란은 4세기 이후까지 계속되었다.[104] 현대의 거의 모든 그리스도교 종파는 신약에 포함된 문헌들에 의문을 제기하지 않고 있지만, 처음 4세기에는 모든 문헌이 한때는 이단적이거나 위조된 것으로 낙인찍힌 적이 있다는 것은 주목할 만한 사실이다![105]

그리스도교 정경을 선택하려는 시도를 처음으로 한 사람은 약 110년경 히에라폴리스의 파피아스Papias라고 여겨졌다. 그는 아리송한 인물이다. 그에 대해서는 사실상 알려진 것이 거의 없지만, 흥미롭게도 그는 「마태복음」이 "신탁"을 수집한 것이라고 말했다. 그 말은, 그가 지니고 있던 「마태복음」이 오늘날 우리에게 전해진 문헌과 상당히 다르다는 것을 시사한다.[106] 분명 순교자 유스티누스의 시대(150년경)에는 신약이라는 것이 없었다. 그가 언급한 "사도들의 회고록"이라는 것은 정경이 된 네 복음서와 사뭇 거리가 있다.[107] 그는 자신의 어떤 저술에서도 네 복음서를 언급한 적이 없다. 타티아노스(170년경)는 다른 복음서들의 이야기를 간추려 서로 모순되는 것들을 지워버린 후 하나의 복음서로 종합했지만, 그리스도교 공동체는 이 복음서를 널리 받아들이지 않았다.[108] 2세기 말에 이레나이우스는 오늘날 우리에게 전해진 네 복음서를 정경으로 만들려고 했다. 그는 네 복음서가 각각 예수의 사도 가운데 한 명이 직접 썼다는 것을 정경의 기준으로 삼았는데, 그런 기준은 이치에 닿지 않는다. 마가와 누가는 그들이 묘사한 사건의 목격자인 척도 하지 않기 때문이다![109]

신약은 가장 초기에 가장 널리 인용된 일부 문헌 —『도마의 복음서』,『헤르마스의 목자』,『헤브라이 사람들의 복음서』들 — 을 배제했다. 그런 문헌들에는 예수의 준역사적 이야기가 전혀 담겨 있지 않기 때문이다.『도마의 복음서』는 예수의 "쌍둥이"인 도마가 기록했다는 것으로, 예수의 "은밀한 이야기"를 수집한 것이라고 한다. 『헤르마스의 목자』는 초기 그리스도교인들 사이에서 매우 인기 있는 문헌이었는데, 헤르마스가 "교회"의 화신으로 변장한 이교 신탁의 여사제를 만나는 이야기가 담긴 원래의 이교도 문헌을 살짝 개작한 것이다.[110] 현대의 한 권위자의 말에 따르면, 오늘날에는 무시되고 있지만, 이 문헌의 저자는 사실상 "우리가 바울 이후 가장 잘 아는 초기 그리스도교인"이라고 한다.[111] 『헤브라이 사람들의 복음서』는 초기 교회에서 가장 자주 거론한 복음서다.[112] 초기에 그토록 인기가 높았는데도 그 문헌 역시 신약에 포함되지 않은 이유는 간단하다. 그 문헌들은 예수가 일곱 달 동안만 어머니의 자궁 속에 들어 있었다고 말하기 때문이다. 우리가 앞에서 살펴본 것처럼, 이교의 신인 디오니소스가 바로 그랬다![113]

『도마 행전』과 같은 수많은 영지주의 저술은 너무나 인기가 있어서 그냥 배제시켜 버릴 수가 없었다. 그래서 이 문헌은 이단적 내용을 지운 후 문자주의자들의 주장에 맞도록 각색되었다. 한 학자는 이렇게 썼다.

> 가톨릭 주교와 스승들은 영지주의 저술이 쏟아져 나오는 것을 저지하고 신자들에 대한 그 영향력을 저지할 더 좋은 방법을 찾을 수가 없어서, 이단 서적에서 가장 인기 있는 이야기를 송두리째 채택해, 독이 될 만한 교리만 조심스레 도려낸 후, 다소 정제된 이야기를 사람들 손에 쥐어주었다.[114]

물론 「사도행전」도 원래의 영지주의 문헌을 그런 식으로 각색한 것이다. 2세기 말에 이레나이우스와 테르툴리아누스가 그것을 성서로 간주했지만, 그들보다 한 세대 앞선 순교자 유스티누스는 그런 성서가 있다는 것을 들어본 적도 없었다.[115] 「사도행전」은 바로 2세기 말에 영지주의에 대항하기 위한 강력한 도구로 삼고자 우리가 오늘날 지니고 있는 형태로 날조된 것이다. 즉, 「사도행전」은 사도들의 역사성을 확립하고, 사도들의 계보를 물려받았다고 주장하는 주교들을 합법화하기 위해 문헌이다. 「사도행전」은 또 바울을 문자주의의 사도로 그려놓았고, 바울이 베드로와 다른 사도들을 잘 알고 있는 것처럼 꾸며놓았다.[116] 물론 영지주의자들은 「사도행전」을 받아들이지 않았다. 그들은 바울의 진짜 편지 내용과 「사도행전」에서 바울이 하는 말이 결코 양립할 수 없다는 점을 지적했다.[117]

영광스러운 상처

문자주의자와 영지주의자 사이의 갈등은 로마 제국이 그리스도교를 박해할 때 절정에 이르렀다. 그런 박해에 대해 양 진영은 매우 다른 방식으로 대처했다.

문자주의자들에게는 예수가 순교자였다. 그래서 순교를 당한다는 것은 영광스럽게 예수의 발자취를 따른다는 증거였다. CE 258년에 사망한 키프리아누스Cyprianus는 "영광스러운 상처에서 흘러나와 지옥의 불을 끄는 피"의 "숭고하고 위대하며 흐뭇한 장관"을 보며 하느님이 기뻐하는 것을 생생히 묘사했다.[118] 문자주의 순교자들은 오늘날의 무슬림 극단주의자들과 흡사하게 신성하고 영적인 전사로 이상화되었다.[119] 순교한다는 것은 천국의 한자리를 보장받는 것이었다. 그러한 보상이 제시됨에 따라 수많은 문자주의 그리스도교인들은 능동적으로 죽음을 찾아갔다. 그들은 "한 시간 동안 고통을 당함으로써 영생을 획득한다."고 믿었다.[120] 테르툴리아누스는 자신의 피를 바침으로써 "하느님으로부터 완전한 용서를 받을 수 있도록" 고통당하기를

바란다고 선언했다.[121]

　사회의 언저리에 작은 무리로 결집된 이런 광신도들은 여러 면에서 현대의 사교 집단을 닮았다. 오늘날의 사교 집단도 기꺼이 집단 자살을 함으로써 천국의 보상을 받는다고 주장한다. 그런데 영광스러운 순교에 대해 가장 열광적인 웅변을 한 테르툴리아누스와 이레나이우스가 그토록 바람직한 운명을 피해갔다는 것은 얄궂은 일이 아닐 수 없다![122]

　그와 달리 영지주의자들은 순교가 그리스도교에 대한 전적인 오해의 산물이라고 보았다. 그들은 누구나 하느님이 주신 운명을 받아들여야 한다고 믿었고, 그 운명에 순교도 포함되지만,[123] 재빨리 천국에 가는 방법으로 순교를 적극적으로 추구한다는 것은 우스꽝스러울 뿐만 아니라 기만적인 일이라고 보았다. 그들에게 영적 계몽은 그노시스에 대한 신비한 깨달음을 통해 이루어지는 것이지, 거창한 제스처로 이루어지는 것이 아니었다.

　『진리의 증언』이라는 영지주의 문헌은, 순교에 열광하는 사람들이 "그리스도가 누구인지"도 모르면서 무작정 "우리는 그리스도교인"이라고 말하는 "어리석은 자"들이라고 선언한다. 그런 자들은 "하느님을 증언하는 게 아니라 자기 자신만 증언하기 때문에 공허한 순교자"들이다. 그들의 죽음은 "인간의 죽음"일 뿐이어서, 그들이 원하는 구원에 이르지 못한다. 구원은 그런 식으로 이루어지는 것이 아닐 뿐만 아니라, 그들이 "생명의 말씀"을 지니고 있지도 않기 때문이다. 하느님이 "인간의 희생"을 바란다고 가르치는 자들은 하느님을 식인종으로 만드는 자들이다.[124] 그런 문자주의 그리스도교인들은 순진한 동료 그리스도교인들을 부추겨 "죽은 자의 이름으로 신앙을 굳건히 지키면 순결케 되리라."는 환상 아래 "사형 집행자에게" 자진해서 찾아가도록 "형제들을 몰아붙이는 자들"이다.[125] 『베드로의 계시록』의 저자는

특히 "어린 사람들"에게 가해진 폭행을 보며 환호하는 문자주의자들의 모습에 경악한다.[126]

알렉산드리아의 클레멘스는 순교를 옹호하는 자들에 대한 글을 썼다. 그는 그런 자들을 "영지주의자와 달리, 하느님과 사랑을 나누는 어른이 되지 못한" 유치한 아이들로 규정하며 이렇게 설명했다.

> 불합리하게 용감한 자는 결코 영지주의자가 아니다. 무서운 게 무엇인지 몰라 끔찍한 일을 당하는 아이들도 용감하다고 할 수 있기 때문이다. 아이들은 불을 만지기까지 한다. 날카로운 창을 향해 돌진하는 야수도 용감하다고 할 수 있을 것이다. 푼돈을 벌기 위해 여러 개의 칼을 던지고 받는 저글링을 하는 자도 용감한 자라고 할 수 있을 것이다. 그러나 진실로 용감한 것은 그런 것이 아니다. 진실로 용감한 자는, 악의적인 수많은 무리가 그를 에워싸고 있는 위험 속에서도 의연하게 다가올 일을 기다린다. 그런 식으로 그는 순교자라 불리는 자들과 구별된다. 순교자라는 자들은 스스로 위험한 사건을 만들어, 위험 속으로 돌진한다. 더러는 영광을 추구해서 수난을 당하고, 더러는 더 큰 형벌이 두려워서 수난을 당하고, 더러는 사후의 즐거움과 기쁨을 위해 수난을 당하지만, 그런 자들은 영지주의자와 달리, 하느님과 사랑을 나누는 어른이 되지 못한 아이들과 같다. 운동경기에서처럼 교회에서도 어른을 위한 면류관이 있고, 아이들을 위한 면류관이 따로 있다.[127]

영지주의자들은 예수가 문자 그대로 순교자로 죽었다는 것을 믿지 않았다. 다만 그의 죽음은 상징적으로 심오하고 신비한 진실을 제시하는 것일 뿐이다. 예수를 본받는다는 것은 순교자가 된다는 것을 뜻하는 것이 아니라, 수준 낮은 자아가 죽고 그리스도로 부활한다는 것을 뜻한다.

문자주의자들은 순교의 수난을 헛된 일로 치부하는 영지주의자의 태도에 분개했다. 이그나티우스가 쓴 것으로 되어 있는 편지의 저자 역시 분개해서 이렇게 썼다.

> 그러나 누군가 말하듯이, 만일 예수의 수난이 다만 형식일 뿐이라면, 내가 왜 감옥에 갇히고, 내가 왜 야수들과 싸우고자 한단 말인가? 그러다 내가 죽어도 그것이 헛된 일이란 말인가?[128]

문자주의자들은 영지주의자들을 배신자로 보았다. 겁쟁이들을 위한 신학적 정당성을 제공함으로써, 박해에 직면한 교회를 단합시키려는 시도를 좌절시키고 있다고 본 것이다.[129] 반면에 영지주의자들은 문자주의자들을 광신적 극단주의자로 보았다. 거짓 약속을 내세워 무의미한 수난을 당하도록 호도하고 있다고 본 것이다.[130]

로마인과 박해

전통적인 그리스도교 박해의 역사에 따르면, 로마 제국이 새로운 이 종교만 특별히 증오한 것으로 그려져 있다. 그러나 그것은 사실이 아니다. 로마는 신비주의자, 철학자, 종교 지도자들을 끊임없이 숙청했다. 그들의 존재가 로마의 안정에 위협이 된다고 보았기 때문이다.[131] 로마인들은 미스테리아에 대해 애증이 교차했는데, 그리스도교는 또 하나의 미스테리아에 지나지 않았다. 로마인들은 여러 외래 종교의 이국적 영성과 심오한 철학에 이끌리면서도, 로마의 정치가들에게 급진적인 도전을 하는 것에 대해서는 두려워했다. 예컨대 디오니소스 미스테리아의 추종자들은 후대의 예수 미스테리아 추종자들처럼 국가를 전복시키려는 음모를 꾸민다고 고발당했다. BCE 186년부터 디오니소스 미스테리아는 로마에서 금지되었고, 이탈리아 전역의 성소가 파괴되었다.[132] 수많은 입문자들이 처형당했고, 때로는 한 번에 수천 명이 처형되기도 했다.[133]

CE 첫 몇 세기 동안 로마에서 철학을 한다는 것은 사실상 범죄 행위였다.[134] 수많은 다른 철학자는 물론이고 위대한 스토아 철학자 에픽테토스도 추방이 되었다. 이후의 그리스도교 순교자들처럼, 많은 철학자들이 전제적인 로마 당국과 타협하기를 거부함으로써 사형을 당했다. 『이교도 순교자 행전』이라고 불리는 한 문헌은 그렇게 박해 받은 입문자들의 용기와 고결함을 찬양한다.[135] 철학자들은 "인간의 존엄성이 느닷없이 짓밟히는 것에 냉소하며" 화형장으로 끌려가 "불길 속에서 의연하게" 죽어갔다고 기록되어 있다.[136]

그리스도교의 전통 역사에 따르면, 맨 처음부터 수많은 그리스도교인들이 로마인의 박해를 두려워했다고 한다. 그러나 사실은 3세기 중반까지 그리스도교인들은 공식적인 박해를 받지 않았다. 그 이전에는 특정 도시나 몇몇 개인에 한해서만 박해가 있었다. 그리스도교인들을 특별한 위협으로 간주하지 않았기 때문에 특별히 억압할 필요가 없었던 것이다. 2세기에 트라야누스 황제는 총독 가운데 한 명이 문의한 것에 대해 이렇게 지시했다. 그리스도교인들은 마땅히 정식 재판을 받아야 하며, 익명의 공격을 가하는 방식으로 재판이 이루어져서는 안 된다고. 그리스도교인을 "쫓아내는 것"도 안 되며, 고발인은 고발 비용을 지불해야 했다.[137]

그러나 CE 250년에 역병이 고대 세계를 휩쓸며 수많은 사람이 죽자 상황이 달라졌다. 로마 제국은 붕괴의 위기에 처했고, 그리스도교인들은 이런 불운의 희생양이 되었다. 데키우스Decius 황제는 제국의 번영과 건강을 위해 그리스도교인들로 하여금 신들에게 제사 지낼 희생 동물을 바치라고 명령했다. 그리고 그것을 거절하는 자들에 대해 최초의 광범위한 박해가 시작되었다. 이 박해는 1년 만에 끝났지만, 257~259년 발레리아누스Valerianus 치하에서, 그리고 303~305년 디오클레티아누스Diocletianus 치하에서 박해가 되풀이되었다. 그래서 역사를 통틀어 그리스도교가 공식적으로 박해를 받은 기간을 모두 합하면 5년뿐이다.[138]

이러한 박해의 규모는, 심지어 디오클레티아누스 치하의 소위 "대박해" 규모라는 것도, 그리스도교 선전자들이 지나치게 과장했다는 것이 오늘날에는 널리 알려져 있다.[139] 3세기 중반의 글에서 오리게네스는 신앙을 위해 죽은 "몇몇" 그리스도교인을 "손꼽을" 수 있다고 썼다.[140] 대도시인 알렉산드리아에서 데키우스 황제의 박해를 받아 순교한 그리스도교인은 남자 10명, 여자 7명뿐이었다![141]

로마 총독들은 흔히 그리스도교인들을 해치지 않으려고 애를 썼다. 그래서 로마 제국의 강제 의식에 참여하기를 거부한 그리스도교인들은 타협책을 제시받았다. 그들이 희생제의 고기를 먹지 않겠다고 하면, 분향만 하는 것을 제안받았다. 한 총독은 순교자가 되려는 자에게 이렇게 하소연했다.

너는 며칠만이라도 생각해볼 시간조차 갖고 싶지 않단 말이냐? 세상이 이토록 즐겁고 아름다운 것이 보이지도 않느냐? 네가 자진해서 죽는다면 대체 무슨 즐거움이 있겠느냐?[142]

아이러니하게도, 순교를 요구한 것은 그리스도교인들 자신이었다. 한 그리스도교인 집단은 아시아의 총독을 찾아가서 자신들을 죽여달라고 부탁했다. 총독은 거절했다. 그렇게 죽고 싶다면 벼랑에서 뛰어

내리거나 목을 매는 것은 자유라고 총독은 말했다![143]

영지주의자들처럼, 황제이자 스토아학파 철학자인 마르쿠스 아우렐리우스는 그처럼 순교를 자청하는 것이 깨달음을 통한 운명의 수용이 아니라 공허한 작태일 뿐이라고 보았다. 그는 이렇게 썼다.

> 기꺼이 죽는다는 것은 자신의 판단에서 비롯한 일이어야지, 그리스도교인들처럼 단순한 고집에서 비롯한 일이어서는 안 된다. 죽음이란 두려운 것이 아니며 비극적인 것도 아니라고 다른 사람들을 설득할 수 있을 정도로 사려 깊은 판단에서 비롯한 일이어야 한다.[144]

일부 로마 황제들은 사실상 그리스도교에 공감하고 있었다. 그리스도교를 흥미롭고 이국적인 미스테리아 종교로 여기고 있었던 것이다. 세베루스 알렉산데르Severus Alexander(230년경)는 자신의 개인 성소에 이교도 미스테리아의 여러 신인들 석상 곁에 그리스도의 석상을 모셔놓기까지 했다.[145] 그의 어머니는 유명한 이교도 철학자는 물론이고 그리스도교 철학자인 오리게네스까지 후원했다.[146]

그리스도교의 성장

전통 주장과 달리, 로마의 박해 때문에 그리스도교인의 수가 크게 증가했다는 증거는 전혀 없다. 그리스도교는 콘스탄티누스 황제가 국교로 채택한 이후에 비로소 부각되었다. 이때부터 순교는 더 이상 선택 사항이 될 수 없었다. 그리스도교인들은 보호를 받았기 때문이다.[147]

일반적으로 그리스도교는 고대 세계에서 지배적인 세력으로 부상하기 전에, 로마 제국의 국교로 채택될 운명을 기다리며, 특히 가난한 자들과 약한 자들에게 급속히 전파된 것으로 알려져 있다. 그러나 그것은 전적으로 허구다. 그런 허구를 처음 날조한 테르툴리아누스(200년경)는 다음과 같은 주장을 했다. "거의 모든 도시의 거의 모든 시민이 그리스도교인이다."[148] 오늘날 학자들은 그것이 터무니없는 과장이라는 것을 잘 알고 있다.[149] 좀 더 신빙성 있는 오리게네스(240년경)의 말에 따르면, 그리스도교인은 사실상 고대 세계의 주민 가운데 소수였다.[150]

CE 첫 몇 세기 동안 그리스도교인이 얼마나 많았는가는 답하기 어려운 질문이다. 묘비의 글과 이교도 문헌은 250년 이전의 그리스도교인에 대해서는 아무런 언급도 하지 않는다. 3세기 초에 쓰인 가장 중요한 역사서 두 권에도 언급이 전혀 없다.[151] 우리가 참고할 수 있는 통계 자료는 오직 하나뿐인데, 그것은 4세기의 그리스도교인 "역사가" 유세비우스가 남긴 것이다. 그런데 그의 자료는 전혀 신빙성이 없다. 아무튼 그의 말에 따르면, 251년에 로마의 그리스도교인들이 "1,500명 이상의 과부와 가난한 자"를 돌보았다고 한다. 성직자는 154명이나 되었다(그들 가운데 52명은 귀신을 쫓아내는 자였다!).[152] 학자들의 추산에 의하면, 250년경 로마 제국의 인구 가운데 약 2퍼센트가 그리스도교인이었다.[153] 그 이후에는 인구의 4~5퍼센트까지 증가한 것으로 보인다.[154] 그러나 4세기에도 유세비우스는 성지聖地인 팔레스타인 전체에서 그리스도교인이 사는 마을을 고작 세 곳 정도만 알고 있었다.[155]

CE 3세기에는 그리스도교 인구가 증가했지만 그리스도교인만 증가한 것이 아니었다. 고대 세계의 미스테리아 인구가 총체적으로 증가한 것이다. 새로운 밀레니엄에 접어들면서 로마 제국 내에서는 종교적 회의주의가 만연했다. 에드워드 기번이 말했듯이, "모든 신들이 철학자들에게는 똑같이 참된 것으로 보였고, 정치가들에게는 똑같이 거짓된 것으로 보였고, 행정관들에게는 똑같이 유용한 것으로 보였다."[156] 그러나 플루타르코스의 말에 따르면, 그가 젊었을 때 쇠퇴하기 시작한 신탁이 2세기 초에 다시 성행하기 시작했다. 이때 아테네에서는 전에 완전히 쇠퇴한 디오니소스 의식이 다시 되살아나, 엘레우시스에서의 입문식에 참여하고자 하는 사람의 수가 크게 늘어났다. 미트라스 미스테리아도 제국 전체에 걸쳐 크게 인기를 얻었다.[157]

그리스도교에 대한 이교도의 반응

그리스도교는 다른 많은 미스테리아 종교와 더불어 유행한 또 하나의 소규모 미스테리아 종교였다. 그러나 그리스도교는 이교도 지성인들의 주목을 받고 있었다. 이 새 종교에 대한 지성인들의 반응은 오늘날 주류 사회의 종교 지도자가 주변의 잡다한 종파를 바라보는 것과 유사했다. 그리스도교가 꽤 인기를 끌게 되어 그냥 무시해버릴 수 없게 되자, 그리스도교가 독창적이라는 주장은 (정당하게) 조롱을 당했고, 그리스도교 지도자들은 제 주머니를 채우며 제 이기심을 만족시키기 위해 어리석은 사람들을 속이고 있다는 비난을 받았다.

그리스도교에 대해 주목한 최초의 이교도 작가인 타키투스와 플리니우스(112년경)는 그리스도교인들을 다만 지나친 열정을 지닌 미신적 광신도라고 보았다.[158] 켈수스(170년경)는 그리스도교인들이 "문명화된 다른 사람들로부터 스스로를 격리시키는 사람들"이라고 지적했다. 그들은 자기 신앙이 유일무이하며, 고대 이교도 신앙과는 반대가 된다고 주장했기 때문이다.[159] 켈수스가 보기에 그리스도교인들은 불합리했다. 그들은 "자기 믿음의 이유를 논의하고자 하지 않고" "궁금한 것을 물어보라고 하는 게 아니라 믿으라"고 말함으로써 남들을 개종시키려고 했기 때문이다.[160] 켈수스는 이렇게 썼다.

> 낮은 계층으로 뿌리를 내리면서 그 종교는 계속해서 서민들에게로 퍼져가고 있다. 그렇다고 해서 그 믿음이 서민적 성격을 띠고 있어서 퍼져가고 있다고는 말할 수 없다. 그 믿음을 비유적으로 해석하고자 하는 이성적이고 지적인 사람도 소수 있지만, 무지한 자들 사이에서 더 순수한 형태로 번성해가고 있다.[161]

켈수스의 친구인 풍자가 루키우스 아풀레이우스는 그리스도교가 어수룩한 사람들에게 돈을 손쉽게 갈취하기 위한 사기일 뿐이라고 비아냥거렸다.

> 어떤 상황에서든 돈을 버는 방법을 아는 전문 사기꾼이 어수룩한 사람들 사이에 끼게 되면, 그 사기꾼은 하룻밤 사이에 큰돈을 갈취하고 속은 자들을 비웃는다.[162]

마찬가지로, 그리스도교 철학자 오리게네스는 3세기 중반의 글에서 그리스도교 공동체를 비난했다. 그는 그 공동체가 돈을 버는 방법에만 관심이 있는 남자들과, 귀담아 들을 가치도 없는 소문을 큰 소리로 떠벌리는 여자들로 이루어져 있다고 썼다![163] 오리게네스는 그리스도교가 기성 종교가 됨으로써 타락하게 되었다고 시인하며 서글퍼했다.

> 지금 이 시점에서 나는 시인하지 않을 수 없다. 그 신앙을 갖게 된 사람이 많다는 이유 때문에, 심지어 부자들과 고귀한 신분의 사람들과

교육을 받은 여성들까지 그 신앙의 지지자들을 우호적으로 평가함으로써, 사소한 권위를 얻기 위해 그리스도의 가르침을 전하는 지도자가 되는 자들까지 꽤 있다고 감히 말하지 않을 수 없다.[164]

3세기 중반에 루킬라Lucilla라는 이름의 한 부자 여성은 실제로 거액을 기부해서 자기의 하인 마요리누스Majorinus를 카르타고의 주교로 만들었다![165] 260년에 안디옥의 주교가 된 사모사타의 바울이 교회 예배를 아주 수지맞는 사업으로 만들었다는 보고도 있다. 그는 걸핏하면 부자 신도들에게 기부를 강요했고, 대부분을 착복해서 호사스러운 생활을 했다.[166]

270년에 이교도 철학자 포르피리오스는 그리스도교에 대해 더없이 신랄한 비평을 했다. 그는 그리스도교 복음서들이 너무나 일관성 없고, 지나치게 과장되었고, 불가능하고 거짓된 말로 가득해서, 참 하느님의 영감을 받아 쓴 책이라고는 볼 수가 없다는 것을 15권에 달하는 책으로 조목조목 비평했다. 그는 육체적 부활의 믿음을 터무니없는 물질 만능의 사고라고 조롱했다. 위대하고 아름다운 우주가 어떤 계시에 따라 멸망할 거라고 말하면서도, 하잘것없는 개인의 육체만은 하느님 덕분에 영원히 보존될 거라고 주장한다는 이유에서 그 종교를 무식하고 세속적인 것으로 간주한 것이다. 죽기 전에 세례를 받기만 하면 어떤 죄를 지었어도 용서를 받고 천국에 들어갈 수 있다고 약속하는 것은, 선량한 인간 사회의 기초를 뒤흔드는 거라고 그는 보았다.[167] 그는 하느님에게 이르는 유일한 외길을 발견했다는 그리스도교인들의 주장을 일축하고, 이교도 철학의 "보편적 길"을 제시했다. 그는 자신의 책에 아폴론의 신탁을 포함시켰는데, 그 신탁은 그리스도를 찬양하지만, 부활한 하느님이란 하나의 신화일 뿐이어서 그리스도교는 황당한 종교라고 단언했다.[168] 로마 제국이 그리스도교 국가가

되었을 때, 포르피리오스의 저술이 바로 금서가 되어 불길 속에 던져진 것은 당연한 일이었다.[169]

로마 가톨릭교회

막강한 로마 제국이 결국에는 그리스도교를 수용하기에 이르렀다는 것, 더구나 또 다른 미스테리아 종교로서가 아니라, 하나이며 유일한 참 종교로 수용했다는 것은 역사상 가장 아이러니한 일 가운데 하나다. 이스라엘 국가를 완전히 초토화시켰던 로마가 결국에는 유대 역사를 신성시하고 로마 총독이 살해했다는 유대인 선지자를 섬기는 종교를 국교로 채택하다니 말이다. 어떻게 그런 일이 일어날 수 있었을까? 물론 그리스도교 전통 역사에서는, 이교도 신앙의 어둠에서 인간을 빛으로 이끈 하느님의 섭리가 작용했다고 설명한다. 그러나 그리스도교가 하느님이 가장 선호한 종교일 가능성은 제쳐두더라도 그런 성공에는 다른 이유가 있다.

그리스도교는 로마 제국이 채택한 유일한 외래 미스테리아 종교가 아니었다. 그리스도교가 로마의 국교가 되기 17년 전인 304년, 12월 25일에 기적적으로 태어났으며, 신도들이 상징적인 빵과 포도주 의식으로 죽음을 기린 다른 신인이 "제국의 보호자"로 선포되었다. 이 신인은 페르시아의 구원자 미트라스였다. 페르시아인들은 로마인들의 적이자 경쟁관계에 있던 사람들이었다. 그래서 로마인들이 미트라스를 받아들인 것은 사실 유대인의 구원자 예수를 받아들인 것보다 훨씬 더 충격적인 일이다.

미트라스 미스테리아는 CE 첫 세기에 로마 제국 전역에 급속도로 확산되었다.[170] 절정에 이른 3세기에는 제국의 끝에서 다른 끝까지 미트라스를 섬기지 않는 곳이 없었다. 현대의 한 권위자는, "흑해의 제방에서 스코틀랜드의 산맥까지, 사하라 사막의 접경지대까지"였다고 적고 있다.[171] 미트라스 신앙의 기념물을 살펴보면, 자유인뿐만 아니라 노예까지도 미스테리아의 입문자가 되었다. 게다가 그런 노예가 최고위직에 이르는 일이 많았다. 미트라스 신앙에서는 실제로 "나중에 된 자가 먼저" 되었다.[172] 2세기 말에는 코모두스Commodus 황제(재위 CE 180~192년 ― 옮긴이)도 미트라스 미스테리아에 입문했다. 황제의 입문은 로마 세계에서 엄청난 자극제가 되어 교인의 수가 폭발적으로 늘어나게 되었다.[173] 코모두스 이후의 여러 황제들은 미트라스 신앙을 제국의 종교로 삼고자 했다.

로마의 지도자들은 사람에 따라 선호하는 미스테리아가 달랐고, 선호하는 정도도 달랐다. 마르쿠스 안토니우스Marcus Antonius는 스스로 디오니소스라고 칭했다. 클라우디우스는 아티스를 선호했다. 베스파시아누스는 세라피스를 숭배했다. 도미티아누스Domitianus는 오시리스를 받들었다. 엘라가발루스Elagabalus는 헬리오스를 섬기는 일신교 신앙을 강화하려고 했다.[174] 점점 분열이 격화되고 있는 와중에 "하나의 제국, 하나의 황제"라는 그들의 주장을 뒷받침하기 위해 로마 황제들은 "하나의 신앙"을 필요로 했다. 보편적인 종교, 곧 "가톨릭catholic"* 종교를 필요로 한 것이다. 황제들은 이러한 온갖 종교를 여러 시대에 걸쳐 제시했지만 아무런 성과도 거두지 못했다.

4세기 전반에 콘스탄티누스 황제는 그리스도교를 시도해보았다. 그리스도교는 이상적인 후보였다. 민중들에게는 미스테리아 종교가 항상 인기가 있었기 때문에 로마 제국은 미스테리아 종교를 필요로

* catholic은 '보편적'이라는 뜻.

했다. 그러나 미스테리아 종교의 지도자들은 신비주의자이거나 철학자들이었고, 국가의 권위에 과감히 의문을 제기하며 권위를 훼손시키려고 했다. 그러나 문자주의 그리스도교는 골치 아픈 지성인들을 배제시킨 미스테리아 종교였다. 게다가 이미 권위주의적인 종교가 되어 있었다. 이 종교는 권위를 지닌 자들의 말을 맹목적으로 믿으라고 가르쳤다. 이것이야말로 로마 당국자들이 바라고 바라던 종교가 아닐 수 없었다. 신비주의자가 없는 종교, 은밀한 미스테리아가 없이 공개적 미스테리아만 있는 종교, 내용 없는 형식뿐인 종교!

321년에 콘스탄티누스는 최초의 그리스도교인 황제가 되었다. 그가 그리스도교인이 된 동기는 분명 영적인 게 아니라 정치적인 것이었다. 하지만 여러 해가 지난 후 그는 자신의 개종이 신성한 계시 때문이었다고 주장했다.[175] 전투 전야에 그와 "모든 군대"가 자정의 하늘에 나타난 "십자가의 징표"를 보았는데, 십자가에는 "이것으로 정복하라."는 말이 새겨져 있었다. 그러나 그것은 오늘날 우리에게 친숙한 그리스도교인의 십자가가 아니라, 이교의 상징인 키로chi-rho였다.[176] 하늘에 나타난 그 상징이 무슨 뜻인지 의아해하며 잠자리에 든 콘스탄티누스의 꿈속에 그리스도가 찾아왔다. 자정에 본 상징을 들고 있던 그리스도는 "적과의 교전 때 이것을 사용하라."고 그에게 명했다.[177] 콘스탄티누스는 병사들의 방패에 그 상징을 그려넣었다. 그리스도가 약속한 대로 전투에서 승리한 그는 그리스도교인이 되었다. 그의 말을 믿기로 한다면, "평화의 왕자" 예수는 황제에게 마법 군대의 부적 하나를 건네줌으로써 고대 세계에서 가장 무서운 제국을 손에 넣은 셈이다.

콘스탄티누스는 무엇보다도 실용주의자였다. 그는 정치적으로 도움이 될 때만 그리스도교를 강조했다. 그가 꿈에 약속받은 승리를 기리기 위해 기념비를 만들었을 때, 비문에는 그리스도교에 대해 전혀

키로 상징은 이교의 파피루스 고문서에서 비롯된 것으로, 학자들은 예언적인 구절에 표시를 해두기 위해 이것을 사용했다. "키로"가 그리스어로는 크레스톤Chreston으로, "길조"를 뜻한다. 콘스탄티누스가 그리스도교로 개종함으로써 키로는 그리스도를 가리키는 말로 해석되었다. 따라서 이 상징은 이중의 의미를 지니고 있었다. 이교도에게는 길조를, 그리스도교인에게는 그리스도를 가리킨 것이다. 이런 이중 의미는 콘스탄티누스의 목적에 완벽하게 들어맞았다.

언급하지 않았다. 다만 로마 병사들이 이교도의 거룩한 수호자들로부터 신성한 도움을 받았다고 묘사했다.[178] 그리스도교로 기적적인 개종을 했으면서도 콘스탄티누스는 로마 광장에 있는 태양신 헬리오스의 육중한 석상 위에 자기 두상을 얹어놓게 했고, 자기 모습을 헬리오스와 함께 동전에 새겨넣게 했다.[179] 그리고 그는 이교도 세계의 최고 사제를 가리키는 폰티펙스 막시무스Pontifex Maximus라는 호칭을 여전히 사용했다. 다른 모든 그리스도교인 황제들도 382년까지 그런 호칭을 사용했다![180]

대부분의 로마 황제와 마찬가지로, 콘스탄티누스는 사악하고 무자비한 인간이었다. 골족*과의 전쟁(306~312년) 중에 그는 다음과 같은 짓을 했다.

그가 야만족 왕들을 수천 명의 부하들과 함께 야수의 먹이로 던져주

었을 때 이교도들까지도 충격을 받았다.[181]

콘스탄티누스는 그리스도교로 개종한 후에도 여전히 사악하고 무자비했다. 325년에 그리스도교인들의 니케아 공의회를 주재한 직후 그는 자신의 계모인 파우스타Fausta와 친아들 크리스푸스Crispus를 살해했다.[182] 콘스탄티누스는 죽음에 임박할 때까지 세례 받는 것을 일부러 미루었는데, 계속 죄를 짓다가 마지막 순간에 세례를 받음으로써 거룩한 내세를 보장받기 위해서였다.[183] 콘스탄티누스의 악명은 로마 교회조차도 차마 그를 성자로 만들 수가 없을 정도였다.[184]

콘스탄티누스가 그리스도교를 받아들인 것은 조금 더 먼저 교인이 된 그의 어머니 헬레나Helena의 영향 때문이었다. 그녀는 콘스탄티누스의 계모 살해에 연루된 후 추방이 되었는데, 내친 김에 성지 순례에 나섰다. 거기서 그녀는 기적적으로 그리스도의 무덤이자 탄생지인 동굴을 발견했다. 골고다에서 예수와 두 도둑을 못 박은 십자가 세 개도 함께 발견했다. 이것은 정말 희한한 기적이 아닐 수 없다. 예수가 못 박혔다는 날로부터 300년이 지나는 동안 다른 유대인 수천 명이 그곳에서 처형되었기 때문이다![185] 콘스탄티누스는 이처럼 뜻밖에 발견한 성스러운 장소에 교회를 세웠다. 그곳은 오늘날까지도 성스러운 곳으로 기려지고 있다. 성스러운 십자가 조각들은 제국의 도처에 보내졌고, 가톨릭교회는 헬레나를 "진짜 십자가의 발견자, 성 헬레나"로 기리게 되었다![186] 콘스탄티누스는 또 로마에 있는 베드로의 묘지로 여겨진 성소 부지에 거대한 공회당을 세웠는데, 그것은 장차 로마 가톨릭 신앙의 발전소인 로마 교황청이 되었다.[187]

---

* (앞쪽) 로마인들이 갈리아(현 프랑스 · 벨기에)라 부르던 일대에 살던 종족.

콘스탄티누스는 그리스도교 공동체가 심하게 분열되어 있다는 것을 알았다. 평소처럼 그저 문자주의자와 영지주의자로만 분열되어 있는 게 아니라, 문자주의 공동체 자체도 심하게 분열되어 있었다. 니케아 공의회가 시작되자마자, 그리스도교인들은 동료 그리스도교인들을 고발하는 탄원서를 황제의 무릎에 첩첩이 쌓아올렸다고 한다![188] 콘스탄티누스는 신학을 전혀 몰랐다. 사실 그는 이교에 가까운 연설을 해서 사람들을 당혹케 했다.[189] 그러나 그는 통합이 필요하다는 것을 알았다. 그래서 그는 그리스도교를 강제로 통합시켰다.

니케아에서는 하나의 신조가 만들어졌는데, 오늘날에도 전 세계의 교회에서 그것을 되뇌고 있다. 니케아 신조에 동의하기를 거부한 주교들은 황제가 직접 재판해서 범죄자로 몰아 제국에서 추방시켰다.[190] 동의한 주교들은 콘스탄티누스의 손님 자격으로 니케아에 초대를 받아 황제 즉위 20주년 잔치에 참석했다.[191] 많은 주교들은 동의 서명을 한 후 후회를 했다. 훗날 어느 주교는 황제에게 이런 글을 써 보냈다. "우리는 그대가 두려워서 신성을 모독한 글에 서명을 함으로써 불경한 짓을 저질렀다."[192]

콘스탄티누스 이후 로마 제국은 훨씬 더 무자비한 그리스도교인 후계자 황제들의 치하에서 점점 더 그리스도교 국가가 되었다. 다만 율리아누스Julianus 황제(재위 361~363년)가 이교도 신앙을 부흥시키려고 한 잠깐의 기간만 예외였다.[193] 율리아누스는 플라톤학파의 철학자로 자처했는데, 미트라스 미스테리아와 디오니소스 미스테리아의 입문자였고, 하나인 신에게 바치는 아름다운 찬가를 썼으며, 겸손했던 것으로 유명하다. 그는 모든 종교에 대한 관용을 선포했고,[194] 예루살렘 성전을 재건하려고까지 했다. 그러나 반유대 그리스도교 교회의 소망대로 그는 실패하고 말았다.[195] 율리아누스 덕분에 이교도 신앙이 잠깐 부흥했지만, 곧바로 그리스도교가 다시 살아나 더욱 맹렬히 세력을 떨쳤다.

　니케아 신조에도 불구하고, 그리스도교 교회는 영원히 분열된 채, 신약 논쟁으로 위장된 정치적 내부 투쟁을 끊임없이 계속했다. 권위적 분위기 속에서 패배자들은 파문이 되었고, 그들과 같은 견해를 갖는 것은 금지되었다. 하지만 아무도 안전하지 못했다. 오늘의 "정통"이 내일은 "이단"일 수 있었다. 4세기 말경 프랑스 푸아티에의 주교 힐라리우스Hilarius는 낙담한 나머지 이렇게 썼다.

　매년, 아니 매달마다, 우리는 알아볼 수 없는 수수께끼 같은 것들을 운운한 새로운 신조를 만든다. 우리는 우리가 한 짓을 후회하고, 후회한 자들을 옹호하며, 옹호한 자들을 파문시킨다. 우리는 우리가 지닌 남들의 교리를 저주하거나, 남들이 지닌 우리 자신의 교리를 저주하고, 서로 상대방의 교리를 갈가리 찢으며, 우리는 서로 멸망의 원인이 되어왔다.[196]

　이 무렵 문자주의 그리스도교인들조차도 로마 교회를 더 이상 그리스도의 계획 완수로 보지 않고, 오히려 "반그리스도"의 작품으로 보기 시작했다.[197]

역사의 날조

　로마 교회는 자체 신앙에 어울리는 역사를 필요로 했다. 적을 비방하고, 하느님이 허락한 승리를 자축하는 역사가 필요했던 것이다. 따라서 그리스도교의 기원에 대한 진실은 엄격히 억압되었고, 좀 더 수용 가능한 역사가 날조되었다. 이렇게 날조된 역사는 오늘날까지도 대다수 사람들에게 올바른 역사로 받아들여지고 있다.

영지주의자들은 정식으로 당당하게 가공의 복음서들을 만들었다. 그러나 그들은 신화를 만들고 있다는 사실을 자각하고 있었다. 그들의 저술 가운데 대표적인 예가 예수 이야기 자체인데, 저자는 그런 저술들이 비유적 허구 이상으로 받아들여지는 것을 원치 않았다. 그러나 문자주의자들이 자신들의 허구를 만들어냈을 때, 그들은 그것이 역사적 기록으로 통용되기를 원했다. 그리스도교 전통 역사의 토대가 된 이 저술들은 빤히 들여다보이는 위작이다.[198]

2세기 말에 바울의 원래 편지들이 새롭게 개찬되고 바울이 문자주의 그리스도교의 계보에 끼워지면서, 바울은 영지주의에서 격리되었다. 그리스도교를 총체적으로 로마화하기 위한 일환으로, 바울을 유명한 로마 정치가 세네카와 가까운 인물로 조작하기까지 했다. 오늘날까지 남아 있는 원고 300편에는 바울의 편지 8통과 세네카의 답장 11통이 담겨 있다. 물론 모든 편지가 완벽한 위조 문서지만, 최근까지도 진짜 편지인 것으로 믿고 있다! 그 편지들에서 세네카는 그리스도교를 수용한 인물로 그려져 있고, 바울은 황제의 궁전에서 복음서를 공식 설교하는 사람으로 세네카를 지명한다![199] 4세기에는 이런 날조를 기초로 해서 히에로니무스는 자신의 그리스도교 성자 목록에 세네카를 포함시켰다.[200]

여러 사도들의 이름을 빌려 편지가 위조되기도 했다. 그 편지들이 지금은 신약에 포함되어 성서로 간주되고 있지만, 당시에는 신빙성이 의문시되었다. 가톨릭의 대변자였던 유세비우스조차도 「야고보서」와 「유다서」, 「베드로서」, 「요한서」의 출처를 의심했고, 「요한계시록」은 전적으로 날조된 것이라고 보았다.[201] 순교자 유스티누스, 안디옥의 이그나티우스, 로마의 클레멘스와 같은 초기 그리스도교인이 썼다는 편지들은 5세기까지 계속해서 위조되고, 희석되고, 첨삭되었다.[202]

라틴어로 번역할 때 또 수많은 왜곡이 이루어졌다. 그리스도교 철학자 오리게네스의 가르침과 같은 여러 가르침도 이때 왜곡되어, 당시 정통으로 간주되던 가르침과 일치하도록 수정되었다.[203]

그리스도교 성자들에 대해서는 상습적으로 허구의 전기를 만들어냈다. 흔히 그런 허구는 죽은 이교 성자들의 생애와 전설을 그대로 베낀 것이었다.[204] 그리스도교 권력의 핵심인 로마 교회를 신임하기 위해 베드로가 로마로 와서 십자가에 거꾸로 매달려 못 박혔다는 이야기를 꾸며내기도 했다. 그러나 이런 이야기는 너무 늦게 만들어졌기 때문에, 아무도 이것을 신약에 포함시키겠다는 생각을 하지 못했다.

인기 있는 영지주의 저술은 영지주의의 가르침을 제거한 채 편집해서 문자주의 문서로 만들었다.[205] 그리스도교인들은 심지어 이교도의 저술까지 각색해서 자신들의 도그마를 뒷받침하는 저술로 만들었다. 예수의 도래를 예언하고 있는 이교도 시빌의 신탁은 4세기 초에 위조되어, 니케아 공의회에서 콘스탄티누스가 직접 예수의 신격을 입증하는 자료로 제시했다.[206] 그들은 『오르페우스의 증언』도 위조해서, 고대 미스테리아의 예언자가 자신의 원래 가르침을 부정하는 것으로 바꿔놓았다.[207]

유대인 피타고라스학파인 필론의 저술을 서투르게 첨삭하기도 했고,[208] 필론이 사도 요한과 율법 논쟁을 했다거나 로마에서 베드로를 만났다는 우스꽝스러운 전설을 만들어내기도 했다![209] 마찬가지로 유대인 역사가 요세푸스를 그리스도교인으로 탈바꿈시켜, 신약에 나오는 아리마대의 요셉과 요세푸스를 동일시하기까지 했다![210] 앞에서 말한 것처럼, 요세푸스가 역사적 예수의 존재를 증언한 듯 그의 저술에 첨삭을 가하기도 했다.[211]

요세푸스가 썼다는 『하느님의 본질에 관하여』라는 후기 문서도 위조된 것이다. 그것은 요세푸스가 직접 문자주의 교리를 가르친 것처럼 꾸민 앞서의 위조를 보강하기 위한 것이었다. 면밀한 언어학 연구를 통해 오늘날 학자들은 이 문서를 위조한 사람이 누군지 "의심의 여지 없이" 밝혀냈다. 이레나이우스의 제자이자 원조 이단자 사냥꾼인 히폴리토스(222년경)가 바로 그 사람이다!²¹² 학자들은 또 바울이 썼다는「데살로니가후서」의 언어와 문체가 히폴리토스의 것과 유사하다는 것을 밝혀냈다. 이 후서는「데살로니가전서」(진짜)의 내용에 이의를 제기하기 위해 작성된 것이다.²¹³ 그러니「데살로니가후서」를 위조한 것도 히폴리토스라고 보아도 무리가 없다.²¹⁴

성자 본디오 빌라도!

그리스도교 초창기에 통용된 역사가 얼마나 엉터리인가는 본디오 빌라도의 복권을 돌아보면 여실히 드러난다. 예수 신화를 역사 문맥에 끼워넣은 원래의 저자가 본디오 빌라도를 구세주의 죽음에 책임이 있는 자로 설정한 것은, 잔혹했던 이 로마 총독을 유대인들이 너무나 증오했기 때문이다. 그런데 2세기에 테르툴리아누스는 우스꽝스러운 이야기를 만들어냈다. 빌라도가 예수를 처형케 한 후 손을 씻은 것이 그가 "은밀한 심중으로는" 그리스도교인이었기 때문이라는 것이다!²¹⁵ 테르툴리아누스의 말에 따르면, 빌라도는 (자신이 이제 막 처형한) 그리스도가 정말 신이었다는 보고를 로마에 보냈는데, 그리스도교에 대한 소식이 로마에 전해진 것은 그것이 최초였다.²¹⁶ 티베리우스 황제(모든 종교를 경멸한 것으로 유명한 황제)는 즉각 그리스도를 로마 신들의 반열에 올려놓고 싶어 했다. 그러나 원로원은 그의 계획을 기각했다. 몇 가지 이유로, 이 강력한 황제는 평소에 자신의 하인이나 다름없는 원로원 의원들에게 이의를 제기하지 않고, 다만 혹독한 법으로부터 그리스도교인들을 보호해주는 것으로 만족했다. 이런 사건 자체만 해도 기적이나 다름없다. 티베리우스 황제는 그런 법이 발효되기 수년 전에 이미 죽었기 때문이다![217]

이후 테르툴리아누스의 허구를 기초로 해서 『빌라도행전』이라는 문서가 위조되었다. 그 후 이 문서를 기초로 한 『니고데모의 복음서』라는 후대의 문서가 만들어졌다. 그래서 현대의 한 학자는 이 문서를 "3중의 허구"라고 일컬었다.[218] 『니고데모의 복음서』에 따르면, 예수를 처형했다는 빌라도의 보고가 로마에 도착하자, 황제는 빌라도를 사슬에 묶어서 잡아오라고 명했다. 모든 의원들과 신들과 군대가 바라보는 가운데, 황제는 이렇게 선포했다.

그지없이 불경한 자여, 너는 어찌하여 감히 그런 짓을 했느냐. 그런 짓을 하기 전에 너는 이미 그 위대한 징표를 보지 않았느냐. 사악한 짓으로 인해 너는 온 세상을 파괴했도다. 그들이 그를 너에게 넘겨주었을 때, 너는 즉시 그를 보호해서 나에게 보냈어야 했다. 너의 보고에 언급했듯이 그처럼 의롭고, 그처럼 놀라운 징표를 보인 이를 십자가에 못 박지 말았어야 했다. 그 징표로 미루어볼 때 그는 분명 그리스도였기 때문이다.[219]

황제가 그리스도라는 말을 입 밖에 내자, 그 순간 모든 신들의 석상이 무너져 먼지가 되었다. 빌라도는 "신들을 섬기지 않고 법도 지키지 않는 불경한 유대인들" 때문에 그렇게 하지 않을 수 없었다고 주장하며 자기변호를 했다. 그러자 황제는 유대인들을 다음과 같이 처리하라는 명령을 내렸다.

그들에게 진격하여 복종케 하라. 그들이 온 세상에 흩어져 모든 민족의 노예가 되게 하라. 그들을 모두 유대 지방에서 쫓아내고, 하찮은 민족으로 만들어 세상 어디에서도 더 이상 그들이 보이지 않도록 하라. 그들은 악으로 가득 찬 인간들이기 때문이다.

곧이어 빌라도는 형장으로 끌려가 주에게 기도를 드린다. 그가 기도를 마치자 하늘에서 예수의 목소리가 들려왔다.

이방인들의 모든 세대 모든 가족들이 너를 축복받은 자라 일컬으리라. 네가 총독으로 있을 때, 선지자들이 나에 대해 예언한 것들이 모두 이루어졌기 때문이다. 너는 나의 재림의 목격자가 되리라.

곧이어 빌라도의 목이 베어지고, 주의 한 천사가 그를 데려간다. 바로 그 순간, 그의 아내 프로클라는 너무나 황홀한 나머지 돌연 숨이 끊어져 남편과 함께 묻혔다.[220] 빌라도는 결국 콥트 교회*의 성자로 추앙되었고, 6월 25일은 그의 축제일이 되었다![221] 그의 아내 프로클라도 그리스 정교회의 성자로 추앙되었다.

이런 이야기는, 당시에는 비록 역사로 믿을 수 있었다 할지라도, 오늘날에는 명백히 터무니없는 이야기로 들린다. 그런데 1,500년 동안 "절대적 진리 gospel truth"로 받아들여진, 좀 더 수용 가능한 전통 역사를 만든 사람은 바로 앞서의 실없는 이야기를 해준 사람들이었다. 전통 역사 또한 똑같이 부정확하며 똑같이 공상적이다. 그것이 우리에게 친근한 이야기만 아니라면, 마찬가지로 우리는 대뜸 코웃음 쳐버릴 것이다.

| * 그리스도 단성설單性說을 주창하여 로마 가톨릭교회에서 이탈한 이집트 교회.

교회 선전자 유세비우스

그리스도교의 모든 허구 역사를 최종적으로 조직하고 종합한 것은 4세기의 유세비우스 주교였다. 그는 "교회 역사의 아버지"로 알려져 있다. 그는 콘스탄티누스 황제의 총애를 받기 위해, 니케아 공의회에서 자신의 신학적 입장을 완전히 바꾼 주교들 가운데 한 명이다.[222] 이후 그는 콘스탄티누스의 전기 작가가 되어, 아첨하는 말로 황제의 살인 행각을 그럴싸하게 얼버무린 전기를 썼다.[223] 하느님의 말씀이 천국을 다스리듯, 로마 황제는 문명화된 세상의 정부를 다스리며 하느님의 의지를 실현시킨다고 그는 신도들에게 설명했다.[224] 황제는 지상의 그리스도 대변자였다!

유세비우스의 임무는 로마 그리스도교에 적합한 역사를 만들어내는 것이었다. 그래서 그는 진실과 전혀 관계없는 역사를 만들었다.[225] 한 현대 학자의 말에 따르면, 유세비우스의 글을 읽는 것은 "모든 것을 전적으로 액면 그대로 받아들이면 안 되는 황당한 문학 세계"에 들어가는 것과 같다.[226] 또 다른 현대 학자는 더 퉁명스럽게 그를 "고대에 대해 최초로 철두철미하게 부정직하고 불공정하게 쓴 역사가"라고 일컬었다.[227] 또 다른 학자는 "고의로 시대를 날조"했다는 점에서 그가 "부정직"하다고 지적했다.[228] 또 다른 학자는 유세비우스의 역사가 "피상적"이고 "고의로 날조한" 역사이며, "자의적이며 마구잡이로" 만들어낸 역사라고 비판했다.[229] 또 한 역사가는 "현대 학자들이 유세비우스에게서 얻을 수 있는 것은 거의 없다."고 정확히 지적했다.[230]

유세비우스는 교회의 "영광에 도움이 될 수 있는" 것만을 그리스도교 역사에 포함시켰다. 교회의 품위를 떨어뜨릴 수 있는 것은 무엇이든 배제했다는 것을 그는 간접적으로 고백했다.[231] 현대의 한 학자는 이렇게 결론지었다.

따라서 우리는 그의 저술을 더없이 큰 의혹으로 간주해야 한다. 그리고 그의 말을 상당히 권위 있는 것으로 인용한다는 것은 지극히 무비판적인 행위라고 선언해야 한다. 잘못이라는 것을 알면서도 너무나 많은 사람들이 자기 목적에만 맞으면 언제든 습관적으로 그의 말을 인용해왔기 때문이다.[232]

그리스도교 역사에 관한 유세비우스의 말은 권위 있는 것으로 인용되어왔다. 그런데 그 이유는 다만 첫 3세기 동안 교회 "역사"로 살아남은 글이 그의 글밖에 없기 때문이다.[233] 그래서 그가 죽은 후, 모든 교회 역사가들은 그의 말을 받아들였고, 결국 거짓말이 항구화된 나머지 그리스도교의 전통 역사가 되기에 이른 것이다.

그의 "역사"에서 유세비우스는 영지주의자들에게 가해진 대표적인 비난을 전부 열거했다. 그는 문자주의 주교들이 원래의 그리스도교 전통을 대표한다는 주장을 정당화하기 위해, 예수의 사도들에게까지 거슬러 올라가는 사도들의 후계자 계보를 제시했다. 그 계보는 유세비우스 이전에, 아마도 이레나이우스가 먼저 날조한 것일 텐데, 유세비우스는 그 계보에 첨삭을 가했다.[234] 그는 계보를 만들며 흔히 이름만 나열했는데, 억측하거나 날조한 이름을 역사에 끼워넣었다. 그래서 그 과정에서 명백한 잘못이나 모순을 드러낸 경우가 많다.[235] 그는 처음 1세기부터 로마 교회를 주교들이 이끌어왔다고 기술했다. 그러나 물론 그런 증거는 전혀 없다. 로마에서 그리스도교인 공동체의 지도자가 단 한 명이라도 나타난 것은 훨씬 후대의 일이다.[236]

유세비우스는 또 박해를 받아 순교한 그리스도교인의 수를 터무니없이 부풀렸을 뿐만 아니라, 순교자들의 전기까지 집필했다. 그 전기는 사실상 이교 순교자의 전설을 베낀 것이었다.[237] 그는 초기 그리스도교인들의 저술 목록을 열심히 만들었는데, 현명하게도 그 저술에 어떤 내용이 담겨 있는지는 전혀 언급하지 않았다. 그걸 언급하면, 그들이나 자신의 생각이 이단으로 몰릴 수도 있었기 때문이다. 유세비우스는 젊었을 때 그에게 큰 영감을 준 오리게네스에 대해 기술할 때도, 오리게네스의 사상에 대해서는 전혀 언급하지 않았다. 당시 정통파 공동체에서 오리게네스에게 의혹의 눈길을 보내고 있었기 때문이다.[238]

유대인들에 대해 말하자면, 유세비우스는 유대인들이 로마군에게 유린당한 것을 대단히 기뻐했다. 구세주를 살해했으니 마땅히 재앙을 당할 만하다고 믿었기 때문이다. 그들이 당한 고통을 분명 재미 삼아서 아주 흥흥하게 묘사한 대목에서 그는 이렇게 결론지었다. "그러한 것은 유대인들이 하느님의 그리스도를 부정하고 사악하게 대한 대가였다."[239]

유세비우스는 하느님이 분노해서 CE 70년에 (로마군의 도움을 약간 받아서!)[240] 예루살렘을 파괴하기 전에, 예루살렘 교회 최초의 그리스도교인들에게 이웃 펠라 지방으로 안전하게 피신하라고 했다는 터무니없는 이야기를 만들어냈다. 그러나 그는 또 후대의 그리스도교인들이 예루살렘 교회를 찾아갔을 때, 에비온파의 영지주의자 집단 하나만 발견했을 뿐이라는 사실을 기술했다. 하느님은 왜 하필이면 이단자가 될 "최초의" 그리스도교인들을 구하고 싶어 했는지에 대해 유세비우스는 아무런 설명도 하지 않았다! 당시 그는 자신의 허구 이야기가 얼마나 모순투성이인지를 전혀 알아차리지 못한 것 같다.

그는 전혀 양심에 거리낌이 없이, 예수 자신이 에데사*의 왕자에게

---

* 현재 터키 남동부에 있는 도시인 우르파를 말한다. 이 도시는 처음에는 아람어인 우르하이로 불리다가 BCE 3세기에 군사 요새로 재건되면서 에데사로 이름이 바뀌었다. 오늘날에는 초기의 아람어 이름에서 따온 지명을 쓰고 있다.

보냈다는 편지를 만들어냈다. 그 편지에서 예수는 왕자가 자기를 본 적도 없으면서 구세주를 믿게 된 것을 축하한다![241]

그리스도교의 역사로 통용되는 것을 우리에게 전해준 사람은 바로 그런 사람이었다. 그는 전제적인 로마 황제에게 임용되어 아첨을 일삼으며 200년에 걸친 기만과 위조의 전통을 자기 작품의 밑거름으로 삼았다.[242]

이교도 신앙의 파괴

2세기에 자진해서 순교를 당하는 그리스도교인들을 목격함으로써 그리스도교로 개종했다고 주장하는 테르툴리아누스는, 자기 역시 한때는 로마의 공개적 박해가 "터무니없을 정도로 잔혹"한 것을 즐기며 지켜보았다고 시인했다.[243] 그는 그리스도교인이 된 후에도 그 같은 피투성이의 수난을 여전히 즐긴 것 같다. 그는 분명 재미 삼아서, "최후의 심판" 때 이교도들에게 닥칠 운명을 소름 끼치도록 폭력적으로 그려놓았다.

> 구경거리를 원한다면, 모든 장관 가운데 가장 위대한 장관인 최후의 영원한 심판을 고대하라. 그 많은 지상의 군왕들, 거짓 신들이 암흑의 가장 낮은 심연에서 신음하는 것을 볼 때, 나는 얼마나 찬탄하고, 얼마나 웃고, 얼마나 기뻐하고, 얼마나 의기양양하겠는가.
>
> 주의 이름을 박해한 그 많은 관원들이 그리스도교인들을 불태웠던 것보다 더욱 격렬한 불길 속에서 녹아내리는 것을 보리라. 현자라고 불린 그 많은 철학자들이 그들의 기만적인 제자들과 더불어 시뻘건 불길 속에서 타오르는 것을 보리라. 그 많은 유명 시인들이 미노스의 법정이 아닌 그리스도의 법정에서 부들부들 떠는 것을 보리라. 그 많

은 극작가들은 자기 자신의 수난의 노래를 흐드러지게 부르리라. 그 많은 무용수들은······.²⁴⁴

그리고 그는 계속해서, 그의 적대자들이 영원히 받게 될 소름 끼치는 형벌을 기뻐한다. 그는 불과 몇 세대 후에 그런 형벌이 실제로 수많은 이교도들에게 가해지리라는 것을 전혀 몰랐다. 최후의 심판 때가 아니라, 4세기 로마 가톨릭교회가 이교도 신앙을 말살할 때 말이다!

문자주의 그리스도교가 로마 제국의 국교로 채택되자, 문자주의자들은 이교도들에게 잔혹한 테러를 가했다. 이교도 예언자들은 속속 체포되어, 그들의 신이 가짜라는 것을 시인할 때까지 고문을 당했다.²⁴⁵ 사제들은 사슬로 묶인 채 자신들의 성소에서 굶어죽었다.²⁴⁶ 아무런 증거가 없는데도 이교도들은 어린아이들을 제물로 바쳤다는 고발을 당해서 신들의 제단에 그들의 피를 뿌렸고, 그들의 창자로는 현악기 줄을 만들었다. 그들은 처참한 고문을 당한 후 저지르지도 않은 죄를 자백하고 그렇게 처형당했다. 산 채로 화형을 당한 이교도도 많았다.²⁴⁷

일부 고대 성소는 능욕을 당한 후 철저히 파괴되었고, 더러는 징발되어 강제로 그리스도교 교회로 개조되었다.²⁴⁸ 이교도의 위대한 종교 저술들은 대규모로 소각되어 세상에서 영원히 사라지고 말았다. 한 목격자는 이렇게 기록했다.

책을 산더미처럼 쌓아놓고 판사들이 지켜보는 가운데 불을 질렀다. 금서를 소유한 자의 장서는 모조리 재가 되었다. 모든 사람이 엄청난 공포에 사로잡혔다.²⁴⁹

이교도 신앙이 공격을 당한 것은 존재하지도 않는 신들을 잘못 숭배했기 때문이 아니다. 신들이 정말 병자를 고치고 미래를 예견하는 기적을 일으킬 수 있었는지는 논란의 대상이 되지도 않았다. 다만 이교도의 신들은 어수룩한 사람들을 속이고 기만하기 위해 마법을 부리는 악마로 간주되었다.[250] 이교도의 "다이몬"은 사악한 "데몬"이 되었다. 따라서 이교도 신앙은 말살되어야 했다.[251] 4세기 중반에 한 주교는 그리스도교인 황제 콘스탄티우스 콘스탄스Constantius Constans에게 이렇게 요구했다.

> 우상 숭배의 범죄를 모든 면에서 혹독하게 박해해야 하는 것은 지고하신 하느님의 율법에 따라 황제에게 명해진 것입니다. 통촉하소서. 그런 범죄에 관하여 하느님이 명하신 것을 듣고 믿으소서. 그 아들도 형제도 용서하지 말라고 하느님은 명하십니다. 칼을 들어 그 아내의 수족을 베라고 명하십니다. 그 친구 또한 아주 심하게 박해하고, 신성을 더럽히는 민족의 몸을 갈가리 찢기 위해 모든 이가 무기를 들라고 명하십니다. 그러한 범죄를 저질렀다는 것이 밝혀지면, 모든 도시까지 파괴하라고 명하십니다.[252]

383년에 로마의 이교도 원로원 의원인 심마쿠스Symmachus는 너무나 참담한 나머지, 그리스도교인 황제 발렌티니아누스 2세 Valentinianus II(재위 CE 375~392년 — 옮긴이)에게 종교적 관용을 호소했다. 그는 다음과 같이 호소했지만 헛일이었다.

> 모든 숭배는 동일한 것으로 여겨져야 합당합니다. 우리는 같은 별, 같은 하늘을 봅니다. 그것은 모두 동일한 세계에 속합니다. 각자 진리를 찾는 방법이 다르다 한들 무슨 상관이겠습니까? 우리는 그 위대한 비

밀에 이르기 위해 유일한 하나의 길로만 갈 수는 없습니다.[253]

386년 무렵에는, 근본주의에 사로잡힌 광신도 수도사 무리가 로마 제국 전역에서 피에 굶주려 날뛰었다. 그들은 완전히 법의 통제를 벗어났다. 이교도인 리바니오스Libanios는 황제가 개입해달라고 호소했다.

폐하는 신전을 폐쇄하라거나 아무도 신전에 들어가지 말라고 명하지 않았습니다. 폐하는 신전과 제단의 불과 분향을 배격하지 않았습니다. 그러나 검은 복장을 한 이 폭도들은 엄연히 법이 있는데도 법을 무시하고, 곤봉과 돌과 쇠몽둥이를 들고 다니며 신전을 유린하며, 더러는 맨손 맨발로 유린합니다. 그래서 신전은 완전히 파괴되어 지붕이 내려앉고, 벽이 무너지고, 석상이 끌어내려지고, 제단이 뒤집히고, 사제들은 입을 다물지 않으면 죽음을 당합니다. 첫 신전이 파괴되면, 두 번째, 세 번째 신전으로 달려갑니다. 그리고 법을 어기면서, 전승기념비를 철거해서 첩첩이 쌓아올립니다. 대부분 교외에서 이런 일이 일어나고 있지만, 더러는 도시 안에서도 이런 일이 일어납니다. 이런 일을 저지르는 자들은 수가 너무나 많은데, 작은 무리로 흩어져서 이루 헤아릴 수 없는 만행을 저지른 후 함께 모여, 무슨 짓을 했는지 서로 다투어 자랑하다가, 최고의 만행을 저지르지 못한 것을 부끄러워합니다.[254]

한 익명의 이교도(390년경)는 참담한 심정으로 이렇게 예언했다.

내가 죽을 무렵에는 남아 있는 성소가 없을 것이다. 위대한 세라피스 신전도 형체 없는 어둠 속으로 사라질 것이다. 지상에서 가장 아름다

운 것들이 있던 자리에는 거짓말처럼 텅 빈 어둠만이 괴괴할 것이다.[255]

391년 6월 16일, 마침내 테오도시우스Theodosius 황제는 모든 이교도 신전을 폐쇄하라는 칙령을 내렸다.[256] 그리스도교인 폭도들은 기회를 놓치지 않고 즉각 알렉산드리아의 세라피스 신전으로 달려가 초석만 남겨 놓은 채 완전히 파괴해버렸다.[257] 황제는 또 이렇게 명했다. "그리스도교에 적대적인 모든 책을 불살라라. 그 책들이 하느님의 분노를 사지 않도록, 그리고 경건한 자들을 오염시키지 않도록."[258] 그러자 글을 모르는 수도사들은 수천 년 동안 축적되어온 지혜와 과학 지식을 이교도의 미신으로 취급해서 닥치는 대로 말살해버렸다.

"그 수도사들은 인간을 닮았지만 돼지처럼 산다."고 말한 이교도 작가 에우나피오스Eunapios는 절망적인 심정으로 이렇게 썼다. "검은 복장을 한 자들은 모두가 포학한 자들이다."[259] 415년에 알렉산드리아의 대주교 키릴로스는 수도사들을 시켜 그리스도교인 폭도를 선동해서 알렉산드리아 도서관의 마지막 이교도 과학자를 살해하게 했다. 그 과학자는 히파티아Hypatia라고 불린 여성이었다.[260] 그녀는 사지가 갈가리 찢겼고, 키릴로스는 성자가 되었다.[261]

콘스탄티누스 치하에서는 그리스도교가 로마 제국의 이교도 종교와 동등한 지위를 가진 것으로 기록되어 있다. 반세기 후, 테오도시우스 치하에서 그리스도교는 인간이 믿어야 할 유일한 종교로 선포되었다.[262] 테오도시우스는 395년에 사망했다. 정확히 15년 후 서고트족이 로마를 유린했다.

고대 세계의 가장 위대한 제국의 심장부인 자랑스러운 이 도시는 여러 신들을 섬기며 1천 년 동안 번영해왔다. 그런데 그리스도교로 개종한 지 불과 몇 십 년 만에 수많은 경이적 유물과 업적이 파괴되었고, 그 후 얼마 되지 않아 로마는 멸망하고 말았다.*²⁶³ 그리스도교는 미트라스 신앙이나 다른 이교도 신앙이 실패한 로마 제국에서 하나의 종교로 성공하지 못했다. 사실상 그리스도교는 로마 제국의 몰락을 동반한 종교였다.

영지주의의 말살

문자주의 그리스도교가 로마 제국의 국교가 된 후에도, 영지주의는 여전히 강력한 세력을 유지했다. 4세기에도 여전히 이단적 그리스도교인이 많아서, 예루살렘의 키릴로스는 신자들에게 이렇게 경고해야 했다. 실수로 영지주의 교회에 발을 들여놓지 않도록 조심하라고.²⁶⁴ 테오도시우스 치하에서, 이집트의 성직자와 수도사 사이에는 이단자가 너무나 많아, 티모테오스 주교는 일요일마다 강제로 고기를 먹게 함으로써 채식주의자인 영지주의자들을 솎아냈다!²⁶⁵

철학자 시네시우스Synesius는 명백한 영지주의자였는데도 키레네의 주교로 선출되기까지 했다.²⁶⁶ 그는 알렉산드리아의 이교도 과학자인 히파티아와 함께 플라톤 철학을 연구했고, 부활을 신성한 미스테리아의 비유로 여겼다. 그는 유일하게 참된 종교는 철학이라고 가르쳤다. 그리고 종교 이야기와 의식은 철학자가 아닌 자들을 위해 철학적 진리를 대중적으로 표현한 것에 지나지 않는 것이라고 가르쳤다.²⁶⁷ 그러나 정통을 부르짖는 당대 상황에서 그는 주교로서 "사적으로 철학화"하더라도 공적으로는 교리를 따르겠다고 약속해야 했

---

* 476년에 서로마 제국이 멸망했다.

다.²⁶⁸ 하지만 그는 여전히 새로 세례를 받은 사람을 위해 부활절 의식 대신 입문식을 치르게 했다. 그것은 정통 그리스도교보다 이교도 미스테리아와 관계된 것이었다.²⁶⁹

영지주의가 계속 인기 있자, 로마 교회는 강제로 그리스도교를 통합하기 시작했다. 의도를 무자비하고 효율적으로 실행하면서 말이다. 테오도시우스는 영지주의를 금하는 100개 법안을 통과시켰다. 그래서 그들의 믿음, 모임, 입문, 재산 소유, 그리고 궁극적으로 존재 자체를 불법화했다!²⁷⁰ 포고령 하나를 예로 들면 다음과 같다.

이 법령에 따라 다음과 같이 알린다. 노바티아누스파, 발렌티누스파, 마르키온파, 파울리키우파, 너희의 교리는 거짓과 허영, 파괴적이며 악의적인 범실로 뒤얽혀 있다! 우리는 너희에게 경고한다. 너희는 어느 누구도 이 시간 이후 모임을 갖는 것을 금한다. 이 법령을 어길 경우, 너희가 모임을 한 모든 가옥을 몰수해서 즉각 가톨릭교회에 넘겨주게 될 것이다.²⁷¹

마침내 381년에 테오도시우스는 이단을 국가 반역죄로 규정했다. 영지주의 저술은 "금지되기만 해서는 안 되며, 전부 파괴하고 불태워야 할" "온갖 사악함의 온상"으로 매도되었다.²⁷² 모든 철학적 토론은 전적으로 억압되었다. 그리고 이렇게 포고되기도 했다.

너희는 공개 석상에 나가서는 안 되며, 종교에 대해 어떤 주장을 해서는 안 되며, 토론을 하거나 조언을 해주어도 안 된다.²⁷³

5세기 초, 알렉산드리아의 막강한 대주교인 키릴로스를 위한 "악역"을 수행한 어떤 수도원장은 이단적 그리스도교 공동체를 공격하며 다음과 같이 위협했다.

> 너희가 키릴로스 대주교를 인정하지 않으면, 너희들 대부분의 목이 베일 것이며, 간신히 목숨을 구한 자들은 추방이 될 것이다.[274]

가톨릭 그리스도교의 위대한 대변자 아우구스티누스는, 겁을 주어야만 사람들이 말을 듣기 때문에 강압 조치가 필요했다는 말로 당시 분위기를 여실히 전해준다.[275] 군사력은 이단자를 억압하기 위해 "필수 불가결한" 것이었다. 아우구스티누스는 이렇게 선언했다. "스스로 두려움으로 가득 차 있는 나는 너희도 두려움으로 가득 차게 하겠다."[276] 성 바울의 사랑과 그노시스의 영적 종교는 로마 교회의 복종과 테러의 종교로 바뀌었다.[277]

본래부터 편협한 종교

오늘날의 그리스도교는 서로 반대되는 견해를 가진 무수한 종파로 이루어져 있지만, 그들 가운데 거의 전부 — 가톨릭, 정교, 개신교, 비국교도 기타 — 가 근본적으로 4세기에 문자주의의 승리로 형성된 것이다. 오늘날 대다수 그리스도교인들의 신앙은 예수의 역사적 존재성에 뿌리를 내리고 있다. 그리스도교인들은 전제적인 콘스탄티누스의 지시에 따라 만들어진 사도 신경에 동의한다. 초기 교회의 끊임없는 교리 투쟁과 극악한 위조와 부패한 권력 투쟁 따위의 우여곡절을 통해 신약에 포함시키기로 선택된 소수의 문서만 읽는다. 우리는 그리스도교의 한 사조였을 뿐인 문자주의가 곧 그리스도교라는 잘못된 생각을 물려받아 왔다.

문자주의는 어떻게 영지주의를 이길 수 있었을까? 자체 특성상 영지주의는 신비한 것을 좋아하는 사람들의 마음을 끌었다. 반면 문자주의는 종교를 확립하는 것에 관심이 있는 사람들의 마음을 끌었다. 영지주의자들은 개인적 계몽에 관심이 있었고, 교회를 만드는 것에는 관심이 없었다. 그들은 문자주의자들에게 승리할 수가 없었다. 왜냐하면 승리하고 싶다는 생각을 하지 않았기 때문이다.

문자주의는 원래 그리스도교의 공개적 미스테리아였고, 입문자를 영적인 길로 이끌기 위한 준비 단계로 만들어진 것이었다. 환상적인 마법과 기적 이야기를 들려주며, 세례를 받고 믿기만 하면 불멸성을 얻게 된다고 약속하는 공개적 미스테리아는 은밀한 미스테리아보다 더 대중적으로 호소력을 가질 수 있도록 의도된 것이었다. 예수의 말처럼 "부르심을 받은 자는 많으나, 선택된 자는 적다."[278] 원래의 예수 미스테리아가 온전하게 살아남았다면, 공개적 미스테리아가 인기가 있을수록 더 많은 사람이 자연스럽게 그노시스의 은밀한 미스테리아에 입문하게 되었을 것이다. 그러나 일단 영지주의와 문자주의가 분열해서 서로 갈등을 일으키게 되자, 문자주의가 더 인기를 끌게 되는 것은 불가피했다. 영지주의에 대한 문자주의의 승리는 이미 정해진 일이었다. 다만 놀라운 것은 승리할 때까지 참으로 오랜 시간이 걸렸다는 것이다.

그러나 무엇보다도 문자주의 그리스도교가 성공을 거둘 수 있었던 것은, 처음부터 지속적으로 추구된 하나의 커다란 특성, 곧 편협성 덕분이었다. 그런 편협성은 역사의 변덕 때문에 생긴 게 아니라, 예수 이야기를 역사적 사실로 받아들임으로써 당연히 야기된 부산물이다.

이교도 신앙과 영지주의는 본래부터 관용적이었다. 그것은 신화를 기초로 했기 때문이다.[279] 여러 종파가 여러 신화를 믿었지만, 그렇다고 해서 서로 대립적이지는 않았다. 다양성이 수용 가능했던 것은, 내적 의미를 중시할 뿐 외적 표현에 구애되지 않았기 때문이다. 그러나 문자주의는 본래부터 편협했다. 예수가 하나이며 유일한 하느님의 아들이고, 신자들에게 그것을 역사적 사실로 인정할 것을 요구할 때, 그리스도교는 그런 역사성을 따지지 않는 다른 모든 종교와 대립할 수밖에 없다. 게다가, 믿지 않는 모든 사람이 영원한 저주를 받도록 정해져 있다면, 문자주의 그리스도교인들은 자신의 믿음을 전파할 도덕적 의무를 갖게 된다. 가능한 한 많은 영혼을 구하기 위해 필요하면 강제로라도 전파해야 한다. 그러다 죽는 한이 있더라도! 이교도 신앙과 영지주의에 대한 로마 교회의 공격은 성전聖戰이었고, 하느님이 부여한 의무였다. 자기만이 옳다는 편협성은 그처럼 성스러운 것이 되었다.

결론

앞서의 증거를 되돌아볼 때, 우리 두 저자에게는 그리스도교의 전통 "역사"가 역사상 가장 큰 은폐의 역사에 지나지 않는 것 같았다. 그리스도교의 원천인 영지주의 가르침, 그리고 그리스도교의 참된 뿌리인 이교도의 미스테리아는 가혹하게 억압을 받아 증거가 대부분 말살되었고, 로마 교회의 정치적 목적에 어울리는 거짓 역사가 날조되었다. 공식 역사에 의문을 제기하는 사람은 닥치는 대로 처형을 당해서, 이윽고는 반론을 제기하는 사람이 자취를 감추게 되었다.

좀 더 최근의 역사를 돌아보면 고대에 무슨 일이 일어났는지 더 쉽게 이해할 수 있다. 20세기 초에 극소수의 공산주의자들이 러시아에서 권력을 잡았다. 하지만 불과 몇 년 후, 과거 정권에 몸담던 공무원을 포함한 엄청난 인구가 공산당에 가입했다. 왜? 살아남고 싶으면 공산당원이 되어야 했기 때문이다. 어떤 식으로든 과거 정권에 연루된 사람은 인민의 적이라는 낙인이 찍혔다. 이와 유사하게, 일단 그리스도교가 로마 제국의 국교가 되자, 교인의 수가 엄청나게 불어나기 시작했다. 왜? 그리스도교인은 특혜를 받았기 때문이다. 성직자는 세금을 낼 필요도 없었다![280] 그러니 평화롭고 성공적인 삶을 원하는 사람은 그리스도교인이 될 수밖에 없었다. 교인이 되지 않으면, "의견을 달리하는" 이교도, 곧 하느님의 적으로 낙인이 찍힐 위험을 감수해야 했다. 스탈린의 선전 기관이 스탈린의 폭정을 은폐하고, 자신의 도그마가 참되고 선하다는 것을 입증하려고 사악하게 역사를 날조한 것과 마찬가지로, 그리스도교 선전자들은 교인들에게 거짓말을 주입시켰다.

공산주의처럼, 그리스도교는 처음에 자유와 평등의 메시지를 전했지만 결국에는 권위주의적인 독재 정권을 만들어냈다. 근년에 공산주의의 독단적 편협성은 중국과 캄보디아의 광신적 청년 공산주의자들을 부추겨 문화 혁명이라는 재앙을 불러왔다. 이때 그들은 풍요한 고대의 유물을 닥치는 대로 파괴했고, 수많은 지성인들을 학살했고, 그들의 사회는 위기에 처하게 되었다. 마찬가지로 약 1,500년 전에, 광신적 그리스도교 수도사들도 문화 혁명을 일으켰다. 그때 고대의 경이로운 유적과 이교도 신앙의 문화적 업적이 잿더미가 됨으로써, 서구 문명은 1천 년이나 퇴보하고 말았다.

이교도 유산을 그처럼 막무가내로 파괴한 것은 서구 역사상 최대의 비극이 아닐 수 없다. 잃어버린 유산의 규모는 이루 헤아릴 수 없을 정도다. 이교의 신비주의와 과학적 탐구 정신은 독단적 권위주의로 바뀌었다. 로마 교회는 영적 구원에 이르는 길을 스스로 생각하고 스스로 탐구할 수 있는 권리를 부인하며 위협과 폭력으로 로마 교회의 신조를 강요했다. 고대의 위대한 문화유산이 잿더미가 되는 동안, 성 아우구스티누스는 문자주의자의 근본주의 신앙의 승리를 이렇게 선포했다.

성서의 권위에 입각한 것 이외에는 어떤 것도 받아들여서는 안 된다. 인간의 모든 정신력보다 성서의 권위가 더 위대하기 때문이다.[281]

고대인들은 피라미드와 파르테논 신전을 세웠지만, 유럽 지역의 그리스도교인들은 몇 백 년이 지나는 동안 벽돌집을 짓는 방법도 잊어버렸다. BCE 1세기에 포시도니우스Posidonius는 행성들의 궤도를 충실하게 반영한 태양계의 아름다운 공전 모형을 만들었다.[282] CE 4세기 말경에는, 하느님이 매일 밤마다 하늘에 별을 설치한다는 것을 믿지 않는 것은 신성 모독으로 간주되었다.[283] BCE 3세기에, 알렉산드리아의 학자 에라토스테네스는 불과 몇 퍼센트의 오차 이내에서 지구의 둘레를 정확히 추산해냈다. 그러나 CE 4세기 말경에는 지구가 평평하다는 것을 믿지 않으면 이단자로 몰렸다.[284]

우리는 자문하지 않을 수 없다. 이교도 신앙이 그토록 원시적인 반면, 문자주의 그리스도교가 유일하게 참된 종교라면, 왜 이교도 신앙은 그토록 찬란한 문명을 꽃피웠고, 왜 참된 종교는 그토록 몽매한 1천 년의 암흑시대를 불러왔는가?

12
역사상 가장 위대한 이야기

사방의 지류를 받아들이는 하나의 진리의 강이 있다.[1]
_ 알렉산드리아의 클레멘스

분명 고대인들은 지금 우리가 살고 있는 이 시대야말로 그리스도교를 재평가해야 할 적절한 시점이라고 생각할 것이다. 이교 점성술에 따르면, 그리스도교가 만들어진 것은 물고기자리의 큰 달이 시작된 때였다. 이제는 물고기자리의 시대가 끝나가고, 새로운 물병자리 시대가 밝아오고 있다. 따라서 고대의 관점에 따르면, 우리는 초기 그리스도교인들처럼 역사 흐름의 전환점에 서 있다. 우리가 살고 있는 이 시대는 여러 면에서 과거의 시대 변화를 상기시킨다. 묵시록적인 두려움이 여느 때보다 더 팽배해 있는 것이다. 낯설고 새로운 절충적 종교가 도처에서 일어서고 있다. 기존의 종교는 불신되며 쇠퇴해가고 있다. 다가올 물병자리의 시대에는 영적 종교가 어떤 형태를 띠게 될까?

당당하게 미래로 나아가기 위해서는 과거와 화해할 필요가 있다.

그러자면 지난 2천 년 동안 우리 문화를 지배해온 문자주의 그리스도교를 비판적으로 검토할 필요가 있다.

영적인 관점에서 이 기나긴 세월은 분명 권위주의적 종교, 종교적 편협성, 종교 전쟁으로 특징 지워지는 "암흑시대"였다. 문자주의 그리스도교는 유일한 참 신앙으로 자처함으로써, 그리스도교와 다른 모든 영적 전통 사이에 건널 수 없는 심연이 자리 잡게 되었다. 그리스도교는 스스로 그 무엇보다도 우월하다고 선포했다. 그리고 그 논리에 따라, 폭력으로 온 세상의 다른 사회를 파괴하는 것을 정당화했다. 또한 그리스도교 자체의 신비주의자와 자유사상가들을 끔찍하게 박해했다. 유대인의 아버지 신 여호와를 유일하게 받아들여야 할 하느님의 얼굴로 채택함으로써, 그리스도교는 여성 신격을 억눌렀고, 그러한 신학적 관점은 여성을 남성에게 합법적으로 종속시키는 데 이용되었다. 지적 질문을 억압하고 도그마를 맹목적으로 믿을 것을 고집함으로써 수많은 사람이 종교에 등을 돌리고 모든 형태의 영성을 미신으로 치부하는 결과를 낳았다. 오늘날 갈수록 많은 사람이 종교를 기껏해야 여흥으로, 나쁘게는 편견과 편협과 갈등의 원천으로 여기고 있다.

다른 문화권에서는 지혜와 문명의 원천으로 그들의 조상을 섬기는 반면, 서구 문화권에서는 조상들을 악마의 숭배자라고 매도해왔다. 그것은 서구 심리에 어떤 영향을 미쳤을까? 서구 문화는 뿌리와 단절되어왔다. 15세기에 르네상스, 곧 "재생"이라고 적절히 명명한 기간에 이교 철학을 재발견한 후 비로소, 서구 문명은 침잠해 들어갔던 미신과 투쟁의 늪에서 기어 올라올 수 있었다. 그런 과정을 거치며 근대에 서구는 과학의 과실을 수확할 수 있었다. 하지만 고대인들과 달리, 서구인들은 앎과 영성을 같은 미스테리아의 두 국면으로 보지 못했다. 서로 화해할 길이 없는 적대적 관계라고 보았던 것이다.

문자주의자들은 하나의 종교라는 깃발 아래 세계를 통합하려고 했다. 하지만 사실상 문자주의 그리스도교 자체가 심한 분열의 원인이 되어왔다. 그래서 그리스도교인과 이교도, 남자와 여자, 과학과 종교, 믿음과 이성이 대립해왔다. 예수 미스테리아 명제는 단순히 그리스도교의 새 역사가 아니라, 그러한 참담한 분열이 서구 영혼 속에 남겨 놓은 상처를 치유할 기회로 작용할 수 있다.

그리스도교가 고대 미스테리아에 빚을 지고 있다는 것을 인정한다면, 그리스도교는 인간의 영적 진화라는 보편적 흐름을 다시 탈 수 있을 것이다. 또한 악마의 것으로 낙인찍었던 다른 모든 종교적 전통을 적이 아닌 파트너로 삼을 수 있을 것이다. 그리스도교가 무거운 짐인 구약과 질투하는 일개 부족의 신을 포기한다면, 여성 신격의 지혜를 재발견할 수도 있을 것이다. 그리스도교가 독단주의를 포기한다면, 발견의 모험을 통해 과학적 앎과 신비주의를 통합한 고대의 경이를 다시 일깨울 수도 있을 것이다. 마지막으로, 신약이 실제 사건을 기록한 하느님의 말씀이 아니라 인간의 저술이라는 것을 인정할 수 있다면, 그리스도교 자체의 은밀한 미스테리아를 회복하지 못하게 가로막는 것은 아무것도 없을 것이다. 이것은 기대하기에 너무 벅찬 것일까?

고작 1세기 전에는 가장 사색적인 사람들까지도 아담과 이브의 이야기가 문자 그대로 역사적 사실이라고 믿었다. 자연의 진화라는 다윈의 생각은 우스꽝스럽고 이단적인 것으로 간주되었다. 오늘날 다윈의 "생각할 수 없는 생각"은 사실인 것으로 압도적인 인정을 받고 있다. "예수 미스테리아"를 제대로 이해하면, 그리스도교에 대한 우리의 이해도 크게 바뀔 수밖에 없을 것이다. 그리스도교가 이교 신앙에서 진화했으며, 예수 이야기가 창세기처럼 비유적 신화라는 것을 주장하는 것이 지금으로서는 터무니없어 보일지도 모른다. 그러나 내일이면 이 주장은 너무나 명백해서 논쟁거리도 되지 않을 것이다.

그리스도교는 신의 유일무이한 역사 개입으로 이루어진 것이 아니었다. 그리스도교는 다른 모든 것과 마찬가지로 과거로부터 진화한 것이다. 역사에서 느닷없는 단절은 없다. 변화의 연속이 있을 뿐이다. 고대 이교도 미스테리아는 죽지 않았다. 그 미스테리아는 그리스도교라는 새로운 종교로 모습이 바뀌었다. 서구의 영성은 이 두 위대한 전통에 의해 형성되어왔다. 이제 우리는 그 모든 풍요한 유산의 공통 기반과 그 유산에 대한 권리를 회복할 때가 되었다.

물론 근본주의자들은 이러한 말을 결코 받아들이지 않을 것이다. 그러나 그리스도교가 반발 압력에 굴복해서 권위주의적인 과거로 회귀해버린다면, 그리스도교는 역사의 쓰레기통 속에 스스로를 던져넣는 격이 될 것이다. 오늘날의 세계인들은 "성서에 쓰여 있기 때문에 그것은 틀림없는 사실"이라는 상투적인 말에 굴종할 정도로 어리석지 않다. 이미 그리스도교는 과거와 같은 지배력을 잃었다. 그러한 지배력의 상실과 더불어 우리 문화는 필사적으로 새로운 영적 방향을 찾아왔다. 그리스도교는 신비한 뿌리로 돌아감으로써만 새로운 물병자리 시대의 새로운 영성을 창조하는 역할을 담당할 수 있을 것이다. 문자주의 그리스도교는 역사적 거짓말이라는 불안정한 토대 위에 세워져 있다. 언제가 될지는 몰라도 조만간에 그 토대는 반드시 전복될 것이다. 그러나 은밀한 미스테리아의 그리스도교는 신비한 초시간적 진실의 반석 위에서 안식하고 있으며, 과거에 늘 그랬듯이 오늘날에도 초시간적인 진실과 잇닿아 있다.

하나의 진실

모든 영적 전통의 신비주의자들은 항상 현재적이며 결코 변치 않는 하나의 진리가 있다고 가르쳤다. 그것은 2천 년 전에 처음으로 난데없이 드러난 것이 아니었다. 그리스도교는 다만 인간의 항구적인 의미를 추구하는 한 장章이며, 진화하는 인간 의식의 대양에서 일렁인 하나의 물결이며, 아득한 고대로부터 신비주의자들이 도달했던 초시간적 그노시스를 언어화하고자 한 하나의 시도다. 하느님은 단 한 번 유일하게 소풍 삼아 지상에 도래한 것이 아니다. 우리는 약속된 재림을 기다려야만 하는 것이 아니다. 진실은, 신이 떠난 적이 없다는 것이다.

오늘날에는 그리스도교인이 예수 이야기 속에 암호화한 은밀한 미스테리아에 입문할 수 있는 전통이 남아 있지 않다. 하지만 "볼 눈"을 가진 사람들에게는 심오하고 신비한 그 가르침이 여전히 존재하고 있으며, 수세기에 걸쳐 위대한 그리스도교 신비주의자들에 의해 끊임없이 발견되어왔다. 그 가르침이 무엇인가를 철저히 탐구하는 것은 너무 큰 과제여서 이번 책에서는 감당하기 어려우니, 다음 책을 기다려주시기 바란다. 이번 책에서 우리 두 저자가 입증하고자 한 것은, 이교도 미스테리아와 그리스도교 양자의 핵심에 본질적으로 하나의 항구적인 철학이 내재해 있다는 것, 그리고 전통적으로 적대해온 이 두 종교는 사실상 근친 관계라는 것이다.

우리가 바라는 것은 그리스도교를 공격하는 것이 아니다. 우리 두 저자는 그리스도교가 잃어버린 어떤 것 — 그노시스의 비밀을 밝혀주는 은밀한 미스테리아 — 를 회복하는 것이 가능하다는 것을 말하고 싶을 뿐이다. 우리는 예수 미스테리아 명제가 그리스도교를 해친다고는 보지 않는다. 역으로 고대 예수 이야기의 장엄함을 밝혀주는 명제라고 본다. 고대의 예수 이야기는 진실로 "역사상 가장 위대한 이야기"다. 그것을 만드는 데 수천 년의 세월이 걸린 이야기인 것이다.

『역사의 연구』에서 아놀드 토인비Arnold Toynbee는 이렇게 썼다.

> 죽어가는 반신반인의 모습 뒤에는, 여러 이름으로 여러 세계를 위해 죽는 참된 신의 위대한 모습이 어려 있다. 미노스 문명 세계를 위한 디오니소스, 수메르 문명 세계를 위한 담무스(타무즈), 히타이트 문명 세계를 위한 아티스, 시리아 문명 세계를 위한 아도니스, 그리스도교 문명 세계를 위한 그리스도가 그것이다. 단 한 번 수난을 당한 것이 아니라 여러 차례 출현해서 수난을 당한 이 신은 누구인가?[2]

그 답은 바로 우리 자신이다. 고대 미스테리아는 우리 모두가 신의 아들과 딸이라고 가르쳤다. 희생된 신인 신화를 이해함으로써 우리도 부활해서 참된 불멸성, 거룩한 정체성을 얻을 수 있다. 이교도 철학자 살루스티우스는 미스테리아 신인 아티스의 신화에 대해 이렇게 썼다.

> 아티스 이야기는 과거 속에 고립되어 있는 하나의 사건이 아니라, 영원한 보편 과정을 상징한다. 그 이야기는 질서 정연한 세계와 밀접하게 연관되어 있다. 그래서 우리는 의식儀式을 통해 그것을 재현함으로써 우리 내면의 질서를 얻게 된다. 아티스와 마찬가지로 우리는 하늘에서 떨어졌으며, 신비하게 아티스와 더불어 죽어서 아이로 재탄생한다.[3]

예수 신화도 마찬가지다. "과거 속에 고립되어 있는 사건"이 아니라, 지금 이 자리에서, 항구적으로 영적 재생이 가능하다는 것을 가르쳐 주는 이야기다. 예수 신화는 바울이 주장한 신성한 비밀, 곧 "너희 안에 계신 그리스도"를 지금도 드러낼 수 있다. 영지주의자 예수는

『도마의 복음서』에서 다음과 같이 약속한다.

> 내 입에서 나온 것을 마시는 자는 나와 같아지리라. 내가 몸소 그가 되리니, 감추어진 것들이 그에게 환히 드러나리라.[4]

후주

01 생각할 수 없는 생각

1 『도마의 복음서』, 62.
2 미트라스 신앙의 비문Mithraic inscription. Godwin, J. (1981), 28쪽에서 재인용.
3 알렉산드로스Alexandros가 죽은 후 한 세대가 지나기 전에, 『이집트 역사Aegyptiaca』의 압데라의 헤카테우스Hecateus of Abdera와 펠라의 레온Leon of Pella은 합성명인 오시리스-디오니소스를 사용하고 있었다. Taylor, L. R. (1931), 27쪽.
4 최근의 경향을 따라 모든 연대는 BCE 혹은 CE — '공통 시대 이전Before the Common Era' 혹은 '공통 시대Common Era' — 로 표기하였음에 주의하기 바란다. 종교적으로 중립적인 이러한 용어들은 일반적으로 사용되는 BC와 AD를 대신한다.
5 전통적으로 이 두 진영은 각각 '정통orthodox' 혹은 '보편적catholic' 그리스도인들과 영지주의자들Gnostics로 알려져 있다. 오늘날 이러한 이름을 사용하는 제도권 종교들(동방 정교회와 로마 가톨릭교회 — 옮긴이)과의 혼동을 막기 위해, 우리는 '정통' 혹은 '보편적' 대신 '문자주의자Literalist'를 채택하였다.
6 *The Second Treatise of the Great Seth*, VII, 60장 20행. Robinson, J. M. (1978), 362쪽에서 재인용.
7 Pagels, E. (1979), 147쪽.

02 이교도의 미스테리아

1 Euripides, *The Bacchae*, 194쪽, 74~83행.
2 Kirk and Raven (1957), 393쪽의 Anaxagoras 532절. 141쪽의 Anaximander 140절을 보라.
3 디오게네스 라이르티우스Diogenes Laertius는 지구가 둥글다고 말한 최초의 인물

이 피타고라스라고 했지만, 서양에서 구형 지구에 대한 최초의 언급은 플라톤의 『파이돈』, 110b에 등장한다. Guthrie, K. S. (1987), 154쪽을 보라. 알렉산드리아 학자인 에라토스테네스Eratosthenes(BCE 275~194년)는 에스파냐에서 출발해 서쪽으로 항해하면 결국 인도에 닿을 것이라고 단언했다. Marlowe, J. (1971), 72쪽을 보라.

4 "대부분의 사람들은 지구가 우주의 중심에 있다고 말하지만, 피타고라스학파로 알려진 이탈리아 철학자들은 반대의 견해를 갖는다. (우주의) 중심에는 불이 있고, 이 중심의 주변을 순환하는 운동에 의해 밤과 낮이 생기는 여러 행성들 중 하나가 지구라고 그들은 말한다." Kirk and Raven, 앞의 책, 257쪽, 329절. 이후 피타고라스학파의 이론은 알렉산드리아 도서관의 천문학자들에 의해 채택되었다. "사모스의 아리스타르코스Aristarchos는 …… 지구가 원주상의 태양 둘레에서 탄생한다고 가정한다." Walbank, F. W. (1981), 185쪽을 보라. 아리스타르코스는 에라토스테네스의 후임 (알렉산드리아) 도서관장이었다. Marlowe, 앞의 책, 74쪽을 보라.

5 Marlowe, 위의 책, 71쪽. 에라토스테네스의 계산은 1% 미만의 오차로 정확했다.

6 Lane-Fox, R. (1986), 47쪽. 아우구스투스Augustus는 일억 명 이상에 달하는 제국을 통치했다. 예컨대 이집트에서는 19세기 중엽이 되어서야 전체 인구가 다시 8백만 명 가까이 되었다.

7 Kerenyi, C. (1967), 11쪽에서 재인용. 조시모스는 그리스도교인 황제 발렌티니아누스Valentinianus에 의해 CE 4세기에 통과된 법들에 대해 논평하고 있다. 이 법들은 엘레우시스의 그리스 미스테리아의 축전을 금지하기 위한 것이었다. 지역 당국에게는 미스테리아가 실행되어서는 안 되는 것들로 여겨졌는데, 미스테리아가 여전히 대단한 찬양을 받으며 개최되었기 때문이다.

8 Cicero, On the Laws, 2.36. Campbell, J. (1964), 268쪽에서 재인용.

9 Burkert, W. (1985), 291쪽. 즉 "디오니소스는 예외적인 것들의 신이다. 개인이 독립성을 얻게 되면서, 디오니소스 제의cult는 사적인 집단들이 도시 국가polis로부터 분리되는 수단이 된다. 공식적인 디오니소스 축제들과 더불어 디오니소스 미스테리아들이 출현한다." Guthrie, W. K. C. (1952), 50쪽. 즉 "6세기의 위대한 종교적 부흥에 주목하는 사람들이 말하고자 했던 바가 바로 이러한 신비 종교들의 역사적인 출현이다. 이때부터 믿음의 선택은 개인적 성향의 문제가 되고 ……." "BC 4세기부터, 고학력자 대다수가 매력을 느꼈던 그리스 종교의 형태는 올림포스 신들의 종교가 아니라, 신성godhead과 더 개인적인 관계를 갖게 한 미스테리아 종교였다."라는 예거Jaeger의 견해를 기록하고 있는 Wallis, R. T. (1992), 28쪽을 보라. 신비 종교들은 알렉산드로스의 정복 후 조성된 상황들에 매우 잘 들어맞았는데, 이 당시는 예전의 서로 다른 문화들이 동시에 혼재하는 상태였다. 비

교 종교학이 탄생하였고, 오래된 민족 신들과 종족 신들이 재창조되었다. 새로운 지중해 언어인 코이네koine(BCE 5~3세기에 사용된 표준 그리스어 — 옮긴이)가 사람들에게 새로운 도전과 기회들을 제공하였다. 미스테리아의 개인주의적인 구원 제의들은 이러한 환경에서 번성하였다.

10 Burkert, 위의 책, 289쪽. 끝과 시작이 하나라는 신비적인 이해는 많은 입문자들이 표현한 생각이다. 그리스어에서 입문식은 '끝마치다'를 뜻하는 텔레테telete이지만, 키케로가 이 개념을 라틴어로 번역했을 때는 '시작하다'를 뜻하는 이니티아티오initiatio를 사용하였다. 이 두 용어가 모두 옳을 수 있다는 것이 이러한 역설을 반영한다. 입문자에게는 탄생, 죽음, 그리고 입문의 순간이 모두 동일하다.

11 Lucius Apuleius, *The Golden Ass*, 187쪽, 18장. "이것이 가장 행복했던 입문식의 날이었고, 나는 이날을 나의 생일로 경축한다. …… 나는 여신상女神像을 바라보는 형언할 수 없는 즐거움을 만끽하면서 여러 날 동안 사원에 머물렀는데, 갚을 길이 없는 감사의 빚이 나를 그 여신에게서 꼼짝 못하게 했기 때문이었다."

12 플라톤, 『파이드로스』, 250b~250c.

13 Kingsley, P. (1995), 24장. 소크라테스 이전 철학자들에 대한 현재의 연구가 위기에 처하게 되었다고 킹슬리Kingsley는 말한다. 계몽주의 이후의 고전학자들은, 신약 성서의 초자연주의에 대해서 당황했던 것처럼, 피타고라스나 엠페도클레스 같은 사람들의 '기적 퍼뜨리기'와 신비주의에 대해서도 당황하였다. 결과적으로 오르페우스/피타고라스 교의와 미스테리아에 플라톤이 신세를 졌다는 점이 무시되거나 오해되었다. BCE 6~5세기에 그리스를 휩쓸었던 동양 신비주의의 물결로부터 '합리주의' 철학이 출현했다는 사실을 역사가들이 인식하기 시작한 것은 겨우 최근이다. Boardman, Griffin and Murray (1986), 115쪽의 다음 부분을 보라. "과학과 철학의 발달은, 순수 이성이 아니라 동양 신화에서 유래한 비전통적인 교의들의 확산과 동시에 이루어졌거나, 어느 정도는 이들과 관련되어 있다!"

14 플라톤, 『향연』, 220c~220d.

15 Kirk and Raven, 앞의 책, 183쪽. 에베소의 고아들은 소아시아의 '위대한 어머니' 아르테미스의 신전에서 양육되었다. 헤라클레이토스가 자신의 명저를 기증한 곳이 바로 이 사원이었다. 곰이 아르테미스의 토템 동물이었는데, 이것은 아마도 곰의 지독한 모성 보호 본능 때문이었을 것이다. 신전의 아이들은 "어린 짐승들cubs"로 알려져 있다.

16 Plutarch, *Life of Pericles*, 16쪽.

17 디오테네스와 안티스테네스Antisthenes는 플라톤의 제자였고, 견유 철학의 창시자들이다.

18 에우리피데스는 마지막 고대 그리스 비극 작가였다. 『바쿠스의 여인들The Bacchae』은 그의 마지막 작품이었다. 에우리피데스가 작업하고 명상했을 것으로

여겨지는 동굴이 최근 살라미스 근방에서 발견되었다.

19 킹슬리는 플라톤 철학의 많은 부분이 미스테리아의 가르침에서 유래했다고 확신한다. Kingsley, 앞의 책, 112쪽. BCE 6~5세기에 그리스를 휩쓴 오르페우스교와 피타고라스주의 종교 운동에 의해 미스테리아가 형성되었다. 파우사니아스Pausanias가 피타고라스의 비밀 교의를 인용하여 말하기를, "미스테리아를 보았거나 오르페우스의 저작들을 읽은 자들은 누구나 내가 의미하는 바를 알 것이다."라고 했는데, 이것은 오르페우스의 격언들이 성스러운 의례들의 집전 과정에서 사용되었다는 것을 암시한다. 플라톤의 뒤를 이어 아카데메이아를 맡았던 플라톤의 조카 스페우시푸스Speusippus가 작성한 문서 일부가 최근 발견되었는데, 이것에 의하면 그가 플라톤이 피타고라스의 계승자였다고 보고 있음이 분명하다. Burkert, W. (1972), 62쪽을 보라. 아리스토텔레스 역시 플라톤이 피타고라스에 의존하였다는 점을 지적한다. Kingsley, 위의 책, 111쪽을 보라. 포티오스Photios는 플라톤이 이탈리아 피타고라스학파에 전적으로 의존하였다고 진술했고, 아파메아Apamea의 누메니오스Numenios는 플라톤이 자신의 모든 교의를 피타고라스로부터 도출하였다고 주장했다. Boardman, Griffin and Murray, 앞의 책, 700쪽을 보라. 프로클루스Proclus는 "플라톤이 신성한 문제들에 대한 모든 지식을 피타고라스와 오르페우스의 저작에서 얻었다."라고 우리에게 전하며, 가데스Gades의 모데라투스Moderatus는 플라톤이 출처도 밝히지 않고 피타고라스의 사상을 사용하였다고 비난하면서 그를 맹렬히 비판하였다. Guthrie, K. S., 앞의 책, 41쪽을 보라. 미스테리아, 오르페우스교, 피타고라스주의, 플라톤 철학은 오로지 통합된 총체로서만 이해될 수 있다. 불행하게도 이러한 미스테리아에 이르는 열쇠는 입문식 과정에서 전수된 비밀이었는데, 입문자들은 하나같이 이 비밀을 간직한 채 무덤으로 가버렸다.

20 클레안테스Cleanthes의 것으로 보이는 경구警句. Kahn, C. H. (1979), 95쪽에서 재인용.

21 *Concerning the Gods and the Universe*, 4쪽. Angus, S. (1925), 70쪽에서 재인용.

22 Gregory, J. (1987), 188쪽에서 부분 수정 인용.

23 Sopatros, *The Rhetorician*, 8.114. Burkert, W. (1992), 90쪽에서 재인용.

24 Angus, 앞의 책, vii쪽. 엘레우시스는 그리스도교 수도사들의 지원을 받은 고트족의 알라리크Alaric the Goth에 의해 파괴되었다.

25 Burkert (1985), 286쪽. 그리고 Willoughby, H. R.(1929), 38쪽을 보라. 여기에서는 여성과 노예들에게도 의례 참여가 허용되었다는 증거가 제시된다. 술라Sulla, 마르쿠스 안토니우스Marcus Antonius, 키케로, 아우구스투스, 클라우디우스Claudius, 도미티아누스Domitianus, 하드리아누스Hadrianus와 마르쿠스 아우렐리우스Marcus Aurelius를 포함하여 수많은 로마 귀족들과 황제들이 엘레우시스에서

입문하였다. Magnien, V. (1938), 25쪽 이하를 보라.
26 브라만 사제 자르마로스Zarmaros는 인도의 포로스Poros 왕의 대사로 아우구스투스 황제에게 갔다. BCE 31년에 입문한 아우구스투스는 이 손님을 입문시키기 위해 비정규적인 엘레우시스 미스테리아 집전을 포고하였다. 미스테리아의 절정의 순간, 성소가 열리고 어마어마한 불꽃이 뿜어져 나왔을 때, 자르마로스는 그 화염 속으로 곧장 걸어 들어감으로써 참관자들을 깜짝 놀라게 했다. Kerenyi (1967), 100쪽 이하를 보라.
27 BCE 479년 당시 경이로운 광경으로 보였을 디오니소스 향연자들의 수 3만은, 헤로도토스가 어딘가에서 아테네의 총인구로 지적했던 수치다. Herodotus, *The Histories*, 544쪽, 제8권, 63~68장.
28 Burkert, 앞의 책, 287쪽.
29 한꺼번에 3천 명을 수용할 수 있는 텔레스테리온에 들어가기 전에 입문자들의 비밀 서약이 행해졌다. 미스테리아는 엘레우시스에서 1,100년 이상 거행되었고, 이 기간 동안 수천수만 명이 입문했을 것이 분명하다. 그런데도 그 안에서 무슨 일이 있었는지에 대해, 역사가를 만족시킬 만한 단 하나의 직접적인 설명도 남아 있지 않다. 지금까지 축적된 것은, 도자기, 조각, 시, 희곡, 철학자들과 다른 문헌 자료들에서 얻은 간접적인 증거들이다.
30 "엘레우시스의 히에로판테스는 제2의 디오니소스처럼 보인다." Kerenyi, 앞의 책, 55쪽. 아이스킬로스Aeschylos 비극들의 배우들은 히에로판테스 복장을 했는데, 이것은 미스테리아의 기원과 극장의 탄생 사이에 밀접한 관련이 있다는 증거다.
31 Angus, 앞의 책, 61쪽.
32 디오니소스 제의로부터 극장이 발전했다는 것은 잘 알려진 사실이지만, 이것이 어떻게 발생했는지는 거의 이해되지 않았거나 피상적으로 연구되었다. 가세트Gasset가 쓰기를 "비극은 종교적인 의식儀式이었다. …… 그리스 학자들은 아테네인들의 신앙 때문에 당혹해하고, 비극을 재구성하지 못한다. 그들이 그렇게 할 때까지, 그리스 비극은 그 어떠한 사전事典도 없는 언어가 쓰여 있는 종이에 지나지 않을 것이다."라고 했다. Kerenyi, C. (1976), 315쪽을 보라. 극장의 원형 오케스트라가 추수기에 사용된 원형의 타작마당에서 유래했다는 것, 디오니소스를 기리기 위해 수행된 광범위한 대중적 의례들로부터 극장이 시작되었다는 것을 우리는 잘 알고 있다. 디오니소스를 위해 실행된 최초의 비극이 모방 퍼포먼스, 즉 노래가 동반된 수난극이었다는 증거가 Guthrie, W. K. C., 앞의 책, 32쪽에 제시되어 있다. 따라서 최초의 비극은 아마도 신의 죽음 및 사지 절단dismemberment과 관련되었을 것이다. 또한 그리스 극장에서 상연된 연극들 중에는 "디오니소스와 밀접하게 연관된 일부를 포함하여, 영웅들을 여러 갈래로 찢는 것을 다루는 연극들

이 놀랍도록 많았다."고 한다. 미스테리아와 극장이 동일한 시대, 동일한 문화, 동일한 수호신의 보호 아래에서 발생했다는 것을 이해하는 것은, 엘레우시스에서 행해진 극적인 의식 때 발생했을 일들에 대한 귀중한 통찰을 제공한다.

33 Otto, W. F. (1965), 49쪽. Macchioro, V. D. (1930), 75쪽도 보라. 여기에는 디오니소스의 죽음을 미스테리아에 누가 소개하였는가에 대한 두 가지 전통이 언급되고 있다. 한 전통에서는 그것이 오르페우스 자신이었다고 전하고, 다른 전통에서는 오르페우스교 시인 오노마크리토스Onomacritos가 BCE 6세기에 그 혁신을 일구었다고 전한다. 알렉산드리아의 클레멘스는 미스테리아에서 드러난 상징들이 디오니소스의 죽음을 뜻한다고 확실하게 증언한다.

34 정화淨化를 뜻하는 용어. 아리스토텔레스는 『시학』에서 비극은 연민과 공포를 통해 감정을 깨끗이 하는 것(카타르시스)으로 귀결되어야 한다고 말한다. 미스테리아 역시 카타르시스가 되는 것을 의도하였다. 흥미로운 일부 단편이 남아 있는 엠페도클레스의 시 「정화Catharmoi」는 입문식의 기도문이었을 것으로 추정된다.

35 Angus, 앞의 책, 93쪽. 아리스토텔레스에 대한 시네지우스Synesius의 언급을 재인용. 미스테리아의 입문자들은 무언가를 배우는 것mathein이 아니라, 무언가를 견디어낼 것pathein을 요청받았다고 아리스토텔레스는 적고 있다.

36 Burkert (1992), 11쪽에서 재인용.

37 "신비 종교의 가르침들은 우화, 신화, 상징적 심상으로 독특하게 구현되었는데, 이러한 것들은 '가르치는 이야기들'이면서도 인간 경험의 기본적인 패러다임들이었다. 어떤 철학 학파들, 특히 스토아학파와 플라톤학파는 논리적인 묘사가 불가능한 통찰들을 설명하기 위하여 전통적인 신화들을 끌어들였다. 게다가 그들은 전통적인 신화들에 대한 해석이, 철학 자체에 대한 추구처럼, 입문 과정의 구성 요소가 되는 데 그 핵심이 있다고 보았다." Fidler, D. (1993), 6쪽.

38 플라톤, 『파이돈』, 69c.

39 "미스테리아를 이해한 자들이 말하는 바처럼, '지팡이를 갖고 다니는 자들은 많지만, 바코이Bacchoi(진정한 디오니소스 숭배자 — 옮긴이)가 되는 자는 극히 드물다.'" 위의 책, 69d. 신인과 하나가 되는 것이 미스테리아의 목표였다.

40 Fidler, 앞의 책, 23쪽에서 재인용. 살루스티우스 또한 이렇게 적고 있다. "우주 그 자체는 신화라 불릴 수 있는데, 육체들과 물질들은 그 안에서 분명하게 드러나는 반면, 영혼들과 지성들은 감추어졌기 때문이다." Ehrenberg, V. (1968), 5쪽을 보라.

41 Heliodorus, *An Ethiopian Story*, 9.9. Fidler, 위의 책, 322쪽 주 46에서 재인용.

42 초심자는 미스타이mystae로 불렸는데, 이것은 '닫힌 눈들'을 뜻하고 '신비mystery'와 '신비주의mysticism'의 어원이다. 미스타이는 아직은 비밀스런 은밀한 미스테리아를 이해하지 못한 자들이었다. 더 높은 단계의 입문자들은 '보았다'를

뜻하는 에포프타이epoptae라고 불렸다. 에포프타이는 은밀한 미스테리아를 이해한 자들이었다. Kingsley, 앞의 책, 367쪽.

43 디오니소스 제의의 대중성에 대해 이렇게 구체적 증거들이 풍부한데도, 케레니이Kerenyi는 "오늘날에조차 디오니시안Dionysian 분야의 거의 모든 것들이 여전히 규명되어야 하는 것으로 남아 있다."는 니체의 비탄을 되풀이한다. Ke-renyi, C. (1976), 서문, xxiv쪽. 예수 미스테리아는 이렇게 진행 중인 탐구의 일부분이다.

44 Harrison, J. (1922), 413쪽. 디오니소스는 종종 디오니소스 폴리노무스Dionysos Polynomos, 즉 '이름 많은 디오니소스'로 간단하게 불린다.

45 "이집트인들이 밤중에 상연한 곳이 바로 이 호수인데, 그들이 자신들의 미스테리아를 무엇이라 불렀는지, 어떤 이름을 지닌 존재의 수난극인지에 대해서는 말하지 않겠다." Herodotus, *The Histories*, 197쪽, 제2권, 172장. 그리스 신비 종교의 모든 입문자들처럼 헤로도토스는 비밀을 지킬 것을 엄숙히 맹세했지만, 이곳 이집트에서 그는 공개적으로 거행되고 있던 동일한 의식들을 발견했다. 그리하여 그는 종종 의도적으로 은밀하거나 다른 입문자들만이 이해할 수 있는 웅변적인 침묵을 유지했다. 엘레우시스에서는 선택된 극소수에게만 극도로 비밀리에 상연되던 것과 동일한 연극이 공개적으로 행해지는 것을 보고 헤로도토스가 깜짝 놀랐던 것이 분명하다. "이러한 상연들의 모든 세부적인 것들에 대해 내가 알고 있지만, 나는 더 이상 말하지 않을 것이다."라고 그는 애매하게 기록하고 있다.

46 "육화한 신에 대한 봉헌과 희생 제의에 관한 성스러운 연극을 피라미드 문서에서 발견할 수 있다." Murray, M. A. (1949), 39쪽. 이것의 시기는 BCE 2700년이다.

47 프사메티코스 1세Psammetichos I는 이오니아 그리스인들이 나일강 삼각주에 교역소를 세운 것을 BCE 670년에 승인했다.

48 아일리아누스Aelianus는 피타고라스의 황금관, 흰옷과 바지에 대해서 말한다. 일부 학자들에 의해서 이것이 이오니아 시인의 전통적인 복장으로 해석되어왔지만, 부르케르트Burkert는 "죽음과 부활의 주님인 최고의 신이 정확히 동일한 옷차림으로 '미트라스 의식Mithras liturgy'에 등장한다."라고 언급한다. Burkert (1972), 165쪽. 따라서 피타고라스의 복장에 대한 설명은 그를 입문자로 묘사하려는 의도였던 듯하다. 달비엘라D'Alviella는 이것이 미스테리아 입문자의 전통적인 의상이었고, 후에 이것을 침례를 받는 그리스도교 세례 예비자들에게 입혔다고 적고 있다. D'Alviella, G. (1981), 114쪽.

49 Guthrie, K. S., 앞의 책, 60쪽.

50 "호메로스에게 디오니소스는 아직 올림포스의 신이 아니다. 파르테논 프리즈frieze(지붕 아래 띠 모양의 조각물 장식 — 옮긴이)에서는 디오니소스가 좌정한 신들과 함께 등장한다." Harrison, 앞의 책, 365쪽. 해리슨Harrison의 연구는 BCE 6~5세기에 아테네에서 일어난 혁명을 더욱 자세히 설명해준다. 이 시기 동안에

그리스는 후에 종교적 부흥이라 할 흐름 속에서 디오니소스 제의에 휩싸였다. 호메로스의 올림포스 종교에서는 불멸의 신들과 죽을 운명의 인간들 사이에 엄격한 경계가 있었다. 디오니소스는 이러한 종교적 금기를 타파했다. 즉, 그는 인간이 된 신으로서, 죽었다가 신이 되기 위하여 올림포스의 경계를 넘어섰다. 고대 올림포스의 신들과 달리 디오니소스는 언제나 신봉자 행렬에 둘러싸인 것으로 묘사되고, 아테네에서의 그의 승리와 함께 최초의 민주제가 탄생하였다. 해리슨은 디오니소스를 "민중의 신"이라고 부른다.

51 『철학의 역사The History of Philosophy』에 있는 이암블리코스Iamblichos의 「피타고라스의 생애The Pythagoric Life」와 포르피리오스Porphyrios의 「피타고라스의 생애The Life of Pythagoras」를 보라. BCE 6세기에 피타고라스의 추종자들은 '오르페우스의 삶의 방식'에 헌신하는 종교 공동체를 남부 이탈리아에 설립하였다. 남녀가 평등했고, 모든 것을 공동으로 소유했으며, 새로운 입회자는 5년 동안의 침묵 서약을 하였다. 이들은 떠오르는 태양을 경배하기 위해 새벽에 일어났고, 낮 동안에는 철학 연구와 종교적 의식들을 수행했으며, 저녁 공동 식사에서는 성스러운 경전들을 읽었다. 그들은 엄격한 채식주의자들이었고, 흰옷을 입고 독신을 실천하였다. 이러한 실천들은 명백하게 중세 수도사들의 실천을 연상시키는데, 이러한 유사성은 우연이 아니다. 최초의 그리스도교 수도원의 창시자인 성 안토니우스는 그 자신이 피타고라스 추종자였으며, 남부 이탈리아 크로톤Croton의 피타고라스 공동체들을 자신의 수도원 공동체의 모범으로 삼았다. Lietzmann, H. (1961), Book 4, 136쪽 이하를 보라.

52 오시리스-디오니소스는 신비주의 신인의 근원을 이해하는 데 가장 유용한 명칭이다. 헤로도토스는 디오니소스 의례들이 오시리스 의례들에서 유래한다고 하면서, "오시리스가 디오니소스다."라고 말한다. BCE 1세기의 디오도루스Diodorus는 다음과 같이 말하면서 이것을 확증한다. "오시리스 의례는 디오니소스 의례와 동일하며, 이시스 의례는 데메테르 의례와 매우 유사하다. 즉, 이름만 바뀌었을 뿐, 불의不義한 자들의 하데스Hades 형벌, 의인義人들의 들판과 환상적인 개념들 등 많은 이들 사이에서 통용되는 이러한 모든 것들은, 오르페우스가 이집트 장례 풍습을 모방하여 소개한 것들이다." CE 2세기의 플루타르코스 또한 "오시리스는 디오니소스와 동일하다."라고 분명하게 진술한다. Plutarch, *De Iside et Osiride*, 35쪽을 보라. 그리스 종교에 대한 최고 권위자인 발터 부르케르트는 "신화가, 그리고 지하의 신 디오니소스에 대한 바로 그 제의가, 또한 은총 받음과 지하 세계에서의 징벌에 대한 믿음이, 그 시초부터 과연 얼마만큼이나 이집트 오시리스 제의에 의존하였는가라는 것은 진중하게 물어야 할 의문으로 남아 있다."라고 1977년에 기술하고 있다. Burkert (1985), 298쪽을 보라.

53 엘레우시스 사제인 티모테오스는 미스테리아 종교를 전파하기 위해 BCE 300년

에 알렉산드리아로 갔다. Burkert, W. (1992), 37쪽.
54 Turcan, R. (1992), 201쪽.
55 Angus, 앞의 책, 202쪽.
56 키케로는 "소크라테스가 당신은 어느 나라에 속하느냐는 질문을 받았을 때, 그는 '전 세계'라고 답했다."라고 전한다. Cicero, *On the Good Life*, 109쪽. 위의 책, 283쪽에서 재인용. 소크라테스의 제자인 안티스테네스Antisthenes를 따랐던 디오게네스 역시 자신을 세계인으로 불렀다. 데모크리토스Demokritos의 단편은 "지혜로운 자에게는 온 땅이 열려 있다. 왜냐하면 선한 영혼의 본향이 온 땅이기 때문이다."라고 전한다. Lindsay, J. (1970), 93쪽을 보라.
57 Angus, 앞의 책, 195쪽, 부분 수정 인용.
58 Wallis Budge, E. A., *Egyptian Religion* (1899).
59 위의 책, 59쪽.

03 악마의 모방

1 Justin Martyr, *First Apology*, 54쪽. Hoffmann, R. J. (1987), 24쪽에서 재인용.
2 Hoffmann, 위의 책, 120쪽에서 재인용.
3 달비엘라는 그리스도교와 미스테리아 사이의 광범위한 유사성들을 조사한 후 "이교도들과 맞닿아 있는 이 모든 점들이, 최후의 이교 옹호자들에게 맞서 전투를 벌여야만 했던 그리스도교인들을 놀라게 하고 성가시게 했던 것이 분명하다."라고 지적한다. D'Alviella (1981), 119쪽.
4 King, C. W. (1887), 122~123쪽. 순교자 유스티누스가 주장하기를, 디오니소스에 대한 이야기는 창세기의 어떤 예언이 이뤄지기 위해서 참 그리스도를 의심하도록 "악마들에 의해 창안"되었다고 하였다. Guthrie, W. K. C. (1952), 266쪽을 보라. 2세기 후에 그리스도교 교부 피르미쿠스 마테르누스Firmicus Maternus도, 디오니소스의 부활 이야기는 진실한 신앙을 조롱하기 위한 시도라고 설명한다. 그는 분개하여 말하기를, "악마에게도 자신에게 속한 그리스도교인들이 있다."라고 하였다. *The Error of Profane Religion*, 23. D'Alviella, 위의 책, 119쪽에서 재인용.
5 Kingsland, W. (1937), 99쪽. 유스티누스 또한 『제1변증서』 62장에서, 미트라스 신봉자들은 자신의 신자들에게 "그대들의 신발을 벗으라."고 말하는데, 이것은 모세가 받았던 명령을 모방하는 것이라며 이들을 비난하였다. *Apology*, 1.62를 보라.
6 "우리는 …… 전능하신 하느님 아버지의 아들, 한 분이신 주 예수 그리스도, 곧 독생하신 하느님을 믿는다." CE 341년의 '봉헌 신조Dedication Creed'(제2차 안디옥

공의회에서 두 번째로 작성된 신앙 고백. 니케아 신조에서 언급된 하느님과 예수의 '동일 본질'에 대한 언급이 의도적으로 누락된 것이 큰 특징이다 — 옮긴이), Doran, R. (1995), 102쪽을 보라.
7 Euripides, *The Bacchae*, 222쪽, 836행.
8 '봉헌 신조'에 기초한 영성체의 킹 제임스 판.
9 Euripides, 앞의 책, 723행. Harrison (1922), 444쪽에서 재인용.
10 「요한복음」 1장 14절.
11 「로마서」 8장 3절.
12 Euripides, 앞의 책, 191쪽, 5행.
13 위의 책, 192쪽, 22행.
14 동정녀 키벨레 여신은 신God의 어머니 마테르 데움Mater Deum으로 알려졌다. 4세기에 마리아가 이 명칭을 물려받았다. Lane, E. N. (1996), 40쪽.
15 『헤르메스 문서집The Hermetica』의 '스토바이우스Stobaeus' 23편을 보라. 여기에서 이시스는 온 세계의 동정녀 코레 코스무Kore Kosmu로 환영받는다.
16 신화학자 조지프 캠벨은 디오니소스의 기적적인 탄생에 대한 오르페우스 신화와 예수의 탄생 사이의 유사성들을 다음과 같이 적고 있다. "동정녀 여신(페르세포네 — 옮긴이)이 동굴에 앉아서, 우주의 모습으로 장식될 망토를 양모로 평화로이 짜고 있을 동안에, 그의 어머니(데메테르 — 옮긴이)가 교묘하게 일을 꾸며서 그녀가 그곳에 있다는 사실을 제우스가 알도록 하였다. 그래서 제우스는 거대한 뱀의 형상으로 다가갔다. 그리하여 그 동정녀는 언제나 죽고, 언제나 살아나는, 빵과 포도주의 신 디오니소스를 잉태하였다. 그는 그 동굴에서 태어나서 양육되었고, 아기였을 때 찢기어 죽었다가 부활하였다. …… 이와 동일한 고대의 배경에서 파생된 그리스도교의 전설에서는, 성령이신 하느님이 비둘기의 모습으로 동정녀 마리아에게 나타나셨고, 그녀는 '귀를 통하여' 하느님의 아들을 잉태하였는데, 그는 동굴에서 태어나서 죽었다가 부활하였고, 미사(가톨릭의 예배에서는 매번 성찬식을 갖는다 — 옮긴이)의 빵과 포도주에 실재적으로 현존하신다." Campbell, J. (1964), 26쪽.
17 극히 일부만 남아 있는 『헤브라이 사람들의 복음서』의 한 단편에서는 마리아에 대해서, "그리스도께서는 그녀의 자궁 속에 일곱 달 동안 계셨다."라고 말한다. Barnstone, W. (1984), 335쪽과 Metzger, B. M. (1987), 170쪽을 보라. 『헤브라이 사람들의 복음서』는 이집트에서 기록되었을 것으로 여겨진다. Stanton, G. (1995), 101쪽을 보라. 또한 클레멘스는 이것이 플라톤의 『티마이오스』에서 인용되었다고 보았다. Barnstone, 위의 책, 335쪽을 보라.
18 시칠리아의 디오도루스와 루치안이 세멜레의 일곱 달 수태를 보고하고 있다. Kerenyi (1976), 106쪽.

19 Justin Martyr, *Apology*, 3.
20 Lactantius, *Divine Institutions*, 4.27, 20. Turcan (1992), 279쪽에서 재인용. 교부 락탄티우스는 하느님 아버지와 아들의 동질성에 대한 이러한 교리가 "신성한 미스테리아에서 암시되었다."고 분명하게 말한다.
21 이집트 프톨레마이오스 통치기의 왕과 왕비에게는 모든 사원에 탄생의 방이 마련되어 있었다. 여기에서 신의 아들인 왕의 신성한 탄생이 해마다 경축되었다. Murray (1949), 45쪽.
22 위의 책, 39쪽.
23 Iamblichus, *Life of Pythagoras*. Guthrie, K. S. (1987), 58쪽에서 재인용.
24 Grüber and Kersten (1985), 223쪽.
25 킹슬레이는 감추어진 오르페우스교/피타고라스주의 전통이 엠페도클레스로부터 이슬람의 수피 신비가들에게 전해졌다는 것을 보여준다. 유대교와 그리스도교의 영지주의자들, 헤르메스주의자들, 알렉산드리아의 연금술사들은 모두 이러한 계보의 귀결점이다. 즉, 이 모든 것들은 하나의 고대 비교秘教 전통에서 유래하였다. Kingsley (1995), 380쪽.
26 Sallust, *Cataline*, 51.20을 보라.
27 Angus (1925), 227쪽.
28 Dittenberger, *Sylloge*, 2nd ed, 1.347, 3rd ed., 760. 위의 책, 109쪽에서 재인용.
29 위의 책, 227쪽.
30 Virgil, *The Pastoral Poems*, 53쪽. 베르길리우스의 네 번째 『전원시Eclogue』, 이른바 '메시아' 시는 BCE 40년에 씌었다. 로마 황제 아우구스투스 시대의 시인들은 그리스 철학과 신비주의에 깊이 매료되어 있었고, 이들을 통해 오르페우스와 피타고라스의 교의들을 비롯하여 새로운 시대에 대한 점성술적 가르침들이 출판되어, 제국의 정치적 선전에 기여하였다. 아우구스투스의 생일이 9월 23일(처녀자리 — 옮긴이)이었음에도 불구하고, 그는 자신의 별자리가 미트라스와 예수처럼 염소자리라고 하였다. 동전에는 염소자리의 표지과 함께 자신의 초상을 넣었다. 별자리의 12궁 중에서 염소자리가 '신들의 문'이라는 것, 즉 동지 때 태양이 재탄생하는 곳이라는 것은 그리스-로마 사상에서 일반적이었다.
31 Mayor, Fowler and Conway (1907), 22쪽. 베르길리우스의 시를 이런 식으로 해석한 최초의 시도는 콘스탄티누스 대제의 기록이다. 콘스탄티누스가 주장하기를, 그 시인은 자신이 그리스도에 대해 기록하고 있다는 것을 알았지만, "박해를 피하기 위해 비유 속에 예언을 감추었다."라고 하였다. 이러한 믿음은 수세기 동안 받아들여졌지만, 어떤 현대 학자는 "만약 나의 말이 진실이 아니라면, 나는 불경스러운 언사를 하는 것이 되겠지만, 영감을 받은 메시아 예언이 『전원시』에 담겨 있다는 것은 우스꽝스런 생각"이라고 하였다. 위의 책, 12쪽을 보라.

32 Wallace-Hadrill, A. (1993), 86쪽. 알렉산드로스 대왕의 탄생에 대해서도 비슷한 설화들이 있다.
33 Dittenberger, *Orientis Graeci Inscriptiones Selectae*, 458쪽. 아우구스투스 전공 학자 앤드류 월리스-헤드릴Andrew Wallace-Hadrill은 최근 발견된 BCE 9세기 소아시아의 비문에 대해서 다음과 같이 적고 있다. "우리가 이러한 종류의 것들을 더욱 많이 갖게 된다면, 바울의 말이나 사상과의 연결성이 훨씬 덜 이상할 것이다." Wallace-Hadrill, 위의 책, 93쪽을 보라.
34 Hoffmann, 앞의 책, 57쪽에서 재인용.
35 이교도들의 입장에서는 신의 탄생 신화란 은유적인 가르침이었다. 미스테리아의 입문자들이 볼 때, 인간 존재는 물질적인 몸과 영적인 혼으로 구성되었다. 우리의 신적인 '아버지'는 하느님God인데, 그는 우리에게 불멸不滅의 혼을 주었고, 우리의 물질적인 '어머니'는 대지大地인데, 그녀는 우리에게 필멸必滅의 몸을 주었다. 물질이 홀로 생명을 낳을 수는 없지만, 보이지 않는 영혼에 의해 신비스럽게 생명을 잉태하며, 그리하여 영원한 처녀로 묘사된다. 이교도 철학자들에게는 우리 모두가 신의 아들과 딸들이다. 이러한 영적인 진리가 입문자들에게 비유로 표현된 것이 오시리스-디오니소스의 기적적인 탄생이다.
36 Euripides, 앞의 책, 519행. Harrison, 앞의 책, 436쪽에서 재인용.
37 위의 책. 디오니소스는 신비스럽게 잉태되었다.
38 Kerenyi (1967), 202쪽. 케레니이는 이 사건을 "상징적"인 것이라고 설명한다.
39 Harrison, 앞의 책, 552쪽.
40 "이 어머니의 결혼과 이 아들의 탄생"은 미스테리아의 절정이었다. 위의 책, 548쪽.
41 Wallis Budge, *Egyptian Religion* (1899), 43쪽.
42 BCE 1100년의 『태양신에게 바치는 찬가』. 위의 책, 37쪽.
43 다우트는 죽은 자들이 거주하는 지하 세계의 이름이다.
44 Murray, 앞의 책, 68쪽.
45 Harrison, 앞의 책, 548쪽 이하. 이러한 고대 의례와 이때 경축된 3일 축제는 "성聖금요일과 부활절에 경축된 일련의 것들과의 어떤 유사성을 갖는다는 사실이 간과될 수 없다."고 부르케르트는 말한다. Burkert (1985), 239쪽을 보라.
46 Wilson, I. (1984), 52쪽.
47 "어린 디오니소스에게 그는 세계의 통치를 맡겼고, 디오니소스를 왕좌에 앉혔다." 이러한 일은 디오니소스가 탄생한 동굴에서 이루어졌다. 『오르페우스 서사시 the Orphic Rhapsodies』. Burkert, 앞의 책, 297쪽에서 재인용.
48 Cumont, F. (1903), 131쪽.
49 피타고라스학파는 동물 희생 제의에 반대했는데, 이에 대한 엠페도클레스의 대

안이 황금과 유향과 몰약을 바치는 것이었다. Guthrie, W. K. C., 앞의 책, 197쪽.
50 Frazer, J. (1922), 337쪽.
51 위의 책, 346쪽.
52 위의 책, 347쪽.
53 나일강의 범람을 알리는 북반구에서 가장 밝은 별, 곧 시리우스의 일출은, 수천 년 동안 이집트인들에게 오시리스의 부활로 여겨졌다. Campbell, 앞의 책, 339쪽.
54 위의 책.
55 "AD 380년 키프로스에서 에피파니우스는 예수의 생일을 1월 6일로 경축하는 동일한 관습을 따랐다. 4세기의 시리아 교회도 비슷했다. 예컨대 요한네스 크리소스토모스Johannes Chrysostomos는 AD 386년 성령 강림절에 안디옥에서 설교하면서 그리스도교 축제로 단 세 가지, 즉 주현절主顯節 epiphany(1월 6일. 공현절公現節이라고도 한다 — 옮긴이), 부활절, 성령 강림절만을 언급했다. 그리고 주현절을 하느님이 이 땅에 출현하신 축일로, 즉 그리스도의 탄생 축일이라고 분명하게 묘사한다." Lietzmann (1961), Book 3, 314쪽.
56 "이집트에서 1월 5일은 BCE 1996년 이래 빛의 탄생을 뜻하는 축제일이었다." Kerenyi (1976), 299쪽.
57 비문에 의하면 디오니소스는 '제우스의 빛'이었다. Kerenyi, 앞의 책, 279쪽을 보라. 교부 피르미쿠스 마테르누스는 디오니소스가 "찬양하라, 새로운 빛"으로 환영받았다고 말한다. Angus, 앞의 책, 115쪽을 보라. 아티스도 이와 유사하게 '새로운 빛'으로 찬양되었다. 위의 책, 136쪽을 보라. 알렉산드리아의 클레멘스는 미스테리아 관용구인 "찬양하라, 오 빛이여"를 반복하지만, 이 경우에는 예수를 태양으로 환영하는 것이다. Stevenson, J. (1957), 181~182쪽을 보라.
58 Graves, R. (1955), 58쪽.
59 Campbell, 앞의 책, 349쪽.
60 「요한복음」 3장 30절.
61 "게자리는 영혼들이 내려오는 문이지만, 염소자리는 그들이 올라가는 문이다." Porphyry (1991), 44쪽. 포르피리오스는 이러한 교의가 플라톤의 것이라고 한다. 점성술에서 게자리는 생명의 여왕인 달에 의해 통제되는 반면, 염소자리는 죽음의 신인 토성의 지배를 받는다.
62 Frazer, 앞의 책, 360쪽.
63 『호메로스의 데메테르 찬가』. Inge, W. R. (1899), 353쪽에서 재인용.
64 Murray, 앞의 책, 39쪽.
65 Cumont, 앞의 책, 157쪽.
66 "안디옥에 있는 인간 사원의 입문식 홀에서 타원형의 움푹한 땅이 발견되었는데, 이에 대한 가장 분명한 설명은 이것의 용도가 세례였다는 것이다. 몇 개월 전 살

라리아 가도Via Salaria(일명 '소금길'. 로마 제국 최초의 도로로서 로마 군인의 급여였던 소금을 운반하던 길 — 옮긴이)에서 발견된 이교도의 지하 신전의 가장 두드러진 특징은, 아마도 세례식 욕조로 사용되었을 것이 분명한 큰 물통이 바닥 깊숙이 묻혀 있는 것이다." Angus, 앞의 책, 82쪽.

67 위의 책, 81쪽.
68 Cumont, 앞의 책, 167쪽.
69 알렉산드리아의 클레멘스는 "그리스인들 사이에서 유행하는 미스테리아에서는 정결 의식lustrations이 가장 중요한 부분을 차지한다."고 말한다. Angus, 앞의 책, 81쪽.
70 위의 책에서 재인용.
71 「로마서」 6장 1~8절. 또한 『헤르마스의 목자The Shepherd of Hermas』를 보라. 여기에서는 "하느님의 아들의 증표"가 물이라고 하는데, "물속으로 죽어서 들어갔다가 살아서 나온다."고 하였다.
72 Wells, G. A. (1975), 184쪽.
73 위의 책.
74 Cumont, 앞의 책, 157쪽.
75 달비엘라는 그리스도교가 이교도 의례를 거의 전적으로 이어받았다고 말한다. D'Alviella, 앞의 책, 114쪽. 요한네스 크리소스토모스와 키릴로스와 디오니시우스Dionysius에 의해 보고된 그리스도교 세례식은, 클라우디우스와 테미스티우스Themistius와 플루타르코스에 의해 기록된 이교의 입문 세례식과 동등할 수 있다.
76 Lucius Apuleius, *The Golden Ass*, 286쪽.
77 Eisler, R. (1920), 208쪽에서 재인용.
78 「마태복음」 3장 11~12절. 초대 교회에서는 불타는 횃불을 세례조洗禮盤(세례용 욕조 — 옮긴이)에 담금으로써 불에 의한 세례를 상징하였다고 한다. Harrison, J. (1963), 34쪽을 보라. 초기 로마 교회에서는 교황이 "선택된 자들"을 세례 장소로 인도한 후, 물 표면에 바람을 일으킴으로써 세례반에 담긴 물을 정화한다. 그런 다음, 부제副祭deacon들이 물에 촛불을 띄운다. 오늘날에도 유효한 『로마 미사 전례서Missale Romanum』에서는, 사제가 "이 물이 권능으로 충만하게 하소서."라고 기도하면서 세례반에 부활절 촛불을 띄운다. 그리스인들 사이에서는 제단의 불에서 점화한 장작이나 횃불이 정화수井華水에 추가되었고 공기에 의한 정화도 사용되었다. 달비엘라가 언급한 것처럼, "그리하여 미스테리아 입문 후보자들이 통과해야만 하는 세 가지 기본적인 요소들이 그리스도교의 세례반에 포함되었다." D'Alviella, 앞의 책, 113쪽.
79 Harrison (1922), 547쪽.
80 Frazer, 앞의 책, 388쪽.

81 「요한복음」 3장 3~12절(저자가 'breath'로 표기한 단어의 원어는 그리스어 '프뉴마 pneuma'인데, 바람 혹은 영spirit을 뜻한다. 그리스도교에서는 이것을 통상 '성령 Spirit'으로 번역한다 — 옮긴이).
82 Lietzmann, 앞의 책, Book 3, 320쪽. 314쪽도 보라. 알렉산드리아의 클레멘스가 말하기를, 바실리데스의 영지주의 추종자들은 1월 5일 밤을 예수의 세례일로 경축했다고 한다. 바실리데스파 영지주의자들 이후 150년이 지나 문자주의자들은 이날을 예수의 세례일과 주현절로 수용하였다.
83 위의 책. 오시리스의 탄생일은 나일강의 범람을 경축하는 것이었고, 그리스도교인들에게는 그리스도가 물을 성화한 날로 채택되었다.
84 위의 책. 정교회 역사가인 리츠만Lietzmann은 예수의 포도주 기적과 디오니소스 사이의 수많은 연관성을 지적하면서 다음과 같이 주장한다. "디오니소스가 행한 그 기적을 예수가 가나의 혼인을 기념하기 위해 행했던 날로 바로 이날이 채택된 것에 대해서는 더 이상의 설명이 필요 없다." 이러한 주장에 대해서 우리는 동의하지 않는다. 어떤 설명이 필요하다.
85 Otto (1965), 98쪽.
86 위의 책. Lietzmann, 앞의 책, 314쪽도 보라.
87 「요한복음」 2장 1~11절.
88 Lietzmann, 앞의 책, 321쪽.
89 Hoffmann, 앞의 책, 133쪽, 주 59.
90 아스클레피오스/예수 대결에 대한 상세한 묘사는 다음을 보라. Angus, 앞의 책, 307쪽.
91 위의 책, 309쪽. 아스클레피오스의 동상들은 4~5세기 당시에 예수를 묘사하는 모델이 되었다.
92 Kingsley, 앞의 책, 342쪽.
93 Guthrie, K. S., 앞의 책, 91쪽에서 재인용. 동일한 기적이 포르피리오스에 의해서도 기록되었다.
94 「마가복음」 4장 35~41절.
95 Guthrie, K. S., 앞의 책. 즉 "오류가 없는 지진 예측, 흑사병과 허리케인의 빠른 소멸, 우박의 즉각적인 사라짐, 강물결과 바다 파도의 잠잠해짐과 같이 감탄할 만하고 신적인 수많은 항목들이 한결같이 피타고라스와 연관되었는데, 이렇게 함으로써 피타고라스의 제자들이 더 쉽게 이러한 기적들을 자신들에게 귀속시킬 수 있었을 것이다. 아그리젠토의 엠페도클레스, 크레타 섬의 에피메니데스, 북방 정토의 아바리스가 이런 종류의 기적들을 일으키는 힘을 얻었고, 이들은 수많은 장소에서 기적을 행하였다." 심지어 피타고라스는 동시에 두 장소에 출현하는 능력도 지니고 있었다. 포르피리오스가 말하기를, "어떤 동일한 날에 그는 이탈리아의

메타폰툼Metapontum과 시칠리아의 타우로메니움Tauromenium에 나타나 각각의 장소에서 친구들과 대화를 나누었는데, 이 장소들은 바다와 육지로 수마일 떨어져 있어서, 며칠 동안의 여행이 필요하다는 보고는 거의 이의가 없다."고 하였다. 위의 책, 128쪽.

96 「요한복음」 21장 11절.

97 포르피리오스가 기록하기를, "일군의 어부들이 고기로 가득 찬 그물을 깊은 곳에서 끌어올리고 있었을 때, 그가 어부들이 잡은 물고기의 정확한 숫자를 예견했다. 그 어부들이 말하기를, 그의 개산槪算이 정확하다면 어부들은 그가 요구하는 것이 무엇이든지 하겠다고 하였다. 어부들이 물고기의 수를 정확하게 세었고, 그 숫자가 맞다는 것을 알게 되자, 그는 어부들에게 물고기들을 산 채로 바다로 돌려보내라고 명하였다. 그리고 더욱 경이로운 것은 물고기들이 상당한 시간 동안 물 밖에 있었는데도 한 마리도 죽지 않았다는 것이다." Guthrie, K. S., 앞의 책, 128쪽.

98 『어부 오르페우스Orpheus the Fisher』에서 아이슬러Eisler 박사는 복음서 이야기와 피타고라스 사이의 연관성을 탐구한다.

99 정삼각형의 지배 비율인 3의 제곱근은 '물고기 기호'의 비율(높이로 나눈 길이)에서 발견되며, 없어서는 안 되는 수학 공식이다. Fidler (1993), 305쪽을 보라.

100 "수학에 대해 조금만 아는 그 누구라도 그물에 걸린 153마리의 물고기 이야기가 무엇을 의미하는지 즉시 알아차릴 것이다. 즉, 이 경우에는 우주론적인 차원의 것이긴 하지만, 이것은 기하학적인 문제인 것이다." 위의 책, 108쪽. 5,000명을 기적적으로 먹이는 것과 그물의 물고기 이야기가 같은 부류라고 파이들러Fidler는 분명하게 설명한다. 50이나 100단위로 앉은 사람들에서부터 다섯 개의 빵과 두 마리의 물고기까지, 먹이는 이야기의 모든 숫자는, 결국 수치 888을 갖는 아름다운 12광선의 별을 산출하는 공식의 일부다.

101 Kirk and Raven (1957), 354~355쪽, 478편.

102 Iamlichus, *Life of Pythagoras*, 28쪽.

103 Kingsley, 앞의 책, 40쪽.

104 Ava Chitwood, "The Death of Empedocles", *AJP*, 1986년, 180쪽을 보라. 「요한복음」 11장 43절도 보라.

105 티아나의 아폴로니오스는 CE 1세기의 현자賢者였다. 그의 전기는 CE 3세기 초에 쓰였는데, 이때까지 수많은 전설들이 추가되었다. 많은 학자들이 예수 이야기와 유사한 점들을 언급했는데, 초기의 그리스도교인들은 이것이 자신들의 기적행위자miracle-man(예수 — 옮긴이)를 불신케 하기 위해 기록되었다고 주장하였다. 사실상 두 이야기는 고대 세계의 수많은 기적가들wonder-workers의 표준적인 전기에서 도출된 것이다.

106 Anderson, G. (1994), 32쪽.

107 「마가복음」 6장 41~44절과 위의 책, 96쪽을 보라.
108 「누가복음」 4장 24절.
109 Eisler, R. (1931), 149쪽에서 재인용.
110 「마가복음」 5장 9~13절과 「누가복음」 8장 32~33절.
111 Burkert (1985), 286쪽. Harrison (1922), 153쪽도 보라. 엘레우시스에 자체의 자율적인 화폐 발행이 허용되었을 때, 엘레우시스에서 미스테리아의 기호와 상징으로 채택된 것이 바로 돼지였는데, 이 동물은 신석기 시대 이래 지하 세계와 연관되었다. 일부 신화들에서 아도니스는 멧돼지에게 살해되었다.
112 Harrison, 앞의 책, 152쪽. 입문자들은 저마다의 희생 제의용 새끼 돼지와 함께 보름달 아래의 바다에서 목욕하였다.
113 Burkert, 앞의 책, 242쪽.
114 「사도행전」 2장 5~13절.
115 Herodotus, *The Histories*, 제8권, 135장. Athanaissakis, A. P. (1976), 20쪽, 『아폴론에게 바치는 웅대한 찬가』, 158~164장도 보라. 이러한 보고는 아마도 피타고라스학파에 관련되었을 것이다. 델로스 섬의 제단에는 피를 흘리지 않는 희생 제물들만이 제공되었고, 이 섬은 채식주의자인 피타고라스와 관련하여 종종 언급된다.
116 "이것이 신약 성서의 오순절 기적과 방언으로 말하기에 비유되어온 것은 정당하다." Burkert, 앞의 책, 110쪽.
117 Hoffmann, 앞의 책, 69쪽.
118 위의 책, 66쪽에서 재인용.
119 유대교의 메노라Menorah(헤브라이어로 '촛대'를 의미하는 유대교의 상징. 7갈래 혹은 9갈래로 되어 있다 — 옮긴이)는 '일곱 빛들', 즉 태양, 달과 육안으로 관찰이 가능한 다섯 행성들에 대한 바빌로니아인들의 묘사에서 차용되었다. 바빌로니아 점성술이 BCE 4세기의 그리스와 이탈리아를 휩쓸었고, 이것은 유대인들에게 이익이 되었다. 로마 시대 때까지는 유대인들이 부적과 별점의 행상인들로 널리 알려졌고, 종종 칼데아인들Chaldaeans(점성술에 능했던 바빌로니아 남부 지방의 사람들 — 옮긴이)과 구별되지 않았다. BCE 139년에 칼데아인들과 유대인들이 똑같이 로마에서 추방되었다고 전해진다. 흥미롭게도 이 유대인들은 디오니소스의 다른 이름인 사바지오스의 숭배자들로 기록되어 있다. 『고대 세계의 신비 종교들 Mystery Religions in the Ancient World』에서 고드윈Godwin은 12궁을 묘사한 유대인들의 자료를 로마 시대 때부터 여럿 제시한다.
120 Kerenyi (1976), 그림 146. 유럽에서 가장 오래된 12궁 묘사인 BCE 4세기의 브린디시 원반Brindisi Disc. 중앙에는 디오니소스와 아리아드네가 태양의 전차를 타고 천상으로 오르고 있다. BCE 6세기의 오르페우스교 시인 오노마크리토스Onomacritos는 디오니소스의 이야기를 다시 썼고, 12거인들에게 살해되어 먹힌

신성한 아이의 모티프를 소개하였다. 이 과정에서 그는 12전형들archetypes 가운데 출현하는 세계의 한 영혼에 대한 점성술적 모티프를 디오니소스 신화에 끌어들였다. 이와 함께, 같은 이유로 헤라클레스의 수많은 시련들이 익숙한 12에 맞추어 재구성되었다. 헤라클레스는 전형적인 입문자로 수많은 항아리에 등장하는데, 가장 오래된 것은 BCE 530년까지 거슬러 올라간다. 데메테르와 디오니소스가 올림포스에 들어가는 것이 허용되면서, 호메로스가 알았던 10신들이 12신들로 되었고, 이때부터 이것이 경전적인 표준이 되었다. 그리하여 올림포스의 신들 각각을 특정한 기호와 동일시하려는 다양한 노력이 헬레니즘 시대에 있었다.

121   Godwin (1981)를 보라. 고드윈은 12궁에 둘러싸인 미스테리아 신들을 묘사한 수많은 자료들을 수집하였다.

122   피타고라스의 제자 엠페도클레스는 하느님을 "홀로 기뻐하는 둥근 구 …… 그 자신이 모든 방면으로 동등한 구"라고 불렀다. Kirk and Raven, 앞의 책, 326쪽.

123   그리하여 이러한 기본형(구 — 옮긴이)은 원자에서 세포에 이르기까지 모든 것들을 조직하는 과정에서 결정적인 역할을 담당한다. 중앙의 13번째 구의 표면이 평평해지도록 이 구를 둘러싼 12개의 구들에게 똑같은 압력이 가해진다면, 중앙의 구는 12개의 정오각형 면을 가진 입체 도형, 곧 정십이면체의 형태를 취하게 된다. 정십이면체는 피타고라스학파의 숭배 대상이었고, '만물'과 천상의 '우주적인 구'와 동일시되었다. 이것은 플라톤의 『티마이오스』에서 묘사된 다섯 가지 성스러운 물체들 중 하나인데, 나머지 네 가지는 흙, 물, 공기, 불이라는 원소들과 동일시되었다. 다섯 번째 정십이면체는 가장 성스러운 것으로 여겨졌고, 다섯 번째 원소인 에테르 혹은 영혼과 연관 지어졌다. 『티마이오스』 55편에서 플라톤은 정십이면체와 12궁을 동일시한다(해당 구절은 "하느님께서 동물들의 형상으로 우주를 설계할 때 사용했던 다섯 번째 조합이 있었다."이다 — 옮긴이). 헤라클레스의 12시련들, 일 년의 12달, 그리스도의 제자들, 무함마드의 추종자들, 올림포스의 신들, 배심원단 등에 완전성의 징표로서 이것이 등장한다.

124   「누가복음」 9장 28~36절.

125   Euripides, 앞의 책, 241쪽, 22~25행. 이 희곡은 디오니소스의 신적 출현 장면에 대한 소실을 제외하면 거의 그대로 보존되었다.

126   디오니소스가 엘레우시스에 출현한 것에 대한 델포이의 예배 찬가. Harrison (1922), 541쪽.

127   Angus, 앞의 책, 310쪽.

128   Euripides, 앞의 책, 211쪽.

129   「누가복음」 7장 31~35절. "사도들을 선택할 때에 예수는 그 자신이 하느님의 아들이라는 것을 사실대로 보여주었는데, 왜냐하면 그 사람들(사도로 선택된 자들 — 옮긴이)은 가장 극악한 무법자들이었기 때문이다."라는 것이 예수와 그의 제자

들에 대해 널리 퍼진 고대 전통이었다고 『바르나바의 편지The Epistle of Barnabas』는 설명한다. Louth, A. (1968), 164쪽을 보라.

130 안토니우스의 전기 작가 아타나시우스Athanasius는 안토니우스의 삶이 피타고라스의 모범을 따랐다는 사실을 숨기지 않는다. 피타고라스처럼 안토니우스는, "하느님으로 충만한 성화된 신비가로서", 그리고 "보이지 않는 세계에 대한 지식과 이 세계의 힘을 지닌 채 성스러운 미스테리아에 입문한 자로서" 공개적으로 출현한 것으로 묘사된다. 그 후 그는 수도사들의 신탁 통치를 조직하기 시작했는데, 이것은 피타고라스가 그의 제자들을 위해 남부 이탈리아에서 철학적인 도시 국가를 조직했던 것과 같은 맥락에서 이루어진 것이다. Lietzmann, 앞의 책, Book 4, 136쪽 이하. 부르케르트는 그리스도교 수도원 제도와 BCE 5~6세기의 피타고라스학파 공동체들 사이의 몇몇 유사성을 기록하고 있다. Burkert, 앞의 책, 303쪽을 보라.

131 「마가복음」 11장 7~8절과 「마태복음」 21장 7~8절.

132 이시스에 대한 아풀레이우스의 묘사처럼 종려나무의 잎사귀 위를 걷는 것은 승리의 징표였다. "그녀의 성스러운 발에는 승리의 상징인 종려나무 잎사귀로 만든 신발이 신겨져 있었다." Lucius Apuleius, 앞의 책, 170쪽.

133 플라톤, 『향연』, 175e.

134 Frazer, 앞의 책, 349쪽. Lane, 앞의 책, 39쪽도 보라. 교부 피르미쿠스 마테르누스와 아르노비우스Arnobius는 둘 다 소나무와 십자가 사이의 유사성을 인식하고 있었다.

135 Godwin, 앞의 책, 12쪽.

136 Harrison, 앞의 책, 617쪽.

137 위의 책. 해리슨은 "미스테리아를 실어 나른 나귀"와 아풀레이우스의 황금 나귀를 연결 짓는다.

138 Burkert, 앞의 책, 287쪽

139 그 이야기의 한 부분에서는 어떤 젊은 여인이 강도의 소굴에서 탈출하여 안전을 위해 당나귀의 등에 올라탄다. 아풀레이우스가 말하기를, 처녀가 승리하여 나귀를 탄다고 보는 것은 비범한 식견이라고 하였다. 즉, 이것은 그녀가 육체의 정욕을 지배했다는 것을 의미한다. Lucius Apuleius, 앞의 책, 13쪽.

140 위의 책. 그레이브스Graves는 나귀의 상징에 대해 논한다. Graves (1955).

141 그리스인들은 이 인물(세트 — 옮긴이)을 티폰(그리스 신화에 나오는 반은 인간이고 반은 짐승인 거대한 괴물 — 옮긴이)으로 여겼다.

142 Kerenyi (1976), 도판 54b.

143 위의 책, 도판 55.

144 위의 책.

145 즉, 비입문자들은 결코 완전한 성취에 이르지 못한다. Burkert, 앞의 책, 11쪽.
146 「누가복음」 23장 2절.
147 Euripides, 앞의 책, 203쪽, 384행.
148 「마가복음」 14장 63절.
149 Euripides, 앞의 책, 199쪽, 246행.
150 위의 책, 205쪽, 435~444행.
151 「요한복음」 19장 10~11절.
152 Euripides, 앞의 책, 208쪽, 547행.
153 「누가복음」 23장 34절.
154 Euripides, 앞의 책, 208쪽, 484행.
155 「누가복음」 23장 28~30절.
156 Euripides, 앞의 책, 209쪽, 548~550행.
157 심지어 권력자들은 소크라테스의 사형 집행을 일부러 한 달이나 지연시키고, 감옥의 경계를 느슨하게 해둠으로써 그가 탈출할 수 있도록 하였다. 물론 소크라테스는 법정의 유인책을 무마하기 위해 이러한 기회를 거부하였고, 판결을 감내하는 자신보다 판결을 내리는 그들이 더 두려워한다고 단언하였다.
158 플라톤, 『소크라테스의 변명』, 38b.
159 위의 책, 38b~38c.
160 「마태복음」 26장 39절.
161 자신이 죽은 후 사흘 만에 자신의 참 본향으로 돌아갈 것이라는 것을 암시하기 위해, 소크라테스는 『일리아스』 9.363행을 인용한다. 플라톤, 『크리톤』, 44b.
162 Walker, D. P. (1972), 45쪽. 소크라테스의 죽음에 대한 이야기는 플라톤의 저서들에서 발견되는데, 그리스도교 제국에 의해 이 모든 것들이 금지되었다. 이 책들이 15세기에 피렌체에서 발견되었을 때, 대단한 반향이 일었다. 르네상스 학자이자 가톨릭 사제인 마르실리오 피치노Marsilio Ficino에 의해 이 책들이 번역되었는데, 그는 소크라테스와 예수 사이의 유사점들로 인해 충격을 받았다. 이 둘은 겸손의 모범이자, 세상의 명예욕의 완전한 부재와 부당한 죽음에 대한 기꺼운 수용의 전형이었다. 피치노는 또한 은화 30전, 새벽닭의 울음과 독배毒盃에 대해 놀라워했다. 소크라테스와 예수의 유사성들에 대해서는 오늘날 널리 알려져 있다. 어떤 현대 고전학자는 소크라테스의 죽음에 대해 다음과 같이 적고 있다. "그것은 복음서의 이야기와 종종 비교되어왔다." Ehrenberg (1968), 377쪽을 보라.
163 영지주의 복음서들에서 발견된, 피타고라스학파 섹스투스Sextus의 짤막한 윤리적 격언들 중에는 다음과 같은 구절이 있다. "살아생전에 세인의 평가가 극히 미미했던 현자는 죽어서 명성을 얻게 될 것이다." Guthrie, K. S., 앞의 책, 267쪽, 어록 12번. 예수 또한 이러한 기대와 전적으로 일치한다.

164 "황제를 존경하지 않은 수많은 스토아학파 철학자들이 순교당했다." Seneca, *Letters from a Stoic*, 236쪽.
165 위의 책. 세네카Seneca 자신도 네로Nero를 적대한 음모에 연루되어 "자살을 종용받았다."
166 MacMullen, R. (1966), 64쪽.
167 위의 책, 55쪽. 맥뮬런MacMullen은 제국의 전제 정치에 대한 철학적인 저항의 정도와 범위를 추적한다. 철학자들의 영웅적인 노골적 언사에 대한 이야기들은 결국 『이교도 순교자들 행전The Acts of the Pagan Martyrs』이라 불리는 책으로 만들어졌다.
168 플라톤, 『국가』 제2권, 361e. 플라톤, 『소크라테스의 변명』, 41a도 보라. 소크라테스 역시 자신이 부당하게 고소된 이들의 반열에 올라, 내세에서 그들과 소감을 나눌 수 있을지에 대해서 생각한다.
169 Hoffmann, 앞의 책, 112~113쪽.
170 에우리피데스는 데메테르와 빵을, 디오니소스와 포도주를 동일시한다. Euripides, 앞의 책, 200쪽, 242행.
171 「마가복음」 14장 22절.
172 Frazer, 앞의 책, 376쪽. 그러한 모티프들에 의해 프레이저Frazer는 미스테리아의 신인을 '곡물의 인격화'로 보았는데, 이 신인들의 죽음과 부활은 농작물의 수확과 재성장을 의미하였다. 이집트인들은 첫 번째 곡식을 수확한 뒤 타작마당에서 밟으면서 자신들의 가슴을 치고 애가哀歌를 불렀는데, 자신들을 살리는 빵을 얻을 수 있도록 오시리스가 '죽어 가고' 있기 때문이었다. 마찬가지로 그리스인들은 포도를 밟으면서 디오니소스 가면을 쓰고 신에 대한 성가를 불렀는데, 자신들을 취하게 하는 포도주를 제공하기 위해 디오니소스가 '죽어 가고' 있기 때문이었다. 파종 대축제 기간에, 이집트 사제들은 흙과 곡물로 만든 오시리스 우상들을 땅에 묻고는 했는데, 후에 그 땅을 파보면 새싹이 돋아나 있었다. 이에 대해 프레이저는, "이러한 새싹의 돋아남은 농작물 성장의 징조로, 아니 오히려 원인으로 환영받았을 것이다. 곡물-신은 자신에게서 곡식을 생산했다. 즉, 사람들을 먹이기 위해 그는 자신의 몸을 주었고, 사람들이 살 수 있도록 자신이 죽었다."고 설명했다. 하지만 우리가 살펴보았듯이, 오시리스-디오니소스는 곡물이나 포도주의 신 정도가 아니라 그 이상이었다. 이집트 상형 문자에서 오시리스는 '생명력'으로 불린다. 그는 죽음과 부활의 신비스러운 과정, 곧 생명 그 자체를 의미한다. 플루타르코스와 같은 이교도 주석가들은, 오시리스-디오니소스 신화에 담긴 훨씬 표면적인 농경 비유들을 인정하면서도, 더 깊은 신비적인 의미를 지적하였다. 그들에게 곡물의 수확과 재성장은 그 자체가 인간의 죽음과 재생에 대한 비유였다. 땅에 심겨진 씨앗들에서 곡식이 자라나는 바로 그와 같이, 인간 존재도 죽어 묻힌 후에

영적으로 다시 태어날 수 있었다. 프레이저가 주장한 바처럼, 토지의 지속적인 산출력을 확보하기 위한 주술 의례로서 미스테리아가 시작되었을지도 모른다. 그러나 발달된 형태의 미스테리아는 인간 존재에게 불멸에 대한 약속을 구체적으로 제시하게 되었다.

173 위의 책, 338쪽.
174 「요한복음」 15장 1~5절.
175 「마가복음」 14장 24절.
176 "고대 이집트인들은 죽은 자가 신들을 먹어서 그들의 힘을 흡수해야만 한다고 믿었다." Wallis Budge, 앞의 책, 172쪽.
177 초기 그리스도교인들은 영성체뿐만 아니라 '애찬愛餐 agape/love feast' 또한 정기적으로 시행하였다. 거의 모든 이교도 미스테리아에서는 입문식 전에 애찬 혹은 성찬을 나누었다. 플루타르코스는 "이러한 축하연에서 우리를 기쁘게 한 것은 포도주나 요리가 아니라, 좋은 희망, 하느님께서 우리와 함께 계신다는 믿음, 하느님께서 우리의 희생 제의를 자비롭게 받아주신다는 사실이었다."고 설명한다. Inge, 앞의 책, 355쪽.
178 Guthrie, W. K. C., 앞의 책, 114쪽. 미스테리아가 이집트에서 그리스로 전래되기 전의 고대 올림포스 제의에서는 호혜성의 원리에서 신들에게 희생 제물을 바쳤다. 즉, 신들에게 희생 제의를 드리면, 신들도 사람들에게 무언가를 되돌려주실 것이라고 보았다. 올림포스 종교에서는 희생 제물을 먹지 않고 신에게 드렸는데, 이것이 미스테리아 의식에서는 입문자들이 신의 몸을 상징적으로 먹음으로써 신성과 신비적으로 교제하는 것으로 대체되었다. 그리스도교 수석 사제 잉게Inge는 다음과 같이 적고 있다. "야만적인 제의와 문명화된 제의 모두, 희생 제의에 대해서 두 가지 관념을 늘 지녀왔다. …… 신비스러운 관념은, 희생 제의가 교섭이라는 것인데, 이때 죽음을 당하고 먹히는 희생자는 신 자신이거나 신의 상징이다. 그리고 영리적인 관념은, 어떤 이득을 답례로 받으리라는 희망에서 신에게 무언가 가치 있는 것을 제공한다는 것이다. 미스테리아는 명백하게 교섭의 관념을 장려하였고, 그리하여 이런 종류의 성례전에 포함될 수 있는 모든 종교적 요소들이 그리스도교 의식에 쉽게 들어갈 수 있게 되었다." Inge, 앞의 책, 355쪽을 보라.
179 Burkert (1992), 111쪽.
180 Justin, *First Apology*, 66쪽. Stevenson, 앞의 책, 64쪽에서 재인용.
181 Cumont, 앞의 책, 158쪽.
182 Grüber and Kersten, 앞의 책, 230쪽. 미트라스 제의에는 가톨릭교회의 성례전들과 정확하게 일치하는 여섯 가지의 다른 성례전이 있었다.
183 Godwin, 앞의 책, 28쪽.
184 「요한복음」 6장 53절.

185 「요한복음」6장 56절.
186 『리그 베다Rig Veda』성서에서 반복적으로 찬양되는 힌두인들의 소마Soma에 상응하는 것이 페르시아인들의 하오마다. 또한 『리그 베다』에 등장하는 미트라 신에 상응하는 페르시아인들의 신은 미트라스다. 이러한 이름들의 어원이 지시하는 바는, 이 두 인종의 고대적 동질성, 즉 그 이름들이 역사학자들에게 '인도유럽어'로 알려진 원시 어족에서 파생되었다는 것이다. 린제이Lindsay는 그리스-로마 시대에 발달한 이란-인도 신화를 탐구한다. 페르시아인들은 하오마 식물을 최초의 인간 가요마르트Gayomart(조로아스터교의 창조주 아후라마즈다의 6번째 피조물 ― 옮긴이)와 동일시하는데, 그는 적들에게 살해당했다. 이 식물은 하느님의 아들과 동일시되었는데, 그는 자신의 몸에서 나오는 생명을 주는 액체(조로아스터교에서는 정액으로 알려져 있다 ― 옮긴이)가 그의 숭배자들에게 새 힘을 주도록 하기 위해 절구에서 짓이기고 찢어졌다. Lindsay (1970), 89쪽.
187 플라톤, 『법률』, 775b.
188 플라톤, 『파이드로스』, 244d.
189 Campbell, 앞의 책, 112쪽. 또 다른 학자는 "신을 먹는 것이 그리스 비극의 기원이다."라고 말한다. Carpenter and Faraone (1993), 28쪽을 보라.
190 Euripides, 앞의 책, 200쪽, 284행. Carpenter and Faraone, 위의 책, 65쪽도 보라.
191 Carpenter and Faraone, 위의 책, 52쪽, 그림 6.
192 Burkert, 앞의 책, 111쪽.
193 Angus, 앞의 책, 129쪽.
194 Godwin, 앞의 책, 28쪽.
195 Justin, 앞의 책, 66쪽. Stevenson, 앞의 책, 64쪽에서 재인용.
196 Cicero, *The Nature of the Gods*, Book 3, 201쪽, 41행.
197 Mead, G. R. S. (1906), 342쪽.
198 「사도행전」5장 30절.
199 「갈라디아서」3장 13절.
200 Dunlap, 앞의 책, 115쪽.
201 Harrison (1922), 429쪽.
202 Otto, 앞의 책, 217쪽. 아우구스트 프리켄하우스August Frickenhaus가 수집한 수많은 관련 묘사들에 대한 세부적인 것은 6장의 주 2를 보라.
203 「마가복음」15장 17절에서는 자색 옷을 입고 가시관을 쓴 예수의 옷차림을 디오니소스의 차림새와 구별이 안 되게 묘사하고 있는데, BCE 6세기까지 거슬러 올라가는 수많은 그리스 도자기들에는 이러한 차림의 디오니소스 상이 새겨져 있다. 엘레우시스의 입문자들은 디오니소스의 상징으로 자신들의 몸에 자색 장식띠

를 둘렀는데, 디오니소스가 지하 세계에 머물 동안에 그는 페르세포네(그리스 신화에 나오는 지하 세계의 여왕 — 옮긴이)의 자색 겉옷을 입었었다. Burkert (1985), 283쪽을 보라. 안다니아 근방의 미스테리아 입문자들은 의식이 치러지는 동안에 자색 머리띠를 둘렀다. Meyer, M. W. (1987), 59쪽을 보라.
204 Metzger, 앞의 책, 57쪽. 『바르나바의 편지』는 쓸개를 언급한다. 네 복음서 모두 예수에게 신 포도주가 제공되었다고 진술하는데, 「마태복음」 27장 34절만 쓸개 탄 포도주를 말하고 있다.
205 "쓸개즙과 극심한 고통이 있었다." Psellus, *On the Mysteries*. Harrison, 앞의 책, 569쪽에서 재인용.
206 캠벨은, "그들은 그리스도와 함께 십자가에 달린 두 명의 도둑들에 비유되어왔는데, 그중 한 명은 천국으로 올라갔고 다른 한 명은 지옥으로 떨어졌다."고 진술한다. Campbell, 앞의 책, 260쪽.
207 Kerenyi (1976), 그림 85. 미스테리아에서 횃불들은 상승anodos과 하강 cathodos, 곧 영혼의 올라감과 내려옴, 육화와 탈육화를 상징했다.
208 「마가복음」 3장 17절.
209 펜테우스는 죽기 전에 디오니소스처럼 옷을 차려 입은 후, 일반적으로 신에게 부과되는 운명을 정확히 모방하여 죽었다고 부르케르트는 전한다. Burkert, 앞의 책, 165쪽.
210 Diodorus of Sicily, 3.65. 디오도루스가 말하기를, "오시리스의 사업(자신의 가르침을 전 세계에 전파하는 것 — 옮긴이)에 반대했던 자"인 리쿠르구스를 살해한 것은 바로 오시리스였다고 한다. 위의 책, 1.20. 이것이 확증하는 바는, 이 두 인물(오시리스와 디오니소스 — 옮긴이)이 동일하다는 사실이 BCE 1세기까지 널리 알려져 있었다는 것이다.
211 플라톤, 『국가』 제2권, 361e.
212 십자가에 달린 오르페우스에 대한 고대 전통이 존재했다는 아이슬러 박사의 증거가 Guthrie, W. K. C., 앞의 책, 266쪽에 기록되어 있다.
213 Justin, 앞의 책, 60장.
214 "즐거움과 고통은 각기 일종의 못인데, 이것이 영혼을 육체에 못 박아 둔다." 플라톤, 『파이돈』, 83d.
215 Arnobius, *Against the Gentiles*, 2.344. Dunlap, 앞의 책, 106쪽에서 재인용. 아르노비우스Arnobius는 그리스도교로 개종하기 전까지 신플라톤주의와 헤르메스 신비주의Hermeticism에 심취했었다. Turcan, 앞의 책, 333쪽을 보라. 그는 미스테리아와 그 의식을 잘 알고 있었다.
216 부르케르트는 디오니소스 상idol의 차림새를 레나이아 도자기에 새겨진 모양새로 설명한다. "원통이 몸이라는 것을 지시하기 위해 그 주변에 옷이 입혀지고, 이

것은 때때로 십자형의 막대로 고정되었다." Butkert (1985), 240쪽. 이러한 행위는 부르케르트가 어딘가에서 부활절에 비유한 축제에서도 행해진다.

217 Kerenyi (1976), 그림 137.

218 위의 책, 378쪽. 즉 "그는 아이에게 신비로운 십자가형의 구조물을 가져다 주는데, 이것은 안테스테리아 축제 때 아테네 근방에서 가져온 것으로, 디오니소스가 지하 세계에 머물 때가 임박했다는 것을 암시하였다."

219 King, 앞의 책, 279쪽. Wilson, 앞의 책의 겉표지도 보라. 우리가 이러한 그라피토graffito(건축물에 당시의 사람들이 남긴 글씨나 그림. 일종의 낙서인데 당대의 민중 예술이라 볼 수 있다 — 옮긴이)의 진면목을 제대로 보지 못하는 것은 오로지 그리스도교인들의 편견 때문인데, 오시리스가 자신의 적인 세트를 이겼다고 믿었던 어떤 오시리스 신앙 숭배자가 그린 성스러운 묘사가 바로 이 그라피토다. 전반적인 심상은 아풀레이우스가 쓴 입문식에 대한 소설 『황금 나귀The Golden Ass』를 전적으로 따르고 있다. 게다가 이 그라피토에는 피타고라스주의의 상징으로 잘 알려진, 문자 'Y'도 등장한다. 퀴몽은 이러한 상징이 새겨진 수많은 묘비문을 기록하고 있다(Cumont, F. (1922), 26~27, 76, 148, 150쪽을 보라.). 피타고라스주의에서 이것은 살아생전의 인간과 죽은 후의 인간에게 각기 열린 두 갈래 길의 상징이었다. 살아생전의 왼편 길은 소멸로 이끌고 오른편 길은 덕으로 이끈다. 마찬가지로 죽은 후에 왼편 길은 끊임없이 다시 태어나야 하는 그리스 지옥 타르타루스Tartarus로 이끄는 반면, 오른편 길은 엘리시움Elysian Fields(그리스 신화에 나오는 일종의 천국 — 옮긴이)으로 이끈다.

220 Harrison (1922), 220쪽. '약국pharmacy'이란 단어가 이 어원에서 파생되었다. 파르마코스는 추방을 위한 공식 혹은 주술적 주문이다. 초기 그리스도교 저술 중에서 안디옥의 이그나티우스Ignatius는 성만찬을 파르마콘 테스 조에스pharmakon tes Zoes라고 묘사하는데, 이것은 "영원한 생명의 약"이라는 의미다. Hoff-mann, 앞의 책, 16쪽을 보라.

221 "파르마코스는 모든 독기毒氣를 흡수하기 위해 도시 전체를 이끌려 다녔다." Otto, 앞의 책, 38~39쪽.

222 우리는 구약 성서의 희생양 제의에 익숙하다. 「레위기」 16장 21절, "아론은 그의 두 손으로 살아 있는 염소의 머리에 안수하여 이스라엘 자손의 모든 불의와 그범한 모든 죄를 아뢰고 그 죄를 염소의 머리에 두어 미리 정한 사람에게 맡겨 광야로 보낼지니." 하지만 희생양 신화는 지중해에 널리 퍼진 모티프였다. 그리스 비극은, 고대 시대에 실행되던 디오니소스 제의들로부터 트라고도이tragodoi를 개발하였는데, 이는 희생 제의에 바칠 염소를 이끌던 가수들을 뜻한다. Burkert, 앞의 책, 102쪽을 보라. 이러한 모티프가 헬레니즘 시대에 흥미롭게 발전했는데, 소크라테스의 생일이 "아테네인들이 도시를 정화한" 날이라고 주장되었다.

Harrison, 앞의 책, 97쪽을 보라. 루시아Lysias 또한 말하기를, 30참주(BCE 404~403년에 아테네를 지배한 집정관들 — 옮긴이)가 소크라테스와 다른 이들을 정치적으로 살해한 것을 정화라고 불렀다고 하는데, 이때의 정화란 의학적인 의미와 불길한 정치적 의미 모두에서 사용된 것이다. Burkert, 위의 책, 83쪽을 보라. 이러한 단편들이 제시하는 바는, 소크라테스의 죽음 이후 수세기 동안 그의 제자들이 소크라테스의 운명을 파르마코스, 즉 도시의 죄를 정화하기 위해 희생 제물의 역할을 기꺼이 수용했던 희생양과 연결 짓고자 했다는 것이다. 바로 이와 동일한 모티프들이 예수의 삶에서 나타난다.

223 Harrison, 위의 책, 99쪽.
224 Burkert, 앞의 책, 105쪽.
225 「마가복음」 10장 34절.
226 「히브리서」 9장 22절. 바울이 이 편지의 원저자인지에 대해서는 논란이 있다.
227 Godwin, 앞의 책, 111쪽.
228 Turcan, 앞의 책, 226쪽.
229 Murray, 앞의 책, 74쪽.
230 "누군가 말하기를, 영혼이 우리의 현생에 파문됐다고 생각될 수 있는데, 육체가 이 영혼의 무덤이라고 한다. 오르페우스교 시인들은 …… 죗값을 치를 때까지 영혼이 죄의 형벌로 고통당한다고 생각했다." 플라톤, 『크라틸루스』, 400c.
231 Kirk and Raven, 앞의 책, 352쪽. 엠페도클레스에 의하면, 추락한 영혼은 "그 기간 내내, 필멸하고 말 온갖 유한한 것들의 형태로 태어나 악한 삶을 번갈아 가면서, 축복받은 자들로부터" 추방당한다.
232 Guthrie, W. K. C., 앞의 책, 72~73쪽. 새롭게 발견된 다량의 오르페우스 관련 자료들을 취합한 후, 고전학자 거스리Guthrie는 다음과 같이 적고 있다. "이러한 자료들을 검토하면서 우리가 충격을 받았던 것은, 5세기 그리스에 만연한 종교 유형들과의 현저한 차이들뿐만 아니라, 그리스도교와의 적지 않은 유사점들이었다. 그리스도교가 오르페우스교와 공유하는 특징들에는 개종conversion의 관념, 생활양식으로서의 종교, 원죄, 성찬, 종말론의 몇몇 부분이 포함된다." 위의 책, 207쪽.
233 Frazer, 앞의 책, 360쪽.
234 위의 책. 그리스도교인들은 다시 한 번 "사탄의 교묘함" 논쟁에 빠졌다. 아티스와 예수 사이의 수많은 유사점들에 대한 성 아우구스티누스의 방어적인 태도를 기록하고 있는 Lane, 앞의 책, 37쪽을 보라.
235 모든 미스테리아 신들에 대한 신화의 원형은 이집트의 오시리스다. 이집트의 추수기는 가을이 아니라 3월, 4월, 5월의 부활절 기간이다. 이러한 이유로 신인의 죽음이 가을에 경배되는 것이 아니라, 예상대로 봄에 경배되었을 것이다.

236 Kerenyi (1967), 349쪽.
237 "송장처럼 준비된 나무가 신전神殿으로 옮겨졌다. 다음날 밤에 무덤이 열리면서 아티스의 부활이 경축되었다." Angus, 앞의 책, 60쪽.
238 "젊은 아티스는 사흘 후에 기적적으로 생명을 되찾았다." Lane, 앞의 책, 39쪽. 이와 더불어 수많은 다른 유사점들 때문에, 이러한 제의는 그리스도교 저술가들이 독설을 퍼붓는 주요한 대상이었다. 성 아우구스티누스와 피르미쿠스 마테르누스는 모두 그러한 제의들이 그리스도교 의식에 가깝다는 점을 역설한다. 아우구스티누스는 넌더리를 치면서 아티스의 사제가 한 말을 기록하고 있는데, 그 진술의 내용이란 아티스 자신이 그리스도교인이었다는 것이다!
239 Angus, 앞의 책, 60쪽.
240 Frazer, 앞의 책, 350쪽.
241 위의 책, 360쪽.
242 위의 책. 라너Rahner가 말하기를, 아티스 제의의 사제들은 그리스도교인들이 자신들의 봄 축제를 모방하고 있다고 불평하였다고 한다. Campbell, J. (1955), 368쪽. 어떤 고전학자는 "내가 성 금요일 예배에 가보면, 묻혀 있는 신이 아티스인지 그리스도인지 판단하기가 어렵다."고 진술한다. Lane, 앞의 책, 39쪽.
243 Burkert, 앞의 책, 241쪽. 안테스테리아의 고대 축제는 엘레우시스 미스테리아가 근거로 삼은 모범이었다. 고전 시대에 안테스테리아는 "디오니소스 시골 축제 Rural or Lesser Dionysia"로서 계속 경축된 반면에, 엘레우시스 미스테리아는 "디오니소스 도시 축제City or Great Dionysia"가 되었다. 부르케르트는 이러한 초창기 축제에서 형성된 신화에 주목하면서 다음과 같이 적고 있다. "포도주의 신 디오니소스는 성례전 음료로 쓰일 포도주가 되기 위해 스스로 죽음을 당하고 사지가 절단되었다. 후기 헬레니즘 시대 우화 작가들이 이것을 최초로 공개적으로 진술하고 있다. 헬레니즘 시대 초기에는 호메로스의 영향으로 인해 신은 불멸하며 살해될 수 없는 것으로 정의되었다. 미스테리아의 은밀한 신화 이야기는 이것과 분명히 달랐는데, 디오니소스의 사지 절단 신화는 안테스테리아 축제만큼이나 오래되었을 것이다."
244 Frazer, 앞의 책, 359쪽.
245 Cicero, *On the Good Life*, 104쪽.
246 Dunlap, 앞의 책, 23쪽.
247 Lucian, *The Syrian Great Mother*, 4.262.
248 「요한복음」 19장 39~40절과 「마태복음」 27장 59절.
249 Plutarch, *Isis and Osiris*, 16쪽.
250 Dunlap, 앞의 책, 104쪽.
251 Plutarch, 앞의 책, 39, 42쪽. 같은 시기의 그리스 주문서magical papyri에는 다음

과 같이 적혀 있다. "부시리스의 항구에서, 나는 그 강에서 삼일 밤낮을 머물렀던 이의 이름, 곧 물에 빠져 죽은 오시리스를 울부짖을 것이다." Lindsay, 앞의 책, 172쪽을 보라.

252 피라미드 문서. Angus, 앞의 책, 46쪽에서 재인용.

253 "그는 다시 합쳐졌는데, 말하자면 생명을 되찾아 천상으로 올라갔다." Origen, *Against Celsus*, 5.17. Fidler, 앞의 책, 173쪽에서 재인용.

254 Frazer, 앞의 책, 335쪽.

255 위의 책, 389쪽. 달비엘라가 말하기를, 이교도 미스테리아의 신들은 수난과 부활을 통해 "그리스도교 메시아 개념에서 발견되는 구세주의 역할을 적지 않게 담당하였다." D'Alviella, 앞의 책, 118쪽.

256 Tertullian, *Prescription against the Heretics*, 40쪽. Fidler, 앞의 책, 144쪽에서 재인용.

257 Cumont (1903), 138쪽.

258 위의 책, 146쪽. 퀴몽은 그리스도교와 동일한 미트라스 신앙의 종말론적 교리들을 무수히 취합했다.

259 MacMullen, 앞의 책, 96쪽. 맥뮬런은 이것이 "세네카나 그와 같은 부류의 사람들에게 친숙한 상류 사회 계급들에 피타고라스주의가 분명하게 침투"한 것에 기인한다고 지적한다.

260 Kingsley, 앞의 책, 234쪽. 297쪽 주 27도 보라. 헤라클레이데스는 플라톤의 제자였다.『폰토스의 헤라클레이데스Heraclides of Pontus』에 나오는 엠페도클레스의 죽음 이야기와 「마가복음」에 나오는 예수의 죽음 이야기 사이의 유사점에 대해서는 Ava Chitwood, "The Death of Empedocles", *AJP*, 1986년을 보라.

261 헤로도토스는 피타고라스가 영혼의 불멸성이라는 자신의 교의를 증명하기 위해 지하 세계로 내려갔다는 신화를 암호화하여 여러 번 말한다. *The Histories*,, 제4권, 94~98장. 지옥으로의 하강이라는 신화적 모티프는 오디세우스, 헤라클레스, 오르페우스, 피타고라스, 엠페도클레스, 아이네아스 등 많은 전설들에서도 발견된다.

262 MacMullen, 앞의 책, 317쪽 주 6. 레비Levy는 1927년에『팔레스타인 지역 그리스의 피타고라스 전설La Légende de Pythagore de Grèce en Palestine』이라는 제목의 책을 썼다. 이 책에는 피타고라스가 지닌 인간과 신의 이중 본성에 대한 이야기(8~15쪽), 그가 육신을 가진 채 천상으로 들려 올라갔다가(67쪽) 그의 제자들에게 다시 나타난 이야기(78쪽)가 기록되어 있다.

263 Hoffmann, 앞의 책, 67쪽. Macchioro (1930), 13쪽에는 죽었다가 살아났다고 전해지는 수많은 이교도들이 기록되어 있다. 플라톤의『국가』마지막 권 이야기에 나오는 에르Er를 시작으로, 이와 유사한 테스페시우스Thespesius, 클레오니무

스Cleonimus, 루푸스Rufus, 히에로니무스, 마카테스Machates, 클레오데무스Cleodemus, 엠페도티무스Empedotimus의 이야기가 나온다.

264 Guthrie, W. K. C., 앞의 책, 61쪽.

265 Frazer, 앞의 책, 360쪽. 8월의 성모 승천이 이교도들의 동정녀 디아나 축제를 몰아냈다.

266 킹King 또한 "순결한 우리의 처녀 이시스"라고 적힌 비문에 대해 기록하고 있다. King, 앞의 책, 173쪽.

267 Frazer, 앞의 책, 383쪽.

268 Stanton, 앞의 책, 43쪽. 「마가복음」의 최초 판본에는 16장 8절까지만 있다. 켈수스는 자신에게 익숙한 이야기가 바로 이것이라고 확증한다. Hoffmann, 앞의 책, 132쪽을 보라.

269 Robinson, 앞의 책, 139쪽.

270 「요한복음」 19장 25절.

271 Otto, 앞의 책, 67쪽. Guthrie, W. K. C., 앞의 책, 136쪽을 보면, 새로운 디오니소스 제의를 설립하기 위해 세 명의 마이나스들이 테베에서 마그네시아로 입항한다. 이 세 명의 여사제들은 아마도 모든 영혼이 탄생할 때 갖게 된다는 세 운명의 역할을 담당했을 것이다. 내세에 대한 플라톤의 환상에서는, 영혼들이 "별똥별처럼 탄생"하기 전에 먼저 세 운명에게 이끌려간다. 『국가』, 제10권, 620e을 보라.

272 Kerenyi (1967), 135쪽.

273 Harrison (1922), 290~291쪽.

274 4세기에, 예수가 묻혔다고 생각되는 예루살렘의 동굴 위에 어떤 교회가 세워지도록 명령되었다. 하지만 그 위에 있는 아프로디테의 신전이 먼저 파괴되어야 했다. 이것이 의미하는 바는, 실제로는 그 동굴이 원래 아프로디테의 연인 아도니스에게 속했다는 사실이다. Lietzmann, 앞의 책, Book 3, 147쪽.

275 Frazer, 앞의 책, 374쪽.

276 Angus, 앞의 책, 125쪽.

277 Macchioro, 앞의 책, 77쪽.

278 "입문식이란 부활에 대한 불확실한 희망만이 존재하는 자발적인 죽음과 거의 비슷하다. 그래서 그녀는 통상 늙은 사람들을 선택하는데, 이 사람들은 자신의 종말이 빠르게 다가오고 있긴 하지만 비밀을 지키기에는 아직 그리 노쇠하지 않았다고 느끼는 자들이다. 즉, 그녀의 은총으로, 말하자면 그들은 다시 태어나서 새롭고 건강한 삶을 회복하게 된다." Lucius Apuleius, 앞의 책, 284쪽.

279 Wallis Budge, *Egyptian Religion* (1899), 71쪽.

280 위의 책, 72쪽.

281 「요한복음」 16장 19~22절.

04 완벽한 플라토니즘

1 Hoffmann (1987), 91쪽에서 재인용.
2 위의 책, 55쪽.
3 위의 책, 91쪽.
4 Inge (1899), 78쪽.
5 Kingsland (1937), 139쪽. Justin Martyr, *First Apology*, 46장도 보라.
6 Justin Martyr, *Second Apology*, 13쪽. Stevenson (1957), 61쪽도 보라.
7 Inge, 앞의 책, 77~78쪽. 잉게는 이를 "기이한 관념"이라고 평가한다.
8 성 아우구스티누스의 『고백론』, 『신국론 City of God』, 『그리스도교 교리론 On Christian Doctrine』, 제2권 28장 43절.
9 Justin, 앞의 책. Stevenson, 앞의 책, 62쪽에서 재인용.
10 성 아우구스티누스, 앞의 책, "이교도가 마땅하게 말한 것은 무엇이든 우리 것으로 삼아야 한다."라는 제목이 달린 40장.
11 Inge, 앞의 책, 351쪽에서 재인용.
12 Angus (1925), 239쪽에서 재인용.
13 위의 책.
14 Iamblichus, *On the Mysteries*, 1.11.12.
15 아테네 희극 작가가 아니라 알렉산드리아 학자인 아리스토파네스다. 비록 아테네 희극 작가 아리스토파네스 또한 『개구리들』에서 그리스 신화의 극락인 엘리시온이 "입문하여 독실하게 산" 이들에게만 열려 있다고 썼지만 말이다. Angus, 앞의 책, 239쪽을 보라.
16 Porphyry, *On the Special Laws*. H. P. Blavatsky, *The Esoteric Writings*, Theosophical Publishing House, 1907년, 214쪽에서 재인용.
17 켈수스로부터 미스테리아들의 세 가지 윤리적 훈령을 인용한 Angus, 앞의 책, 79쪽. Burkert (1985), 283쪽도 보라.
18 Inge, 앞의 책, 86쪽에서 재인용.
19 에피다우로스의 박물관, 즉 고대 세계에서 주요한 아스클레피오스 신전에 있는 한 비문으로부터.
20 Guthrie, K. S. (1987), 268쪽, 어록 22번.
21 Hoffmann, 앞의 책, 123쪽.
22 스토아 철학의 양심에 관한 교의는 소크라테스의 다이몬, 즉 철학자의 행위를 인도하는 내적 목소리에서 비롯된다. 플라톤의 『파이돈』, 107d에서, 다이몬은 사는 동안에 그리고 또 죽은 후에 영혼을 인도하는 "수호신"으로 불린다. 수호천사에 관한 가톨릭의 가르침이 플라톤의 수호신 교의에서 유래한다고 결론짓지 않을 수

없다.
23 Angus, 앞의 책, 208쪽에서 재인용.
24 Faulkner, R. O. (1972), 29쪽. "소극적 고백" 또는 "무죄 선언"으로 알려져 있는 주문呪文 125. Angus, 앞의 책, 78쪽 이하도 보라. 앵거스Angus는 입문 전의 고백에 관한 수많은 실례를 모았다.
25 Suetonius, *Life of Nero*, 34쪽. 즉 "그는 엘레우시스 미스테리아가 열리고 있는 아테네로 왔지만, 포고자가 의식이 거행되기 전에 그곳에 있는 모든 불경하고 죄 지은 자들은 물러나라고 명령하자 감히 참석하지 못했다."
26 Angus, 앞의 책, 80쪽.
27 Campbell (1955), 45쪽. 사모트라키 미스테리아 입문식에서도 고해를 받아냈다. 아래의 일화는 이러한 쇄신에 대한 그리스인의 전형적인 태도가 어떠했을지를 전해준다. 한 스파르타 입문자는 자신의 가장 끔찍한 범죄를 고백하도록 요구받자 "이것을 알고자 하는 이가 누구인가, 당신인가 아니면 신들인가?"라고 답했다. 이에 사제가 "신이다."라고 답했다. 납득하지 못한 그 스파르타인은 간결하게 이렇게 답한다. "그렇다면 썩 물러가시오. 신들이 알고 싶어 한다면 내가 신들에게 말할 것이오."
28 Inge, 앞의 책, 354쪽에서 재인용.
29 위의 책.
30 Godwin (1981), 27쪽.
31 Angus, 앞의 책, 204쪽.
32 「마태복음」 7장 12절.
33 Freke, T. (1997), 80~81쪽.
34 Guthrie, K. S., 앞의 책, 268쪽, 어록 20번.
35 「마태복음」 5장 39절.
36 Guthrie, K. S., 앞의 책, 어록 55번.
37 De Vogel, C. J. (1966), 109, 125쪽. 피타고라스는 남부 이탈리아 사람들에게 "다른 사람들을 모욕하지 말아야 하고, 만일 다른 사람들이 해코지할지라도 공격하는 이들에 맞서 자신을 방어하지 말아야 한다."고 가르쳤다.
38 Epictetus, *The Teachings of Epictetus*, 31쪽, 8장 12절.
39 Hoffmann, 앞의 책, 113쪽에서 재인용.
40 플라톤, 『크리톤』, 49b~49e.
41 Hoffmann, 앞의 책, 114쪽에서 재인용.
42 Guthrie, W. K. C. (1952), 197쪽에서 재인용. 오르페우스의 삶은 엄격한 채식주의를 전도했다.
43 플라톤, 『국가』 제2권, 364b~364e을 보라. 플라톤은 의식을 수행하지만 자신들

이 하고 있는 것이 무엇인지 설명하지 못하는 떠돌이 오르페우스교 입문자들을 비판하곤 했다.

44 Godwin, 앞의 책, 146쪽.

45 「마태복음」 10장 7~10절.

46 견유 철학이 디오게네스와 안티스테네스, 즉 맨발의 소크라테스의 제자들에게서 유래했다고 보통 여겨졌다. 그와 달리 부르케르트는 이를 피타고라스학파에서 추적한다. "디오게네스의 견유주의는 피타고라스주의의 연속선상에 있다. …… 명백하게 일치한다." Burkert (1972), 203쪽을 보라. 디오게네스와 안티스테네스의 동시대인에 앞서서 아스펜도스Aspendos의 디오도로스Diodoros가 있었다. 스트라토니쿠스Stratonicus에 의해 "미친 모피 복장"을 한 것으로 풍자된 그는 추종자들을 모았고 긴 머리, 긴 턱수염를 하고 트리본tribon을 포개 입고 구걸 행랑을 메고 지팡이를 들고 있었다. 부르케르트가 언급한 대로, 여기에서 스토아학파까지도 이어진다. 제논과 크리시포스Chrisyppos 모두 피타고라스주의의 여러 측면에 관심을 갖고 있었다. 스트라토니쿠스의 디오도로스 설명은 묘하게도 수세기 후 세례자 요한의 설명과 같다.

47 Lietzmann (1961), Book 4, 126~127쪽. 후대 그리스도교 교부들은 그 수도사들을 맨발에 망토를 두르고 지팡이를 짚고 있으며 턱수염을 하고 있어서 견유학파와 구별되지 않는다고 혹평했다. 맥뮬런이 언급한 대로, "초인적 미덕에 대한 어떤 전형이 고대인의 사고에 너무 깊게 박혀 있어서 근절되기 어려웠다." MacMullen (1966), 93쪽을 보라.

48 Epictetus, 앞의 책, 196쪽. 트리본이라는 결이 거친 망토는 견유학파뿐 아니라 초기 그리스도교 수도자들도 입었다. 209쪽도 보라. 여기에서 에픽테토스는 오도스odos, 즉 "길"이라는 용어를 사용한다. 이는 「사도행전」 22장 4절과 19장 9, 23절에서도 발견된다. 예수의 시대가 되었을 때 견유 철학자는 도처에 있었다. "고대 세계의 그들은 중세의 성지 순례자들 및 탁발 수도사들과 같은 존재였고, 미심쩍으면서도 신성한 모습으로 어디서나 비슷하게 볼 수 있었다." MacMullen, 위의 책, 60쪽. 절름발이 프리기아인 노예인 에픽테토스는 이들 중에서 가장 유명했다. 그는 예수와 동시대에 살았다. Epictetus, 193쪽에서 한 고전학자는 이렇게 썼다. "사상과 표현에서 에픽테토스와 신약 성서 간의 일치는 자주 목격되었고 그래서 독자들은 다른 많은 것들을 알게 될 것이다. 그리고 나는 이에 대해 관심을 가질 필요가 있다고 생각하지 않았다."

49 Epictetus, 앞의 책, 26쪽, 8권 5~6절. MacMullen, 앞의 책, 57쪽은, 에픽테토스가 로마 거리에서 "오늘날 이런 활동은 그다지 안전한 활동이 아니다."고 선언하면서 개종자들을 만들려는 시도의 위험성에 대해 서술하고 있으니, 이도 보라. CE 77년에 베스파시아누스는, 90년에 도미티아누스가 그랬던 것처럼, 로마에서

모든 철학자를 추방했고, 이 같은 추방에는 에픽테토스도 포함되었다.

50 Hoffmann, 앞의 책, 94쪽에서 재인용.
51 「누가복음」 12장 33절.
52 Guthrie, K. S., 앞의 책, 268쪽, 어록 28번.
53 Mack, B. L. (1993), 126쪽.
54 「마가복음」 13장 35~36절.
55 Epictetus, 앞의 책, 81쪽, 12장.
56 「마가복음」 10장 15절.
57 Heraclitus, 94편. Kahn (1979), 71쪽에서 재인용. Macchioro (1930), 8장은, 그 어린이를 "부활 후 제우스에게서 왕국을 넘겨받은" 디오니소스와 명확하게 동일시한다. 헤라클레이토스의 작품에서 "미스타이와 바코이"에 대한 그리스 문헌 최초의 참조문이 발견된다는 것은 의미심장하다. 제우스와 아폴로와는 별도로 그가 언급한 유일한 신들은 하데스와 디오니소스다. 그가 말하는 뒤의 둘은 동일 인물이다.
58 「마가복음」 10장 18절.
59 *Abingdon Bible Commentary*, New York, 1929년. *The Unvarnished New Testament*, 499쪽에 따르면, 천국과 지옥은 "간약기의 종교적 발전 성과"다. 「욥기」, 예를 들면 21장 23~26절에서, 사악한 자와 의로운 자가 죽음에서 차이가 없음에 분개한다. 즉 "이 둘이 매 한 가지로 흙 속에 눕는다." 신명기 체제는 삶에서의 번영과 역경의 기준에 따라 ─ 이 모든 보상과 처벌은 이 세상에 한정된다. ─ 의로움을 가늠한다고 적고 있는 Bernstein, A. E. (1993), 158쪽도 보라. 번스타인 Bernstein은 비록 성경에서 다른 여러 가능한 선택지를 찾긴 하지만, 이것들이 여전히 "소수 의견"임을 인정한다. *The Jewish War*, 2.14.163-5와 *Antiquities*, 18.14에서, 요세푸스는 유대 분파 내 전통주의자들인 사두개인Sadducees이 영혼의 불멸성과 사후 재가postmortem sanction 모두를 부인했다고 기록한다. 그의 견해에서는, 바리새인들은 영혼이 죽은 뒤 살아남아 또 다른 육체 속에서 새로운 삶을 보상받거나 지하 세계에서 영원한 처벌을 받는다고 가르쳤기 때문에 다수의 지지를 얻었다. 바리새인들은 현대화되고 헬레니즘화된 자들로 여겨졌다.
60 Sophocles, 719편. Angus, 앞의 책, 238~239쪽에서 재인용. 『국가』 제2권, 364e에서 플라톤은 "평민뿐 아니라 국가까지도, 죄의 사함과 부정의한 행위의 정화가 실제로 있다고 …… 또한 우리를 악마로부터 꺼내어 저 다른 세계로 옮겨다주는 특별한 의식이 있다고, 하지만 희생을 무시한 이들에게는 끔찍한 일들이 기다린다고 믿게 하는" 성직자들에 대해 언급한다.
61 Plutarch, *The Moral Essays*, 176쪽, "위안의 편지A Letter of Consolation".
62 위의 책, 184쪽. 플루타르코스는 이렇게 계속 이어간다. "처음에는 원환 속에서

배회하고 힘들게 달리지만 불확실한 길과 막다른 끝 너머 어둠을 뚫는 여행을 한다. 그런 다음 그 끝에 이르기 직전에 전율과 발한과 극도의 경악과 더불어 엄청난 공포를 느낀다. 이 후, 배회자는 이상하고 놀라운 빛을 만난다. 그는 순수하고 푸릇한 목초지에 들어갈 수 있게 허락된다. 거기서 그는 부드러운 목소리, 장엄한 춤, 축복받은 영혼과 신성한 비전의 지상권을 알아본다. 여기서 그는 이제 완전히 입문하게 되어 자유로우며, 흥청망청한 술잔치에 함께하면서 왕관을 쓴 희생 제물처럼 마음 가는 대로 걷는다.

63 Angus, 앞의 책, 95쪽에서 재인용.
64 Burkert (1985), 289쪽에서 재인용.
65 Godwin, 앞의 책, 36쪽에서 재인용. 미스테리아 의식들은 죽음을 위한 입문을 준비할 뿐 아니라 죽음의 과정을 재현하는 것으로도 보인다. 플루타르코스는 이렇게 썼다. "죽음과 입문은 아주 일치한다." 178편, 로브 판Loeb edition. 유쾌하게 역설적인 한 구절에서 그는 이렇게 설명한다. "이 세상에서 최고의 입문은 오직 죽음의 진정한 비전과 입문의 꿈이다. 미스테리아는 도래할 지고의 것의 기억을 조심스레 일깨우는 것으로 생각되어 왔다."
66 플루타르코스를 인용하고 있는 Dunlap (1866), 32쪽.
67 성 아우구스투스, 『신국론』, 7.24.
68 Burkert, 앞의 책, 289쪽에서 재인용. 핀다로스는 이렇게 썼다. "이것을 본 뒤 땅 밑으로 내려가는 이에게 축복을. 그는 삶의 끝을 알고 제우스신에 의해 주어진 시작을 안다."
69 Guthrie, W. K. C., 앞의 책, 269쪽은, 한 가지 교리를 빼면 사후에 대한 그리스도교 교리 대부분은 오르페우스교에서 유래했음을 밝힌다. 오르페우스교는 육신의 부활 교리가 "역겹다는" 것을 알았을 것이다.
70 Cumont (1922), 198쪽은, 오르페우스 교리가 그리스인들에게서 유대인들에게로, 최종적으로는 그리스도교인들에게로 전해진 경로를 상세히 기록한다.
71 Kingsley (1995), 203~204쪽.
72 위의 책, 119쪽 주 26.
73 Hoffmann, 앞의 책, 95쪽에서 재인용
74 Cumont (1903), 191쪽은, 이 점을 비롯하여 그리스도교 교리와 미트라스 신앙의 교리가 유사한 점들을 알려준다.
75 「고린도후서」12장 2절.
76 Hoffmann, 앞의 책, 76~77쪽에서 재인용.
77 플라톤은 『국가』 제10권에서 이런 관점들을 기록한 최초의 인물이었다. BCE 2세기 말에 폴리비오스는 그것을 이렇게 썼다. "고대인들은 신들과 관련된 다양한 관념과 하데스의 처벌에 대한 믿음을 사람들에게 소개할 때 결코 어리석게 혹은 함

부로 행동하지 않았다." 그러나 그는 아주 박식한 그리스인들과 로마인들처럼 그런 신화들을 "무법적 욕망, 이해할 수 없는 노여움, 격한 열정"을 억제하기 위해 필요한 미신일 뿐이라고 보았다. Polybius, *The Rise of the Roman Empire*, 349쪽을 보라. 로크리Locri의 티마이오스Timaeos 또한 그런 이야기를 "건전한 허구"로 간주했다. Cumont (1922), 78쪽. 그러나 다른 철학자들은 이런 신화들을 "삶에 독이 되는 믿음"이자 진정한 원리의 곡해라고 여기면서 격렬하게 공격했다. 위의 책, 176쪽을 보라.『우주의 본성The Nature of the Universe』, 126쪽에서 BCE 1세기 에피쿠로스 철학자 루크레티우스는 이렇게 썼다. "지옥 깊숙한 곳에서 일어날 것이라 얘기되는 저 모든 고문을 그들은 실제로 지금 여기 우리 자신의 삶에서 드러내 보인다." 이런 철학자들의 관점에서는, "죄 지은 영혼에게 닥칠 수 있는 유일한 형벌은 윤회, 육신의 감옥 속에서 그 자체로 환생하게 만드는 것이다." Cumont, 위의 책, 78쪽.『메논』, 77e에서 플라톤은, 악인들은 새롭게 부여된 생에서 자신들이 이곳에서 가한 바로 그 폭력을 겪는다고 말한다. 그리고『법률』, 870d~870e에서는, 이것은 미스테리아 사제들에게서 가르침을 받았다고 진술한다.

78 Lane-Fox (1986), 327쪽.

79 Cumont, 앞의 책, 188쪽. 퀴몽은 우리가 비록 오리게네스를 통해 이 교리를 알긴 하지만 "그는 그저 이교 사상이 진화하여 도달한 이론을 재생산했을 뿐이었다."고 말한다.

80 Hoffmann, 앞의 책, 70쪽에서 재인용. 그리고 켈수스가 언급한 대로, 이것들은 종종 극단적이었다. 플라톤은『국가』제10권, 615~616에서 고문자들이 지나가는 더 순수한 영혼들에게 자신들의 희생자가 처벌되고 있는 이유를 설명하는 동안 사악한 영혼들이 어떻게 살가죽을 잡아뜯기는지를 이야기한다.

81 위의 책, 86쪽에서 재인용. 대조적으로 켈수스는 이교의 현자 헤라클레이토스가 "시체들은 똥처럼 처분되어야 한다. 시체는 똥이기 때문에."라고 말한 것을 만족해 하며 인용한다. 디오게네스는 자신의 육신을 시궁창에 내던지고 작은 봉분으로 덮어달라고 부탁했다. 오르페우스교에서 육신은 영혼의 무덤이었다.

82 「마태복음」25장 31~33절. 사후 법정에서 죽은 자들을 심판하는 것은 고대 이집트까지 거슬러 올라가지만, 죽은 자들을 오른쪽에 있는 자와 왼쪽에 있는 자로 나누는 것은 서서히 서양에 스며든 이런 믿음으로 진화하는 것을 볼 수 있다.『국가』제10권, 614b~614d에서 플라톤은 죽은 후 영혼의 운명에 대한 오르페우스교 가르침에 대해 논한다. 사후 심판에 대해 그는 이렇게 썼다. "모든 심판 후 그들은 오른쪽에 있는 자들에게 심판을 거쳤다는 표시를 몸에 붙이고 천국을 지나 위로 올라가는 바른 여행을 명했고 왼쪽에 있는 자들에게 마찬가지로 자신들에게 일어난 모든 것의 표시를 뒤에 달고 …… 아래로 떨어지는 길을 가는 부정의한 여행을 명했다." Perkins, P. (1993), 57, 209쪽을 보면, 세트 신앙의 영지주의적 계획에

서, 오른쪽에 있는 영혼은 신성한 세계의 빛 쪽으로 승천하고 왼쪽에 있는 영혼은 땅/하데스로 돌아온다. 정확히 똑같은 교리, 특히 피타고라스와 오르페우스 가르침의 맥락에서 똑같은 교리가 베르길리우스의 『아이네아스』 제6권에서 발견되고 있다. 최종적으로, 「마태복음」 25장 31~33절에서, 예수는 "양은 그 오른편에 염소는 왼편에" 두는 심판관이 된다.

83 Cumont (1903), 146쪽.
84 「마태복음」 24장 7~8절.
85 세차 운동은 BCE 170년에 히파르코스Hipparchos에 의해 발견된다. 그의 이론은 춘분 때 태양 뒤에 있는 별자리가 왜 시간이 지남에 따라 변화하는지 그리고 태양은 25,000년의 기간에 걸쳐 황도 12궁을 지나 서서히 뒤로 움직이는 것으로 보이는지를 설명했다. 히파르코스의 이 "플라톤 년Great Year" 계산은 매년 1도의 6초 이내로 정확한, 놀라운 업적이었다. Walbank, F. W. (1981), 187쪽을 보라. 태양은 각 궁에서 대략 2,000년을 보내는데, 고대인들은 이를 "큰 달"이라고 불렀다. 히파르코스의 생애 동안 그 달은 양자리에서 물고기자리로 바뀌었다. CE 약 2040년에 그것은 물병자리로 바뀔 것이다. CE 1세기가 되면 새로운 시대에 대한 추측이 무성했고 그 추측은 점성술의 실천과 긴밀하게 연관되어 있었다.
86 Eisler (1920), 71쪽에서 재인용. 아이슬러Eisler 박사는 첫 몇 세기 동안 오르페우스교와 그리스도교가 아주 긴밀하게 접촉했다는 방대한 양의 증거를 대조해서, 어부 오르페우스가 어떻게 사람을 낚는 어부 예수가 되었는지를 보여주었다.
87 위의 책, 22쪽. 시리아인들은 눈Nun, 다곤Dagon 혹은 아도니스라고 다양하게 불린 물고기 신을 숭배했고, 그리스인들은 그 신을 이크티스라고 불렀다.
88 Virgil, *The Pastoral Poems*, 53, Eclogue 4.
89 아우구스투스 시대의 시인들은 새로운 시대 표상을 자주 사용했다. 그들의 작품에도 오르페우스교 신비 교리와 피타고라스주의 신비 교리에 대한 베일에 싸인 참조문이 많이 있다.
90 Ulansey, D. (1989), 5장.
91 이교도 교리에 따르면, 예수는 최후의 희생양이자 최초의 희생 물고기로 나타난다.
92 Cumont (1903), 191쪽과 Ulansey, 앞의 책, 73쪽. 로마 시대에 이런 교리들은 흔했다.
93 Hoffmann, 앞의 책, 77쪽에서 재인용.
94 Kirk and Raven (1957), 169쪽. 신은 하나라는 것은 소크라테스 이전 철학자들 사이에서는 공리다. 제논, 멜리소스Melissos, 헤라클레이토스, 엠페도클레스, 피타고라스는 모두 크세노파네스의 견해에 동의한다.
95 Freke and Gandy (1997), 47쪽에서 재인용.

96　Fidler (1993), 22쪽에서 재인용.
97　Justin Martyr, *Exhortatory Address to the Greeks*, 19.1. Guthtie, K. S., 앞의 책, 298쪽에서 재인용. 유스티누스는 이렇게 계속 이어갔다. "피타고라스가 통일은 만물의 제1원칙이고 모든 선의 원인이라고 말할 때, 그는 신은 하나이고 홀로라는 것을 비유로써 가르친다." 유스티누스는 또한 그리스인들 중 가장 지혜로운 자들은 유일신을 믿었다는 증거로 소포클레스, 오르페우스, 플라톤을 인용한다. 비록 유스티누스의 견해로는 이들 모두가 이집트를 여행하는 동안 모세를 통해 배웠지만 말이다.
98　Wallis Budge, *Egyptian Religion* (1899), 83쪽.
99　위의 책, 19~20쪽에서 재인용.
100　위의 책, 107쪽.
101　Ellis, N. (1988), 21쪽.
102　Angus, 앞의 책, 190쪽.
103　Hoffmann, 앞의 책, 56쪽에서 재인용.
104　Anderson (1994), 84쪽에서 재인용.
105　소크라테스와 아낙사고라스와 디아고라스는 신들을 믿지 않는다고 고소당했다. 신들의 본성에 대해 문제를 제기한, 프로타고라스의 책『신에 대하여』는 아테네에서 공개적으로 불태워졌고 저자 프로타고라스는 이단 재판에 회부되었다. 5세기 말에 아테네에서 열린 이단 재판은 그리스 역사에서 유일한 것이고, 소크라테스는 그들 중 가장 유명한 희생자이지만, 플루타르코스는 그 밖의 시민 1,500명이 사형당했다고 말한다.
106　Hoffmann, 앞의 책, 53쪽에서 재인용.
107　Freke and Gandy (1998), 26쪽. 디아고라스는 한 친구와 함께 사모트라키에 있는 사원 주위에 신들에게 봉헌하는 수많은 값비싼 기념물들을 들여놓고 있었다. 그의 친구는 그에게 이 기념물들은 바다에서 위험에 처했을 때 신의 개입으로 물속 무덤에서 구조된다면 신들에게 영광을 돌리겠다는 약속을 했던 이들이 감사의 뜻으로 세웠다고 설명했다. 따라서 그 기념물들은 기도의 효능과 신들의 역능의 증거였다. 디아고라스는 이렇게 비꼬며 답했다. "물에 빠져 죽은 모든 이들도 마찬가지로 기념물을 세울 수 있다면 얼마나 더 많아질지 한번 생각해보라."
108　디오게네스 라이르티오스Diogenes Laertios의『유명 철학자들의 생애』에 기록된 것. Mack, 앞의 책, 116쪽에서 재인용.
109　Freke and Gandy, 앞의 책, 27쪽에서 재인용.
110　Lucian, *The Parliament of the Gods*, 9~11쪽. Godwin, 앞의 책, 6쪽에서 재인용.
111　Hoffmann, 앞의 책, 71쪽에서 재인용.

112 위의 책, 103쪽.
113 위의 책, 56쪽.
114 Clement of Alexandria, *Stromata*, 31쪽.
115 Cicero, *The Republic*, 6.17. Angus, 앞의 책, 108쪽에서 재인용.
116 「요한복음」 10장 34~36절.
117 Doran (1995), 78쪽.
118 위의 책, 75쪽에서 재인용. *Dialogue with Trypho*, 58~61쪽을 보라.
119 이슬람은 기독교를 세 신을 숭배하는 다신교로 본다. "하나님 …… 을 믿되 삼위일체설을 말하지 말라."라고 충고하는 『꾸란』 수라 4장 171절을 보라. 예수에 대한 그리스도교의 관점과 달리, 무슬림들은 조심스럽게 무함마드가 신이 아니라는 점을 분명히 하고 "하나님을 제외한 신은 없으며 무함마드는 하나님의 사도다."라고 말한다.
120 Lane-Fox, 앞의 책, 191쪽. 5세기 중반부터 살아남아 있는 "삼위일체에 대하여"라고 불리는 그리스도교 설교는 이교도 신들의 말을 풍부하게 인용한다. 삼위일체 교리는 아마도 신성한 기하학에서 유래된 듯하다. 즉 초월수超越數 파이는 모든 것의 상징이기에 신의 상징인 원 안에 숨겨져 있다.
121 Burkert (1972), 265쪽에서 재인용.
122 Wallis Budge, *Egyptian Religion* (1899), 24쪽에서 재인용.
123 Murray (1949), 46쪽에서 재인용.
124 「요한복음」 1장 1~4절.
125 Kahn, 앞의 책, 250쪽. 다음과 같은 칸Kahn의 설명으로부터. "지혜는 자신에 대한 앎과 함께 시작된다. 헤라클레이토스는 스스로를 찾기 위해 갔지만 자신의 프시케psyche 안에서 발견한 것은 우주와 비견될 만큼 심오한 로고스였다."
126 Heraclitus, 36편. 위의 책, 45쪽에서 재인용.
127 Epictetus, 앞의 책, 134쪽, 9장 2절.
128 Vitruvius, *De Architectura*. 로브 판 서문에서.
129 Clement of Alexandria, *Clement of Alexandria*, 167쪽. 클레멘스는 오르페우스를 "미스테리아의 해석자"라고 부른다.
130 Murray, 앞의 책, 46쪽. 사카라Saqqara 피라미드 문서에서, 창조는 말에 의해 그리고 말을 통해 생긴다. 제18왕조(BCE 1550년경)에 이르러 창조 능력으로서의 하느님의 말씀에 대한 이론이 충분히 발전되었는데, 사람의 모습을 한 하느님의 말씀으로서의 파라오라는 개념이 그것이었다.
131 Fidler, 앞의 책, 38쪽.
132 Mead, 앞의 책, 388쪽. 헤시키오스Hesychios에 따르면, 로고스는 "행위의 원인"이다. 그것은 창조를 부추기는 것이다. 로고스는 또한 '이성'이 될 수 있다. 이것

은 정당하게 수많은 방식으로 해석될 수 있다. 즉 "사물을 위한 이성"으로서, "정서定序 원리ordering principle"로서, 또한 "정신이 이해하게 해주는 능력"으로서. 성 요한의 복음서는 "태초에 이성이 있었다."로 해석될 수 있다. 성 요한은 로고스 안에 "생명이 있었으니 이 생명은 사람들의 빛이라."라고 썼다. 마찬가지로 피타고라스학파 섹스투스는 "당신 안에 있는 이성은 당신의 생명의 빛이다."고 말했다. Guthrie, K. S., 앞의 책, 268쪽, 어록 31번을 보라.

133 *The Hermetica*, Book 1.5. Freke and Gandy, 앞의 책, 38쪽, "나에게 평온을 주는 말씀이 하느님의 아들이다."를 보라.

134 Copenhaver, B. P. (1992), 1, Book 1.6. 즉 "마음에서 우러나오는 말을 주는 빛이 하느님의 아들이다."

135 Guthrie, W. K. C., 앞의 책, 227쪽에서 재인용. 히폴리토스Hippolytos는 "그를 아는 모든 이는 아버지와 아들이 동일하다고 말했다."

136 Harrison (1922), 480쪽에서 재인용.

137 로고스는 또한 '비율Ratio'이나 '관계'를 뜻한다. 성 요한의 복음서는 다음과 같이 시작될 수도 있었다. 즉 "태초에 관계가 있었다." 이 관계는 무엇인가? 아버지와 아들, 곧 마음과 생각, 의식과 의식되는 것, 창조자와 창조물, 만물의 단일성과 다양성 사이의 근원적인 관계다. 이 관계는 하나의 연결성인데, 그 둘은 하나이기 때문이다. 따라서, 예수가 가르친 대로, 그것은 본질적으로 사랑의 관계다. 이 교리는 그리스 전통까지 거슬러 올라가 밝혀질 수 있다. 에로스는 소크라테스, 플라톤, 피타고라스학파, 오르페우스교도 등이 좋아하는 신이었다. 오르페우스교의 창조 신화에 따르면, 밤은 "최초로 태어난" 신 에로스가 부화되어 나온 어둠 속 은색 알을 낳았다. Graves (1955), 30쪽을 보라. 그 신화는 원래의 하나Oneness는 모든 이중성, 곧 하늘과 땅, 정신과 물질, 남성과 여성의 본이 되는 두 개의 절반으로 갈라졌다는 것을 말한다. 이것으로부터 일어나는 즉각적인 충동은 나뉘었던 것을 다시 통일하려는 욕망이었고 그 결과로 사랑이 태어났다. 에로스는 가끔 파네스Phanes나 빛으로 불리지만 오르페우스 신화가 발전하면서 철학자들에 의해 로고스로서 의인화되었다.

138 Inge, 앞의 책, 87쪽에서 재인용. 마찬가지로 그리스도교 영지주의 복음서는 이렇게 설명한다. "일자조차도 아니시고, 사상과 존재의 모든 가능성을 넘어서시고, 남자도 여자도 아니신 아버지께서, 자신의 형언할 수 없음이 존재로 드러나야만 하고, 자신의 비가시성이 형태를 가져야만 한다고 처음으로 뜻하셨을 때, 그는 입을 열어 자신에게 말씀하시듯이 말씀을 전하셨다." Mead (1906), 363쪽. 한 영지주의 그리스도교 소책자에서, 예수는 마찬가지로 이렇게 설명한다. "나는 …… 모든 존재를 뛰어넘는 아버지의 아들이다. 하지만 나, 그의 아들은 존재한다." 위의 책, 381쪽.

139 Fidler, 앞의 책, 48쪽에서 재인용. 로고스는 모든 것을 함께 연결하는 것, 그것들을 하나의 전체로 만드는 것이다. 그것은 다른 점에서는 초월적인 신의 상, 신비주의자가 초월적인 하나를 경험할 수 있게 하는 매개 원리다. 이는 클레멘스가 다음과 같이 가르치는 이유다. "로고스와 함께 지내는 사람은 하느님처럼 만들어져 아름답다. 저 사람이 하느님이 된다." 클레멘스에게, 누구나 살면서 많은 스승을 가질 수 있지만 궁극적인 정신적 스승은 로고스 자체, "모든 가르침을 주는 스승"이다.

140 Plutarch, *Isis and Osiris*, 372e~373b. De Vogel, 앞의 책, 211쪽에서 재인용. 초기 그리스도교 교부들이 인정한 대로, 헤르메스는 실제로 그리스인들에 의해 "로고스들"이라 불렸다. 영지주의 그리스도교인들의 한 문서조차 그리스도에 대한 성 요한의 말을 그대로 흉내낸다. 즉 "헤르메스는 그동안 있어 왔고 지금도 있으며 앞으로도 있을 사물들을 표현하고 만들어내는 말씀이다." 히폴리토스의 공격을 받은 배사교Naassene 영지주의자들을 인용하고 있는 Fidler, 앞의 책, 46쪽.

141 Origen, *The Eternal Generation of the Son*. Stevenson, 앞의 책, 204쪽에서 재인용.

142 St Augustine, *Confessions*, 7장 14절.

143 Kingsland, 앞의 책, 135쪽에서 재인용.

144 Inge, 앞의 책, 349쪽은 원래 그리스어로 된 많은 그리스도교 용어들이 이교도 미스테리아 용어법에 빚지고 있음이 드러난다고 적고 있다. 물세례는 미스티콘 루트론mystikon loutron, 일반적 세례는 미에시스myesis이고 미스테리아에서 이는 '입문'을 뜻하기도 한다. 세례받은 사람은 메미에메노스memyemenos, 미스테스 mystes 또는 숨미스테스summystes이고, 세례받지 않은 사람은 아미에토스amyetos, 기름 부음은 크리스마 미스티콘crisma mystikon, 미사 집전 사제는 미스트리오스 란타논토스 미스타고고스mystrios lanthanontos mystagogos, 성찬식은, 미스테리아이고, 또 텔레테telete, 텔레tele, 텔레이오시스teleiosis, 텔레이온스타이teleionsthai, 텔레이오포이오스teleiopoios 등 이 모든 것은 똑같이 입문식과 관련된 것으로 해석될 수 있다.

145 Angus, 앞의 책. Barnstone (1984). 즉 "그 말은 그리스도교인을 암시할 수도 있고 미스테리아 신도를 암시할 수도 있었다."

146 「고린도전서」 14장 2절.

147 Burkert (1992), 3쪽.

148 D'Alviella (1981), 108쪽.

149 Burkert, 앞의 책, 134쪽 주 11에서 재인용.

150 Campbell, 앞의 책, 367쪽에서 재인용. 초기 그리스도교는 스스로를 불가해한 미스테리아, 즉 "사람들을 두려움으로 얼어붙게 하는 미스테리아"라고 소개했다

"이것은 입문자들에게 알려져 있다."는 구절은 모든 그리스 설교에 관통하는 구절이다. 아레오파고스의 재판관 성 디오니시오스는 이렇게 썼다. "신성을 모독한 자들이 그들 중에서 참여하지 못하게 하고 신성한 깨달음 속에서 오직 성인들에게만 신성한 것에 대해 말하도록, 신성한 것들의 신성이 드러나지 않게 주의하고 감춰진 신의 신비적 교의들을 지켜라."

151   D'Alviella, 앞의 책, 111쪽. 소조메누스Sozomenus는 자신이 쓴 교회사에서 "그 책이 입문하지 않은 자의 수중에 떨어질지 모르기 때문에" 니케아의 상징의 언급을 삼간다. 동방 교회들에서 보제補祭는 미사 때 미스테리아를 공개하는 의식과 거의 같은 의식으로 입문하지 않은 자들을 교회에서 몰아냈다.

152   Clement of Alexandria, *Clement of Alexandria*, 257쪽.

153   위의 책, 256쪽.

154   Eisler, 앞의 책, 69쪽. '회합'에 해당하는 그리스어 엑클레시아Ekklesia는 헬레니즘 시대에 미스테리아 모임들의 복잡한 위계에 대해 쓰였다. 그리스도교인들은 나중에 이 모임들에서 구조와 이름 모두를 차용했다.

155   Angus, 앞의 책, 276쪽.

05 영지주의

1   램플러 목사가 최초로 번역한 『빛의 영지주의The Gnosis of the Light』(브루키아누스 문서Bruce codex는 1769년에 발견됐다.) 서문으로부터. Kingsland (1937), 100쪽에서 재인용.

2   브루키아누스 문서는 1769년에 발견됐고, 피스티스 소피아가 들어 있는 아스퀴아누스 문서는 1785년 런던에 입수되었다. 이 문서들 중 어느 것도 19세기까지 영어로 출판되지 않았다. 아크밈 문서는 1896년까지 발견되지 않았다. 1851년에 히폴리토스의 유실된 두 저서가 그리스 아토스 산에서 발견되었는데, 거기에는 영지주의에 관한 가치 있는 정보가 들어 있었고 그중에는 영지주의 문서에서 직접 인용한 것들도 포함되어 있었다. 이후 주로 히폴리토스 저서에 기초한 이교도 연구자들은 머지않은 시기에 이 책들을 공부했고 그의 계승자들은 신중하게 그 책들을 전하지 않았다. Cross, F. L. (1958), 641쪽을 보라. 1945년, 영지주의 연구는 상이집트 나그함마디에서 52개의 영지주의 문서가 발견되자 급격히 변화했다. 1,600년 만에 처음으로 학자들은 교부학 출전들의 적대적 논쟁들을 일일이 조사하여 밝힐 수 있었다.

3   Inge (1899), 86쪽. 즉 "신앙은 긴급한 진리의 요약 지식이고 조급한 사람들에게 적합한 반면 그노시스는 과학적 신앙이다."

4 Freke and Gandy (1997), 101쪽.
5 교리 문답 학교는 클레멘스의 권력하에서 그리스도교의 것이 되기 전에 이미 존재하고 있었다는 것을 지적하는 것은 중요하다. Runia, D. T. (1993), 133쪽은, 교리 문답 학교의 역사에 대한 유세비우스의 설명에 의문을 제기한다. 즉 "유세비우스의 말은 분명 그 학교가 판타이누스 관할하에 있기 전에 이미 존재했다는 것을 암시한다. 그렇다면 그는 왜 그 사실을 다만 여기서 처음으로 말하는가? 그에게 정보가 부족했기 때문인가 아니면 그가 — 정통적 전통을 위한 그 자신의 변명적 관점으로 인하여 — 은폐를 한 것인가!" (독일의 신학자 — 옮긴이) 루니아Runia는 그것을 이렇게 제시한다. "판타이누스가 좀 더 영지주의적인 지향을 갖고 있는 이전 성원들에게서 그 학교를 넘겨받았다. 유세비우스는 그 뒤 진정한 연속성을 위한 이유를 갖게 되었을 것이다." Marlowe (1971), 251쪽은, 판타이우스의 스승이 피타고라스학파였다고 기록한다. 이 모든 정보를 함께 놓고 보면 다음과 같은 시나리오를 얻게 될 것이다. 테라페우타이파 같은 유대인/피타고라스학파 집단들에서 생겨난, 스스로를 필론의 저작에 기초를 둔 유대인 영지주의 학파가 알렉산드리아에서 발전한다. 첫 세기 동안 그 가르침은 이집트, 팔레스타인, 시리아에 광범하게 퍼진다. Roberts (1979)에서는 이것을 아마 다음과 같을 것으로 여긴다. "발렌티누스와 바실리데스가 알렉산드리아에서 가르쳤다면 그들의 가르침을 위한 이전 장소는 이 학교였을 것이다." Runia, 위의 책, 133쪽 주 4도 보라. 2세기 초 25년 동안 알렉산드리아의 유대인 공동체 해체에 따른 혼란의 시기가 있다. 이 시기를 거치면서 판타이우스의 학교 운영이 나타나고 결국 클레멘스의 그리스도교 영지주의 학교가 나타난다.
6 Clement, *Stromata*, 7.1. 즉 "영지주의자만이 진정으로 독실하고 …… 진정한 그리스도교인은 영지주의자다." Stevenson (1957), 184쪽 이하를 보라.
7 이레나이우스, 『이단 논박Adversus Haereses』, 2.14.1-6. Perkins (1993), 179~181쪽에서 재인용.
8 위의 책, 1.23.2-4. Barnstone (1984), 607쪽에서 재인용.
9 Pagels, E. (1975), 158쪽. D'Alviella (1981), 105쪽도 보라.
10 Barnstone, 앞의 책, 656쪽에서 재인용.
11 이레나이우스, 『이단 논박』, 1.24.6-7. 위의 책, 649쪽에서 재인용.
12 Pagels (1979), 67쪽.
13 MacMullen (1966), 208쪽에서 재인용.
14 "한편에서 플라톤주의 전문가들과 다른 한편에서 영지주의자 중 '황량한wild 지하 세계' 전문가들"을 불러 모은 첫 회의는 1992년 뉴욕에서 열렸다. 존 케니John Kenney는 그 논쟁에 마치는 헌사에서 한 나그함마디 문서를 "플라톤의 동굴 내 반란" 같은 읽을거리로 묘사했다. Wallis (1992), 204쪽을 보라. A. D. 녹A. D. Nock

은 영지주의를 "야생을 뛰어다니는 플라톤주의"라고 묘사한다. Wallis, 위의 책, 187쪽을 보라. D'Alviella, 앞의 책, 103쪽도 보라. 여기에서 달비엘라는 영지주의자를 "반쯤의 이교도"라고 부르고, 122쪽에서 보베르민Wobbermin은 영지주의를 "그리스도교적 오르페우스교"라고 말한다.

15 Lane-Fox (1986), 308쪽. CE 180년에 우리는 로마에 살고 있는 소아시아 출신 그리스도교인들에 대해 듣는다. 그들은 유클리드, 아리스토텔레스, "대부분이 숭배하는 갈레노스Galenos"를 연구했다. 아이러니하게도, 갈레노스는 그리스도교인들이 맹목적 신앙에 의존한다고 비웃었지만, 이 그리스도교인들은 그의 비판에 대한 살아 있는 대답이었던 것으로 보인다. 오래지 않아 그들은 로마 주교에게 파문당했다. Eusebius (1965), 177쪽을 보라. 여기에서 유세비우스는 "신의 존재를 부정하는 악당 짓을 하여 성서의 확실한 신앙을 무너뜨리는" 이 이단들에 대한 정통 관점을 표현한다.

16 Robinson (1978), 18쪽. 나그함마디 문서에는 표지에 생명을 뜻하는 이집트 상형 문자인 앙크ankh가 압형되어 있다. 영지주의 문서들 사이에서 발견된 것은 피타고라스학파 섹스투스의 이교 저서들, "의로운 자"의 운명을 다룬 플라톤의 『국가』일부, 『헤르메스 문서집』 발췌문들이었다.

17 Lane-Fox, 앞의 책, 307쪽. 클레멘스는 300명 이상의 이교도 저자들을 언급하지만 그들에 대해 지금 아무것도 모른다. Clement of Alexandria, *Clement of Alexandria*, xiii쪽을 보라. 로브 판 편집자는 클레멘스가 미스테리아들을 너무 잘 알고 있어서 그가 아마도 입문자였으리라고 생각한다. Gregory (1987), 25~26쪽을 보라.

18 Clement of Alexandria, *Stromata*, 6.26. 또 7.55와 6.109를 보라.

19 Lane-Fox, 앞의 책, 520~521쪽. 한 오리게네스 제자는 이교 지도자들의 '프로트렙픽protreptic' 어법을 쓰면서, 오리게네스가 '자신에 대한 앎'이라는 이교도의 오래된 목적을 가지고서 자신에게 육체에 대한 영혼의 신성한 우월함을 가르쳤던 것을 회상한다.

20 Pagels, E. (1988), 85쪽에서 재인용.

21 오리게네스와 플로티노스Plotinos는 모두 암모니오스에게 가르침을 받았다.

22 Porphyry, *Life of Plotinus*, 20쪽. Doran (1995), 32~33쪽을 보라.

23 Wallis, 앞의 책, 112쪽에서 재인용.

24 Robinson, 앞의 책, 9쪽에서 재인용. Wallis, 위의 책도 보라. 이 책에서는 플로니노스가 자신의 반대자들을 지명하며 언급하거나 그들을 영지주의자라고 말하지 않았지만 그들의 정체성은 "그리스도교인이자 다른 당파에 속하는 사람들"이라고 포르피리오스가 확인해주었다고 적고 있다. 플로티노스는 그의 반대자들이 조스트리아노스Zostrianos, 알리오게네스Aliogenes 등의 계시를 지지하며 "고대 철학을

저버린다."고 비난했다. (이 저자들의 저서들은 현재 나그함마디에서 발견되어 있다.) 그는 그들을 새로운 가르침에 너무 심하게 오염되어서 그들이 자신에게서 진정한 교리를 배운 후에도 극복될 수 없을 친구들이라고 생각했다. 플로티노스는 1) 배교자들의 가르침에서 가치 있는 것은 무엇이든 플라톤에게서 취해진 것이었고 2) 그것에 덧붙여진 것은 진실함과 거리가 멀다는 것을 동문들이 깨닫게 하기 위해서 그들에 반대되는 글을 썼다. 그의 작업은 추종자 포르피리오스에 의해 이어졌고, 확대되어 15권짜리 『그리스도교인들에 맞서Against the Christians』로 만들어졌다. 몇몇 부분들은 남아 있지만 나머지는 4세기에 불태워졌다.

25 Robinson, 위의 책, 171쪽. 『세계의 기원에 대하여On the Origin of the World』가 그리스 신화 및 철학과 그리스도교 사상 사이의 영지주의적 융합의 좋은 예다. 『위대한 로고스에 대한 책』이라고 불리는 한 영지주의 문서는 예수가 사도들에게 갈릴리로 가서 대부분의 악이 없어진 남자 혹은 여자를 찾은 뒤, 그들에게서 포도주 2병을 받아 자신이 있는 곳으로 가져오고 포도나무의 가지 두 개도 가져오라고 명했다고 되어 있다. 사도들이 그렇게 하자 예수는 포도주 두 병을 오른편과 왼편에 각각 두고 병 주위에 딸기류 과실들과 향신료를 뿌려 봉헌 장소를 만들었다. 그런 뒤 그는 사도들이 스스로 하얀 린넨 옷을 걸치게 한다. 이런 모습은 고대 화병에서 발견되는 그리스 디오니소스 미스테리아 화상畵像과 거의 동일하다(도판 5쪽을 보라.).

26 Mead (1906), 510~511쪽.
27 Barnstone, 앞의 책, 639쪽.
28 위의 책, 640쪽. 이교도 신화에서처럼 헤라클레스의 12업은 황도 12궁과 같다. 이 영지주의 문서에서 헤라클레스는 엘로힘에 의해 노역이 부과되고, 그 때문에 제우스는 유대 신과 등치된다.
29 위의 책, 640~641쪽.
30 Mead, 앞의 책, 199~200쪽. 배사교 영지주의자에 대한 히폴리토스의 논쟁은 영지주의 그리스도교 가르침과 미스테리아 교리가 동일하다는 점을 지적하는 데 쓸모가 없다. 모든 영지주의 문서 중에서 가장 아름다운 문서에 속하는 배사교 시편에 대해서는 Barnstone, 앞의 책, 635쪽을 보라.
31 Hippolytus, Elenchos, 5. 9.5. Segal, R. A. (1992), 70쪽에서 재인용.
32 Jung, C. (1959), 199쪽. 『논박Elenchos』에서 히폴리토스는 아도니스, 오시리스, 아담, 코리바스, 판, 바쿠스 같은 많은 신인 명칭을 준 배사교 찬성가를 인용한다. 오시리스는 영혼들(각 영혼은 이집트 신화에서 별이다.)이 사후에 바른 터(밤하늘의 별들의 터 혹은 천국)로 되돌아가도록 인도하는 양치기다.
33 Mead, 앞의 책, 203쪽.
34 Robinson, 앞의 책, 455쪽. 성모, 성부, 성자는 세트파 영지주의에서 제1의 삼위

일체primal triad로 찬미받는다. 오시리스, 이시스, 호루스Horus라는 이집트 삼위일체는 아마도 신성한 삼위일체divine trinity라는 영지주의자와 그리스도교인 모두의 개념의 궁극적 기원인 듯하다. 영지주의 신화는 소피아가 하늘에서 떨어져 이 세상에서 길을 잃고 헤매며 사람들에게 무시당하고 괴롭힘을 당하는 것을 극화한다. Mead, 위의 책, 333쪽을 보라. 이것은 이교도 신앙에서 발견되는 교리와 똑같은 교리다. 지혜의 획득만이 땅에 떨어진 영혼을 원래 있던 하늘로 되돌아가게 이끌어 줄 수 있다. 예를 들어 피타고라스는 스스로를 철학자 — 문자 그대로 "소피아를 사랑하는 사람" — 라고 부른 최초의 사람이었다.

35 Robinson, 위의 책, 143쪽. 『빌립의 복음서』, 55에서는 "어떤 이들은 '마리아는 성령에 의해 잉태했다.'고 말했다. 그들은 틀렸다. 그들은 자신들이 무엇을 말하고 있는지 모르고 있다. 이제껏 여성이 여성에 의해 잉태한 적이 있었는가?"라고 비꼬며 논평한다.

36 Mead, 앞의 책, 334쪽. 이런 많은 이름들은 이시스 숭배에서 비롯된 이름임을 무심코 드러낸다.

37 Kingsley (1995), 355쪽은, 엠페도클레스 교리와 영지주의 교리가 "광범하게 닮음"에 대해 쓰고 있다.

38 Pagels (1975), 23쪽.

39 플라톤, 『티마이오스』, 3.28. 즉 "이 우주의 창조자이자 아버지를 알게 되는 것은 사실 어려운 과제이고 그를 알게 된 후 모든 이에게 그에 대해 말하는 것은 불가능할 것이다."

40 아낙사고라스는 신을 보편 정신Universal Mind에 비유했다. 즉 "모든 것들All things은 전부everything의 일부를 포함하지만 정신은 무한하고 자기 지배적self-ruled이고 그 무엇과도 섞이지 않고 그 스스로 완전히 모든 것이다. 그리고 있었던 모든 것들, 지금은 있지 않지만 있었던 모든 것들, 지금 있거나 있어야 할 모든 것들, 별들, 태양과 달, 공기와 에테르를 회전시키고 있는 이 회전을 포함한 그 모두를 정신은 배치했다." Kirk and Raven (1957), 372쪽. 이것은 엠페도클레스와 크세노파네스에 의해 이렇게 각각 똑같이 되풀이됐다. 즉 "그는 거룩하고 형언할 수 없는 정신이고 전 세계에 신속한 생각들을 보낸다." 위의 책, 350쪽에서 재인용. 그리고 "신들과 사람들 가운데 가장 위대한, 육체나 생각이나 죽어야 할 운명과 비슷한 것이 결코 없는 하나의 신. 항상 그는 같은 곳에 전혀 움직이지 않고 있다. 수고를 들이지 않으면서 정신의 생각으로 모든 것들을 흔든다." 위의 책, 169쪽.

41 Fidler (1993), 18쪽.

42 플라톤, 『티마이오스』, 41. 조물주(기예가)는 큰 힘들을 섬기는 작은 신이다.

43 Pagels (1979), 62쪽.

44 「출애굽기」 20장 3∼5절.

45 『요한의 비밀서』, Pagels, 앞의 책, 56쪽에서 재인용.
46 McEvedy, C. (1967), 162쪽. 『집정관들의 실제Hypostasis of the Archons』에서 소피아는 그릇된 창조자를 눈 먼 자들의 신인 사마일Samael이라고 부르면서 비난한다. 이레나이우스는 영지주의 체계에 대해 말하는데, 그 체계에서 여호와가 "나는 아버지이고 신이며 내 위에는 아무도 없다."고 주장하자 그의 어머니 여신 소피아는 "'너의 위에 모든 것의 아버지, 최초의 사람, 사람의 아들인 사람이 있는 것에 대해 거짓말을 하지 마라.' 고 그에 맞서 부르짖었다." Mead, 앞의 책, 189쪽에서 재인용.
47 이레나이우스, 『이단 논박』, 1.27.1. Barnstone, 앞의 책, 644쪽에서 재인용.
48 Inge, 앞의 책, 110쪽. 성 아우구스티누스는 이 축약된 말을 플라톤주의로서가 아니라 정통 그리스도교 교리로서 반복한다.
49 Pagels, 앞의 책, 46쪽.
50 Mead, 앞의 책, 489쪽에서 재인용.
51 위의 책, 506쪽.
52 Burkert (1985), 102쪽.
53 Harrison (1922), 514쪽. 그리스도교인 디온 크리소스토모스Dion Chrysos-tomos는 미스테리아에서 입문자는 자신의 스승들이 그의 주위를 돌며 춤을 추는 동안 왕위에 오른 것처럼 앉혀져 있다고 말한다. 아리스토파네스는 『구름Nephelai』에서 똑같은 의식을 패러디하고 플라톤은 그 의식을 『에우티데모스』, 277d에서 언급한다. Kerenyi (1967), 9쪽은, 엘레우시스에서 발견된 횃불들에 대해 논한다. 이 횃불들은 디오니소스가 이끄는 춤꾼들이 들고 있었고 "별이 빛나는 에테르"의 춤을 모방했다. 미스테리아들은 환생하는 동안 영혼이 내려왔다가 다시 오르는 것을 극화했고 그 빛들은 행성들과 별들을 상징했는데, 이 빛들은 지상과 천국을 연결하는 천국의 사다리로 상상되었다. 프루사Prusa의 디오Dio(디온 크리소스토모스를 말한다 — 옮긴이)는 이 의식과 그 중요성을 가장 분명하게 드러내준다. 즉 "만일 아름다움과 크기로 압도하면서 신비의 휴식에 들어가는 입문식을 위해 그리스인 혹은 야만인을 데려온다면, 그래서 갑작스런 변화와 다른 셀 수 없는 우연한 것들에서 등장하는 어둠과 빛과 함께 수많은 신비한 광경을 보고 그런 유의 많은 소리를 듣는다면, 그리고 심지어 그들이 소위 즉위식에서 한 대로 — 그들은 입문자들initiands을 앉히고 그 입문자들 둘레를 돌며 춤춘다. — 만일 이 모든 것이 일어나고 있다면, 그가 아무리 지독하게 야만적이라고 할지라도, 그런 사람이 자신의 영혼 속의 오직 무無를 경험하고, 계속되고 있는 모든 것에서 어떤 더 현명한 통찰과 계획이 있다고 생각하지 않을 수 있겠는가?" 케레니이는 이렇게 논평한다. "의도된 것은, 미스테리아 의식의 기교적인 면을 넘어, 지구 주위의 별들과 태양 등 자연의 경이로운 것들의 춤과 같은 우주에 대한 것이다. 우주를 거대한 미

스테리아 공간과 비교하는 것은 스토아학파 철학자 클레안테스Cleanthes로 거슬러 올라가는데, 그는 아테네에 살았고 아마도 엘레우시스에 대해 생각하고 있었던 듯하다." Burkert (1992), 90쪽을 보라.

54 Cumont (1903), 153쪽. 미트라스 신앙 입문자들에게 씌워진 신성한 동물 가면은 황도 12궁을 상징했고 입문자의 모의 살인은 영혼의 죽음과 육신의 감옥으로의 강하降下를 상징했다.

55 『요한행전』, 97~102절. 영지주의의 『예후에 관한 책Book of Jehu』 또한 원무에 대한 암시가 들어 있다. Campbell (1955), 171쪽을 보라.

56 Mead, 앞의 책, 431쪽. Campbell, 위의 책, 173쪽도 보라. 여기에서 4세기에 『요한행전』이 입문 의식이었다는 사실이 광범위하게 알려져 있었다고 적고 있다. 그리스도는 밀교 해설자이고 그의 사도들은 그리스도의 심미스타이symmystae(공감하는 입교자들이라는 뜻의 그리스어 — 옮긴이)가 되는 미스타이다. 이는 제2차 니케아 공의회에서 『요한행전』을 극렬 비난한 이유를 설명한다.

57 원전에서는 목소리들을 나누어 구분하지 않고 있다. 여기 있는 것은 미드Mead가 한 것이다.

58 Mead, 앞의 책, 431쪽 이하.

59 Inge, 앞의 책, 88쪽에서 재인용.

60 Clement, *Stromata*, 1.12와 7.61.

61 Origen, *Against Celsus*, 1.7. Fidler, 앞의 책, 33쪽에서 재인용. Wallis, 앞의 책, 14쪽도 보라.

62 Barnstone, 앞의 책, 628쪽에서 재인용.

63 Mead, 앞의 책, 278쪽. 피타고라스주의자들은 초심자들에게 5년 동안 묵계를 지키게 했는데, 유세비우스 말에 따르면 바실리데스의 추종자들 또한 그 묵계를 지켰다.

64 위의 책, 521쪽에서 재인용.

65 Clement, 앞의 책, 5.9. Inge, 앞의 책, 88쪽을 보면, 딘 잉게Dean Inge는 여기에서 클레멘스가 "신피타고라스주의 문서의 축어적 보고"를 차용했다고 주장한다.

66 Barnstone, 앞의 책, 638쪽에서 재인용.

67 1973년에 모턴 스미스Morton Smith는 『마가의 비밀 복음서』에 대해 언급하고 있는 클레멘스의 이제껏 알려지지 않은 편지를 출판했다. 어떤 이들은 그 문서를 위조라고 간단히 처리해버리고 다른 이들은 진본으로 받아들이는 등 그 문서를 둘러싼 논쟁이 있다. Stanton (1995), 93쪽은 그 논쟁의 현황을 보여준다. 그 문서 자체는 Barnstone, 위의 책, 339쪽에서 볼 수 있다.

68 Barnstone, 위의 책, 341쪽.

69 Stanton, 앞의 책, 95쪽.

70 Barnstone, 앞의 책, 340쪽.
71 「요한복음」11장 16절.
72 「마가복음」14장 50~52절.
73 Kahn (1979), 55쪽에서 재인용. 109쪽도 보라. 여기에서 칸은 헤라클레이토스가 억견臆見을 넘어서는 지식에 대해 기노스케인ginoskein이라고 쓰는 것을 좋아했다고 적고 있다.
74 Plato, *Phaedrus and Letters vii and viii*, 53쪽. 이 판본의『파이드로스』편집자는 플라톤이 에피스테메 곧 '앎'과 독사 곧 '억견'을 반복해서 비교한다고 적고 있다. 참된 지식은 오직 순수 철학을 추구함으로써 얻을 수 있다. 감각적 세계는 언제나 독사의 원천일 뿐이다.
75 Fidler, 앞의 책, 9쪽.
76 Pagels (1979), 48쪽.
77 Clement, 앞의 책, 6.26.
78 위의 책, 7.55.
79 위의 책, 6.109.
80 위의 책, 7.57.
81 Pagels, 앞의 책, 125쪽.
82 Robinson, 앞의 책, 142쪽에서 재인용. Pagels, 위의 책, 59쪽도 보라.
83 소크라테스가 참된 진리를 찾아 나서게 한 것은 바로 이 명령이었다. 플라톤,『소크라테스의 변명』, 22e~23c를 보라.
84 Pagels, 앞의 책, 141쪽에서 재인용.
85 Robinson, 앞의 책, 448쪽에서 재인용.
86 Pagels, 앞의 책, 136, 141쪽에서 재인용.
87 소크라테스는 다이몬론의 가장 유명한 대표자다.『소크라테스의 변명』, 31d와『파이드로스』, 242와『국가』, 496c를 보라. 그는 자신의 다이몬을 삶 전체에 걸친 조언이 되는 내적 목소리라고 설명한다. Plato, *Phaedrus and Letters vii and viii*, 43쪽 주 3을 보라. 다이몬론이 소크라테스보다 먼저 있었다는 것은 Empedocles, 132편이 증명한다. 엠페도클레스는 육체와 동떨어진 신성한 자아 — 그는 이것을 프시케라 부르지 않고 다이몬 즉 신들에게서 쫓겨났지만 다시 신이 되길 갈망하는 이라고 부른다. — 를 믿었다. Guthrie, W. K. C. (1962), 318쪽을 보라.
88 다이몬과 에이돌론 — 더 높은 자아와 더 낮은 자아 — 간의 관계는 가끔 육체와 그 그림자의 관계처럼 생각되었다. 이 교의는 플라톤의 동굴 신화의 바탕을 이루는데, 그 동굴에서 사슬에 묶인 인간들은 벽에서 어른거리는 자신들의 그림자를 보고 그 그림자가 실재 삶이라 착각한다.
89 Burkert (1985), 202쪽은 그리스 신화에서 신은 이중으로 죽어야 할 운명이곤 한

다. 카스토르와 폴룩스 쌍둥이는 이런 이유에서 미트라스 도상에 포함되었다. 즉 하루걸러 하루씩 하나는 살아 있고 나머지 하나는 죽는데, 이는 다이몬과 에이돌론 관계의 상징이다. 영지주의의 『도마의 복음서』는 다음과 같은 예수의 알 수 없는 말을 기록한다. "둘은 한 침대에 놓여 있을 것인데, 하나는 죽을 것이고 나머지 하나는 살 것이다."

90 Epictetus, *The Teachings of Epictetus*, 145쪽과 *On Providence*, 4쪽을 보라. 에픽테토스는 이렇게 설명한다. "신은 모든 인간의 옆에 수호신 즉 각인의 다이몬을 두어서 그 각인을 지켜보는 일을 맡긴다. 잠들 수도 현혹될 수도 없는 다이몬을. 얼마나 더 위대하고 더 잘 지켜보는 수호신에게 우리를 맡길 수 있었겠는가? 그래서, 문을 닫아 집을 어둡게 할 때, 기억하라, 홀로 있다고 결코 말할 수 없다는 것을. 너는 홀로 있지 않고, 신이 거기에 있으며 너의 다이몬이 거기에 있기 때문에."

91 Freke and Gandy (1998), 40쪽에서 재인용.

92 Mead, 앞의 책, 599쪽. 한 익명의 영지주의자는 자신에게 거인과 난쟁이로 나타난 다이몬과 에이돌론을 본 것을 다음과 같이 이야기한다. "저는 아주 높은 산 위에 서 있었고 거인과 또 다른 사람, 즉 난쟁이를 보았습니다. 그리고 저는 말하자면 천둥소리를 들었고 듣기 위해 가까이 다가갔습니다. 그리고 그가 저에게 말했는데, 말하기를, 나는 너이고 너는 나이며, 너가 어디에 있든 나는 거기에 있다. 모든 것 안에 나는 흩어져 있고 언제든지 너는 나를 그러모은다. 그리고 나를 그러모으면서 너는 너 자신을 그러모은다."

93 Segal, 앞의 책, 237쪽의 발렌티누스. 여기에서 자아인 수호천사가 어떻게 그 사람에게 그노시스를 주는지를 설명한다. 에이돌론과 다이몬이 하나가 될 때만 그 개인은 완벽과 영원을 얻을 수 있다. 세갈Segal은 이렇게 썼다. "이것이 그노시스의 특징이자 기본 가정이라는 것은 더욱더 분명해지고 있다."

94 피라미드 문서 언설 215는 죽은 자들에게 다음을 확실히 한다. "너는 사라지지 않을 것이고 너와 꼭 닮은 이도 사라지지 않을 것이다. 너는 너와 닮은 이이기 때문에."

95 Lane-Fox, 앞의 책, 565쪽에서 재인용. 마니는 CE 242년에 바빌론에서 보편적 영지주의 종교를 설교하기 시작했다. 그것은 로마 제국 전체에 빠르게 퍼졌다. 성 아우구스투스는 8년 동안 마니교의 "듣는 사람"이었다. 304년에 마니교는 서양에서 사형 죄목이 되었는데, 왜냐하면 마니교의 페르시아적 배경이 강한 의심을 사게 했기 때문이다. 더 관용적인 동양에서는 마니교가 종국에는 저 멀리 중국까지 퍼졌다. 마니교는 중세 시대에 서양에서 다시 등장했고 극심한 박해를 받았다.

96 Hollroyd, S. (1994), 69쪽에서 재인용.

97 Mead, 앞의 책, 475쪽 이하에서 재인용.

98 위의 책.
99 Segal, 앞의 책, 51쪽을 보라. 퀴스펠Quispel은 천사와 사람 사이의 융합의 신비 mysterium conjunctionis에 대해 말한다. 카를 융Carl Jung은 이것을 영지주의에서 영감을 얻은 그의 수많은 저서의 제목으로 사용했다.
100 Inge, 앞의 책, 82쪽에서 재인용.
101 Segal, 앞의 책, 237쪽에서 재인용.
102 *Meditations*, 139쪽에서 마르쿠스 아우렐리우스는 "신이 모든 사람에게 수호신과 인도引導를 위해 준" 다이몬이 사실 신 자신의 "일부"라고 쓰고 있다.
103 Pagels, 앞의 책, 141쪽. 영지주의 현자 시몬 마구스는 다음과 같이 선언한다. "각각의 인간은 무한한 힘 — 우주의 뿌리 — 이 지내는 곳이다."
104 Inge, 앞의 책, 353쪽은, 영지주의자들은 이 말을 만들어낸 "오르페우스 미스타이와 공통점이 많았다."고 쓰고 있다. Angus, 앞의 책, 112쪽도 보라. 여기에서는 다음과 같은 것을 포함해서 이 주제에 대한 여러 헤르메스 신앙 기도문을 기록한다. "너는 나이기 때문에 나는 너다. 그리고 너의 이름은 나의 것이다. 나는 너의 에이돌론이기 때문에."
105 Guthrie, K. S. (1987), 270쪽, 어록 92번.
106 Clement of Alexandria, *Paedagogus*, 3.1.
107 Angus, 앞의 책, 111쪽에서 재인용.
108 위의 책, 106쪽.
109 Mead, 앞의 책, 223쪽에서 재인용.
110 이것은 아트만은 브라만이다 — 자아는 신이다. — 는 힌두교 교리와 같다. 카타 우파니샤드Katha Upanishad는 이렇게 말한다. "모든 존재 안에서 지내는 것은 아트만, 곧 자아, 곧 가슴 속의 작은 햇불이다. 자신의 아트만, 곧 수준 높은 자아를 아는 이는 누구나 브라만, 곧 최고의 영靈에 이른다." 만두키아 우파니샤드Mandu-kya Upanishad는 다음과 같이 분명하게 말한다. "브라만은 모든 것이고 아트만은 브라만이다."
111 *The Histories*, 제2권, 122장에서 헤로도토스는, 환생 교리가 이집트인들에게서 유래했지만 "어떤 그리스 작가에 의해 채택"되었다고 말한다. 헤로도토스는 "그들에 대해 언급하길 삼가"지만 그가 오르페우스교도와 피타고라스주의자들에 대해 말하고 있다는 것은 의심의 여지가 없다. Kingsley, 앞의 책, 368쪽에서는 이것이 심지어 고전 시대에도 잘 알려져 있었다고 말한다. 즉 "피타고라스주의자들은 매우 예외적인 비밀을 지켰지만 '모든 이에게 더할 나위 없이 잘 알려져' 있던 그들 종교의 가르침은 영혼의 불멸성과 환생이었다." 디오게네스 라이르티오스에 따르면 피타고라스는 다음과 같은 것을 가르쳤다. "필연의 원 주위를 도는 영혼은 다른 시대에 다른 육체로 변형되고 한정된다." Guthrie, K. S., 앞의 책, 145쪽에서

재인용. 『법률』, 870e에서, 플라톤은 이 교의를 미스테리아의 사제들의 것으로 돌린다. 그들은 "업karma"이라는 연관 교의와 함께 가르쳤다. 즉 "그들은 또한 미스테리아의 이런 문제들에 푹 빠져 있는 이들의 입을 통해 진리를 배우는 이들이 확고히 믿는 진리, 즉 복수는 사후에 그런 범죄들에 취해지며 죄 지은 자가 우리 자신의 세계로 다시 한 번 돌아왔을 때 그 자는 영락없이 자연의 벌을 받아야 한다 — 그가 한 대로 당해야 한다. — 는 것을 말할 것이다." 『메논』, 81b~81c에서, 소크라테스는 이렇게 말한다. "수차례 다시 태어나서 존재하는 모든 것을 보고 있는 영혼은 그 모든 것에 대해 알고 있다."

112 Plutarch, *The Moral Essays*, 184쪽, 'A Letter of Consolation', 10쪽.
113 Mead, 앞의 책, 282쪽.
114 Barnstone, 앞의 책, 60쪽에서 재인용.
115 Mead, 앞의 책, 485쪽에서 재인용.
116 플라톤, 『국가』제10권, 614 이하.
117 Mead, 앞의 책, 516쪽에서 재인용.
118 플라톤, 『크라틸루스』, 400c. 즉 "몸은 영혼이 갇혀 있는 울타리 또는 감옥이다." 영지주의자 카르포크라테스Carpocrates는 똑같은 교의를 가르쳤고 마찬가지로 몸을 감옥이라 칭했다. 그는 영혼들이 모든 죗값을 다 치를 때까지 환생하며 이것이 「누가복음」 12장 58절, "한 푼이라도 남김이 없이 갚지 아니하고서는 결코 거기서 나오지 못하리라 하시니라." 속의 예수의 가르침 이면에 있는 진정한 의미라고 주장했다. Barnstone, 앞의 책, 649쪽을 보라.
119 위의 책, 61쪽에서 재인용.
120 플라톤, 『크라틸루스』, 400c. 즉 "왜냐하면 어떤 이들은 몸을 우리의 현재 삶 속에 파묻혀 있는 것으로 생각될 수 있는 영혼의 무덤이라고 말하기 때문이다. 오르페우스교 시인들은 …… 형벌이 다 채워질 때까지 영혼은 죄에 대해 벌을 받는다고 생각했다."
121 Origen, *De Pricipiis*, 2.8.3. Stevenson, 앞의 책, 203쪽에서 재인용.
122 Bernstein (1993), 307쪽. 오르게네스의 관점은 이교도의 관점 — 모든 것은 종국에는 전체적인 아포카타스타시스apokatastasis 곧 귀환 속에서 신에게 되돌아갈 것이다. — 이었다. 그는 끝은 시작으로서 있어야 한다는 신플라톤주의 철학의 공리를 사용했다. 처벌받는 모든 이는 치유될 것이고, 이를 근거로 그는 영원한 처벌을 부정했다.
123 Origen, 앞의 책, 3.1.20-1. Kingsland, 앞의 책, 138쪽도 보라. 오리게네스는 이전의 죄에 대해 처벌받고 있는 게 아니라면 어떻게 눈이 먼 채로 태어날 수 있겠는가라고 묻는다. 그가 말하는 환생은 영혼들이 자신의 죄를 씻고 생의 순환을 끝마칠 충분한 시간을 허락한다. Bernstein, 위의 책, 311쪽을 보라.

124 Bernstein, 위의 책, 307쪽. 히에로니무스는 4세기 말에 최초로 오리게네스를 비난했다. (히에로니무스는 영혼들의 선재先在를 부정했지만 신은 "매일 새로운 것들을 창조하고" 있다고 가르쳤다. 이 "창조설" 교리는 오늘날에도 여전히 받아들여지고 있다. Brandon, S. G. F. (1969), 84쪽을 보라. 선한 신은 매일 계속해서 수백만의 영혼을 만들고 신이 알고 있는 그 영혼들 중 다수가 영원한 고문이라는 벌이 선고될 것이라는 점은 이 신학의 수많은 잔혹과 부조리 중 하나일 뿐이다.) CE 543년 유스티니아누스Justinianus 치하에서 오리게네스의 그리스어 문서는 이단으로서 불태워졌다. Stevenson, 앞의 책, 203쪽에서 밝힌 대로, 오리게네스의 다른 어떤 견해도 "모두에 대한 궁극적 구원"이라는 교의보다 더 격렬하게 반대에 부딪치지는 않았다.

125 Josephus, *The Jewish War*, 2.14.165를 보라. 요세푸스의 생각으로는, 바리새인들이 영혼은 죽은 후에도 살아남으며 다른 육신의 새 삶을 보상받거나 지하 세계에서 영원한 처벌을 받는다고 가르쳤기 때문에 다수의 지지를 얻었다. 바리새인들은 전통적인 사두개인들의 격심한 반대를 받은 현대화되고 헬레니즘화된 사람들이었는데, 바울도 바리새인이었다. 「마가복음」 12장 18절은 "부활이 없다 하는 사두개인들"이라고 말하지만, 동시에 바리새인들은 오르페우스의 환생 교리를 가르치고 있다고 쓰고 있는 요세푸스와 달리 거기까지 나아가지는 않는다.

126 「요한복음」 1장 21절.

127 「마가복음」 8장 27~28절. 예수가 어떻게 동시대인인 세례자 요한의 환생일 수 있는지는 설명되지 않고 있다.

128 폼페이의 신비의 집Villa of the Mysteries에 그려진 그림은 바쿠스의 여사제들만이 입문식을 주관하였음을 보여준다. 리비우스의 BCE 186년 바쿠스 축제 Bacchanalia 이야기와 바쿠스 신앙의 무자비한 숙청 권한을 위임받은 원로원의 결정Senatus Consultum 모두는 여성들이 중심 역할을 했음을 입증한다.

129 Turcan (1992), 292쪽. 바쿠스 신앙은 놀랍도록 여성들을 해방시켰는데, 여성들은 바쿠스 신앙이 그리스에 처음 등장했을 때부터 바쿠스 신앙과 연관되었다.

130 Pagels (1979), 87쪽.

131 위의 책.

132 여러 피타고라스학파 여성들을 세세하게 알려주는 Harrison, 앞의 책, 645~647쪽.

133 "고대 피타고라스학파의 — 고전적 기준에 따른 — 가장 비상한 특징 가운데 하나는 남성들과 동등한 여성들의 지위였다."고 씌어 있는 Kingsley, 앞의 책, 162쪽.

134 Harrison, 앞의 책에서 재인용. 이암블리코스는 여성들이 자신의 것을 남들과 기꺼이 함께 누리려 하기 — 남성들 사이에서는 좀처럼 발견되지 않는 자질 — 때

문에 피타고라스가 여성들의 의로움을 찬양했다고 말한다. De Vogel (1966), 134쪽.

135 Harrison, 위의 책, 646~647쪽. 게다가, 피타고라스가 죽은 후 그의 집은 여신 데메테르에게 성소로서 헌납되었고 그 집이 있는 거리는 나중에 뮤즈들Muses이라는 이름이 붙었다.

136 Pagels, 앞의 책, 81쪽.

137 Robinson, 앞의 책, 245쪽.『피스티스 소피아』또한 마리아를 모든 사도들 가운데 가장 영적인 사도로 그린다. Mead, 앞의 책, 467쪽을 보라.

138 Robinson, 위의 책, 524쪽. 마리아와 베드로의 갈등은『마리아 복음서』,『도마의 복음서』,『피스티스 소피아』,『이집트인 복음서』에서 발견되기도 했던 신비한 시나리오다. 막달라 마리아는 소피아 곧 그리스도교의 은밀한 미스테리아의 "지혜"를 대표하는 반면, 베드로는 아직 이 비밀스런 가르침을 받지 못한 저 그리스도교인들에 의해 지켜지는 공개적 미스테리아들을 대표한다. 예수가 지어준 '반석'이라는 뜻의 이름인 베드로는 공개적 미스테리아가 그노시스의 사원을 지을 수 있도록 입문자 안에 견고한 반석을 만들어야 한다는 가르침을 대표한다. 그러나 초심자가 오만해지고 실제로는 첫 단계를 취했을 뿐인데도 미스테리아들을 이해하고 있다고 믿게 되는 위험이 있다. 이것을 나타내기 위해서, 베드로는 자주 영지주의 복음서에서나 신약 성서에서나 어리석고 변심을 잘하는 것으로 그려지곤 한다. 예수를 세 차례나 부인한 이가 바로 베드로이고, 그래서 그 앞에서 예수는 "사탄아 내 뒤로 물러가라."고 고함친다. Mead, 위의 책, 580쪽. 신비하게도 베드로라는 인물로 대표되는 어리석은 여성 혐오자는 물론 정통 그리스도교를 지배하게 되었고 그 결과는 비참했다. 이교 가르침과 영지주의 가르침에서 절대 필요한 부분을 담당하는 신성한 여성은 문자주의 그리스도교에서는 거의 사라진 것이나 다름없었다.

139 Pagels, 앞의 책, 85쪽.

140 위의 책, 80쪽.

141 발렌티누스파 사이에서 여성은 남성과 동등한 것으로 여겨졌다. 그들은 예언자, 선생, 복음 전도자, 치유자, 사제 등으로 활동했다.

142 Pagels, 앞의 책, 80쪽에서 재인용.

143 위의 책, 66쪽.

144 Euripides, *The Bacchae*, 657~679쪽.

145 Pagels, 앞의 책, 62쪽에서 재인용.

146 Pagels (1975), 45쪽에서 재인용.

147 Pagels (1979), 61쪽. Pagels, 위의 책, 45쪽도 보라. 5세기 전에 헤라클레이토스는 다음과 같이 공언했다. "신에게 모든 것은 공평하고 선하며 의롭지만 인간들은

몇몇 것들은 부정의하게 나머지 것들은 의롭게 취해왔다." Kahn, 앞의 책, 61쪽, 헤라클레이토스의 어록 68을 보라.

148 Pagels (1979), 63쪽에서 재인용.
149 Godwin (1981), 86쪽.
150 Pagels (1975), 19쪽에서 재인용. 바실리데스는 바울을 옹호하면서 「로마서」 2장 12~16절을 인용한다.
151 Stevenson, 앞의 책, 163쪽 이하. 영지주의자가 사랑하라는 윤리 규범을 따를 필요가 없는 것은, 클레멘스가 설명한 대로, "그노시스를 통해 자유로워진 자는, 아직까지는 그노시스의 자유함을 얻지 못한 자들에 대한 사랑 때문에 실제로는 노예이"기 때문이다. 그래서 영지주의자는 문자주의자들이 믿게 만든 것처럼 타락한 쾌락주의자가 아니라, 악에 대한 두려움이나 보상에 대한 희망 때문에 부과된 도덕 규범을 따르기보다는 오히려 사랑을 그 자체로 자연스럽게 표현하기를 선택한 자다. 클레멘스는 더 나아가 다음과 같이 설명한다. "이해력 있고 총명한 사람이 영지주의자다. 그리고 그의 사업은 (최고의 완벽으로 가는 첫 단계로 여겨진) 악한 것을 절제하는 것 또는 두려움에서 선을 행하는 것이 아니다. 약속된 보상을 바라며 그렇게 하는 것은 더더욱 아니다. 그러나 사랑에서 나온 선한 행동과 사랑 자체의 탁월함을 위한 선한 행동은 영지주의자의 선택이 되어야 한다."
152 Kingsland, 앞의 책, 203쪽에서 재인용.
153 Clement, *Stromata*, 7.33.

06 예수라는 암호

1 「누가복음」 8장 10절, 「마태복음」 13장 11절에서 예수는 제자들에게 이렇게 말한다. "천국의 비밀을 아는 것이 너희에게는 허락되었으나 그들에게는 아니되었나니.'"
2 Pagels (1979), 51쪽에서 재인용.
3 이레나이우스, 『이단 논박』, 1.18. 위의 책, 48쪽에서 재인용. 영지주의자의 창조성은 이 새로운 운동의 생명력의 표지다. 부르케르트가 다른 맥락에서 적고 있는 것처럼 "죽은 도그마만이 변화 없이 보존되고, 신중하게 취해진 교의는 항상 계속되는 재해석 과정에서 수정되고 있다." Burkert (1972), 135쪽.
4 Pagels, 앞의 책, 44쪽.
5 「마가복음」 4장 22~23, 33~34절. 「요한복음」 16장 12절과 25절에서, 예수는 사도들이 더 명료한 가르침을 받을 준비가 되어 있을 때 사도들에게 이렇게 약속한다. "내가 아직도 너희에게 이를 것이 많으나 지금은 너희가 감당하지 못하리라.

이것을 비유로 너희에게 일렀거니와 때가 이르면 다시는 비유로 너희에게 이르지 않고 아버지에 대한 것을 밝히 이르리라." Kingsland (1937), 25~26쪽은 이런 "미스테리아들" 가운데 어느 것도 사실 경전으로 인정받는 복음서들에서 설명되지 않는다고 적고 있다. 대신에 우리는 그 미스테리아들을 찾기 위해 외경인 영지주의 문서들로 돌아가야 한다.

6 Inge (1899), 355쪽에서 재인용.
7 Demetrius, *On Style*. Burkert (1992), 79쪽에서 재인용. 포세이도니오스 Poseidonios를 따르는 스트라보Strabo는 "직접적인 인식을 피하는 자연을 모방한" "미스테리아의 은폐"에 대해 말한다.
8 위의 책에서 재인용. 헤라클레이토스는 "자연은 숨기기를 좋아한다."고 말하면서 그것을 아주 간단하게 설명한다.
9 Robinson (1978), 150쪽에서 재인용. 잉게는 「요한복음」에서 영지주의자가 복음서들에 비유적으로 접근하는 증거를 찾아낸다. 그는 이렇게 쓴다. "제4 복음서는 이런 종류의 상징에 푹 빠져 있다. 성 요한이 골라낸 여덟 가지 기적은 분명히 상징적 가치를 위해 선택된 것이다. 사실, 그는 그 기적들을 주로 행해진 우화들로 여긴 듯 보인다. 기적에 관한 가장 좋아하는 단어는 표지 혹은 상징이다." Inge, 앞의 책, 58쪽.
10 Hoffmann (1987), 102~103쪽에서 재인용.
11 Stevenson (1957), 206쪽에서 재인용.
12 Lane-Fox (1986), 524쪽. 한 유대인 신비주의자는 오리게네스에게 성서는 잠긴 방들로 가득 찬 집과 같고 신은 그 방들의 열쇠를 혼동해서 후계자들이 각 자물쇠에 올바른 열쇠를 끼워 넣게 되어 있다고 가르쳤다.
13 Stevenson, 앞의 책에서 재인용.
14 위의 책. Marlowe (1971), 255쪽도 보라. 여기에서 말로Marlowe는 비록 오리게네스가 문자로 된 이야기가 신성한 앎Divine Knowledge을 추구하는 데 필수적인 시작점이라고 쓰고 있지만 "누구나 그의 글에서 환생이란 인간의 무지에 대한 필수적이지 않고 심지어 유감스러운 인정이고 진정한 그리스도교 철학자는 그것 없이도 잘 해낼 수 있다는 믿음을 느낀다."고 적고 있다.
15 Clement, *Stromata*, 6.10. Fidler (1993), 31쪽에서 재인용. 클레멘스가 충고하기를, "구세주는 순수하게 인간적인 방식으로는 아무것도 가르치지 않지만 신비한 신의 지혜로 모든 것을 가르친다는 것을 안다면, 우리는 신의 말을 속세 식으로 들어서는 안 된다. 그러나 마땅한 탐구와 지성으로 신의 말 속에 숨겨져 있는 의미를 찾아내서 배워야 한다."
16 Kingsland, 앞의 책, 203쪽.
17 Mead (1906), 449쪽에서 재인용.

18 Guthrie, K. S. (1987), 19쪽 이하. 피타고라스학파에게 수는 "만물의 원리, 원천, 뿌리"였다.
19 Lemprière, J. (1949), 3쪽에서 재인용.
20 Mead, 앞의 책, 335쪽에서 재인용. Fidler, 앞의 책, 23쪽도 보라. 가르침 안에 수의 상징을 들여온 영지주의 스승들에는 바실리데스, 발렌티누스, 마르쿠스, 콜라르바수스Colarbasus, 모노이모스가 있다.
21 Guthrie, K. S., 앞의 책, 297쪽.
22 Mead, 앞의 책, 222쪽. 모노이모스는 피타고라스학파를 따라 우주는 플라톤의 다섯 입체로 대표되는 다섯 가지 원소로 만들어졌다고 믿었다.
23 D'Alviella (1981), 106쪽을 보라. 여기에서는, 영지주의는 엘레우시스 미스테리아에서 차용했고 그뿐 아니라 영혼의 운명이라는 영지주의 교리는 "미트라스 미스테리아와 너무 많이 닮아서" 어떤 영향이 있지 않을 수 없다고 여긴다. 오리게네스는 이러한 영향을 받은 행성과 별들 "그리고 영혼"에 대한 구절에 관한 미트라스 신앙의 교리를 드러낸다. 그 상징은 이것이다. 일곱 개의 문이 있는 사다리와 그 사다리 꼭대기에 있는 여덟 번째 문이 있다. 그러나 켈수스는 이것이 미트라스 신앙에서 새로운 것이 아님을 암시한다. 그는 이것을 "일곱 개의 하늘이 있고 영혼의 길이 행성들을 관통하는 고대 소우주"라고 부른다. 켈수스는 또한 자신이 아는 2세기 그리스도교인들은 미트라스 신앙과 정확히 같은 교리를 가르치고 있다고 분명히 말한다. Hoffmann, 앞의 책, 95쪽을 보라.
24 Fidler, 앞의 책, 35쪽.
25 위의 책, 73쪽.
26 위의 책, 321쪽.
27 위의 책, 32쪽. 영지주의자 마르쿠스는 여섯 글자로 된 구세주 이에수스Iesous (I, e, s, o, u, s 등 총 6개 글자다 — 옮긴이)라는 음성 이름에 대해 말하는데, 그의 형언할 수 없는 이름은 그리스어 알파벳 글자 수 24 — 8+8+8 — 로 되어 있다. Mead, 앞의 책, 375쪽을 보라. 그리스도교의 시빌의 신탁Sibylline Oracle 또한 예수의 신비한 수에 대해 말한다. 즉 "네 개의 모음을 그는 가지고 있고, 그 안에 자음이 두 개가 있다. 그리고 이제 나는 너에게 또한 전체 수를 공표할 것이다. 8개의 단자monad, 그리고 그만큼 많은 수의 십배수로서, 그리고 800 또한 그의 이름이 보여줄 것이다." 영지주의 체계에서 일곱 개의 행성 위에 움직이지 않는 별들의 구球가 있고 그 구에서 소피아와 예수는 "오그도아드ogdoad"(그리스어로 숫자 8 — 옮긴이) 지역에 산다. 따라서 예수라는 신비의 이름은 "8들로 차 있음", 곧 888과 등치한다. (20세기 최고 로마 가톨릭 신학자인 — 옮긴이) 라너Rahner는 현대 그리스도교가 없는데도 오그도아드는 초기 단계에서 정통 그리스도교의 한 부분이었음을 주목한다. 클레멘스가 편집한 저서에서 테오도투스Theodotus는 이렇게

쓴다. "어머니가 낳은 그는 죽음에 이르게 되고 그 세계에 이르게 되지만, 그리스도가 재생시킨 그는 오그도아드로 들어가는 삶으로 옮겨진다." Campbell (1955), 392쪽에서 재인용. 알렉산드리아의 키릴로스는 4세기에 "오그도아드로 상징되는 그리스도의 신비mysterion Christi"를 신성화consecration라 부른다. 위의 책, 390쪽.

28 Fidler, 앞의 책, 264쪽.
29 「요한계시록」 13장 18절. 즉, "지혜가 여기 있으니 총명한 자는 그 짐승의 수를 세어 보라 그것은 사람의 수니 그의 수는 육백육십육이니라."
30 Fidler, 앞의 책, 29쪽.
31 위의 책, 84쪽.
32 위의 책, 264쪽. 예수 이야기의 게마트리아에 대한 아이슬러 박사의 연구와 Eisler (1920), 115쪽도 보라.
33 이레나이우스, 『이단 논박』, 1.14.4. Fidler, 위의 책, 30쪽에서 재인용.
34 위의 책, 278쪽에서 재인용. 이 수는 플라톤에게 중요한 수였는데, 그는 참주는 "신인보다 729배나 더 나쁘"다고 말한다.
35 위의 책, 108쪽.
36 「마가복음」 8장 19~21절.
37 Robinson, 앞의 책, 201쪽에서 재인용.
38 Eisler (1931), 450쪽.
39 Robinson, 앞의 책, 124쪽. 페이젤스Pagels는 『도마의 복음서』와 『경쟁자 도마 Thomas the Contender』 모두 시작 부분이 마치 "독자 당신은 예수의 쌍둥이 형제다."인 것처럼 읽힐 수 있다고 올바르게 시사한다. 이것은 영지주의 가르침의 공리이다. Pagels (1979), 47쪽을 보라.
40 「마태복음」 27장 17절.
41 Mead, 앞의 책, 217쪽.
42 Robinson, 앞의 책, 436쪽에서 재인용.
43 『요한행전』, 97~102절.
44 위의 책. 이 문서는 도케티즘을 분명하게 드러내며 끝난다. 즉 "신은 사람들의 개종을 위해 상징적으로 모든 것을 실행했다."
45 따라서 『도마의 복음서』에서의 예수의 충고, 즉 "순례자가 되어라."
46 Campbell (1964), 372쪽 이하. 『요한행전』을 인용하고 도케티즘에 대해 언급하고 있다.
47 이단적인 그리스도교인 마니교의 신봉자들은 마리아의 아들 예수와 하느님의 아들 예수를 차별화함으로써 이런 가르침들을 전했다. 십자가에 못 박혀 죽음을 당하는 이는 마리아의 아들(에이돌론)이지 하느님의 아들(다이몬)이 아니었다.
48 Euripides, *The Bacchae*, 622~625쪽.

49 Robinson, 앞의 책, 377쪽에서 재인용한 『베드로 계시록』.
50 Euripides, 앞의 책, 1,044~1,121쪽.
51 Robinson, 앞의 책, 377쪽의 『베드로 계시록』.
52 위의 책, 365쪽에서 재인용. 341쪽, 『셈의 부연The Paraphrase of Shem』도 보라. 세례 후 구세주는, 노여움 속에서 자연은 그를 잡으려 할 것이나 지상의 예수의 또 다른 이름인 솔다스Soldas를 십자가에 겨우 매달 뿐일 것이라고 예언한다.
53 바실리데스에 대한 히폴리토스를 인용하고 있는 Barnstone (1984), 628쪽.
54 「마가복음」 15장 21절.
55 『꾸란』, 수라 4장 156~157절.
56 헤라클레이토스는 이렇게 쓴다. "죽게 되어 있는 자들은 불멸하고 불멸하는 자들은 죽게 되어 있다. 하나는 살아 있는 반면 나머지 하나는 죽었고, 하나가 죽으면 나머지 하나는 살아 있다." Kahn (1979), 71쪽을 보라. 핀다로스 또한 이렇게 말했다. "영혼은 홀로 신에게서 생겨나기 때문에, 몸은 죽음에 종속되어 있지만 영혼은 여전히 살아 있다. 그러나 사지가 활동하는 동안 영혼은 자고 있다." Cranston, S. (1977), 208쪽을 보라.
57 Angus (1925), 96쪽. 입문은 신자들이 거듭남을 통해 소생하는 것과 같이 죽음을 통과하는 것으로 여겨졌다. 그리스어에서 죽음에 대한 단어와 입문에 대한 단어는 아주 비슷한 동음이의어였다. "죽는 것은 입문하는 것이다."라고 플라톤은 말한다. 초기 그리스도교인들에 의해 약속된 부활은 오시리스-디오니소스 등 신비한 미스테리아 신인들에 의해 주어진 것과 같은 것이다. 「요한복음」 3장 1~21절에서 예수의 사도 니고데모는 예수의 재생 가르침을 문자 그대로 취하기 때문에 당황한다. 그는 "사람이 늙으면 어떻게 날 수 있사옵나이까 두 번째 모태에 들어갔다가 날 수 있사옵나이까"라고 묻는다. 이집트 현자 헤르메스 트리스메기스투스도 마찬가지로 영적 재생을 설교했고 니고데모처럼 그의 제자 타트Tat는 이것을 문자 그대로 해석하고서 스승에게 "저는 모르겠습니다. 트리스메기스투스. 어떤 모태에서 사람이 다시 태어날 수 있는지. 어떤 종자에서 다시 태어날 수 있는지."라고 고백한다. The Hermetica, Book 13을 보라. 예수와 헤르메스 모두 이 재생은 문자 그대로 이해되는 게 아니라 신비적으로 이해되어야 한다고 설명한다.
58 Robinson, 앞의 책, 52쪽 이하에서 재인용. 『부활론Treatise on the Resurrection』은 보통 인간 존재는 영적 죽음이지만 부활은 영적 각성이라고 설명한다. Pagels (1979), 42쪽을 보라. 다시 한 번 말하자면, 이 가르침은 영지주의에서 나온다. 『고르기아스』, 493a에서 소크라테스는, "에우리피데스가 만약 삶이 죽음이라면 죽음도 삶이라는 것을 누가 알겠는가라고 말했을 때 그것이 옳다면 당신이 알다시피 나는 놀라지 않는다. (Polyidus 7편을 인용한 것.) 그리고 아마도 우리는 실제로 죽은 것인데, 내가 전에 현자들 가운데 한 명이 우리가 지금 죽어 있다고 그리

고 우리의 몸이 무덤이라고 말하는 것을 들었기 때문이다."라고 말한다. 헤라클레이토스는 1세기 전에 이렇게 말했다. "우리가 살면 우리의 영혼들은 죽지만 우리가 죽으면 우리의 영혼들은 다시 살아나서 산다." 입문의 목적은 이 죽음 같은 상태로부터 영혼을 깨우는 것이었다. 이것은, 사람은 죽음으로부터 부활할 수 있다는 엠페도클레스의 주장 이면에 놓여 있는 진정한 교의다. 문자주의 그리스도교의 승리와 더불어 이 교의는 실제로 죽은 사람의 목숨을 되살릴 수 있는 것으로 완전히 잘못 이해되었다.

59 Robinson, 위의 책, 55쪽에서 재인용.
60 「요한복음」 10장 17~18절.
61 Pagels, 앞의 책, 41쪽. 그리고 주 36과 주 37에는 페이절스의 출전이 나와 있다.
62 위의 책, 43쪽. 페이절스는 이렇게 쓴다. "'역사적' 예수로 인한 과거의 사건들보다 훨씬 더 영지주의자를 흥미롭게 하는 것은 현재 부활한 그리스도를 마주할 가능성이었다."
63 『빌립의 복음서』, 73.5.
64 Robinson, 앞의 책, 56쪽.
65 「데모데후서」 2장 16~18절에서, 영지주의자 두 명이 "부활이 이미 지나갔다."고 가르치고 "사람들의 믿음을 무너뜨린" 것으로 고소당했다.
66 부활은 이미 지나갔다는 생각은 나그함마디 장서 내 여러 문서에서 나온다. 『부활 이야기』, 『영혼의 해석The Exegesis of the Soul』, 『빌립의 복음서』를 보라.
67 Robinson, 앞의 책, 56쪽에서 재인용.
68 위의 책. 하나의 인용 문단으로 만들기 위해 수정했다.
69 위의 책.
70 신성한 결혼이 엘레우시스 미스테리아의 핵심이었다는 것은 그 결혼이 절정에 다다를 때 수행된 의식을 보면 분명해진다. 포도주 두 병을 동쪽에 한 병, 서쪽에 한 병 쏟는 동안 미스타이가 하늘에 대고는 "비를 내려라!"라고, 땅에다는 "품어라!"라고 외쳤다.
71 Harrison (1922), 564쪽. 데메테르는 테오크리토스Theocritos가 "입문하지 않은 자는 결코 알지 못할" 즐거움을 주는 신비 의식이었다고 말하는 신성한 결혼을 죽을 운명의 이아시온과 했다.
72 Angus, 앞의 책, 114쪽. 앵거스는 이교의 신성한 결혼이라는 주제에 여러 쪽을 할애한다.
73 Kerenyi (1976), 308쪽. 아르콘 바실레우스Archon Basileus(고대의 왕으로서, 종교 의식을 주로 담당했다 ― 옮긴이)의 아내는 아레타이오스Aretaios가 미스테리온이라 부른 "형언할 수 없는 신성한 의식"을 거행했다. 이것은 디오니소스 신전 근처에 있는 부콜리온, 즉 축사에서 열렸다. 부르케르트는 이 의식에 대해 다음과 같이

쓴다. "그 밖의 어느 곳에서도 그리스 문헌이 신성한 결혼 의식에 대해 그렇게 분명하게 말하지 않는다." Burkert (1985), 239쪽을 보라.

74 Harrison, 앞의 책, 643~644쪽. 펠로폰네소스 남서부에 있는 필라Phlya 에서 안다나Andana 미스테리아가 거행되었다. Meyer (1987), 49쪽 이하를 보라. 나이와 존경이라는 점에서 그 미스테리아는 엘레우시스 미스테리아에만 뒤졌다. 필라에서 텔레스테리온, 곧 신부 방과 에로스 숭배가 있었다. 그곳은 많은 유명한 피타고라스학파, 그 가운데서도 히파소스Hippasos(Burkert (1972), 206쪽을 보라.), 필로라오스Philolaos(위의 책, 237쪽을 보라.), 아리스토크세노스Aristoxenos(Guthrie, K. S., 앞의 책, 243쪽을 보라.), 에케크라테스Echecrates(Guthrie, W. K. C. (1962), 310쪽을 보라.)가 자주 드나드는 곳이기도 했다. 디오게네스 라이르티오스는 플리오스Phlios 출신의 피타고라스학파 네 명을 언급한다. De Vogel (1966), 28쪽을 보라.

75 Angus, 앞의 책, 114쪽. 그리고 그림 자료를 위해서는 Macchioro, *Zagreus*, 69쪽을 보라.

76 Harrison, 앞의 책, 538쪽. 피르미쿠스 마테르누스는 이렇게 말한다. "미스타이는 신부의 이름으로 방금 입문한 이들을 반갑게 맞이한다."

77 위의 책. 해리슨Harrison은 그리스도교 교부들이 이교도 미스테리아들을 "심하게 비방했"지만 "그들이 자신들의 미스테리아를 위한 실제 예를 찾을 때는 성찬식 진행자들이 신성한 결혼을 영적인 것으로 믿었다고 고백한다."고 적고 있다.

78 그러나 완전히 없었던 것은 아니다. 테르툴리아누스는 자신의 무리에게 "너는 그리스도와 결혼했다."를 상기시키고, 키프리아누스Cyprianus는 타락하는 것은 "그리스도에 대한 간음"을 저지르는 것이라고 가르쳤다. Lane-Fox, 앞의 책, 370쪽을 보라.

79 Barnstone, 앞의 책, 288쪽. 소피아의 타락과 구원에 관한 이 영지주의 신화는 여러 판본이 있다. 즉 『피스티스 소피아』(Mead, 앞의 책, 459쪽을 보라.), 『영혼의 해석』(Robinson, 앞의 책, 190쪽을 보라.), 『진리의 복음서The Gospel of Truth』(Barnstone, 위의 책, 290쪽을 보라.). Mead, 앞의 책, 385쪽 이하도 보라. 발렌티누스 학설에서 예수와 소피아의 결혼은 소피아가 타락한 상태에서 구원받은 후 벌어진다.

80 Robinson, 위의 책, 190쪽.
81 Pagels (1988), 68~69쪽.
82 Robinson, 앞의 책, 129쪽에서 재인용.
83 이레나이우스, 『이단 논박』, 1.21.3.
84 에피파니우스를 인용하고 있는 Harrison, 앞의 책, 539쪽.
85 Angus, 앞의 책, 116쪽.

86 Hippolytos, *Philosophoumena*, 5.8을 인용하고 있는 위의 책.
87 Robinson, 앞의 책, 151쪽에서 재인용.
88 영지주의 신화『영혼의 해석』에서, 소피아(영혼)는 조물주(에이돌론 곧 수준 낮은 자아)가 창조한 세상에서 반사된 빛을 찾다 길을 잃게 된다. 그 세계에서 그녀는 자신을 매춘부처럼 다루는 많은 연인들로 스스로를 더럽히면서 모든 잘못된 곳에서 만족을 구한다. 스스로에 대한 부끄럼이 없는 그 영혼은 매음굴에서 살면서 노예가 된다. 그녀가 연인들에게서 받는 유일한 선물은 그들의 오염된 씨여서, 그녀의 아이들(그녀의 생각들)은 벙어리에 장님인 데다 병들고 의지가 박약하다. 영혼은 자신의 상황을 인지하여 뉘우치는 그날까지 이런 성적 정신적 포로가 된다. 그녀는 자신의 형제(다이몬 곧 수준 높은 자아)를 신랑으로 보내는 아버지에게 도움을 청한다. 그들의 결합의 결실은 좋고 아름다운 아이들(선하고 덕 있는 생각들)이다. Robinson, 위의 책, 190쪽을 보라.
89 Pagels (1975), 68쪽.
90 「마태복음」25장 1~13절.
91 Robinson, 앞의 책, 134쪽, 어록 75에서 재인용. 은자隱者(모나르코스monarchos)는 영지주의자를 가리키는 데 사용되는 용어이고『도마의 복음서』에서 자주 사용된다. Pagels (1979), 130쪽을 보라. 이것에서 '수도사의monastic'와 '수도사monk' 라는 용어가 나왔다.
92 Freke and Gandy (1998), 40쪽에서 재인용.
93 세갈은 오르페우스 신화를 다음과 같이 해독한다. "젊은 신 디오니소스는 크레타 섬 위 한 동굴에서 태어나자마자 왕위에 올려졌다. 그러나 거인들이 그에게 주의를 흐트러뜨리는 거울을 주었고 그 아이가 거울 속을 들여다보며 반영된 자신의 모습에 홀려 있는 동안 거인들은 아이를 갈가리 찢어서 게걸스럽게 먹어치웠다. 그 신의 심장만 안전했다. 이것은 디오니소스가 거울 속에서 자신의 에이돌론 곧 반영을 볼 때 어떤 의미에서 디오니소스는 복제되어 거울 속으로 사라졌고 그래서 우주 속으로 흩뜨려졌다는 것을 의미한다. 오르페우스교 현자들에 따르면, 이것은 세계영혼world soul이 나뉘어 물질 사이로 흩어진다는 것을 의미한다. 그러나 세계정신은 물질과의 모든 접촉으로부터 영향을 받지 않고 나뉘지 않은 상태로 있다." Segal (1992), 254쪽을 보라. 제우스가 그 죄를 알게 되자 그는 열두 거인을 폭파시켜 그 가루로 인간을 창조했다. 이런 오르페우스 신화는 신의 불꽃이 처음에 어떻게 열두 원형 인간과 황도 12궁과 나중에는 이 황도 12궁의 하나 또는 나머지의 영향으로 태어난 다양한 인간에게 나타나는지를 설명한다. 최후의 만찬에서 예수의 몸은 이런 희생 제물 형태로 12사도에게 먹힌다.
94 Plutarch, *Isis and Osiris*, 2쪽.
95 Wells (1975), 191쪽.

96 Mead, 앞의 책, 505쪽에서 재인용.
97 위의 책, 426쪽.
98 위의 책, 539쪽.
99 위의 책, 462쪽. Pagels (1975), 28쪽도 보라. 여기에서 영지주의자 테오도토스 Theodotos는「로마서」4장 15~21절에 있는 바울의 의미를 설명한다. 예수는 "많은 이들"을 하나로 회복시키기 위하여 기꺼이 자신이 "나뉘는" 것을 허락한 "일자"다.
100 Angus, 앞의 책, 97쪽.
101 이집트의『사자의 서』는 오시리스와의 동화에 의한 죽은 자들의 불멸을 보증했다. 죽은 사람은 오시리스가 되었고 오시리스라는 새로운 이름을 부여받았다. Angus, 위의 책, 138쪽을 보라. 그리스에서와 마찬가지로 입문자는 바쿠스와 동화되어 바코이가 되었다. 남부 이탈리아에서 입문자들과 함께 묻힌 것이 발견되었던 오르페우스의 금도금에 이집트의『사자의 서』에서 유래된 사후 세계에 관한 가르침이 들어 있다. 아주 중요한 것은 사후의 더없는 기쁨을 보증하는 이런 동화여서 입문자들은 죽음에서조차 자신의 의식儀式적 순결을 지켜냈다. 쿠마이 Cumae 공동묘지의 한 비문은 "바쿠스가 되지 않은 이는 누구도 여기에 묻혀 있을 수 없다."고 역설한다. Guthrie, W. K. C. (1952), 202쪽을 보라.
102 『빌립의 복음서』, 67.26.7. Robinson, 앞의 책, 150쪽에서 재인용.
103 Origen, *Contra Celsum*, 6.79. Fidler, 앞의 책, 50쪽에서 재인용.
104 Mead, 앞의 책, 558쪽에서 재인용.
105 위의 책, 484쪽.
106 위의 책, 596쪽. 270쪽을 보라. 영지주의 현자 바실리데스에 따르면, 구제주는 동물적 인간 안에 있는 완벽한 인간이다.
107 『빌립의 복음서』, 61.30. Robinson, 앞의 책, 147쪽에서 재인용.
108 「누가복음」6장 40절.
109 플라톤,『크라틸루스』, 400c,『고르기아스』493a,『파이돈』, 70c. 빌리Wili (Campbell (1955)에 수록된 논문「오르페우스 미스테리아와 그리스 정신」을 쓴 스위스 고전학자 발터 빌리를 말한다 — 옮긴이)는, 인간의 거인적/디오니소스적 본성이라는 신화가 몸은 영혼의 무덤이라는 교의의 기원이었다고 주장한다. Campbell (1955), 75쪽을 보라. 빌리는 필로라오스Philolaos와 플라톤을 시작으로 한 모든 고대 사상가들이 소마/세마soma/sema 교의를 오르페우스교적인 것으로 간주했다고 적고 있다. 클레멘스, 클라우디아누스 마메르투스Claudianus Mamertus(CE 15세기), 마크로비우스Macrobius 모두 소마/세마 교의의 오르페우스-피타고라스 기원을 지지하면서 필로라오스를 인용한다. Guthrie, W. K. C. (1962), 311쪽을 보라.

110 영지주의 문서 『트리파르티테 트락타테Tripartite Tractate』는 "인간은" 영적, 심적, 물질적이라 부르는 "세 가지 본질적 유형 안에 있게 되었다."고 설명한다. Robinson, 앞의 책, 94쪽을 보라. 배사교 영지주의자들은 이 세 층을 포로가 된 자, 부름 받은 자, 선택된 자라 했다. Mead, 앞의 책, 199, 496쪽을 보라. 클레멘스는 이 똑같은 체계를 약간 바꾼 방식으로 되풀이한다. 그는 그노시스에 언젠가 이르러야 하는 저 그리스도교인들이 하느님과의 관계가 노예, 충실한 노예, 친구로 정의되는 세 가지 다른 유형의 존재라고 생각한다. Clement of Alexandria, *Stromata*, 3쪽을 보라. 배사교 영지주의자들은 "포로가 된 자들"을 세상의 환상에 사로잡힌 자들로 여긴다. 클레멘스는 물질적인 자들을 하느님의 의지에 복종하기를 꺼려하기 때문에 하느님의 "노예들"이라 부른다. 그런 사람들은 "올바른 훈육"을 통해 선생이 단련시키는 "무심한 자들hard of heart"이다. 영지주의자들은 "부름 받은 자들"이 행로를 따르도록 부름을 받아 영적으로 깨어나기 시작한 이들이라고 여겼다. 클레멘스는 심적인 자들을 하느님의 "충실한 노예들"이라 부르는데, 왜냐하면 그들은 하느님의 의지를 기꺼이 따르기 때문이다. 그런 그리스도교인들은 믿음을 강하게 할 징표와 기적이 필요한 "믿는 자들"이고, 선생은 그들을 "선한 희망good hope"을 통해 단련시킨다. 영지주의자들은 "선택된 자들"을 믿음을 넘어서 그노시스에 이르게 되는 더 높은 신비의 행로를 가는 이들로 여겼다. 클레멘스는 그들을 하느님과 친밀하기 때문에 "친구들"이라 부른다. 그런 그리스도교인들은 선생이 "미스테리아"를 통해 단련시킨 큰 뜻을 품은 영지주의자다. 오리게네스는 클레멘스의 작업을 발전시켜 이런 세 가지 심리 유형들을 복음서들의 올바른 해석까지 간파하는 능력과 연관시킨다. Origen, *Philocalia*, 1.8을 인용하고 있는 Fidler, 앞의 책, 120쪽.

111 물질적인 사람은 다이몬을 알지 못한다. 심적 입문자는 다이몬을 수호천사로 안다. 영적 입문자는 다이몬을 자신의 수준 높은 자아로 안다. 그노시스를 얻은 입문자는 스스로를 보편적 다이몬의 표현으로 안다.

112 산스크리트어 부드budh 곧 '아는 것'에서 연원한 붓다Buddha 또한, 영지주의자처럼, '아는 자'를 뜻한다.

113 『빌립의 복음서』는 네 원소로 상징되는 이 네 단계로 발전될 수 있는 영적 자질에 관해서 「고린도전서」 13장 13절에서 성 바울에 의해 암시되는 가르침들을 해석해준다. "하느님의 농사는 믿음, 소망, 사랑, 그노시스 네 가지를 통해서 …… 이다. 우리의 땅은 믿음이고 그 믿음 속에 우리는 뿌리를 내린다. 물은 소망이고 그 물을 통해 우리는 양분을 받는다. 바람은 사랑이고, 그 바람을 통해 우리는 자란다. 그러나 빛은 그노시스이고 이를 통해 우리는 완숙하게 익는다." Pagels (1975), 80쪽을 보라.

114 이교 체계에서 입문자는 세 가지 입문에 의해 이 앎의 상태들을 거치게 되어 있

었다. 이교도 미스테리아에서 그것들은 카타르모스catharmos 곧 '정화', 파라도시스paradosis 곧 비밀스런 교리의 전수, 에포프테이아epopteia 곧 진리까지 꿰뚫어 보는 것이라 불렸다. Kingsley (1995), 367쪽에서는 이것을 "고대 그리스 세계에서 입문 단계와 미스테리아들의 기본 지형physiognomy"이라고 부른다. 세르비우스Servius는 입문에서 "모든 정화는 물이나 불이나 공기에 의해 이뤄진다."고 확인해준다. Eisler (1920), 208쪽을 보라. 영지주의 체계 또한 최고의 미스테리아에서 세 번의 세례는 물, 불, 혼spirit으로 요구된다고 가르쳤다. Angus, 앞의 책, 83쪽을 보라. 이 교리는 신약 성서에서도 발견된다. 「마태복음」 3장 11~12절은 세례자 요한이 물로 세례를 베푸는데 예수는 숨(공기)과 불로 더 높은 세례 입문을 베풀었다고 말한다(개역 성경에는 예수가 "성령"과 불로 세례를 베풀었다고 되어 있다 ─ 옮긴이).

115 Mead, 앞의 책, 522쪽.
116 「요한복음」 1장 9절.
117 Origen, *Philocalia*, 1.8. Fidler, 앞의 책, 120쪽에서 재인용.
118 Doran (1995), 76쪽.
119 Inge, 앞의 책, 89쪽.
120 Pagels, 앞의 책, 106쪽.
121 Barnstone, 앞의 책, 626쪽 이하에서 재인용.
122 Inge, 앞의 책, 56쪽에서 재인용. 마찬가지로 아레오파고스의 재판관 디오니시오스도, 성서들은 진리들이 구체화되어 있는 이야기들로부터 스스로 자유로운 이들에 의해서만 이해될 수 있는 진리들이 담겨 있다고 가르쳤다. 디오니시오스(로마가톨릭에서 성인으로 추앙받은 사람)는 암호화된 신비한 진리들과 비교하면서 그 이야기들을 "유치한 신화들"이라고 칭한다! 그는 수준 낮은 자아는 입문자가 "(상징들을 ─ 옮긴이) 유추함으로써 하나의 나눌 수 없는 진리에 오를" 수 있게 하는 상징들에 의해 신을 인지한다고 그는 설명한다. 이 높은 수준의 깨달음으로 수준 높은 자아는 직접 신을 인지할 수 있다. Inge, 앞의 책, 109쪽을 보라.
123 이레나이우스, 『이단 논박』, 1.23.24.
124 「사도행전」 8장 9~24절. 외경 『베드로 행전』에 따르면, 베드로가 로마에 갔을 때 시몬을 위해 세워진 조각상이 있었다. 여기서 그 두려움 없는 사도는 그 위대한 이단자와 광장 위를 나는 경쟁을 포함한 마법 능력 전투를 벌였다! 물론, 시몬이 져서 바닥으로 추락한다. Barnstone, 앞의 책, 426쪽 이하를 보라.
125 Eisler (1931), 576쪽.
126 Mead, 앞의 책, 162쪽 이하. 위僞클레멘스 문학은 이것을 암시한다.
127 「마태복음」 27장 51~54절. 기번Gibbon은 이 사건들이 세네카와 대大플리니우스 즉 "자연, 지진, 유성, 혜성, 일식과 월식 등 모든 현상을 기록한" 사람들이 살

아 있는 동안 일어났다고 얘기되고 있다고 적고 있다. 하지만, 기번은 "이 기적적인 사건들은 인류의 놀라움과 호기심과 강한 애착을 불러일으켰어야 했는데 과학과 역사의 시대에 그냥 무시하고 넘겨버렸다."고 말한다. Gibbon, E. (1796), 512쪽을 보라.

07 잃어버린 사람

1. Wilson (1984), 37쪽에서 재인용. 20세기가 시작될 때 쓰인 슈바이쳐의 얘기는 독일 신학 대학들이 해낸 수세기의 작업에 대한 비문일지도 모른다.
2. 로마의 역사가 디오 카시우스Dio Cassius는 CE 229년에 글을 쓰면서 예수에 대해 아무 말이 없고 그리스도교인들에 대해 언급하지 않는다.
3. Pagels (1979), 94쪽에서 재인용. 즉 "나는 결단코 그리스도교인들의 조사에 참여하지 않았다. 따라서 나는 통상적으로 처벌하거나 조사할 죄가 무엇인지 혹은 허용되어야 할 것이 무엇인지 모른다."
4. Suetonius, *Life of Nero*, xvi. 2. 동시에 우리는 네로가 "마찬가지로 모든 무언극 배우들과 그 측근들을 도시에서 추방했다."고 알고 있다.
5. Suetonius, *Life of Claudius*, xxv쪽.
6. Tacitus, *The Annals of Imperial Rome*, 365쪽. CE 29~32년이 타키투스의 『연대기』에서 빠져 있는 것은 유감스럽지만, 만일 이 해들의 기록이 예수에 대한 언급을 포함하고 있었다면 순교자 유스티누스 같은 초기 로마 그리스도교인에 의해 보존되지 않았으리라는 것은 상상할 수도 없다.
7. Wells (1975), 14쪽. 1961년에 발견된 한 비문에는 "티베리에움 폰티우스 필라투스 프라이펙투스 루다이아이Tiberieum Pontius Pilatus Praefectus Iudaeae"라고 씌어 있다. Scullard, H. H. (1959), 476쪽을 보라.
8. Kingsland (1937), 105쪽.
9. Grüber and Kersten (1985), 6쪽.
10. *Antiquities of the Jews*, 18.63-4. 『유대 고대사』에만 기록되어 있는 이 구절은 플라비우스의 증언Testimonium Flavianum으로 알려져 있다. 학자들은 이 구절이 후대 그리스도교인 해석자들에 의해 훼손되었고 원래 쓴 것은 현재 사라졌다는 데 동의한다. Wilson, 앞의 책, 60쪽을 보라.
11. Josephus, *The Jewish War*, 406쪽. 위조된 구절들은 "슬라브인의 추가문Slavonic additions"으로 알려진 부록에 한정된다.
12. 위의 책, 407쪽.
13. 이것을 여전히 의심하는 사람은 아이슬러 박사가 다음과 같이 쓴 『메시아 예수와

세례자 요한The Messiah Jesus and John the Baptist』을 읽어봐야 한다. 즉 "사실, 그리스어로만 되어 있는 요세푸스 문서가 아니라 그리스도교인 필경사와 그리스도교인 소유주의 손을 거치지 않은 라틴어나 슬라브어 등으로 되어 있는 요세푸스 문서가 우리에게 전해 내려오고 있다." Eisler (1931), 38쪽. 중간에 끼워넣은 것으로 간주하면서 아이슬러는 이렇게 말한다. "그 구절의 비판자들은 철학자들이고 옹호자들은 신학자들이다." 위의 책, 41쪽.

14 Grüber and Kersten, 앞의 책, 6쪽. 그리고 Wells, 앞의 책, 11쪽을 보라. 요세푸스는 자신의 시대에 활동하던 수많은 "메시아들"을 심하게 경멸했다. Josephus, *The Jewish War*, 135쪽을 보라. 그는 "종교적 사기꾼들과 산적들"을 다 한 무리로 보고 그들이 예루살렘 절멸의 원인이 되었다고 생각했다.

15 Josephus, *The Life and Contra Apion*, ix쪽.

16 위의 책, xi쪽. 로마에서 "선언"으로 발견된 요세푸스의 저술은 "그의 제국 후원자들에 의해 고무되었고 동방에 더 심한 반대의 무익함을 경고하려고 의도된 것이었다." 요세푸스는 베스파시아누스와 티투스Titus 그리고 그 다음엔 에파프로디토스Epaphroditos의 후견을 받았는데, 그 학자는 자신의 모든 후기 작품을 에파프로디토스에게 헌정했다. 『생애와 아피온 반박Life and Contra Apion』의 편집자는 타키투스, 플리니우스, 유베날리스Juvenalis 같은 작가들 모두가 차라리 침묵을 지키는 쪽을 택했던 참주 도미티아누스Domitianus 치하에서 요세푸스조차 가까스로 살아남았다고 적고 있다.

17 그 예언은 왕이 동방에서 나서 로마를 복종시킬 것이라는 것이었다. 재탄생해서 로마를 정복하게 될 동방 제국을 클레오파트라가 다스릴 것이라는 비슷한 신탁들이 떠돌았다.

18 Brandon (1969), 307쪽. 디오 카시우스는 베스파시아누스가 알렉산드리아의 황제로 선포되었다고 말하지만 유세비우스는 이 일이 유대 지방에서 일어났다는 요세푸스의 주장을 되풀이한다.

19 Gibbon (1796), 529쪽 각주 36. 기번은 "저속한 위조"가 "오리게네스 시대와 유세비우스 시대 사이에" 벌어졌다고 생각했다.

20 Wilson, 앞의 책, 62쪽에서 재인용.

21 위의 책, 66쪽. 즉 "기원후 1세기에 그것은 지극히 평범한 이름이었을 것이다." 요세푸스가 언급한 예수들 중에서 일부는 600명의 추종자들과 함께 디베랴의 모든 그리스인 주민을 대량 학살한 사피아스Saphias의 아들 예수처럼 혁명가들이다. Josephus, *The Life and Contra Apion*, 29쪽을 보라. 그들 중 가장 다채로운 인물은 확실히 아나니아스의 아들인 미치광이 예수다. 예루살렘 성전이 파괴되기 전 여러 해 동안, 포위 공격 기구에서 날아온 돌이 그를 덮쳐 죽게 되기 직전 "나에게 화가 있을 지어다!"라고 외침을 바꾼 그날까지, 그는 거리를 쏘다니며 "예루살렘

에 화가 있을지어다!"라고 외쳤다. Josephus, *The Jewish War*, 328쪽을 보라.
22 Josephus, 위의 책, 403쪽. 여기에서 이런 심히 음흉한 술수는 더 현저하다. 21장의 미치광이 예수는 아무 설명 없이 예수아Jeshua라 번역되어 있고, 가짜 슬라브인의 추가문에서 편집자는 예수라는 이름을 사용한다. 이런 내삽법을 옹호하면서 그는 이 구절들이 가짜라고 생각하는 저 학자들은 그저 "파괴에 의존"한다고 말한다! 1959년에 글을 쓰고 있는 한 고전학 학자에게서 구약 성서 선지자의 말을 듣는 것은 요상한 노릇이다.
23 Wells, 앞의 책, 12쪽.
24 독일의 신학자 하르나크Harnack는 1896년에 이것을 "예수와 그리스도교 기원에 관한 비그리스도교인의 모든 증언은 4절판의 단 한 쪽에 쓰여 있을지도 모른다."라고 표현했다. Eisler, 앞의 책, 3쪽을 보라.
25 「마태복음」 1장 1~18절.
26 「누가복음」 3장 23~38절.
27 「마태복음」 1장 20~23절.
28 Wilson, 앞의 책, 52, 55쪽. 윌슨Wilson은 이러한 모순에 대해 이렇게 쓴다. "툭 터놓고 말하자면, 누가는 창조에 호소하고 있었다."
29 Stanton (1995), 8쪽.
30 Wells, 앞의 책, 144쪽.
31 위의 책, 174쪽.
32 바울은 자주 "그리스도가 십자가에 못 박혔다."고 말하지만, 「갈라디아서」 3장 13절에서는 그리스도가 "나무에 달린" 모든 자들의 구약 성서상의 저주를 받았다고 말한다
33 「사도행전」은 결코 십자가에 못 박혔다고 말하지 않고, 대신에 베드로가 「사도행전」 10장 39절과 5장 30절에서 두 차례 이 표현을 쓴다. 이것은 2세기 말 즈음 이레나이우스가 갑자기 「사도행전」을 들고 나온 바로 그 로마에서 쓰였다는 학자들의 의심을 확인하는 듯 보일 것이다. 어떤 로마인에게도 십자가형은 예수가 소요를 저지른 죄에 따른 운명으로 죽었음을 암시했을 것이다. 로마의 카타콤베(2세기부터 사용했다는 지하 묘지 ― 옮긴이) 가운데 어디에서도 십자가에 못 박힌 예수 모습이 없다는 것은, 즉 놀랍게도 CE 5세기 전 그리스도교 성상iconography 가운데 어디서도 발견되지 않은 묘사라는 것은 의미심장하다. 「사도행전」에서 이용되었고 아티스가 나무에 묶인 채 로마로 들어온 것을 목격했던 로마인들에게는 친숙했던 그 솜씨 좋은 형상은 보통 범죄자의 죽음이 아니라 신의 죽음을 나타낸다. 예수는 새로운 로마 청중에게 신인 아티스에 의해 신화적으로만 수행된 운명을 실제로 실현시킨 것으로 제시되었다.
34 「마태복음」 27장 5절. Wilson, 앞의 책, 32쪽에서 한층 더 불일치한 점들이 논의

되고 있다.
35 「사도행전」1장 18절.
36 「마태복음」27장 46절.
37 「마가복음」15장 34절.
38 「누가복음」23장 46절.
39 「요한복음」19장 28, 30절.
40 예수의 최후의 말에 대한 이 모든 변형들은 Doran (1995), 6쪽에서 논의되고 있다.
41 「마가복음」15장 43절.
42 「요한복음」에 따르면, 예수는 이미 죽은 채로 발견되었지만, 어쨌든 창에 찔렸다. 함께 처벌받은 사람들의 다리는 부러졌지만, 그는 그리되지 않았다. Wells, 앞의 책, 51쪽을 보라.
43 「마태복음」12장 40절.
44 「마가복음」16장 5절.
45 「누가복음」24장 4절.
46 「마태복음」28장 2~3절.
47 「마가복음」16장 9절.
48 「마태복음」28장 10절.
49 「누가복음」24장. 「사도행전」1장 4절.
50 Brandon, 앞의 책, 228쪽. 브랜든Brandon은 예수의 부활 모습들과 관련하여 많은 모순된 점들을 대조한다.
51 「마가복음」9장 40절.
52 「마태복음」12장 30절.
53 「마태복음」18장 22절.
54 「마태복음」18장 15~17절.
55 「누가복음」21장 25~32절. 똑같은 의도 속에서 「요한계시록」은 이렇게 시작한다. "예수 그리스도의 계시라 이는 하나님이 그에게 주사 반드시 속히 일어날 일들을 그 종들에게 보이시려고 ……." 슈바이처는 예수의 예언들 중 실제로 실현된 것은 거의 없음을 간파했다. Wells, 앞의 책, 73쪽을 보라.
56 「마태복음」16장 28절.
57 「마태복음」24장 34절.
58 Wells, 앞의 책, 74쪽. 「마가복음」7장 1~23절에서 예수는 유대 경전의 그리스어 판본에 기초한 주장을 동원하고, 「사도행전」에서 베드로도 똑같이 한다(위의 책, 125쪽). 그리고 「사도행전」15장 13절에서 야고보도 마찬가지다(위의 책, 141쪽). 「마태복음」27장 9절에서조차 실수로 스가랴를 예레미야로 인용한다.). Stanton, 앞의

책, 8쪽을 보라.
59   Lüdemann, G. (1995), 219쪽. 즉 "성경Bible을 하느님의 말씀 곧 성서Holy Scripture로 보는 관점은 과거 시대에 속한다. 오늘날 그 관점은 이해를 방해한다. 성경은 인간의 말이다." 뤼데만Lüdemann은 현재의 신약 성서 연구의 위기를 해결하려면 이것이 공리가 되어야 한다고 생각한다. 이 분과 학문에서 현재 "정신 분열증이라 할 정도로 신앙심과 학자적 자세가 따로 갈라져" 있다. 서문, xiii쪽.
60   Wilson, 앞의 책, 32쪽.
61   위의 책. 이런 "세세한 점들" 중 대부분은 중세 시대 때까지 소개되지 않았다.
62   그 당시에 갈릴리의 제1 언어는, 3세기 이상 동안 그래왔던 것처럼, 그리스어였다. 『마카베오 2서』 15장 29절은, 그 자체가 BCE 150년경 그리스어로 씌었는데, 팔레스타인의 유대인 혁명가들이 작은 승리를 거둔 후 "모국어로" 신을 찬양한 때를 중요한 순간으로 본다. 명백히 이것은 드문 일이었고 언급할 가치가 있었다. BCE 3세기 중반이 되면 알렉산드리아의 유대인들은 자신의 언어를 완전히 버리고 그리스어를 채택했다. 예루살렘과 달리 로마는 강제로 헬레니즘화되지 않았지만 점차 헬레니즘에 동화되었다. 그럼에도 로마 귀족들은 모두 공화정 말기에 접어들면서 그리스어를 사용했다.
63   Stanton, 앞의 책, 35쪽.
64   위의 책.
65   위의 책에서 재인용.
66   위의 책, 34쪽.
67   위의 책, 43쪽. 원본과 "긴 결말"을 가진 판본 사이에, 그 여자들이 베드로에게 자신들의 이야기를 교대로 전해주었다는 절이 추가된 여러 초기 필사본들이 있다. 이것은 명백히 정치적인 이유들 때문에, 그 여자들이 "아무에게 아무 말도 하지 못하더라."고 말하는 앞 절을 희생하면서 행해진 것이었다.
68   루터는 보통 사람들이 성경을 스스로 읽을 수 있도록 허락해야 한다고 요구했고, 이는 종교개혁의 불꽃이 튀도록 기여한 바티칸에 대한 도전이었다.
69   괴팅겐대학교 신약성서연구 교수는 이것이 오늘날 독일 신학 대학들에서 여전한 실정이라고 말한다. Lüdemann, 앞의 책, 4쪽을 보라.
70   Wilson, 앞의 책, 33쪽. 이런 학문적 노력은 거대한 용기를 필요로 했는데, 왜냐면 그러한 노력이 복음서들의 정확성에 대한, 실제로는 신성에 대한 깊숙이 자리 잡은 믿음과 대립하고 있었기 때문이다. 18세기에 함부르크대학교 동양언어 교수인 헤르만 자무엘 라이마루스Hermann Samuel Reimarus는 복음서 서사에 대한 의존성을 논박하는 저서를 썼지만 그 저서를 오직 자신이 죽은 후에 출판해야 한다고 지시했다. 튀빙겐대학교 강사인 D. F. 슈트라우스D. F. Strauss(1808~1874년)는 기적 이야기들이 가짜이고 초자연적이라며 거부했을 때 직위에서 해고되었다.

"복음 진리"라는 문구가 복음서들에 대한 이러한 의심이 광범하게 알려지게 된 19세기까지만 거슬러 올라간다는 점은 중요하다. Stanton, 앞의 책, 7쪽을 보라.
71 Wilson, 앞의 책, 37쪽.
72 위의 책, 35쪽. 이레나이우스는 그 저자가 예수의 총애를 받은 사도 요한이라고 주장한다. 갈릴리에서 온 이 순박한 어부가「요한복음」의 저자와 달리 철학이나 그리스어 교육을 받았다는 것은 지극히 가능성이 낮다. Campbell (1955), 170쪽은「요한복음」과 첫 번째 편지가 동일 작가에 의한 것으로 보이지만 이 저자가 사도 요한은 아니라는 데 학자들이 동의한다고 적고 있다. 두 번째 편지는 다른 저자에 의한 것이고 세 번째 편지는 게다가 또 다른 저자에 의한 것이다.「요한계시록」또한 요한에 의한 것이라고 얘기되지만, 익명으로 쓰여진 후기 유대 계시의 그리스도교 개정판이다.
73 Wilson, 앞의 책, 36쪽. 윌슨에 따르면, "그 시대에 가장 보편적으로 인정되는 신학적 발견".
74 Wells, 앞의 책, 78쪽 이하. 이것보다 더 명료한 것은 있을 수 없다. 최초의 복음서들의 목격에 대해서 우리는 초기 사도 교부들, 즉 폴리카르포스Polycarpos, 파피아스Papias, 이그나티우스 같은 사람들의 증언에 의존한다. 그들의 편지는 이레나이우스와 테르툴리아누스 같은 2세기 작가들에 의해 부정직하게 사용되었을 뿐 아니라 4~5세기에 의견이 삽입되고 덧붙여지기도 했다. 이렇게 복잡하게 섞여 있는 것에서 골라내다 보니 70년과 135년 사이의 어느 때가 옳았을지도 모른다는 견해를 일반적으로 받아들이게 된다.
75 Stanton, 앞의 책, 102쪽. 2세기에 마가, 누가, 요한에 대한 의심이 표현되었다. 마가는 그저 베드로의 비서였기 때문이고, 누가는 바울(스스로 예수를 본 적이 없었던 사람)의 조수였다고 얘기되기 때문이고, 요한은 그의 복음서가 영지주의자 케린투스Cerinthus의 작품이라고 널리 알려져 있었기 때문이다. 마태만이 혐의에서 벗어나 있었다. 그러나 우리의 마태는 히에라폴리스의 파피아스로 알려진 그 사람이 아니고 소아시아에서 CE 70년 이후에 활동적이었다고 얘기되는 사람이다. 그는 유대 지방에서 쏟아져 나온 난민들에게서 메시아에 대한 정보를 수집했지만 그의「마태복음」을 "기적"의 책이라고 말한다. 이것은 구약 성서에 기초하고 있고 예수 이야기를 뒷받침할 예언들 혹은 "기적들"로 이용되는 증거 문서들의 책이라는 것을 암시한다. 파피아스 또한 자신이 열거한 사건들을 눈으로 목격하지 않았기 때문에 마가에 대한 비판을 옹호했다.
76 Wilson, 앞의 책, 36쪽.
77 위의 책.
78 위의 책, 33쪽.
79 위의 책, 191쪽, 주 88. 이것의 예는「마가복음」에서 두 번, 즉 한 번은 4,000명까

지, 한 번은 5,000명까지 기적적으로 먹인 것이다. 테일러 박사가 지적한 대로, 이 것들은 두 가지의 별개 사건이었다고 보기 힘들다. 특히 두 번째에서 사도들이 "이 광야 어디서 떡을 얻어 이 사람들로 배부르게 할 수 있으리이까"라고 물었고, 따라서 분명히 그들이 목격했던 것으로 알려진 첫 번째 기회를 무시했기 때문이다.

80 Mack (1993), 24쪽.
81 Wilson, 앞의 책, 37쪽. 그리고 Wells, 앞의 책, 72쪽을 보라.
82 Wilson, 위의 책, 39쪽.
83 위의 책에서 재인용.
84 「요한복음」 21장은 "세베대의 아들들"이라고 언급하지만, 나머지 복음서들이 그런 것처럼 그들을 야고보와 요한이라는 이름으로 부르지 않는다. 게다가 이 장은 나중에 추가된 것이고 원래 그 복음서는 20장에서 끝났다는 것은 현재 광범위하게 합의하고 있다.
85 Wells, 앞의 책, 125쪽.
86 위의 책, 122쪽.
87 위의 책, 125쪽.
88 위의 책, 141쪽. 12명은 장들이 시작되는 부분에서 언급된다. 9장에서 그들은 예루살렘 교회의 지도자들이라고 듣는다. 15장이 되면 그들은 "장로들"과 이 지도자 위치를 공유하고 있고, 16장 이후에서는 그들에 대해 더 이상 듣지 못하며 예루살렘 교회는 "야고보와 장로들"에 의해 돌아간다.
89 사도들의 설명이 일치하지 않음은 위의 책, 5장 "12사도"에 분명히 제시되어 있다.
90 Gaus, A. (1991), 217쪽.
91 위의 책, 235쪽.
92 위의 책, 243쪽.
93 「사도행전」 19장 10절.
94 「사도행전」 10장 9~13절.
95 「사도행전」 16장 4, 6, 10, 11절. 27장과 28장의 이야기 또한 3인칭에서 1인칭으로 갑자기 왔다 갔다 한다.
96 「사도행전」 9장 7절.
97 「사도행전」 22장 9절
98 「사도행전」 9장 10절.
99 「사도행전」 9장 27절.
100 「사도행전」 22장 17~21절.
101 「갈라디아서」 1장 17절.

102 「사도행전」 15장 13~41절.
103 Wells, 앞의 책, 125쪽.
104 Mead (1906), 164쪽. 유스티누스 또한 「요한복음」을 거의 이용하지 않는데, 아마도 이 당시에 「요한복음」이 영지주의자들에게 상당히 중시되었기 때문인 듯하다. Stanton, 앞의 책, 103쪽을 보라.
105 Lüdemann, 앞의 책, 196쪽.
106 Barnstone (1984), xi쪽, 『사도행전의 외경』, 『요한행전』, 『베드로 행전』, 『바울행전』, 『안드레 행전』, 『도마 행전』을 보라. 그리고 Robinson, 앞의 책, 287쪽, 『베드로 행전과 12사도』를 보라.
107 Barnstone, 위의 책, 411쪽.
108 Gaus, 앞의 책, 224~225쪽.
109 Wilson, 앞의 책, 154쪽. 「베드로전서」와 「베드로후서」는 베드로와 바울이 우호적임을 드러내기 위해 3세기에 베드로의 이름으로 위조되었다. 심지어 그들이 살아 있는 동안 사이가 안 좋았는데도 말이다. "베드로"는 "우리가 사랑하는 형제 바울"(「베드로후서」 3장 15절)이라고 살살 녹이게 그리고 납득할 수 없게 쓴다. 유세비우스는 「야고보서」, 「유다서」, 「베드로후서」, 「요한2서」, 「요한3서」를 논란의 여지가 있는 책들이라고 생각했다. Metzger (1987), 202쪽을 보라. 그리고 CE 398년에 디두모는 「베드로후서」가 위조된 글이라고 공언했다.
110 Wells, 위의 책, 40쪽.
111 Lüdemann, 앞의 책, 135쪽. 즉 "경전의 역사에서, 그것들은 상대적으로 늦게 경전으로 인정되었지만, 언제나 한 권의 경전으로 인정된다. 이레나이우스(CE 190년)는 그것들을 알고 사용한 최초의 인물이다. 사실 그의 이단에 맞선 저서, 『거짓되게 일컬어지는 지식의 폭로와 반증Unmasking and Refutation of the Gnosis, Falsely So-Called』의 바로 그 경향은 정확히 「디모데전서」 6장 20절에 기대어 있다." 「사도행전」과 목회 서간들은 영지주의자 마르키온이 부인했다. 위의 책, 196쪽을 보라. 이 문서들은 2세기 말이 되기 전에는 알려지지 않은 것으로 현재 믿고 있다.
112 뤼데만은 최근 연구 상태(1995년)에 대해 이렇게 썼다. "오늘날 학자들 간의 합의는 역사적 바울은 직접적으로든 간접적으로든 목회 서간의 저자일 수 없다는 것이다." 위의 책, 288쪽.
113 「갈라디아서」 1장 12절.
114 「고린도전서」 2장 8절.
115 바울은 예수가 유대 지방 사람들에게 살해되었다고 그저 말할 뿐이다(「데살로니가전서」 2장). 이것은 빌라도가 디모데에게 보낸 자신의 편지에서 언급한 것과는 별개다. 그 편지는 신뢰가 가지 않는 목회 서간들 가운데 하나다. Wells, 앞의 책,

18쪽을 보라.
116 Wells, 위의 책, 157쪽.
117 위의 책, 152쪽.
118 위의 책, 20쪽. "바울에게 예수 전통이 부족한 것"은 여러 신약 성서 교수들에게 "놀라운 것", "충격적인 것", "심각한 관련 문제"로 여겨진다. Stanton, 앞의 책, 131쪽에서는 이렇게 쓰고 있다. "바울이 예수의 행위와 가르침을 더 자주 그리고 더 어마어마한 길이로 말하지 못한 것은 당황스럽다." 즉 웰스Wells가 관찰한 대로, 역사적 예수에 대한 바울의 완벽한 침묵은 "침묵되어야 하는 역사적 예수가 있었다고 주장하는 이들에게만 문제로 남는다." Wells, 위의 책, 21쪽.
119 「로마서」 8장 26절.
120 「고린도전서」 11장 24~25절. 바울은 「고린도전서」에서 예수의 여러 말을 언급한다(그러나 인용하지는 않는다.). 그러나 스탠턴Stanton이 말한 대로, 그는 꽤 자유롭게 이 가르침들을 수정한다. 이 학자는 다음과 같이 논평하기도 한다. "바울은 예수의 말을 언급함으로써 자신의 주장의 결말을 짓는 것이 좋았을 바로 그 지점에서 그렇게 하지 않는다." Stanton, 앞의 책, 130쪽을 보라.
121 「마가복음」 27장 2절.
122 Wells, 앞의 책, 25쪽.
123 「마가복음」 12장 25절.
124 「마태복음」 28장 10절.
125 「요한복음」 20장 17절.
126 Robinson, 앞의 책, 260쪽에서 재인용.
127 이 문서에 있는 "게바와 베드로의 기묘한 차이"를 말하는 Metzger, 앞의 책, 181쪽.
128 「갈라디아서」 2장 11절.
129 위의 글.
130 「마가복음」 2장 15~17절.
131 「갈라디아서」 2장 13절.
132 Wells, 앞의 책, 125쪽.
133 「마가복음」 8장 33절.
134 「고린도전서」 15장 5~8절.
135 「갈라디아서」 3장 1~3절.
136 격분하며 "바울이 제일 먼저였다는 것이 사실이라는 생각은 지금도 좀처럼 수그러들지 않고 있다."라고 쓰고 있는 Wells, 앞의 책, 206쪽.
137 「요한2서」 1장 7절.
138 Campbell (1955), 342쪽. 독일에서 미스테리아와 그리스도교의 유사성은 오랫

동안 알려져 있었다. 수세기 동안 독일 신학 대학의 학자들은 고전 교육을 받아왔고 그래서 그들은 그리스도교의 기원에 대해 여러 발견을 하게 되면서 그리스도교가 태어난 그리스 로마 세계에 대한 더 나은 이해를 얻기도 했다. 오도 카젤Odo Casel과 마리아 라흐Maria Laach 수도원 수도사들은 이 각별한 이론을 진척시켜 자신들이 폭로한 증거를 설명하였다.

08 바울은 영지주의자였는가?

1 Pagels (1975), 9~10쪽.
2 위의 책, 2쪽.
3 Pagels (1979), 62쪽, Clement, *Stromata* 7.17에는, 테우다스가 바울에게서 비밀 가르침 — 바울이 자신의 공개적 가르침과 별개로 보존하여 비밀리에 소수의 사도들에게만 가르친 "더욱 심오한 미스테리아" — 을 받았다는 영지주의의 주장이 기록되어 있다. Pagels (1988), 61쪽을 보라.
4 Kingsland (1937), 35쪽.
5 Metzger (1987), 90쪽 이하. 현대 연구는 바울의 편지들의 최고最古 모음집들로 수행되어 왔는데, 그 모음집들은 모두 머리말이 들어 있다. 이것들 중 일곱은 공통된 기원을 암시할 만큼 너무 비슷하다. 그 모음집들이 바울을 "진정한 사도"라고 주장한 데다가 강력한 반유대주의적인 것들이어서 그것들은 현재 마르키온 신봉자들의 작품으로 여겨지고 있다. 이 일곱 개의 머리말은 현재 마찬가지로 진짜라고 인정되고 있는 똑같은 사도 바울의 편지들에 붙여져 있고, 이 편지들을 받은 교회들은 2세기 중반에 마르키온주의의 본거지였다고 알려져 있다. 이 모든 것은 마르키온이 스스로 주장한 대로 실제로 바울의 진정한 후계자였음을 암시한다. 바울의 편지들이 13종으로 부풀려졌을 때에는, 다른 머리말들이 씌어야 했다. 이 "꼴사나운 작품들"은 연대가 4, 5세기인 것으로 되어 있었다.
6 Hollroyd (1994), 39쪽.
7 Robinson (1978), 256쪽. 『바울의 계시록』은 10개의 천국 — 낮은 7개와 (그가 「고린도서」에서 서술한 셋째 하늘이 아닌) 천상의 3개 — 에서의 사도의 전망을 제공한다. 또 다른 문서인 『아르콘의 본체The Hypostasis of the Archons』는 바울을 "위대한 사도"라고 부르며 「골로새서」 1장 13절에 있는 "흑암의 권세"에 관한 그의 가르침을 설명한다. 위의 책, 163쪽을 보라. 그 문서가 설명하기를, 이것들은 — 바울에게 그런 것처럼 — 운명과 숙명을 통제하는 행성들과 별들이다.
8 Barnstone (1984), 652쪽. 문자주의자인 4세기 이단 사냥꾼 에피파니우스는 다음과 같이 불평한다. "그들은 사도 바울의 이름으로 형언하기 어려운 것들로 가득한

또 하나의 책을 만들고, 소위 영지주의자들이 그 책을 사용하며 『바울의 승천』이라 부른다. 그들은 그 사도가 셋째 하늘로 올라가서 형언할 수 없는 즉 인간이 말하는 것을 허락하지 않는 말들을 들었다고 말한다는 사실에서 (그 책을 그렇게 부르게 한) 구실을 찾는다. 그리고 그들이 말하길, 이것들은 형언할 수 없는 말이다."

9 위의 책, 445쪽.

10 Lüdemann (1995), 198~199쪽은 이런 위조들이 바울이라는 강력한 인물에 대해 권리를 주장하는 영지주의자와 정통 교회 간의 "싸움에 주목"하는 데 성공했던 것뿐이기에 그 위조들을 "무모하다."고 말하고 있다. 「데살로니가후서」의 저자는 신빙성을 보여주려는 애처로운 시도 속에서 "친필로 문안하노니 이는 편지마다 표시로서 이렇게 쓰노라."라고 쓴다. 이것은 필경사들이 보통 반대자들에 대한 위협이 되도록 만든, 바울의 편지들의 수많은 부록들 중 하나다. 「고린도전서」 16장 21~24절을 보라. 여기에서 저자는 독자에게 "나 바울은 친필로 너희에게 문안하노니"라고 재보증한다. 이런 것들 중 가장 우스꽝스러운 것은 「갈라디아서」 6장 11~18절에 있는데, 여기에서 한 필경사는 유대인들에 대한 반론에 착수해 들어가는데, 그 반론을 바울이 했다고 가정하는 말, 즉 "내 손으로 너희에게 이렇게 큰 글자로 쓴 것을 보라."라는 말로 시작한다.

11 Lüdemann, 위의 책, 61쪽. 사도 바울의 편지들에 대해, 뤼데만은 이렇게 쓴다. "학자들은 일반적으로 지금도 남아 있는 13종의 편지들의 그것, 즉 일곱은 신빙성이 있고(「로마서」,「고린도전서」,「고린도후서」,「갈라디아서」,「빌립보서」,「데살로니가전서」,「빌레몬서」) 반면 나머지는 후대 사도들이 사도의 이름으로 지어낸 것에 동의한다." Wells (1975), 17쪽에서 사도 바울의 모든 주요 편지들은, 「갈라디아서」를 빼면, 마찬가지로 지어낸 것이라는 슈미탈Schmithal의 증거에 대해 말한다. 초기 교회에서 바울의 적들은 그의 편지들에 손대는 것을 꺼려하지 않았다. 이레나이우스와 테르툴리아누스 모두, 예를 들면, 「갈라디아서」에서 인용하지만 핵심 구절에 있는 "아니다."는 단어를 누락해서 바울의 뜻이 부정에서 긍정으로 바뀐다. Pagels (1975), 104쪽을 보라.

12 Wilson (1984), 154쪽. 컴퓨터 시험은 디모데와 디도에게 보낸 바울의 편지를 쓴 사람이 누구이든 바울은 아니었다는 신학자들의 오랜 의심을 확증해주었다. Lüdemann, 위의 책, 288쪽을 보라.

13 Pagels, 앞의 책, 5쪽. 발렌티누스파 영지주의자는 「로마서」,「고린도전서」,「고린도후서」,「갈라디아서」,「에베소서」,「빌립보서」,「골로새서」,「데살로니가전서」,「히브리서」만 인용한다. 이 목록은 알렉산드리아에서 증명된 최고最古의 사도 바울 모음집과 정확히 일치한다.

14 Lüdemann, 앞의 책, 135쪽.

15 Metzger, 앞의 책, 202쪽에서는 인정받는 경전을 서술하려는 유세비우스의 시도에 대해 다음과 같이 말한다. "유세비우스가 기입할 수 있는 대부분은 너무 심하게 불확실한 것이어서 그는 그에 대해 진술할 때 혼란스러워 한 듯하다." 그런데도 그는 야고보와 유다의 서간의 신빙성이 의심된다고 시인한다. Eusebius (1965), 61쪽 그리고 「베드로전서」, 「요한2서」, 「요한3서」도 보라. 「요한계시록」을 유세비우스는 가짜라고 여긴다. 매우 조심성 있는 그의 진술을 통해 천천히 나아가다 보면, 네 복음서의 경전, 즉 바울의 편지들에서 목회 서간과 「베드로전서」와 「요한1서」를 뺀 것으로 끝을 맺게 된다.

16 페이절스는 이레나이우스가 "디모데와 디도 모두를 인용함으로써, 영지주의자들에 반대하는 사도의 권한"를 주장하면서 자신의 논문 『이단 논박』을 파격적으로 공개한다고 쓰고 있다. Pagels, 앞의 책, 5쪽을 보라. 페이절스는 또한 그 쟁점에 관한 테르툴리아누스의 변호를 기록하고 그것이 교훈적이라고 생각한다. 테르툴리아누스는 이단자들이 감히 목회 서간의 정당성에 이의를 제기했다고 적고 있으나, 「갈라디아서」를 쓴 "똑같은 바울"이 「디도서」도 썼다고 주장한다.

17 Pagels, 위의 책, 163쪽. 목회 서간은 주된 관심사가 교회는 어떻게 조직되는가였기 때문에 그 이름을 부여받았다. 페이절스가 적고 있는 대로, "「에베소서」, 「골로새서」, 「히브리서」" 같은 신빙성 있는 편지들은 "다른 한편으로 교회 조직 회중의 조직자로서의 바울의 역할을 사실 무시한다."

18 「디모데전서」 4장 7절.
19 「디모데전서」 1장 3~4절.
20 「디모데전서」 6장 20~21절.
21 「디모데전서」 5장 20절.
22 「디모데후서」 2장 17~18절. 그 문서는 이 특정 교리를 "부패gangrene"라고 말한다.
23 Barnstone, 앞의 책, 445쪽. 세례하고 설교하는 바울의 동료 테클라의 전통은 시리아에 단단히 뿌리 내린 구전口傳의 일부다.
24 「디모데전서」 2장 11~12절.
25 Pagels, 앞의 책, 8~10쪽.
26 뤼데만은 클레멘스의 격렬한 반박에 더해서 2세기의 바울에 대한 적대의 다른 예들을 적고 있다. 「사도행전」에는 바울에 대한 숨겨진 비판이 들어 있다. 「사도행전」 1장 21절 이하의 기준에 의해 바울은 생애 동안 예수와 함께 있지 않은 만큼 사도의 자격을 얻지 못한다. Lüdemann, 앞의 책, 54, 57, 199쪽을 보라. 페이절스는 교회 조직의 그리스도교인들이 바울의 편지들을 배제하는 것을 선호했을지 모르"지만 그것은 너무 늦었고, 그는 이미 으뜸 사도였고 존경받는 위치에 있었다."고 완곡하게 말한다. Pagels, 위의 책, 161쪽을 보라. 2세기 말 즈음에 문자

주의자들은 그래서 다른 전술을 취했다. 목회 서간, 「데살로니가후서」, 『제3고린도서3 Corinthians』 등의 문서들이 특정한 영지주의/사도 바울 교리들을 그 사도 자신의 이름으로 반박하기 위해 위조되었다. Lüdemann, 위의 책, 201쪽을 보라.

27 Homily, 17.15.2. Lüdemann, 위의 책, 57쪽에서 재인용. 위에서 밝힌 대로, 비슷한 주장이 이미 「사도행전」에서 사용되었다.

28 위의 책, 19.1-7. Lüdemann, 위의 책, 58쪽에서 재인용.

29 위의 책, 2.17.4. Lüdemann, 위의 책, 59쪽에서 재인용.

30 Pagels, 앞의 책, 9~10쪽. 그리고 161쪽을 보라. 즉 "바울에 대해 언급하는 교회 조직의 자료들은 자주 적대성을 표현한다. 위僞클레멘스는 바울이 시몬 마구스처럼 사탄의 영감을 받아서 베드로가 당연히 이끄는 로마 공동체를 이간질하는 자라고 암시한다."

31 Doran (1995), 5쪽. 여기에서 바울은 성장하는 그리스도교 전통의 "발화점flash point"으로 그려진다. Brandon (1969), 310쪽 이하에서는 그를 "원시 그리스도교의 문제 인물"이라 부른다. 그리고 Lüdemann, 앞의 책, 61쪽 이하에서는 "초기의 유일한 이단자"라 부른다.

32 Lüdemann, 위의 책, 65쪽. 바울의 모국어는 그리스어였고 그는 구약 성서의 70인역譯 판본만을 사용한다. Brandon, 위의 책, 313쪽을 보면, 「갈라디아서」 1장에서 바울은 자신의 가르침이 유대인이 아닌 이들에게 이해될 수 있게 특별히 고안되었다고 말한다고 적고 있다. 뤼데만은 복음서들이 "자주 모순되는" "3인칭 설명"이고 "직접 증험한 증인에게서 나온 것이 아닌" 데 반해 바울의 편지들에서는 "아무런 배경 잡음도 없이, 그를 읽는 어려움에 위축되지 않는 모든 이에게 이해될 수 있는, 모국어로 된 그 자신의 목소리를 듣는다."고 논평한다. Lüdemann, 위의 책, 61쪽을 보라.

33 Wells, 앞의 책, 183쪽.

34 Ulansey (1989), 68쪽 이하. (아우구스투스 황제 시기의 그리스 지리학자이자 역사가인 — 옮긴이) 스트라보Strabo는 다음과 같이 쓴다. "다소(타르수스) 사람들은 철학뿐만 아니라 전반적인 교육 전체에 매우 열렬하게 스스로를 바쳐서 아테네와 알렉산드리아 등 철학자들의 학교와 강의가 있는 곳이라 불릴 수 있는 그 어떤 곳보다 나았다." 다소의 아테노도루스Athenodorus는 심지어 아우구스투스 황제의 선생이 되었다. 아테노도루스는 오히려, 이론의 여지가 있긴 하지만, BCE 1세기의 가장 위대한 철학자라 할 수 있는 포시도니우스Posidonius의 제자였다. 폼페이우스Pompeius는 포시도니우스를 찾아가기 위해 소아시아의 전투를 두 차례 피했고, 키케로는 포시도니우스를 친구라고 설명한다. 포시도니우스는 태양계의太陽系儀를 만든 최초의 천문학자들 가운데 하나인데, 키케로는 그 태양계의가 "회전하면서, 마치 하늘에 나타나는 것처럼, 밤낮으로 태양과 별들과 행성들의 움직임을

보여준다."고 말한다. Cicero, *The Nature of the Gods*, 159쪽을 보라. 영국을 여행하면서 포시도니우스는 달이 조류를 조절한다는 것을 발견했다. 이 발견을 그가 점성학의 제1 공리, 즉 천체가 물질 세계에 직접적 영향을 준다는 것의 어떤 증거라고 생각했을 것이 틀림없었다. 다소의 지식인들에 의해 얻게 된 천문학과 점성학의 모든 지식, 특히 로도스 섬 인근에서 연구한 히파르코스에 의한 춘분점 세차의 발견은 미트라스 신앙의 교리에 주된 기여를 했다. 바울이 이 도시에서 태어난 때는 바로 다소가 그 힘과 영향에서 절정에 있을 당시였다.

35 Ulansey, 위의 책, 68쪽. 플루타르코스에 따르면, 다소는 실리시아Cilicia(터키의 옛 지명 — 옮긴이)의 수도였고 미트라스 미스테리아는 일찍이 BCE 67년에 거행되고 있었다. 얼런시Ulansey는 미트라스 신앙의 등장이 포시도니우스의 생애와 거의 정확히 일치하고 지중해 섬들 가운데 동일한 부분에서 미트라스 신앙이 등장한 점을 중요하게 생각한다. 히파르코스의 춘분점 세차의 발견은 "플라톤 년"으로 알려진 순환에서 태양이 춘분 때 양자리에서 물고기자리로 지나가고 있었다는 것을 밝혀주었다. 미트라스 신앙의 도상은 미트라스를 플라톤 년의 바퀴를 돌리고 따라서 새로운 시대의 도래를 알리는 신으로 그린다. 바울은 스스로「고린도전서」 7장 31절에서 "사라져가는 시대"를 깨닫고 있음을 보여준다.

36 Happold, F. C. (1963), 186쪽. H. 케네디H. Kennedy의 『성 바울과 신비 종교들 St Paul and the Mystery Religions』도 보라. "성숙한" 혹은 "온전한" 그리스도교인들에 관한 모든 바울의 용어는 그리스어 텔레테 — '입문' — 의 변형들이다. '성숙'은 텔레이온teleion이고, '성숙 단계에 이르는'은 텐 텔레이테타ten teleioteta이며, '온전한 사람'은 안드라 텔레이온andra teleion, '온전하지 않은 사람'은 아텔레스 ateles다. Pagels, 앞의 책, 148, 149, 123쪽도 보라.

37 「고린도전서」 12장 31절.

38 Burkert (1992), 93쪽에는 이렇게 쓰여 있다. "미스테리아들의 주된 특징 가운데 하나는 마카리스모스 곧 미스테리아들을 '본' 이들의 '축복받은' 지위의 찬양이다." 카리스마 파 기독교인들은 자신들의 이름의 고대 뿌리를 아는 데 관심이 있을지도 모른다.

39 「고린도전서」 4장 1절.

40 Wells, 앞의 책, 23쪽. 알렉산드리아의 세라피스와 그의 아내 이시스 숭배는 이 시기 그리스 로마 세계에 널리 퍼졌다. 바울이 세라피스 "미스테리아의 집행인 Steward"이었을 수 있다는 점은 얼마든지 가능한 일이다. 하드리아누스Hadrianus 황제는 알렉산드리아 시민들에 대해 "여기, 세라피스를 숭배하는 그리스도교인들과 스스로를 그리스도의 주교라고 칭하는 세라피스의 숭배자들이 보인다."고 쓴다. D'Alviella (1981), 103쪽을 보라.

아마도 이것은 학자들을 혼란스럽게 하는 신약 성서의 한 구절을 해명하는 데

도움을 주는 듯하다. 고린도 근처의 겐그레아에서 에베소로 향하는 배를 타기 위해 기다리면서 바울은 "일찍 서원이 있으므로 …… 머리를 깎았다." 이것은 흥미로운 보고이고 유대 율법에 맞지 않는다. 유대 율법에서는 머리카락은 오직 예루살렘에서 깎아야 한다고 되어 있다. 그러나 겐그레아 근처에는 그리스 선원들이 무사 항해를 기원하면서 머리를 깎아 "스텔라 마리스Stella Maris"로서 이시스에게 그 머리카락을 바치던 이시스 신전이 있었다.

41 「사도행전」 17장 28절.
42 「고린도전서」 15장 37절에서, 바울은 신비한 죽음과 입문자의 부활의 상징으로서의 작물의 수확과 파종을 미스테리아의 형상이 모든 곳에 편재하는 것으로 사용한다. 그는 밀 낟알에서 싹이 나는 것을 부활의 형상이라 말하면서 이렇게 쓴다. "너의 뿌리는 씨가 죽지 않으면 살아나지 못한다."
43 플라톤, 『소크라테스의 변명』, 23b. 즉 "그는 소크라테스처럼 자신의 지혜가 아무런 쓸모도 없다는 것을 아는 가장 지혜로운 자다."
44 「고린도전서」 8장 2절.
45 플라톤, 『파이드로스』, 250b. 즉 "세속적인 모상들 속에 있는 영혼들에게 소중한, 이보다 더 고상한 이데아의 빛은 없기 때문에, 그것들은 거울을 통해 희미하게 보인다."
46 「고린도전서」 13장 12절.
47 필립스Phillips 번역판. Happold, 앞의 책, 194쪽에서 재인용.
48 플라톤, 『국가』 제7권.
49 Euripides, *The Bacchae*, 207쪽, 501행.
50 Angus (1925), 61쪽에서 재인용.
51 Justin, *Dialogue with Trypho*, 2.3. Dodds, E. R. (1951), 249쪽에서 재인용.
52 플라톤, 『파이돈』, 111c. 영지주의자 발렌티누스 또한 "얼굴을 맞대고 실재에 대해 말하는" 로고스에 대해 썼다. Mead (1906), 299쪽을 보라.
53 「디모데전서」 6장 13절.
54 「로마서」 8장 3절, "하나님은 자기 아들을 죄 있는 육신의 모양으로 보내어", 「빌립보서」 2장 7~8절, "사람들과 같이human likeness 되셨고".
55 그리스도교와 미트라스 신앙이 똑같은 교리를 가르치고 있었다는 것은 켈수스에게는 명백하였다. Hoffmann (1987), 95쪽을 보라. 얼런시가 밝힌 바에 따르면, 그리스도교와 미트라스 신앙은 "지리적으로 똑같은 지역에서 동시에 부흥한 자매 종교"였다. Ulansey, 앞의 책, 4쪽을 보라. 브랜든은 다음과 같이 쓴다. "바울의 아르콘테스archontes, 스토이케이아stoicheia, 플레로마pleroma에 관한 수많은 언급은 모두 영지주의의 초자연적 힘들의 위계에 대한 은밀한 개념들을 잘 알고 있음을 나타낸다. Brandon, 앞의 책, 44쪽을 보라.

56 「로마서」 14장 5절과 14절, 즉 "어떤 사람은 이 날을 저 날보다 낫게 여기고 어떤 사람은 모든 날을 같게 여기나니 …… 무엇이든지 스스로 속된 것이 없으되 다만 속되게 여기는 그 사람에게는 속되니라." 「빌립보서」 3장 3절, 즉 "하나님의 성령으로 봉사하며 그리스도 예수로 자랑하고 육체를 신뢰하지 아니하는 우리". 「골로새서」 2장 20~22절, 즉 "어찌하여 세상에 사는 것과 같이 규례에 순종하느냐 (곧 붙잡지도 말고 맛보지도 말고 만지지도 말라 하는 것이니 이 모든 것은 한때 쓰이고는 없어지리라) 사람의 명령과 가르침을 따르느냐." 앞서 밝힌 대로, 영지주의자들은 인간의 법률 ― 특히 종교법 ― 로부터의 동일한 자유를 설교했다. 사마리아의 시몬은 다음과 같은 말로 자신의 자유를 변호하면서 바울을 인용했다. "인간들은 자신의 바른 행위 때문에가 아니라 은총에 의해서 구원받는다." 카르포크라테스의 추종자들은 "믿음과 사랑에 의해" 자신들이 구원받는다고 선언했고 모든 것을 "원래 선한가 아니면 악한가가 아니라 오직 관례상으로만" 고려했다. Pagels, 앞의 책, 44~45절을 보라.

57 「고린도후서」 3장 12~18절. 바울의 모습은 여기서 그리스 미스테리아의 입문 의식과 섬뜩하게 비슷하다. 신참자들은 베일을 썼고, 그래서 그들의 명칭은 "신부"였다. 이 단계에서 그들은 미스타이 ― "눈을 감은" 이들 ― 로 알려졌다. 입문의 최고 단계에서만 베일은 벗겨졌고 미스타이는 에포프타이epoptae ― "보았"던 이들 ― 이 되었다. 이것은 고린도 인들이 이르렀어야 했다고 바울이 주장하는 그 단계다.

58 「로마서」 1장 11절. Pagels, 앞의 책, 15쪽에서 재인용.

59 「로마서」 1장 13절.

60 Pagels, 앞의 책, 15쪽.

61 「고린도전서」 2장 9절.

62 Pagels, 앞의 책, 58쪽에서 재인용. 히폴리토스는 이것을 유스티누스의 영지주의 집단의 비밀 맹세라고 기록한다. 그것은 『도마의 복음서』, 어록 17과 클레멘스의 첫 번째 편지에서도 나온다. Louth (1968), 37쪽을 보라.

63 「고린도전서」 2장 6~9절.

64 「고린도전서」 2장 6~8절.

65 Brandon, 앞의 책, 327쪽.

66 Inge (1899), 81쪽. 잉게는 바울이 플레로마 같은 다른 영지주의 용어를 사용한다고 적고 있다.

67 「빌립보서」 1장 9절. 「고린도전서」에서 바울은 "그노시스가 우쭐댄다."고 주장하면서 그노시스의 중요성을 축소시키는 듯 보인다. 그러나 클레멘스는 이것이 "의기양양해진" 것으로 이해되지 않아야 하고 실제로는 "위대하고 진정한 감정들의 흥을 돋우는 것"으로 이해된다고 설명한다. Stromata, 68쪽을 보라. 클레멘스를 포

함한 영지주의자들에게 그노시스는 성스러운 숨 곧 정신의 영적 입문이었다.
68 「골로새서」 2장 3절.
69 「에베소」 3장 3절.
70 「고린도후서」 12장 4절.
71 「고린도후서」 3장 6절.
72 「갈라디아서」 4장 24절.
73 「고린도전서」 10장 6절.
74 Lüdemann, 앞의 책, 26쪽을 보라. 문자주의자인 이레나이우스와 테르툴리아누스는 모두 육체의 부활을 설교했다. 그들은 「고린도전서」 15장을 삐뚤어지게 해석함으로써 그렇게 했다. 그럼에도 그 해석은 「고린도전서」 15장 50절의 이 교리를 바울이 절대 부인한 문제를 극복하지 못했다.
75 「고린도전서」 15장 50절. 이레나이우스는 이 구절에서 분명 좌절감을 느끼고 다음과 같이 불평했다. "이단들은 항상 이 구절을 소개한다." Pagels, 앞의 책, 85쪽을 보라. 바울의 영지주의 사도들에 맞서기 위해 2세기의 누군가가 「고린도전서」에 의심의 눈길을 보내는 『제3고린도서』를 썼다. Cross (1958), 1031쪽을 보라. 이것은 다음과 같이 말한다. "당신에게 육체의 부활은 없다고 말하는 저들에 관한 한, 그들에게 부활이란 없을 것이다." 『제3고린도서』 24절. Lüdemann, 위의 책, 224쪽을 보라. 4세기 문자주의자들의 승리는 『제3고린도서』를 불필요하게 만들었고, 그 위조 문헌은 경전에서 배제되었다.
76 Pagels, 위의 책, 5, 14쪽에서 재인용.
77 「고린도후서」 6장 2절.
78 「에베소서」 2장 4~7절.
79 「로마서」 6장 4절과 8장 11절. Inge, 앞의 책, 64쪽에서 재인용. 잉게는 다음과 같이 적고 있다. "죽음과 부활에 대한 바울의 신비적 표현은 많은 논쟁을 불러일으켜왔다."
80 「빌립보서」 3장 10~11절.
81 「갈라디아서」 2장 20절.
82 「로마서」 6장 3~6절. Campbell (1955), 238쪽을 보라. 즉 "미스타이가 자신들의 신과 똑같은 경험을 하는 것, 즉 성 바울이 말한 대로 그와 함께 죽고 그와 함께 묻히며 그와 함께 다시 태어나 그와 함께 부활하는 것은 미스테리아 숭배와 비슷하다."
83 「골로새서」 1장 26~29절.
84 「갈라디아서」 1장 17절.
85 「고린도전서」 12장 12절. 「로마서」 12장 4~5절도 보라.
86 「에베소서」 4장 25절.

87 Inge, 앞의 책, 69쪽에서 재인용. 잉게는 이단자들이 이것을 "'인간 그리스도 예수'의 숭배는 거치고 나와야 할 첫 단계라는 명확한 승인"이라고 주장했다고 적고 있다.
88 Pagels, 앞의 책, 7쪽에서 재인용.
89 위의 책, 5쪽.
90 「고린도전서」 2장 2절.
91 「로마서」 1장 4절과 「고린도전서」 2장 12절. Pagels, 앞의 책, 5쪽에서 재인용.
92 「고린도전서」 2장 14~15절.
93 Pagels, 앞의 책, 7쪽.
94 바울은 자신이 은밀한 미스테리아의 영적 스승이기 때문에 「로마서」 1장 5절에서 "이방인들에 대한 사도"라고 스스로를 칭한다. 그러나 그는 모든 수준의 그리스도교인들을, 즉 "지혜 있는 자[영적인 자]나 어리석은 자[심적인 자]에게 다" 가르치게 된다. 「로마서」 1장 14절을 보라.
95 Pagels, 앞의 책, 7쪽.
96 위의 책, 59쪽에서 재인용. 마찬가지로 「히브리서」 5장 11~14절에서, 바울은 추종자들이 아직도 기초적인 가르침에서 벗어날 단계가 되어 있지 않다고 안타까워한다. 바울은 이렇게 썼다. "멜기세덱에 관하여는 우리가 할 말이 많으나 너희가 듣는 것이 둔하므로 설명하기 어려우니라. 때가 오래 되었으므로 너희가 마땅히 선생이 되었을 터인데 너희가 다시 하나님의 말씀의 초보에 대하여 누구에게서 가르침을 받아야 할 처지이니 단단한 음식은 못 먹고 젖이나 먹어야 할 자가 되었도다. 이는 젖을 먹는 자마다 어린 아이니 의의 말씀을 경험하지 못한 자요 단단한 음식은 장성한 자의 것이니 그들은 지각을 사용함으로 연단을 받아 선악을 분별하는 자들이니라." 위의 책, 148~149쪽을 보라.
97 위의 책, 148~149쪽에서 재인용. 부분 수정했다.
98 「갈라디아서」 3장 2~3절에서 바울은 이렇게 묻는다. "너희가 성령을 받은 것이 율법의 행위로냐 혹은 듣고 믿음으로냐. 너희가 이같이 어리석으냐 성령으로 시작하였다가 이제는 육체로 마치겠느냐."
99 「빌립보서」 3장 5~6절에서 바울은 유대 율법에 따라 "율법의 의로는 흠이 없는" 자신의 정당성 ─ 팔일만에 할례를 받고 이스라엘의 족속이요 베냐민의 지파요 열광적인 바리새인이요 ─ 을 충분히 설명한다. 놀랍게도 그는 8절에서 자신이 이 모든 것을 "배설물로" 생각한다고 말한다.
100 「히브리서」 8장 13절.
101 「고린도후서」 3장 17절.
102 「로마서」 14장 1~15절.
103 「고린도전서」 6장 12절.

104 「갈라디아서」 3장 6~11절.
105 「갈라디아서」 3장 13절.
106 「로마서」 7장 6절.
107 「갈라디아서」 3장 19~20절. Pagels, 앞의 책, 107~108쪽도 보라.
108 「고린도후서」 4장 4절.
109 「고린도후서」 11장 4절.
110 「빌립보서」 3장 2절.
111 「갈라디아서」 5장 2절.
112 「갈라디아서」 5장 12절.
113 「빌립보서」 3장 3절.
114 Robinson, 앞의 책, 132쪽, Saying 53에서 재인용.
115 Brandon, 앞의 책, 268쪽.
116 Lüdemann, 앞의 책, 31쪽. 분명 이 배교자 집단은 하느님이 CE 70년에 아주 조심스럽게 보존했던 예루살렘 교회에서 떠나온 전부였다. 이레나이우스는 에비온파가 영지주의자였다는 것을 전혀 의심하지 않게 한다. 위의 책, 247쪽 주 111을 보라. 에피파니우스는 에비온파가 채식주의자였다고 말하는데, 채식은 고대 세계에서 피타고라스주의와 거의 전적으로 연관된 실천이었다고 한다. Barnstone, 위의 책, 203쪽을 보라.
117 Barnstone, 위의 책, 333쪽.
118 Mead, 앞의 책, 129쪽.
119 이 나사렛 사람들은 나사렛 전설에 대해 아무것도 몰랐고, 결과적으로 이것은 역사화한 학파historicizers가 "성취될 수 있는 것을 위한" 것을 발전시킨 것으로 기억해야 한다. 위의 책, 128~129쪽을 보라.
120 위의 책, 126쪽. 나사렛 사람들은 4세기 후반에 시리아와 데카폴리스 전체에 걸쳐 여전히 흩어져 있던 것으로 밝혀졌다.

09 유대인의 미스테리아

1 Tacitus, *The Histories*, Book 5.5, 274. 타키투스는 디오니소스를 리베르Liber라는 로마식 이름으로 부른다.
2 튀빙겐대학교 초기 유대주의 교수인 마르틴 헹겔Martin Hengel은 『유대인, 그리스인, 야만인Jews, Greeks and Barbarians』에서 BCE 1~2세기에 광범하게 퍼진 유대 지방의 헬레니즘화에 관한 놀라운 묘사를 선사한다.
3 Stanton (1995), 113쪽. 스탠턴은 신약 성서 학자 J. 머피 오코너J. Murphy

O'Connor를 인용하는데, 오코너는 세포리스에서 발견되어 새로 발굴된 극장에 대해 다음과 같이 쓴다. "예수가 자신의 시대의 종교 지도자들을 비판하는 데 히포크리테스hypokrites(연극배우)라는 말을 사용한 것(「마가복음」 7장 6절)에 대한 가장 자연스러운 설명은 그가 나사렛에서 가장 가까운 극장인 이 극장에 갔다는 것이다. 셈어에 동의어가 없는 그 단어는 시골 장인의 어휘이지 않았을 것이다." 우리 책은, 이것의 "가장 자연스러운 설명"은 그 단어들이 완전히 헬레니즘화한 유대인들에 의해 예수의 말에 끼워 넣어졌다는 것임을 암시한다. 지방 극장 여행을 포함한 예수에 대한 새로운 전기적 세부 사항들을 창조하는 것은 좋은 역사가 아니다.

4 Hengel, M. (1980), 117쪽. BCE 200년 동안 가다라는 "그리스 문화의 온상"이었다. 역사가 스트라보는 이 도시 출신인 네 명의 유명한 작가이자 철학자를 언급하는데, 여기에는 시인 멜레아그로스Meleagros와 그의 스승인 풍자가 메니포스Menippos도 포함된다. 스트라보는 또한 가다라의 필로데모스Philodemos를 언급하는데, 필로데모스의 파피루스 장서는 이탈리아 헤르쿨라네움Herculaneum에서 발견되었다. 위의 책, 118쪽을 보라. 가다라는 주변 지역의 강제 유대화의 일환으로서 예루살렘 왕 알렉산더 자나이우스Alexander Jannaeus에 의해 남김없이 파괴되었다. 헬레니즘화된 유대 시인과 철학자 대부분은 서양으로, 특히 이탈리아로 이주했다. 이렇게 해서 아마도 시칠리아의 디오도로스(디오도로스 시켈로스 — 옮긴이)가 이아오Iao라는 유대 미스테리아 이름을 알게 되었고 베르길리우스가 BCE 40년에 쓴 '메시아적인' 시에서 「이사야」의 예수 상을 구체화하게 되었다. 이 이아오를 디오도로스는 BCE 50년에 자신의 『비블리오테카 이스토리아Bibliotheca historica』에서 발표한다.

5 Macchioro (1930), 188쪽 이하. 즉 "유대 지방은 디오니소스 종교에 둘러싸여 있었다. 시돈, 베리토스, 오르토시아Orthosia의 페니키아 동전들은 디오니소스라고 얘기되는 페니키아 신 에스뭄Esmum 같은 신성한 인물을 보여준다. 지배권이 아라비아에서 다마스쿠스까지 뻗어 있는 나바테아인들은 오르페우스 디오니소스였을 것으로 보이는 두사레스Dusares라는 이름의 신을 숭배했다. 예수의 시대에 소아시아는 세페이라이speirai라고 불리는 오르페우스 형제단으로 가득 찼다. 다소는 오르페우스 신화 및 신조를 매우 잘 알고 있었고, 오르페우스 디오니소스를 어느 정도 닮은, 죽었다 부활한 신인 산단Sandan을 숭배했다. 전체적으로, 유대 지방은 그리스도가 태어나기 직전 세기에 디오니소스 신앙과 오르페우스교의 영향하에 있었다. 초기 팔레스타인 무덤의 발굴로 이집트, 시리아, 바빌론의 신들의 상과 함께 유대 이름을 가진 수많은 부적들이 나왔다. Campbell (1964), 274쪽을 보라.

6 Hengel, 앞의 책, 26쪽.

7 위의 책, 118쪽. 라리사와 아스칼론은 예루살렘에서 40마일 이하의 거리에 있었다. 라리사의 필론은 BCE 88년에 로마로 도망가서 로마의 정치가 루쿨루스와 키케로에게 철학을 가르쳤다. Lemprière (1949), 53쪽을 보라. 그의 제자인 아스칼론의 안티오코스는 로마 정치가 브루투스의 친구이자 조언자가 되었다. 일찍이 BCE 2세기에 페니키아 인근은 유명한 철학 학파들이 있었고 보에투스Boethus, 제논, 견유학파 철학자이자 시인인 멜레아그로스를 낳았다. 이 모든 도시에서 시민권을 획득하려면 도시 김나시아gymnasia에서 교육을 받아야 했다. 여기에서 야망을 가진 지방 귀족 청년들은 전문 철학자들과 수사학자들과 문법학자들의 가르침을 받았다. 김나시움의 수장인 김나시아르크gymnasiarch는 도시의 실질적인 시장이었다.
8 Momigliano, A. (1971), 106쪽.
9 『마카베오 2서』 4장 14절.
10 유대 국가는 1948년까지 존재하지 않았다.
11 BCE 588년, 바빌로니아가 유대 지방을 초토화했을 때 많은 유대인들이 이집트로 피신했는데, 이집트 엘레판티네에서 여호와와 어느 이름없는 남신과 여신을 위한 신전은 BCE 450년에 여전히 신들을 모시고 있었다. BCE 538년에 페르시아의 키루스Cyrus 대제는 바빌로니아인들에 의해 노예가 된 이스라엘 족속을 고향으로 돌아가도록 허락했다. 그러나 대부분은 바빌로니아에 머물렀고, 거기에서 번성하는 공동체가 이후 수세기 동안 여전히 존재했다. 아테네의 한 묘비는 BCE 400년에 어느 유대인 여성이 묻혀 있음을, 즉 유럽 내 유대인에 대한 가장 오래된 신원 보증서를 기록하고 있는데, 그 여성은 아마도 노예였다가 자유로워진 듯하다. Hengel, 앞의 책, 88쪽을 보라. 알렉산드로스의 원정 동안 30,000명의 유대인이 노예로 팔려나갔다. 위의 책, 5쪽을 보라. CE 70년 예루살렘 파괴 때 100,000명의 유대인들이 노예가 되었다. 1세기 말이 되자 유대인 노예들과 용병들은 지중해 세계의 광범한 지역에서 유대인 디아스포라의 기초를 형성했다.
12 Dunlap (1866), 158쪽. Josephus, *Antiquities of the Jews*, 1.4. Philo, *On Abraham*, 18쪽.
13 Hengel, 앞의 책, 167쪽 주 52. 알렉산드리아의 유대인이자 위대한 알렉산드리아 시인 칼리마코스Callimachos의 제자인 헤르미포스Hermippos는 BCE 220년에 "가장 뛰어난 아브라함"의 점성술 책들을 갖고 있다고 주장했다. 아리스토불루스, 필론, 요세푸스 같은 후대 유대 학자들은 칼데아인 아브라함이 점성학의 창시자였다는 주장을 되풀이한다.
14 새 왕국(고대 이집트 제국 — 옮긴이) 시대, BCE 1550년경이 되자, 바빌로니아의 담무스는 페니키아에서 오시리스 신앙과 융화하여 아도니스를 만들었다. 구약 성서는, 페니키아인들(가나안 사람들)이 어떻게 유대인들에게 자신들 고유의 여호와

숭배에서 벗어나도록 부추겼는지를 반복적으로 이야기한다.
15 「에스겔」 8장 14절, 즉 "여호와의 신전으로 들어가는 북문에 이르러 보니, 거기 여인들이 앉아 담무스를 위하여 애곡하더라." 이 본문의 어떤 수정본은 북문에 실제로 담무스 제단이 있었다고 밝힌다. Jaroslav, P., *The Tanakh*, 902쪽을 보라. 구약 성서는 이스라엘이 이웃 이교도 신앙으로 변절하는 것에 대한 참조문으로 가득 차 있다. 즉 「민수기」 25장 4절(여기에서 하느님은 모세에게 그 신앙의 주모자들을 공개적으로 십자가에 매달라고 말한다.), 「신명기」 23장 18절, 「열왕기상」 15장 12절, 「시편」 28, 105, 106편, 「예레미야」 16장 5절, 「호세아」 4장 14절, 「아모스」 7장 9절, 『지혜서』 12장 3절, 14장, 5절. 여호와에 대한 공격으로 그려지는 이 변절들은 예루살렘 당국에 대한 공격에 더 가깝다. '고위층'의 신앙 파괴는 명백히 정치적인 이유와 과세의 이유로 예루살렘에 중앙집권화된 신앙을 설치하려는 시도의 일환이었다.
16 Frazer (1922), 346쪽.
17 Martin, L. H. (1987), 110쪽. 즉 "충격적이게도 동부 시리아의 두라-에우로파스 Dura-Europas 유대 교회의 CE 3세기 벽화에서 디오니소스 오르페우스 신앙의 상징들이 나온 것은, 필론이 유대교의 맥락(테라페우타이파)에서 바쿠스 신앙의 상징들과 상들을 참조한 것이 어떤 이집트 유대인 극단주의 집단의 예외적 사례는 아니었다는 사실을 확인해준다. 실제로, 유대 신은 일부에게는 사바지오스, 즉 아주 자주 디오니소스와 동일시된 고대 트라케-프리기아 신과 동일시되었다."
18 Wells (1975), 194쪽. 소아시아에서 사바지오스 숭배는 시리아 유대인의 여호와 사바오트Sabaoth 즉 만군의 주 숭배와 융합했다. Campbell, 앞의 책, 273쪽을 보라.
19 Turcan (1992), 316쪽, Valerius Maximus, Memorable Words and Deeds, 1.3.3. 여기에서는, 그들이 칼데아 점성가들과 함께 추방되었다고 말한다.
20 Mead (1906), 534쪽. 유대인들은 구약 성서의 그리스어판을 준비하면서 발음할 수 없는 이름 YHVH를 (인도 남부 도시 — 옮긴이) 아도니Adoni의 모음을 추가해서 야하베Yahaveh(여호와)라고 옮겼다. 처음에 이 모음 이름은 아마도 비밀이었던 듯하나, BCE 1세기가 되자 눈에 띄게 광범위하게 알려졌다. 시칠리아의 디오도루스는 BCE 50년에 다음과 같이 쓴다. "유대인들은 모세Moyses[원문 그대로임]가 이아오로 기원되는 신에게 그의 법을 위탁했다." Book 1.94를 보라. 그리스와 이탈리아에서 디오니소스의 옛날식 이름은 "이아오Iacho"였고, 이것에서 그리스의 "이아코스Iakkos"와 이탈리아의 "바코스Bacchos"가 파생된다. 이아오는 "이오Ioch"에서처럼 'ch'가 묵음으로 발음되었다고 던럽Dunlap은 시사한다. 이아오Iao와 이아오Iacho가 실제로 어떤 먼 조상에 의해 연관되는지는 여전히 연구되지 못한 주제이지만, 그런 동등함은 디아스포라 유대인들에게 자신들의 종교의 유구함

을 증명하고 그리스 미스테리아들이 그들로부터 파생되었음을 시사할 또 하나의 기회를 제공했다는 점은 의심의 여지가 없다.
21 Macchioro, 앞의 책, 189쪽.
22 Hengel, 앞의 책, 102쪽. 레인-폭스Lane-Fox 역시 유대인들이 또 다른 이름하의 디오니소스 숭배자였다는 광범하게 자리 잡은 견해를 기록한다. Lane-Fox (1986), 487쪽을 보라.
23 Hengel, 위의 책, 71쪽.
24 위의 책, 17쪽. 유대교 고위 사제인 히즈키야Hezekiah와 그의 많은 친구들은 유대인들에게 부여되는 호의적인 지위 때문에 BCE 270년에 알렉산드리아로 이주했다.
25 Vonge, C. D. (1993), 서문, 1쪽.
26 Mead, 앞의 책, 102쪽. 프톨레마이오스 1세는 아테네에서 철학자 데메트리우스 팔레리온Demetrius Phalerion을 데려와 도서관(알렉산드리아 도서관 — 옮긴이)과 박물관(학자와 예술가가 함께 일하는 공동 장소 — 옮긴이)을 짓게 했고 엘레우시스의 사제인 티모테오스Timotheos에게 미스테리아를 수립하게 했다.
27 율리우스 카이사르의 침공 동안 그 도서관은 불길에 휩싸였다. 그 손실은 나중에 마르쿠스 안토니우스에 의해 메워졌다. 안토니우스는 소아시아와 그리스의 장서에서 200,000롤을 기증했다.
28 Kerenyi (1967), 116쪽. 알렉산드리아의 클레멘스는 알렉산드리아에서 있었던 대장관인 연극을 "미스티콘mystikon 극"이라 부른다. 그 여러 층은 하늘과 땅과 지하 세계를 대표했다.
29 위의 책, 118쪽. 그래서 그 의식에 대한 정보는 많은 그리스도교 교부들에 의해 드러났다.
30 Angus (1925), 19~20쪽. 즉 "엄청난 규모로 일어난 종교적 제설 혼합주의는 알렉산드로스의 민족 융합의 즉각적 결과였다. 모든 미스테리아 종교는 융합적이었다. 종교적 제설 혼합주의는 불관용의 거의 완전한 부재에 의해, 구세주-신들에 대한 보편적 요구에 의해, 공통어의 매개에 의해, 오늘날 미국에서만 발견될 수 있는 그런 민족 혼합에 의해 부추겨졌다. 이런 융합적 경향은 로마 제국하에서 더욱 강렬해졌다. 그것은 서양에서의 동양 신앙의 오랜 지배를 위한 길을 그리고 그리스도교 자체의 성공을 위한 길을 마련했다."
31 위의 책, 22쪽 이하. 이것은 그리스인들 사이에서 반유대주의를 이끌기도 했는데, 그들은 그런 배타성이 모욕적이라고 생각했다. 반유대주의는 BCE 3세기에 시작되었지만 로마 시대에 풍토병적이게 되었다.
32 아람어나 헤브라이어로 된 유대인 묘비명이 그리스에서 수백 개인 데 비해 이집트에서 소수인 것에 대해 말하면서, 헹겔은 다음과 같이 썼다. "프톨레마이오스

시대 이집트에서 유대인들이 그렇게 빨리 친숙한 아람어를 포기하고 그리스어를 채택했다는 것은 놀라운 일이다." 70인역 성경은 이 근본적인 변화의 증거다. 알렉산드리아에 있는 프톨레마이오스 시대 후기와 로마 후기의 묘비에 있는 이름만이 그 묘비의 주인이 유대인이었다는 것을 드러내준다. 그 외의 경우에는 묘비에 있는 이름들은 사후에 대한 완전히 이교적인 개념들, 즉 죽음을 불러오는 여신 모이라, 끝없는 어둠과 레테로의 우울한 추락을 좌우하는 하데스에 대해 말하고 있다. Hengel, 앞의 책, 101쪽.

33 Angus, 앞의 책, 30쪽. 즉 "디아스포라 유대인들은 그리스 문헌을 읽고 그리스어로 말했으며 유대 교회 예배와 가족 예배 시에 그리스어를 사용했고, 반면 호기심 많은 그리스인들은 새로운 신앙을 배우는 것을 싫어하지 않았다. 이 두 영적 힘, 즉 이스라엘 종교와 그리스 사상이 서양 디아스포라의 수도이자 헬레니즘의 수도인 알렉산드리아에서 서로 마주했다."

34 위의 책, 98쪽. 헹겔은 이 희곡이 유대교 회당의 커다란 안마당에서 상연되었을 것으로 믿는다. 디아스포라의 유대교 회당은 예루살렘에 있는 그 어떤 유대교 회당과도 매우 달랐다. 프로세우카이proseuchai라고 알려진 그 유대교 회당들은 어떠한 의식이나 희생 제의도 거행하지 않았지만 70인역으로부터 기도문과 독본讀本이 전부 만들어졌다. 그 유대교 회당들은 철학자들의 공회당으로 오해될 수 있었고 가끔 오해되기도 했다. 키레나이카Cyrenaica 인근의 유대인들은 심지어 마음대로 할 수 있는 원형극장을 가지고 있었다.

35 호메로스와 헤시오도스 그리고 남신과 여신의 신화들에 대한 비유적 해석은 헬레니즘적인 학문 전통의 특징이었다. BCE 150년경 아리스토불루스를 시작으로, 유대인들 또한 자신들의 성서를 비유적으로 보기 시작했다. 이런 기술은 그 뒤 그의 모든 계승자들, 특히 필론에 의해 사용되었다. 필론의 저서는 역으로 클레멘스와 오리게네스에 의해 전수되었고 초기 그리스도교에서 없어서는 안 될 것이 되었는데, 이 초기 그리스도교는 구약 성서를 비유적으로 해석함으로써 예수의 예언들을 알아냈다.

36 Angus, 앞의 책, 96쪽. 70인역은 이것의 가장 훌륭한 증거를 제공한다. 구약 성서(「출애굽기」 3장 14절)에 있는 하느님의 모호한 이름을 "나는 스스로 있는 자이니라."라고 번역함으로써 70인역의 번역자는, (예수 시대와 그 이전의 중동 지역에 그리스인들이 끼친 영향에 대한 권위자이자 역사가인 — 옮긴이) 비커만Bickerman의 말에 따르면, "하느님 자체를 플라톤 철학에 따라 풀이했다." 동시에 그 저서를 그리스 사상과 일치시키는 수많은 다른 변화들이 일어났다.

37 Mead, 앞의 책, 116쪽.

38 Josephus, *The Life and Contra Apion*, 359쪽. CE 1세기가 되자 그런 동일시는 유대인의 변증에서 흔한 일이었다. 요세푸스는 "그는 모든 사라질 사상을 초월하

는 아름다움 안에서, 영원히 창조되지 않고 변하지 않는 일자—善로 스스로를 나타내셨다."라는 여호와에 대한 모세의 가르침에 대해 쓰고 있다. 이런 플라톤적 하느님과 질투심 많고 당파적이며 엄격한 구약 성서의 여호와를 조화시키기는 어렵지만, 70인역이 이제 엄청난 비유로 제시되자 그 폭력은 중화되었다. 요세푸스 또한 그 견해를 똑같이 되풀이하는데, 지금은 그 견해가 유대인 학자들 사이에서 공식적인 것이 되었다. "그리스인들(플라톤, 피타고라스, 아낙사고라스, 스토아학파를 포함한 모든 철학자들) 중에서 가장 지혜로운 자는 모세가 그들에게 제공한 원리를 통해 하느님의 이 개념들을 받아들이는 법을 배웠다." *Against Apion*, 2.163-8을 보라.

39 Hengel, 앞의 책, 100쪽. 헤르미푸스는 BCE 220년에 피타고라스를 유대인들과 연계한 최초의 인물이었다.

40 위의 책, 99쪽.

41 위의 책, 97~99쪽. 필론은 유대인 피타고라스학파의 이 긴 계보에 속한다. 그는 그의 계승자들의 주장을 되풀이하고 심지어 그리스인들의 "도둑질" 혐의를 증명하기 위해 위조된 오르페우스 성서를 인용한다! 결국 이런 선전은 의문의 여지 없는 도그마가 되었다. 콘스탄티누스는 니케아 공의회에서 발언하면서 그리스 철학자들이 모세를 표절했다는 혐의가 있다고 되풀이한다. Lane-Fox, 앞의 책, 646쪽을 보라.

42 Hengel, 앞의 책, 96쪽. 프톨레마이오스 1세와 데메트리우스 팔레리온이 70인역 성경의 번역을 후원했다는 전설은 2세기 중반에 위僞아리스테아스Pseudo-Aristeas의 편지에서 창조된 허구다. 말로는 그것을 "기발한picturesque 전설"이라 부른다. Marlowe (1971), 83쪽을 보라. 또한 성서의 충실한 번역에 이의 없는 72명의 개별 유대인 필경사들이 72개의 판본을 만들어냈다는 것도 전설적이다. 사실 그 번역은 2세기에 걸쳐 나뉘어서 이뤄졌다. 즉 모세 5경은 3세기 내내 번역되었고, 이사야와 예레미야는 2세기 전반에, 시편과 나머지 예언들은 2세기 후반에 번역되었다. 위의 책, 83쪽을 보라. 우리가 그리스도교 구약 성서로 물려받은 그리스어 번역판은 그리스 문화와 일치하게 유대 성서를 개량하고 재해석했다. 그리스어 번역판은 세계의 지리적 그림을 현대화했고, 알렉산드리아에 널리 퍼진 정치적 분위기에 호소력 있게 몇몇 구절들을 맞췄으며, 모세 율법의 세부 사항을 이집트의 현행법에 맞도록 바꾸었다. 그리스어 번역판은 공세적인 신인 동형설을 제거했고 그리스 개념에 비춰볼 때 모호한 단어들을 명료화했으며 그리스 신화에 대한 암시를 추가했고 그리스도교 철학을 플라톤주의 교의와 조화롭게 만들었다.

43 헹겔은 구약 성서와 신약 성서 중간에 만들어진 자료들에 대해 다음과 같이 말한다. "우리에게 전해 내려오는 이 시기의 거의 모든 유대 문헌은 본질적으로 종교적 정치적 선전이다." 대부분 그리스어로 쎠어 있고 그리스 수사학의 미사여구를

사용하는 그것은 종종 이교와 분간할 수 없는 유대교를 보여준다. Hengel, 위의 책, 51쪽을 보라.

44　Barnstone (1984), 243쪽. 아리스테아스의 편지는 BCE 130경에 어느 알렉산드리아의 유대인에 의해 썼지만 한 세기 전에 살았던 아리스테아스의 것으로 돌렸다.

45　위의 책, 154쪽.『마카베오 4서』는 CE 40년에 기록된 유대인의 변론이었다. 그것은 나중에 그리스도교 순교자 이야기의 모델로 여겨졌다.『마카베오 1서』나『마카베오 2서』와 달리 그것은 신약 성서 외경에서 제외되었다.『마카베오 1서』12장은 "고위 사제이자 유대인의 원로원인 요나단"이 "우리 스파르타 형제들"에게 보낸 편지를 다시 기록한다. 그것은 다음과 같이 말한다. "그 문서는 스파르타인과 유대인이 동족이고 둘 다 아브라함으로부터 내려왔음을 보여주는 빛이 되었다." BCE 2세기 중반에 쓰인 그것은 이 격동의 시대에 형성된 이상한 연합의 증거다.

46　위의 책, 485쪽. BCE 2세기에 쓰인『에녹 1서』는 구약 성서 인물을 신성한 필경사이자 점성가이자 하느님의 메신저인 그리스-이집트의 헤르메스 상으로 재창조한다. 헤르메스가 365권의 책을 쓴 것처럼 에녹은 366권의 책을 쓰고 365년간 살았다고 얘기된다. 반스톤Barnstone은『에녹 1서』가 "역사적으로 그리스도교가 존재하는 데 크게 빚진 유대교의 저 측면의 발전"을 나타낸다고 쓰고 있다. 1세기 중반에 어느 알렉산드리아의 유대인이『에녹 2서』를 썼는데,『에녹 1서』는 에녹을 "보이지 않는 하느님"의 메시아로 제시한다. Barnstone, 위의 책, 3쪽을 보라.

47　위의 책.

48　BCE 첫 몇 세기 동안 쓰인 이 저서들에는 전도서, 집회서, 솔로몬의 송가, 솔로몬의 시편이 포함된다. 지혜는 하느님의 여성적인 면으로서 의인화되곤 하고, "사람의 아들"에 관한 수많은 참고 문서가 있는데, 이 "사람의 아들"은 2세기「다니엘」에 등장하기도 한다.

49　위의 책, 501쪽 이하. 유대교의 시빌의 신탁은 로마 제국 전체로 광범하게 퍼졌다.

50　Marlowe, 앞의 책, 243쪽. 또 다른 학자는 다음과 같이 설명한다. "이런 헬레니즘적 우주와 여호와의 여성 상대자 혹은 배우자의 의인화는 일반적으로 그리스 여신들의 특징을 이용했고, 특히 여신들 중 가장 지혜로운 여신 즉 이시스의 상을 이용했다. 심지어 헬레니즘적인 우주의 여신이 무질서한 티케/포르투나를 반대하고 티케/포르투나의 반대를 받았기 때문에, 유대교의 소피아 곧 우주의 질서 원리는 '어리석은 여성' 곧 바보짓Folly, 즉 우주의 무질서 원리로 반대를 받았다. 이 대조법 구조는 미련과 지혜 두 자매와 관련해서「잠언」이라는 성경책에서 자세히 얘기된다." Martin, 앞의 책, 108쪽을 보라.

51　Martin, 위의 책, 108~109쪽.「잠언」3장 19절을 인용하고 있다.

52 Inge (1899), 84쪽.
53 Marlowe, 앞의 책, 241쪽. 즉 "알렉산드리아 유대인의 헬레니즘화된 유대교 전통의 가장 위대한 최후의 대표." CE 38년에 알렉산드리아에서 일어난 유대인과 그리스인의 폭동 이후, 필론은 유대인 공동체에 의해 로마 사절로 뽑혔다. 그는 1년에 3번 다녀갈 것을 요구하는 유대 율법과 대조적으로 생애 동안 한 차례 예루살렘을 방문했을 뿐이었다. 그의 저서를 근거로 보면 그는 헤브라이어를 몰랐다.
54 Kingsland (1937), 106쪽에서 재인용.
55 Willoughby (1929), 228쪽. Vonge, 앞의 책, 서문도 보라. "플라톤 필론주의자 Plato Philonises이건 필론 플라톤주의자 Philo Platonises이건 간에" CE 첫 수세기 동안 자주 반복하던 말이었다.
56 Clement of Alexandria, *Stromata*, 1.15.72와 2.19.100. 클레멘스는 심지어 필론이 "유대인 Judaeus"이라는 것을 알고 있는데도 두 차례나 필론을 "피타고라스학파"라고 말한다.
57 Marlowe, 앞의 책, 243쪽. 즉 "필론은 수학과 점성술의 연구가 영적 실재의 인식을 이끌 것이라는 의심의 여지 없는 믿음을 갖고 있었다."
58 Boardman, Griffin and Murray (1986), 703쪽. 즉 "아이러니하게도 중기 플라톤주의의 증인들 가운데 가장 분명하고 가장 많은 글을 쓴 사람은 유대인 저자 필론이다."
59 Inge, 앞의 책, 355쪽.
60 위의 책, 84쪽. 필론은 그의 이교도 상대자들처럼 로고스에 주어진 이름에 무관심하다. "그리고 로고스에는 많은 이름들이 있었고, 하느님의 이름과 그의 형상을 따른 인간으로 불렸기 때문에 로고스에는 많은 이름들이 속해 있다." Wallis (1992), 244쪽을 보라.
61 Gregory (1987), 26쪽. 필론과 플로티노스는, 인간 삶의 목표가 하느님의 비전이라는 관점을 포함해서 닮은 점이 많다. 이들의 생각은 모두 이교도 미스테리아로부터 물려받았는데, 어느 현대 학자가 말하듯 "필론의 저작들은 이교도 미스테리아에 크게 빚지고 있음을 증명한다."
62 Willoughby, 앞의 책, 9장 "필론의 신비주의". 즉 "필론은 자신이 모세에 의해 신성한 미스테리아에 입문되었음을 알고 있었다. 그는 자신이 히에로판테스라고 말하기를 꺼리지 않았고, 사람들에게 입문하지 않은 사람들을 비슷한 포용력으로 대하라고 적극 권했다."
63 위의 책, 255쪽 이하. 필론은 "자신의 제자들에게 비밀에 부치라고 함으로써 미스테리아 실천을 따랐다. 그의 제의에 대한 전승에 정통한 사람들은 은밀한 집단으로 간주되었고 그는 미스테리아 입문자들에게 익숙한 신조를 이용하여 그들에게 연설했다." 필론은 "모세의 사도들"은 그들이 갈구해야 할 자신들의 종교에 미

스테리아가 있었기 때문에 그 누구도 이교도 신앙에 입문하지 않았을 것이라며 야단쳤다.

64 위의 책, 256쪽. 『모세의 생애Life of Moses』, 2.71에서 필론은 하느님이 그 산에서 모세를 입문시켰다고 말한다. 『거인들The Giants』, 54쪽에서 그는 모세가 그 후 히에로판테스가 되었다고 말한다.

65 Philo, On the Cherubim, 42~48쪽. Burkert (1992), 80쪽에서 재인용. 부르케르트는 필론의 이 구절이 "미스테리아의 비유로 가득하다."고 논평한다.

66 Willoughby, 앞의 책, 257쪽에서 재인용.

67 위의 책, 248쪽. Marlowe, 앞의 책, 249쪽도 보라. 여기에서 말로는 필론을 "영지주의와 신플라톤주의와 그리스도교 신비주의의 선구자"로 간주한다.

68 Willoughby, 앞의 책, 247~248쪽에서 재인용.

69 Eusebius, History of the Church (1965), 2.17 이하. 유세비우스는 처음부터 자신의 이론에 대해 방어적이다. 필론이 자신의 공동체를 테라페우타이라고 부르는 이유에 대해 그는 "그리스도교인이라는 명칭이 아직 일반적으로 사용되지 않았기 때문"이라고 쓰고 이것은 "지금 논의될 필요가 없다."고 자신 없게 끝맺는다.

70 Philo of Alexandria, Book IX, 107쪽.

71 Eusebius, 앞의 책, 2.17. 이 판의 편집자는 이 이론이 잘못된 것이라고 아주 단호하게 말한다. 406쪽을 보라. Philo of Alexandria, 앞의 책, 107쪽도 보라. 여기에서 로브 판 편집자는 다음과 같이 말한다. "오늘날 그 이론이 그 어떤 근거도 없다고 주장하는 것은 불필요해보인다."

72 Philo of Alexandria, 앞의 책. 로브 판 서문을 보라.

73 Mead (1906), 64쪽. 여기에서, "『관조적 삶』은 필론의 초기 저작 가운데 하나라는 코니비어Conybeare의 견해를 인용한다. 만일 그 책을 그가 30대에 쓴 것이라면 그것은 CE 5년에서 15년 사이일 것이다.

74 위의 책, 62쪽. 개신교 학자들이 유세비우스의 "그리스도교인"이 그리스도보다 먼저 있었다는 것을 처음 알게 되었을 때, 그중 몇몇은 그 책자가 4세기 수도사의 작품이라고 주장했다. 이 이론은 어떤 지지자도 얻지 못했고 그리스도 이전의 그리스도교인이라는 역설은 설명되어야 할 것으로 남아 있다.

75 Philo of Alexandria, 앞의 책, 131쪽, 30~31절.

76 위의 책, 121쪽, 13, 66절.

77 위의 책, 131쪽, 32절.

78 Kirk and Raven (1957), 264쪽. BCE 5세기에 철학자 파르메니데스Parmenides는 "동료 피타고라스학파에 의해 관조적 삶으로 개종되"었다. 플라톤학파인 알비누스는 "삶에는 관조적 삶과 활동적 삶, 두 가지 길이 있다."고 쓰고 있으나 "관조적 삶이 영광스런 자리를 차지한다."고 덧붙이고 있다. Reedy, J. (1991), 21쪽을 보

라. 로마의 피타고라스학파인 세네카는 『의무에 관하여』, 5.1에서 두 가지 길에 대해 쓰고 있다.
79 Philo of Alexandria, 앞의 책, 125쪽.
80 피타고라스학파는 7을 "처녀"라고 불렀다. 1부터 10까지 수 중에서 7은 원의 360도를 똑같이 나누지 못할 유일한 수다.
81 Philo of Alexandria, Book IX, 153쪽, 65절. 필론은 피타고라스학파의 가장 중요한 상징인 테트라크티스tetraktys에 대해 난해하게 말하고 있다.
82 위의 책, 115쪽 이하, 3~9절.
83 Philo of Alexandria, *On the Contemplative Life*, 28쪽.
84 Philo of Alexandria, Book IX, 129쪽 이하, 28~29절. 비유에 대한 테라페우타이들의 집착은 그들을 피타고라스학파 전통에 확고하게 위치 짓는다. 전통적으로 스토아학파 철학자들은 신화를 비유로 보는 데 선구자 역할을 했던 것으로 여겨지지만, 델라트Delatte는 스토아학파가 이 제도를 체계적으로 시작하기 오래전에 피타고라스학파는 신화를 그렇게 보았다고 지적하여 M. 드티엔Detienne의 지지를 받았다. De Vogel (1966), 109쪽을 보라. 레기온의 테아게네스Theagenes는 호메로스에 비유적 해석을 적용한 최초의 인물이었고 피타고라스학파이기도 했다고 여겨진다. Burkert (1972), 291쪽 주 67을 보라.
85 Philo of Alexandria, 앞의 책, 119쪽, 11~12절.
86 위의 책, 165쪽, 83~5절.
87 위의 책, 125쪽, 21~3절.
88 Herodotus, *The Histories*, 제2권, 63장.
89 Philo of Alexandria, 앞의 책, 127쪽, 25절.
90 위의 책, 115쪽, 2~3절.

10 예수 신화

1 Campbell, J. (1988), 76쪽.
2 Kahn (1979), 219쪽. 즉 "전통적인 그리스인의 신앙심의 기본 공리는 신들이 죽을 운명에 있다는 것이기 때문에 신들의 죽음에 대해 말하는 것은 가장 중대한 종류의 신성 모독이라는 것이다." 헤로도토스는 오시리스-디오니소스의 죽음에 대해 설명하면서 엄청나게 조심스러워 한다. 즉 "이러한 때에 내가 말하는 것이 경건하지 않음을 슬퍼하는 이들은 누구인가."
3 Guthrie, W. K. C. (1952), 110쪽. 여기에서 오르페우스교에 대해 말하면서 다음과 같이 쓰고 있다. "그리스에서 설교할 메시지가 있는 사람들 중에서 새로운 신

화나 새로운 의식을 지어내고 또 그렇게 해서 자신들이 영향력을 발휘하고픈 이들의 보수적인 사고를 애초에 멀리함으로써 그렇게 할 생각이 있는 사람은 거의 없을 것이다. 변화는 이미 수용된 신화와 의식에 새로운 의미를 불어넣음으로써 완성되었다."

4 Wells (1975), 111~113쪽.
5 Campbell (1964), 269쪽. 『유대서』, 『에녹 1서』, 『에녹 2서』, 『12족장의 유언』, 『바룩 묵시록』, 『모세의 승천서』 등은 나중에 그리스도교 외경들에서 사용되는 정보를 제공했다.
6 Wells, 앞의 책, 112쪽. 수많은 인간 메시아의 실패는 인간에 대한 예상을 우주의 수준으로 바꾸었다.
7 「마가복음」 8장 27~33절.
8 Wells, 앞의 책, 69쪽 주 28. 이스라엘 민족을 약속된 땅으로 인도한 여호수아는 요세푸스가 기록한 여러 메시아의 모델이었다. 유대교의 시빌의 신탁은 여호수아가 그랬던 것처럼 태양을 멈추게 할, 하늘에서 내려온 어떤 이의 도래를 예언한다. 그리고 『바르나바의 편지』 12장 8절 또한 예수와 여호수아를 연결시킨다.
9 Origen, *On first principles*, 4.2.9. Doran (1995), 76쪽에서 재인용.
10 「마태복음」 22장 41~46절을 보라.
11 「요한복음」 18장 36~37절.
12 「마가복음」 8장 27~33절.
13 「신명기」 21장 23절.
14 베드로는 두 차례, 즉 「사도행전」 10장 39절과 5장 30절에서 이런 묘사를 한다.
15 Hippolytus, *Elenchos*, 5.8.4 이하. 히폴리토스는 영지주의자들의 세 가지 교회, 즉 "천사의 것, 심적인 것, 지상의 것"에 대해 언급하고 "그리고 그곳들의 이름은 선택된 자, 부름 받은 자, 포로가 된 자다."라고 말한다.
16 「마태복음」 2장 15절.
17 「마태복음」 3장 17절과 「누가복음」 3장 22절은 모두 예수의 세례 때 들은 다음과 같은 하느님의 말씀을 기록한다. 즉 "이는 내 사랑하는 아들이요 내 기뻐하는 자라." 2천 년 전에 쓰인 피라미드 문서들의 첫 말은 파라오의 대관식 때 신이 한 말을 다음과 같이 기록한다. "그 왕은 나의 자궁을 찢어 연 큰아들이고 내 사랑하는 아들이요 내 기뻐하는 자이다."
18 「신명기」 31장 14~30절.
19 Wells, 앞의 책, 52쪽. 그 이름은 "여호와 안에서 구원받는다."는 뜻이다.
20 「여호수아」 3장 12절.
21 「스가랴」 9장 9절.
22 「시편」은 제19왕조와 제29왕조(BCE 1000~750년경)의 이집트 종교시에서 파생

된 것이다. Murray (1949), 50쪽을 보라. 「잠언」은 이집트 아멘호테프Amenhotep 의 교훈들에 기초하고, 첫 다섯 권의 저자인 모세는 이집트에서 태어나 이집트 사제로 길러졌다. 그의 수많은 기적 또한 이집트 문서들에서 발견된다. Harrington, D. J. (1996), 9쪽을 보라. 알렉산드리아의 유대인들은 그리고 나중에는 그리스도교인들은 이집트 마니아Egyptomania에 압도된 그리스 로마 세계에서 모세의 이집트 기원을 강조하는 데 온 정신이 팔려 있었다. 「사도행전」 7장 22절은 이렇게 언명한다. "모세가 애굽 사람의 모든 지혜를 배웠다."

23 Metzger (1987), 172쪽. 가장 오래된 '복음서들' 가운데 하나는 아마도 구약 성서에서 뽑은 증거 문서 모음집 같은 그런 것이었던 듯하다. 이것은 예수 이야기로 거의 인정되고 있지만 전체적으로 「시편」, 「잠언」, 모세 5경에 있는 '예언들'로 구성되어 있는 이야기일 것이다. 알렉산드리아의 유대인 학자들은 체계적으로 그리스 철학과 미스테리아가 유대인들을 표절했음을 증명하고자 했다. 디오니소스 이야기가 유대인 성서에서 유래된 것이었다는 증거 문서 모음집은 그렇게 많은 그리스 로마 학자들이 유대인의 숭배를 받는 신은 디오니소스였다고 확신하는 이유를 설명할지도 모른다.

24 「이사야」 7장 14절. 그리스어 70인역은 아람어 알마almah를 파르테노스parthenos(처녀라는 뜻 — 옮긴이)라고 번역했다.

25 「마가복음」 15장 34절. Mayor, Fowler and Conway (1907), 53쪽을 보라.

26 「시편」 22편 16절.

27 「시편」 22편 18절.

28 Barnstone (1984), 202쪽. 즉 "간약 저술의 많은 부분[원문 그대로임]은 계시적이거나 메시아적이기 때문에 예수 그리스도 같은 인물의 등장은 예기치 못한 것이 아니었다. 실제로, 유대 위서僞書의 메시아적 성격 때문에 그 위서들 중 다수가 그리스도교의 진리를 드러내도록 바뀌거나 '그리스도교화' 되었다."

29 위의 책, 501~503쪽.

30 이 간약 문서들의 전 구절이 예수 이야기에 영향을 미쳤을 뿐 아니라 그리스도교 문서로 변형되었다. 『에녹 1서』의 한 부분 전체는 신약 성서 「유다서」 1장 5~18절에 나온다.

31 Barnstone, 앞의 책, 485쪽. 똑같은 형상이 엠페도클레스를 신격화하는 서술에서 발견된다.

32 Wells, 앞의 책, 116쪽.

33 사람의 아들은 2세기에 쓰인 간약 문헌, 즉 『다니엘』, 『에녹 1서』, 『에녹 2서』, 『에스라 4서』, 『솔로몬의 시편』에서 되풀이해서 사용되는 용어다. Gaus (1991), 506쪽을 보라.

34 Barnstone, 앞의 책, 485쪽 이하. 그리고 3쪽 이하를 보라.

35 Wells, 앞의 책, 55쪽.
36 위의 책, 211쪽. 『솔로몬의 지혜』 2장 13, 16~18, 20절과 「마가복음」 15장 29, 32절과 14장 58절, 61절 이하를 인용하고 있다.
37 위의 책. 『솔로몬의 지혜』 4장 16절과 「마가복음」 15장 37절을 인용하고 있다.
38 위의 책. 『솔로몬의 지혜』 5장 5절과 「마가복음」 15장 39절을 인용하고 있다.
39 Perkins (1993), 26~28쪽은 나중에 그리스도교화된 여러 영지주의 문서를 논하는데, 그 문서들은 "수많은 영지주의 문헌들에서 나타나는 기본 서사를 전혀 수정할 필요가 없이 그리스도를 천상의 아이온들aeons(영지주의에서 말하는 일종의 천사들 — 옮긴이)에 포함시킬 수 있었다." 퍼킨스Perkins는 그녀가 검토한 여러 체계에 대해 "그리스도교 없는 구원 계시와 신앙을 상상할 수 있다."고 쓴다. 『이집트인 복음서』에서는 세트라 불리는 하늘의 구원자에 대한 이전 설명에 그리스도가 추가로 포함되었다. 위의 책, 104쪽을 보라.
40 Robinson (1978), 220쪽 이하. 나그함마디에 쓰여 있는 대로의 제목인 『축복받은 자 에우그노스토스Eugnostos』는 이 명칭의 완전한 의미를 분명하게 보여주지 않는다.
41 위의 책. 그리고 서론, 8쪽, "거의 눈앞에서 일어난 그리스도교화 과정"을 보라.
42 미드가 기록한 한 전통에 따르면, 시몬 마구스는 자신의 가르침의 출처를 BCE 100년의 도시테오스Dositheos라 불린 현자에게까지 거슬러 올라가 밝힌다. Mead (1906), 162쪽 이하를 보라.
43 Wilson (1984), 37쪽과 Wells, 앞의 책, 102쪽. 아이러니하게도 예수가 분명히 메시아가 아님을 표하는 것이 바로 예수의 죽음이기 때문이다!
44 Fidler (1993), 169쪽. 토성과 목성은 BCE 7년 한 해 동안 3번 합해지게 되었다. 5월 27일, 10월 6일, 12월 1일 물고기자리에서. 물고기자리의 새 시대가 시작되었다는 사실은 100년 이상 전에 소수의 철학자들에게 알려지게 되었지만, 1세기 초가 되자 널리 퍼졌다. 이 천문학적 사건은 그 시대의 심각한 위기와 결합되면서 최후의 날들이 닥쳤다는 중요한 표시 — 물고기자리는 황도 12궁 중 마지막 궁이다. — 처럼 보였음에 틀림없었다.
45 Wilson, 앞의 책, 77쪽. 즉 "자신이 대중성 없음을 정확히 인식한 헤롯은 자신에게 잠재적으로 위험하다고 생각한 모든 이들을 체계적으로 없앴는데, 거기에는 그 자신의 아내와 두 아들이 포함되었다. 그리고 자신의 주위를 KGB처럼 은밀하고 무자비한 정보원과 비밀경찰 망으로 에워쌌다."
46 Brandon (1969), 292쪽. 빌라도는 CE 26~36년 10년 동안 총독이었는데 그때 그는 대학살에 대한 책임을 지고 로마로 보내졌다. 그가 너무 미움을 받았기 때문에, 요세푸스와 필론은 6~41년에 재임한 총독들 중에서 유일하게 그를 그토록 자세히 논의하고 있다.

47 Josephus, *The Jewish War*, 126쪽. 즉 "빌라도는 밤에 은밀하고 비밀스럽게 시그마로 알려진 카이사르의 상을 예루살렘으로 옮겼다. 날이 밝자 이것은 유대인들 사이에서 엄청난 동요를 야기했다. 가까이 있던 이들은 자신들의 율법이 유린되었음 — 그들은 그 도시에 어떠한 조각상도 세우지 못하게 하고 있다! — 을 의미하는 그 광경에 깜짝 놀랐기 때문이다."

48 Mack (1993), 51쪽 이하, 68쪽. 갈릴리는 게릴 하 고임Gelil ha goim 즉 "고임 goim의 땅" 혹은 이방인들로 알려져 있었다.

49 Josephus, 앞의 책, 10장. 요세푸스는, 갈릴리의 도시 대부분은 그를 외면했지만 로마인들에게는 환영받았던 것을 기록한다. 유대 전쟁 후 로마는 세포리스라는 충성 도시를 갈릴리의 수도이자 국고로 만들었다.

50 Wells, 앞의 책, 144쪽, 71 이하.

51 「마가복음」 1장 16절.

52 "그리고 갈릴리 해변을 지나가시다가 시몬과 안드레를 보았다And passing along by the sea of Galilee he saw Simon and Andrew." "지나가다."라는 동사는 그리스어에서 전치사 'by'와 함께 사용되지 않는다. 만약 강조 표시된 부분이 제거된다면 그 구절은 평범하게 이어지고 원래 그랬던 것 — 가르치는 이야기가 특정한 시간이나 공간에 놓이지 않는다. — 으로 보인다.

53 Wells, 앞의 책, 71~72쪽. 웰스는 시간과 공간의 세부적인 것은 완전히 마가가 한 것이라는 나인험Nineham 교수의 관점을 인용한다.

54 Josephus, 앞의 책, 337쪽. 요세푸스의 수는 보통 과장되었으나, 기번은 폭력과 기근과 질병으로 6년의 기간 동안 580,000명이 죽은 것은 있음직하다고 생각한다. Gibbon (1796), 516쪽을 보라.

55 Josephus, 앞의 책, 340쪽, 22장 "파괴된 예루살렘".

56 『바룩의 계시록』을 인용하는 Barnstone, 앞의 책, 508쪽.

57 Josephus, 앞의 책, 135쪽.

58 Brandon, 앞의 책, 294쪽. 요세푸스는 메시아를 사칭하는 이 모든 사람들에게 고에테스goetes라는 용어를 사용한다. 기적의 소문을 퍼뜨리는 사람들을 설명하는 이 경멸적 단어는 로마 정치 수사학에서 오랜 역사를 가지고 있다.

59 「마가복음」 12장 13~17절.

60 Brandon, 앞의 책, 287쪽. 요세푸스는 유다를 네 개의 '철학' 학파 가운데 하나의 창시자로 설명한다. 그러나 그는 바리새인, 사두개인, 에세네파Essenes의 믿음 차이는 강조하면서도 유다의 열심당에 대해서는 침묵한다. 그의 저작이 로마 독자들을 위해 쓰인 유대인의 변론이기 때문에 그는 열심당이 종교적으로 감화된 정도를 경시한다. 유다는 랍비였고 열심당 전쟁은 결과적으로 순교자들이 즉각적으로 신격화되는 것을 보증하는 지하드jihad였다. 이 전통은 마카베오 반란

Maccabean revolt(기원전 173~164년)에서 비롯된 것인데, 그 반란의 영웅들은 하느님의 보좌 앞 천국에 있는 순교자로 이상화되었다.『마카베오 2서』와 『마카베오 4서』는 이런 믿음을 넌지시 말하는데,『마카베오 4서』는 "하느님을 위해 죽은 자들은 하느님에게서 산다."고 말한다. Lane-Fox (1986), 436쪽을 보라.

61 『에스드라 서』는 이 당시 유대인들의 고통을 생생한 그림으로 그렸다. 즉 "우리 사제들은 살아서 불태워졌고 레위 지파는 포로로 붙잡혔으며, 우리의 처녀들은 강간당했고 우리의 아내들은 능욕당했으며 우리의 독실한 남자들은 목숨을 빼앗겼고 우리의 아이들은 유기되었다. 우리의 청년들은 노예가 되었고 우리의 강인한 전사들은 무기력하게 되었다."『에스드라 2서』 10장 22절을 보라. 이것들은 유세비우스가 나중에 재미를 숨기지 않으면서 자세히 말할 바로 그 장면들이다. Eusebius (1965), 65쪽 이하를 보라.

62 Macchioro (1930), 202쪽.「사도행전」 13장 45절 이하, 14장 1절 이하, 17장 1절 이하, 18장 4절 이하, 19장 19절을 인용하고 있다.

63 위의 책, 203쪽.

64 이레나이우스,『이단 논박』의 서문. Lüdemann (1995), 16쪽에서 재인용. 이레나이우스는 발렌티누스파 영지주의자들을 "양의 탈을 쓴 늑대"라고 말한다. 한 세기 이상 지난 후, 오데사의 주교는 발렌티누스의 추종자들에 대해 "그리스도의 무리에서 양을 훔쳤다."고 여전히 불평하고 있었다. Lieu, S. N. C. (1985), 50쪽을 보라.

11 가짜 그리스도교인

1 Robinson (1978), 374, 376쪽에서 재인용.
2 Hoffmann (1987), 91쪽에서 재인용.
3 위의 책, 70쪽.
4 Wells (1975), 61쪽. 그 공식은「디모데전서」에서 도그마가 되는데,「디모데전서」는 앞서 밝힌 대로 영지주의를 반박하고 문자주의를 발전시키기 위해 특별히 위조되었다. 그 공식의 반복은 곧 "거의 판에 박힌 일"이 되었고 이그나티우스, 유스티누스, 이레나이우스, 테르툴리아누스에게서 발견된다. 웰스는 이 당시에 "이 사건들이 그 어느 때 그 어느 곳에서도 일어나지 않았고 그 복음서가 단순히 사상 체계가 아니라는 것"을 세례 예비자들에게 보증하기 위해서 만들어진 세례 신조를 이 모든 저자들이 똑같이 되풀이하고 있을 수 있다는 캐넌 켈리Canon Kelly의 믿음을 인용한다.
5 「베드로후서」 1장 16절.

6 Wells, 앞의 책, 58쪽에서 재인용. CE 110년경 이그나티우스는 예수가 빌라도 치하에서 수난을 겪었다는 점을 강조하고 그리스도교 공동체에게 쓴 편지 가운데 3통에서 이 관점을 강조한다. 이그나티우스의 증언은 그의 증언과 다른 이야기를 제시하는 "또 다른 교리"가 있다는 명백한 증거를 제공한다.
7 위의 책.
8 「요한1서」 4장 2절.
9 「요한2서」 7~11절.
10 Wells, 앞의 책, 58쪽.
11 「누가복음」 24장 28~43절. Hoffmann, 앞의 책, 130쪽 주 25를 보라. 또한 Wells, 위의 책, 159쪽 주 7도 보라. 탄생 이야기와 이렇게 끝맺는 구절들은 영지주의자들의 도케티즘을 반박하기 위해 「누가복음」에 덧붙여졌다.
12 「요한복음」 20장 17절.
13 「요한복음」 20장 24~29절.
14 Fidler (1993), 17쪽. 이레나이우스는 빵과 포도주는 문자 그대로 예수의 살과 피로 바뀌고 이것들을 먹음으로써 우리의 물질적 몸은 기적적으로 불멸의 상태로 바뀐다고 주장한다. D'Alviella (1981), 117쪽을 보면, 3세기가 되자 클레멘스에게 신비의 상징이던 성찬이 마법의 약, 즉 파르마코스 아탄시아스pharmakos athansias로 제시되고 있었다고 기록한다.
15 Hoffmann, 앞의 책, 70쪽.
16 「베드로후서」 3장 3~9절.
17 Lane-Fox (1986), 267쪽. 유스티누스는 동시대인들의 혼란의 외침에 "우리는 심지어 우리 아버지들의 시대에도 이런 일들을 들었고 우리가 나이가 들어 그중 어느 것도 우리에게 일어나지 않았음을 본다."고 답하고 있었다.
18 Campbell (1955), 169쪽. 요한에 대한 이 어리둥절한 전설 즉 "이 제자는 죽지 아니하겠다."는 「요한복음」 21장 23절에서 발견되는데, 요한의 제자들은 이야기를 살며시 퍼뜨렸다.
19 Lane-Fox, 앞의 책, 266쪽 이하. 만약 히폴리토스가 오늘날 글을 쓰고 있었다면 그의 저서는 틀림없이 『바이블 코드The Bible Code』라고 불렸을 것이다.
20 위의 책, 266쪽. 이단에 대한 이레나이우스의 책자가 5세기 초에 라틴어로 옮겨질 때 천년 왕국은 빠졌다.
21 Pagels (1979), 36쪽. 테르툴리아누스는 그의 적들이 문자적 해석을 "지극히 불쾌하고 비위에 거슬리며 불가능한" 것으로 안다는 것을 시인한다.
22 Tertullian, *The Body of Christ*, 5쪽.
23 2세기 후반에 그 논의는, 한 사도에게서 이어져 내려왔다는 주장을 양측에서 함으로써, 즉 영지주의자들은 바울에게서 이어졌다고 하고 문자주의자들은 요한과

베드로에게서 이어졌고 소아시아 주교들을 거쳤다고 주장함으로써 수행되었다. 사도 계보에서 자신의 위치를 증명하기 위해 이레나이우스는 어쩔 수 없이 예수의 사역에 대한 다소 비정상적인 해석을 내놓았다. 그는 사도들의 나이뿐 아니라 그리스도의 나이를 늘림으로써 예수의 시대와 자신의 시대를 연결하는 데 필수적인 세대 수를 줄인다. 이를 위해서 그는 세례 당시 예수가 30세였다는 공관 복음서 전통을 예루살렘에 여러 차례 갔다는 요한의 참조 문서와 예수는 50세가 아직 못 되었다(「요한복음」 8장 56~57절)는 요한의 주장에 결합시킨다. 그는 예수가 마흔 번째 생일이 지날 때까지 설교했음에 틀림없다고 결론짓는다. 퍼킨스는 "이레나이우스는 그 다음에 이 비정상적인 주장을 확증하기 위해 사도의 전통에 대한 증언에 호소한다."고 적고 있다. Perkins (1993), 180쪽을 보라. 이레나이우스는 따라서 2세기 초 소아시아 교회들의 장로들이 여전히 사도들로부터 직접 진리를 배울 수 있었다는 것을 증명한다(예를 들어 폴리카르포스Polycarpos는 사도 요한으로부터 직접 배웠다.). 이레나이우스가 비꼬기를, 영지주의 스승 프톨레마이오스는 이제까지 꿈에 사도를 본 적이 없었다! (『이단 논박』 2.22.6.) 이레나이우스가 요한의 생애 기간을 마음대로 한 것은 결국 요한이 실제로는 결코 죽지 않고 밧모나 에베소에서 여전히 살아 있었다는 기괴한 전설을 탄생시켰다. Campbell, 앞의 책, 169쪽을 보라.

24 Pagels, 앞의 책, 41쪽.
25 위의 책, 61쪽. 페이절스가 밝힌 대로, 이 이론의 으뜸 옹호자들은 당연하게도 주교들이었다.
26 『클레멘스 1서』 1. 44을 보라. 여기에서 클레멘스는 슬프게도 이것이 모두 예지되었다고 주장한다. 즉 "우리 사도들은 우리의 주 예수 그리스도를 통해 주교라는 직위에 대한 불화가 있을 것임을 알았다."
27 『클레멘스 1서』 63.
28 『클레멘스 1서』 41.3.
29 Pagels, 앞의 책, 61쪽에서 재인용.
30 위의 책에서 재인용.
31 위의 책, 117쪽.
32 위의 책, 61쪽.
33 위의 책, 66쪽.
34 위의 책, 67쪽.
35 위의 책, 66쪽.
36 Tertullian, *Prescription against the Heretics*, 41쪽.
37 Pagels, 앞의 책, 83쪽.
38 위의 책, 81쪽에서 재인용.

39 Tertullian, *On the Dress of Women*, 1.1.2. 위의 책, 63쪽에서 재인용. 그리고 Doran (1995), 150쪽을 보라.
40 Pagels, 앞의 책, 117쪽. 69쪽을 보면, 이레나이우스는 "사제들은 …… 감독직의 계승episcopal succession으로 자동으로 진리의 확실한 선물을 받는다."고 주장한다.
41 위의 책, 122쪽.
42 위의 책, 117쪽.
43 위의 책, 69쪽. 이레나이우스는 계승의 두 계보를 묘사한다. 하나는 하느님에게서 비롯되고 그리스도와 그의 선택된 사도들, 특히 베드로를 통해 이어져 내려온다. 나머지 하나는 시몬 마구스에서 나오는데, 시몬 마구스는 "사실상 예수 그리스도의 이름을 일종의 덫으로 내놓"지만 그의 가르침은 사실 "커다란 뱀의 해로운 독, 배교의 위대한 창시자"다. 영지주의의 비판에 분명하게 반응하면서 이레나이우스는 분개하여 다음과 같이 쓴다. "그들은 우리가 '영적이지 않고' '저속하며' '교회 조직적'이라고 말한다. …… 그들은 우리가 수준 낮은 종교 속에서 계속 살아간다고 말한다. 우리가 마음을 높은 곳에 있는 것으로 끌어올릴 수 없거나 위에 있는 것들을 이해할 수 없는 것처럼 말이다." 위의 책, 67쪽을 보라.
44 Lane-Fox, 앞의 책, 492쪽.
45 Pagels, 앞의 책, 100쪽. Gibbon (1796), 522쪽도 보라.
46 「유다서」1장 3~8절.
47 「유다서」1장 23절.
48 「디모데후서」2장 17절.
49 이레나이우스, 『이단 논박』, 3.15.2.
50 Pagels (1975), 158~159쪽에서 재인용.
51 Robinson, 앞의 책, 448쪽 이하에서 재인용. 『진리의 증언』은 2세기에 알렉산드리아에서 씌었다. 이 책의 저자(발렌티누스라고 여겨지는)의 주장은 교회 조직의 이교 연구의 주장에 대한 거울상을 제시한다.
52 위의 책, 362쪽 이하에서 재인용. Pagels (1979), 115쪽도 보라.
53 The Second Treatise of the Great Seth, 60, 20.
54 Pagels, 앞의 책, 65쪽에서 재인용.
55 Stevenson, J. (1957), 209쪽, "가치 없는 성직자"에 관한 오리게네스.
56 「고린도전서」2장 4절. Pagels (1975), 54쪽을 보라.
57 「고린도전서」1장 10절.
58 Pagels, 앞의 책, 45쪽.
59 「로마서」14장 22절. Pagels, 앞의 책, 45쪽을 보라. 바울은 "강한 자들"(개역 개정에는 "믿음이 강한" 자들이라고 되어 있다 — 옮긴이)이라는 암호명으로 영적인

사람들을 부른다.
60 「로마서」 15장 6절. Pagels, 앞의 책, 45쪽을 보라.
61 Pagels (1979), 126쪽.
62 위의 책, 68쪽.
63 이레나이우스, 『이단 논박』, 3.16.1. 위의 책, 54쪽에서 재인용.
64 위의 책, 3.15.2. Pagels (1975), 62쪽에서 재인용.
65 Pagels (1979), 64쪽.
66 위의 책, 126쪽. 동부의 위대한 스승 테오도투스Theodotus는 그리스도의 몸이 순전히 영적이고 그노시스를 받은 것들로 구성되어 있다고 주장했다. 서부 학파의 스승인 프톨레마이오스와 헤라클레이온은 동의하지 않았다. 테오도투스에 맞서 그들은 그리스도의 몸 즉 교회는 두 가지 특유한 요소로 되어 있다고 주장했다. 발렌티누스의 문서 『영지주의 해석The Interpretation of the Gnosis』은 원래 하나이던 교회가 이제 분파들로 분열되었음을 인정하고 영지주의 그리스도교인들과 문자주의 그리스도교인들을 모두 서로와 화해시키려는 시도를 한다.
67 "많은 이들이 지팡이를 들고 다니지만 바코이가 되는 사람은 거의 없다."는 플라톤의 진술은 헬레니즘 시대에 속담이 되었고 종종 "많은 이들이 부름 받지만 선택된 사람은 거의 없다."라는 말로 짧게 줄여지곤 했다. 바로 이 줄인 형태로 그 진술은 초기 『바르나바의 편지』에서 발견된다. Louth (1968), 163쪽, 그리고 「마태복음」 20장 16절을 보라. 영지주의자들은 "이집트에서 노예가 된" 이들에 대해 "포로가 된"이라는 용어를 덧붙여 말했다.
68 Pagels (1979), 126쪽.
69 위의 책.
70 위의 책, 63쪽.
71 Pagels (1975), 157쪽. 페이절스가 밝힌 대로, 영지주의를 논박하는 데 그리고 그 뒤엔 영지주의를 근절하는 데 쏟은 상당한 노력이 영지주의의 대중성에 대한 간접적인 증거다. 항상 재등장하는 것이지만 말이다.
72 Gibbon, 앞의 책, 458쪽. 기번은 개성적인 위트로 다음과 같이 쓴다. "대개 그들은 2세기에 부상해서 3세기 동안 만개하고 더 최신 유행하는 논쟁들이 퍼짐으로 인해 4세기 혹은 5세기에 억압받았다."
73 Doran, 앞의 책, 75쪽은 "2세기에 로마에서 그리스도인이라는 명칭이 얼마나 융통성 있었던가"를 깨달아야 한다고 경고한다.
74 이레나이우스는 자신의 주교들과 부제들 가운데 일부조차 발렌티누스파 영지주의자가 되었다고 말한다(『이단 논박』, 서문, 4.26.3, 4.41.3-4.5.31). 마찬가지로 테르툴리아누스는 자신의 공동체의 뛰어난 성원들 "심지어 주교들, 부제들, 과부들, 순교자들조차" 발렌티누스회에 입문하고자 했다고 한탄한다(Prescription against

후주 491

the Heretics, 3쪽).
75 Tertullian, *Against Valentinus*, 4쪽.
76 Godwin (1981), 85쪽에서 재인용.
77 Justin, *Dialogue with Trypho*, 2쪽에 대해 말하고 있는 Guthrie, K. S. (1987), 42쪽.
78 Mead (1906), 253쪽.
79 Barnstone (1984), 621쪽. 프톨레마이오스는 CE 160년경 이탈리아의 발렌티누스파의 수장이었다. 그는 「요한복음」의 최초의 해석자로 알려져 있다(당연하게도 아마 「요한복음」이 영지주의 저술로 광범위하게 받아들여졌기 때문에). 그는 또한 신념 때문에 사형당한 이들 가운데 우리가 아는 최초의 그리스도교인들 중 하나다. Stevenson, 앞의 책, 30쪽을 보라. 이레나이우스는 영지주의자들이 믿음 때문에 죽었다는 것을 분명히 알고 있다. Pagels (1979), 104쪽을 보라. 비록 이레나이우스는 물론 그들의 기여를 과소평가하지만 말이다. 그러나 기묘한 것은 이레나이우스가 교회 조직 역사에 들어가는 방식이다. 리옹의 장로로서 그의 첫 일은 박해받는 몬타누스주의자들에 대한 관용을 호소하는 편지를 로마에 가져가는 것이었다. Cross (1958), 701쪽을 보라. 이것은 몬타누스주의자들이 CE 170년 그 유명한 "리옹의 순교자들" 즉 이레나이우스가 자신을 그리스도에게 이끌었다고 주장하는 사건에 끼어 있었음을 암시할 것이다.
80 Eusebius (1965), 109쪽. 유세비우스는 자신이 "바실리데스에 대한 가장 효과적인 논박문"을 썼다고 주장하나, 유세비우스의 출처들에서 흔히 있는 경우이지만, 우리는 아그리파의 존재에 대한 어떠한 단독 증거도 갖고 있지 않다. 위의 책, 341쪽을 보라.
81 Mead, 앞의 책, 148쪽. 이것은 미드의 믿음인데, 그 믿음은 이레나이우스에 의존하는 것을 선호하고 있고, 히폴리토스의 실제 저서에 대한 후대 이단 사냥꾼의 판결 실패에 의해 뒷받침되는 듯 보일 것이다. 1842년에 재발견된 히폴리토스의 논문은 "이단자들" 스스로의 직접 인용문들을 비롯한 방대한 양의 새로운 문제가 들어 있다.
82 Lüdemann (1995), 24쪽.
83 Pagels (1979), 120쪽. Metzger (1987), 149쪽을 보라. 여기서는 히폴리토스를 최초의 대립 교황anti-pope이라고 칭한다.
84 Grant, 앞의 책, 183쪽.
85 Metzger, 앞의 책, 99쪽. 디디무스Didymus에 따르면, 몬타누스는 황홀경에 빠져 방언을 말하기 시작한 키벨레의 사제였다. 그는 스스로 성령(「요한복음」 14장 15~17절에서 약속받은 성령)에 감화되었다고 믿으면서 두 명의 여성 예언자들과 함께 소아시아를 여행했다. 그는 무아경이 유일하게 진정한 그리스도교라고 생각

했다.
86 Pagels, 앞의 책, 121~122쪽에서 재인용. 히폴리토스 및 이레나이우스와 달리, 테르툴리아누스는 시복諡福을 받지 못했는데, 추측컨대 CE 207년에 몬타누스주의로 배교했기 때문인 듯하다. Gibbon, 앞의 책, 523쪽을 보면, 배교 후 테르툴리아누스가 어떻게 예전에 그렇게 절대적으로 옹호했던 교회의 도덕성을 공격하게 되었는지가 기록되어 있다.
87 Lane-Fox, 앞의 책, 409쪽.
88 Cross, 앞의 책, 133쪽. 테르툴리아누스파는 4세기에 여전히 살아남아 있었다.
89 Mead, 앞의 책, 162쪽. 마르키온은 이 방법으로 구약 성서의 하느님과 신약 성서의 하느님이 전체적으로 양립할 수 없음을 보이려 했다. 그의 학파는 서부에서 뿌리 내리지 못했지만 동부에서 마니의 영지주의 추종자들에 의해 받아들여졌고 재강화되었다. 그들은 또한 『대조법』이라 불리는 소책자를 만들었다. Lieu (1985), 39쪽을 보라. 여기에서, 마니에 대한 마르키온의 영향은, 비록 그는 전혀 인정하지 않았지만, 심원하고 광범했다고 적고 있다. 4세기 후반에 한 정통 주교는 "마르키온이 자신의 양을 따로 떼어놓으니, 마니가 그 양들을 급습하여 데려갔다."고 썼다. Lieu, 위의 책, 44쪽을 보라. 마르키온과 마니 모두 자신을 바울의 진정한 추종자라고 보았고 여전히 동포 유대인들을 율법의 전제專制에서 자유롭게 해주려고 애썼다.
90 Lane-Fox, 앞의 책, 332쪽.
91 Godwin, 앞의 책, 85쪽. 마니교 책자는 마르키온의 『대조법』 책 내용에 대한 훌륭한 아이디어를 제공하는 듯하다. 그 책자는 구약 성서와 신약 성서가 상호 모순됨을, 그리고 가톨릭은 구약 성서를 계속 유지함으로써 그리스도의 경고를 무시했고 "낡은 망토 위에 새 천 조각을" 얹었음을 지적한다. 그렇게 하면서 그들은 교회를 할례의 속박으로 돌아가게 했다. 구약 성서의 이스라엘 민족 조상들의 삶은 신약 성서의 도덕 개념을 위반했다. 아브라함은 정부情婦를 두었고 자신의 아내를 외국 왕에게 주었으며 롯은 근친상간을 저질렀고 다윗은 자신의 장군의 아내를 탐했으며 솔로몬은 아내를 여럿 두었다. 호세아는 하느님의 명으로 창부와 결혼했고 모세는 살인자였다. Lieu, 앞의 책, 121쪽을 보라.
92 Mead, 앞의 책, 243쪽. 서방 그리스도교에 대한 마르키온의 비판이 정경을 만들려는 첫 시도들을 추동했음은 광범하게 받아들여지고 있다.
93 Gibbon, 앞의 책, 455쪽.
94 Tertullian, *Apology*, 19.1, 21.1. Brandon (1969), 377쪽에서 재인용. 그리스 로마 세계에서 신앙에 대해 퍼부어진 최악의 욕설은 그것이 새롭다는 것이었다. 모든 그리스도교 경쟁 상대는 고대 문화와 — 이시스와 오시리스는 이집트와, 미트라스는 페르시아와, 아티스와 아도니스는 소아시아 대모 신앙과 — 동일시되었다. 미

트라스 신앙의 경우에서처럼 그 신앙이 실제로 헬레니즘 시대에 만들어졌을 때조차 그 신앙은 필수적으로 고대의 유서 깊은 과거에 자신의 뿌리를 두어야 했다. 그리스도교의 최고最古 비판자인 타키투스는 그리스도교가 부분적으로는 미신이라고 공격했을 뿐 아니라 새롭다고 공격했다. 유세비우스는 『교회사』를 시작하면서 이러한 비판을 인정한다. 구약 성서를 강력한 증거로 삼으면서 그는 "예수에 의해 설교되는 종교에서 새롭거나 낯선 것은 없다."고 쓰고 있다. Eusebius (1965), 14쪽을 보라.

95 유대 성서들은 모세 5경, 예언서들(「여호수아」부터 「말라기」까지), 저술들(「시편」부터 「역대하」까지)의 순서로 배치되어 있다. 그리스도교 구약 성서에서는 그러나 예언서들과 저술들이 바뀌어 있었다. 이제, 「말라기」 4장 4절의 예언 — "보라 여호와의 크고 두려운 날이 이르기 전에 내가 선지자 엘리야를 너희에게 보내리니" — 은 세례자 요한의 등장과 엘리야의 환생이 된다.

96 Brandon, 앞의 책, 251쪽. 유대인의 죄에 대한 이 설명을 완결하기 위해 마가는 유대교 대제사장들이 골고다 위에서 죽어가는 예수를 희롱하였고 반면에 거기 있던 사람들 중에서 한 로마 백부장百夫長은 "이 사람은 진실로 하느님의 아들이었도다."고 선언하며 예수의 신성을 인정한 유일한 사람이라고 설명한다.

97 「마태복음」 27장 24절.

98 Brandon, 앞의 책, 252쪽. 브랜든은 1969년에 썼다.

99 Doran, 앞의 책, 57쪽은, 2세기에 점점 더 많은 이방인들이 그리스도교인이 되자 그리스도교인이 된 유대인들은 점점 더 적어졌다고 적고 있다. 순교자 유스티누스는 『트리포와의 대화Dialogue with Trypho』라고 불린, 유대인들에 대한 통렬한 공격서를 썼다. 이 책은 142장으로 되어 있어서 이제까지 정통 작가가 만든 책 중에서 가장 두꺼운 책이었다. Metzger, 앞의 책, 144쪽을 보라. 나중에 멜리토 주교와 테르툴리아누스는 성 아우구스투스가 썼던 것처럼 논쟁적인 소책자 『유대인을 논박함Against the Jews』을 썼다.

100 Doran, 위의 책, 58쪽.

101 Lane-Fox, 앞의 책, 482쪽.

102 그리스도교에서 반유대주의 성격의 발전은 제국 서부의 유대인들에 대한 무자비한 태도를 완벽하게 반영한다. 4세기 초가 되었을 때 유세비우스는 예루살렘의 파괴가 어째서 하느님의 아들의 살인에 대한 하느님의 처벌이었는지를 재미있게 설명했다. 4세기 말에 성 요한네스 크리소스토모스는 악마들이 유대교 회당과 유대인들의 영혼 속에서 살고 있다고 설교했고, 성 아우구스투스는 『유대인을 논박함』이라는 소책자에서 "너의 부모 속의 너가 그리스도를 죽였다."고 썼다. Doran, 앞의 책, 62쪽을 보라. 412년에 키릴로스는 알렉산드리아의 총대주교가 된 뒤 첫 행위 가운데 하나가 수도사들이 부유한 유대인 공동체 약 40,000명을 약탈하고

그 도시에서 쫓아내도록 부추긴 것이었다. Marlowe (1971), 288쪽을 보라. 5세기 동안 황제들은 유대인 공동체들의 생존을 보호했지만 이등 시민으로서 "그들이 성서들의 그리스도교적 해석과 가톨릭교회의 승리의 살아 있는 증거로서 구실할 수 있도록" 그렇게 했다. Lieu, 앞의 책, 177쪽을 보라.

103 Justin, *Dialogue with Trypho*, 16쪽. Doran, 앞의 책, 57쪽에서 재인용.

104 Metzger, 앞의 책, 75쪽 이하는 경전의 진화에 관한 정통 관점을 보여준다. Barnstone, 앞의 책, xviii쪽은 다음과 같이 말한다. "우리는, 간약기 내내 신성한 문서들이 없고 신약 성서를 위한 작고 반복적인 경전을 인정하며 후대의 모든 그리스도교 외경을 배제하고 영지주의 성서들을 전체적으로 부인하는 성경이 우리에게 고대 종교 문헌의 지독하게 검열되고 왜곡된 판본을 제공했다고 단언할 수 있다. 다소간에 그리스도교는 신적 실재divine entity처럼 갑자기 자기 발생적으로 그 어떤 과거도 없이 튀어나와 역사적으로 놓여 있다는 인상을 준다." Mack (1993), 228쪽은 그 경전에 대해 다음과 같이 말한다. "놀라운 것은 광대한 영성적 문헌이 매우 자잘한 일련의 복음서들과 편지들로 심각하게 축소된 것이다." 우리가 복음서들 자체를 정말로 하나의 이야기의 네 가지 판본과 주로 한 사람에 의한 편지들이라고 생각할 때 서양의 성서들의 진짜 빈곤은 암울하게도 분명해진다.

105 오래전 1699년에 톨랜드Toland에 의해 관찰된 사실인데, 그는 이렇게 썼다. "일부 고대 작가들이 부당하게 사도들의 것이라고 하지만 실제로는 그들의 적들에 의해 위조된 것이라면서 거부하지 않은 신약 성서의 책은 단 한 권도 없다." Metzger, 앞의 책, 13쪽을 보라.

106 위의 책, 54쪽. Mead, 앞의 책, 254쪽은,『맛디아의 전통들Traditions of Matthias』라는 책은 알렉산드리아의 바실리데스파에 의해 알려졌다고 기록한다. 미드는 이것이 대중적 유포를 위해, 즉 나중에 그노시스의 내적 교리에 따라 해석되도록 하기 위해 의도된 '예수의 생애'이었을 수 있음을 암시한다. 이것은 현재의「마태복음」과 아무런 관계가 없을 수도 있지만「마태복음」의 기초 문서 구실을 당연히 했을지 모른다. 만일 예수 미스테리아 명제가 맞다면, 예수 이야기의 최초 저자는 태초에 영지주의만 있었기에 영지주의자였음에 틀림없다.『맛디아의 전통들』은 파피아스가 시리아에서 나와 소아시아로 흘러드는 유대인 난민들에게서 모은 뒤 죽박죽 보고들의 기초를 당연히 형성했을 수도 있다.

107 Metzger, 위의 책, 145쪽. 유스티누스는 "사도들의 회고록"으로 알고 있는 문서들의 이름을 지으면서 크세노폰이 5세기 전에『소크라테스의 회고록』을 쓸 때 만들어낸 용어와 똑같은 용어를 사용한다.

108 Stanton (1995), 101~102쪽. CE 172년에 순교자 유스티누스의 제자인 타티아누스는 다양한 복음서들 간의 불일치를 놀리던 비판자들의 공격에 대응하면서 그

109 Metzger, 앞의 책, 151쪽 이하. 이레나이우스는 자신에게 네 복음서가 있고 그 경전은 비공개임을 분명히 한다. Stevenson, 앞의 책, 117쪽을 보면, 이레나이우스는 자신의 이유를 다음과 같이 밝힌다. "세상의 네 개의 영역과 바람[원문 그대로임] 네 가지 원리가 있기 때문에 복음서들이 원래보다 수가 더 많을 수도 있고 적을 수도 있다는 것은 불가능하다." 그런 논리는 우리가 이 사람들이 활동하던 사상계와 실제로 얼마나 많이 떨어져 있는지를 깨닫게 한다. 뤼데만이 밝힌 대로, 이레나이우스의 "가공할artificial 주장들"은 최소한 그 생각이 보호될 필요가 있을 만큼 상대적으로 참신했음을 보여준다. Lüdemann, 앞의 책, 196쪽을 보라.

110 Lane-Fox, 앞의 책, 381쪽 이하에서, 이것을 "경전이 아닌 저술 가운데 보석"이라고 부른다. 그것은 이탈리아 쿠마이Cumae 근처에서 CE 90년경에, 아마도 그 즈음에 로마 전투에서 노예가 된 한 유대인에 의해 쓰였다고 생각된다. 그것이 왜 경전에서 배제되었는지는 알기 쉽다. 그것은 구약 성서에서든 신약 성서에서든 어떠한 분명한 인용도 하지 않고 유대교/그리스도교 외경의 형식으로 헤르메스와 시빌의 지혜의 기이한 혼합물을 제시하기 때문이다. 그것의 제목과 그것의 많은 수사적 표현은, 이집트 현자 헤르메스 트리스메기스투스의 것으로 여겨지는 한, 이교도 문서인 『헤르메스의 목자』와 특유한 공명을 한다.

111 Lane-Fox, 앞의 책, 381쪽.

112 Barnstone, 앞의 책, 333쪽.

113 Kerenyi (1976), 106쪽. 그리고 Barnstone, 위의 책, 335쪽과 Metzger, 앞의 책, 170쪽을 보라.

114 R. A. Lipsius, *Der Gnosticismus, sein Wesen, Ursprung und Entwickelungsgang*, Leipzig: Brockhaus, 1860년. Mead, 앞의 책, 417쪽에서 재인용.

115 Lüdemann, 앞의 책, 196쪽. 이레나이우스는 시몬 마구스에서 시작되는 모든 이단들을 추적하고, 이단자가 베드로에 의해 상세히 부인되었음을 보여주기 위해 「사도행전」을 인용한다. 유스티누스는 반복해서 시몬 마구스를 언급하지만, 이상하게도 「사도행전」을 하나도 참조하지 않는다. 뤼데만은 유스티누스와 이레나이우스에게서 「사도행전」이 갑자기 등장하는 이유는 "자명하다."고 적고 있다. 독일 신학자 캄펜하우젠Campenhausen은 "우리는 이레나이우스 이전의 「사도행전」에 대한 증언을 발견하지 못한다."고 말한다. 위의 책, 315쪽을 보라. "「사도행전」은 가톨릭 경전의 이해에서 핵심이고 동시에 그 경전의 '새로움'을 보여준다."라는 하낙Harnack의 관점은 몇 가지 통찰을 제공한다. 테르툴리아누스 자신은 「사도행전」이 "이단자들"에게 거부되었음을 인정한다.

116 Tertullian, *On the Proscription of the Heretics*, 23쪽. 「갈라디아서」 2장 11절 이하에서 바울이 베드로를 비난하는데도 혹은 아마도 그 비난에 대한 답변으로 쓴

것.

117 Lüdemann, 앞의 책, 196쪽. 마르키온파는 편지들의 바울과 「사도행전」에서 그려진 바울이 양립 불가능함을 지적했다. 웰스가 적고 있는 대로, "「사도행전」이 말하는 거의 모든 것은 편향적이다." Wells, 앞의 책, 17쪽을 보라.
118 Lane-Fox, 앞의 책, 439쪽에서 재인용.
119 위의 책, 436쪽. 초기 그리스도교인들과 이란의 이슬람 순교자들의 유사함에 대해서는 위의 책, 420쪽. 즉 "독가스를 채우고 화학적으로 불태우는 것은 불과 야수의 현대적 계승이다."
120 『진리의 증언』을 인용하고 있는 Pagels (1979), 106쪽.
121 Tertullian, *Apology*, 50쪽.
122 Metzger, 앞의 책, 153쪽은 "이레나이우스가 추측컨대 그 위기 동안 따로 떨어져 있었던 듯하다."고 너그럽게 적고 있다. Gibbon, 앞의 책, 548쪽 주 100을 보라. 여기에서 기번은 "테르툴리아누스가 스스로 순교하지 않았다는 점은 다소 놀랍다."고 무미건조하게 말한다. 레인-폭스는 유세비우스가 소위 대(大)박해 기간 동안 체포되지 않기 위해서 했던 것 — 특히 약 30권 이상의 책이 이 기간에 그의 이름으로 계속 나왔기 때문에 — 에 대해 비슷한 질문을 한다. 그는 락탄티우스처럼 유세비우스가 아마 "과도하게 영웅적인 행동들을 피했"던 것 같다고 결론 내린다. Lane-Fox, 앞의 책, 606쪽을 보라.
123 Lieu, 앞의 책, 93쪽.
124 Pagels, 앞의 책, 106쪽.
125 『베드로의 계시록』 79, 11-21.
126 위의 책, 78, 1-2.
127 Clement of Alexandria (www), 38쪽.
128 Pagels, 앞의 책, 99쪽에서 재인용. 테르툴리아누스는 이단 발흥의 직접적인 원인을 박해의 발생에서 찾는데, 비록 연대기적으로 맞는 것은 아니지만 이것은 진리의 척도를 포함한다. 그 폭력은 그리스도교 공동체 내의 심각한 분열을 일으켰다. 이전에는 서로 닮았던 영지주의자들과 문자주의자들은, 이그나티우스의 애처로운 진술이 분명하게 해주는 것처럼, 각자의 믿음에 의해 따로 떨어지도록 내몰렸다.
129 위의 책, 103쪽.
130 Lane-Fox, 앞의 책, 439쪽은 "이런 유의 신학은 대부분의 현대 독자들을 내쫓는다."고 논평하고, 그 당시에 그 신학은 영지주의자들의 도전을 받았다고 적고 있다. 그 이름을 위한 죽음은 그저 끔찍한 낭비였고, 게다가 예수 자신이 박해 시 도망가는 것을 승인하지 않았는가? 「마태복음」 10장 23절에서 예수는 "이 동네에서 너희를 박해하거든 저 동네로 피하라."라고 충고한다.

131　MacMullen (1966), 132쪽. 철학자들(점성가, 마기, 갈대아 사람들 등 탐탁치 않은 사람들을 포함하는 다목적 용어)은 로마 바깥으로 내쫓기기를 반복했는데, BCE 33년부터 CE 93년의 기간에 최소한 10번은 쫓겨났다. 타키투스는 그들이 어쩔 수 없이 다시 슬며시 들어왔기 때문에 이것을 "무자비하고 쓸모없는" 것으로 생각했다. 맥뮬런이 논평한 대로, 철학과 전복은 늘 함께했고 영광스러운 그리스 전통이 가장 순수하게 표현된 것은 바로 소크라테스에게서였다. 위의 책, 53쪽을 보라.

132　Livy (1976), 401쪽. Livy, Book 39는 바쿠스 축제의 억압에 대한 유일한 출전이다. 그의 설명은 적대적 논박과 공인된 아우구스투스의 정치적 수사修辭에 의해 지저분해진다. 운 좋게도 그 신앙에 반하여 발표된 원로원 결정은 여전히 보존되어 극단적인 수단들이 그것에 반하여 취해졌음을 확인해준다. 리비우스의 설명은 동양의 제의들을 다룰 때 로마 장군들이 따르는 과정들에 대한 로마 제국 시기의 청사진이 되었다. Gibbon, 앞의 책, 502쪽은, 그리스도교인들에 대한 타키투스의 견해를 기록하고 그 견해가 리비우스가 밝힌 견해와 문체가 비슷하고 심지어 서술 방식까지 동일하다고 적고 있다. 반란을 일으켜 로마 시민populus Romani을 내쫓을 "또 다른 사람"의 상은 로마에서 테러의 변함없는 근거였다. 행운아들은 노예와 못 가진 자의 대해大海 가운데 극소수였다. 노예들과 경제적 난민들은 자신들의 신비 신앙을 로마에 함께 가져왔고 낯설고 적대적인 세상에서 연대감과 친밀감을 그 신앙에서 발견했다. 귀족들의 눈에 그것이 마치 종교적 열광과 정치적 전복이 손을 맞잡고 가는 것처럼 보였던 것은 놀랄 일이 아니다.

133　Burkert, W. (1987), 52쪽은, "그리스도교인들에 대한 박해 이전의 교회사에서 필적할 만한 것은 아무것도 없다."고 논평한다. 디오니소스 미스테리아는 율리우스 카이사르가 철폐할 때까지 여전히 강제로 금지되었다. Kerenyi, 앞의 책, 363쪽을 보라. 카이사르의 관용은, 바쿠스 숭배가 공식적 금지에도 불구하고 혹은 어쩌면 공식적 금지 때문에 광범하게 퍼져 있던 평민들에 대한 그저 또 하나의 냉소적 호소임은 의심의 여지가 없었다. 폼페이의 신비의 집과 로마의 파르네시나의 집Villa Farnesina이 증명하는 대로, 그 숭배는 심지어 공화정 말기가 되면 로마 사회의 최고위층에게까지 침투했다. 마르쿠스 안토니우스는 스스로를 디오니소스로 그렸고 심지어 냉정한 아우구스투스조차 악티움 전투 후에 스스로 엘레우시스에 입문했다. 박해받는 소수 종교에서부터 제국의 보호까지의 비슷한 궤적을, 그리고 비슷한 기간을 나중에 미트라스 신앙과 예수 신앙이 뒤따를 것이었다.

134　MacMullen, 앞의 책, 57쪽.
135　위의 책, 84~90쪽.
136　위의 책, 136쪽.
137　Lane-Fox, 앞의 책, 423쪽, 플리니우스의 질문들에 대한 트라야누스의 유명한 답변.

138 G. E. de Sainte-Croix, "Why were the Early Christians persecuted?", *Past and Present*, 1963, no. 26, 6쪽 이하를 보라. 레인-폭스는 이 글을 이용하면서 "여전한 기본"으로 간주한다. Lane-Fox, 위의 책, 773쪽 주 1을 보라. 그리고 개관하려면 T. D. Barnes, *Constantine and Eusebius* (1981), 150쪽을 보라.

139 Gibbon, 앞의 책, 579쪽. 기번의 계산에 따르면 2,000명이었다. 레인-폭스의 관점에서는, 그 박해가 "기번조차 충분하게 평가하지 않았을 정도로 그리스도교 전통 속에서 과장되어왔다." Lane-Fox, 위의 책, 596쪽, 733쪽 주 1을 보라. 그러나 16장 주 182에서 보여주는 것처럼, 기번은 자신의 근거들이 그리스도교 선전자들의 설명과 충돌함을 잘 알고 있었다. 여기서 그는 유세비우스의 설명 ― "역사가들의 교활한 술책"으로, "모호한 단어들"을 "교활하게 고르"고 "난 다음 안전하게 빠져나간다." 등등 ― 을 통해 조심스럽게 조금씩 나아간다. 그는 결국엔 유세비우스조차 팔레스타인에서 9명의 주교가 사형에 처해지고 92명이 순교했을 뿐이라고 한다고 적고 있다.

140 Lane-Fox, 위의 책, 434쪽.

141 Gibbon, 앞의 책, 541쪽.

142 Lane-Fox, 앞의 책, 421쪽은 광신자들을 다루기 위한 로마 총독들의 여러 시도들을 기록한다.

143 위의 책, 442쪽.

144 Marcus Aurelius, *Meditations*, 11.3. 에픽테토스의 견해로는, 그리스도교인들이 맹목적 열정에 의해 자신들의 스승의 입문식 때 순교했다. *Dissertations*, 4.6.7을 보라.

145 『로마 황제 열전Historia Augusta』(Alexander Severus, 29.2)은 아브라함, 아폴론, 오르페우스, 티아나의 아폴로니우스, 그리스도 모두 알렉산드로스의 사적인 예배실에서 똑같이 대우받았다고 말한다. Angus (1925), 192쪽과 Gibbon, 앞의 책, 553쪽을 보라.

146 Stevenson, 앞의 책, 195쪽. 세베루스Severi 왕실에서의 종교에 대한 관심은 강렬했다. 맘마이아Mammaea는 그 법정에 들르도록 오리게네스를 초청했고 『티아나의 아폴로니오스의 생애』를 짓도록 필로스트라토스Philostratos를 후원하기도 했다.

147 Lane-Fox, 앞의 책, 441쪽.

148 Tertullian, *Apology*, 37.4~8. Stevenson, 앞의 책, 162쪽에서 재인용. Lane-Fox, 위의 책, 273쪽도 보라. 여기에서, 그리스도교인들이 '모든' 독일 부족들 내에서 그리고 심지어 영국에서도 있었을 수 있다는 그의 주장, 즉 "테르툴리아누스는 신뢰받기 어려울 수 있다. 즉 테르툴리아누스는 순교자들의 수에 대한 전설들을 만드는 데 도움이 되기도 했다."는 주장에 대해 말하고 있다. de Sainte-

Croix, 앞의 글, 23쪽을 보면, CE 185년에 지방 총독 안토니우스가 한 순회 재판에 들른 것에 대한 테르툴리아누스의 설명을 인용한다. 분명 그 도시의 모든 그리스도교인이 그에게 다가가 순교의 특권을 요구했다. 드 상트-크루아de Sainte-Croix가 밝힌 대로, "우리는 그의 습관적인 과장을 고려해야 한다." 기번은 그리스도교 선전자들에 의해 순교자들이 터무니없게 많아진 것을 지적한 초기 역사가들 중 하나였다. 그가 기록한 대로, "이런 전설들의 예로는, 우리는 아라라트 산에서 트라야누스에 의해서든 하드리아누스에 의해서든 간에 하루에 십자가에 못 박힌 그리스도교 병사들이 10,000명이라는 것으로 충분하다." Gibbon, 앞의 책, 540쪽 주 74. 이런 과정에는 '병사'에 해당하는 라틴어와 '1,000'에 해당하는 라틴어가 비슷한 것과 단순히 '목격'이라는 뜻을 갖는 '순교'라는 단어를 잘못 해석한 것이 도움을 줬다. 그리스도교 변증자들은 그런 '오해'를 의도적으로 영속시켰다.

149   Lane-Fox, 위의 책, 587쪽. 즉 "증명해야 하는 의무는 위대한 그리스도교의 진보에 관한 이론들에게 있다. 만약 이 시기에 그런 변화가 있었다면 우리는 어디서 그 변화를 볼 수 있는가? 모든 종류의 증거가 풍부하지 않지만, 사실 그리스도교인이 늘고 있다는 증거는 더욱 빈약하다."

150   위의 책, 269쪽.

151   위의 책.

152   Eusebius, *History of the Chmch*, 6.43.11.

153   Lane-Fox, 앞의 책, 317쪽.

154   위의 책, 592쪽.

155   위의 책, 588쪽.

156   Gibbon, 앞의 책, 56쪽.

157   Kerenyi, 앞의 책, 74쪽. 2세기는 로마 제국의 절정기를 나타낸다. CE 117년 하드리아누스부터 양자養子로 받아들여져 황제가 된 이들이 이어지면서, 평화와 번영과 상대적으로 인자한 정부의 시대가 지속되었다. 이 황제들 모두는 그리스 문화와 철학에 다소간 사로잡혔다. "철학적인 삶의 방식"은 최상의 삶과 동일시되었다. 2세기는 돌이켜보면 7세기 전에 고전 아테네에서 일어났던 첫 번째 운동에 경의를 표하여 (CE 225년 필로스트라투스에 의해) "제2의 소피스트들the Second Sophistic"이라고 불리며 환영받는 시기였다. 이 시기 동안 모든 종류의 신앙과 철학이 광범위하게 퍼졌다. 기번은 다른 역사가들을 따라서, 『로마 제국 쇠망사』를 CE 180년 철학자이자 황제인 마르쿠스 아우렐리우스의 죽음에 대해 쓰는 것으로 시작한다.

158   Hoffmann, 앞의 책, 24쪽에서는, "그들은 보통의 로마인들이 새롭고 승인받지 못한 것에 대해 싫어하는 것을 반영한다."고 논평한다.

159   위의 책, 115쪽에서 재인용.

160 위의 책, 29쪽에서 재인용. (2세기 저명한 의사이자 철학자인 — 옮긴이) 갈레노스Galenos 또한 신자들에게 모든 것을 믿음으로 받아들이라고 가르치는 문자주의 그리스도교에 대해 비판적이었다. 그는 그러나, 그가 한탄한 대로, "대부분의 사람들은 논증적 주장을 결과적으로 따르는 것이 불가능하고 우화가 필요하다. 그리스도교인들은 우화와 기적에서 믿음을 얻고 아직 가끔은 철학을 실천하는 이들과 같은 방식으로 행동"하기 때문에 그 신자들을 기꺼이 관용하고자 했다.

161 위의 책, 57쪽에서 재인용.

162 Lucian, *Peregrinus Proteus*, 13~15쪽.

163 Origen, *Homilies on the Exodus*, 13.3. Doran, 앞의 책, 11쪽에서 재인용.

164 위의 책. Stevenson, 앞의 책, 209쪽, "그리스도교의 확산은 교회의 야심을 이끈다."도 보라.

165 Gibbon, 앞의 책, 556쪽 주 127. 기번이 그리스도교의 승리에 대해 밝힌 대로, "부유함은 가장 지독하게 박해받는 재판보다 그들의 미덕에 훨씬 더 위험했다."

166 위의 책, 556쪽.

167 Wallis, 앞의 책, 122쪽.

168 Lane-Fox, 앞의 책, 258쪽.

169 Wallis, 앞의 책, 111쪽 이하를 보면, 포르피리오스를 공격하기 위해 쓴 많은 그리스도교인 저술에서 발견되는 내적 증거를 통해 포르피리오스의 주장 일부를 재구성하고 있다. 티레의 메토디오스Methodios, 라오디체아의 아폴리나리우스Apollinarius, 카이사리아의 유세비우스, 필로스토르기우스Philostorgius를 비롯한 그리스도교인 작가들은 대응하는 많은 책을 썼고, 이는 포르피리오스의 책이 울린 경종에 대한 분명한 증거였다. 그 책은 로마 제국이 그리스도교화되었을 때 금지되고 불살라졌지만, 440년대에 여전히 검열받고 있었다. 위의 책, 126쪽과 Lane-Fox, 위의 책, 586쪽을 보라.

170 Cumont (1903), 82쪽.

171 Ulansey (1989), 4쪽을 보면, "그리스도교가 어떤 죽을병으로 인해 탄생하자마자 중단되었다면 세상은 미트라스교화되었을 것이다."라는 자주 인용되는 주장이 되풀이되고 있다.

172 Cumont, 앞의 책, 83쪽. 기념물들은 자주, 노예와 자유민이 서로 대등하고 종종 노예들이 자신의 이전 주인보다 입문에서 더 높은 등급에 있음을 말해준다.

173 위의 책. 퀴몽은 다음과 같이 논평한다. "만약 이 문헌이 우리에게 영향을 미치게 된다면, 우리는 틀림없이 거기에서 로마 전 함대squadrons가 그 신앙에 넘어간 이야기와 위대한 군주들이 자신들의 기관들의 노예에 의해 개종된 이야기를 읽어낼 것이다."

174 Scarre, C. (1995), 151쪽.

175 Marlowe, 앞의 책, 262쪽. 즉 "콘스탄티누스의 그리스도교 개종이 정치적인 것이었다는 것은 의심의 여지가 없다. 그의 목적은 처음에는 적수들에 맞선 투쟁에서 그리스도교의 지원을 얻는 것이었고, 나중에는 그 제국에서 가장 크고 가장 통일된 조직으로 보였던 그리스도교를 불확실하게 통합된 자치령들에 자신의 권위를 행사할 수단으로 이용하는 것이었다." (콘스탄티누스 이전에는 최고 권력을 위해 서로 싸우는 여섯 명의 경쟁하는 황제들이 있었다.) 그러나, 말로가 밝힌 대로, "그리스도교의 통일은 실제보다는 외양이었다. 박해의 억압에서 풀려나는 것과 거의 동시에, 즉 그 지도자들이 권력의 전망을 생각할 수 있게 된 것과 거의 동시에, 그 종교 내부에 숨어 있던 불화는 개인적·지역적·민족적 경쟁에 의해 심화되어 그 종교를 거의 갈가리 찢어버렸고 그 과정에서 지중해 세계 전체가 논쟁과 유혈 사태에 휩싸였다."

176 Lane-Fox, 앞의 책, 616쪽. 레인-폭스는 다음과 같이 묻는다. "그 황제의 조언자들이 그리스도(크레스토스Chrestos)에 대한 이 영리한 약어abbreviation를 권했는가? 개종 후 수년 동안의 다른 상징들처럼, 그것은 이중적 의미를 가졌는데, 하나는 이교도를 위한 의미이고 하나는 그리스도교인들을 위한 의미였다."

177 위의 책, 613쪽.

178 위의 책, 621쪽. 그의 승리를 축하하기 위해 세운 개선문은 아직도 로마에서 볼 수 있다. 그 개선문은 이교의 형상만을 보여준다. 리츠만Lietzmann조차 콘스탄티누스의 승리를 이끌어낸 사건들에 대한 락탄티우스의 이야기가 "명백한 사실들과 모순된"다는 결론을 내리지 않을 수 없었다. Lietzmann (1961), 142쪽을 보라.

179 Godwin, 앞의 책, 58쪽.

180 Doran, 앞의 책, 20쪽. 그라티아누스Gratianus 황제는 암브로시우스 주교의 영향에서 대신관Pontifex Maximus 관직을 거부한 최초의 인물이었다. 그 직위는 율리우스 카이사르 이후 모든 황제의 특권이었고 그것의 거부는 상징적으로 로마 제국의 종말과 '신神' 판본의 시작을 표시한다.

181 Campbell (1964), 388쪽.

182 Lietzmann, 앞의 책, Book 3, 160쪽. 파우스타와 크리스푸스의 살인 사건에 이어 이름 없는 사람들"과 많은 친구들"의 긴 목록이 있었다. 이 정통 교회사는 이런 암살들을 기록한 뒤 "그리스도교인이 그런 행동을 할 수 있는가?"라고 묻는다. 한 문단 뒤에서 그 교회사는 "논리적이지만 마음 내키지는 않게 내려진 추정은 그가 진짜 종교적인 사람이었다는 것이다."라고 만족해 하지만, 아마도 우리의 만족은 아닐 것이다.

183 CE 337년 5월 22일, 콘스탄티누스는 "새로 태어난"이라는 뜻의 흰색 겉옷 차림으로 세례를 받았고 잠시 후 죽었다.

184 콘스탄티누스는 "대제"가 되는 것으로 견뎌야 했다.

185 Lane-Fox, 앞의 책, 674쪽은, 탄생 동굴들 즉 성묘 교회와 심지어 「창세기」에서 언급된 신성한 참나무들의 발견은 "상당량이 제국 여성들의 '발견' 덕분이었다."고 논평한다.
186 Cross, 앞의 책, 619쪽.
187 Wilson, 앞의 책, 172쪽. 앞서 밝힌 대로, 바티칸 아래에 실제로 파괴된 미트라스 신전이 있다.
188 Lane-Fox, 앞의 책, 664쪽. 그 황제는 그들을 모두 화형시켰다.
189 위의 책, 644, 646쪽. Lietzmann, 앞의 책, 160쪽도 보라. 리츠만조차 콘스탄티누스의 신학이 "아마추어적"임을 반복해서 설명한다. 레인-폭스는 니케아 공의회에서의 그의 발언이 "일관성 없다."고 비판받았다고 적고 있다. Lane-Fox, 위의 책, 643쪽을 보라.
190 위의 책, 656쪽.
191 Wilson, 앞의 책, 168쪽. 여기에서 콘스탄티누스가 유세비우스 같은 사람의 서명을 유도하는 당근과 채찍을 능숙하게 사용했다고 기록한다. Lane-Fox, 위의 책, 654쪽은 콘스탄티누스에게 "장악 기술, 매수, 국제회의에 능통한 최초의 인물"이라는 명예를 부여한다.
192 Wilson, 위의 책, 168쪽에서 재인용.
193 Cross, 앞의 책, 752쪽.
194 Fidler, 앞의 책, 383쪽.
195 Doran, 앞의 책, 62쪽. 그리스도교 전설은 하느님 자신이 그 시도를 어떻게 좌절시켰는지를 기록한다. 불이 하늘에서 비처럼 내렸고, 지진이 많았으며 커다란 십자가가 하늘에 보였다는 등등. 더 그럴듯한 설명은 율리아누스가 ― 어느 의심쩍은 전설에 따르면 ― 페르시아인들과 전투를 하는 동안 자신의 사병인 한 그리스도교인에 의해 살해당하여 통치 기간이 20개월이라는 짧은 기간이었다는 것이다.
196 Gibbon, 앞의 책, 785쪽에서 재인용.
197 Doran, 앞의 책, 14~15쪽. 푸아티에의 주교인 힐라리우스가 콘스탄티누스 황제에게 수여한 명예. Lüdemann, 앞의 책, 209쪽은, "예수가 하느님의 왕국을 선포했고 그 왕국은 도래한 교회였다."는 알프레드 루아시Alfred Loisy의 한탄을 인용한다.
198 위의 책, 27쪽 주 349.
199 Metzger, 앞의 책, 183쪽 이하.
200 위의 책, 184쪽.
201 위의 책, 201~207쪽. Eusebius (1965), 61쪽도 보라.
202 순교자 유스티누스의 이름으로 2세기 말과 3세기 초에 위조된 저술들에 대해서

는 Cross, 앞의 책, 757쪽을 보라. 여섯 통의 가짜 편지가 4세기에 쒸었고 안디옥의 이그나티우스의 것이라고 했다. 위의 책, 44쪽을 보라. 유세비우스는 클레멘스의 것이라는 편지들이 "최근에 등장"했음을 인정한다. Eusebius, 위의 책, 101쪽을 보라.

203 Stevenson, 앞의 책, 201쪽. 루피누스Rufinus는 오리게네스의 정통성을 옹호하기 위해 라틴어 문서를 바꿨다.

204 Lane-Fox, 앞의 책, 678쪽. 이교 영웅의 숭배는 "거짓 전기를 가진 사람들"로 대체되었다.

205 Hollroyd (1994), 67쪽.

206 Potter, D. (1994), 85, 90쪽. 콘스탄티누스는 325년 니케아에서 발언하면서 시빌의 신탁 구절을 100개 이상 인용했다. 포터Potter는 이것들이 308년에 만들어진 락탄티우스의 선집에서 발견되지 않는다고 쓰고 그것들이 이 두 날짜 사이의 어느 시기에 위조되었다고 의심한다. 이후에 콘스탄티누스와 락탄티우스 모두는 시빌의 신탁이 위조가 아니었다 — 그 구절들이 무엇인지에 대해 이전에는 인지되지 못했을 뿐이었다. — 고 주장했다. MacMullen, 앞의 책, 151쪽을 보라.

207 Guthrie, W. K. C. (1952), 255쪽. 오르페우스는 성 키릴로스가 나중에 이용한 한 문서에서 다신론에 대한 자신의 이전 가르침을 부정하게 된다.

208 Philo of Alexandria, Book IX, 447쪽, "섭리에 관하여"는 로브 판 편집자에 따르면 "서툰 솜씨로 고쳐 쓴" 그리스도교인의 삽입구가 포함되어 있다.

209 Runia (1993), 4~5쪽. Eusebius, 2.17.1은 이 "사실"을 전해주는데, 거기에 히에로니무스는 요한에 관한 자료를 덧붙인다. 머지않아 필론은 거의 완전히 그리스도교인이 되었다. 운 좋게도 이로 인해 그의 거의 모든 저작들이 살아남을 수 있게 되었다.

210 Eisler (1931), 72~73쪽.

211 Gibbon, 앞의 책, 529쪽 각주 36. 기번은 "저속한 위조"가 "오리게네스 시대와 유세비우스 시대 사이에" 즉 CE 240년과 300년 사이에 발생했다고 보았다. 유세비우스는 예수가 그리스도라는 요세푸스의 확언을 서슴없이 인용한다. Eusebius, 앞의 책, 29쪽을 보라.

212 Eisler, 앞의 책, 72~73쪽. 이 사실은 9세기 비잔티움 학자 폰티우스Photius에게 알려졌다.

213 Lüdemann, 앞의 책, 112~113쪽. 뤼데만은 "「데살로니가후서」가 반-위조 문서로 이목을 끌었다는 것은 그로테스크하다!"고 생각한다.

214 위의 책, 114~115쪽은 「데살로니가후서」를 히폴리토스가 위조한 것이라는 증거에 대해 평가한다. 아이슬러는 요세푸스가 그리스도교인의 잘못을 얼버무린 것이 종파 분리론자 주교의 탓인 것으로 여긴다.

215 Tertullian, *Apology*, 21.24. Brandon, 앞의 책, 266쪽에서 재인용.
216 Gibbon, 앞의 책, 550~551쪽은 테르툴리아누스의 설명을 아주 경멸하면서 다루고 있다.
217 위의 책.
218 Bernstein (1993), 275쪽. Gibbon, 앞의 책, 550쪽 주 105도 보라. 여기에서 기번은 이 허구를 "계속 개선한 것"에 대해서도 상세히 설명한다.
219 『니고데모의 복음서』를 발췌한 Barnstone, 앞의 책, 359쪽 이하.
220 Cross, 앞의 책, 1,072쪽.
221 Brandon, 앞의 책, 267쪽은, 복음서들의 한 가지 주요 주제가 예수의 죽음을 로마인들의 탓에서 유대인들의 탓으로 돌리는 것임을 보여준다. Wells, 앞의 책, 64쪽은, "학자들은 복음서 이야기들의 저변에 있는 동기들 가운데 하나가 통치 계급과 로마 관료의 견지에서 일반적으로 그리스도교가 옳게 보이게 위치 짓고자 하는 욕망이라는 것을 반박하지 않는다."고 말한다.
222 Eusebius, 앞의 책, xi쪽. 유세비우스는 비난받는 이단자, 즉 안디옥 공의회에서 최근에 비난받았던 아리우스 지지자로서 니케아 공의회에 도착했다. 그는 니케아 신조에 서명을 하고 아리우스를 비난하고서 콘스탄티누스의 공식 전기 작가로 남았다.
223 Doran, 앞의 책, 13쪽. 336년 콘스탄티누스 통치 30주년 행사를 축하하기 위해 그의 아들들은 카이사르로 임명되었다. 유세비우스는 이 일이 성경의 예언 "지고의 하느님의 성자들이 왕국을 받을 것이다."를 실행한 것이라고 찬양한다. 그는 당연하게도 통치 과정에서 다른 여러 아들들이 처형된 것에 대해 전혀 언급하지 않는다.
224 앤드류 라우스Andrew Louth는 유세비우스의 아첨 일색의 저서들이 "수준 낮다."고 설명한다. Eusebius, 앞의 책, xi쪽을 보라.
225 유세비우스는 『교회사』를 시작하면서 다섯 가지 지점의 계획을 열거한다. 즉 1) 사도들부터 자신까지의 연속 계보를 만들라. 2) "소위 앎이라는 거짓된 것"의 추종자들을 공격하라. 3) "우리 구세주에 대한 음모가" 어떻게 "유대 민족 전체를 압도했는지" 상세히 설명하라. 4) 박해자들의 운동을 이야기하라. 5) 순교자들의 영웅적 행위를 이야기하라. 그가 열거한 지점 중 두 번째 지점은 영지주의자들이 여전히 교회 조직을 위협하는 것으로 보였음을 증명한다. 첫 번째 지점과 마지막 지점은 수많은 권위자들에게 가짜인 것으로 보였고 세 번째 지점은 유대인들을 박해한 수세기를 합법화했다. 그의 『교회사』는 그 기간에 대한 여전히 가치 없는 기록이다. 유세비우스가 의도했던 이유들에 대해서는 아마도 아니겠지만 말이다.
226 Lane-Fox, 앞의 책, 605쪽.
227 부르크하르트Burckhardt의 『콘스탄티누스 대제 시대』를 인용한 Lietzmann, 앞

의 책, Book 3, 163쪽. 부르크하르트는 그런 비난을 되풀이한다. Burckhardt, J. (1949), 283쪽을 보라.

228 Kingsland (1937), 39쪽. 유세비우스의 임무 가운데 하나는 민족들의 역사를 자신의 성서 연대기에 맞추는 것이었다. 이것으로 무장한 성 아우구스티누스는 예를 들면 플라톤이 예언자 예레미야에 의해 유대인의 지혜에 입문하였음을 증명할 수 있었다.

229 위의 책, 39쪽에서 분젠Bunsen(19세기 괴팅겐 도서관장이자 근대 철학 교수인 크리스티안 분젠 — 옮긴이)은 신켈루스Syncellus를 인용하고 있다.

230 Gibbon, 앞의 책, 577쪽. 기번은, 그래서 유세비우스가 "역사의 기본 법칙 가운데 하나를 노골적으로 위반했다."고 적고 있다.

231 Eusebius, 앞의 책, xi쪽.

232 Kingsland, 앞의 책, 39쪽.

233 유세비우스의 『교회사』는 첫 3세기 동안의 교회에 대해 남아 있는 유일한 설명이다. 앤드류 라우스(『유세비우스Eusebius』, xii쪽)가 밝힌 대로, "아무도 이제껏 유세비우스의 작업이 한 것을 또다시 시도하지 않았다. 후대 그리스 교회 역사가들은 모두 유세비우스가 그친 이야기를 계속 잇는다."

234 위의 책, xxi쪽

235 위의 책, xxii~xxiii쪽. 유세비우스가 작성한 예루살렘과 로마의 주교 목록은 여기서 혐의를 받을 만한 것으로 취급된다. "유세비우스를 읽을 땐 모든 시대에 걸쳐 그리스도교 교회를 세운 수많은 남성들과 여성들에 대해 감명을 받는다. 그러나 만일 우리가 더 심도 깊게 조사하면, 그 그림은 이것이 나타낼 수 있는 것보다 훨씬 더 부분적인 것으로 보인다."

236 위의 책, xxiii쪽.

237 MacMullen, 앞의 책, 92쪽은, 『이교도 순교자들 행전』이 결국 그리스도교 순교자 열전으로 복무하는 것으로 인쇄되기 전에 어떻게 유대인의 저항 이야기들로 다시 쓰였는지를 기록한다. 맥뮬런은 유세비우스의 순교자 이야기들에 대해 다음과 같이 쓰고 있다. "여기 유세비우스 속에서 이교도 저서들에서 순교자 열전으로 수입된, 가끔은 명백하고 가끔은 약간 더 교묘하게 은폐된, 거의 전 범위에 걸친, 완벽하게 이질적인 모티브들을 볼 수 있다."

238 Eusebius, 앞의 책, xxv쪽. 오리게네스는 카이사리아에 최초의 그리스도교 학교를 세웠다. 여기서 그의 제자인 팜필리우스Pamphilius는 스승의 연구를 계속 했고 나중에 유세비우스에 의해 (두 사람의 연구는 — 옮긴이) 합쳐졌다. 팜필리우스와 오리게네스 모두에 대한 초기 헌신에도 불구하고 유세비우스는 오리게네스가 실제로 가르친 교리들에 대해 결코 언급하지 않는다.

239 위의 책, 68쪽 이하.

240 Brandon, 앞의 책, 268쪽. 문자주의자인 유세비우스와 에피파니우스는 예수의 '죽음' 후 "예루살렘 교회"라 가정된 곳에서 벌어졌던 일에 관한 유일한 원천이다. 브랜든은 다음과 같이 말한다. "현 작가는 상세 분석에 이 설명들 각각을 제시해왔고 따라서 그 설명들의 비역사적 성격을 확신한다." 나중에 그는 그것들을 "쓸모없다."고 말한다. 유세비우스는 예루살렘 그리스도교인들이 130년에 안전하게 돌아갔다고 말한다. 그 도시가 아일리아 카피톨리나Aelia Capitolina라 불린 이교도 도시로 재건되었고 유대인들이 어기면 사형이라는 조건으로 그곳에서 배제되었는데 이 일이 어떻게 일어날 수 있었는지는 설명하지 않고 있다.

241 Eusebius, 앞의 책, 31쪽.

242 A. N. 화이트헤드A. N. Whitehead가 적고 있는 대로, "서구 세계가 그리스도교를 받아들였을 때 카이사르는 승리를 거뒀고 서양 신학이 전해 받은 문서는 그의 법률학자들에 의해 편집되었다."

243 Pagels (1979), 103쪽에서 재인용.

244 Gibbon, 앞의 책, 471쪽에서 재인용. 기번은 "질투하는 아프리카인들이 가장되고 무감각한 재담을 길고 다양하게 늘어놓은" 이 설명의 나머지 부분을 줄이고 있다.

245 Lane-Fox, 앞의 책, 671, 672쪽.

246 Cumont, 앞의 책, 204쪽. 사슬에 묶인 해골들이 미트라스 신앙의 성소에서 발견되었다고 기록한다. 퀴몽이 추측하기로는, 그 장소를 더럽혀서 쓸 수 없게 만들 의도로 그렇게 했다.

247 Lindsay (1970), 367쪽 이하는 알렉산드리아에서 벌어진 히파티아 등의 살해에 대해 말하고 있다. 그는 "거듭해서 멀어지고 있는 일의 현실주의적 판본으로 받아들여질" 하나의 특정한 사건의 괴로운 설명을 고스란히 기록한다. "그리스도교인들은 신전을 쳐들어가 저항에 부딪쳤고 수도사들을 불러 모은 다음에 신전들을 때려 부수고 그 이교도들을 살해하기 시작했다."

248 Lane-Fox, 앞의 책, 671쪽. 디디마에서 한 아폴론의 예언자는 그리스도교인들에 의해 붙잡혀 고문을 당했다. 똑같은 일이 안디옥에서 일어났는데, 거기에서 고문을 받은 불쌍한 예언자는 결국 자신을 사기꾼이라고 자백했다. 실리시아Cilicia의 아이가이Aigai에서 그들은 아스클레피오스Asclepios의 치유 성소를 완전히 없애버렸다. 제국 칙령 후 알렉산드리아에서 그리스도교인들과 이교도 사이에서 일어난 389년 폭동이 바쿠스의 고대 신전을 그리스도교 교회로 바꾸는 권한을 부여한 것으로 알려졌다. 이교도들은 아주 폭력적으로 점령된 뒤 허물어진 세라피스 신전으로 도망갔다. Marlowe, 앞의 책, 283~285쪽을 보라.

249 MacMullen, 앞의 책, 136쪽.

250 Lane-Fox, 앞의 책, 326쪽. 이교도 신앙은 사악한 것으로 재분류되었다.

251 Wallis, 앞의 책, 50쪽. 즉 "신들을 악마들로 바꾼 것은 상당히 심리적인 결과를 가졌다. 삶은 인간이 적에 맞서 하느님을 위해 싸워야 하는 전장이 되었다. …… 그리스도교는 세상을 악령들로 채웠다." 이 저자가 밝힌 대로, 이런 생각은 "악마의 노리개"이자 "악마가 자신의 과실을 딸 수 있는 악마의 과실수 즉 악마 자신의 소유물"이라는 아우구스티누스의 인간에 대한 우울한 관점의 길을 열 것이다.

252 Firmicus Matemus, *The Error of Pagan Religions*, 29.1-2. Doran, 앞의 책, 18쪽에서 재인용.

253 위의 책, 20쪽에서 재인용. 심마쿠스의 호소에 암브로스 주교는 다음과 같이 답했다. "당신들이 알지 못하는 것을, 우리는 하느님의 목소리를 듣고 안다. 당신들이 짐작으로 찾는 것을, 우리는 하느님의 바로 그 지혜와 진리를 통해 알았다. 당신들의 풍습은 우리의 것과 일치하지 않는다."

254 Libanius, *Oration*, 33.8~9. 위의 책, 21~22쪽에서 재인용.

255 MacMullen, 앞의 책, 151쪽에서 재인용.

256 Doran, 앞의 책, 22쪽. 즉 "아무도 신전 주위를 돌아다니지 않게 하라, 아무도 성소를 찬미하지 못하게 하라." 이교도 신앙은 물론 즉각 사라지지 않았다. 691년까지 그리스의 포도주 제조업자들은 포도를 밟을 때 미스테리아 가면을 여전히 쓰고 "디오니소스!"라고 외쳤다. 그러나 이는 결국 금지되었다. Kerenyi, 앞의 책, 67쪽을 보라. 7세기 말에 콘스탄티노플의 제3차 에큐메니컬 회의는 발칸 제국에서 이렇게 디오니소스 미스테리아 의식을 거행하는 것을 억누를 수 있는 방법을 여전히 검토하고 있었다. Stoyanov, Y. (1994), 117쪽을 보라. 뒤늦게 10세기에 황제 레오 6세는 펠로폰네소스에서 여전히 믿음을 실천하고 있는 이교도에 맞선 십자군을 이끌어야 했다. 위의 책, 118쪽을 보라. 중세 시대를 통틀어 봤을 때 수십만 명의 여성들이 이교도 의식儀式 때문에 마녀라며 박해받았다. 점성술은 서양 역사 전체에서 이교 신들이 살아남아 있음을 가장 분명하게 표현한다.

257 Marlowe, 앞의 책, 283~285쪽을 보라.

258 Eisler, 앞의 책, 594쪽에서 재인용.

259 Eunapius, *Lives of the Sophists*. Turcan (1992), 126쪽에서 재인용.

260 Marlowe, 앞의 책, 288쪽.

261 위의 책, 263쪽을 보라. CE 400년에 파라볼라노이 parabolanoi로 알려진 사제들과 수도사들의 모임이 알렉산드리아에서 형성되었다. 그들은 일반적으로 유대인과 이교도와 이단자를 박해하던 연이은 알렉산드리아 주교들을 위한 경호원이자 폭력 집단 행동대로서 활동했다. 위의 책, 263쪽을 보라. 412년에 키릴로스는 알렉산드리아의 총대주교가 된 뒤 처음 한 일 가운데 하나가 수도사들이 부유한 유대인 공동체 약 40,000명을 약탈하고 그 도시에서 쫓아내도록 부추긴 것이었다.

262 Lieu, 앞의 책, 112쪽. 테오도시우스의 생각에는, 그리스도교와 공민권은 동일

한 연장선상에 있었기에 그리스도교를 부정하는 자는 자동으로 스스로를 로마 사회의 법외자로 만들었다. 캠벨Campbell이 논평한 대로, "콘스탄티누스 치하에서 그리스도교는 제국의 이교와 동등한 위상이 부여되었지만, 반세기 후 테오도시우스 치하(379~395년)에서는 허락되는 유일한 종교로 공포되었으며, 이후 암흑시대라 알려진 시기가 되면서 제국 칙령에 의해 막이 열렸다." Campbell (1964), 389쪽을 보라.

263 Campbell, 위의 책, 393쪽.
264 Lieu, 위의 책, 39쪽.
265 위의 책, 146쪽. 그리고 Lane-Fox, 앞의 책, 602쪽을 보라.
266 Wallis, 앞의 책, 91~92쪽. 키레네의 시네시우스(365~414?년)는 성서의 신성한 감화에 대해 "예언자와 사도에게서 그리고 후에는 뛰어난 고대 화가들에게서 영감을 받은 한 영혼을 위해, 그는 윤곽을 그리고 그 다음엔 그노시스의 생김새의 세세한 부분을 정확하게 그렸다."라고 쓰면서 영지주의 관점을 분명히 한다. 그는 히파티아와 함께 알렉산드리아에서 신플라톤주의를 연구했고 그런 뒤 나중에 한 그리스도교인과 결혼을 해서 마침내 410년에 주교가 되었다.
267 Wallis, 86~87쪽은 시네시우스를 "유일하게 진정한 종교는 철학적인 종교이고, 비철학적 종교의 이야기와 실천은 기껏해야 비철학자들을 위한 철학적 진리의 대중적 표현들에 보탬을 줄 뿐이라는 확신"을 가진 "4세기 이교도 다원론자"로 설명한다.
268 위의 책, 85쪽. "그리스도교 이야기를 회중에게 말하고, 플라톤주의 도그마를 쫓아 사물의 본성을 이해할 권리를 보류하려는 의도의 표현".
269 위의 책, 93쪽. 브레그먼Bregman(이스라엘 출신으로, 현재 영국에서 저술 활동을 하고 있는 아론 브레그먼 — 옮긴이)은 시네시우스의 부활절 설교에 대해 "언어와 비유와 의미는 여기서 그리스도교보다는 오르페우스교, 플라톤주의, 헤르메스주의에 더 가깝다."고 쓰고 있다. 그는 사실상 "부활절 행사를 신플라톤주의적으로 또는 헤르메스주의적으로 해석된 미스테리아 입문식으로 변모시킨다."
270 Pagels (1988), 62쪽.
271 Wilson, 앞의 책, 172쪽에서 재인용.
272 Pagels (1979), 93쪽에서 재인용. 그러나 이단 모임들이 계속 이 문서를 베끼고 감췄기 때문에 제2차 니케아 공의회는 300년 후 그 재판을 되풀이해야 했다.
273 MacMullen, 앞의 책, 210쪽에서 재인용. 이단자들은 테오도시우스 법전의 100개 이상의 새로운 법의 주제다.
274 키릴로스를 나그함마디 장서를 매장하게 되는 이집트 정치 상황의 증거로 인용하고 있는 Robinson, 앞의 책, 20쪽.
275 Pagels (1988), 124쪽. 아우구스티누스는 "비가톨릭교도를 억압하는 국가의 권

한이 초기 교회의 역사에서 오직 충분히 정당함을 글로 썼다." 그의 적은 가톨릭 그리스도교인들과 로마 국가 간의 "신성하지 않은 동맹"을 비난한 도나투스파 그리스도교인들이었다. 그들은 교회가 무력이 아니라 영적 제재를 써야 한다고 주장했지만 소용없었다.

276 Lane-Fox, 앞의 책, 265쪽에서 재인용.
277 영지주의는 그리스도교 시대 전 기간에 걸쳐, 항상 사회의 가장자리에 있으면서 가끔은 지독하게 박해받으며 계속 살아남았다. 영지주의 복음서들은 계속 복제되어 돌아다녔고 8세기에 여전히 금지되고 불태워졌다. Hollroyd, 앞의 책, 68쪽을 보라. 바울파라 불린 바울의 영지주의 추종자들은 10세기 말까지 정통 교회의 계속된 박해에도 불구하고 번성하였다. Kingsland, 앞의 책, 35쪽을 보라. 바울파가 영지주의의 일반 명칭으로 사용되게 되었다는 사실은 바울의 은밀한 가르침의 전통이 이 분파들 안에서 살아남아 있었음을 암시한다. CE 1211년에 보고밀파 Bogomils는 아나톨리아와 콘스탄티노플에서 "그리스 이교도 의식 같은 사악한 미스테리아"를 거행했다고 고소당했다. Stoyanov, 앞의 책, 184쪽을 보라. 동양에서 보고밀파와 접촉한 카타르파Cathars의 영지주의는 12세기 동안 남부 프랑스 지역들에서 그리스도교의 지배적인 형태가 되었다. 악명 높은 종교 재판이 특별히 이 단을 뿌리 뽑기 위해 열렸다. 영지주의 세례파인 만다이교인들Mandaeans은 오늘날까지 남부 이라크의 소택지沼澤地에서 여전히 살고 있다. Lieu, 앞의 책, 30쪽과 Barnstone, 앞의 책, 123쪽을 보라.
278 「마태복음」 22장 14절.
279 레인-폭스가 밝힌 대로, "불관용은 이교도 철학과 종교 사상에서 뿌리내린 적이 결코 없었다. 콘스탄티누스 이후, 많은 이교도는 배타성으로 인해 그들에게 베풀지 않는 관용을 여전히 새로운 숭배에 베풀 수 있었다." Lane-Fox, 앞의 책, 673쪽을 보라. 늘 옹호적인 앵거스는 다음과 같이 논평한다. "정치적 승리를 거둠과 동시에 그것은 이교도, 유대인, 이단자에 대한 박해자로 돌아섰다. 가톨릭 그리스도교는 단지 토론으로가 아니라 검과 횃불로 이단을 절멸하고자 했다." 그는 다른 학자의 의견을 다음과 같이 기록한다. "필연적으로 승리에 뒤따르는 불관용을 더 명료하게 보여준 공동체는 결코 존재한 적이 없었다." Angus, 앞의 책, 282쪽을 보라.
280 Doran, 앞의 책, 13쪽. 게다가 콘스탄티누스는 시민의 의무를 피하기 위해 성직자가 된다고 거짓 주장을 하면서 두 차례나 이교도 금지 법률을 제정해야 했다. Lane-Fox, 앞의 책, 667쪽을 보라.
281 Fidler, 앞의 책, 180쪽에서 재인용. 마찬가지로 성 아우구스티누스는 "가톨릭교회의 권위가 나를 강제하지 않았다면 나는 복음서를 믿지 않았을 것이다."고 말했다. 위의 책, 320쪽.

282 Cicero (1972), 159쪽.

283 Metzger, 앞의 책, 233쪽. 이것은 브레시아의 주교 필라스트리우스Philastrius(CE 397년경 사망)의 견해였다. 필라스트리우스 또한 28명의 유대교 이단자들을 공격하고 그에 못지않게 128명의 그리스도교 이단자들을 공격하는 한 소책자를 썼다. Potter, 앞의 책, 105쪽을 보라. W. 하이드W. Hyde의 『로마 제국 그리스도교의 이단Paganism to Christianity in the Roman Empire』(1946년)은 초기 교회의 반지성적 성격, 즉 책과 신전 파괴, 학교 폐쇄, 다른 신념의 신봉자 살해에 대한 우울한 그림을 내놓는다.

284 고전학자 프랭크는 그리스 천문학의 주요 단계들을 분명 필연적인 순서대로 재건했다. 즉, 공간의 이해, 곧 아낙사고라스와 데모크리토스의 입체 기하학과 원근법에 대한 이해, 지구의 구형성의 발견, 아르키타스Archytas의 원을 통한 피타고라스학파의 "기하학적으로 완벽한 궤도 형태로의 행성 운동" 발견, 행성 운동에 대한 에우독소스Eudoxos의 최초의 수학적 설명, 지구가 자체 축에 따라 회전하는 것의 발견, 그리고 최종적으로 필로라오스Philolaos 학설(지동설의 시초 — 옮긴이)에서의 "세계에 대한 코페르니쿠스적 견해" 등으로의 발전. Burkert (1972), 302쪽을 보라. 현존하는 문헌에서 구형 지구에 대해 가장 먼저 언급한 것은 플라톤의 『파이돈』 110b에서다. Guthrie, W. K. C. (1962), 295쪽을 보라. 그러나 데모크리토스의 추종자인 아브데라Abdera의 비온Bion은 BCE 400년에 지구의 구 모양이라는 수학적 결론을 익히 알고 있었고, 430년에 키오스의 히포크라테스는 지구가 구형임을 분명 전제로 하고서 지구에 하늘의 원들을 투사했다. Burkert, 위의 책, 305쪽을 보라. 이 모든 진보는 고전 시대에 일어났다. 헬레니즘 시대는 똑같이 수많은 발견들을 보았다. 에라토스테네스는 황도 경사각과 지구의 지름을 계산했는데, 그 지름은 1퍼센트 미만의 오차를 보였다. Marlowe, 앞의 책, 71쪽을 보라. 에라토스테네스의 알렉산드리아 도서관 후임자인 히파르코스는 세차 운동, 태양의 크기와 태양의 극점apogee의 면, 달의 평균 운동, 달의 최저점nadir, 달의 극점, 달 궤도의 기울기를 측정했고 월식을 계산하기도 했다. Marlowe, 위의 책, 75쪽을 보라. 그런 뒤 갑자기 그리스도교의 승리와 더불어 성 아우구스티누스는 마니교 점성학에 대한 자신의 제한된 지식에 기초하여 지구가 평평하다고 선언했다. 난공불락의 그리스도교 도그마로서 이 믿음은 암흑시대 전 기간 동안 지속되었다. 드레이퍼Draper가 논평한대로, "이 교부 이상으로 과학과 종교가 대립하게 한 사람은 아무도 없었다." Cranston (1977), 149쪽을 보라.

12 역사상 가장 위대한 이야기

1 Inge (1899), 87쪽에서 재인용.
2 Happold (1963), 115쪽에서 재인용. 토인비에게 미안하게도 우리는 "미노스의" 신 자그레우스를 디오니소스로 바꿔왔다. 자그레우스라는 이름의 배경으로 고대의 어느 크레타 섬 사람이 가능하겠지만, 자그레우스는 고전 시대부터 오르페우스 디오니소스로 알려졌다. 우리는 "후세인Husayn으로서의 시아 세계Shi'i World에 대해" 생략하기도 했다.
3 Sallustius (1926), 1쪽.
4 『도마의 복음서』, 108. Robinson (1978), 137쪽에서 재인용.

인물 설명

네로 (CE 37~68년)
    54년부터 자살할 때까지 재위한 로마 황제. 초기에는 세네카의 영향 아래에서 선정을 베풀었으나 치세 말기에 폭군이 되었다.

디아고라스 (BCE 416년경 활동)
    미신적 종교에 대한 풍자적 비난으로 유명한 아테네 철학자.

디오 카시우스 (CE 225년경 활동)
    소아시아에서 태어난 로마 역사가.

디오게네스 (BCE 420~324년)
    소크라테스의 제자인 안티스테네스의 추종자. 견유학파의 창시자.

디오도루스 (BCE 80~20년)
    시칠리아의 그리스 역사가. 40권으로 된 『세계사』의 저자.

락탄티우스 (CE 240~320년)
    젊은 시절 헤르메스주의 철학에 빠져 있다가 300년에 문자주의 그리스도교로 개종했다. 후에 콘스탄티누스 황제의 아들 크리스푸스의 교사로 임명된다.

로마의 클레멘스
    유세비우스가 CE 90년경 로마의 4번째 주교였다고 기록하였다. 클레멘스가 쓴 것으로 여겨지던 수많은 편지들은 4세기와 5세기에 위조된 것이었다.

루키아노스 (CE 117~180년)
    이교 철학자. 시리아에서 태어나 다소(타르수스)에서 공부하고, 갈리아에서 문학 교사가 되었다. 종교적이고 철학적인 협잡에 관한 풍자에 능했다. 켈수스의 친구이다.

마니
    CE 216년 바빌론 출생. 바울을 자신의 모델로 삼아 가르침을 펼쳤으며, 로마 제국 전역에 빠르게 확산된 영지주의를 확립했다. 성 아우구스티누스도 마니교에 8년간 몸담고 있었다. CE 303년 대박해에서 첫 번째 희생양은 마니교였고 한 해 뒤 모든 종류의 그리스도교가 박해당했다.

마르쿠스 아우렐리우스
CE 161~180년 동안 재위한 로마 황제. 스토아철학자이며 『명상록』의 저자이다. 그의 치세는 로마 제국의 절정기였다.

마르쿠스 안토니우스 (BC 86~30년)
로마 장군이며 클레오파트라의 연인. 율리우스 카이사르의 대권 계승을 두고 아우구스투스와 싸웠으나 패하여 이집트에서 자살했다.

마르키온
영향력 있는 영지주의 지도자로 소아시아의 폰투스에서 태어났으며 로마에서 CE 144년경에 활동했다. 그는 구약 성서와 위조되었다고 간주한 복음서의 일부를 부정했다. 바울을 "위대한 사도"로 인정했다.

바르나바 (CE 100년경)
『바르나바의 편지』는 초대 교회의 가장 잘 알려진 문헌 중의 하나이며, 바울과 함께 쓴 것이다. 그 편지는 이교 사상과 그리스도교 사상을 특이하게 섞었기 때문에 신약 성서에서 배제되었다.

바실리데스 (CE 117년경)
알렉산드리아의 영지주의 스승. 복음서와 24권의 주석서, 찬송과 송가의 모음집을 썼으나 모두 소실되었다. 이레나이우스, 클레멘스, 히폴리토스는 그의 가르침에 동의하지 않았다.

바울
소아시아 다소(타르수스) 출신의 그리스어를 구사하는 로마 시민. 그의 많은 편지들이 위조되고 조작되어서 그의 생몰 연도는 확실치 않다. 그리스에서 CE 48~53년 동안 전도 활동을 펼친 것으로 알려져 있다. 전통적으로 문자주의자로 설명되어 왔으나 영지주의자들은 바울을 영지주의의 위대한 영감靈感이라고 주장했다.

발렌티누스 (CE 100~180년)
알렉산드리아의 영지주의 시인이며 나그함마디에서 발견된 『진리의 복음서』의 저자이다. 140년경 로마에서 발렌티누스파를 세웠다.

베르길리우스 (BCE 70~19년)
젊은 시절에 남부 이탈리아의 철학적 공동체에 결합한 로마 시인. 그의 작품은 미스테리아 교의, 점성술, 새로운 시대의 탄생에 관한 수많은 인용을 담고 있다.

비트루비우스
BCE 27년경 도시 계획과 건축에 관한 10권의 책을 써서 아우구스투스에게 헌정했다.

살루스티우스 (CE 360년경 활동)
신플라톤주의 철학자이며 율리아누스 황제의 친구이다. 율리아누스의 이교 부흥에서 참모 역할을 했다.

세네카 (BCE 4~CE 65년)
로마 철학자이며 정치가. 젊은 시절에는 피타고라스를 추종하는 채식주의자였다. 나중에 네로의 교사가 되었다.

섹스투스
CE 2세기의 피타고라스학파 철학자. 그의 어록집이 나그함마디 장서에서 발견되었다.

소크라테스
가장 유명한 고대 철학자. 당시 아테네를 통치하던 '30인 참주' 위원회에 의해 BCE 399년 이단 혐의로 처형되었다.

소포클레스 (BCE 497~406년)
그리스 비극 작가이며 100여 편의 희곡을 썼다. 그중 7편이 남아 있다.

수에토니우스 (CEO 69~140년)
로마 역사가이며 12명의 황제의 전기인 『황제들의 생애 De vita Caesarum』의 작가. 소小플리니우스의 친구.

순교자 유스티누스 (CE 100~165년)
사마리아에서 태어났으며 140년경 로마에 왔다. 플라톤학파와 피타고라스학파에서 거부당하자 나중에 문자주의 그리스도교로 개종했다. 문자주의에 대한 최초의 변론을 썼으며 영지주의자와 유대인을 맹렬하게 공격했다.

아낙사고라스 (BCE 503~428년)
소아시아 출신의 그리스 철학자. 유명한 아테네 정치가 페리클레스를 가르쳤다.

아르노비우스 (CE 290년 활동)
헤르메스주의적인 신플라톤주의 철학에 빠져 있다가 그리스도교로 개종했다. 그의 저작은 그리스도교와 이교 철학 간의 친화성을 강조했다. 그의 제자로는 락탄티우스가 있다.

아리스토파네스 (BCE 445~385년)
그리스의 미스테리아 입문자이자 희극 작가. 그는 자신의 연극에서 미스테리아 교리를 너무 많이 밝혔다고 기소되었다.

아우구스투스 (BCE 63~CE 14년)
로마 제국의 창건자이며 BCE 27년부터 사망할 때까지 황제로 있었다.

아우구스티누스 (CE 354~430년)
8년간 마니교적 영지주의 추종자였다. 386년에 신플라톤주의자가 되었고 4년 후에 문자주의 그리스도교로 개종했다. 395년에 아프리카 히포의 주교로 임명되었다.

아풀레이우스 (CE 125~190년)
이교 저자이자 입문자. 아프리카에서 태어나 카르타고와 아테네, 로마에서 철학을 배웠다. 그의 미스테리아 입문를 다루는 우화적 이야기인 『황금 당나귀 The Golden Ass』로 유명하다.

안디옥(안티오크)의 이그나티우스 (CE 120년경 활동)
초기 문자주의 그리스도교로 알려져 있으나, 몇 세기 뒤 그의 서신에 삽입한 어구들 때문에 무엇이 진짜이고 가짜인지를 거의 구분하기 어렵다.

안토니우스 (CE 251~356년)
이집트의 금욕적 은둔 수도사. 305년경에 최초의 그리스도교 수도사 공동체를 세웠다. 정통파 그리스도교도로 알려져 있지만, 열렬한 피타고라스학파이자 거의 확실히 영지주의자였다.

알렉산드로스 대왕 (BCE 355~323년)
마케도니아 왕이며 페르시아, 인도, 이집트의 정복자. 헬레니즘 시대를 연 사람.

알렉산드리아의 클레멘스 (CE 150~215년)
아테네에서 태어났고, 180년에 알렉산드리아의 판타이누스의 제자가 되었으며 190년에 교리 문답 학교 교장이 되었다. 문자주의 그리스도교도로 알려졌고 로마 가톨릭의 시복을 받았으나, 그의 저작은 실제로 영지주의와 공유하는 부분이 많았다.

암모니오스 사카스
CE 200년경 활동. 알렉산드리아의 이교 철학자. 오리게네스와 플로티노스의 스승. 그에 대해서는 거의 알려진 바가 없으며 어떤 저작물도 남아 있지 않다.

암브로시우스 (CE 339~397년)
로마의 법률가이자 문자주의 그리스도교 교부. 370년경에 밀라노의 주교로 임명되었다.

에라토스테네스 (BCE 275~194년)
알렉산드리아 도서관의 관장이었고 수학, 지리학, 철학, 천문학에 관한 글을 썼다.

에우리피데스 (BCE 484~406년)
아테네의 비극 작가이며 『바쿠스의 여인들 The Bacchae』의 저자.

에피파니우스 (CE 315~403년)
유대 지방에서 태어났으나 그리스 살라미스의 주교가 된 문자주의 그리스도교도. 그의 가장 중요한 저작은 『모든 이단을 막는 구급상자 Medicine Chest against all Heresies』이다. 로마의 히에로니무스와 함께 오리게네스를 공격했다.

에픽테토스 (CE 50~130년)
네로의 가정에서 양육된 프리기아의 절름발이 노예. 자유를 얻은 뒤, 1세기 견유학파의 가장 위대한 옹호자가 되었다. CE 90년 도미티아누스 황제에 의해 다른 모든 철학자들과 함께 로마 밖으로 추방당했다.

엠페도클레스 (BCE 490~430년)
피타고라스의 제자이며 성직자이자 기적을 일으킨 사람. 스스로를 "불멸의 신"이라고 선언한 입문시를 썼다.

오리게네스 (CE 185~254년)
알렉산드리아에서 태어나 암모니오스 사카스 문하에서 플로티노스와 함께 이교 철학을 공부하였다. 클레멘스의 제자가 되었고 「마태복음」 19장 12절에 따라 스스로 거세했다. 231년 카이사리아에 학교를 세웠다. 문자주의자로 알려져 왔으나 그의 저작은 영지주의와 공유하는 부분이 상당히 많다. 5세기 로마 교회에 의해 사후에 이단 선고를 받았다.

요세푸스 (CE 38~107년)
64년에 26세의 나이로 로마를 방문한 유대 역사가. 67년 갈릴리 작전에서 로마군에 항복했다. 그의 『유대 전쟁사』는 95년경에 로마에서 출간되었다. 그의 저작들은 예수에 관한 생생한 참조문들을 포함시키기 위해 후대에 첨삭되었다.

유세비우스 (CE 260~340년)
: 오리게네스가 세운 카이사리아의 학교에서 공부했으며, 311년에 카이사리아 주교가 되었다. 325년에 유죄 판결을 받은 아리우스파 이단자로 니케아 공의회에 참석했으나 이후 콘스탄티누스 황제의 공식 역사가이자 전기 작가로 남았다. "교회사의 아버지"로 알려진 그의 저서는 도저히 신뢰가 가지 않고, 대부분 문자주의 그리스도교를 위한 선전에 지나지 않는 것으로 여겨진다.

율리아누스 (CE 332~363년)
: 콘스탄티누스 황제 사후에 이교의 부흥을 시도한 로마 황제. 인간적이고 독실한 황제였으며, 부당하게도 역사에 "배교자"로 알려졌다.

율리우스 카이사르 (BCE 100~44년)
: 로마의 장군이며 로마 공화정의 마지막 지도자.

이레나이우스 (CE 130~202년)
: 문자주의 그리스도교인이며 영지주의에 대한 맹렬한 반대자. 소아시아에서 태어나 178년 갈리아(프랑스) 리옹의 주교가 되었다. 특히 영지주의와 논쟁을 벌이는 『이단 논박』이라는 대규모 저작을 썼다. 유대인 역사가 요세푸스의 작품과 다른 많은 친문자주의적인 문헌 및 서신들을 '그리스도교인'의 것으로 위조했다.

이암블리코스 (CE 250~325년)
: 포르피리오스의 제자가 된 시리아 철학자. 피타고라스의 철학과 생애에 대한 10권짜리 책을 썼다.

히에로니무스 (CE 342~420년)
: 성서학자이자 라틴어로 성서를 번역한 교부. 부활과 궁극적 구원에 관한 오리게네스의 교리를 공격한 문자주의자.

카르포크라테스 (CE 110년경)
: 『마가의 비밀 복음서』을 입문서로 사용하는 영지주의 분파를 설립한 알렉산드리아의 플라톤주의자.

켈수스
: CE 170년경에 대두하는 그리스도교에 대한 비판서인 『진실의 서』를 썼다. 이 책 내용 중 오리게네스의 저서에서 인용된 70%가 현재까지 남아 있다.

콘스탄티누스 (CE 272~337년)
: 307년부터 사망할 때까지 재위한 로마 황제. 그리스도교가 된 첫 번째 황제

이다.

크세노파네스 (BCE 535~435년)

미신적 종교를 조롱하고 남부 이탈리아의 엘레아에서 철학 학파를 창건한 그리스 철학자.

클라디우스 (CE 41~54년)

로마 황제.

키케로 (BCE 106~43년)

로마의 법률가이며 후기 공화정의 정치가. BCE 80년경에 엘레우시스에서의 미스테리아에 입문했고, 그리스 철학과 교육을 로마에서 유행시켰던 장본인이었다.

타키투스 (BCE 55~117년)

로마 역사가이며 『연대기』와 『역사』의 저자.

테르툴리아누스 (CE 160~220년)

카르타고에서 태어나 로마에서 법률가가 되었다. 195년경에 문자주의 그리스도교로 개종했고, 207년에 영지주의자가 되었다.

티모테오스

엘레우시스의 사제이며, BCE 300년경 프톨레마이오스의 초대를 받아 미스테리아를 확립하기 위해 알렉산드리아를 방문했다.

티아나의 아폴로니우스

1세기의 피타고라스학파 철학자이자 기적을 일으킨 사람. 참주들에게 저항하고, 기적을 행하고, 죽은 자를 일으키며 로마 제국을 여행하였다. 그의 공식적인 일대기는 225년경에 기록되었다.

파우사니아스 (CE 170년경 활동)

그리스 여행 작가. 자신이 방문한 사원에서 행해진 미스테리아 의식을 신비롭게 기록했다.

파코미우스 (CE 290~346년)

상이집트의 나그함마디 부근에 최초의 그리스도교 수도원을 설립한 이집트인. 근처에서 묻혀 있던 영지주의 복음서가 발견되었다. 정통파 문자주의자로 여겨졌으나 실은 평생 이단 연구에 몰두했다. 그는 천사의 환상을 보고 아직 해독되지 못한 신비어로 글을 썼다. 거의 확실히 영지주의자이다.

파피아스

유세비우스와 이레나이우스의 신뢰할 수 없는 설명 외에는 그에 관해서 아무엇도 알 수 없다. 그들은 파피아스가 사도 요한의 설교를 들은 것으로 추정되는 소아시아에서 CE 70~140년간 살았다고 말하고 있다.

포르피리오스 (CE 232~305년)

이교 철학자. 시리아 티레에서 태어나 아테네에서 철학을 공부하고 263년 로마에서 플로티노스와 만난 후 신플라톤주의로 개종했다. 15권의 『그리스도교 반박론』을 썼다.

폴리카르포스

초기 그리스도교 순교자. 이레나이우스는 베드로가 폴리카르포스를 스미르나의 주교로 임명했다고 주장했다. 그의 순교에 관한 이야기는 거의 전설에 가깝고, 예수 이야기에서 상당히 많은 부분을 끌어왔다. 그는 기도하던 어느 작은 시골집 '위층'에서 나와 나귀를 타고 재판정으로 갔다는 등등, 그의 처형에 관한 설명은 단지 헛소리에 불과하다.

프로클레스 (CE 412~485년)

이교 철학자. 콘스탄티노플에서 태어나 아테네에서 공부했다. 유스티니아누스 1세가 CE 529년 폐쇄할 때까지 플라톤주의적인 아카데메이아의 마지막 지도자 중 한 명이었다.

프로타고라스 (BCE 480~410년)

아테네 최초의 직업적 철학자. 이단으로 기소되어 재판에 회부되자, 해외로 도주해서 거기서 죽었다.

플라톤 (BCE 429~348년)

소크라테스의 제자이며 아테네 아카데메이아의 설립자. 그의 철학은 피타고라스의 신비주의와 오르페우스교와 같은 미스테리아의 교리에서 영감을 얻었다.

플로티노스 (CE 204~270년)

플라톤 이후 가장 영향력 있는 신비주의 철학자. 11세까지 알렉산드리아에서 암모니오스 사카스와 함께 공부한 후 로마로 갔다. 로마에서 그는 황제와 몇몇 원로원 의원들에게 강의했다.

플루타르코스 (CE 46~125년)

그리스 카이로네이아의 철학자이며 왕성한 저술 활동을 했다. 생애 마지막 30년간은 델피의 아폴론 신전 사제로 있었다.

피르미쿠스 마테르누스 (CE 360년경 사망)

이교적인 점성학 개론을 썼으며 말년에 문자주의로 개종하고 로마 황제에게 이교도 우상을 무력으로 파괴하라고 호소했다.

피타고라스 (BCE 581~497년)

그리스 사모스 섬의 철학자. 이집트, 페니키아, 바빌로니아를 두루 여행했으며 나중에는 남부 이탈리아의 그리스 식민지에 신비주의 공동체를 설립하였다. 데메테르와 디오니소스 미스테리아의 주창자이며, 오르페우스교에 속하는 시를 썼고, 사회 개혁가이자 과학자였다. 플라톤과 그리스 철학의 전통 전체에 심원한 영향을 끼쳤다.

핀다로스 (BCE 518~438년)

그리스의 서정시인. 그의 작품에는 미스테리아 학파의 교리들에 대한 초기 참조문들이 담겨 있다.

필론 (BCE 25년~CE 50년)

구약 성서와 피타고라스철학을 종합한 알렉산드리아의 유대인. 그는 스스로를 유대 미스테리아의 주창자로 묘사했다.

헤라클레이토스 (BCE 500년경 활동)

신의 말씀(로고스)에 대해 쓴 소아시아 에베소(에페소스)의 신비주의 철학자. 디오게네스 라이르티우스는 미스테리아에 입문하지 않으면 헤라클레이토스의 비밀스러운 저서들을 결코 이해할 수 없다는 BCE 3세기 철학자 클레안테스의 말을 기록했다.

헤로도토스 (BCE 484~430년)

"역사학의 아버지"로 알려진 그리스 역사가. 이집트를 여행하였고 엘레우시스의 디오니소스 미스테리아가 이집트의 오시리스 미스테리아를 모방한 것임을 기록했다.

헤르마스

가장 광범하게 알려진 초기 교회 문헌인 『헤르마스의 목자』는 CE 90년경 이탈리아에서 쐬었다고 얘기되고 있다. 신약 성서와 구약 성서 어디에서도 동일한 인용을 찾아볼 수 없는 이 텍스트는 헤르메스주의적이고 예언적이며 유대교/그리스도교적인 묵시록의 기묘한 혼합이다. 이 문헌이 신약 성서를 쓰는 데 결코 사용되지 않았다는 것도 놀라운 일은 아니다.

헤르메스 트리스메기스토스

2~3세기 이집트에서 작성된 헤르메스주의 문헌의 신. 그리스의 '영혼의 인도자' 헤르메스와 전설적인 현자이자 글쓰기의 창시자인 이집트 신 토트의 융합.

헤시오도스

BCE 8세기 말 그리스 시인. 그의 『신들의 계보Theogeny』는 그리스 신들의 기원에 대해 서술하고 있다.

헬리오도루스 (CE 230년경 활동)

시리아 헬리오스의 성직자이자 미스테리아의 가르침을 암호화한 『에티오피아 이야기Ethiopian Romance』의 저자.

호메로스

BCE 8세기의 그리스 시인. 『오디세이아』와 『일리아스』의 저자.

히포크라테스 (BCE 460~360년)

그리스 코스 섬 출신 의사이며 의학서 저자. 모든 의사들이 졸업할 때 하는 히포크라테스 선서의 창시자.

히폴리토스 (CE 170~236년)

문자주의 그리스도교도이자 이단 사냥꾼. 로마의 영지주의 교황 칼리스투스를 이단이라고 하며 스스로 대립 교황anti-Pope이 되었다. 그는 210년경에 『모든 이단에 대한 반박』을 출간하였는데, 이 책에서 그는 모든 이단이 그리스 철학에서 비롯되었음을 증명하려 애썼다.

참고 문헌

Allegro, J., *The Dead Sea Scrolls*, Penguin, 1956
Anderson, G., *The Second Sophistic*, Routledge, 1993
―――, *Sage, Saint and Sophist*, Routledge, 1994
Angus, S., *Mystery Religions*, Dover, 1925
Apollonius of Rhodes, *The Voyage of Argo*, Penguin Classics, 1959
Aristophanes, *The Frogs*, Penguin Classics, 1964
Aristotle, *Politics*, Loeb Classical Library, 1935
Athanaissakis, A. P., *The Homeric Hymns*, Johns Hopkins University Press, 1976
Austin, R. G., *Aeneidos Liber Sextus*, Clarendon Press, 1977
Baigent and Leigh, *The Dead Sea Scrolls Deception*, Jonathan Cape, 1991.
Balsdon, J. P. V. D., *Romans and Aliens*, Duckworth and Co., 1979
Barnstone, W., *The Other Bible*, HarperCollins, 1984
Beard and North, *Pagan Priests*, Duckworth Press, 1990
Benac and Oto, *Bogomil Sculpture*, Braun et Cie, 1975
Bernal, M., *Black Athena*, Free Association Books, 1987
Bernstein, A. E., *The Formation of Hell*, UCL Press, 1993
Birks and Gilbert, *The Treasure of Montségur*, Crucible, 1987
Boardman, Griffin and Murray, *The Oxford History of the Classical World*, Oxford University Press, 1986
Boethius, *The Consolation of Philosophy*, Penguin Classics, 1969
Bowman, J. S., *Treasures of Ancient Greece*, Crescent Books, 1986
Brandon, S. G. F., *Religion in Ancient History*, George Allen and Unwin, 1969
Burckhardt, J., *The Life of Constantine*, Deutsche Verlags-anstalt, 1929
―――, *The Age of Constantine the Great*, Dorset Press, 1949
Burkert, W., *Lore and Science in Ancient Pythagoreanism*, Harvard University Press, 1972

———, *Greek Religion: Archaic and Classical*, Blackwell Publishers, 1985

———, *Ancient Mystery Cults*, Harvard University Press, 1987

———, *The Orientalising Revolution*, Harvard University Press, 1992

Cahn, S. M., *Classics of Western Philosophy*, Hackett Publishing Company, 1977

Campbell, J., *The Hero with a Thousand Faces*, Paladin, 1949

———, *Papers from the Eranos Yearbooks*, Routledge & Kegan Paul, 1955

———, *Occidental Mythology*, Arkana, 1964

———, *An Open Life*, Larson Publications, 1988

Carpenter and Faraone, *Masks of Dionysus*, Cornell University Press, 1993

Cartledge, P., *The Greeks: A Portrait of Self and Others*, Oxford University Press, 1993

Cherniss, H., *Selected Papers*, E. J. Brill, 1977

Churton, T., *The Gnostics*, Weidenfeld and Nicolson, 1987

Cicero, *On the Good Life*, Penguin Classics, 1971

———, "The Dream of Scipio" in *On the Good Life*, Penguin Classics, 1971

———, *The Nature of the Gods*, Penguin Classics, 1972

———, *De Legibus*, Bristol Classical Press, 1987

Clark, R. J., *Catabasis Vergil and the Wisdom-Tradition*, B. R. Grüner Publishing Company, 1979

Clement of Alexandria, *Clement of Alexandria*, Loeb Editions no. 92, 1919

Copenhaver, B. P., *Hermetica*, Cambridge University Press, 1992

Cornford, F. M., *The Unwritten Philosophy*, Cambridge University Press, 1950

Cowell, F. R., *Cicero and the Roman Republic*, Pelican Books, 1948

Cranston, S., *Reincarnation: Phoenix Fire Mysteries*, Theosophical University Press, 1977

Cross, F. L., *The Oxford Dictionary of the Christian Church*, Oxford University Press, 1958

Cumont, F., *The Mysteries of Mithras*, Dover Books, 1903

———, *After Life in Roman Paganism*, Yale University Press, 1922

D'Alviella, G., *The Mysteries of Eleusis*, The Aquarian Press, 1981

De Vogel, C. J., *Pythagoras and Early Pythagoreanism*, Royal Van Corcum, 1966

Diodorus of Sicily, *Books 1-2*, Loeb Classical Library no. 279, 1933

Dodds, E. R., *The Greeks and the Irrational*, University of California Press, 1951

Doran, R., *Birth of a Worldview*, Westview Press, 1995

Dunlap, S. F., *The Mysteries of Adoni*, Williams and Norgate, 1866
Ehrenberg, V., *From Solon to Socrates*, Methuen and Co., 1968
Eisler, R., *Orpheus the Fisher*, Kessinger Publishing, 1920
_____, *The Messiah Jesus and John the Baptist*, The Dial Press, 1931
Eliade, M., *The Myth of the Eternal Return*, Arkana, 1954
_____, *Essential Sacred Writings Around the World*, HarperSanFrancisco, 1967
Ellis, N., *Awakening Osiris*, Phanes Press, 1988
Epictetus, *The Teachings of Epictetus*, Walter Scott Library, n. d.
Erskine, A., *The Hellenistic Stoa: Political Thought and Action*, Cornell University Press, 1990
Euripides, *The Bacchae*, Penguin Classics, 1954
Eusebius, *History of the Church*, Penguin Classics, 1965
Farrington, B., *Greek Science*, Pelican Books, 1944
Faulkner, R. O., *The Book of the Dead*, British Museum Press, 1972
Feeney, D. C., *The Gods in Epic*, Clarendon Press, 1991
Fidler, D., *Jesus Christ, Sun of God*, Quest Books, 1993
Flacelière, R., *Greek Oracles*, Elek Books, 1965
Frank, T., Vergil: A Biography, Henry Holt, 1922
Frazer, J., The Golden Bough, Wordsworth Reference Books, 1922
Freke and Gandy, *The Complete Guide to World Mysticism*, Piatkus Books, 1997
_____, *The Hermetica*, Piatkus Books, 1997
_____, *The Wisdom of the Pagan Philosophers*, Journey Editions, 1998
Freke, T., *The Illustrated Book of World Scripture*, Thorsons, 1997
Friedman, R. E., *Who Wrote the Bible?*, Jonathan Cape, 1988
Garin, E., *Astrology in the Renaissance*, Routledge & Kegan Paul, 1976
Gaus, A., *The Unvarnished New Testament*, Phanes Press, 1991
Gibbon, E., *The Decline and Fall of the Roman Empire*, Penguin Classics, 1796
Godwin, J., *Mystery Religions in the Ancient World*, Thames & Hudson, 1981
Grant, R. M., *Gnosticism and Early Christianity*, Columbia University Press, 1959
Graves, R., *Greek Myths*, Pelican Books, 1955
_____, *The White Goddess*, Faber & Faber, 1961
Gregory, J., *The Neoplatonists*, Kylie Cathie, 1987
Grüber and Kersten, *The Original Jesus*, Element Books, 1985

Guthrie, K. S., *The Pythagorean Sourcebook*, Phanes Press, 1987

Guthrie, W. K. C., *Orpheus and Greek Religion*, Princeton University Press, 1952

———, *History of Greek Philosophy*, Cambridge University Press, 1962

Hall, E., *Inventing the Barbarian*, Clarendon Press, 1989

Hall, M. P., *Mystics and Mysteries in Alexandria*, Philosophical Research Society, 1981

———, *The Adepts in the Classical Tradition*, Philosophical Research Society, 1981

Happold, F. C., *Mysticism*, Penguin Books, 1963

Harrington, D. J., *Wisdom Texts from Qumran*, Routledge, 1996

Harrison, J., *Prologemena to the Study of Greek Religion*, Princeton University Press, 1922

———, *Themis*, Merlin Press, 1963

Heidenreich, A., *The Catacombs*, Christian Community Press, 1931

Hengel, M., *Jews, Greeks and Barbarians*, SCM Press, 1980

Herodotus, *The Histories*, Penguin Classics, 1954

Hesiod, *Theogony and Works and Days*, World's Classics, 1988

Highbarger, E. L., *The Gate of Dreams*, Johns Hopkins University Press, 1940

Hoffmann, R. J., *Celsus on the True Doctrine*, Oxford University Press, 1987

Hollroyd, S., *Gnosticism*, Element Books, 1994

Horace, *The Satires of Horace and Perseus*, Penguin Classics, 1973

Inge, W. R., *Christian Mysticism*, Methuen, 1899

Jaroslav, P., *The Tanakh*, The Jewish Publication Company, 1985

Jay, P., *The Greek Anthology*, Penguin Classics, 1973

Josephus, *The Life and Contra Apion*, Harvard University Press, 1926

———, *The Jewish War*, Penguin Classics, 1959

Jung, C., *Psychology and Alchemy*, Routledge, 1953

———, *Mysterium Coniunctionis*, Routledge & Kegan Paul, 1957

———, *Aion*, Routledge, 1959

Kahn, C. H., *The Art and Thought of Heraclitus*, Cambridge University Press, 1979

Kennedy, H. A. A, *St Paul and the Mystery Religions*, Hodder & Stoughton, 1969

Kerenyi, C., *Heroes of the Greeks*, Thames & Hudson, 1959

———, *Eleusis*, Bollingen Press, 1967

———, *Dionysos*, Bollingen Press, 1976

King, C. W., *Gnostics and their Remains*, David Nutt, 1887
Kingsland, W., *The Gnosis*, Phanes Press, 1937
Kingsley, P., *Ancient Philosophy, Mystery and Magic*, Oxford University Press, 1995
Kirk and Raven, *The Presocratic Philosophers*, Cambridge University Press, 1957
Lamy, L., *Egyptian Mysteries*, Thames & Hudson, 1981
Lane, E. N., *Cybele, Attis and Related Cults*, E. J. Brill, 1996
Lane-Fox, R., *Pagans and Christians*, Penguin Books, 1986
Lemprière, J., *A Classical Dictionary*, Routledge & Kegan Paul, 1949
Levene, D. S., *Religion in Livy*, E. J. Brill, 1993
Lietzmann, H., *The History of the Early Church*, 4 vols, Lutterworth Press, 1961
Lieu, S. N. C., *Manichaeism*, Manchester University Press, 1985
Lindsay, J., *Origins of Alchemy in Graeco Roman Egypt*, Frederick M?ller, 1970
Linforth, I. M., *The Arts of Orpheus*, University of California Press, 1941
Livy, *The War with Hannibal*, Penguin Classics, 1965
―――, *Rome and the Mediterranean*, Penguin Classics, 1976
Louth, A, *Early Christian Writings*, Penguin Classics, 1968
Lucian, *Satirical Sketches*, Indiana University Press, 1961
Lucius Apuleius, *The Golden Ass*, Penguin Classics, 1950
Lucretius, *The Nature of the Universe*, Penguin Classics, 1951
Lüdemann, G., *Heretics*, SCM Press, 1995
Macchioro, V. D., *From Orpheus to Paul*, Constable and Company, 1930
Mack, B. L., *The Lost Gospel*, Element Books, 1993
MacMullen, R., *Enemies of the Roman Order*, Oxford University Press, 1966
Magnien, V., *Les Mystères d'Eleusus*, Payot, 1938
Marcus Aurelius, *Meditations*, New University Library, n. d.
Marlowe, J., *The Golden Age of Alexandria*, Victor Gollancz, 1971
Martin, L. H., *The Hellenistic Religions*, Oxford University Press, 1987
Matthews, C., *Sophia: Goddess of Wisdom*, The Aquarian Press, 1992
Mayor, Fowler and Conway, *Virgil's Messianic Ecologue*, John Murray Publishers, 1907
McEvedy, C., *The Penguin Atlas of Ancient History*, Penguin Books, 1967
Mead, G. R. S., *Fragments of a Faith Forgotten*, Theosophical Publishing Society, 2nd edition, 1906
―――, Echoes of the Gnosis: The Mysteries of Mithra, Vol. 5, The Theosophical

Society, 1907

———, *Echoes of the Gnosis: The Chaldaean Oracles*, Vol. 8, The Theosophical Society, 1908

Mendels, D., *Rise and Fall of Jewish Nationalism*, Doubleday, 1992

Metzger, B. M., *The Canon of the New Testament*, Oxford University Press, 1987

Meyer, M. W., *The Ancient Mysteries Sourcebook*, HarperCollins, 1987

Momigliano, A., *Alien Wisdom*, Cambridge University Press, 1971

Murray, M. A., *Egyptian Religious Poetry*, John Murray, 1949

Mylonas, G. E., *Eleusis and the Eleusinian Mysteries*, Princeton University Press, 1961

Ogilvie, R. M., *Commentary on Livy: Books 1-5*, Clarendon Press, 1965

Otto, W. F., *Dionysos Myth and Cult*, Spring Publications, 1965

Ouvaroff, M., *Essay on the Eleusinian Mysteries*, Rodwell and Martin, 1817

Ovid, *Heroides and Arts of Love*, G. Bell and Sons. 1919

———, *Metamorphoses*, Penguin Classics, 1955

Owen-Lee, M., *Virgil as Orpheus*, State University of New York Press, 1996

Pagels, E., *The Gnostic Paul*, Trinity Press International, 1975

———, *The Gnostic Gospels*, Penguin Books, 1979

———, *Adam, Eve and the Serpent*, Random House, 1988

Palmer, M., *Living Christianity*, Element Books, 1993

Perkins, P., *Gnosticism and the New Testament*, Fortress Press, 1993

Philip, J. A., *Pythagoras and Early Pythagoreanism*, University of Toronto Press, 1966

Philo of Alexandria, "On the Contemplative Life" in *Book IX*, Loeb Classical Library no. 363, 1941

Pindar, *The Odes*, Penguin Classics, 1969

Plato, *Collected Dialogues*, Princeton University Press, 1961

———, *Timaeus and Critias*, Penguin Classics, 1965

———, *Phaedrus and Letters vii and viii*, Penguin Classics, 1973

Plutarch, *The Fall of the Roman Republic*, Penguin Classics, 1958

———, *The Rise and Fall of Athens*, Penguin Classics, 1960

———, *Makers of Rome*, Penguin Classics, 1965

———, *The Moral Essays*, Penguin Classics, 1971

———, *De Iside et Osiride*, Oxford University Press, 1993

Pollitt, J. J., *Art and Experience in Classical Greece*, Cambridge University Press,

1972
Polybius, *The Rise of the Roman Empire*, Penguin Classics, 1979
Porphyry, *On the Cave of the Nymphs*, Phanes Press, 1991
Potter, D., *Prophets and Emperors*, Harvard University Press, 1994
Powell, A., *Roman Poetry and Propaganda in the Age of Augustus*, Bristol Classical Press, 1992
Price, S. R. F., *Rituals and Power*, Cambridge University Press, 1984
Proclus, *The Elements of Theology*, Oxford University Press, 1963
Reedy, J., *The Platonic Doctrines of Albinus*, Phanes Press, 1991
Robinson, J. M., *The Nag Hammadi Library*, HarperCollins, 1978
Runia, D. T., *Philo in Early Christian Literature*, Fortress Press, 1993
Sallustius, *Concerning the Gods and the Universe*, Cambridge University Press, 1926
Scarre, C., *Chronicle of the Roman Emperors*, Thames & Hudson, 1995
Scullard, H. H., *From the Gracchi to Nero*, Methuen and Co., 1959
Segal, R. A., *The Gnostic Jung*, Routledge, 1992
Seneca, *Letters from a Stoic*, Penguin Classics, 1969
Shanks, H., *Understanding the Dead Sea Scrolls*, SPCK, 1992
Sophocles, *The Theban Plays*, Penguin Classics, 1947
St Augustine, *Confessions, City of God, Christian Doctrine*, William Benton, 1952
Stanton, G., *Gospel Truth?*, HarperCollins, 1995
Stevenson, J., *A New Eusebius*, SPCK, 1957
_____, *The Catacombs*, Thames & Hudson, 1978
Stoyanov, Y., *The Hidden Tradition in Europe*, Penguin Arkana, 1994
Suetonius, *The Twelve Caesars*, Penguin Classics, 1957
Syme, R., *The Roman Revolution*, Oxford University Press, 1948
Tacitus, *The Annals of Imperial Rome*, Penguin Classics, 1956
_____, *The Histories*, Penguin Classics, 1968
Taylor, L. R., *The Divinity of the Roman Emperor*, American Philological Association, 1931
Taylor, T., *The Eleusinian and Bacchic Mysteries*, J. W. Bouton, 1891
Taylour, L. W., *The Mycenaeans*, Thames & Hudson, 1964
Temple, R. K. G., *Conversations with Eternity*, Rider, 1984
Thompson and Griffith, *The Leyden Papyrus*, Dover Books, 1974

Thucidydes, *The Peloponnesian War*, Penguin Classics, 1954
Turcan, R., *Cults of the Roman Empire*, Blackwell Publishers, 1992
Ulansey, D., *Origin of the Mithraic Mysteries*, Oxford University Press, 1989
Usher, S., *The Historians of Greece and Rome*, Bristol Classical Press, 1969
Virgil, *The Pastoral Poems*, Penguin Classics, 1949
——, *The Aeneid*, Penguin Classics, 1956
——, *Georgics*, Penguin Classics, 1982
Vitruvius, *De Architectura*, Harvard Heinemann, 1931
Vonge, C. D., *The Works of Philo*, Hendrickson Publishers, 1993
Walbank, F, W., *The Hellenistic World*, Fontana Press, 1981
Walker and Bierrier, *Ancient Faces*, British Museum Press, 1997
Walker, D. P., *The Ancient Theology*, Duckworth, 1972
Wallace-Hadrill, A., *Augustan Rome*, Bristol Classical Press, 1993
Wallis Budge, E. A., *Egyptian Religion*, Arkana, 1899
——————, *Egyptian Magic*, Arkana, 1899
Wallis, R. T., *Neoplatonism and Gnosticism*, State University of New York Press, 1992
Wells, G. A., *Did Jesus Exist?*, Pemberton Publishing Company, 1975
Willoughby, H. R., *Pagan Regeneration*, University of Chicago Press, 1929
Wilson, I., *Jesus: The Evidence*, Weidenfeld and Nicolson, 1984
Wright, M. R., *The Presocratics*, Bristol Classical Press, 1985
Zanker, P., *Power of Images in the Age of Augustus*, Michigan University Press, 1988

도판 출처

그림을 사용하게 해준 아래의 곳들에 감사드린다.

도판 1쪽
Department of Antiquities, Cyprus

도판 2쪽
이시스와 호러스 Museo Gregoriano Egizio/SCALA
데메테르와 디오니소스 Museo della Terme/SCALA
마리아와 아이 Museo Benaki/SCALA

도판 3쪽
The Walters Art Gallery, Baltimore

도판 4쪽
The Art Museum, Princeton University. Museum purchase, John Maclean Magie and Gertrude Magie Fund. Photo: Bruce M. White

도판 5쪽
Museo Nazionale Napoli/SCALA

도판 6쪽
Staatliche Museen zu Berlin, Preußischer Kulturbesitz, Museum für Spätantike und Byzantinische Kunst

도판 7쪽
Antiquarium del Palatino/SCALA

도판 8쪽
위 Sammlung Antiker Kleinkunst Friedrich Schiller, Universität Jena
아래 Ipogeo di Via Latina/SCALA

관련 웹사이트

'예수 미스테리아'와 관련한 모든 주제에 대한 많은 정보를 인터넷으로 찾을 수 있다. 아래는 그중 유용한 사이트들이다.

고전 문헌

http://www.perseus.tufts.edu/Texts/chunk_TOC.html
아이스키네스, 아이스킬로스, 크세노폰 등이 남긴 수백 종의 고대 그리스 문헌이 영어로 번역되어 있다.

http://www.usask.ca/Resources/biblios.html#tocsin
인터넷상의 고전의 바다이다. 고전 문헌에 대한 도서 목록, 연구, 보조 교재 등에 관한 무수한 목록이 열거되어 있다.

영지주의

http://www.webcom.com/~gnosis/search_form.html
찾아보기 검색이 가능한 영지주의 고문서. 흥미로운 주제나 키워드로 방대한 영지주의 고문서의 전체 내용을 검색해볼 수 있다. 모든 나그함마디 문서와 기타 영지주의 문헌을 이용할 수 있다.

교부들

http://www.knight.org/advent/fathers/
http://ccel.wheaton.edu/fathers
전자성서협회The Electronic Bible Society의 노력으로, 38권의 샤프Schaff 판을 기초로 한 니케아 및 니케아 이후 교부들 문헌의 영문 번역본을 인터넷으로 이용할 수 있게 되었다. 알렉산드리아의 알렉산드로스가 쓴 『아리우스파 이단과 아리우스의 파면에 관한 서간』에서부터 교황 제피리누스의 『제1서간과 제2서간』에 이르기까지 수백 종의 문헌이 망라되어 있다.

http://www.webcom.com/~gnosis/library/polem.htm
영지주의협회도서관The Gnostic Society Library에는 영지주의에 반대한 초기 교부들의 글이 다수 소장되어 있다. 영지주의 연구에 흥미로운 중요 교부들의 문헌은 물론이고, 마니교에 반대한 아우구스티누스의 글도 볼 수 있다.

티모시 프리크와 피터 갠디는 고대 이교도와 그리스도교 본래의 은밀한 미스테리아를 탐구하며 강의를 하거나 세미나를 열고 있다. 관련 웹사이트는 www.jesusmysteries.demon.co.uk이다.

찾아보기

가

가난 112~114, 140
간약間約의 지혜의 문헌inter-testamental Wisdom literature 282~284, 303, 304, 316
갈릴리Galilee 308
거룩한 쌍둥이Heavenly Twins 161~163, 185, 186, 343
게마트리아gematria 181~183, 204, 206
게바 183, 240~243
견유학파Cynics 112
겸손 112~114, 168
고해(고백) 106, 107
공개적(외적)Exoteric(Outer) 미스테리아 13, 29, 40, 46, 149, 201~203, 205
문자주의 그리스도교의 ~ 143, 154~158, 173, 201, 205, 245, 263, 264, 267, 273, 314, 318, 319, 332, 358, 379
관원archons 237, 258, 259
『관조적 삶에 관하여』 288
구레네의 시몬 189, 190
구레뇨 220
『구원자의 대화』 168
『구원자의 책』 147, 165
그노시스Gnosis(앎) 20, 29, 106, 143, 146, 156, 158~161, 163, 165, 169, 171~173, 175, 176, 180, 198, 200~203, 206, 254, 260, 265, 267, 292, 301, 311, 314, 315, 318, 326, 328, 331, 334, 335, 346, 378, 379, 387
그노티 세아우톤Gnothi Seauton 159~160
그리스도가 되는 것 196~199, 205, 256
그리스도교Christianity
~ 내 미스테리아 154, 155, 158, 173
~에 대한 영지주의자들의 태도 142, 143
~에 대한 이교도의 태도 353~356
~에 영향을 준 조직 138, 140
~에 영향을 준 철학 101~141
~와 로마인 348~351
~와 영지주의 18, 19, 21, 23, 24, 145, 146
~와 유대교 339~342
~의 성장 247, 248, 351~353
~의 은밀한 미스테리아 385, 387, 388
~의 확산 247~248

~ 초기 역사 21, 24, 25
문자주의자 18~20, 22, 24, 26, 28, 140~151, 158, 169, 176, 178, 183, 185, 187, 190~192, 202, 203, 205, 314~316, 318, 321~328, 330~340, 344~348, 358, 361~364, 369, 372, 376, 378~382, 384~386
유대인의 미스테리아에 기초한 ~ 205~207
최초의 그리스도교인 287~290
글라우코스Glaukos 116
기번, 에드워드Edward Gibbon 335, 352
기적 63~69, 75, 91, 94

나

나귀
~ 상징 73, 74, 85
~ 입성 15, 72, 98, 302
나그함마디Nag Hammadi 18, 25, 143, 146, 250, 305
나사로 67, 157
네로 51, 106, 210
『노레아의 생각』 19
노바티아누스파Novatians 377
『니고데모의 복음서』 366
니케아 공의회 360, 361, 364, 368
니케아 신조 25, 131

다

다모Damo 168
다신교 124, 131, 132
다이몬, 보편적Daemon, Universal 163~164, 188, 190, 191, 194, 196~198, 200, 202, 204, 245, 262, 263, 304, 324
다이몬/에이돌론Daemon/eidolon 교리 160, 161, 172, 173, 185, 186, 190
담무스Tammuz 388
담무스의 미스테리아 278, 292
대속redemption 86, 88, 98, 138, 170, 239, 262
데메테르 94, 148, 193
데메트리우스Demetrius 177
데키우스Decius 349, 350
도그마dogma 230, 267, 331, 342, 364, 381, 384
도덕적 순결moral purity 104~107
도마 185, 186
『도마의 복음서Gospel of Thomas』 19, 186, 195, 196, 257, 270, 343, 389
도미티아누스Domitianus (로마 황제) 357
도시테우스Dositheus 206
도케티즘Docetism 환상설을 보라.
동굴에서의 탄생 55, 56, 95
동지 58, 59
「디모데서」 331
디아고라스Diagoras 128
디아스포라Diaspora 277, 278
디오게네스Diogenes 33, 43, 128
디오니소스Dionysos 13, 22, 35~38, 40, 41, 45, 49, 50, 56, 62~64, 69~72, 74~76, 79, 82~85, 94, 95, 167, 169, 344, 388
디오니소스 미스테리아 (의식) 35, 42, 55, 61, 62, 73, 81~84, 89, 167, 254, 276, 286, 289~291, 348, 349, 352, 361 엘레우시스에서의 미스테리아

의식도 보라.
디오도루스Diodorus 50, 104, 278
디오클레티아누스Diocletianus(로마 황제) 350
디오티마Diotima 167

라

라흐만, 카를Lachmann, Karl 229
락탄티우스Lactantius 51, 89
레기노스Rheginos 191~193
레스보스Lesbos 섬 167
로고스Logos 132~136, 140, 180, 195, 200, 202, 261, 262, 285, 304
로마 교회Roman Church 16, 18, 19, 21, 24, 26, 27, 118, 119, 141, 338, 356~362, 364, 369, 372, 377, 378, 380, 381
로마 황제의 신성화 51, 52
루키우스 아풀레이우스Lucius Apuleius 32, 43, 60, 62, 73, 90, 95, 129, 137, 255
르네상스 384
리바니오스Libanios 374

마

『마가의 비밀 복음서Secret Gospel of Mark』 156~158, 173
마기Magi 56, 97
마니Mani 61
마르쿠스Marcus(영지주의 현자) 169
마르쿠스 아우렐리우스Marcus Aurelius 351
마르쿠스 안토니우스Marcus Antonius 357
마르키온Marcion 250, 272, 335, 336, 339, 340, 377
마리아 50, 58, 92~95, 220
마크로비우스Macrobius 177
막달라 마리아 93, 151, 168, 323
막시무스Maximus, 티로스의 125, 127
메갈렌시아Megalensia 88
메시아, 유대인의 210, 212~214, 294, 296~300, 303, 306~308, 312, 313, 316~318
멜리토, 사르디스의Melito of Sardis 271, 341
면류관 82, 189, 347
모노이모스Monoimos 164, 181
모세 281, 283, 290
모세의 미스테리아 284~286, 292
몬타누스Montanus 338
몰약(미르하)Myrrha 56, 90, 97
무사이우스Musaeus 281
물고기 기적 65, 68, 97
물고기 기호(혹은 상징) 66, 67, 121, 140
물고기자리의 시대Age of Pisces 121~123, 307, 317
뮐러 교수, 막스professor Müller, Max 136
미누키우스 펠릭스Minucius Felix 95
미스테리아 종교Mystery religions 12~17, 30~46, 313, 318, 351
~ 의식rites of 32, 33
개별 미스테리아에 대해서는, 그 신의 이름을 보라.
미트라스 14, 22, 42, 43, 45, 56, 58, 69, 70, 80, 83, 87, 91, 108, 117, 120, 122, 152, 182

미트라스 미스테리아 48, 60, 61, 69, 80, 81, 83, 87, 91, 152, 254, 353, 356, 357, 361

바

『바룩Baruch』 147
『바룩의 계시록Apocalypse of Baruch』 309
바실리데스Basilides 63, 144, 151, 155, 165, 170, 171, 189, 203, 315, 336
바울
~과 영지주의 23, 117, 118, 137, 212, 235, 248~250, 306, 312, 333, 363, 378, 388
~과 예수의 미스테리아 221, 231~234, 306, 310~314, 317
~의 편지 236~244, 246, 247, 249, 251~275, 306, 322, 345, 363, 365
『바울의 계시록Apocalypse of Paul』 19, 250
『바울의 승천Ascent of Paul』 250
『바울 행전Acts of Paul』 250
바쿠스Bacchus 14, 27, 42, 49, 71, 85, 148
바쿠스 미스테리아 74, 118
『바쿠스의 여인들Bacchae』 49, 70, 74, 79, 83, 169
발레리아누스Valerianus 350
발렌티누스Valentinus 144, 150, 161~163, 170, 195, 250, 265, 315, 332~336
발렌티니아누스 2세Valentinianus II 373
배사교도Naassenes 147, 148, 195, 203

버지 경, 월리스Sir Budge, Wallis 44, 45, 126
베드로 183, 188, 190, 220, 224, 229, 231~236, 240, 241, 247, 253, 271, 327, 345, 360, 364
~의 편지 321, 322, 324, 363
『베드로 계시록Apocalypse of Peter』 188, 346
『베드로의 여행Travels of Peter』 180
베들레헴 56, 97, 220
베르길리우스Virgilius 52, 122
베스파시아누스Vespasianus 214, 357
보이지 않는 교회invisible Church 330
부적amulet 27, 28, 85
부활 죽음과 부활을 보라.
『부활 이야기Treatise of the Resurrection』 193
부활절 88~92
불트만, 루돌프Bultmann, Rudolph 230
비유allegory 14, 20, 22, 40, 46, 157, 174~181, 184~186, 190, 191, 193, 194, 201~204, 255, 260, 261, 263~265, 273
비트루비우스Vitruvius 132
빌라도, 본디오Pilatus, Pontius 74~76, 208, 210~213, 222, 237, 308, 317, 321, 322, 341, 342, 365~367
『빌립에게 보낸 베드로의 편지Letter of Peter to Philip』 187
『빌립의 복음서Gospel of Philip』 19, 159, 178, 192, 194, 195, 198, 330
빵과 포도주의 상징 79~82, 98, 300, 324, 356

사

『사도 바울의 기도Prayer of the Apostle Paul』 250
「사도행전」 221, 223, 231~236, 243~246, 344, 345
사면absolution 106
사모사타의 바울Paul of Samosata(주교) 355
사모트라키 섬의 미스테리아Samothracian Mysteries 81
사바지우스Sabazius 미스테리아 104, 278, 292
사지절단dismemberment 196, 197
사포Sappho 167
살루스티우스Sallustius 34, 388
삼위일체trinity 131, 140, 148
샤머니즘shamanism 31
『선한 영지주의 입문자The Initiated Good Gnostic』 305
성령holy spirit과 세례 60
세네카Seneca 91, 106, 363
세라피스Serapis 42, 127, 357, 374, 375
세례baptism 48, 59~63, 93, 97, 137, 300, 301, 322, 327, 329, 330, 334, 355, 360, 377
    삼중 원소의 ~ 62, 200~202, 205
세례자 요한 59, 60, 62, 71, 237
세멜레Semele 50, 58, 92
세차(운동)precession 58
섹스투스Sextus 105, 108, 114, 163
소크라테스Socrates 31, 33, 43, 76, 77, 98, 102, 109, 110, 113, 139
소파트로스Sopatros 34, 104
소피아Sophia(지혜) 148~150, 172, 194, 283, 284
소피아의 미스테리아 258
수난극passion plays 88
수에토니우스Suetonius 52, 209, 210
수호천사Guardian angels 161~163, 173
순교 330, 345~351, 369, 371
순교자 유스티누스 16, 48, 50, 61, 80, 82, 84, 102, 103, 125, 131, 211, 235, 256, 325, 330, 335~341, 343, 344, 363
숫양자리의 시대Age of Aries 121, 123
슈미트, 카를 루드비히Schmidt, Karl Ludwig 230
스토아학파Stoics 102, 105, 114
승천ascension 91, 93
시네시우스Synesius 376
시몬 마구스Simon Magus 204
『시빌의 신탁Sibylline Oracles』 283, 303
"신들gods" 126~131, 140
신비적 이해mystical understanding 201
신성한 결혼식 55, 193~196, 204
신성한 교섭holy communion(영성체) 79~82
신성한 수학 66, 70, 180~185, 336
신의 어머니Mother of God 92~94
신인godman, 미스테리아 13~15, 35~46, 53, 56, 58, 69, 72, 79, 108, 122
    ~의 죽음 82~86, 90, 95, 207
    희생된 ~ 86~88, 90, 95, 388
    죽음과 부활 신화도 보라.
신인 동형설anthropomorphism 129, 151, 172

실바누스Silvanus 160
심마쿠스Symmachus 373
심적 수준Psychic level 199, 201, 205, 264~267, 270, 300, 312, 315, 335, 338
12의 상징성 69, 70, 98
십자가 72, 76, 77, 80, 82~86, 93, 95, 98, 180, 185~190, 203, 321, 322, 358, 360, 366 십자가에 못 박음도 보라.
십자가에 못 박음 75, 82
쓸개즙 83, 95

아

아낙사고라스Anaxagoras 33
아낙사르코스Anaxarchos 78
아도니스Adonis 14, 22, 42, 45, 50, 56, 82, 88, 90, 122, 148, 388
아도니스 미스테리아 56~57, 90, 167, 253
아라토스Aratos 254
아레스Ares 147
아르타파누스Artapanus 281
아리그노테Arignote 167, 168
『아리스테아스의 편지Letter of Aristeas』 282
아리스토불루스Aristobulus 278, 281
아리스토텔레스Aristoteles 38, 131, 145, 281
아리스토파네스Aristophanes 72, 104
아리스톡세누스Aristoxenus 168
아문Amun 126
아브라함 278
아브락사스Abraxas 182

아스클레피오스Asclepios 64, 65, 78, 105
아우구스투스Augustus(로마 황제) 51~53
아우구스티누스Augustinus, 히포의 주교 102, 103, 116, 135, 378, 381
아이온Aion 50, 57, 58, 69
아티스 13~14, 22, 42, 43, 45, 50, 357
아티스, 여러 모습을 지닌 148, 172
아티스 미스테리아 72, 81, 82, 86, 88, 89, 253~254, 338
아폴로니오스, 티아나의Apollonius of Tyana 51, 67, 68
아프로디테 147
악마의 모방diabolical mimicry 16, 48, 61, 80, 88, 96, 99, 102, 247
안테스테리아Anthesteria 89
안토니우스Anthonius(대수도원장) 71
알렉산데르 세베루스Alexander Severus 351
앎, 영지주의에서의 그노시스를 보라.
암모니오스 사카스Ammonios Sakkas 146
암브로시우스Ambrosius 102, 117
야고보 231, 234, 238, 239, 243, 247
『야고보의 계시록Apocalypse of James』 19, 239
양심conscience 105
에녹 283, 304
『에녹의 서Book of Enoch』 282, 304
에라토스테네스Eratosthenes 382
에스겔 278, 281
『에스드라서』 116
에우나피오스Eunapios 375
에우리피데스Euripides 31, 33, 49, 70,

찾아보기 539

74, 79, 81, 134, 169, 188, 281, 293
에피파니우스Epiphanius 57, 64, 194
에픽테토스Epictetos 77, 78, 109, 112, 114, 133, 196, 349
엘라가발루스Elagabalus 357
엘레우시스Eleusis에서의 미스테리아 의식 35~38, 41, 54, 60~62, 68, 72, 83, 86, 106, 108, 145, 152, 191, 242, 278, 280, 353
엘로힘Elohim 147
엠페도클레스Empedocles 14, 33, 51, 56, 65~67, 88, 90, 111, 149
여성
 ~의 종속 384
 동등한 존재로서의 ~ 288, 329
 영지주의에서의 ~ 168~169, 174, 252
여성 신격 148, 149, 170, 172, 284, 329, 384, 385
여호와Jehovah 127, 150, 151, 170, 172, 203, 267~269, 273, 274, 278, 281~283, 292, 296, 309, 310, 332, 335, 339, 340
연옥purgatory 116, 118
영생eternal life 115~120
영성체Eucharist 79~82, 137, 149, 169, 324, 327, 329
영적 수준Pneumatic level 199, 201, 205, 264~267, 270, 300, 315, 326, 333, 334, 338
영지주의Gnosticism 18~24, 141~174, 249~275, 300, 314~316, 323, 330, 331, 335, 336, 338, 339, 345, 363, 364, 376~380
 ~ 입문식 144, 162, 170, 188, 200~201, 204, 242, 257, 300, 377
영지주의 문서(복음서) 18, 19, 22, 143, 151, 168, 250, 271, 305, 332, 342, 344, 346, 364
예레미야 102, 103
『예수 그리스도의 지혜Wisdom of Jesus Christ』 151, 305
예수라는 이름 182, 206, 310, 317
예수의 역사 202, 204, 205 예수의 존재도 보라.
예수의 존재 206~204, 256, 293~294, 378
예언, 진리의 증거로서의 324, 340, 364, 367
오르페우스Orpheus 78, 85, 92, 133
오르페우스 미스테리아 111, 116
오리게네스Origenes 65, 90, 118, 131, 133~136, 144, 146, 154, 166, 178, 179, 182, 198, 202, 203, 214, 227, 298, 315, 332, 350~352, 354, 364, 370
오시리스Osiris 13, 22, 41, 42, 44, 45, 51, 54, 57, 60, 63, 73, 79, 87, 90, 95, 125, 135, 148, 149, 357
오시리스-디오니소스Osiris-Dionysus 14, 15, 20, 22, 27, 28, 42, 44~49, 51~52, 57, 58, 65, 69, 80, 84~86, 95~101, 123, 127, 135, 138, 140~141, 148, 172, 174, 175, 193, 194, 196, 198, 201, 204, 205, 207
오시리스 미스테리아 42, 90, 291, 295
오시리스 수난(극) 41, 95
올림피오도루스Olympiodorus 33
『옹호자 도마의 책Book of Thomas the Contender』 158, 185

외경Apocrypha 116, 142, 217, 235, 236, 342~343
요세푸스Josephus 212~216, 246, 278, 308~310, 364
요셉, 아리마대의Joseph of Arimathea 222, 364
요한(사도) 220, 231, 235, 237, 239, 243, 246, 247
요한네스 리두스Johannes Lydus 278
「요한복음」 130, 132, 157, 163, 191, 200, 217, 221, 222, 226, 228, 229, 231, 232, 239, 244, 246, 322, 323, 337
『요한의 비밀서Secret Book of John』 150, 165, 166
『요한행전Acts of John』 152, 161, 187, 188, 197
우레의 아들Sons of Thunder 82
우상숭배idolatry 124, 128, 140
원죄original sin 88
『위대한 로고스의 책Book of the Great Logos』 197, 200
『위대한 세트 신의 두 번째 이야기Second Treatise of the Great Seth』 189, 331
위대한 어머니 여신Great Mother goddess 35, 92, 148
위선hypocrisy 107
위조, 예수에 대한 증거의 215, 236, 244, 246, 251, 256, 272, 321, 322, 324, 326, 343, 363~366, 378
유다 이스가리옷Judas Iscariot 186, 220, 240, 311
유대교Judaism 130, 140, 170
 ~와 그리스도교 339~342
 유대인 메시아들 210, 212~214, 294, 296~300, 303, 306~308, 312, 313, 316~318
 유대인의 미스테리아 21, 207, 274, 278, 284~287, 290~293, 296, 306, 318
유세비우스Eusebius(교부) 24, 25, 102, 215, 251, 271, 287, 337, 352, 363, 366~371
유스투스, 티베리아스의 Justus of Tiberias 212
유스티누스 순교자 유스티누스를 보라.
유스티누스Justinus(영지주의 현자) 257
유피테르 돌리케누스Jupiter Dolichenus의 미스테리아 108
율리아누스Julianus 361
율리우스 카이사르Julius Caesar 51
은밀한(내적)Esoteric(Inner) 미스테리아 13, 14, 20, 29, 36, 39, 40, 44, 46, 149, 176, 185, 196, 204
 ~와 그노시스 158, 159, 176, 201, 379
 그리스도교의 ~와 영지주의 21, 22, 144, 154~158, 173, 260, 263~265, 273, 314, 315, 332, 333, 335, 379
은 삼십(냥)30 pieces of silver 77, 98
의로운 자just man, 부당하게 고소당한 74~78, 98, 307, 317
이교도 신앙Paganism 10~12, 16, 17, 19, 22, 27, 30~32
 ~과 그리스도교 353, 356
 ~에 대한 유대인의 태도 276~294
 ~와 바울 253~256, 272
 ~의 파괴 371~376, 381, 382
 영지주의 내 ~ 145~154, 158~161

이그나티우스, 안디옥의Ignatius of
    Antioch 321, 327, 328, 363
이단자heresy 141, 144, 322, 324,
    328~330, 332, 333, 336~338, 342,
    362, 370, 376~378, 382
이레나이우스Irenaeus 16, 144, 145,
    162, 169, 176, 183, 195, 206, 235,
    251, 316, 330, 333, 334, 336, 337,
    343, 344, 346, 365, 369
이시스 57, 73, 93, 95, 148, 149
이아시온Iasion 193
이암블리코스Iamblichos 65, 104
이에우Ieou 147
『이에우의 책Book of Ieou』 181
이크티스Ichthys 122
인간의 희생human sacrifice 346
일신교monotheism 124, 132, 357
입문식initiation rites 32, 36~38, 44
    ~과 그리스도교 137
    ~과 도덕적 순결 104~107
    ~과 영생 115~116
    ~에서의 영성체 의식 79~80
    ~에서의 죽음과 부활 61
    ~에서의 춤 152, 154, 173
    ~의 수준들 199~201, 205
    영지주의 ~ 145
    이교도 ~ 255~256

자

자몰릭스Zamolix 92
자발적인 죽음willing death 94
자신에 대한 앎(자각)self-knowledge
    163~164, 173
자연 도덕natural morality 104~107,
    139
재림Second Coming 260, 273, 300,
    324, 367
점성술 278, 285, 292, 306, 383
정화purification 36, 60~62
제우스 145, 147, 150, 282
조시모스Zosimos 32
족보genealogy 217~220, 246, 252,
    296~298
주교 142, 158, 169, 287, 314, 315,
    326~332, 334~336, 338, 339, 342,
    345, 361, 369
죽음과 부활의 날(예수와 아티스) 89
죽음과 부활의 신화 88~92, 95~96,
    99, 190~193, 204
    그리스도교의 ~ 118~120, 221, 239,
    245, 248, 261, 262, 273, 322~324,
    377
    미스테리아 의식의 ~ 15, 37, 41, 44,
    61, 95~96, 287, 293
    영지주의의 ~ 256, 334~335, 347
    유대인 예수의 ~ 207, 296, 297, 299,
    300, 306, 310, 314, 316~318
지옥(하데스)Hell(Hades) 82, 90, 115~
    120, 139, 140
『진리의 증언Testimony of Truth』 160,
    331, 346
『집정관들의 본질Hypostasis of the
    Archons』 19

차

참회penitence 106
채식주의 111, 376
천사들 130, 138, 147, 151, 195

철학
  로마의 ~ 348, 349
  보편적 ~ 172, 355, 357
  이교도 ~ 144~147, 172
「출애굽기」 281, 285, 292, 293, 300, 301, 307, 310, 317

카

카누스Canus 90
카르포크라테스Carpocrates 268, 315
카리스마타charismata 254
카스토르와 폴룩스Castor & Pollux 83
칼리스투스Callistus 337, 338
캠벨, 조지프Campbell, Joseph 14, 59
케르도Cerdo 150
켈수스Celsus 16, 47, 53, 65, 68, 69, 78, 91, 93, 101, 105, 109, 111, 113~114, 117~119, 123, 127~129, 178, 227, 320, 324, 353, 354
코레Kore 50, 57
코르넬리우스 라보Cornelius Labo 278
코모두스Commodus 357
콘스탄티누스Constantinus(로마 황제) 24, 351, 357~361, 364, 368, 375, 378
콘스탄티우스 콘스탄스Constantius Constans(로마 황제) 373
콥트 교회Coptic Church 367
퀴몽, 프란츠Cumont, Franz 116
크레스투스Crestus 210, 246
크로노스Kronos 147
크리오볼리움Criobolium 87
크세노파네스Xenophanes 14, 124, 128
큰 달Great Month, 점성술상의 121, 123
클라우디우스Claudius 210, 357
클레멘스, 로마의Clement of Rome 253, 327, 363
클레멘스, 알렉산드리아의Clement of Alexandria(교부) 58, 102, 105, 130, 133, 134, 137, 138, 144, 146, 154~156, 159, 164, 167, 168, 171, 173, 180, 181, 285, 292, 315, 347
키로chi-rho 상징 358, 359
키릴로스Cyrilos, 알렉산드리아의 375~378
키벨레Cybele 50
키케로Cicero 32, 80, 130
키프리아누스Cyprianus 345

타

타우로볼리움Taurobolium 87
타키투스Tacitus 209~211, 278, 353
타티아노스Tatianos 338, 343
탈무드 215~217, 246
테라페우타이Therapeutae 287~293, 295
테르툴리아누스Tertullianus 16, 48, 61, 122, 145, 169, 175, 235, 323, 326, 328, 329, 336, 338, 344~346, 352, 365, 366, 371
테미스토Themisto 168
테미스토클리아Themistoclea 168
테세우스Theseus 92
테오도시우스Theodosius 375~377
테오도투스Theodotus 261, 264
테우다스Theudas 250
토인비, 아놀드Toynbee, Arnold 388

튀이아Thyia 축제 64
트라야누스Trajanus 349
티모테오스Timotheos 42
티베리우스Tiberius 365, 366

파

파르마코스pharmakos(희생양) 86, 239
파우사니아스Pausanias 137
파피아스, 히에라폴리스의Papias of Hierapolis 342
판 신Pan 55, 94, 146
팔린게네시스palingenesis 94
팜프시니투스Phampsinitus 92
페이절스, 일레인Pagels, Elaine 25, 334
포르피리오스Porphyrios 64, 104, 146
포시도니우스Posidonius 382
프레이저 경, 제임스Frazer, Sir James 89
프로클루스Proclus 38, 198
프로테실라우스Protesilaus 92
프리아포스Priapos 147
프톨레마이오스Ptolemaios 279, 334, 337
플라톤Platon 20, 31~33, 38, 51, 72, 77, 81, 84, 88, 102, 103, 109, 111, 113, 114, 117, 145, 149, 150, 158, 161, 165~167, 172, 181, 255, 256, 268, 269, 281, 282, 284, 296
플라톤주의Platonism 101~103
플로티노스Plotinos 34, 146
플루타르코스Plutarchos 38, 73, 90, 95, 115, 118, 135, 137, 165, 183, 197, 278, 353
플리니우스Plinius 64, 209, 211, 353

피르미쿠스 마테르누스Firmicus Maternus 82
『피스티스 소피아Pistis Sophia』 150, 162, 163, 165, 168, 181, 196, 198
피타고라스Pythagoras 13, 33, 41, 42, 51, 65, 66, 70, 71, 91, 92, 106, 107, 109, 111, 114, 125, 131, 145, 155, 168, 181, 184, 281, 284, 285, 288, 295
피토네스Pythoness 167
핀다로스Pindaros 32
필로스트라투스Philostratus 51
필론Philon(유대인) 107, 177, 206, 212, 278, 283~292, 300, 307, 308

하

하느님의 어린양Lamb of God 86
할례circumcision 266, 269, 270, 338, 341
헤라클레스Heracles 78, 92, 147
헤라클레온Heracleon 159, 331, 334, 337
헤라클레이데스Heracleides 91
헤라클레이토스Heracleitos 33, 102, 114, 128, 133, 134, 158
헤로도토스Herodotos 40, 41, 128
헤롯 301, 307, 317
헤르마스Hermas 342
『헤르마스의 목자Shepherd of Hermas』 343, 344
헤르메스Hermes 147
헤르메스 트리스메기스투스Hermes Trismegistus 50, 124, 134, 281, 283
헤르미푸스Hermippus 281

헤시오도스Hesiodos 31, 41, 128
헬리오도루스Heliodorus 39
헬리오스Helios 357, 359
호메로스Homeros 31, 41, 128
환상설Illusionism 186~190, 256
환생reincarnation 118, 165~167, 173, 324
황금과 유향과 몰약 56, 97
황도zodiac 69, 70, 147, 152
황소자리의 시대Age of Taurus 123
희생양, 신성한 86~88, 95, 98
흰 별들의 목자Shepherd of White Stars 148
히에로니무스Hieronymus 182, 278, 336, 362
히에로판테스Hierophantes 36, 37, 54, 83, 95, 107, 115~116, 138, 151, 152, 173
히파티아Hypatia 375, 376
히포크라테스Hippocrates 64
히폴리토스Hippolytos 54, 145, 147, 148, 155, 180
힐라리우스Hilarius 362

티모시 프리크, 피터 갠디

티모시 프리크Timothy Freke는 철학으로 우등 학위honours degree를 받은 세계 신비주의의 권위자이다. 피터 갠디Peter Gandy는 서양 고전 문명으로 문학 석사 학위를 받은 고대 이교 신앙 전문가이다. 두 사람은 『고대 이집트의 지혜, 헤르메티카Hermetica: The Lost Wisdom of the Pharaohs』, 『예수와 잃어버린 여신Jesus and the Lost Goddess』, 『이교도 철학자들의 지혜The Wisdom of the Pagan Philosophers』 등을 함께 썼다.

승영조

1991년 『중앙일보』 신춘문예 문학 평론 부문에 당선했다. 번역서로는 다수의 소설 외에 『전쟁의 역사』, 『뷰티풀 마인드』, 『발견하는 즐거움』, 『무한의 신비』 등이 있다.

예수는 신화다

발행일 2009년 9월 3일(초판 1쇄)
　　　　2024년 3월 25일(초판 6쇄)

지은이 티모시 프리크, 피터 갠디
옮긴이 승영조
펴낸곳 미지북스
　　　　서울 마포구 서교동 468-3 401호
　　　　우편번호 04003
　　　　편집 070-7533-1848 팩스 02-713-1848
　　　　mizibooks@naver.com
　　　　출판 등록 2008년 2월 13일 제313-2008-000029호

출력 상지출력센터
인쇄 한영문화사

ISBN 978-89-961455-9-2 03230
값 23,000원

· 블로그 http://mizibooks.tistory.com
· 트위터 http://twitter.com/mizibooks
· 페이스북 http://facebook.com/pub.mizibooks